アセモグル／レイブソン／リスト

ALL
Acemoglu Laibson List

マクロ経済学
Macroeconomics

ダロン・アセモグル　*Daron Acemoglu*
デヴィッド・レイブソン　*David Laibson*
ジョン・リスト　*John A. List*

岩本康志［監訳］
岩本千晴［訳］

東洋経済新報社

いつも私たちに元気を与えてくれる
アスー、ニーナ、ジェニファーへ
感謝の気持ちを込めて

Original Title
ECONOMICS, 1st Edition
by ACEMOGLU, DARON; LAIBSON, DAVID; LIST, JOHN

Authorized translation from the English language edition, entitled ECONOMICS, 1st Edition, ISBN: 0321391586 by ACEMOGLU, DARON; LAIBSON, DAVID; LIST, JOHN, published by Pearson Education, Inc., Copyright © 2015.

All rights reserved. No part of this book may be reproduced or transmitted in any form or by any means, electronic or mechanical, including photocopying, recording or by any information storage retrieval system, without permission from Pearson Education, Inc.

JAPANESE language edition published by TOYO KEIZAI INC., Copyright © 2019.

Japanese translation rights arranged with PEARSON EDUCATION INC., through Tuttle-Mori Agency, Inc., Chiyoda-ku, Tokyo, Japan

まえがき

　経済学はとても面白い。経済は驚くべき仕組みでできている。スマートフォンを前にして私たちが思い浮かべるのは、とてつもなくすばらしいテクノロジーに関する複雑なサプライ・チェーンだ。そこでは、世界中で製造された部品を組み立てるために、多くの人々が生産に参加している。

　誰の命令によるものでもなく、世界を動かす市場の力は、意識の存在や人生そのものと同じぐらいに、印象的で深遠な現象だ。市場システムの創造は、人類が創り出した最大の偉業であることは間違いない。

　経済学の考え方はシンプルなものでありながら、世界の出来事を説明し、予測し、改善するうえでとても役に立つ。それを知ってもらおうと思い、私たちは本書を執筆した。学生たちに経済分析の基本的な原理を理解してもらうために、人間行動を理解するうえでの経済学のアプローチの核心を3つの原理にまとめた。3つの原理は抽象的な単語にまとめられているが、その内容は直観的に理解できるものだ。

経済学のアプローチにおける3つの原理

　第1の原理は最適化である。最適化とは、人々は可能な選択肢の中で最善のものを選ぼうとする、という考えだ。誰もがつねに最適化ができているとは限らないが、人々は最適化を試みることによって、多くの場合にうまく最適化を行っている。最大の純便益をもたらす選択肢を選ぼうと努力する意思決定者にとっては、最適化とは人間の行動を予測するための有用なツールである。最適化はまた、有用で規範的なツールでもある。最適化のための方法を学ぶことによって、人々は意思決定と生活の質を向上させることができる。本書を読み終えた後には、誰もが最適化行動をうまく選択することができるようになっていることだろう。最適化を行うには複雑な数式は必要なく、ただ経済学的直観を用いるだけでよい。

　第2の原理は、第1の最適化の原理を拡張することによって導き出される均衡の原理である。経済システムは均衡の下で機能する。均衡とは、誰もが同時に最適化しようとしている状態だ。幸福度（ウェル・ビーイング）を最大限に高めようとしているのは、自分だけではない。各人が今とは違う行動をとっても状況は変化しないと誰もが感じるときには、その経済は均衡状態にある。均

衡の原理は、経済主体のつながりに注目するものである。たとえば、アップルストアには、大勢の消費者がiPhoneを買いに来るので、大量のiPhoneの在庫が用意されている。その一方で、多くの消費者は、iPhoneが買えると思うからアップルストアを訪れる、とも考えられる。均衡においては、消費者も生産者も同時に最適化しているのであり、両者の行動は関係しあっているのである。

　最適化と均衡という最初の2つの原理は、概念的なものである。それに対して、第3の原理である経験主義は、方法論である。経済学では、経済理論を検証したり、世の中について学んだり、政策担当者と話をする際には、データを使う。本書においても、データは主役である。ただし、実証分析は、極めて単純なものにとどめている。本書が他のテキストと違うのは、経済学の理論と現実データのマッチングに重点を置いた点にある。すなわち本書では、経済学ではどのようにデータを用いて具体的な問題の解決策を示すのかを描いている。各章の記述は、具体的でかつ読んで面白いものであることに努めた。最近の学生は理論の背景にあるエビデンス（実証的裏づけ）を求めるものだが、それについても十分に提供した。

　たとえば、各章では、実証的な質問を提示して、その後に、データを使ってその質問に答えていくというスタイルをとっている。たとえば、7章は、以下の質問からスタートする。

「アメリカ経済は、過去200年間にわたって、なぜ経済成長を続けることができたのか？」

　7章では、アメリカが経済成長を成し遂げ、また私たちの暮らしが数世代前よりも格段に向上している主要な要因は、主に技術進歩にあることを学ぶ。

　自分たちの経験を振り返っても、経済学を学びはじめた当初の学生たちは、経済学は理論偏重でエビデンスに乏しいという印象を持っていることが多い。本書では、データを用いることによって、経済学ではどのように科学的分析や改善が行われているかを説明する。データを用いることによって、概念の理解は容易になる。またエビデンスが示されることによって、学生は直観的に理解できる。データは、抽象的な原理をより具体的な事実に変換してくれる。各章では、学生が興味を持ち続けることができるように、経済学ではどのようにしてデータを使って疑問に答えているのかについて焦点を当てる。どの章をとっても、経済学を科学的に応用するにはエビデンスが重要な役割を果たしている

ことが示される。

コラムの目的
　3種類のコラムの目的は、現実社会の問題を直観的に理解することである。

「根拠に基づく経済学」（EBE）　EBEは、各章冒頭で取り上げた問いに答えるコラムであり、経済学ではどのように現実のデータを用いて問いに答えるかが示されている。EBEでは、各章で議論する重要な概念に関係する実際のデータが使用される。データを活用することによって、自分たちを取り巻く世界の中で経済学が果たしている役割について、読者はよりリアルに実感が湧くだろう。

　各章の問いで取り上げるのは、無味乾燥な理論だけに基づく概念ではない。たとえば、以下のように、教室の外の現実社会に関連した問いが取り上げられる。

　　フェイスブックは無料（タダ）か？（1章）
　　大学には、進学する価値はあるのか？（2章）
　　熱帯地域と亜熱帯地域の貧困は地理的条件が原因なのか？（8章）
　　2007〜09年の景気後退はなぜ起きたのか？（12章）
　　ナイキのような企業はベトナムの労働者の敵なのか？（14章）

> **EBE** Evidence-Based Economics
> 根拠に基づく経済学
>
> **問い：アメリカ経済は、過去200年間にわたって、なぜ経済成長を続けることができたのか？**
>
> 　ここまでの議論は、持続的成長においては技術が中心的な役割を果たしていることを裏づけるものである。次に、実証データによっても同じことが言えることを確認しよう。
> 　アメリカの経済成長の要因を分析するに際しては、6章と同じアプローチをとる。6章では、集計的生産関数、各国ごとの物的資本ストックと労

「データは語る」　2番目のコラム「データは語る」では、現実のデータを議論の根幹に据えることからスタートして、経済に関する疑問を分析する。以下のようなコラムがある。

　　平均寿命とイノベーション（7章）
　　相互につながった世界で暮らす（14章）

中国政府が元の過小評価を維持させた理由（15章）

> **LETTING THE DATA SPEAK**
> **データは語る**
>
> **平均寿命とイノベーション**
>
> 　70年前の世界の平均寿命（出生時平均余命）は、今日よりもはるかに低いものであった[4]。1940年当時は、乳幼児の死亡率は非常に高く、成人できたとしても1999年のインドと同水準だった。貧しい国々の健康状態の著しい改善は、どのようにして起きたのだろうか？
> 　その答えは、20世紀のアメリカや西ヨーロッパ諸国で起きた科学分野のブレイクスルーとイノベーションにある。第1に、世界的な医薬品のイノベーションの波があった。なかでも最も重要なのが、抗生物質の開発である。抗生物質は、発

「選択の結果」　最適化の原理を扱う本書では、現実の経済的意思決定の問題を考えたり、また過去に行われた経済的意思決定の評価をしたりする。そうした課題に取り組むコラムが「選択の結果」だ。そして、同じ意思決定の問題を、経済学ではどのように取り扱うのかについて学ぶ。以下のようなコラムがある。

　指数的成長がもたらす結果（7章）
　対外援助と腐敗（8章）
　大きすぎて潰せない（10章）

> **CHOICE&CONSEQUENCE**
> **選択の結果**
>
> **指数的成長がもたらす結果**
>
> 　あなたに2つの給与プランが提示されたとしよう。第1のプランでは、初任給が1カ月1,000ドルで、毎月6%ずつ昇給する。第2のプランでは、初任給はけるつもりならば、低い給与からはじめるほうがはるかに得だ。
> 　第1の給与プランは、かなり厚待遇だ。少なくとも、しばらくの間この仕事を続けるつもりの人にとっては魅力的なプランである。これこそが、指数的成長の力なのである。毎月6%の昇給は、初任給に対して適用されるのではない（もしそうであるならば、毎月60ドルずつ

本書の構成

　「第Ｉ部　経済学への誘い」の目的は、世界を知るための経済学的な考え方を理解するための基盤を作ることである。「1章　経済学の原理と実践」では、最適化の原理が私たちの選択のほとんどに関係していることを学ぶ。私たちは便益と費用を考慮に入れて優先順位をつけるのだが、そのためには、トレードオフ、予算制約、機会費用について理解しなければならない。続いて学ぶ均衡とは、誰もが同時かつ個別に最適化しようとしている状態であることを説明す

る。均衡では、自分の行動を変えることによって便益が変化することはない。また、個人の最適化と社会の最適化が必ずしも一致するわけではないフリーライダー問題についても紹介する。

データは経済学では中心的役割を担う。「2章 経済学の方法と問い」では、経済モデル、科学的方法、実証的エビデンス、そして相関関係と因果関係の重要な違いについて説明する。そして、人間の行動に関する興味深い疑問に答えるためには、経済学ではどのようにモデルやデータが利用されているのかを示す。補論では、グラフの作り方とその解釈の仕方について学ぶ。また、この補論では、インセンティブに関して実際に行われた実験が例として用いられる。

「3章 最適化：最善をつくす」では、最適化の概念について詳しく学ぶ。また限界分析を直観的に理解するために例を用いる。ここでは、アパートを探す際の、通勤時間と家賃のトレードオフが問題になる。ここでは、水準による最適化と差分による最適化という2つのアプローチが紹介されるのだが、経済学で用いられることが多いのは後者の差分による最適化（限界分析）の手法である。その理由についても学ぶことになる。

「4章 需要、供給と均衡」では、ガソリン市場を例にとって、需要と供給の枠組みについて学ぶ。ガソリン価格は、どのようにドライバーなどの買い手の意思決定に影響を及ぼすのだろうか？　また、エクソンモービル社などの売り手の意思決定に影響を及ぼすのだろうか？　4章では、以下の手順でモデルが構築される。まず個々の買い手を足し合わせて市場の需要曲線を作り、個々の売り手を足し合わせて市場の供給曲線を作る。次に、買い手と売り手を合わせて、完全競争市場において交換される財の市場均衡価格と市場均衡取引量がどのように決定されるのかを示す。最後に、価格が、需要量と供給量が一致するように調整できないときには市場が機能しなくなることを示す。

「第Ⅱ部　マクロ経済学への誘い」では、文字どおりマクロ経済学の基礎を学ぶ。「5章 国の富：マクロ経済全体を定義して測定する」では、基礎的な測定ツールについて説明する。経済の総産出量である国内総生産（GDP）を導出するフレームワークである国民経済計算について、生産、支出、所得の3つのアプローチから説明し、これら3つが等価であり、同じGDPの値になる理由を説明する。また、家庭における生産などの、GDPでは測定できないものについて考える。最後に、インフレーションの測定と物価指数の概念についても議論する。

「6章　総所得」では、1人当たり所得（GDP）を国際比較する方法について、為替レートと購買力平価という2つの類似した手法を通して検討する。集計的生産関数は、一国のGDPが、物的資本ストック、労働資本（労働者1人当たりの総労働時間と人的資本）、および技術に関係づけられていることを示す。また一国のGDPと、1人当たり所得、労働者1人当たりの物的資本ストック、人的資本、技術との関連を示す。これらのツールを用いれば、各国ごとの繁栄の水準に大きな差がある理由を説明できる。ここでも、物的資本、人的資本、技術は重要な要因となっている。

「第Ⅲ部　経済成長と発展」では、経済成長と発展について包括的に取り扱う。「7章　経済成長」では、経済成長が過去200年間を通して、多くの国々の姿を大きく変えてきたことを示す。たとえば、今日のアメリカの1人当たりGDPは、1820年当時の約25倍だ。この議論の中では、経済成長の「指数的」性質についても学ぶ。指数的成長とは、新しい成長は過去の成長のうえに成り立っていることを意味している。指数的成長があるときには、1人当たり成長率のほんの少しの違いが、数十年の時間を隔てると大きな差となって現れる。そのうえで、持続的成長は技術進歩に依存すること、また国ごとに長期的成長の経路が異なる理由を説明する。経済成長は、すべての市民に等しく恩恵をもたらすわけではない。一部の市民を貧困に陥らせてしまうことは、技術進歩が意図していることでは必ずしもない副産物だ。

物的資本や人的資本に十分に投資をせず、最新の技術を採用せず、生産を効率的に組織しない国があるのはなぜだろうか？　世界全体が経済発展できないのはなぜだろうか？　「8章　なぜ豊かな国と貧しい国があるのか？」では上の疑問に答えることを通して、貧困の根本的原因について考える。繁栄の根本的原因の仮説には、地理、文化、制度からの3つのアプローチがある。繁栄の地理的要因はしばしば貧困の根本的原因であるとして言及されるが、各国ごとに経済の繁栄水準が異なる理由を十分に説明するものではないことも議論する。

「第Ⅳ部　マクロ経済の均衡」では、労働市場、クレジット市場、銀行準備の市場について議論する。これらは、マクロ経済の分析において中心的な役割を果たす3つの重要な市場だ。「9章　雇用と失業」では労働市場、すなわち労働需要と労働供給について扱う。標準的な競争均衡においては、労働者の賃金と労働量は、労働需要曲線と労働供給曲線の交点で決定される。しかし、賃金

が十分に伸縮的でない場合には、失業が発生する。この枠組みを用いることによって、摩擦的失業や構造的失業のような、様々な失業の要因についても議論をする。

「10章　クレジット市場」では、現代の金融制度が、どのようにして貯蓄者から借り手へと資金を循環させているのかについて説明する。また、金融システムを不安定にする様々なショックについて説明する。銀行やその他の金融仲介機関が、どのようにしてクレジット市場において需要と供給を結びつけているのかを学ぶ。また銀行の貸借対照表（バランスシート）を使って、短期負債を持つリスクと、長期投資をするリスクについて説明する。

「11章　金融システム」では、最初に貨幣の機能について説明する。そして、（アメリカの中央銀行である）連邦準備銀行（Fed）について紹介し、準備預金市場の需要と供給の役割に焦点を当てるとともに、金融システムの基本的な機能を明らかにする。準備預金をコントロールし、準備預金の金利（フェデラル・ファンド・レート）をはじめとした金利に影響を与えるFedの役割については詳細に説明する*。本章では、インフレーションの原因と、インフレーションの社会的費用と社会的便益についても説明する。

「第Ⅴ部　景気変動とマクロ経済政策」では、景気変動を分析するための最新の分析枠組みについて説明する。本書の分析は、包括的かつ統合的なものであり、経済学の異なる学派の考え方の中から最も妥当で有用な考え方を取り出して、関連する内容や有益な考え方を融合させたものである。我々の考えでは、経済学を学びはじめた学生が景気変動を理解するにあたっては、労働市場に眼を向けることが最も有益だ。そこで労働市場と失業を分析の中心に置いた。そして、その分析枠組みを、金融市場の役割と金融危機についての議論に拡大する。次に、過去100年間の理論と実証分析から明らかになった多岐にわたる重要な知見を融合させる考え方について提示する。

「12章　景気変動」では、アプローチの基盤である労働市場に焦点を当てる。様々な経済ショックがどのようにして景気変動を引き起こすのかが示される。技術変化、景況感（アニマル・スピリットを含む）、金利に影響を与えたり金融危機を引き起こす貨幣的・金融的要因などを検証する。それぞれのケースにおいて、当初のショックの影響が乗数効果の働きによって増幅されていく過程が説明される。また、賃金の硬直性が、労働市場のショックへの対応に影響を

---

* 中央銀行が果たす役割については、日本銀行もほぼ同じである。

与える理由を説明する。景気後退と景気拡大の両方の分析に対して労働市場モデルを応用し、経済成長が遅すぎるときや早すぎるときに起こる問題について検討する。

「13章　反循環的マクロ経済政策」では、景気変動を部分的に相殺するために用いられる金融政策や財政政策について、その内容を議論する。ここでは近年、中央銀行が行っている最も重要な戦略が説明される。その後に、財政政策の役割について議論し、反循環的な支出や課税の影響を評価する際に用いることができる分析ツールを紹介する。

「第Ⅵ部　グローバル経済のマクロ経済学」では、グローバル経済と各国間の結びつきに関する多角的な視点を提供する。「14章　マクロ経済と国際貿易」では、特化、比較優位、機会費用の概念を用いて、国際貿易がどのように機能しているのかを示す。次に、企業内の業務の最適な配分について学ぶ。（国際貿易と同様に、企業における取引においても）比較優位に従うべきであり、個人は自分の職業を選択すべきであることが示される。そして、国際間の事業の最適な配分に眼を転じても、同じ原理が適用できることを示して、この視点を拡大する。次に、財とサービスの国際的な流れと貿易赤字が金融面に及ぼす影響について分析する。ここでは、貿易のグローバル化の様々なパターンを経済学で分析するための会計式（経常収支と金融収支）が提示される。さらに、技術移転の重要な役割についても議論される。

「15章　開放経済のマクロ経済学」では、異なる通貨間の為替レート（名目為替レートと実質為替レートがある）を決定する要因と、為替レートがマクロ経済に及ぼす影響について学ぶ。また、様々な為替相場制度と外国為替市場の働きについて紹介する。最後に、実質為替レートの変化が、純輸出とGDPにどのように影響を及ぼすのかについて学ぶ。

謝　辞

　私たち3人の執筆者は、テキスト・プロジェクトに取り組むにあたって、経済学だけではなく、教育（ティーチング）、執筆（ライティング）についても議論を重ねた。加えて、本書執筆の段階では多くの方々から、さらに多くを学ぶことができた。貴重な助言に対して、謹んで感謝申し上げたい。それらの助言は、執筆開始時には想像もできなかったほど、大変に貴重なものだった。彼らの洞察とアドバイスのおかげで本書のアイデアは大きく改善されることとなった。

　本テキストのレビュアー、フォーカス・グループ、テスト授業参加のみなさんには、どのように私たちのアイデアを組み立てていけばいいのかを示していただいただけでなく、執筆をサポートし、私たちの文章をより簡潔にするためのお手伝いをしていただいた。彼らのすばらしいフィードバックは、経済学についての私たちの誤解を修正し、概念的な思い込みを改善し、明快に執筆する方法を示してくれた。彼らのアドバイスによって、本書のあらゆるパラグラフが改善された。サポートをいただいた方々を以下に紹介しよう。

　リサーチ・アシスタントのAlec Brandon、Justin Holz、Josh Hurwitz、Xavier Jaravel、Angelina Liang、Daniel Norris、Yana Peysakhovich、Jan Zilinskyには、データの分析、文章の推敲、本書全体を貫く教育的原理についての深い洞察を生み出すなど、プロジェクトのあらゆる場面で重要な役割を果たしていただいた。彼らは、多くの役割を担っていた。本書の細部に至るまで影響を及ぼした彼らの才能と貢献がなければ、プロジェクトの成功はなかったであろう。とりわけ、Joshの貢献は特筆すべきものである。Joshの深更まで及んだ作業、優れた編集能力と経済学に関する深い洞察に対する感謝の気持ちは永遠に忘れることはない。Zick Rubinには、プロジェクトがスタートした初期の段階から助言と激励をいただいた。プロジェクトの内容に貢献してくれた多くの経済学者のみなさんにも感謝したい。ボストン大学のBruce Watson、Anuradha Gupta、Julia Paulには、章末問題の作成に貢献していただいた。テキサス工科大学のRashid Al-Hmoudには、革新的なインストラクターズ・マニュアルとアクティブラーニングの演習問題を作成していただいた。カリフォルニア州立大学ロングビーチ校のSteven Yamarikと、インディアナ大学ブルーミントン校のPaul Grafには、本書の重要点を抽出したすばら

しいパワーポイントのスライドとアニメーションを作成していただいた。Anuradha GuptaとJulia Paulには、TestBankを作成していただいた。

　最も重要な貢献は、編集者とピアソン社のみなさんによるものである。彼らとは、本書のすべての段階をともに過ごした。夜も週末も、数えきれないほどの時間をこのプロジェクトに注いでいただいた。このプロジェクトに寄せられた彼らの情熱、ビジョン、編集に際しての提案のすべてが、テキストの至るところに活かされている。プロジェクトにおける重要な決断のほとんどは、編集者の助言と協力の賜物である。この関係があったからこそ、本書を完成させることができた。ピアソン社の多数の人たちが重要な役割を担ってくれたが、特にお世話になったのが、Executive Acquisitions EditorのAdrienne D'Ambrosio、Executive Development EditorのMary Clare McEwing、Production ManagerのNancy Freihofer、Project ManagerのSarah Dumouchelle、Andra Skaalrud、Diane KohnenとAnn Francis、Product Testing and Learner Validation ManagerのKathleen McLellan、Executive Field Marketing ManagerのLori DeShazo、Senior Product Marketing ManagerのAlison Haskins、Digital Content Team LeadのNoel Lotz、Digital Studio Project ManagerのMelissa Honig、Margaret E. Monahan-Pashallである。

　なかでも特にAdrienneには感謝している。プロジェクトがスタートした当初から献身的に関わり、重要な決断のすべてに労を惜しまず貢献してくれた。プロジェクトの立案にあたったDigital EditorのDenise Clinton、そして、Vice President Product ManagementのDonna Battistaには、プロジェクトを通じて支援していただいた。みなさんは、私たち3人にとっては、筆者であり、教育者であり、コミュニケーターであった。本書は、プロジェクトに関わったすべての方々の忍耐と献身の証であり、良い文章（いや悪い文章！）を見出した慧眼の証でもある。彼らのプロジェクトへの偉大な献身に私たちは感銘を受けてきた。完成までの助言と協力に心から感謝している。

　最後に、私たちを支えてくれた人々に感謝したい。私たちを経済学者として導き、教育の力と経済学を学ぶことから得られる喜びを実例をもって示してくださった指導教授たち。私たちを育て、私たちのキャリアを可能にした人的資源を与えてくれた両親。私たちの子どもたち、Annika、Aras、Arda、Eli、Greta、Mason、MaxとNoahは、執筆に追われて犠牲にせざるをえなかった家族との時間を我慢してくれた。そして、プロジェクトを通して私たちをサポートし、理解してくれた配偶者にも感謝しきれない。

謝　辞

本書は、このプロジェクトにともに取り組んだ、慧眼と情熱を持った多くの人々の成果である。数多くの協力者たちに心から感謝を捧げたい。

レビュアー

以下に挙げる方々は、本テキストのレビュアー、フォーカス・グループ、テスト授業参加のみなさんである。彼らからは、様々な洞察と貢献を与えていただいた。

Adel Abadeer, Calvin College
Ahmed Abou-Zaid, Eastern Illinois University
Temisan Agbeyegbe, City University of New York
Carlos Aguilar, El Paso Community College
Rashid Al-Hmoud, Texas Tech University
Sam Allgood, University of Nebraska, Lincoln
Neil Alper, Northeastern University
Farhad Ameen, Westchester Community College
Catalina Amuedo-Dorantes, San Diego State University
Lian An, University of North Florida
Samuel Andoh, Southern Connecticut State University
Brad Andrew, Juniata College
Len Anyanwu, Union County College
Robert Archibald, College of William and Mary
Ali Arshad, New Mexico Highlands University
Robert Baden, University of California, Santa Cruz
Mohsen Bahmani-Oskooee, University of Wisconsin, Milwaukee
Scott L. Baier, Clemson University
Rita Balaban, University of North Carolina
Mihajlo Balic, Harrisburg Area Community College
Sheryl Ball, Virginia Polytechnic Institute and State University
Spencer Banzhaf, Georgia State University
Jim Barbour, Elon University
Hamid Bastin, Shippensburg University
Clare Battista, California State Polytechnic University, San Luis Obispo
Jodi Beggs, Northeastern University
Eric Belasco, Montana State University
Susan Bell, Seminole State University
Valerie Bencivenga, University of Texas, Austin
Pedro Bento, West Virginia University
Derek Berry, Calhoun Community College
Prasun Bhattacharjee, East Tennessee State University
Benjamin Blair, Columbus State University
Douglas Blair, Rutgers University
John Bockino, Suffolk County Community College
Andrea Borchard, Hillsborough Community College
Luca Bossi, University of Pennsylvania
Gregory Brock, Georgia Southern University

Bruce Brown, California State Polytechnic University, Pomona
David Brown, Pennsylvania State University
Jaime Brown, Pennsylvania State University
Laura Bucila, Texas Christian University
Don Bumpass, Sam Houston State University
Chris Burkart, University of West Florida
Colleen Callahan, American University
Fred Campano, Fordham University
Douglas Campbell, University of Memphis
Cheryl Carleton, Villanova University
Scott Carrell, University of California, Davis
Kathleen Carroll, University of Maryland, Baltimore
Regina Cassady, Valencia College, East Campus
Shirley Cassing, University of Pittsburgh
Nevin Cavusoglu, James Madison University
Suparna Chakraborty, University of San Francisco
Catherine Chambers, University of Central Missouri
Chiuping Chen, American River College
Susan Christoffersen, Philadelphia University
Benjamin Andrew Chupp, Illinois State University
David L. Cleeton, Illinois State University
Cynthia Clement, University of Maryland
Marcelo Clerici-Arias, Stanford University
Rachel Connelly, Bowdoin College
William Conner, Tidewater Community College
Patrick Conway, University of North Carolina
Jay Corrigan, Kenyon College
Antoinette Criss, University of South Florida
Sean Crockett, City University of New York
Patrick Crowley, Texas A&M University, Corpus Christi
Kelley Cullen, Eastern Washington University
Scott Cunningham, Baylor University
Muhammed Dalgin, Kutztown University
David Davenport, McLennan Community College
Stephen Davis, Southwest Minnesota State University
John W. Dawson, Appalachian State University
Pierangelo De Pace, California State University, Pomona
David Denslow, University of Florida
Arthur Diamond, University of Nebraska, Omaha
Timothy Diette, Washington and Lee University
Isaac Dilanni, University of Illinois, Urbana-Champaign
Oguzhan Dincer, Illinois State University
Ethan Doetsch, Ohio State University
Murat Doral, Kennesaw State University
Tanya Downing, Cuesta College
Gary Dymski, University of California, Riverside
Kevin Egan, University of Toledo
Eric Eide, Brigham Young University, Provo
Harold Elder, University of Alabama, Tuscaloosa
Harry Ellis, University of North Texas
Noha Emara, Columbia University
Lucas Engelhardt, Kent State University, Stark

Hadi Esfahani, University of Illinois, Urbana-Champaign
Molly Espey, Clemson University
Jose Esteban, Palomar College
Hugo Eyzaguirre, Northern Michigan University
Jamie Falcon, University of Maryland, Baltimore
Liliana Fargo, DePaul University
Sasan Fayazmanesh, California State University, Fresno
Bichaka Fayissa, Middle Tennessee State University
Virginia Fierro-Renoy, Keiser University
Donna Fisher, Georgia Southern University
Paul Fisher, Henry Ford Community College
Todd Fitch, University of California, Berkeley
Mary Flannery, University of Notre Dame
Hisham Foad, San Diego State University
Mathew Forstater, University of Missouri, Kansas City
Irene Foster, George Mason University
Hamilton Fout, Kansas State University
Shelby Frost, Georgia State University
Timothy Fuerst, University of Notre Dame
Ken Gaines, East-West University
John Gallup, Portland State University
William Galose, Lamar University
Karen Gebhardt, Colorado State University
Gerbremeskel Gebremariam, Virginia Polytechnic Institute and State University
Lisa George, City University of New York
Gregory Gilpin, Montana State University
Seth Gitter, Towson University
Rajeev Goel, Illinois State University
Bill Goffe, State University of New York, Oswego
Julie Gonzalez, University of California, Santa Cruz
Paul Graf, Indiana University, Bloomington
Philip Graves, University of Colorado, Boulder
Lisa Grobar, California State University, Long Beach
Fatma Gunay Bendas, Washington and Lee University
Michael Hammock, Middle Tennessee State University
Michele Hampton, Cuyahoga Community College
Moonsu Han, North Shore Community College
F. Andrew Hanssen, Clemson University
David Harris, Benedictine College
Robert Harris, Indiana University-Purdue University Indianapolis
Julia Heath, University of Cincinnati
Jolien Helsel, Youngstown State University
Matthew Henry, Cleveland State University
Thomas Henry, Mississippi State University
David Hewitt, Whittier College
Wayne Hickenbottom, University of Texas, Austin
Michael Hilmer, San Diego State University
John Hilston, Brevard College
Naphtali Hoffman, Elmira College and Binghamton University
Kim Holder, University of West Georgia
Robert Holland, Purdue University
James A. Hornsten, Northwestern University

Gail Hoyt, University of Kentucky
Jim Hubert, Seattle Central Community College
Scott Hunt, Columbus State Community College
Kyle Hurst, University of Colorado, Denver
Ruben Jacob-Rubio, University of Georgia
Joyce Jacobsen, Wesleyan University
Kenneth Jameson, University of Utah
Andres Jauregui, Columbus State University
Sarah Jenyk, Youngstown State University
Robert Jerome, James Madison University
Deepak Joglekar, University of Connecticut
Paul Johnson, Columbus State University
Ted Joyce, City University of New York
David Kalist, Shippensburg University
Lilian Kamal, University of Hartford
Leonie Karkoviata, University of Houston, Downtown
Kathy Kelly, University of Texas, Arlington
Colin Knapp, University of Florida
Yilmaz Kocer, University of Southern California
Ebenezer Kolajo, University of West Georgia
Janet Koscianski, Shippensburg University
Robert Krol, California State University, Northridge
Daniel Kuester, Kansas State University
Patricia Kuzyk, Washington State University
Sumner La Croix, University of Hawaii
Rose LaMont, Modesto Community College
Carsten Lange, California State University, Pomona
Vicky Langston, Columbus State University
Susan Laury, Georgia State University
Myoung Lee, University of Missouri, Columbia
Sang Lee, Southeastern Louisiana University
Phillip K. Letting, Harrisburg Area Community College
John Levendis, Loyola University
Steven Levkoff, University of California, San Diego
Dennis P. Leyden, University of North Carolina, Greensboro
Gregory Lindeblom, Brevard College
Alan Lockard, Binghamton University
Joshua Long, Ivy Technical College
Linda Loubert, Morgan State University
Heather Luea, Kansas State University
Rita Madarassy, Santa Clara University
James Makokha, Collin County Community College
Liam C. Malloy, University of Rhode Island
Paula Manns, Atlantic Cape Community College
Vlad Manole, Rutgers University
Hardik Marfatia, Northeastern Illinois University
Lawrence Martin, Michigan State University
Norman Maynard, University of Oklahoma
Katherine McClain, University of Georgia
Scott McGann, Grossmont College
Kim Marie McGoldrick, University of Richmond
Shah Mehrabi, Montgomery Community College
Saul Mekies, Kirkwood Community College

Kimberly Mencken, Baylor University
Diego Mendez-Carbajo, Illinois Wesleyan University
Catherine Middleton, University of Tennessee, Chattanooga
Nara Mijid, Central Connecticut State University
Laurie A. Miller, University of Nebraska, Lincoln
Edward Millner, Virginia Commonwealth University
Ida Mirzaie, Ohio State University
David Mitchell, Missouri State University, Springfield
Michael Mogavero, University of Notre Dame
Robert Mohr, University of New Hampshire
Barbara Moore, University of Central Florida
Thaddeaus Mounkurai, Daytona State College
Usha Nair-Reichert, Emory University
Camille Nelson, Oregon State University
Michael Nelson, Oregon State University
John Neri, University of Maryland
Andre Neveu, James Madison University
Jinlan Ni, University of Nebraska, Omaha
Eric Nielsen, St. Louis Community College
Jaminka Ninkovic, Emory University
Chali Nondo, Albany State University
Richard P. Numrich, College of Southern Nevada
Andrew Nutting, Hamilton College
Grace O., Georgia State University
Norman Obst, Michigan State University
Scott Ogawa, Northwestern University
Lee Ohanian, University of California, Los Angeles
Paul Okello, Tarrant County College
Ifeakandu Okoye, Florida A&M University
Alan Osman, Ohio State University
Tomi Ovaska, Youngstown State University
Caroline Padgett, Francis Marion University
Peter Parcells, Whitman College
Cynthia Parker, Chaffey College
Mohammed Partapurwala, Monroe Community College
Robert Pennington, University of Central Florida
Kerk Phillips, Brigham Young University
Goncalo Pina, Santa Clara University
Michael Podgursky, University of Missouri
Greg Pratt, Mesa Community College
Guangjun Qu, Birmingham-Southern College
Fernando Quijano, Dickinson State University
Joseph Quinn, Boston College
Reza Ramazani, Saint Michael's College
Ranajoy Ray-Chaudhuri, Ohio State University
Mitchell Redlo, Monroe Community College
Javier Reyes, University of Arkansas
Teresa Riley, Youngstown State University
Nancy Roberts, Arizona State University
Malcolm Robinson, Thomas More College
Randall Rojas, University of California, Los Angeles
Sudipta Roy, Kankakee Community College
Jared Rubin, Chapman University
Jason C. Rudbeck, University of Georgia
Melissa Rueterbusch, Mott Community College
Mariano Runco, Auburn University at Montgomery

Nicholas G. Rupp, East Carolina University
Steven Russell, Indiana University-Purdue University-Indianapolis
Michael Ryan, Western Michigan University
Ravi Samitamana, Daytona State College
David Sanders, University of Missouri, St. Louis
Michael Sattinger, State University of New York, Albany
Anya Savikhin Samek, University of Wisconsin, Madison
Peter Schuhmann, University of North Carolina, Wilmington
Robert M. Schwab, University of Maryland
Jesse Schwartz, Kennesaw State University
James K. Self, Indiana University, Bloomington
Mark Showalter, Brigham Young University, Provo
Dorothy Siden, Salem State University
Mark V. Siegler, California State University, Sacramento
Timothy Simpson, Central New Mexico Community College
Michael Sinkey, University of West Georgia
John Z. Smith, Jr., United States Military Academy, West Point
Thomas Snyder, University of Central Arkansas
Joe Sobieralski, Southwestern Illinois College
Sara Solnick, University of Vermont
Martha Starr, American University
Rebecca Stein, University of Pennsylvania
Liliana Stern, Auburn University
Adam Stevenson, University of Michigan
Cliff Stone, Ball State University
Mark C. Strazicich, Appalachian State University
Chetan Subramanian, State University of New York, Buffalo
AJ Sumell, Youngstown State University
Charles Swanson, Temple University
Tom Sweeney, Des Moines Area Community College
James Swofford, University of South Alabama
Vera Tabakova, East Carolina University
Emily Tang, University of California, San Diego
Mark Tendall, Stanford University
Jennifer Thacher, University of New Mexico
Charles Thomas, Clemson University
Rebecca Thornton, University of Houston
Jill Trask, Tarrant County College, Southeast
Steve Trost, Virginia Polytechnic Institute and State University
Ty Turley, Brigham Young University
Nora Underwood, University of Central Florida
Mike Urbancic, University of Oregon
Don Uy-Barreta, De Anza College
John Vahaly, University of Louisville
Ross Van Wassenhove, University of Houston
Don Vandegrift, College of New Jersey
Nancy Virts, California State University, Northridge
Cheryl Wachenheim, North Dakota State College
Jeffrey Waddoups, University of Nevada, Las Vegas
Donald Wargo, Temple University
Charles Wassell, Jr., Central Washington University
Matthew Weinberg, Drexel University
Robert Whaples, Wake Forest University

Elizabeth Wheaton, Southern Methodist University
Mark Wheeler, Western Michigan University
Anne Williams, Gateway Community College
Brock Williams, Metropolitan Community College of Omaha
DeEdgra Williams, Florida A&M University
Brooks Wilson, McLennan Community College
Mark Witte, Northwestern University
Katherine Wolfe, University of Pittsburgh
William Wood, James Madison University
Steven Yamarik, California State University, Long Beach
Bill Yang, Georgia Southern University
Young-Ro Yoon, Wayne State University
Madelyn Young, Converse College
Michael Youngblood, Rock Valley College
Jeffrey Zax, University of Colorado, Boulder
Martin Zelder, Northwestern University
Erik Zemljic, Kent State University
Kevin Zhang, Illinois State University

監訳者まえがき～日本語版刊行にあたって～

　本書は、Daron Acemoglu, David Laibson, John A. List, *Macroeconomics* (2015, Pearson Education) の日本語版である。同じ著者による *Microeconomics*（2020年に日本語版を刊行予定）とともに、大学での経済学入門コースの教科書として、アメリカをはじめ世界各国で好評を博している。日本の大学では、4単位科目（通年1コマか半期2コマ）の教科書に適した分量であるが、内容を取捨選択して2単位科目か、ミクロ経済学を合わせた4単位科目の半分をカバーする教科書として使用することもできるだろう。

　翻訳された教科書で本書のレベルに相当するものには、『マンキュー経済学Ⅱ マクロ編』、『スティグリッツ マクロ経済学』、『クルーグマン マクロ経済学』（以上、東洋経済新報社）、『ハバード経済学Ⅲ 基礎マクロ編』（日本経済新聞出版社）等がある。これらと比較した本書の特徴は、「新しい」と「やさしい」である。

　「新しい」面は、従来の入門レベルの教科書では扱われていないが、学界の最先端で議論されているような最新のトピックを、教科書の中核に取り入れていることである。改訂を重ねている教科書には、長年使われて改良が施されている利点がある一方で、経済学の新しい知見が現れても、教科書の骨格を変化させることが難しい。その結果、時代の変化とともに廃れつつある知識を最初にしっかりと学び、今重要な新しい知識は上級の教科書で触れられるものとしていっさい取り上げないか、最後に少しだけ触れられるような構成になってしまうことが起こりがちである。結局、既存の教科書は変化できずに、新しい教科書に取って代わられることで、教科書は進歩してきた。

　本書は、革新的業績で経済学を変貌させてきた著者たち（いわば教科書の書換えを迫る張本人）が、自分たちが変えた経済学の姿を教科書に盛り込もうと試みたものである。その「新しさ」の例をいくつか挙げよう。

　まず、事実とデータにより理論を検証しようとする「経験主義」を、経済学のアプローチにおける3つの重要な原理の1つに掲げ、各章の構成をその精神で貫いている。各章冒頭では重要な問いかけを行い、それを解明するために必要な経済学の概念や論理を学び、コラム「根拠に基づく経済学」（EBE）で、実際のデータを用いて理論を検証している。もちろん教科書であるから、概念

と理論を積み上げていくように章の順番は構成されているが、理論を学ぶことが優先ではなく、経済を理解するために経済学を学ぶことが優先である。データは時間が経つと古くなるので、従来の教科書ではなかなか積極的に採用できなかったアプローチである。本書では、長く学生にとっても役に立つ、本質的な問題を精選することで、この問題に対応している。

本書が取り上げる課題の多くは、経済に起こった現象の原因と結果の関係の解明である。因果関係から生じる影響を抽出するために、原因から影響を受ける処置群と影響を受けない対照群を設定するという手法（現在の学界では、ゴールドスタンダードと呼ばれる）が中心的な役割を占める（2章）。「平均処置効果」のような学部レベルでは扱われていなかった概念まで最初からしっかり説明されているのは、従来の教科書にはない特徴である。最初からこのような方法論を学べることは、本書を学んだ後に経済学を使って自分で経済問題を考える際には大きな助けとなることだろう。

「なぜ豊かな国と貧しい国があるのか？」（8章）、という重要な問いかけに対しても、本書では数章（5〜8章）をかけてこの方法論から解明する。そして、技術の蓄積の差が国際間の貧富の差の重要な要因になっていることと（7章）、経済制度の差が技術の差を生じさせていることを（8章）、朝鮮半島などにおける実際のデータを用いて論証している（8章）。理論の展開を重視する従来の教科書では、背景となるモデルの数学的な難しさから十分に踏み込めなかった話題である。こうしたテーマに対して経験主義の方向から接近することによって、著者の1人であるアセモグル教授の著名な研究のエッセンスを入門教科書で展開しているのは、本書の白眉と言える。

従来の教科書での定番教材としては、現代の教科書の元祖であるサミュエルソンの『経済学』（1948年初版）で導入された「45度線モデル」（マクロ経済を安定化される財政政策の乗数効果を説明するモデル）がある。しかし、現代のマクロ経済学は45度線モデルには立脚しておらず、乗数効果はゲーム理論での「戦略的補完性」の概念に基づいて説明されるようになっている。このことをはじめとして、現在、マクロ経済学では学部で学ぶことと大学院で学ぶことの乖離が大きいことが教育上の問題になっている。経済学入門コースで45度線モデルをしっかり学んでも、レベルが上がるにつれて、45度線モデルで学んだことは不要になる。本書では戦略的補完性の技術的説明はしていないが、そのエッセンスを伝える説明をすることで、そのまま現代のマクロ経済学での議論につながる体裁をとっている（12章）。

金融に関しても、サブプライム・ローンの破綻から金融危機（2008～09年）が起きたことで、教科書の書換えが迫られていた。これまで金融危機が長らく起こらなかったことで、金融危機が起こらない経済の動きをうまく説明するようにマクロ経済学は発達し、教科書もそのような経済学に基づいて書かれてきた。いまやそれは不適切である。本書では、銀行の機能からリーマン・ブラザーズ証券の破綻を招いた現象である組織的銀行取付けに至るまで、金融危機がなぜ起こるのかを理解するために必要な概念を一直線に学べるように工夫されている（10章、12章）。

　内容が複雑にならない、記述が難しくならない、という意味での「やさしさ」については本書のレベルは、従来の教科書では一番やさしいとされる『マンキュー経済学Ⅱ　マクロ編』よりも少しやさしい水準だろう。また、重要な話題が精選されていることによって読みやすく、かつ学びやすくなっている。

　翻訳でもそうした「やさしさ」を伝えることにひときわ気を遣った。原書で使われている英語は非常に平易なものであるが、翻訳によっては学術的で固い日本語になってしまいがちである。日本語版を企画した東洋経済新報社の佐藤朋保氏とも議論のうえに、本書は、高校生でも読めるような翻訳を目指した。そのため一部では、日本語として意味が通りやすい意訳を志向している。

　アメリカでは、本書のようなレベルの教科書は、高校で大学レベルの授業をするAP（Advanced Placement）プログラムでも使用される。これは、日本での高大連携にあたる。ただし、日本の高校の社会科教科書の内容と比較して、暗記よりも、考えることが重視されている。本書で扱われる問いは、たとえば、「2009年に破綻して、世界的な金融危機の引き金になった金融機関はどこか？」を問うのではなく、「2007～09年の景気後退はなぜ起きたのか？」（12章）と金融危機が起こった背景を問うものである。経済学を用いて考える力を養う本書は、高校生や社会人にとってもおすすめである。

　経済学の内容を読者にやさしく伝えるために、本書ではアメリカの学生が経験する身近な事例を多数取り上げている。翻訳教科書のつねとして、そのような事例は日本ではなじみのないもので、逆効果になることもある。その場合は、固有名詞を一般名詞に置き換えたり、日米の慣習や制度の違いについて訳注を付けたりして、日本の読者にも読みやすくなるようにした（原書注とは区別して、「＊」を付して脚注としている）。また、日本のデータを参照した図をいくつか追加している（図表番号の終わりに「J」を添えている）。なお、原書のわ

かりにくさを改善するために、7章補論にあった経済成長モデルの数学的説明は割愛し、10章（337ページ）の実質金利と名目金利に関する記述は第2版と差し替えた。

経済学のテキストを実際の大学の講義で使用するにあたっては、アメリカでは教科書に適合した様々なサポート教材が提供されている[†]。本書でも、同様のセットが日本語版として提供される。テキスト各章に対応した、図表スライド、講義用スライド、TestBank、eラーニング、章末問題の解答、アクティブラーニング用スライドなどの様々なサポート教材のセットについては、東洋経済新報社の茅根恭子氏に準備していただいた。

本書の著者の経歴と業績は巻末に紹介されているが、プロフィールの若干の補足をしておこう。

アセモグル教授は、その業績を要約することが難しいほど、多岐にわたる分野で活躍をしている。専門分化が進んだ現代の経済学の中で、1つの専門分野にとどまることなく重要な問題に次々と関心を移し、それぞれで影響力のある業績をあげ、稀有な存在として業界の尊敬と畏怖の念を集めている。教授の活躍自体が、経済の様々な重要な問題をゴールドスタンダードに沿って検証するという本書のアプローチのお手本になっていると言ってよい。教授の知的好奇心は、最近では、人工知能（AI）の経済への影響に関する研究にも影響を発揮している。

レイブソン教授は、心理学の知見を取り入れて発展した行動経済学の確立に貢献した重鎮である。行動経済学の知見は、本書の経済主体の行動の説明の中心に置かれていて、3つの重要な原理の1つである「最適化」について、本書では、誰もがつねに最適化ができているとは限らないが、人々は最適化を試みることによって、多くの場合にうまく最適化を行っている、という説明から出発している。教授はまた、神経科学を取り入れた神経経済学、遺伝子情報をデータとして活用する遺伝子経済学でも活躍しており、隣接科学との交流によって経済学の方法論を大きく広げる活躍をされている。

リスト教授は、実験室内ではなく実際の社会で実験を行うという、フィールド実験を用いた研究の第一人者である。経済学の研究対象が自由貿易の是非のような国民経済全体に関わることであった時代には、経済学は自然科学とは違って実験ができない学問とされていた。しかし現代では教育、社会保障のような

[†] 教員向けサポート教材については「教科書の森」サイトを参照。https://book.toyokeizai.net/textbook/

対個人サービスが重要な位置を占めるようになり、政策の効果の検証には実験が可能な研究課題が多くなってきた。それだけでなく教授は、人々の経済行動の研究にもフィールド実験を積極的に適用して、経済学の方法論を革命的に進歩させた。

　こうした革新的な業績をあげ続けているスーパースターのチームが、教科書の世界を革新しようとする醍醐味を、本書を読むことで味わっていただきたいと思う。

　最後に、佐藤氏に加えて東洋経済新報社の村瀬裕己氏と堀雅子氏には、本書の編集・校正作業にあたっていただいた。600ページを超える大部を隅々までチェックして、数多くの不備を修正していただいた。みな様の深いプロ意識と優しいサポートに厚く感謝を申し上げる。

　この種の翻訳では複数人で分担して翻訳するところを、日本語版の意図を貫徹する観点から、単独での翻訳を岩本千晴氏にお願いした。限られた期間で大部の原稿を翻訳することで大変ご苦労をおかけしたが、すばらしい翻訳をされたことに厚く感謝を申し上げたい。

岩本　康志

マクロ経済学主要目次

第Ⅰ部　経済学への誘い
- **1章**　経済学の原理と実践
- **2章**　経済学の方法と問い
- **3章**　最適化：最善をつくす
- **4章**　需要、供給と均衡

第Ⅱ部　マクロ経済学への誘い
- **5章**　国の富：マクロ経済全体を定義して測定する
- **6章**　総所得

第Ⅲ部　経済成長と発展
- **7章**　経済成長
- **8章**　なぜ豊かな国と貧しい国があるのか？

第Ⅳ部　マクロ経済の均衡
- **9章**　雇用と失業
- **10章**　クレジット市場
- **11章**　金融システム

第Ⅴ部　景気変動とマクロ経済政策
- **12章**　景気変動
- **13章**　反循環的マクロ経済政策

第Ⅵ部　グローバル経済のマクロ経済学
- **14章**　マクロ経済と国際貿易
- **15章**　開放経済のマクロ経済学

目 次

まえがき i

謝辞 ix

監訳者まえがき〜日本語版刊行にあたって〜 xix

第 I 部　経済学への誘い

1章　経済学の原理と実践 2

1.1 経済学の対象 3
　　経済主体と経済資源 4
　　経済学の定義 6
　　事実解明的経済学と規範的経済学 6
　　ミクロ経済学とマクロ経済学 8

1.2 3つの原理 9

1.3 第1の原理：最適化 11
　　トレードオフと予算制約 12
　　機会費用 13
　　費用便益分析 15

EBE フェイスブックは無料か？ 17

1.4 第2の原理：均衡 20
　　フリーライダー問題 22

1.5 第3の原理：経験主義 23

1.6 経済学は役に立つ？ 24
　　まとめ 25
　　キーワード 26
　　復習問題 26
　　演習問題 27

2章　経済学の方法と問い　30

2.1　科学的方法とは　31
モデルとデータ　32
経済モデル　34
EBE　大学を卒業すると、どれぐらい所得が増えるのか？　35
平均値　37
伝聞に基づく議論　38

2.2　因果関係と相関関係　39
赤色の広告キャンペーン　39
因果関係と相関関係　40
実験経済学と自然実験　43

2.3　経済学の問いと答え　44
EBE　義務教育が1年延びたら、賃金はどれぐらい上がるのか？　45
まとめ　47
キーワード　47
復習問題　49
演習問題　49

補論　グラフの作成と解釈　52
インセンティブに関する研究　52
実験のデザイン　53
変数の説明　54
原因と結果　58
キーワード　62
練習問題　62

3章　最適化：最善をつくす　64

3.1　最適化の2つの方法：焦点の違い　65
3.2　水準による最適化　68
選択の結果　人々は本当に最適化しているのか？　68
比較静学　72
3.3　差分による最適化：限界分析　75
限界費用　76
EBE　立地は家賃にどのように影響するのか？　80

まとめ 84

キーワード 85

復習問題 85

演習問題 86

4章　需要、供給と均衡 90

4.1 市場 91
競争市場 92

4.2 買い手の行動 94
需要曲線 95

支払意思額 96

個人の需要曲線から総需要曲線を導き出す 97

市場需要曲線を作る 99

需要曲線のシフト 100

EBE ガソリン価格が安くなったら、もっとガソリンを買うだろうか？ 104

4.3 売り手の行動 106
供給曲線 106

受入意思額 108

個別の供給曲線から市場供給曲線を導き出す 108

供給曲線のシフト 110

4.4 均衡における供給と需要 113
競争均衡における曲線のシフト 116

4.5 政府がガソリン価格を決めたらどうなるか？ 119
選択の結果 市場価格を固定することによる予期せぬ出来事 120

まとめ 122

キーワード 123

復習問題 124

演習問題 125

第Ⅱ部 マクロ経済学への誘い

5章 国の富：マクロ経済全体を定義して測定する 130

- **5.1** マクロ経済学の問題 131
- **5.2** 国民経済計算：生産＝支出＝所得 134
  - 生産アプローチ 134
  - 支出アプローチ 135
  - 所得アプローチ 136
  - 経済循環 137
  - 国民経済計算：生産アプローチ 139
  - 国民経済計算：支出アプローチ 142
  - **EBE** アメリカの経済生産の1年間の総市場価値はどれほどの規模になるのか？ 144
  - 国民経済計算：所得アプローチ 148
  - データは語る 貯蓄か投資か 149
- **5.3** GDPでは測定されないもの 150
  - 物的資本の減耗 151
  - 家庭における生産 152
  - 地下経済 154
  - 負の外部性 155
  - 国内総生産（GDP）と国民総生産（GNP） 155
  - 余暇 157
  - GDPで幸福が買えるだろうか？ 157
- **5.4** 実質と名目 159
  - GDPデフレーター 162
  - 消費者物価指数 165
  - インフレーション 168
  - 名目変数の調整 169
  - まとめ 170
  - キーワード 171
  - 復習問題 172
  - 演習問題 173

6章 総所得 178

6.1 世界の経済格差 179
1人当たり所得の違いを測定する 180

データは語る ビッグマック指数 182

1人当たり所得の格差 183

労働者1人当たり所得 184

生産性 186

所得と生活水準 186

選択の結果 1人当たり所得を見ているだけではわからないこと 190

6.2 生産性と集計的生産関数 190
生産性の違い 190

集計的生産関数 191

労働 192

物的資本と土地 193

集計的生産関数を式で表す 193

6.3 技術の役割と決定要因 196
技術 196

データは語る ムーアの法則 197

技術に関するいくつかの側面 198

データは語る 企業レベルでの生産の効率性と生産性 200

企業家精神 201

データは語る 独占とGDP 201

EBE 平均的アメリカ人が平均的インド人よりずっと豊かな理由は何か? 202

まとめ 205

キーワード 206

復習問題 206

演習問題 208

補論 集計的生産関数の数学的説明 212

第Ⅲ部　経済成長と発展

7章　経済成長　216

7.1　経済成長の力　217
ひと目でわかるアメリカの経済成長　217
指数的成長　220
選択の結果　指数的成長がもたらす結果　222
経済成長のパターン　223
データは語る　GDPは水準で比較すべきか？　成長率で比較すべきか？　226
平均成長率の計算　229

7.2　経済はどのように成長するのか？　230
最適化：貯蓄と消費の間の分割の選択　231
持続的成長は、どのように実現されるのか？　233
選択の結果　貯蓄率が上昇するのは、どんな場合にもいいことなのか？　234
知識・技術進歩・経済成長　234
EBE　アメリカ経済は、過去200年間にわたって、なぜ経済成長を続けることができたのか？　237

7.3　経済成長と技術の歴史　240
近代以前の経済成長　240
マルサスが考えた経済成長の限界　242
産業革命　243
産業革命以降の経済成長と技術　244

7.4　経済成長、不平等、そして貧困　244
経済成長と不平等　244
データは語る　アメリカにおける所得格差　245
選択の結果　格差と貧困　246
経済成長と貧困　247
どうすれば貧困を減らすことができるのか？　248
データは語る　平均寿命とイノベーション　249

まとめ　250
キーワード　251
復習問題　252
演習問題　252

8章 なぜ豊かな国と貧しい国があるのか？ 256

- **8.1 繁栄の直接的原因と根本的原因** 257
  - 地理仮説 259
  - 文化仮説 261
  - 制度仮説 262
  - 歴史上の自然実験 264
- **8.2 制度と経済発展** 267
  - 包摂的経済制度と収奪的経済制度 268
  - 経済制度が経済に及ぼす影響 269
  - データは語る 東ヨーロッパにおける分岐と収束 270
  - 収奪的経済制度が選ばれる論理 275
  - 包摂的経済制度と産業革命 276
  - データは語る 鉄道建設を阻止した理由 277
  - EBE 熱帯地域と亜熱帯地域の貧困は地理的条件が原因なのか？ 279
- **8.3 対外援助は世界の貧困の解決策になるのか？** 287
  - 選択の結果 対外援助と腐敗 288
  - まとめ 289
  - キーワード 290
  - 復習問題 290
  - 演習問題 291

第Ⅳ部 マクロ経済の均衡

9章 雇用と失業 298

- **9.1 雇用と失業の測定** 299
  - 16歳以上人口の分類 300
  - 失業率の計算 301
  - 失業率の傾向 302
  - 失業者の内訳 304
- **9.2 労働市場の均衡** 305
  - 労働需要 305

労働需要曲線のシフト　308

労働供給　310

労働供給曲線のシフト　310

競争的労働市場の均衡　312

9.3　失業はなぜ起きるのか?　313

9.4　ジョブ・サーチと摩擦的失業　314

9.5　賃金の硬直性と構造的失業　316

最低賃金法　316

選択の結果 ラッダイト運動　318

労働組合と団体交渉　319

効率賃金と失業　320

賃金の下方硬直性と失業の変動　321

自然失業率と循環的失業　323

EBE 企業が工場を閉鎖すると、地域の雇用と失業にはどのような影響が及ぶのか?　324

まとめ　327

キーワード　329

復習問題　329

演習問題　330

10章　クレジット市場　334

10.1　クレジット市場とはどういう市場か?　335

借り手と融資の需要　336

実質金利と名目金利　337

信用需要曲線　339

貯蓄の決定　342

選択の結果 なぜ貯蓄をするのか?　343

信用供給曲線　343

クレジット市場における均衡　346

クレジット市場と資源の効率的配分　348

10.2　銀行と金融仲介機関：供給と需要をあわせて考える　349

銀行の貸借対照表上における資産と負債　351

10.3　銀行はどのような業務を行っているのか?　354

利益につながる融資機会を見つけ出す　354

満期変換　355

リスクの管理　356

銀行取付け　358

銀行の規制と銀行の支払い能力　359

EBE　銀行の破綻はどのぐらい頻繁に起こっているのか？　361

選択の結果　大きすぎて潰せない　364

選択の結果　資産価格の変動と銀行の破綻　365

まとめ　366

キーワード　367

復習問題　368

演習問題　369

11章　金融システム　374

11.1　貨幣　376

貨幣の機能　376

貨幣の種類　377

マネーサプライ　378

選択の結果　金に交換できた貨幣とできなくなった貨幣　380

11.2　貨幣、物価、GDP　381

名目GDP、実質GDP、インフレーション　381

貨幣数量説　383

11.3　インフレーション　384

インフレーションの原因は何だろうか？　384

インフレーションが及ぼす影響　385

インフレーションの社会的費用　386

インフレーションの社会的便益　388

11.4　連邦準備制度　389

中央銀行と金融政策の目的　389

EBE　1922〜23年のドイツでは、なぜハイパーインフレーションが起きたのか？　390

中央銀行は何をしているのか？　393

準備預金　395

フェデラル・ファンド市場の需要サイド　397

フェデラル・ファンド市場の供給サイド、およびフェデラル・ファンド市場の均衡　400

xxxiv 目次

| | | Fedはマネーサプライとインフレ率にどのような影響を及ぼすのか? 405 |

選択の結果　フェデラル・ファンド市場以外で準備預金を得る　407

　　　　　　　フェデラル・ファンド・レートと長期実質金利の関係　407

選択の結果　インフレ期待の2つのモデル　410

まとめ　413

キーワード　414

復習問題　415

演習問題　415

第Ⅴ部　景気変動とマクロ経済政策

12章　景気変動　420

12.1　景気変動と景気循環　421

景気変動のパターン　424

大恐慌　427

12.2　マクロ経済均衡と景気変動　430

労働需要と変動　430

変動の要因　433

データは語る　失業率と実質GDPの成長率：オークンの法則　434

乗数と景気変動　441

賃金が下方硬直的で乗数効果が働くときの短期均衡　444

中期的な均衡：部分的な回復と完全な回復　444

12.3　経済モデルの拡張　450

EBE　2007～09年の景気後退はなぜ起きたのか？　452

まとめ　459

キーワード　461

復習問題　462

演習問題　462

13章 反循環的マクロ経済政策 466

13.1 景気変動における反循環的政策の役割 467
13.2 反循環的金融政策 470
フェデラル・ファンド・レートの操作 472
Fedが用いるその他の手段 475
期待、インフレーション、金融政策 477

データは語る 期待をコントロールする 478

金融引締め政策：インフレーションのコントロール 479
ゼロ金利制約 481

選択の結果 政策の失敗 483

政策のトレードオフ 484

13.3 反循環的財政政策 485
景気循環と財政政策：自動的な部分と裁量的な部分 486
支出を増やす財政政策の分析 488
減税による財政政策の分析 492
労働市場を直接の対象とした財政政策 494
政策の無駄と政策のラグ 496

13.4 財政政策と金融政策の境界が曖昧な政策 497
EBE 政府が支出を増加させると、GDPはどのぐらい上昇するのか？ 498

まとめ 500
キーワード 502
復習問題 502
演習問題 503

第VI部 グローバル経済のマクロ経済学

14章 マクロ経済と国際貿易 510

14.1 貿易はなぜ行われるのか？ またどのように行われるのか？ 511
絶対優位と比較優位 512
比較優位と国際貿易 517
効率性と貿易の勝者と敗者 520

　　　　　　　　　貿易はどのように行われているのか？　521

　　　　　　　　　貿易障壁：関税　523

📊 データは語る　相互につながった世界で暮らす　524

14.2　経常収支と金融収支　525

📈 選択の結果　関税と投票　526

　　　　　　　　　貿易黒字と貿易赤字　526

　　　　　　　　　国際的な資金の流れ　527

　　　　　　　　　経常収支と金融収支の仕組み　529

14.3　国際貿易、技術移転、経済成長　533

📊 データは語る　IBMからレノボへ　535

　　　EBE　ナイキのような企業はベトナムの労働者の敵なのか？　536

　　　　　　　　　まとめ　540

　　　　　　　　　キーワード　540

　　　　　　　　　復習問題　541

　　　　　　　　　演習問題　542

15章　開放経済のマクロ経済学　546

15.1　為替レート　547

　　　　　　　　　名目為替レート　547

　　　　　　　　　変動為替相場制、管理為替相場制、固定為替相場制　549

15.2　外国為替市場　552

　　　　　　　　　政府は外国為替市場にどのように介入するのか？　554

　　　　　　　　　過大評価された為替レートを維持する　557

📈 選択の結果　固定為替相場制と政治腐敗　560

　　　EBE　ジョージ・ソロスはどうやって10億ドルを稼いだのか？　561

15.3　実質為替レートと輸出　563

　　　　　　　　　名目為替レートから実質為替レートへ　564

　　　　　　　　　名目為替レートと実質為替レートの共変動　565

　　　　　　　　　実質為替レートと純輸出　567

15.4　開放経済におけるGDP　568

📊 データは語る　中国政府が元の過小評価を維持させた理由　569

　　　　　　　　　金利、為替レート、純輸出　570

　　　　　　　　　ブラック・ウェンズデーの再考　571

	データは語る	**固定為替相場制の費用** 573
		まとめ 574
		キーワード 575
		復習問題 575
		演習問題 576

用語解説 581

索引 593

著者紹介 622

ミクロ経済学主要目次

第Ⅰ部　経済学への誘い
- **1章**　経済学の原理と実践
- **2章**　経済学の方法と問い
- **3章**　最適化：最善をつくす
- **4章**　需要、供給と均衡

第Ⅱ部　ミクロ経済学の基盤
- **5章**　消費者とインセンティブ
- **6章**　生産者とインセンティブ
- **7章**　完全競争と見えざる手
- **8章**　貿易
- **9章**　外部性と公共財
- **10章**　政府の役割：税と規制
- **11章**　生産要素市場

第Ⅲ部　市場構造
- **12章**　独占
- **13章**　ゲーム理論と戦略的行動
- **14章**　寡占と独占的競争

第Ⅳ部　ミクロ経済学の拡張
- **15章**　時間とリスクのトレードオフ
- **16章**　情報の経済学
- **17章**　オークションと交渉
- **18章**　社会経済学

経済学への誘い 第 I 部

PART I
Introduction to Economics

経済学の原理と実践

The Principles and Practice of Economics

フェイスブックは無料(タダ)か?

こう聞かれたら、「無料(タダ)」だと答えたくなるだろう。フェイスブック（Facebook）からお金を請求されているわけではないのだから。では視点を変えて質問しよう。フェイスブックを使っているとき、あなたは何をあきらめているだろうか？ フェイスブックはあなたのお金はとらないが、あなたの時間をとっている、と考えてみよう。その時間を使えば、サッカーをしたり、ビデオを見たり、音楽を聴いたりして過ごせる。毎日1時間フェイスブックに使っているとしたら、あなたはその1時間を別のことに使うのをあきらめていることになる。時間の使い道はいろいろだ。たとえば、アメリカの典型的な大学生は1週間に7時間働き、1年間では約4,000ドルを稼いでいる。フェイスブック以外のことに時間を使うとしたら、あなたの価値観では、何をするのが一番良い選択肢だろうか？ これこそが、フェイスブックの費用（お金以外も含む）についての経済学的な考え方だ。

本章の構成

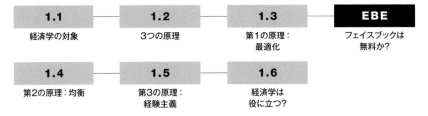

| 1.1 経済学の対象 | 1.2 3つの原理 | 1.3 第1の原理：最適化 | EBE フェイスブックは無料か？ |
| 1.4 第2の原理：均衡 | 1.5 第3の原理：経験主義 | 1.6 経済学は役に立つ？ | |

> **KEY IDEAS**
> **キーアイデア**
>
> - 経済学とは、人々の選択に関する学問である。
>
> - 経済学の第1の原理は最適化である。人は、実現可能な最善の選択肢を選ぼうとする。
>
> - 経済学の第2の原理は均衡である。経済システムは均衡に向かう傾向がある。均衡とは、そこから行動を変えることで便益を得る人は誰もいない、という状態のことだ。
>
> - 経済学の第3の原理は経験主義である。つまりデータを使って分析をするということだ。経済学者は、理論を検証したり、世界で起きたことの要因を分析したりするためにデータを活用する。

　本章では、世の中の出来事を経済学的に考える方法を紹介する。経済学では人々の選択を研究する。特にその選択を、費用と便益の面から考える。フェイスブックについても、費用と便益の面から考えていこう。

1.1　経済学の対象

　経済学の考え方が日常生活に広く関係していることを知ると、たいていの人はびっくりする。経済学は人間の行動のすべてを研究する。新車を借りるかどうか、シートベルトをするかどうか、ヘアピンカーブを時速何キロで回るか。これらはすべて選択であり、経済学者にとっては、こうしたすべての選択が研究対象となる。すべての選択が、直接お金に関連しているわけではない。だから、お金ではなく、選択こそが経済学の研究対象のすべてに共通する特徴である。

　実際、経済学では、人間の行動のほとんどすべてが選択の結果だとみなす。たとえば、父親が娘に洗車するように命令したとしよう。彼女には、実際にそう考えるかどうかはともかく、いくつかの選択肢がある。洗車するというのも

> お金ではなく、選択こそが経済学の研究対象のすべてに共通する特徴である。

そうだし、もっと楽な手伝いに変えてよと交渉することも選択肢だ。洗車を拒否してその報いを受ける、あるいは（極端な例ではあるが）家出するというのも選択肢の1つだ。父親に従うという選択もあれば、従わないという選択もありえるのだ。

経済主体と経済資源

経済学は選択の学問である。これが、経済学とはどういうものかを覚えておくための簡単な方法だ。しかし、より正確に定義するには、**経済主体**と**資源配分**という2つの重要な概念について知る必要がある。

まず**経済主体**とは、選択を行う個人、あるいは集団である。個人の選択の例から紹介しよう。たとえば、消費者は、ダブルベーコンチーズバーガー、あるいは豆腐バーガーのどちらかを選択する。親は、子どもを、公立学校に入れるか、あるいは私立学校に入れるかを選択する。学生は、授業に出席するか、あるいはさぼるかを選択する。市民は、選挙で投票するか、あるいは投票しないかを選択し、投票する場合にはどの候補者を支持するかを選択する。労働者は、仕事をするか、あるいは仕事をするフリをして友人とメールをするかを選択する。犯罪者は、車を盗むか、あるいは高齢の女性からひったくりをするかを選択するかもしれない。企業幹部は、新しい工場をチリに建設するか、あるいは中国に建設するかを選択する。政治家は、法案に賛成するか、あるいは反対するかを選択する。もちろん、日々膨大な数の選択を行っている読者のみなさんも、経済主体の1人だ。

経済主体は個人だけではない。政府、軍隊、企業、大学、政党、労働組合、スポーツチーム、ストリートギャングなど、集団ということもある。経済学は通常、集団の中にいる各個人が集団の決定にどう関与しているかという細かい部分を省略して、集団を1つの意思決定者のように扱って分析を簡単化する。たとえば経済学では、「アップル社は利潤を最大化するようにiPhoneの価格を設定する」と表現して、価格決定に至るまでに多くの経営幹部が関与するという事実は省略される。

次に理解すべき重要な概念は、希少資源の配分だ。経済学は、希少資源の配分を研究する学問だ。**希少資源**とは、人々が欲しがっている量が、人々が利用

● **経済主体**（economic agent）とは、選択を行う個人や集団である。

できる量を超えているものである。金の結婚指輪、指圧、コーチのハンドバッグ、カリフォルニアの桃、iPhone、チョコレート・アイスクリーム、眺めの良い部屋などはすべて希少資源だ。資源には限りがあるのに人の欲求に限りはない状態では、**希少性**が生まれる。すべての人に欲しいものすべてを与えるほど十分な資源はこの世の中にはない。もしスポーツカーが無料でもらえるとしたら、台数は足りなくなってしまうだろう。だから実際には、スポーツカーは代金を支払う意思がある消費者だけに販売される。

スポーツカー市場があることで、経済主体にはたくさんの選択肢が生まれる。あなたに割り当てられた時間は、1日24時間だ。これがあなたの時間枠となる。あなたは、24時間のうちどれくらいをフェイスブック（Facebook）に使うかを選択する。仕事など、それ以外の活動に何時間使うかも選択する。そして仕事がある人は、苦労して稼いだ給料でスポーツカーを買うかどうかも選択するだろう。現代社会では、このような選択に導かれて、支払うお金と意思を持っている顧客にスポーツカーが配分されるのだ。

スポーツカー、ハイブリッド車、電動アシスト自動車、SUV、あるいは公

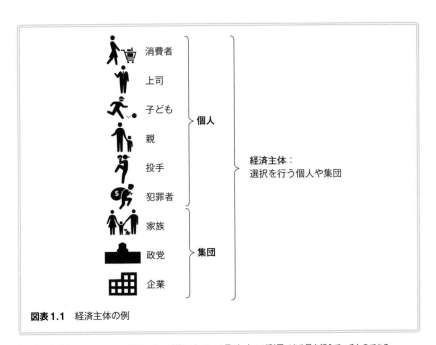

図表 1.1 経済主体の例

- **希少資源**(scarce resource)とは、人々が欲しがっている量が、人々が利用できる量を超えているものである。
- **希少性**(scarcity)とは、限られている資源に対して限りない欲求がある状態である。

共交通機関のどれが良いかについて、経済学者が自らの好みをあなたに押しつけるようなことはない。経済学者の関心は、あなたが様々な選択肢の費用と便益を比較して最善の選択肢を選ぶことができるように、経済学的な考え方を教えることにある。

経済学の定義

　これで経済学を詳細に定義する準備ができた。**経済学**とは、経済主体が希少資源の配分をどう選択するか、またその選択が社会にどう影響を及ぼすのかを研究する学問である。

　もうお気づきだろうが、この定義で重要なのは選択だ。定義では、その選択が社会にどのような影響を及ぼすのかも考慮に入れている。たとえば、新しいスポーツカーの売上げは、それを買った人にだけ関係があるわけではない。売上げがあれば、売上税*が発生する。売上税は政府の収入となり、それが高速道路や病院などの建設資金となる。販売された新しい車がラッシュアワーの列に加われば、渋滞を引き起こすかもしれない。その新しい車が、あなたの家の近くの駐車場の最後の空きをとってしまうかもしれない。新しい車の所有者が乱暴な運転をする人であれば、事故のリスクが高まる。さらに車は排気ガスも出す。経済学では、最初の選択が社会のほかの人々に及ぼす様々な影響を研究する。

事実解明的経済学と規範的経済学

　ここまでの説明で、経済学が人々の選択から成り立っているというイメージがつかめただろう。しかし、なぜ選択を研究するのだろうか？　経済学者は単に好奇心が強いから、ということもあるだろうが、それだけではない。人々の選択を理解することが役に立つ、重要な理由がある。経済分析は以下の2点を行う。

1. 人々が実際にしていることを記述する（事実解明的経済学）。
2. 人々がするべきことを提言する（規範的経済学）。

- **経済学**（economics）とは、経済主体が希少資源の配分をどう選択するか、またその選択が社会にどう影響を及ぼすのかを研究する学問である。

* アメリカの「売上税」は、消費者にとっては日本の消費税と同じような税に見えるが、小売りに課税される税であり、仕組みは若干異なる。

1は記述的であり、2は提言的である。

事実解明的経済学は人々が実際にしていることを記述する　人々が実際にしていることを記述することは、世の中を客観的に記述することである。このような現実の記述は、データを用いて確認したり、検証したりすることができる。たとえば、2010年のアメリカの世帯の50％は年間所得が5万2,000ドル以下だった、という記述は事実だ。このように、何が起きたかを記述すること、またはこれから何が起こるのかを予測することを、**事実解明的経済学***、または事実解明的経済分析と言う。

2020年にはアメリカの家計は所得の約5％を貯蓄するだろう、という予測を考えてみよう。この予測は、将来のデータと照らし合わせれば、正しかったか、そうでなかったかが判明する。予測は最終的に検証可能なので、予測することも事実解明的経済学に含まれる。

規範的経済学は人々がするべきことを提言する　もう1つの経済分析である**規範的経済学**は、個人または社会がとるべき選択について提言（アドバイス）する。規範的経済学はつねに主観的な判断に基づく。つまり個人的な感情や好み、意見の影響を免れないということだ。とすれば、誰の主観的判断をベースにすれば良いのだろうか？　アドバイスを受ける個人の主観的判断をベースにすべきだ、というのが経済学の考え方だ。

たとえば経済学者がある労働者に、退職後に備えていくら貯金をするかについてアドバイスするとしよう。経済学者はまず、その人の好み（優先順位）を聞くだろう。その人が将来のことを重視していて、「退職後の消費を減らさずにすむように十分に貯金したい」という考えの持ち主だった場合には、経済学者は、その要望を叶えられる貯蓄率を提案する。それは、ほとんどのアメリカの中流家庭では、10〜15％くらいだ。こうして経済学者は、その人にとって最善の貯蓄率をはじき出すアドバイザーの役割を果たす。

- **事実解明的経済学**（positive economics）とは、データで証明できるかたちで世の中を客観的に記述したり、予測したりする経済分析である。
- **規範的経済学**（normative economics）とは、個人または社会がするべきことを提言する経済分析である。

*　哲学では、positivismを実証主義、empiricismを経験論(経験主義)と訳している。哲学における実証主義とは経験的事実に基づいて理論を検証する考え方であり、本書でのpositive economicsの定義はこれに沿っている。ただし、規範的経済学と対比させて、主観的判断に依存しないことに着目して定義することもあるので、本書では、positiveを「事実解明的」と訳す。

経済学者がその人に対して、どのくらい将来を重視すべきだ、という命令をすることはない。経済学者はその人の優先順位を聞き、それをベースに提案を行うだけだ。これくらい貯蓄があれば退職後の生活はこうなる、ということを労働者がちゃんとわかっているとすれば、あとはその人がどんな貯蓄率を選ぼうともそれは理に適っている、と考えるのが経済学だ。

規範的分析と公共政策　社会に提言をするのも規範的分析の仕事だ。経済学者は、税や規制などの公共政策についての評価を頼まれることが多い。ある政策によって勝者と敗者が生まれる場合、市民の意見は対立しがちだ。ある人にとってバードサンクチュアリ（鳥の楽園）に見える場所が、別の人にとっては蚊の多い沼地にすぎないかもしれない。その湿地帯を環境規制で保護した場合、野鳥愛好家は喜ぶが、土地の持ち主である事業者は開発ができなくなって困るだろう。

このような場合、規範的分析に基づくアドバイスをするために、経済学者は何らかの倫理的判断を下す必要がある。ある集団の状況を改善するために別の集団にとって損になるような政策を評価する場合はつねに、経済学者は倫理的判断を下さなくてはならない。

全員が得をするような政策はほとんどないので、経済学者が政策を判断するときには、倫理的判断を避けては通れないというのが通常だ。敗者が被る費用と勝者が得る便益がある。これを比較して政策の正当性を評価する場合、倫理的判断が必要になる。沼地を住宅用地にするために沼の水を抜くことを禁止する環境規制を課すのは、倫理に適うことだろうか？　一部の人間が重視する、渡り鳥を保護する環境規制を作ることは、倫理的に正しいのだろうか？　あるいは、こうしたジレンマを解決する第3の解決策はあるのだろうか？　政府は、開発業者からその土地を買い取るべきだろうか？　仮に買い取るとすれば、買い取り価格をどう決めればよいだろうか？　政府の提示価格で買い取ることを業者に強制すべきだろうか？　こうした政策的問題——社会はどう行動すべきかを問うこと——も規範的経済学の仕事なのだ。

ミクロ経済学とマクロ経済学

経済学の分析対象を理解するためには、知っておくべきもう1つの区分がある。経済学は2つの分野に分けられる（もっとも、多くの経済学者は両方にかかわっているのだが）。

ミクロ経済学は、個人、家計、企業、そして政府がどのように選択を行うかを研究する。さらにその選択が価格、資源配分、そして別の経済主体の幸福にどう影響を及ぼすのかを研究する。たとえば、ミクロ経済学者は公害を減らす政策を考える。地球温暖化の原因の1つは、石炭、石油およびその他の化石燃料からの炭素の排出だ。ミクロ経済学者は、このような燃料の使用を削減する政策を設計する。炭素排出量を対象にした「炭素税」はその一例だ。炭素税を活用すると、化石燃料をより多く使う石炭発電のようなエネルギー源は、そうでない風力発電のようなエネルギー源に比べて、エネルギー単位当たりで高い税が課されることになる。ミクロ経済学者は炭素税を設計する仕事や、このような税が家計や企業のエネルギーの使用にどのような影響を及ぼすのかを判断する仕事をする。一般的には、経済全体の中の細かい部分を理解したいときには、ミクロ経済学者にお声がかかる。

マクロ経済学は経済全体を研究する学問である。マクロ経済学者は、経済全体の現象を分析する。経済全体の総産出量の成長率、一般物価の上昇率（インフレ率）、労働力人口の中で職を探しているが見つからない人の割合*（失業率）などだ。マクロ経済学者は「全体的」、別の言葉で言うと「集計された」経済のパフォーマンスを向上させる政府の政策を設計する。

マクロ経済学者はたとえば、マイナス成長が続いている経済（景気後退**にある経済）を刺激するのに最善の政策は何かを考えている。2007～09年の金融危機の時期には、住宅価格の暴落や銀行の破綻など、マクロ経済学者の眼前には課題が山積みになった。経済が収縮している理由を説明し、経済が息を吹き返すような政策を提案するのが彼らの役目だった。

1.2 3つの原理

ここまでで、経済学のイメージは伝わっただろう。でも、人類学、歴史学、政治学、心理学、社会学などのほかの社会科学とどこが違うのかという疑問を

- **●ミクロ経済学**（microeconomics）とは、個人、家計、企業、そして政府がどのように選択を行うか、その選択が価格、資源配分、そして別の主体の幸福にどう影響を及ぼすのかを研究する学問である。
- **●マクロ経済学**（macroeconomics）とは、経済全体を研究する学問である。マクロ経済学は、一国の総産出量、インフレ率、失業率など、経済全体の現象を分析する。

* 本書では分数「A/B」は、AがBの一部であるときには「割合」、AとBが違うときには「比率」と使い分けをする。「女子学生が全学生に占める割合」「女子学生と男子学生の比率」というふうに使われる。
** 本書では「景気後退（recession）」、「不況（depression）」、「恐慌、危機（crisis）」と訳す。後ろにいくほど深刻となる。

> 人は便益と費用の計算に基づいて選択を行う。

持った人もいるのではないだろうか？ すべての社会科学は人間の行動を研究する。その中で、経済学はどこが違うのだろうか？

経済学には3つの重要な概念がある。

1. 最適化 ここまで説明してきたとおり、経済学は選択の学問だ。人間のすべての選択を研究することは、壮大な課題であり、最初は不可能に見えるかもしれない。そして、一見したところ、消費者がマクドナルドでダブルベーコンチーズバーガーを選ぶことと、企業幹部が5億ドルを投資してノートパソコンの工場を中国に建設する決定をすることには、何の共通点も見出せないように思える。

経済学者は、各経済主体が直面する広範囲の選択を統一的なものとみなす強力な概念を作り出した。その1つが、すべての選択には最適化という共通項があるということである。最適化とは、人は実現可能な選択肢の長所と短所のすべてを、意識的または無意識に天秤にかけて、最善の選択肢を選ぶという考え方だ。言い換えると、人は便益と費用の計算に基づいて選択を行う。

最適化は経済学の第1の原理だ。経済学では、私たちの選択のほとんどは最適化で説明できると考えている。これには、映画に誘われて、行くかどうかという小さな決断から、誰と結婚するかといった大きな決断まで含まれる。

2. 均衡 経済学の第2の原理は、均衡である。経済システムは均衡に向かう傾向がある。均衡とは、そこから行動を変えることで便益を得る人は誰もいない、という状態のことである。各経済主体が、別の行動をとっても自分の状況は良くならないと信じているとき、経済システムは均衡にある。言い換えると、均衡とは、みなが同時に最適化している状態である。

3. 経験主義 経済学の第3の原理は、経験主義である。経済学はデータを

- **最適化**(optimization)とは、利用しうる情報をもとにして、実現可能な最善の選択肢を選ぼうとすることである。
- **均衡**(equilibrium)とは、誰もが同時に最適化をしていて、そこから行動を変えることで便益を得る人は誰もいない、という特別な状態である。
- **経験主義**(empiricism)とは、データを使用する分析である。経済学者は、理論を検証したり、世の中で起きたことの要因を分析するためにデータを活用する。

* 哲学でのempiricismは、知識は観察や実験によって得られるとする立場を指す。本書でのempiricismは、データによって理論を検証する立場を指し、哲学でのpositivismに近い。本書ではempiricismを「経験主義」と訳すが、哲学での用語と違いを持つことに注意されたい。また、empirical analysisの訳語は「実証分析」で定着しているので、本書もそれに従うが、それ以外のempiricalは「経験的」と訳す。

使った分析、あるいは根拠に基づく（エビデンス・ベースの）分析だということだ。経済学者は理論を検証したり、世の中で起きたことの要因を分析するためにデータを活用する。

1.3 第1の原理：最適化

ではここで、最初の原理をさらに詳しく考えていこう。経済学とは選択の学問であり、選択がどのように行われるかを示す理論である。経済学では、経済主体は最適化を試みると考える。すなわち、経済主体は利用しうる情報をもとにして、「実現可能」な最善の選択肢を選ぼうとする、と考える。ここで実現可能とは、予算の範囲内にあってかつ実際に選択しうる、という意味だ。財布に現金が10ドルしかなくて、クレジットカード、デビットカード、キャッシュカードのいずれも持っていないとしよう。このとき、ランチに5ドルのビッグマックを食べるという選択は実現可能だが、50ドルの牛ヒレステーキを食べるという選択は実現可能ではない。

実現可能性という概念は、その経済主体の金銭的予算だけでは決まらない。それ以外の制約もたくさんある。たとえば1日24時間を超えて働くという選択肢はとれないし、ニューヨークと北京の2つの会議に直接同時に参加するのも不可能だ。

最適化の定義には、（選択時に）「利用しうる」情報をもとにして、という表現も使われている。たとえば、サンディエゴからロサンゼルスまで車で移動しているときに、飲酒運転の車にぶつけられたとしよう。これは、運が悪かっただけであり、最適化に失敗したとみなす必要はない。自動車事故はありうるという現実的リスクも考慮に入れて旅行の計画を立てたのであれば、あなたは最適化行動をとったことになる。最適化とは、将来を完璧に予見することではない。最適化とは、意思決定の際に可能性のあるリスクを考慮に入れることである。利用しうる情報をもとにして実現可能な最善の選択肢を選ぶとき、その意思決定者は合理的である、あるいは、合理的に行動したと経済学では表現する。合理的行動をとるのに未来を予言する水晶玉は必要ない。費用と便益のそれぞれの選択に伴うリスクを論理的に理解できていればよい。

ただし、道中の運転を友人に任せることにして、その友人が出発前にビールを2〜3本飲んだことも知っていたならば、あなたは最適化をしていない。また、事故もなく目的地に着いたという結果をもって、その選択が最適であったとも

> 経済主体が最適化に失敗したときには、規範的経済分析は、その誤りを認識したり、将来より良い選択をしたりするための助けとなってくれる。

（おそらくは）言えない。それは、悪い決断をしたのに運が良かっただけの話だ。最適化したかどうかの基準として重要なのは、意思決定の質であって、結果ではない、ということだ。

本書では多くの紙幅を割いて最適化を分析していく。あわせて、最適化の方法を説明し、経済主体はふだんから最適化しているという理論を裏づける、たくさんの根拠も紹介しよう。経済主体が最適化に失敗したときには、規範的経済分析は、その誤りを認識したり、将来より良い選択をしたりするための助けとなってくれる。

最後に、何を最適化しているのかは、人によっても集団によっても違う、というのも大事なポイントだ。ほとんどの企業が利潤を最大化しようとする一方で、経済主体は所得の最大化だけを目的としているわけではない。それだけが目的ならば、みな1週間に40時間以上働くだろうし、退職後も働き続けるだろう。ほとんどの家計は、所得以外にも、休暇や健康、そして（SNSや人生の目的などの）別のたくさんの要素がある中で、全体的な幸福度を最適化しようとする。同じように、政府は複数の政策目標の組み合わせを最適化しようとする。ほとんどの経済主体にとって最適化とは、単にたくさんお金を稼ぐという話ではない。

トレードオフと予算制約

最適化を理解するために、**トレードオフ**を理解する必要がある。何かを得るために何か別のものをあきらめる必要があるとき、トレードオフが生まれる。フェイスブックの例で考えてみよう。フェイスブックに1時間を費やしたら、その1時間を別のことには使えない。たとえば、フェイスブックのプロフィールを編集するのと同時にアルバイトの仕事をこなすことはまず無理である。

経済学では、予算制約を使ってこのトレードオフを表す。**予算制約**とは、限られた予算の範囲内で消費者が選択できる財やサービスの組み合わせである。

例を使って説明しよう。自由時間を使って、2つの活動のうち1つだけ実行できるとする。アルバイトの仕事かネットサーフィンだとしよう。（睡眠、食事、入浴、授業、宿題、試験勉強などを除いて）あなたには1日5時間の自由時間

- **トレードオフ**(trade-off)とは、何かを得るために、何か別のものをあきらめる必要がある状態である。
- **予算制約**(budget constraint)とは、限られた予算の範囲内で消費者が選択できる財やサービスの組み合わせである。

があるとする。この5時間を自由時間の予算と考えてみよう。すると、あなたの予算制約は次のように書ける。

5時間 = ネットサーフィンの時間 + アルバイトの時間

この予算制約式からわかるあなたのトレードオフはこうだ。もしもう1時間ネットサーフィンをしたいなら、アルバイトを1時間減らす必要があるし、もう1時間アルバイトをしたいなら、ネットサーフィンを1時間減らす必要がある。一方の時間を長くすればもう一方の時間は短くなる。図表1.2は、この5時間の配分の組み合わせをまとめたものだ。

予算制約はトレードオフを数値化する便利な経済学のツールだ。経済主体が直面する選択を経済学的にとらえるには、最初に予算制約を明確にすることだ。

機会費用

最適化に関して、もう1つの重要な概念である機会費用を紹介しよう。ネットサーフィンの例で言うと、それに費やす時間があれば、何か別のことができていたかもしれない。バスケットボール、ジョギング、空想にふける、寝る、友だちに電話する、たまった電子メールを読む、演習問題を解く、アルバイトの仕事をする、などだ。ネットサーフィンに時間を費やしている間、あなたはこうした別の活動をする時間を犠牲にしていることになる（有給の仕事をしながら並行してこっそりフェイスブックをしているならば別だが——その場合には、上司を友だちリストに入れないほうがいい）。

ネットサーフィンを選んだことで選択から漏れてしまった活動のリストを作

予算	ネットサーフィンの時間	アルバイトの仕事の時間
5時間	0時間	5時間
5時間	1時間	4時間
5時間	2時間	3時間
5時間	3時間	2時間
5時間	4時間	1時間
5時間	5時間	0時間

図表1.2 自由時間の配分

各列は5時間の自由時間を配分する組み合わせだ。ネットサーフィンかアルバイトの仕事をするか、選択肢は2つだと仮定する。簡単化のため、表では1時間単位の数字だけを使用した。

成してみよう。そして、ネットサーフィン以外で何をやるのが一番良かったのかを考えてみよう。その行動をリストの一番上に持っていこう。残りの行動についても同じことを繰り返す。そうしてできたリストが、機会費用の概念を説明してくれる。ネットサーフィンに時間を費やしてもいいし、リストにある別の活動をしてもいい。ただし、ほとんどの場合に両方を同時に行うことはできない。

こんなふうにトレードオフを見積もることは、実際には難しい。考慮に入れるべき選択肢の数が非常に多いからだ。経済学では、代替的な選択肢の中で最善のものに着目する。この最善の選択肢を、**機会費用**と言う。これは、最適化行動をとる人が、ネットサーフィンをするときに実質的にあきらめているものである。

資源は限られており、希少であることを考えれば、この機会費用の重要性がわかるだろう。あることを行うときはいつも、別の何かがはじき出されている。あなたが1時間ネットサーフィンをすれば、そのときにはそう考えてはいないかもしれないが、別の行動が1時間減ることになる。大学のレポートを書きながら同時にフェイスブックに書き込むことはできない。単にレポートを後回しにしただけだ、と思うかもしれないが、後でいざレポートに取りかかったときには、また別の活動が犠牲になる（期末試験のための経済学の勉強とか）。何をするにせよ、最適化のためには、つねに機会費用を念頭に置く必要がある。要するに、最適化とは、限られた資源の別の使用法をつねに考えることなのだ。

もう1つ、春休みの家族旅行の例を使って説明しよう。候補はカリブ海クルーズ、マイアミ旅行、またはロサンゼルス旅行だ（どの旅行もかかる費用は同じで日数も同じだとしよう）。第1希望がクルーズで、第2希望がマイアミ旅行だとすると、クルーズを選択した場合の機会費用はマイアミ旅行になる。

機会費用の概念は、1日当たり24時間という時間の資源だけではなく、すべての資源に適用できる。たとえば、木工職人の手元に美しいメープル材があると想像してみよう。メープル材は彫刻や容器、額などに加工できる（どれを作るのも同じ量の材木と同じ時間が必要だと仮定しよう）。木工職人が一番作りたいのは彫刻で、2番目が容器だとすれば、彫刻を制作するための機会費用は容器の制作だということになる。

機会費用を金銭で評価する　経済学では、機会費用を金銭で評価しようとする。便益と費用をドルや円のような金銭単位に変換すると、すべてが分析しや

| ●**機会費用**(opportunity cost)とは、代替的な選択肢の中で最善のものを指す。

すくなる。あなたの1時間をお金に換算するといくらなのかを推定する1つの方法は、アルバイトの仕事に就くか、すでにしているアルバイトの仕事を1時間増やすかして、その結果を分析することだ。

　あなたの時間の機会費用は、最低でも、あなたが仕事から得られる純便益になる（予定に合う仕事が見つかると想定した場合）。理由はこうだ。アルバイトの仕事は、ネットサーフィンの代わりにやりたいことリストに載っている、たくさんの候補の中の1つだ。アルバイトの仕事がそのリストの一番上にあるのならば、それが最善の選択肢となるので、ネットサーフィンの機会費用＝アルバイトの仕事の純便益となる。ではアルバイトの仕事がリストの一番上にない場合はどうだろうか。その場合、アルバイトの仕事よりもさらに良い最善の選択肢があることになり、その選択肢の価値は、アルバイトの仕事以上であると考えればいい。つまり、あなたの機会費用は、アルバイトの仕事の純便益と同じかそれ以上の価値がある、と言っていい。

　この考え方を数値で表してみよう。これには役立つ情報がある。16歳から24歳までのアメリカの労働者の平均賃金は2013年には時給11.35ドルだった（米労働省労働統計局調べ）。もちろん、仕事には賃金以外にも多くの要素がある。たとえば、（感じの悪い客に愛想をふりまくなどの）ストレスもあるし、仕事に慣れるのは大変だし、同僚は親切な人だけではないし、履歴書を書くのも大変だし……と数え上げたらきりがない。

　賃金には表されないこうした部分を無視すれば、1時間の仕事の便益は（税引き後の）賃金だけになる。お金以外の要素にはプラスとマイナスがあるので、これが相殺されない場合は計算が複雑になる。簡単化のため、この後の分析では税引き後の賃金（ここでは時給10ドル）だけを使うが、仕事には、上で挙げたようなお金以外の要素があることも心にとどめておいてほしい。

費用便益分析

　機会費用を活用して最適化問題を解いてみよう。具体的には、実現可能な選択肢を比較して、その中から最善のものを選ぶ。経済学ではこのプロセスを費用便益分析と呼ぶ。**費用便益分析**とは、ドルや円などの共通の測定単位を使用して費用と便益を積算していくことだ。そうすることで、純便益（便益から費用を差し引いたもの）が最大になる選択肢はどれかを見極めるのだ。

- **費用便益分析**（cost-benefit analysis）とは、ドルや円などの共通の測定単位を使用して費用と便益を積算していくことである。

例を使って考えよう。春休みに、あなたは友だちと一緒にボストンからマイアミビーチまで旅行をする。考えるべき唯一の問題は、車で行くか、飛行機で行くかだけだとしよう。あなたの友人はレンタカー代とガソリン代をシェアすれば「1人200ドルしかかからない」から車で行くべきだという。そして「飛行機代に1人300ドル払うよりずっといい」と言ってもう決めてしまうつもりでいる。

費用便益分析を使ってこの問題を分析するには、車で行く費用と便益のすべてを、飛行機で行く場合と比較する。

便益面では、車で行くと100ドル節約できる。これは車で行くときの支出200ドルと飛行機で行くときの支出300ドルの差額だ。費用面では、車で行くと40時間余計にかかる。車は往復で50時間、飛行機は空港での待ち時間と飛行時間を合わせて10時間だからだ。この40時間が車で行くことの費用だ。

共通の単位ですべてを表現していないこの段階では、車で行くことの良し悪しは、判断できない。ここであなたの時間の機会費用は1時間当たり10ドルとしよう（16歳から24歳までのアメリカの労働者の平均賃金より少し低い設定だ）。これをあなたの時間の価値とする。これで、飛行機で行くことと比較して車で行くことにどれくらいの純便益があるかがわかる。

（節約できる100ドル）－（余分にかかる40時間）×（時給10ドル）
　　＝100ドル－400ドル＝－300ドル

車で行く費用は相当なマイナスだ。最適化をする人ならば、飛行機を選択するだろう。

マイアミ旅行は費用便益分析の簡単な例にすぎないが、あらゆることがらをドルの正味の価値に落とし込む優れた方法だ。本書では、どうすればこのような計算ができるのかを説明する。家を買うかどうか、どんな職に就くか、心臓移植を公的医療保険の適用内で行うかどうかを決める際に、費用便益分析は役に立つ。こうした「冷徹な」計算を行うがゆえに経済学は好まれないのだが、難しい選択を定量的に分析できるがゆえに役に立つ。

経済学では、費用便益分析と最適化は同じことである。純便益（＝便益－費用）が最大になる選択肢を選ぶことを、最適化と言う。このため、規範的経済分析にも費用便益分析が役に立つ。経済学者は、費用便益分析を使うことで、個人や社会がすべきことを明らかにすることができる。費用便益分析はまた、多くの有用な事実解明的経済学の知見をもたらす。実際にも、費用便益分析で消費者の選択を正確に予測できることが多い。

EBE Evidence-Based Economics
根拠に基づく経済学

問い：フェイスブックは無料（タダ）か？

　本章冒頭の問いに戻ろう。フェイスブックをすることに機会費用があることはもうおわかりいただけただろう。代替的な選択肢の中で最善のものがあるからだ。では実際に機会費用を推計してみよう。そのためにはデータが必要になる。本書のコラム「根拠に基づく経済学」（EBE）では、データを使って、経済学の問題に答えていく。

　2013年には、世界中で毎日2億5,000万時間がフェイスブックに費やされた。1人当たりで見ると、10億人のフェイスブックユーザーが1日平均15分を費やしている。大学生はもっと長く、平均的な大学生は1日約1時間フェイスブックに費やしている。

　世界中でフェイスブックに費やされる時間の平均機会費用を1時間当たり5ドルと想定しよう。これはフェイスブックユーザーの機会費用をすべてまとめて平均した概算だ。

　計算方法はこうだ。

　第1に、フランス、日本、そしてアメリカのような豊かな先進国のユーザーの場合には、先進国の一般的な最低賃金である1時間当たり9ドルを機会費用とする。先進国では、雇用主は少なくとも最低賃金分を支払うよう法律で定められていて、ほとんどの先進国の労働者にはこの金額以上が支払われている。働かないという選択をした人でも、その時間で何か別のことができる。昼寝をしたり、メールをしたり、デートをしたり、勉強をしたり、ゲームで遊んだり、映画を観たり、などだ。働いていない人、たとえば学生などでも、少なくとも最低賃金分の機会費用を持つと想定する。

　第2に、発展途上国（ここでの例では先進国以外のすべての国）のフェイスブックユーザーの時間の機会費用は、先進国よりは低くなる。発展途上国のフェイスブックユーザーの機会費用を1時間当たり1ドルとしよう。雇用機会が先進国に比べてはるかに劣悪だといった点などを考慮に入れた数字だ。

　以上の想定が妥当かどうかを評価するには、自分にこう問いかけてみ

るといい。「自分から時間を1時間奪う人がいたとして、その人は自分にいくら対価を支払うべきか？」。あなたが想像した金額は、ここで想定した先進国の場合（1時間当たり9ドル）と、発展途上国の場合の金額（同1ドル）のどちらに近かっただろうか？

フェイスブックユーザーの約半数は先進国に住んでいて、残りの半数は発展途上国に住んでいる。よって、先の想定を代入すれば、平均機会費用は、$(1/2)\times 9$ドル$+ (1/2)\times 1$ドル$= 5$ドル／時間、と計算できる。この1時間当たりの平均機会費用に、フェイスブックに費やされる1日の時間数を掛ければ、フェイスブックを使うことの1日の総機会費用を計算できる。

$$2億5,000万時間 \times 5ドル = 12億5,000万ドル$$
（1日当たり）　　（1時間当たり）　　（1日当たり）

これに365（日）を掛ければ、年間の機会費用を算出できる。約4,500億ドルがフェイスブックの機会費用となる（各個人の機会費用を直接観察することはもちろんできないので、ざっくりした近似計算にすぎない）。

違った角度からこの推計について考えることもできる。もしその時間をフェイスブックではなく平均時給5ドルの仕事に充てたとしたら、2013年の世界経済は4,500億ドルも生産が増えていただろう。これはオーストリア一国の年間生産量より大きい。

最後に、フェイスブックに毎日1時間を費やすアメリカの典型的な大学生の機会費用も推計しよう。彼らの機会費用を1時間当たり10ドルとすると、年間の機会費用は3,650ドルだ。

$$10ドル \times 365時間 = 3,650ドル$$
（1時間当たり）　（1年当たり）　（1年間当たり）

アメリカの16歳から24歳の平均時給は、2013年に11.35ドル（税引き前）だった。低所得の彼らに課される税率はそれほど高いものではないので、機会費用は1時間当たり10ドルとした。

ここまで、フェイスブックの使用頻度とその頻度が意味するトレードオフを計算してきた。これは純粋な事実解明的経済分析だ。この分析からは答えられない問題がある。フェイスブックやほかのSNSには費やす価値があるのだろうか、という問題だ。ここまで見てきたのは、ネット

に時間を割くことには費用がかかるということだった。ネット以外にも価値ある選択肢はある。だがフェイスブックユーザーは、その使用を正当化できるような価値を見出している。たとえば、SNSは友人や家族の最新の情報を教えてくれる。新しい友だちや新しいつながりもできる。そして、フェイスブックなどのサイトは見ていて楽しい、というものだ。

このような利点は簡単には定量化できないものであり、判断はみなさんにお任せする。経済学はあなたのするべきことを指示するわけではないが、何をするか決めるときのトレードオフを明確にするための手助けはできる。これを規範的問題として経済学で要約するとこうなるだろう。

> 1時間当たりの機会費用を10ドルとすると、毎日1時間フェイスブックに時間を費やす機会費用は年間で3,650ドルになる。この機会費用を超える便益をフェイスブックから得ていますか?

経済学者は、自分たちの好みを他人に押しつけようとは思っていない。経済学の視点では、フェイスブックを長時間することで大きな便益を得ている人たちはそのまま続けるべきだ。経済学者が選択を押しつけることはない。ただ、あなたには、気づいていないトレードオフを認識してほしい。経済学者の関心は、手持ちの金銭的予算と手持ちの時間、とい

	単価(ドル)	個数	総額(ドル)
カプチーノ	4	52杯	208
iPhone	400	1台	400
ニューヨーク–パリ往復	1,000	1往復	1,000
パリのホテル	250	4泊	1,000
ニューヨーク–バージン諸島往復	300	1往復	300
バージン諸島のホテル	180	4泊	720
iPhoneのアプリ	2	11個	22
総 計			3,650

図表1.3 3,650ドルであなたなら何を買う?

3,650ドルの使い道は人それぞれだろう。ここに示されているのは、実現可能な組み合わせの一例だ。ここにあるのは金銭的な費用だけである。より精緻な経済分析をするときには時間の機会費用も考慮する必要がある。

う希少資源を最も有効に活用するための手助けをすることにある。多くの状況で、人々は資源をすでに有効に活用している。だが、より良い選択をするのに経済学的思考が役立つこともあるだろう。

Q 問い		フェイスブックは無料(タダ)か？
A 答え		無料とは言えない。フェイスブックの機会費用は、2013年には約4,500億ドルだった。
データ		フェイスブック社が提供するフェイスブックに関する統計。
注意		世界中の10億人のフェイスブックユーザーの機会費用は概算でしかわからない。

1.4　第2の原理：均衡

　ほとんどの経済状況において、あなただけでなく、ほかの人たちも最適化を図っている。ほかの人たちの行動は、あなたの選択に影響を与える。世の中は経済主体の集まりであり、経済主体はお互いの最適化行動に影響を与える。均衡とは、誰もが同時に最適化をしていて、そこから行動を変えることで便益を得る人は誰もいない、という特別な状態だったことを思い出してほしい。

　この定義はもっと明解に説明すべきだろう。そこから行動を変えることで便益を得る人は誰もいないということは、行動を変えることで便益を得られるとは誰も信じていないという意味である。均衡では、あらゆる経済主体が、利用できるすべての情報をもとに最善の実現可能な選択をしている。その情報には、他者がどう行動するかに関する信念も含まれる。したがって、この定義はこう書き換えることもできる。均衡では、行動を変えることで便益を得られるとは誰も認識していない。

　均衡の概念を直観的に理解するために、スーパーのレジ待ちの状況を考えてみよう。もしほかより短い列があるなら、最適化をする人はその列に並ぼうとし、長い列は避けるだろう。こうして短い列に客が集まり、長い列は敬遠される。客が気にするのは列の長さだけではない。前に並ぶ人の買い物カゴの中の量など、見えるもののすべてから判断して、一番早く会計がすみそうなレジを予想してその列に並ぶだろう。この状態を経済学者ならこう言う。「均衡では」

会計待ちの列の長さはどのレジもだいたい同じになる。待ち時間がほとんど同じと予想されるときには、列を変えるインセンティブは生まれない。言い換えると、自分の行動を変えることで便益が得られると認識する人は誰もいない。

別の例も見てみよう。ガソリンの市場価格が1ガロン*3ドルで、ガソリン市場は均衡状態にあるとする。その場合には、次の3つの条件が満たされる必要がある。

1. ガソリン生産者（石油会社）が生産するガソリンの量と、顧客が購入するガソリンの量が等しい。
2. ガソリンの市場価格である3ドル未満の費用でガソリンを生産できる生産者のみが生き残る。
3. ガソリンを買う人は、市場価格3ドル以上の価値がある活動のためにそれを使う（親友の結婚式には車で行く）。しかし、3ドルの価値がない行動のためには使用しない（好きでもない親戚には会いに行かない）。感謝祭の休暇**に、ガソリン代が上がったとしても、みな家族には会いに行くだろう。

均衡では、ガソリンの市場価格3ドルを所与（ある与えられた価格）として、ガソリンを売る人も買う人も最適化している。行動を変えることで便益を得る人は誰もいない。

本書では、経済主体の集団の行動も研究する。集団とは、2人のチェスプレイヤーだったり、eBayのオークションの30人の参加者だったり、ニューヨーク証券取引所（NYSE）で株を売買する大勢の投資家だったり、トラクター、トラック、原動機付自転車、バイク、自家用車に入れるためのガソリンを購入する世界中の家計などだ。こうしたすべてのケースについて、経済主体が相互に影響を及ぼすときに生じる均衡を分析する。言い方を変えると、チェスの一手一手やNYSEのすべての取引において、誰もがつねに同時に最適化をしていると仮定したうえで、こうしたケースを研究していく。均衡分析は、集団が相互に影響しあうとき何が起きるかをうまく説明してくれる、と経済学では考えている。

---

* 1ガロンは約3.8リットル。
** 日本では正月とお盆に帰省する慣習があるが、アメリカでは感謝祭（11月の第4木曜日）に同様の慣習がある。感謝祭の翌日を休日にして4連休とすることが多く、遠方への旅行がしやすいためである。

フリーライダー問題

　均衡の概念を使って、身近な経済問題を考えてみよう。学生寮のルームメイトに関する問題だ。5人のルームメイトが1つ屋根の下で一緒に暮らしているとしよう。ルームメイトたちは自由な時間をどのように過ごすだろうか。ピザの空き箱や空き缶をゴミ箱に捨てたり、汚れた部屋を掃除したりして、全員の幸福度を上げることもできるし、YouTube動画を観たり音楽を聴いたり、自分だけが楽しめる行動にすべての時間を使うという選択肢もある。

　全員が掃除に参加して各人の負担が少しだけというのが、集団にとっては有益だ。しかし各ルームメイトには、ほかの人に掃除をやってもらいたいというインセンティブがある。誰か1人が30分もかけてお皿を全部洗ってくれたら、ほかのみんなは指1本動かさずに便益を得られることになる。このように、ルームメイトと共同で暮らすということは、問題が起きやすい。

　怠け者のルームメイトは、経済学で言うフリーライダー問題の一例である。ほとんどの人が、汚れ仕事は別の人にやってほしいと思っている。何もしないフリーライダー（ただ乗り）になって、他人がした投資から便益を受けたいのだ。

　フリーライダーが問題にならないケースもある。きちんとしている人の数が多くて、フリーライダーの数が非常に少ない場合だ。たとえば、運賃を支払わずに地下鉄に潜り込む人の数が少ない場合は、地下鉄の経営が脅かされることはない。でもみながいっせいに不正乗車をはじめたら、地下鉄会社はたちまち赤字になってしまう。

　地下鉄のフリーライドは、警備員が巡回することで抑制される。ルームシェアの場合には、フリーライドは社会的な（ルームメイトの）圧力によって抑止される。そのような「罰則」の仕組みがあったとしても、フリーライドの問題はなくならない。フリーライダーを現行犯で捕まえるのは簡単ではないからだ。誰もいない地下鉄の改札を通り抜けるのは可能だし、誰も見ていないならソファーに落としたパンくずをそのままにしておくこともできる。

　人々の私的便益は、公共の利益とは一致しない場合が多い。地下鉄に無銭乗車するのは、切符代を支払うよりも安上がりだ。YouTubeで動画を観るほうが、昨晩のパーティの後片づけをするよりも楽しい。均衡分析は、集団の行動を予測するのに役立つだけでなく、なぜフリーライドが起きるのかを理解するのにも役立つ。人は、個人的な利益を追求し、公的な利益には自主的に貢献しない

こともある。残念ながら、戦場の英雄が見せるような無私の行動は例外的なもので、一般的に見られるのは、利己的な行動のほうだ。集団の中の個人は、集団全体の幸福を最適化するように行動するのではなく、自分にとって最善のことを行うのだ。

均衡分析は、フリーライドを減らす、またはなくすための特別な制度（金銭的取決めなど）を設計するのに役立つ。たとえばルームシェアの場合、全員が毎週5ドル支払って、クリーニング・サービスを利用することに合意したらどうだろう。「誰も見ていなくても、自分が汚したものは自分で掃除をしよう」というルールを作って監視するよりも、毎週5ドルの支払いを強制するほうが簡単だ。ピザの食べ残しに名札はつけられないからだ。このように、均衡分析は、個人が集団の利益に適う行動をとらない理由を説明し、問題を解決するためにインセンティブの構造をどう改良できるかを教えてくれる。

1.5 第3の原理：経験主義

経済学者は自分たちのアイデアを、データを使って検証する。根拠に基づいた（エビデンス・ベースの）こうした分析を実証分析、または経験主義と言う。経済学者は、人間の行動の理論（最適化や均衡など）が実際の人間の行動と一致するかどうかを判断するために、データを使用する。もちろん、経済学の理論では世の中で起きていることを説明できていない、ということも知りたい。その場合は原点に返って、より良い理論を考える必要がある。経済学、また科学全般はそうやって進歩してきた。

経済学者は、世の中で起きていることの原因を理解することにも興味がある。簡単な例を使って、何が原因で何が原因ではないかを見てみよう。暑い日と海の混雑は1年の同じ時期に起きるが、どちらが原因でどちらが結果だろうか。もちろん、暑い日のほうが原因だ。暑いから人は泳ぎに行く。人が泳ぐから暑くなるわけではない。

しかし、原因と結果を解明しにくい場合も多い。ほかの人より頭が良いから大学へ行ったのだろうか？　大学へ行ったからほかの人より頭が良くなったのだろうか？　またはそのどちらも原因でありうるのだろうか？

経験主義に関しては以降も折に触れて述べる。因果関係に関しては2章で詳しく扱う。原因を特定することが簡単な場合もあれば、原因と結果を探し出すのに非凡な才能が求められる場合もある。

1.6 経済学は役に立つ？

　経済学の授業をとることは、あなたの役に立つのだろうか？　まず、費用から考えてみよう。機会費用は目に見えないが重要な概念だ。経済学を受講する主な機会費用は、卒業までに受けることができない別の講義だ。経済学を選んだせいで受けられなかった講義は何だろう。日本史か、生物学か、ロシア文学か？　経済学が通年の講義だったとすれば、半期の科目を2つあきらめることになる。

　次に、経済学を勉強することの便益を考えてみよう。いろいろ考えられるが、最大の便益は、毎日の生活に経済学的思考を適用できるようになることだ。デートの予算や、休暇で訪れる場所、4人のルームメイトと清潔な部屋で暮らす方法など、経済学的思考であなたの意思決定の質は向上するだろう。また退職後の貯蓄をどう投資するか、最良の住宅ローンをどう組むかなど、あなたが重要な決断をするとき、経済学は人生を通してあなたに便益をもたらし続けるだろう。

　ほとんどの決断は費用と便益の考え方から導かれる。事実解明的経済学を使えば、他者の行動を予測することもできるだろう。経済学は人間の行動に光を当て、それを解明する。

　他人の相談に乗るときや自分で選択をするときにも、経済学の原理を活用してほしい。これは規範的経済学になる。「良い選択をする方法を学ぶこと」。これが経済学を学ぶことから得られる最大の便益だ。だから私たちは意思決定の概念に重点を置いて本書を書いた。経済学の考え方を通して世の中を見ることは、あなたの一生にとって大きな強みになる。

　経済学は非常に楽しい学問だ。人間の行動の動機を理解することは、その過程でたくさんの意外な発見があり、とてもおもしろい。

　こうした利点を活用するためには、本書の概念をあなたの周りの経済活動と結びつけて考える必要がある。そのためには、以下のことを心にとどめてほしい。

- トレードオフや費用便益分析などの経済学のツールは、どんな経済的判断にも応用できる。毎日の決断でそれを利用するといい。そうすればこの考え方を習得し、その限界を理解するのにも役立つだろう。

- 自分で判断を下す場面だけでなく、人々が資源を活用したり、交換したりする場面に居合わせたら、それをよく観察することで経済学について多くのことを学べるだろう。スーパーや中古車ディーラーに行くとき、サッカーの試合を観るとき、トランプでポーカーをするときなど、経済学者のように考えてみよう。

- 経済学的に考える一番簡単な方法は、世界で起きている出来事に目を向けることだ。新聞や雑誌を読んでみよう。イギリスの『エコノミスト』誌は各国の首相や大統領必読の雑誌だ。一般誌、スポーツ誌、ファッション誌など、どの雑誌のどのページを見ても、経済的要因で動いている出来事が書いてある。その要因を見つけて理解することは簡単ではない。しかし、時間が経てば、見出しの背景にある経済の働きを簡単に見つけて解釈できるようになるだろう。

> 「良い選択をする方法を学ぶこと」。これが経済学を学ぶことから得られる最大の便益だ。

　人々はつねに経済的選択をしている、ということにいったん気づいたならば、経済学の授業はほんの第一歩にすぎないことがわかるだろう。あなたが最も重要な発見をするのは、期末試験が終わり、授業を離れてからだ。

　経済学のツールは、良き社会人になる、良き消費者になる、良き市民になるといったすべての局面において、あなたの生き方を向上させてくれる。どんな場面でも、すべての選択に経済学の考え方を活かせることを覚えておいてほしい。

まとめ

● 経済学とは、経済主体が希少資源の配分をどう選択するか、またその選択が社会にどう影響を及ぼすかを研究する学問である。経済学には2種類の分析がある。事実解明的経済分析（人々は実際に何をしているか）と、規範的経済分析（人々は何をすべきか）である。また経済学には2つの主要な分野がある。（個人の意思決定と個別の市場を見る）ミクロ経済学と、（経済全体を見る）マクロ経済学だ。

● 経済学は3つの重要な原理で成り立っている。最適化、均衡、経験

主義である。

◉利用しうる情報をもとにして、実現可能な最善の選択肢を選ぼうとすることを最適化と言う。最適化するために、経済主体は、トレードオフ、予算制約、機会費用、費用便益分析など、たくさんの論点を考慮に入れる必要がある。

◉均衡とは、そこから行動を変えることで便益を得る人は誰もいないという状態である。

◉経済学ではデータを使って自分たちのアイデアを検証する。根拠に基づいた(エビデンス・ベースの)こうした分析を実証分析、または経験主義と言う。経済学ではデータを使用して、最適化や均衡など、人間の行動の理論が実際の人間の行動と一致するかどうかを判断する。経済学では、世の中で起きていることの原因を探ることにも、データを使用する。

キーワード

経済主体　　　　　　　　希少資源
希少性　　　　　　　　　経済学
事実解明的経済学　　　　規範的経済学
ミクロ経済学　　　　　　マクロ経済学
最適化　　　　　　　　　均衡
経験主義　　　　　　　　トレードオフ
予算制約　　　　　　　　機会費用
費用便益分析

復習問題

1.... 消費する財のほとんどに価格がついているのはなぜだろうか？
2.... ほとんどの人は、経済学の研究はお金と金融市場に重点を置いていると思っている。本章を読んだあなたならば、経済学をどのように定義するだろうか？

3. 以下の文章は、規範的であるだろうか？　事実解明的であるだろうか？　その理由も説明しなさい。
   a. アメリカの自動車産業の2012年の売上げは前年比で13％増加し、過去5年間で最高の成長率を記録した。
   b. アメリカ政府は地球温暖化の原因となるCO_2排出量を削減するために、炭素税の税率を引き上げるべきだ。
4. ミクロ経済学とマクロ経済学は、どのように違うのだろうか？　アメリカにおけるiPhoneの供給は、ミクロ経済学とマクロ経済学のどちらの研究対象になるのだろうか？　一国の経済の総産出量の成長率はどうだろうか？
5. 予算制約は何を表しているのだろうか？　消費者が直面しているトレードオフを、予算制約はどのように説明するだろうか？
6. 本章では機会費用の概念について学んだ。
   a. 機会費用が意味することは何だろうか？　様々な選択肢の機会費用はどのようにして比較されるのだろうか？
   b. 高校を卒業してから1年間ヨーロッパを旅行して回ることの機会費用は何だろうか？　旅行をした人は非合理的ということになるのだろうか？
7. あなたの新年の抱負は痩せることだ。そのために、いろいろな方法を検討している。スポーツジムの会員になる、職場まで歩く、エレベーターの代わりに階段を上る、食事に気をつける、などである。これらの選択肢を比較して最適なものを選ぶためには、あなたならどうするだろうか？
8. トウモロコシの市場価格は1ブッシェル（約25キロ）当たり5.50ドルとする。この価格で均衡するためには、トウモロコシ市場において必要な3つの条件とは何か。
9. 経済学者はしばしばフリーライダー（ただ乗り）の問題を懸念する。以下の質問に答えなさい。
   a. フリーライダーとはどのような意味だろうか？　例を挙げて説明しなさい。
   b. 公園にはフリーライダー問題はあるだろうか？　公道をきれいにしておくことはどうだろうか？　説明しなさい。
10. 因果関係の概念について、簡単な実生活の例を用いて説明しなさい。
11. 以下の例における、原因と結果を特定しなさい。
    a. 乳児の死亡率の低下と栄養の改善。
    b. ココアの価格の高騰と、その年のココアに害虫が発生したこと。

演習問題

1. ジェリーとエレインとジョージが、中華料理店にできた行列に並んでいたとし

よう。待ちくたびれたエレインは、席に早く着くために案内係にチップを渡そうとほかの2人に話をもちかけた。

　　a. 彼らがチップの金額を決めるとき、どのような要因を考えるべきだろうか？
　　b. ジェリー、エレイン、ジョージは食後に観る映画の切符を買っていた。これは、チップをいくら支払うかにどのように影響するだろうか？
　　c. 彼らが最後に支払うと決めた金額は、食事代よりも高いものであった。この行動は合理的なのだろうか？　あるいは非合理的なのだろうか？

2. あなたが家を購入しようと考えているとしよう。20万ドルで気に入った物件が見つかった。銀行で16万ドルの住宅ローンが組めることがわかったが、4万ドルの頭金を支払うためには、貯金のすべてを使わなければならない。計算すると、住宅ローンの支払い、固定資産税、保険、維持費、光熱費で、1カ月に950ドルかかる。では、この家を所有する費用は1カ月当たり950ドルになるのだろうか？家を所有する費用を計算するにあたり、忘れている重要な要因はないだろうか？

3. 航空会社のマイレージ・ポイントが4万マイル分貯まった。このマイルは、春休みのカリブ海旅行の往復チケットと交換できる。これはカリブ海に無料で行けると考えていいのだろうか？　答えとその理由も説明しなさい。

4. あなたは、土曜日の夜のパーティでは、ビールとスナックの消費を600キロカロリー以内に抑えると決めた。ビール1本が150キロカロリー、スナックは75キロカロリーだ。

　　a. 消費できるビールとスナックの組み合わせを表にしなさい。簡単化のため、数字は整数のみとする（たとえば、ビールは1本、2本と選べるが、1.5本を選ぶことはできない）。
　　b. ビール1本の機会費用は何だろうか？

5. 「プリンのできは食べればわかる」という格言がある。良い決断とは、結果がうまくいったものであり、悪い決断とはうまくいかなかったものだ。では、以下の状況をあなたはどう考えるだろうか？

　　a. あなたの友人は5月に雨が多い街に住んでいる。5月に屋外で結婚式を挙げる計画を立てたが、雨が降ることは考えていなかった。結婚式の当日はたまたま快晴だった。結婚式の計画を立てたとき、この友人は合理的だったと言えるだろうか？　理由についても説明しなさい。
　　b. あなたは、年に数回は病院に行く。昨年初めに医療保険に加入することにした。ところがたまたま昨年は病気にならず、通院する必要がなかった。医療保険に加入したときの決断は合理的だっただろうか？　理由についても説明しなさい。
　　c. 最初の2つの問題に対する答えから、あなたは「プリンのできは食べればわかる」という格言に賛同するか、それとも反対するか？　理由についても説

明しなさい。

6. 以下の3つのケースについて考えなさい。

    a. 大学フットボールの試合観戦中は立っていてもいいし、座っていてもいい。あなたは、自分が立ってほかの人が座ればゲームがよく見えるが、ほかの人が立っていて自分が座ると何も見えない。だから立つことにする。

    b. フットボールの試合観戦中には多くの人が立っているだろう、と友人が言う。

    c. 経済学者がたくさんの大学のフットボールの試合の写真を分析し、観戦中のファンの75%は立ち、25%は座ると推計した。

これらの中で、最適化行動を考えたもの、均衡を考えたもの、経験主義に基づいたものは、それぞれどのケースだろうか？　説明しなさい。

7. 多くの環境規制の費用は金銭で計算できるが、便益は救われた命（死亡率）や特定の病気の出現率（罹患率）の減少という尺度で測られることが多い。環境規制の費用便益分析は、どのような意味を持つのだろうか？　「命はお金に換えられない」という格言があるが、これには同意できるだろうか？　できないだろうか？　理由についても説明しなさい。

8. 本章ではフリーライダー問題を議論した。このフリーライダーの概念に関連した以下の2つの状況について質問に答えなさい。

    a. タフト・ハートリー法（1947年）では、労働者が、職場の労働組合に参加しない、または労働組合費を支払わないことを認めた。こうした取決めはオープン・ショップと言われる。労働組合が、雇用の条件や賃金を全労働者を代表して企業と交渉する点を踏まえると、ほとんどの労働組合がこのオープン・ショップに反対である。その理由を、あなたならばどう考えるだろうか？

    b. あなたはビジネス・コミュニケーションの授業を選択しており、6人のグループで課題に取り組むことになっているとしよう。グループの何人かはこの課題にまったく貢献していないが、成績はほかのメンバーと同じであることがわかった。あなたが教授だとすると、この問題を解決するためには、どのようなインセンティブを作ることができるだろうか？

経済学の方法と問い

Economic Methods and Economic Questions

大学には、進学する価値はあるのか？

　大学に進学するのは大きな投資だ。学費はコミュニティ・カレッジ（地域の公立教育機関）で年間2,500ドル、公立大学で年間5,000ドル、私立大学なら約2万5,000ドルかかる。それだけではない。1章で説明したように、1時間の労働の価値を10ドル以上とすれば、大学教育の機会費用は合計で年間2万ドル以上になる。

　大学教育を投資ととらえるならば、その見返りをどう考えればいいだろうか？　「教育の便益」とは何だろうか？　それを測定する方法はあるのだろうか？　本章では、モデルとデータを使ってこの疑問に答えていこう。

本章の構成

2.1 科学的方法とは

EBE 大学を卒業すると、どれぐらい所得が増えるのか？

EBE 義務教育が1年延びたら、賃金はどれぐらい上がるのか？

2.2 因果関係と相関関係

2.3 経済学の問いと答え

KEY IDEAS キーアイデア

- モデルとは現実を簡単化して表現したものである。
- 経済学者は、モデルの正確性を評価して、世の中がどう動いているかを理解するためにデータを使う。
- 相関関係があるからといって、因果関係があるとは言えない。
- 実験は、経済学者が因果関係を検証するのに役立つ。
- 経済学は、社会にとって重要で、モデルとデータを使って答えられる問題に焦点を当てる。

2.1 科学的方法とは

　経済学の第3の重要な原理は経験主義である。これは、データを使って世の中の出来事を分析するということだ。第1の原理（最適化）と第2の原理（均衡）は1章で勉強したので、本章では経験主義について学ぼう。

　経験主義は、すべての科学的分析において重要な概念である。経済学者、社会科学者、自然科学者が以下のことを行うために使う一連のプロセスを**科学的方法**と言う。

1. 世の中の出来事を表すモデルを考え出す。
2. データを用いてそのモデルを検証する（モデルとデータが一致するかどうかを評価する）。

　経済学者は、このプロセスで世の中を示す「真」のモデルを明らかにできると期待しているわけではない。世の中は非常に複雑だからだ。経済学者が期待しているのは、世の中を理解するのに役立つモデルはどれかを見つけ出すことである。データを使って検証すれば、良いモデルと悪いモデルを区別できる。良いモデルは、データとの整合性がより高い。モデルと実際のデータがあまり

- **科学的方法**（scientific method）とは、経済学者、社会科学者、自然科学者が以下のことを行うために使う一連のプロセスである。(1)世の中の出来事を表すモデルを考え出す。(2)データを用いてそのモデルを検証する。

に食い違うときには、経済学者はモデルを修正したり、まったく別のモデルを用いたりする。

このプロセスを経ることで、過去の出来事を説明するのに役立つモデルや、ある程度の確からしさをもって将来を予測するのに役立つモデルを見つけることができる。まず、モデルとは何か、データを使ってモデルをどうやって検証するのか、ということから説明しよう。

モデルとデータ

かつては誰もが、地球は平らだと信じていた。今では誰もが、地球はフリスビーではなくビーチボールのような丸い形だと知っている。だが平面モデルはいまだに使われている。ガソリンスタンドで売っているのは、平面の道路地図だけだ。カーナビの地図も平面図で、車のダッシュボードに地球儀を入れている人はいない。

平面地図も地球儀も、どちらも地球の表面を表したモデルだ。**モデル**は、世の中の出来事を簡単化して描写したり、説明したりする。モデルは単純化されたものであり、現実を完全に再現したものではない。平面地図が地球の表面を正確に描いたモデルでないのは明らかだ。曲線の曲がり具合（曲率）が歪められている。ただし、ニューヨークから東京に行くときは曲率は重要だが、ニューヨーク市内を観光するときには地球が球状かどうかを意識する必要はない。

科学者は（通勤者もそうだが）、当面の問題を分析するのに最も適したモデルを使用する。（地球は平らだという）間違った想定に基づくモデル（地図）であっても、将来の予測をしたり、計画を立てたりするのに役立つこともある。モデルについて言えば、厳密に正確であるよりも、シンプルで便利であることのほうが重要性を持つ。

科学的モデルによる予測はすべて、世の中を描写する事実や測定結果、統計などの**データ**を使って検証できる。1章で述べたように、経済学者は**実証的エビデンス**を構築するためにデータを使用するので、自分たちを経験主義者または経験主義の実践者と呼ぶことがよくある。このような用語はすべて、次の基本

> 科学的モデルによる予測はすべて、データを使って検証できる。

- **モデル**(model)とは、世の中の出来事を簡単化して描写したり、説明したりしたものだ。経済学ではモデルを理論と言うこともある。モデルと理論は同義で使用される。
- **データ**(data)とは、世の中を描写する事実、測定結果、または統計のことである。
- **実証的エビデンス**(empirical evidence)とは、観察や測定によって得られる一連の事実である。

図表2.1　ニューヨークから東京への移動には、平面地図で見る以上の距離がある

この平面地図は、地球の表面のモデルである。世界は完全に平らだと描いていて、地図の制作者が北緯の距離を拡大して作成したものと考えることができる。たとえば地理を学ぶなど、特定の使用目的には便利である。だが太平洋を横断する最適な空路を導き出すには使えないだろう。たとえば、ニューヨークから東京までの最短の空路は、サンフランシスコの上を通る直線ではない。最短ルートはアラスカ北部の上空を通るものだ。地球の平面モデルは地理の授業で使うのには適するだろうが、大陸をまたぐ空路の指示には適さない。

図表2.2　ニューヨーク市の地下鉄路線図

この図は、ニューヨーク市の地下鉄システムのモデルである。非常に簡単化されている。たとえば、ニューヨーク市を完全に平坦だとしていて、街の形も実際とは違っている。それでも通勤者や旅行者にとっては非常に便利なものである。

出所：Martin Shields/Alamy.

的アイデアに帰着する。それは、世の中の出来事に関する問題に答えるために、またモデルを検証するために、データを使用するということだ。たとえば、ニューヨーク市内の地下鉄路線図なら、その地下鉄に実際に乗って路線図の正確性を確認することで地図モデルを検証できる。

経済学の実証分析では、モデルによる予測を**仮説**と呼ぶ。その仮説が利用可能なデータと矛盾するたびに、経済学者はまた振り出しに戻って、新しい仮説を導き出す、より良いモデルを見つけようとする。

経済モデル

経済モデルの例を考えてみよう。最初は極めて簡単化したモデルについて検討する。しかし、ここでの例よりずっと複雑な経済モデルもまた、現実を極めて単純化したものである。

経済モデルはすべて仮定からはじまる。教育の便益について次のように仮定しよう。教育に投資する年数が1年増えるごとに、将来賃金は10%ずつ増える。そして、この仮定をもとに、ある人の教育レベルと賃金を関連づけるモデルを作ろう。

賃金が10%増加するとは、元の賃金に1 + 0.10 = 1.10を掛けることと同じだ。この仮定によれば、1年長く教育を受けた人はそうでない人と比較して1.10倍の賃金を得る。たとえば、13年間の教育を受けて時給15ドルで働いている人が、もう1年、計14年間の教育を受けたとしたら、その人の時給は1.10 × 15ドルで、16.50ドルに上昇することになる。

経済学では仮定を使って、インプリケーション（含意）を導き出す。

たとえばこの仮定に従うと、教育年数が2年増えたら、賃金が10%ずつ2回増えることになるので、合計で21%増える。

$$1.10 \times 1.10 = 1.21$$

では教育年数が4年増えるとしてみよう。10%の賃金の増加が4回あるということなので、合計で46%増えることになる。

$$1.10 \times 1.10 \times 1.10 \times 1.10 = (1.10)^4 = 1.46$$

これは、大学を卒業する（4年間の教育を受ける）と、高校で教育が終わった場合と比較して、所得が46%増えることを意味する。言い換えると、このモデルの予測（仮説）では、大卒の所得は高卒の所得より46%高い、ということになる。

原理的には、教育年数が何年であってもこの仮定は適用できる。このため、このモデルは学歴と収入を関係づける一般モデルと言える。ここで導き出したモデルを、教育の便益モデルと呼ぼう。このモデルは、教育年数の増加に対する経済的な利得、すなわち教育投資から得る「便益」を表したものだ。ちなみ

● **仮説**(hypotheses)とは、データを使って検証しうる予測である。仮説は通常、モデルから導き出される。

に、ほとんどの経済モデルは、これよりはるかに複雑だ。仮定からインプリケーションを導き出す数学的な分析に何ページも割いている経済モデルはたくさんある。とはいえ簡単なモデルは、議論の良い出発点になる。それはあらゆる経済モデルに共通する2つの重要な特徴を示しているからである。

第1に、モデルは近似である、ということだ。モデルは、教育を1年長く受けた誰もが厳密に将来10%の賃金増加を手にする、と予言しているわけではない。教育と将来の賃金について予測される関係は平均的なものであり、ほとんどの状況でほとんどの人に起きるであろうと考えられることに対する近似である。モデルでは考慮の対象とされない特定の状況はたくさんある。たとえば、学位を得て大学を卒業したというのは履歴書の重要情報になるので、賃金増加への貢献という意味では、大学3年目よりも大学4年目の1年間のほうがはるかに重要だろう。同じように、大学で何を専攻したかも、卒業後の収入に重要な影響を与える。経済学専攻の学生は、ほかの専攻の卒業生よりも所得が高いかもしれない。単純なモデルは、こうした細部をたくさん省略している。平面的な地下鉄路線図が街の特徴の近似にすぎなかったように、教育の便益モデルも、教育年数と賃金を結びつけた近似にすぎないのである。

第2の特徴は、モデルは、データを使って検証しうる予測を立てるという点である。ここでのモデルの場合には、教育と賃金に関するデータを使おう。これで教育の便益モデルが立てた予測を実際に評価する準備が整った。

EBE Evidence-Based Economics
根拠に基づく経済学

問い：大学を卒業すると、どれぐらい所得が増えるのか？

ここでのモデルを検証するには、データが必要である。そのデータとして、政府の統計調査である人口動態調査（Current Population Survey, CPS）を使おう。この調査は、賃金や学歴、その他の多くの一般的な人口の特徴に関するデータを集めたものであり、誰でも利用できる。誰もが利用可能なデータは「公表データ」と呼ばれる。

図表2.3は、モデルを検証するために平均年収をまとめたものである。「教育の便益モデル」は、データとは完全には一致していない。図表2.3では、12年間の教育（高校卒業と同じ）を受けたアメリカの30歳の労働者の平

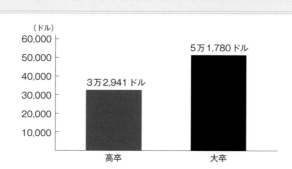

図表2.3 学歴別30歳のアメリカ人の平均年収：2013年データ

高卒の30歳のアメリカ人の平均年収は3万2,941ドルだが、大卒の平均年収は5万1,780ドルである。

出所：人口動態調査（CPS）。

均年収は3万2,941ドルである。一方16年間の教育（4年制大学卒業と同じ）を受けたアメリカの30歳の労働者の平均年収は5万1,780ドルである。

大卒賃金を高卒賃金で単純に割ると、比率は1.57となる。

$$\frac{16年間の教育を受けた30歳の平均賃金}{12年間の教育を受けた30歳の平均賃金}$$

$$= \frac{5万1{,}780\text{ドル}}{3万2{,}941\text{ドル}} = 1.57$$

私たちのモデルでは、教育年数が1年増えるごとに賃金が10％増加すると仮定したことを思い出そう。4年間長く教育を受けると、賃金の増加は $(1.10)^4 = 1.46$ になる。一方データによれば、12年間の教育が4年延びて16年間になると、57％の所得増加になっている。

このことから、モデルとデータは厳密には一致していないことがわかる。だがモデルが予測する46％の増加は、データとそれほどかけ離れてはいない。

Q 問い　大学を卒業すると、どれぐらい所得が増えるのか？

A 答え　大卒の平均賃金は、高卒の平均賃金の1.57倍である。

データ　2013年の人口動態調査（CPS）の賃金データ。学歴別の30歳労働者の平均賃金比較。

> ⚠️ **注意** 全人口の平均値である。個人の経験で異なる。

平均値

　CPSのデータからどうやってEBEで使った賃金を計算したのか、と考える人もいるかもしれない。私たちが使ったのは、**平均**という概念だ。**平均**とは、様々な値をすべて足し合わせて、それを値の数で割ったものである。これは、データをまとめるときによく使われる手法だ（平均はmeanとaverageの訳語であり、統計や他の科学分野では両者は同義に扱われる）。

　具体的な計算方法を簡単に説明しよう。ウォン、リトルトン、ロック、ライ、シェファードの5人の従業員がいて、各人の時給は次のようにそれぞれ異なっていたとしよう。

　　　ウォン　　　＝時給26ドル
　　　リトルトン　＝時給24ドル
　　　ロック　　　＝時給　8ドル
　　　ライ　　　　＝時給35ドル
　　　シェファード＝時給57ドル

この5人の時給を足して5で割ると、時給30ドルという平均賃金が出る。

$$\frac{26 \text{ドル} + 24 \text{ドル} + 8 \text{ドル} + 35 \text{ドル} + 57 \text{ドル}}{5} = 30 \text{ドル}$$

　ここで使った例はサンプルは小さい（データを集めた個人が少ない）が、平均の計算の概念はちゃんと表している。もちろん、経済学の分析で使われるサンプルはもっと大きい。

　典型的な経済学の研究論文は、何千人もの人々から集めたデータを使う。経済学の分析の強みの1つは、使用されるデータの数の多さにあると言える。EBEの分析でも、わずかな事例に頼って教育が所得を増加させることを議論したわけではない。何千人もの30歳の人々を調査したデータを使用したのだ。たくさんのデータ（経済学ではこれを**観測値**と呼ぶ）を使用することで、研究

| ●**平均**(mean, average)とは、様々な値をすべて足し合わせて、それを値の数で割ったものである。

者はより正確に結果を述べることができる。それにより、実証的議論の信頼度は上がる。

　本書では、説得力のある実証的議論を展開する方法を説明するために、大勢の人々に関する実際のデータをたくさん使用する。多くの観測値に基づいた信頼のおける実証的議論は、科学的方法にとって大切な要素である。

伝聞に基づく議論

　教育は絶対必要なものではない。教育年数が長いのに収入が少ないという人もいる。逆に、ほとんど教育を受けていないのに収入が高い人もいる。本書執筆の時点で世界有数の資産家であるビル・ゲイツ（マイクロソフト創業者）は、ハーバード大学を中退している。フェイスブックCEOのマーク・ザッカーバーグも、ハーバード大学中退だ。

　この2つの事例だけ見れば、大学を中退するのが成功への道筋だと結論づけたくなる。けれども、統計的な関連性を判断しようとするときに、たった2つの事例や小さいサンプルに基づくのは誤りである。

　データの量が大きな違いを生み出す別の例を紹介しよう。図表2.4は2人の30歳の労働者のデータをグラフにしたものだ。おわかりのように、図表2.4では、図表2.3とは違い、教育年数が長いと賃金が下がるように見える。このデータは教育と賃金の正の関係を再現していない。とはいえ、たった2人の例から作ったことを考えると、図表2.4の結果は驚くには当たらない。実際、無作為に選んだ2人の30歳の労働者を比較すると、25％の確率で、高卒の人のほうが4年制大学を卒業した人よりも所得が高いのだ。大学に行くことは、通常は所得を増やす助けになる。だが教育以外にも、収入を決めるはるかに多くの別の要素がある。

　限られた数のデータだけを見ると、間違った結論に飛びつきやすくなる。新聞を読むときには、例外的な数少ない事例を取り出してあなたを説得しようとする記事を見たら、気をつけよう。その記事が何千人もの体験談をもとに書かれているものならば、書き手はいい仕事をしていることになり、その議論には耳を傾ける価値がある。だがその記者がひと握りの伝聞に基づく話を使って議論を展開していたら、まずは疑ってかかろう。特に記者の意見を裏づけるような話を選んで紹介しているのではと疑われる場合は、十分用心してかかろう。伝聞に基づく議論を鵜呑みにしてはいけない。

　ただしこのルールには1つ例外がある。事例を使う議論は、包括的意見に反

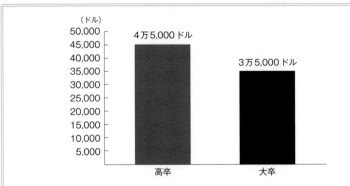

図表2.4 2人の30歳の労働者の年間所得：学歴別

図表2.3では大卒の平均年収が高卒のそれよりも57%高いと示しているが、大卒よりも年収が高い高卒の例を探すことは実際のところ難しくない。このグラフはその一例である。高卒の年収が4万5,000ドル、大卒の年収が3万5,000ドルだ。

対するときには有効となるのだ。たとえば誰かが、米プロバスケットボールリーグ（NBA）の選手は誰もが身長が高くなければいけないと主張したとする。その意見が間違いだと証明するには、それに反する事例が1つでもあればいい。このケースだと、NBAで14年間プレーした身長160cmのタイロン・ボーグスの例がそれに当たるだろう。

2.2 因果関係と相関関係

　教育年数が1年長くなると所得が平均10%増えることが、所得と教育年数に関する膨大なデータからわかった。ということは、学校にもう1年長くいるように生徒に勧めれば、彼らの将来の所得は10%増えることになるのだろうか。そうとも限らない。なぜそうとも限らないのか、別の例を使って説明しよう。

赤色の広告キャンペーン

　あなたがウォルマート社に経営コンサルタントとして雇われたとしよう。あなたは赤色を多く使った広告は人々の注目を集めるだろう、という広告キャンペーンに関する仮説を立てた。この仮説を証明するエビデンスとして、あなたは、広告の色とその広告期間の売上げの変化を示す過去の実績データを集めた。
　この実証的調査から、赤色をたくさん使ったキャンペーン中は売上げが25%伸び、一方青色をたくさん使ったキャンペーンではたったの5%しか伸びなかっ

たことがわかった。あなたは自分の仮説が証明されたと考えた。まさに天才！あなたは最高経営責任者（CEO）にこのすばらしい結果を急いで報告した。ところがすぐにクビになってしまった。

CEOは気がついたのにあなたが見落としたものは、何だったのだろうか？

実は、赤色を多く使った広告は主にクリスマスシーズンに集中していて、青色を多く使った広告はそれ以外の時期のものだった。CEOはこう言った。

> 赤色を使った広告が我々の売上げを増やしたのではない。クリスマスが売上げを増やしたのだ。そしてクリスマスだから広告に赤色が増えたのだ。12月ならば青色を多く使った広告であっても、売上げは25%ぐらい上がっていただろう。

残念ながらこれは実際にあった私の友人の話だ（友人の名誉のために企業名は変えてある）。補論で、これに関連する内容に再び触れる。

因果関係と相関関係

相関関係を因果関係と思い込む人は多い。ある出来事が別の出来事に直接影響を及ぼすとき、**因果関係**があると言う。たとえば雪玉を熱いオーブンに入れたから溶けたというように、因果関係は、原因から結果への道筋と考えることができる。

相関関係とは、一方の出来事が変化したらもう一方の出来事も変化する、というように2つの出来事が相互に関連していることを言う。それは原因と結果の関係（因果関係）かもしれないが、因果関係がないときでも相関関係は発生する。たとえば、高校の授業で音楽を選択した高校生は、そうでない高校生よりもSAT（日本のセンター試験に相当する）の点数が高いことがわかったとする。すると、音楽の授業を増やしたらSATの点数が上がるという関係、つまり因果関係があると主張する教育者が出てくるだろう。

だからといって、将来子どもが生まれたらクラリネットを買おうと考えるのはまだ早い。SATの点数がすでに高い学生が音楽を選択する傾向がある、という研究もある。あるいは、たとえば良き

> 因果関係は、原因から結果への道筋と考えることができる。

- **因果関係**（causation）は、ある出来事が別の出来事に直接影響を及ぼす（原因と結果の関係がある）ときに生じる。
- **相関関係**（correlation）とは、2つの出来事が相互に関連していることを言う。

生徒でいるためにとか、SATの点数が高くてかつ音楽を選んでいる何か別の理由があるかもしれない。SATの点数と音楽選択は単なる相関関係にすぎない。トロンボーン奏者が腕をけがして音楽の授業の履修をやめたとしても、それが原因で将来SATの点数が下がることはないだろう。2つの出来事に相関関係があるとき、その出来事の間に因果関係がある可能性もなくはないが、もっとよく調べる必要がある。これは調べるきっかけにはなるが、結論ではない。

相関関係には、正の相関、負の相関、ゼロ相関の3種類がある。家計所得などの要素を**変数**と呼ぶ。**正の相関**とは、2つの変数が同じ方向に変化することである。たとえば、相対的に所得が高い人は所得が低い人よりも結婚している可能性が高い、という調査結果がある。この場合、所得と結婚には正の相関があると言う。**負の相関**とは、2つの変数が反対の方向に変化することである。たとえば、学歴が高い人は失業する可能性が低い。この場合、学歴と失業には負の相関があると言う。2つの変数が関連していないとき、**ゼロ相関**であると言う。あなたの友人の数と、あなたの住所の番地が偶数か奇数かはまったく関係がない。

相関関係が因果関係を意味しないとき　2つの変数の相関関係をもって、特定の因果関係があると結論づけてはいけない。それには、次の2つの理由がある。

1. 省略された変数
2. 逆の因果関係

省略された変数とは、分析の対象からは外れているが、それがもし含まれていたら2つの変数が相関している理由がわかるものを指す。ウォルマートの広告の赤色の量とウォルマートの売上げの伸び率には正の相関があったことを思い出してほしい。だが、赤色を多く使った広告がウォルマートの売上げを伸ばした原因だったわけではない。クリスマスシーズンが近いということで、ウォルマートの広告に赤色が増え、ウォルマートの月間売上げも前月より増えたの

- **変数**(variable)とは、変化する要素のことである。
- **正の相関**(positive correlation)とは、2つの変数が同じ方向に変化することである。
- **負の相関**(negative correlation)とは、2つの変数が反対の方向に変化することである。変数の動きに関連がない場合には、**ゼロ相関**(zero correlation)と言う。
- **省略された変数**(omitted variable)とは、分析の対象からは外れているが、分析に入れれば2つの変数が相関している理由を説明しうる変数である。

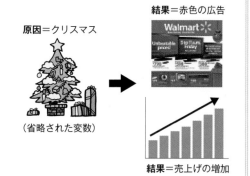

図表2.5　省略された変数の例

ウォルマートでは、広告に使われる赤色の量と、売上げの伸び率に正の相関がある（広告に赤色が最も多いとき、月間売上げが最も増加する）。しかし、赤色が売上げ増加の原因だったわけではない。クリスマスだ。これが広告に赤色が多くなる原因であり、かつ売上げが増加した原因でもある。この場合、クリスマスが、赤色の広告と売上げ増加の正の相関関係を説明する省略された変数である。

だ。この場合、クリスマスが省略された変数となる。クリスマスが、売上げが増えた時期に赤色の広告も増えた理由だったのである（図表2.5参照）。

　教育と所得にも正の相関があるが、その理由を説明する省略された変数はあるだろうか？　1つ考えられる要因として、ワーカホリック（仕事中毒）があるかもしれない。ワーカホリックな学生は、大学でもほかの学生より努力する傾向があるとしたらどうだろう。学期末のレポートを徹夜で書くことで、クラスでの成績も上がるだろう。ワーカホリックであれば日々遅くまで仕事をし、週末も仕事をするかもしれないので、給与も増えるだろう。ワーカホリックは、高い所得の理由であり、かつ大学を中退しない理由なのだろうか？　あるいは大学に在学すること自体が所得を増やす原因になるのだろうか？　何が原因で、何が結果なのだろうか？

　相関関係と因果関係を区別するうえで悩ましいもう1つの問題に、**逆の因果関係**がある。逆の因果関係は、原因と結果の方向を取り違えたときに生じる。たとえば、比較的裕福な人々は比較的健康だという事実を考えてみよう。社会学者は、富が健康の要因だと結論づけてきた。たとえば、裕福な人はより良い医療にお金を出す余裕があるからだ。一方で、健康が富を作り出すという、逆の因果関係があるかもしれない。たとえば、健康な人は一生懸命に働く体力があり、健康でない人よりも医療の出費が少ない。どちらの因果関係も成立しそうだ。つまり、富は健康をもたらすし、同時に健康が富をもたらす、ということが成立しそうだ。

　教育の便益に関する分析でも、逆の因果関係が成立するか考えてみよう。

●**逆の因果関係**（reverse causality）は、原因と結果の方向を取り違えたときに生じる。

30歳で高賃金というのは、20代でより長い教育を受ける原因になっているだろうか？　タイムマシンでもない限り、30歳の賃金が20代で長く学校に行く原因にはなりえない。論理的にこの可能性は除外できる。したがって、教育の便益の例では、逆の因果関係は問題にはならないだろう。しかし別の多くの分析（たとえば富と健康の関係）では、逆の因果関係は重要な考慮の対象になる。

経済学では何が因果関係で、何が相関関係かを判断するために、多くのツールを開発してきた。以下でいくつかのツールを説明しよう。

実験経済学と自然実験

原因と結果を特定する1つの方法は、**実験**（変数の因果関係を検証するために条件を調整する方法）を行うことである。経済の実験を新聞で見かけることは少ないかもしれないが、医薬品の実験（治験）が記事になることは多い。たとえば、製薬会社が開発した新薬が一般大衆薬として認可される前に、注意深く設計した治験を行うことが、食品医薬品局（FDA）によって義務づけられている。新薬の効果を証明するためだ。

治験を行うには、研究者たちは通常、処置群（トリートメントグループ）*と対照群（コントロールグループ）という2つのグループを作る。治験の参加者は、処置群か対照群かのどちらかに無作為（ランダム）に振り分けられる。これを**無作為抽出**と呼ぶ。無作為抽出で振り分けられた処置群と対照群は同じように治療を受けるが、最初に1つだけ条件を変えてある。この条件の影響が、治験で検証したい内容となる。

期待されている新薬が糖尿病の患者に効くかどうかを知りたいとしよう。この場合、糖尿病の患者1,000人を選び、無作為に500人を処置群（新薬を処方されるグループ）に振り分ける。残る500人は対照群であり、すでに広く使用されている標準的な薬を与える。そしてすべての患者を追跡調査して、その後の数年間で健康状態に変化がないかどうかを調べる。この実験が、新薬は標準的な薬よりも効果が高いという因果関係を示す仮説を検証するものとなる。

では次に、経済学の実験を考えよう。大学の学位がもたらす違いを知りたいとする。大学に行く経済的余裕はないが、大学に行きたいと思う高校生を1,000人選ぶ。そのうちの500人を無作為に振り分け、大学の費用のすべてが支払わ

● **実験**（experiment）とは、変数の因果関係を検証するために変数の条件を調整する方法である。
● **無作為抽出**（randomization）とは、意図的ではなく無作為（ランダム）に、対象者を処置群と対照群に振り分けることである。

＊「処置」は経済の分野ではピンとこない用語だが、医学の分野での「処置（treatment：治療）」から来ている。

れる処置群とする。残りの500人の学生を対照群にする。この1,000人の学生全員について、その後の状態を追跡する。大学を卒業したグループと大学に行かなかったグループの賃金がどう違うかを知るため、周期的に調査を行う。この実験によって、大卒という学歴が賃金を上昇させるという仮説を検証できる。

実験を行う際の問題の1つは、非常に費用がかかることである。大学教育に関する前述の実験の場合、500人の学生の学費を支払うことになるので、何千万ドルもの費用がかかる。ほかにも問題がある。実験は、重要な問いに直接的な答えを出すわけではない。たとえば、教育期間が1年長くなると生涯にわたって給与に影響が出るかを調べるために、現在の高校生を対象にした実験を行った場合、その答えが出るまでにはさらに何十年もかかる。

もう1つの問題として、実験そのものがうまく実施されないこともある。たとえば、薬の効果を調べる実験のときには、患者を完全に無作為に振り分けられなければ、その実験結果から学ぶものはない。最先端医療を提供する病院に通う糖尿病患者は、最新の治療薬を処方される可能性が高いとしよう。この場合、患者の健康が改善した原因は新薬なのか、またはこの病院が行った何か別の治療なのかはわからない。うまくデザイン（設計）された治験では、誰が新薬を処方され、誰が従来の薬を処方されるかは完全に無作為に決定される。

実験のデザインが悪いと、経済学者はその結論に非常に懐疑的になる。研究方法が悪いと、実験の結論が無意味になってしまうことを表して、「素材がゴミならできあがったものもゴミになる」と言う。

実験する予算や時間がないときに、原因と結果を見つけるための別のやり方はあるだろうか？「自然」実験によって生じた過去の記録を研究することはその1つだ。**自然実験**とは、実験者がコントロールしないかたちで、無作為またはほぼ無作為に、対象者が対照群と処置群に振り分けられた実証分析を言う。

経済学者はたくさんの重要な問いに答えるために、このような自然実験を見つけて活用してきた。「教育から何を得るのか」という問いに、より確実な答えを出すにはこの方法が役に立つ。

2.3 経済学の問いと答え

経済学の研究とは、問いを立て、その問いに答えるプロセスである。すでに

● **自然実験**（natural experiment）とは、実験者がコントロールしないかたちで、無作為またはほぼ無作為に、対象者が対照群と処置群に振り分けられた実証分析である。

EBE Evidence-Based Economics
根拠に基づく経済学

問い：義務教育が1年延びたら、賃金はどれぐらい上がるのか？

数十年前は義務教育に関する法律は今ほど厳格ではなく、10代の若者は中学校卒業前に中退できた。フィリップ・オレオポウロスはこの義務教育法の改革によって生じた自然実験を研究対象にした[1]。オレオポウロスは、義務教育の修了を14歳から15歳に引き上げた1947年のイギリスの教育改革に着目した。この変更によって、14歳で学校を中退する子どもの割合は1946～48年にかけては57%から10%未満へ約50ポイント*減少した。

この教育改革を活用すると、1947年より前に14歳になった子どもは、1947年以降に14歳になった子どもの「対照群」とみなせる。この研究によれば、1948年に14歳になり、1年長く通学した学生は、1946年に14歳になった学生と比較して平均で10%賃金が高かった。

こういった自然実験は、様々な問題について相関関係と因果関係を区別する助けになるので、実証研究では非常に役に立つ。教育の便益の問題にこれを応用すると、教育の年数と所得の間の相関は、省略された変数が原因ではなく、教育の影響を反映したものであったことがわかる。

教育の便益に関するモデルでは、このようにしてデータできちんと立証された。教育年数が1年長くなるごとに10%賃金が上昇すると聞いたあなたは、より長く学校に通いたいと思っただろうか？

Q 問い　義務教育が1年延びたら、賃金はどれぐらい上がるのか？

A 答え　平均で賃金は10%上昇する。

データ　英家計調査 (General Household Survey)。14歳で中退したイギ

---

[1] Philip Oreopoulos, "Estimating Average and Local Treatment Effects of Education when Compulsory Schooling Laws Really Matter," *American Economic Review*, Vol. 96, No. 1, 2006, pp. 152-175.

* ここで、約50「%」減少したと書くのはよく見かける間違いである。両者の差の「47%」は基準となる57%から見ると82% (47/57＝82%) なので、約80%減少した、とするのが正しい。%で示された数字の差は、英語で「percentage point」、日本語で「ポイント」または「%ポイント」と呼ぶ。したがって、10%は57%より47ポイント低い。すなわち、「約50ポイント減少した」こととなる。経済学では、成長率の差、失業率の差などがよく使われるが、日常生活でも政党の支持率の差、テレビ番組の視聴率の差のように、%で表された数字を比較するときには、間違った記述をしないように注意したい。

> リスの子どもと、義務教育法の改革により通学が1年長くなった子どもを比較。
>
> ⚠ **注意** 義務教育法の改革以外の要因（省略された変数）が、学校に長く通学した子どもたちが、最終的に労働者としてもっと稼ぐようになった理由を説明できるかもしれない。

いくつかの問いを見てきた。たとえば、本章では次の問いを立てた。「義務教育が1年延びたら、賃金はどれぐらい上がるのか？」。1章では別の問いを立てた。「フェイスブックは無料(タダ)か？」。

良い問いのかたちは様々である。しかし、とても刺激的な経済学の問いには次の2つの特徴がある。

1. **良い問いとは、個人や社会にとって重要な課題に取り組んだものである。**
   経済学者は、経済学の研究とは社会的厚生に貢献するものだと考えている。経済学者は、人間の行動や経済の働きについて一般的なインプリケーション（含意）を与えてくれる研究を試みる。たとえば、教育を受けるためには多くの資源を投資するのだから、教育の便益を理解することは重要だ。アメリカは年間1兆5,000億ドルの予算を教育のために使っている。これは経済の産出量の約1割に相当する。こうした投資のすべてについて、見返りを数値化することは有益だ。仮に教育の便益が非常に高いならば、社会は教育への投資をさらに増やすことを求めるだろう。教育の便益が小さいならば、その重要な事実を、学業を続けるかどうか考えている学生と共有すべきだ。教育の便益を知ることは、個人や政府が、教育への投資にどれだけの希少資源を配分するかを決めるのに役立つ。
2. **良い経済学の問いには答えがある。**
   別の学問分野では、良い問いを提示するだけで十分だという場合もある。たとえば哲学者は、いくつかの最も重要な問いには答えはないと考えている。それとは対照的に、経済学者は、十分に綿密な研究と注意深い論理で答えることができる問いに主に関心を持つ。

本書で議論する経済学の問いを以下（48ページ）に挙げた。このリストを見

れば、これらの問いはみなさんと社会全体にとって大きな意味を持つ重要な問いだとわかるだろう。本書は、こうした問いに経済学的な答えを出しながら議論を進めていく。きっと刺激的な旅になるだろう。さっそく出発しよう。

まとめ

- ●科学的方法とは、経済学者、社会科学者、自然科学者が以下のことを行うために使う一連のプロセスである。(1)世の中の出来事を表すモデルを考え出す。(2)データを用いてそのモデルを検証する。
- ●実証的エビデンスとは、観察や測定によって得られる一連の事実である。これを使ってモデルを評価する。
- ●経済学者は変数同士の因果関係を解明しようとする。
- ●因果関係を特定する1つの方法は、実験を行うことである。実験とは、変数同士の因果関係を調べるための制御された方法である。経済学者は、研究室と実社会の両方で実験を行う。経済学では、因果関係を推論するために、自然実験によって生まれた過去のデータを研究することもある。

キーワード

科学的方法	モデル
データ	実証的エビデンス
仮説	平均
因果関係	相関関係
変数	正の相関
負の相関	ゼロ相関
省略された変数	逆の因果関係
実験	無作為抽出
自然実験	

	問 い
1章	フェイスブックは無料(タダ)か？
2章	大学には、進学する価値はあるのか？
3章	立地は家賃にどのように影響するのか？
4章	ガソリン価格が安くなったら、もっとガソリンを買うだろうか？
5章	アメリカの経済生産の1年間の総市場価値はどれほどの規模になるのか？
6章	平均的アメリカ人が平均的インド人よりずっと豊かな理由は何か？
7章	アメリカ経済は、過去200年間にわたって、なぜ経済成長を続けることができたのか？
8章	熱帯地域と亜熱帯地域の貧困は地理的条件が原因なのか？
9章	企業が工場を閉鎖すると、地域の雇用と失業にはどのような影響が及ぶのか？
10章	銀行の破綻はどのぐらい頻繁に起こっているのか？
11章	1922～23年のドイツでは、なぜハイパーインフレーションが起きたのか？
12章	2007～09年の景気後退はなぜ起きたのか？
13章	政府が支出を増加させると、GDPはどのぐらい上昇するのか？
14章	ナイキのような企業はベトナムの労働者の敵なのか？
15章	ジョージ・ソロスはどうやって10億ドルを稼いだのか？

復習問題

1. 経済学では科学的方法を使用する、というのはどういう意味だろうか？ 役に立つモデルとそうでないモデルを、経済学者はどのように識別するのだろうか？
2. 経験主義とはどういう意味か？ 経験主義は仮説をどのように使うのか？
3. 経済モデルの2つの重要な特徴は何か？ モデルは通常、現実社会の現象を簡単化して表したものである。これは、モデルが非現実的であるという意味なのか？
4. 観察値からは、平均はどのようにして計算されるのか？ ある夏の暑い日に、5,000人がアイスキャンディーを買ったとする。1人が購入したアイスキャンディーの平均が2本だとすると、その日には何本のアイスキャンディーが売れたことになるのか？
5. 実証的議論の妥当性に、データの量はどのように影響を及ぼすのか？ 議論を反証するのに1つの例だけで受け入れられるのは、どのようなときだろうか？
6. 相関関係は、必ずしも因果関係を意味するわけではない理由について説明しなさい。因果関係はいつも正の相関関係になるだろうか？ その理由について説明しなさい。
7. 正の相関がある変数、負の相関がある変数、ゼロ相関である変数の組み合わせの例を挙げなさい。
8. 無作為とはどういう意味か？ 無作為は実験の結果にどのような影響を及ぼすだろうか？
9. 本章では自然実験と無作為実験について議論した。自然実験は無作為実験とどのように違うのか？ どちらの実験方法がより正確な結果が得られる可能性が高いだろうか？
10. シートベルト着用の義務化が交通事故による死亡率に与える影響について調べたい。あなたなら、無作為抽出で実験を行うか？ それとも、自然実験を行うか？ その理由についても説明しなさい。

演習問題

1. 本章では平均について解説した。中央値も、平均に関連する概念である。中央値とは、データの上位半分と下位半分の境界にある数字である。すべての数字を低い数値から高い数値まで並べると、その真ん中の値が中央値となる（観測数値が奇数の場合）。平均と中央値は非常に近い関係にあるが、平均と中央値の違いが興味の対象となる場合もある。

    a. A国には5家族が住み、年収はそれぞれ1万ドル、2万ドル、3万ドル、4万ドル、5万ドルである。A国の家族の年収の中央値と平均を求めなさい。

b. B国にも5家族が住み、年収はそれぞれ、1万ドル、2万ドル、3万ドル、4万ドル、15万ドルである。B国の家族の年収の中央値と平均を求めなさい。
　　c. A国とB国のどちらの国のほうが所得格差が大きいだろうか？
　　d. あなたは、アメリカの所得格差は広がっていると考えているとする。この質問への答えをもとに、アメリカにいる家族の所得の中央値に対する平均の比率は上がっているだろうか、それとも下がっているだろうか？　理由についても説明しなさい。

2. 以下の状況を想像してみよう。あなたの数学の教授は、期末試験のクラスの平均点が43点であると言う。満点は100点である。これはあなたもよくできなかったということになるのだろうか？　理由についても説明しなさい。

3. 本章では、実証分析で適切なサンプルを使用することの重要性を強調した。この観点から以下の2つの問題を考えなさい。
　　a. 人々の政治的傾向が、その人たちが好んで読む新聞や雑誌に影響を及ぼしているのかどうかを探るという課題が与えられた。あなたは、政治学の授業を選択している2人の学生とカフェにいる5人を調査した。あなたが話しかけた人のほとんどは、どの政党を支持するかは読む物には影響を与えないと言った。この結果をもとに、あなたは、政治的傾向と新聞や雑誌の選択にはまったく関連性がないと結論づけた。これは妥当な結論だろうか？　また、その理由について説明しなさい。
　　b. あなたの叔父は、人々が買う新聞や雑誌は年齢によって変わってくる、と言った。彼の家では彼の妻と10代の子どもたちが違う新聞を読んでいるからそう考えている、と言う。この結論は正当なものだろうか？

4. 銃を所持する人は銃で殺される可能性が高いという研究がある。この研究は、銃規制法を支持する強い証拠になるだろうか？　理由についても説明しなさい。

5. 本文で説明したように、因果関係の方向を解明するのは非常に難しい場合がある。以下の質問に答えなさい。
　　a. 警察官が多ければ、犯罪率の低下につながると考える理由は何だろうか？　犯罪率が高ければ、警察官の数が増えると考えるのはなぜだろうか？
　　b. 2012年に、アメリカの医学雑誌が、一国のチョコレートの消費量と、その国のノーベル賞受賞者の数には強い相関があることを示す研究を発表した。ノーベル賞獲得を奨励したい国は、国民にチョコレートの消費を増やすように促すべきだろうか？

6. 本章では、一般的に教育水準が高い人は所得が高いことを示した。経済学ではこの関係に2通りの説明を与えている。人的資本理論では、高校や大学では価値のある技能（スキル）を教え、雇い主はそのような技能がある人を引きつけるような高い給与を支払う意思がある。シグナリング理論では、大学の学位は、

その人物が勤勉で、知性があり、忍耐強いことを示す雇い主へのシグナルになっているため、大卒のほうが所得が高いという。これらの議論に対して、大学にそれぞれ2年、3年、4年間通学した人のデータをどのように活用できると思うかを説明しなさい。

7. 12世紀のユダヤ人学者マイモニデスは言った。「1人の教師で25人の生徒を教えられるだろう。1クラスの生徒数が25人を超えても40人以下であれば、助手が1人必要になる。生徒が40人を超える場合には教師は2人必要だ」。イスラエルは、それぞれのクラスの教師の数を決める際には、このマイモニデスのルールを守っている。学生の学業達成度について、教師と学生の比率の効果を分析するために、自然実験としてこのマイモニデスのルールをどのように活用できるだろうか？

8. 2008年にオレゴン州ではメディケイド（低所得者向け医療扶助）の範囲を拡大した。およそ9万人が申請したが、州政府には3万人分を追加するだけの資金しかなかった（3万人は、9万人の申請者の中から無作為に選ばれた）。医療へのアクセスの向上が健康状態に及ぼす影響を推定するためには、このオレゴン州の出来事をどのように活用できるだろうか？

9. 簡単な経済モデルの予測によると、バスの運賃が下がると、より多くの人がバスに乗る。しかし、あなたが観察したところ、運賃が下がったとしてもバスに乗らない人もいる。

  a. このモデルは間違っているのだろうか？
  b. このモデルは、どのように検証できるのだろうか？

補論

グラフの作成と解釈

　経済学を学ぶ際には、データの意味を理解し、それをわかりやすく視覚的に表現できるようになることが重要だ。グラフは、テレビ、インターネット、新聞や雑誌、経済学の教科書、とどこにでも出現する。グラフはなぜこれほど人気があるのだろうか？

　よくできたグラフは、一目瞭然で簡潔に情報を伝えてくれる。「1枚の絵は千語に匹敵する」という古い格言からも、視覚的な表現が好まれることがわかるだろう。本書では、グラフをたくさん使用する。本書を読み進むにつれて、言葉で説明した経済概念をグラフが補っていることに気づかれるだろう。

　グラフの作り方と読み方を説明するために、データや要約を交えながら、我々が行っている最近の研究をお見せしよう。

インセンティブに関する研究

　もしあなたに、この経済学の講義の成績がA評価だったら50ドルあげようと言えば、あなたはもっと勉強する気になるだろうか？　500ドルだったらどうだろう？　最初はこう思うだろう。「そうだな……そうしよう。そのお金があれば、新しいキンドルや、ビヨンセのコンサートチケットだって買えるし」

　でも1章で学んだように、もっと勉強するには機会費用がかかる。ロックコンサートにあまり行けなくなるし、友だちとおしゃべりをする時間も減る。この機会費用を、授業でA評価をとる便益と比べてみよう。こんな仮想の質問なんて真剣に考えるほどのものでもないと思うかもしれないが、実はそれほど現実離れした話ではない。

　この数年間に、アメリカで多くの学生がこのような問題に実際に直面した。サリー・サドフ、スティーヴン・レヴィット、そしてジョン・リストという経済学者が、シカゴ南方のシカゴハイツの2つの高校で、学生の行動を変えるためのインセンティブを使った実験を行ったのだ。

　こうした実験をすることで、2つの変数の関係を考えることができるようにな

> よくできたグラフは、一目瞭然で簡潔に情報を伝えてくれる。「1枚の絵は千語に匹敵する」という古い格言からも、視覚的な表現が好まれることがわかるだろう。

る。ここでは、金銭的報酬が上がると授業での成績が上昇するのか、という関係を見るのである。もちろん、本章で学習したばかりの原因と結果の議論にも関係がある。変数間に因果関係があるか、あるいは簡単な相関関係があるか、を考えていこう。因果関係も相関関係も、私たちを取り巻く世界をより深く理解するために重要な概念である。

実験のデザイン

シカゴハイツの町には2つの高校があるが、両校とも、中退者が多いことで問題になっている。入学した学生の半数以上が卒業証書を受け取ることなく中退してしまう。学生の中退については、この地域に限らず、多くの都市でも同様の問題を抱えていた。

この問題を考えるのに経済学がどう役に立つだろうか？　ある経済学者の研究チームが中退率を減らし、学校での成績を上げるためのインセンティブを考え出した。本書の共著者ジョン・リストもその一員だ。この実験では、成績が上昇した学生には報酬が支払われる[2]。

最初に中退を減らす実験を考えてみよう。生徒たちは次の3つのグループに無作為（ランダム）に振り分けられる。

対照群　実験者が設定したある基準（下記を参照）を満たしても、金銭的報酬はなし。

学生にインセンティブを与えた処置群　基準を満たせば学生が毎月50ドル受け取れる。

親にインセンティブを与えた処置群　基準を満たせば親が毎月50ドル受け取れる。

実験者が設定した基準は次のとおり。これを1カ月満たせばクリアとなる。

1. その月のどの講義でもD評価またはF評価がない[*]。
2. その月の無断欠席は1回まで。
3. その月に停学処分を受けていない。

---

[2] Sally Sadoff, Steven D. Levitt, and John A. List, "The Effect of Performance-Based Incentives on Educational Achievement: Evidence from a Randomized Experiment," University of Chicago Working Paper, 2011.

変数の説明

学生たちが実際にどのぐらいの金額を手にしたかを知る前に、この実験で我々が関心を持つ変数についてさらに注意深く考えてみよう。名前のとおり、変数は変わるものである。つまり状況が変われば値も変わる。ここでは、変数をグラフで表すときに使用する3つの方法を紹介しよう。

1. 円グラフ
2. 棒グラフ
3. 時系列グラフ

●円グラフ

円グラフは簡単に理解できる。**円グラフ**は円を分割したもので、それぞれの面積が全体に対する割合を示す。円グラフは、1つの変数を異なる要素に細分化して示すときに使われる。経済学では、政府の税収や政府の支出など、重要な経済変数を示すために円グラフをよく活用する。

たとえば、この実験に参加した学生の人種を考えてみよう。図表2A.1から、実験対象の高校1年生の59%はアフリカ系アメリカ人だとわかる。実験に参加

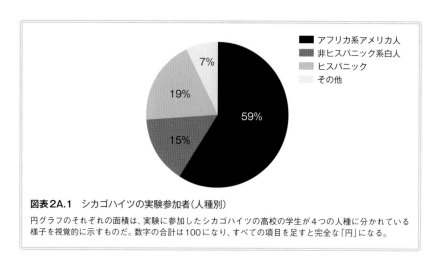

図表2A.1　シカゴハイツの実験参加者（人種別）
円グラフのそれぞれの面積は、実験に参加したシカゴハイツの高校の学生が4つの人種に分かれている様子を視覚的に示すものだ。数字の合計は100になり、すべての項目を足すと完全な「円」になる。

● **円グラフ**（pie chart）とは、円を分割したもので、それぞれの面積が全体に対する割合を示す。

* アメリカの標準的な成績評価で、Fは不合格である。Dは教員の設定した合格基準には満たないが何らかの事情で合格とする、グレーゾーンないし学生に対しての警告つきの合格である。

した学生全体の中でのアフリカ系アメリカ人の割合を示すため、円グラフの59%を濃い紫色にする。学生の15%は非ヒスパニック系白人で、次に濃い紫色で示されている。このようにして、100%になるまで実験参加者を人種別に細分化していくと、実験参加者の人種構成を示す円グラフができあがる。

● **棒グラフ**

変数の内容をまとめて表示する別の方法として、棒グラフがある。**棒グラフ**は、棒の高さ（長さ）によって、各グループの性質を示すものである。棒グラフは、異なるグループ同士を比較するのに便利なものだ。棒グラフを作成するには、長方形の棒を横一列に並べ、それぞれの棒の高さ（縦一列にした場合は長さ）が変数の値と同じになるようにする。

たとえば、図表2A.2は、実験で分類した3つのグループの学生の成功率を示したものだ。グラフの横軸（x軸）は**独立変数**（実験者が学生の分類に選んだ変数）を示す。縦軸（y軸）は**従属変数**（実験から影響を受ける可能性がある変数）を示す。このグラフでの従属変数は、先に紹介した基準を満たした学

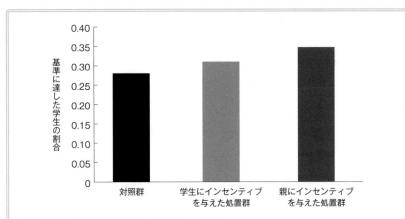

図表2A.2 基準を満たす学生の割合（グループ別）

この棒グラフは実験のグループごとの数値を比較するためのものである。この場合、各グループがどれくらい基準を満たしているか、その割合の違いが棒の高さからわかる。親にインセンティブを与えた処置群の棒のほうが、対照群の棒よりも高い。つまり前者のほうが後者よりも基準を満たした割合が高いことを示している。

- **棒グラフ**（bar chart）は、棒の高さ（長さ）を変えることで、各グループの性質を示す。
- **独立変数**（independent variable）とは、別の変数の影響を受けない変数であり、実験では、実験者が操作する。
- **従属変数**（dependent variable）とは、別の変数の変化から影響を受ける変数である。

生の割合になる（割合で表すと100%は1、30%は0.3となることに注意してほしい）。

図表2A.2の結果は非常に興味深い。対照群（インセンティブがないグループ）の学生で基準を満たしたのは28%だった。一方、親にインセンティブを与えたグループでは34.8%と、基準を満たした学生の数が著しく増えた。これは、インセンティブに効果があったことを示す重要な根拠になる。

● **時系列グラフ**

円グラフと棒グラフは、1つの変数を細分化するときに使われる。しかし、1つの変数が時間とともにどのように変化するのかを見たい場合にはどうだろう。たとえば、基準を満たす学生の割合が時間とともに変化する場合には、**時系列グラフ**を使うと変化を見ることができる。時系列グラフは異なる時点のデータを示すものである。

例として、図表2A.3を見てみよう。これは月別に、基準を満たした学生の割合を示したもので、グレーは親にインセンティブを与えた処置群、紫色は対照群の数字だ。グラフには異なる月と異なるグループが描かれているが、変数は1つだ。その変数とは、基準を満たした学生の割合である。図表2A.3から

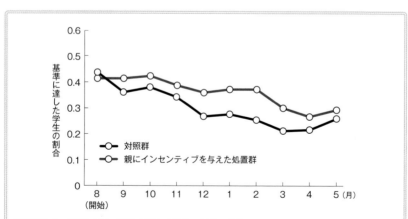

図表2A.3　月別に見た、基準を満たす学生の割合の変化

この時系列グラフは、棒グラフと同じ情報を使って、実験期間中の各月の変化を示したものである。月ごとの変化をより明確に表示するために、点を線でつなげた。2つの異なるグループ（対照群と親にインセンティブを与えた処置群）を描くことで、棒グラフと同じように2グループを比較することができる。

● **時系列グラフ**（time series graph）は、異なる時点のデータを示す。

わかるように、基準を満たした学生の割合は、親にインセンティブを与えた処置群のほうが、対照群よりも高い。また、親にインセンティブを与えた処置群と対照群との差の大きさが、月によって違うことに注意が必要だ。この時系列データがなければ、こうした月ごとの変化には気づかなかったし、インセンティブの効果がつねに一定とはならないことにも気づかなかっただろう。データの特徴を知るうえで重要な点は、時間とともに変数がどのように変化したのかを認識することである。本書を読み進めるうちにそうした認識が身に付くことだろう。時系列グラフは、変数が時間とともにどのように変化するかを理解するうえで、大きな助けになってくれる。

● **散布図**

読者のみなさんはこう考えているのではないだろうか？ こうした金銭的インセンティブがない場合でも、教育には価値があるのだろうか？ 本章では、賃金と教育年数が関連していることを示した。この関係を示すもう1つの方法は、**散布図**を使うことだ。散布図は、データの点の位置によって2つの変数の関係を示す。図表2A.4は、2013年9月時点のアメリカ各州における平均教育年数と週給の関係を示したものだ。たとえば、教育年数が10.4年で週給800ド

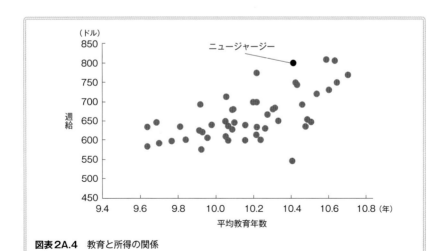

図表2A.4 教育と所得の関係

各点は、アメリカ各州における平均教育年数と週給の中央値(median)である。図は、2013年9月の人口動態調査(CPS)のデータを使用して作成した。この図から、教育年数と週給には正の相関があることがわかる。

| ● **散布図**(scatter plot)は、データの点の位置によって2つの変数の関係を示す。

ルという点が、ニュージャージー州として表示されている。これは、ニュージャージー州の成人の平均教育年数は10.4年で、平均週給は800ドルであることを意味する。

原因と結果

本章では因果関係と相関関係について詳しく説明した。経済学では特に、因果関係に関心を持つ。因果関係は2つの変数を能動的に——aによってbが生じるなら、aはbの原因であるというふうに——関連づけるものだからだ。

実験を例にすると、学生の成績に対して報酬を支払うことにより、彼らの成績が改善される、という結論を導きたくなる。だがこの実験が適切に行われていなかった場合には、必ずしもそうとは言えなくなる。たとえば対照群と処置群への学生の振り分けが無作為になされなかった場合や、過去に成績が悪かった学生が全員対照群に入っていた場合だ。対照群の成績がほかのグループよりもはじめから悪い場合には、実験開始の時点で「その他すべてが一定」とは言えない。そのために、成績と報酬の相関関係については、この実験からは何も言えなくなる。

しかし、シカゴハイツの実験は、本章で説明したような無作為の原則で実施された。実験者は学生を無作為に振り分けたので、各実験グループの学生の構成や特徴（知能などの変数）は同じだった。学生の各グループへの配置は偶然によるものであり、実験終了時におけるグループごとの成績の違いは、各グループに課せられた条件の違い（ここでは金銭的インセンティブの違い）によるものだと言うことができる。

そこから言えるのは、学生にインセンティブを与えた処置群と対照群の成績の違いの原因は、処置群には与えられて対照群には与えられなかったもの、すなわち成績改善のための50ドルのインセンティブだったということである。

●相関関係では因果関係を証明できない

相関関係が誤って因果関係と解釈されることはよくある。2つの変数が相関していれば、因果関係を探る手がかりにはなる。しかしそれは、因果関係を検証するための最初のステップとみなしていいというだけのことだ。たとえば、ある会社のマーケティング部門の担当役員が図表2A.5（守秘義務のため数値は変更してある）を見せてくれたことがある。会社の広告が売上げ増加に効果的だったことを示そうとしてこう言った。

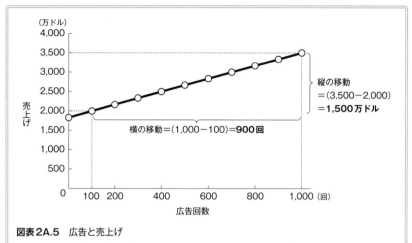

図表2A.5　広告と売上げ

広告回数と売上げを表す折れ線グラフを見ると、広告回数を増やせば売上げが増えると言いたくなるだろう。だが、もし無作為抽出を行っていなければ、グラフに入っていない変数が売上げを増やした可能性がある。実は、広告は関係がないかもしれない。省略された変数が隠されている可能性を考える必要がある。

「広告と売上げには明らかな正の相関があります。広告を1,000回打ったときの売上げは3,500万ドルでした。100回しか打たなかったときには、売上げは約2,000万ドルに落ちました。これは、広告を多く打ったほうが売上げも伸びることを証明しています」

このグラフが因果関係を証明するかどうかを議論する前に、図表2A.5の基本的特徴について考えよう。グラフから以下の情報がわかる。

1. 横軸（x軸）の変数x。このグラフでは広告の回数である。
2. 縦軸（y軸）の変数y。このグラフでは売上げである（単位：万ドル）。
3. 原点（y軸とx軸の交わる点）。原点では売上げと広告の回数はともにゼロとなる。

このグラフでは、広告の回数が独立変数で、売上げが従属変数である。両方の変数の値が同じ方向に変化するとき、正の関係があると言う。一方が増えて他方が減るとき、すなわち両方の変数の値が逆の方向に変化するとき、負の関係があると言う。

図表2A.5から、2つの変数には正の関係があることがわかる。この正の関係の強さは傾きでわかる。**傾き**とは、y軸の変数の値の変化をx軸の変数の値の

変化で割ったものである。

$$傾き = \frac{y の変化}{x の変化} = \frac{縦の移動}{横の移動}$$

この例では、100回から1,000回への広告回数の増加が、2,000万ドルから3,500万ドルへの売上げの増加を伴っている。縦の移動（売上げyの変化）は1,500万ドルで、横の移動（xの変化）は900回。どちらの変数も増加している（同じ方向に変化している）ので、傾きは正である。

$$傾き = \frac{3,500 万ドル - 2,000 万ドル}{1,000 回の広告 - 100 回の広告} = \frac{1,500 万ドル}{900 回の広告} = 1万6,667ドル$$

よってグラフから、広告を1回増やすことが1万6,667ドルの売上げの増加と関係があることがわかる。ここから、広告を1回増やすことが売上げを1万6,667ドル増やす原因になると、本当に言えるだろうか。

売上げと広告回数がともに増加することをもって、2つの変数に因果関係があると解釈したくなる。だが、残念ながら、広告の回数は実験で無作為に決められたものではない。そのため、この関係が因果関係なのかどうかはこのデータからはわからない。マーケティング担当役員は、そもそもなぜこれほど急激に広告の量を増やしたのかを忘れていた。彼らは年末だったから広告を増やしたのだ。年末は、売上げが増えることがはじめからわかっている時期だ。

さらに掘り下げていくと（詳しくは割愛するが）、データからわかることは、この会社は感謝祭から12月にかけての繁忙期に広告回数を増やしていたこと、そしてこの時期はまさにショッピングシーズンで、売上げが伸びる時期だということだ。本章で見たウォルマートの赤色の多い広告の例と同じだ。季節的な影響を考慮に入れると、広告回数と売上げの因果関係は消えてしまうのだ。

この例から示唆される、グラフを見るときに気をつけるべきことは何だろうか？ それは、2つの変数が一緒に動いている（相関がある）からというだけでは、因果関係があるとは必ずしも言えないということだ。両方の変数を上昇させる原因になる別の変数（この例ではショッピングシーズン）が関係しているのかもしれない。

ここで言いたいことがもっとはっきり伝わるように、アメリカの月間の水難事故数とアイスクリームの生産量をグラフにして考えてみよう。図表2A.6は、2011年の月別データを使用して作成されている。見てのとおり、アイスの生産量が多い月には溺死者も多い。同じように、アイスの生産量が少ない月には

●**傾き**(slope)とは、y軸の変数の値の変化をx軸の変数の値の変化で割ったものである。

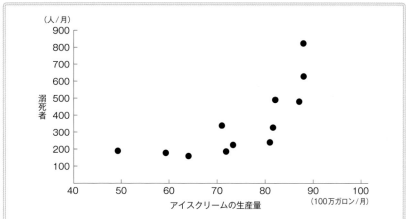

図表 2A.6 アメリカのアイスクリームの生産量と溺死者数

月別のアイスクリームの生産量と溺死者数の関係を示している。ここにある12の点は、2011年の各月のデータだ。ここには因果関係があるのだろうか、それともこの2つの変数が同じ方向に変化する原因となる、省略された変数があるのだろうか？
ヒント：右上の点は7月のもので、左下の点は12月だ。

出所：Centers for Disease Control and Prevention, and Brian W. Gould, University of Wisconsin Dairy Marketing and Risk Management Program.

溺死者も少ない。ここから、アイスを食べた後は泳いではいけないということが言えるのだろうか？

　このグラフから影響を受けて因果関係があると思い込んだ親は、プールや湖の近くではけっして子どもにアイスクリームを食べさせまいとするかもしれない。しかしアイスが大好きな人への朗報がある。ここには省略された変数があるのだ。夏の暑い時期にはアイスを食べる頻度も増え、そして泳ぐ頻度も増える。泳ぐ人が増えれば溺れる人も増える。夏にアイスを食べる人が増えたとしても、それが溺れる人が増える原因ではないのである。

　先ほどの企業広告の例では、ショッピングシーズンが省略された変数だった。このアイスクリームの例の場合、省略された変数は夏の暑さだ。暑いことで泳ぐ人が増え、そしてアイスを食べる人も増える。泳ぐ人が増えると（予想したとおり）溺れる人も増える。アイスを食べることと溺死者数の間には、図表2A.6に見られる正の相関のほかには、何も関係がない。

　データからグラフをどのように作成するかを理解するだけでなく、データを視覚的に解釈する方法を理解するためにこの補論が役に立てばと思う。ここで重要なことは、2つの変数が相関している（一緒に変化する）というだけでは、

因果関係があるとは言えないという点だ。因果関係は、社会科学におけるゴールドスタンダード*だ。因果関係を理解することなくして、信頼に足る予測をすることはできない。因果関係が理解できていなければ、ある変数を変えるような政策介入で世界がどう変わるかはわからない。シカゴハイツでの実験から、インセンティブを与えた処置群が学生のパフォーマンスに影響をもたらすことを学んだ。実験は、因果関係を明らかにするのに役立つのである。

キーワード

円グラフ　　　　　　　　棒グラフ
独立変数　　　　　　　　従属変数
時系列グラフ　　　　　　散布図
傾き

練習問題

1. あなたなら以下のことをどのようにグラフで描くだろうか？

　a. 過去10年でアメリカの所得格差が拡大した。

　b. ある国の製造業部門の労働者の構成は、以下のとおりである——31.5％は高校中退者、63.5％が高校卒業者、そして残りは職業訓練の修了者である。

　c. 2012年のアラバマ州の家計の中位所得は4万3,464ドルで、同じく2012年のコネティカット州の家計の中位所得は6万4,247ドルだった。

2. 以下のデータから、2004〜12年のブラジルのコーヒーの生産量を示しなさい。

	生産量（トン）
2004年	2,465,710
2005年	2,140,169
2006年	2,573,368
2007年	2,249,011
2008年	2,796,927
2009年	2,440,056
2010年	2,907,265
2011年	2,700,440
2012年	3,037,534

　a. 時系列グラフを作成しなさい。

---

* ゴールドスタンダードとは、根拠に基づく医療（エビデンスベースト・メディスン）で最良とみなされている検証方法を指す用語。

b. 2009〜11年のブラジルのコーヒーの生産量の平均を求めなさい。

c. 2009〜11年の平均から、2012年にはどのぐらい生産量が増えただろうか？パーセントで答えなさい。

3. 以下の表は、ガールスカウトの得る収入と、彼女たちが売るクッキーの箱の数の関係を示している。

クッキーの箱の数（箱）	収入（ドル）
50	200
150	600
250	1,000
350	1,400
450	1,800
550	2,200

a. このデータを散布図にしなさい。

b. この2つの変数には正の相関があるだろうか、負の相関があるだろうか？説明しなさい。

c. この散布図から得られる線の傾きを計算しなさい。この傾きは、ガールスカウトの売るクッキー1箱の価格に対してどのような意味を持つだろうか？

3 最適化:最善をつくす

Optimization: Doing the Best You Can

立地は家賃にどのように影響するのか？

あなたは都市の中心部で働くことになり、アパートの物件を探しているとしよう。中心部に住めば通勤時間は往復15分ですむが、郊外に住むと往復で60分かかる。あなたのように中心部で働く人がたくさんいる場合、どの地域の家賃が安くなるだろうか？ あなたは住む場所をどのように決めればいいのだろうか？ 直面しているトレードオフを踏まえて、どうやって最善の選択肢を選べばいいだろうか？

本章では、最適化——実現可能な最善の選択肢を選ぶこと——の概念を掘り下げ、費用便益分析を使って最適化の方法を学ぶ。そしてこの知識を使って、住む場所を選ぶという選択問題について考えていこう。

本章の構成

- **3.1** 最適化の2つの方法：焦点の違い
- **3.2** 水準による最適化
- **3.3** 差分による最適化：限界分析
- **EBE** 立地は家賃にどのように影響するのか？

KEY IDEAS
キーアイデア

- 経済主体が実現可能な最善の選択肢を選ぶことを、最適化と言う。
- 水準による最適化は、各選択肢ごとに純便益の合計を計算し、最善の選択肢を選ぶ方法である。
- 差分による最適化は、ある選択肢から別の選択肢に変えた場合の純便益の違いを計算し、その変化の違いを比較して、最善の選択肢を選ぶ方法である。
- 水準による最適化と差分による最適化からは、まったく同じ解が得られる。

3.1 最適化の2つの方法：焦点の違い

　1章では、経済学は選択の学問であると述べた。通常、人は、利用しうる情報をもとにして実現可能な最善の選択肢を選ぶ、すなわち最適化すると経済学では考える。これが経済学の第1の原理である。

　人や家計、企業、政府の選択の多くは最適化の概念で表現できると経済学では考える。春休みにどこに旅行に行くかを決める大学生の選択、どの地域にアパートを借りるかを決める労働者の選択、あるいは、iPhoneの価格をいくらにするかというアップル社の選択など、一見関係がないように見える意思決定も、すべて最適化の原理でつながっている。そして、人はどのような決断においても最適な選択をしようとする、と経済学では考える。とはいえ、誰もがつねに最適化に成功することは想定していない。人は通常は、知っている情報をもとに最適化を試み、かなりうまくそれをこなしているとみなすのだ。

　言い換えれば、人間の行動は最適化で近似できると経済学では考える。最適化は通常は簡単なことではないし、多くの場合には非常に複雑である。だから普通、人は完璧な最適化はできない。住まい探しの例でその複雑さについて考えると、まず大都市には無数の賃貸アパートがある。その場所（立地）や窓からの

> 人や家計、企業、政府の選択の多くは最適化の概念で表現できると経済学では考える。

景色、近隣の環境などの特徴は、アパートの物件ごとに異なっている。

複雑さの核心にあるのはトレードオフである。たとえば、家賃が安いアパートと、通勤時間が短いアパートがあるとして、あなたはこの2つの物件をどう比較するだろうか？　自分にとってどちらの物件が良いかを、どうやって判断するだろうか？　本章では、このようなトレードオフに直面したとき、どうやって最適化を図るのかを見ていく。そのために経済学者が使用する最も重要な最適化ツールを紹介しよう。

アパートを選ぶ際に考えるべきことはほかにもたくさんある。ここでの例はあくまでも最適化の一般的概念を説明するための一例にすぎないことも心にとどめておいてほしい。

最適化は、費用便益分析の次の2つのやり方のどちらか1つを使って実践できる。どちらのやり方も、1章で紹介した純便益（便益から費用を差し引いたもの）の概念を使う。

1. **水準による最適化**は、各選択肢ごとに純便益の合計を計算し、最善の選択肢を選ぶ方法である。
2. **差分による最適化**は、ある選択肢から別の選択肢に変えた場合の純便益の違いを計算し、その変化の違いを比較して、最善の選択肢を選ぶ方法である。

これから示す例でわかるように、水準による最適化と差分による最適化はまったく同じ解を導き出す。2つの方法は表裏一体である。

ハロウィンでもらえるお菓子袋を例に、この2つの方法を使ってみよう。

あなたの前に、8種類のお菓子が入った袋が2つあるとしよう。もしあなたがどちらかの袋を選ぶように言われたら、どうするだろうか？　袋1から得られる便益と袋2から得られる便益をそれぞれ計算して、便益が大きいほうの袋を選ぶのが、水準による最適化だ。

次に、まったく同じ選択を第2の方法でやってみよう。それぞれの袋の中にあるお菓子を取り出して、どのお菓子が同じでどれが違うのかがわかるように並べ替えてみよう。ここでの例では、袋1と袋2には1つだけ違ったお菓子が入っ

- **水準による最適化**(optimization in levels)は、各選択肢ごとに純便益の合計を計算し、最善の選択肢を選ぶ方法である。
- **差分による最適化**(optimization in differences)は、ある選択肢から別の選択肢に変えた場合の純便益の違いを計算し、その変化の違いを比較して、最善の選択肢を選ぶ方法である。

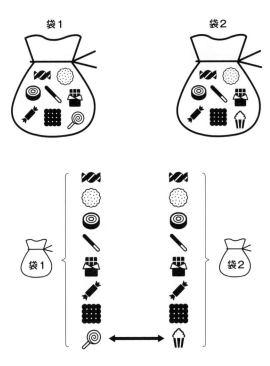

ている。たとえば🍭をロリポップキャンディ、🧁をポップコーンだとしてみよう。この違い——ロリポップキャンディか、ポップコーンか——は、あなたにとって袋2の価値を上げるだろうか？ もし価値が上がるのなら袋2を選ぶべきだし、この違いが価値を下げるのなら、袋1を選ぶべきだ。

　これが、差分による最適化行動の例だ。差分による最適化では、ある袋から別の袋に変えた場合の純便益の違いを分析し、その違いを比較して最善の選択肢を選ぶ。

　あなたには同じ選択を2回考えてもらった。どちらの選択でも使ったお菓子袋は一緒だ。最初の選択では、それぞれの袋について、個別に便益を考えた。2回目の選択では、2つの袋を比較し、違いに注目して便益を考えた。水準による最適化と差分による最適化の違いは、この焦点の違いだけだ。最適な選択をしたのなら、焦点の違いが最終的な判断を変えることはない。しかし、選択する速さは違うかもしれない。多くの場合に、選択肢の重要な違いに焦点を当てる差分による最適化のほうが、速く、簡単に決断できる。

3.2 水準による最適化

水準による最適化についてもっと詳しく見ていこう。この考え方を説明するために、本章の冒頭のアパートの物件探しの例に話を戻そう。

あなたは4件の候補まで選択肢を絞り込んだ「ショートリスト」を準備した。

CHOICE&CONSEQUENCE
選択の結果

人々は本当に最適化しているのか？

最適化というフレームワークは、人々がどのように様々な経済的な選択を行うかを近似している、と経済学では考えている。とはいえ、手放しでそうみなしているわけではない。「人々は本当に最適化しているのか？」という問いを調査する経済学研究もかなりある。

この問いに関しては、膨大な数の論文が書かれてきた。それらの研究は、最適化は（すべてではないが）ほとんどの状況で経済行動をよく表すモデルである、とおおむね結論づけている。経済学の一分野である**行動経済学**は、人が最適化できない特殊な状況を特定している。行動経済学では、人の行動を説明する心理学理論と経済学理論を組み合わせることで、このような最適化の失敗を説明しようとしている。

いくつかの特別な状況で、最適ではない行動が見られる。たとえば、やるべきことを先延ばしにしたり、依存症になったりなど、人がセルフコントロール（自制）に問題を抱えている場合、最適化ではその行動をうまく説明できない。

また、人は初めて行動するときには最適化に失敗しやすい。たとえば、初めてポーカーをするときは、初歩的なミスを犯してうまくいかないことが多い。その一方で、多くの経験がある場合には、最適化はプレーヤーの選択過程をよく説明できる。ほかにも、新しいクレジットカードを持って数年経った消費者は、月々の支払いの締切を忘れる確率が半分になる。

人は生まれながらに完全な最適化行動者ではないので、最適化を身に付けることは役に立つツールとなる。経済学は、みなさんがより良い最適化を図れる主体になる方法を教えてくれる――このようなアドバイスは、規範的経済分析の範囲になる。

最適化の概念は、2つの方法で活用してほしい。1つは、経験豊富な意思決定者の行動に学ぶことである。もう1つは、最適ではない意思決定を改善するための優れたツールとしてである。

● **行動経済学**（behavioral economics）では、心理学理論と経済学理論を組み合わせて人の行動を説明する。

図表3.1は、このショートリストの概要だ。毎月の家賃と1カ月の合計通勤時間という2つの重要な情報も含まれている。図表3.1を見ると、職場（都市の中心部）から離れれば離れるほど家賃は安くなるのがわかる。本章の後半では、この家賃と職場からの距離の関係を経済モデルで予測できる理由を説明する。そしてこの予測を確認する実際のデータもお見せしよう。

　図表3.1には含まれていない、ほかの情報が気になる人もいるかもしれない。たとえば、近くのコインランドリーまで歩いてどのくらいか、近くに公園はあるのか、などといった情報だ。この図表の通勤費用には、時間しか含まれていない。本来なら、公共交通機関の定期代はいくらか、車ならガソリン代や高速代はいくらかかるか、といった情報も比較対象として考慮すべきではないだろうか？

　たしかにこういった要因は実際には重要なのだが、説明を簡単にするために、今のところは除いて考えることにしよう。計算を簡単にすることで、基本的な経済学の概念が見えやすくなる。本章末の演習問題9からわかるように、ひとたび基本的概念を理解すれば、あとから項目を追加することはやさしい。ここでは、職場から「とても近い」「近い」「遠い」「とても遠い」という4物件は、図表3.1にある違いのほかはまったく同じだと想定する。

　この例では、通勤時間と家賃という2つの費用だけを考える。またアパートに住むことの便益はすべて同じだと想定しよう。買い物の便利さや公共交通機関へのアクセスなどの便益が同じであれば、費用便益分析はさらに簡単になる。通常の費用便益分析では、意思決定者は、純便益（＝便益－費用）が最も大きい選択肢を見極めようとする。すべての選択肢の便益が同じだと想定すれば、意思決定者は、単に最も費用が安い選択肢を見つければいい。ではさっそくやっていこう。

　図表3.1には必要な情報がすでに含まれているが、このままでは、最適なアパートを選ぶことはできない。家賃と通勤時間という2つの費用を合計する方法をまだ考えていないからだ。それぞれのアパートの総費用を計算して、費用の総額を出す必要がある。総費用には、家賃という直接費用と、通勤時間という間接費用が含まれる。

　この2種類の費用を合計するために、計算に使う共通の単位を決める必要がある。ひとまず、1カ月当たりのドル単位と設定しよう。図表3.1では、家賃はすでに1カ月当たりのドルで示されているので、作業の半分はもう終わっている。作業の残りは、間接費用である通勤時間を同じ単位に変換することである。

図表3.1 ショートリストにあるアパート。違いは通勤時間と家賃のみで、その他はまったく同じ

多くの都市には、中心部と言われる場所があり、そこに企業が集まっている。似た物件であれば中心部に近いほうが家賃は高い。これはなぜだろうか？

そのために、1章で紹介した機会費用の概念を使おう。はじめに、通勤時間の機会費用を1時間当たり10ドルと想定しよう。これは、通勤に時間を充てたためにできなかった別の活動の1時間当たりの価値だ。その別の活動の中身は、昼寝をする、人と会う、ビデオを観る、お風呂に長く入る、あるいはもちろん仕事をすることでもいい。10ドルと金額で表したからといって、その時間は必ず働いていたはずだ、と考える必要はない。その時間に何をしようが、その1時間はあなたにとって10ドルの価値があるということだ。

往復の通勤時間が1カ月で20時間、1時間当たりの機会費用が10ドルとすると、ドル換算した通勤費用は以下の式となる。

$$\underset{\text{(1カ月当たり)}}{20\text{時間}} \times \underset{\text{(1時間当たり)}}{10\text{ドル}} = \underset{\text{(1カ月当たり)}}{200\text{ドル}}$$

左辺第1項は1カ月当たりの通勤時間であり、図表3.1に示されるとおりである。次の左辺第2項は時間の機会費用であり、1時間当たりのドル価格で示

SECTION 3.2 | 水準による最適化

アパート	通勤時間 (1カ月の合計)	通勤費用 (ドル/月)	家賃 (ドル/月)	家賃と通勤時間の 総費用 (ドル/月)
とても近い	5時間	50ドル	1,180ドル	1,230ドル
近い	10時間	100ドル	1,090ドル	1,190ドル
遠い	**15時間**	**150ドル**	**1,030ドル**	**1,180ドル**
とても遠い	20時間	200ドル	1,000ドル	1,200ドル

図表3.2 通勤時間と家賃の比較(単位を1カ月当たりのドルで換算、時間の機会費用は10ドルの場合)

最適化のためには、すべての費用と便益を共通の単位に変換する必要がある。この例では1カ月当たりのドルで換算することが共通単位となる。最善の選択肢は、総費用が最も安い「遠い」アパートとなる。

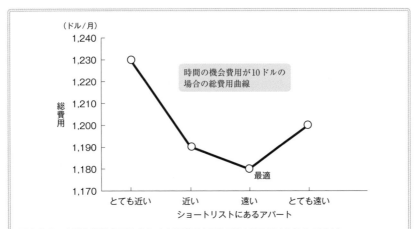

図表3.3 家賃と通勤費用を合わせた総費用(時間の機会費用は10ドルの場合)

この消費者が最善の選択肢を選ぶならば、「遠い」アパートを選ぶだろう。直接費用(家賃)と間接費用(通勤費用)の合計で見ると(詳細は図表3.2)、「遠い」アパートの総費用が最も安い。通勤費用は、この例では1時間当たり10ドルの機会費用として計算した。

される。掛け合わせると、右辺に示すように1カ月当たりの機会費用がドル(ドル/月)で表示される。

これで、図表3.1を書き直す準備ができた。上で見た機会費用を使って、4つの物件すべての通勤時間の費用を、ドル換算で求めることができる。図表3.2は4物件にかかる毎月の費用をドル換算したものだ。

この表から、最適化問題の解が得られる。1時間当たりの機会費用が10ドルという消費者にとっては、「遠い」アパートが最善の選択肢となる。直接費用である家賃と、間接費用である通勤時間を考えると、このアパートの費用が、4物件の中で最も安い1,180ドルとなるからだ。

総費用をグラフにして、この結果を再確認しよう。図表3.3は4物件それぞれの総費用を示したものだ。「遠い」アパートが最善の選択肢だとすぐわかる。経済学では、実現可能な最善の選択肢を**最適**と表現する。総費用の折れ線グラフで最適と書いたものだ。

ここまでの説明をまとめると、水準による最適化には以下の3つのステップがある。

1. すべての費用と便益を、「1カ月当たりのドル」などの共通の単位で換算する。
2. 各選択肢ごとに純便益の合計を計算する。
3. 純便益が最も大きい選択肢を選ぶ。

比較静学

経済モデルは、環境条件の何かが変わるときに人間の選択がどのように変化するかを予測するものである。**比較静学**＊では、経済変数が変わる前の状態と後の状態を比較する。たとえば、富が増えるともっと高価な車に乗ろうとする人がいるとする。この場合、富という条件が変わるときに、車の選択という経済行動が変化することになる。

ここで、比較静学分析を行うために、前述の例に戻ろう。そして、時間の機会費用が変わるときに何が起きるかを考えることにする。

先のアパートの選択の例では、1時間当たり10ドルの機会費用を想定して計算した。ここでは、1時間当たりの機会費用が15ドルに上がった場合を想定しよう。機会費用が上がる理由には、何があるだろうか？　たとえば、フリーランスの労働者の時給が上がって、そうした働き方の時間の機会費用が高くなる、ということがあるだろう。

時間の機会費用が高くなると、選択はどう変わるだろうか？　細かく検討していく前に、直観的に考えてみよう。時間の価値が変わったとき、住む場所に

- **最適**(optimum)とは、実現可能な最善の選択肢である。言い換えれば、最適とは最適な選択のことである。
- **比較静学**(comparative statics)では、経済変数が変わる前の状態と後の状態を比較する。

＊　時間の経過とともに変数がどのように動くかを分析することを「動学」と呼び、時間の経過が起こらない分析を「静学」と呼ぶ。本章での分析は、変数が変化する「前」と「後」では時間が経過しないと考えて両者を比較しているので、比較静学と呼ばれる。現実の世界では変数が変化するのに時間がかかるのが普通であるが、時間が経過するといろいろな変数が変化して、他の条件一定が満たされない。同じ時点で、ある変数が違う状態というのは現実には起こりにくいので、そのような状態を思い浮かべるには想像力が必要である。

アパート	通勤時間 （1カ月の合計）	通勤費用 （ドル／月）	家賃 （ドル／月）	家賃と通勤時間の 総費用 （ドル／月）
とても近い	5時間	75ドル	1,180ドル	1,255ドル
近い	**10時間**	**150ドル**	**1,090ドル**	**1,240ドル**
遠い	15時間	225ドル	1,030ドル	1,255ドル
とても遠い	20時間	300ドル	1,000ドル	1,300ドル

図表3.4 通勤時間と家賃の比較（単位を1カ月当たりのドルで換算、時間の機会費用は15ドルの場合）

最適化のためには、すべての費用と便益を共通の単位に変換する必要がある。この例では1カ月当たりのドルで換算することが共通単位となる。最善の選択肢は、総費用が最も安い「近い」アパートとなる。

関する最適な判断は影響を受けるだろうか？ 時間の価値が高い通勤者は、職場に近い物件と遠い物件のどちらを選ぶべきだろうか？

この質問に答えるために、家賃という直接費用と同じように、通勤時間という間接費用を、1カ月当たりのドルで換算する必要がある。つまり、図表3.2を、15ドルという時間の機会費用で計算し直す必要がある。図表3.4は4つの物件すべてについて計算し直したものだ。

図表3.4を見れば、新しい条件での最適化の答えがわかる。1時間当たりの機会費用が15ドルの人にとって最善の物件は、「遠い」アパートから、「近い」アパートに変わった。直接費用の家賃と、間接費用の通勤時間の両方を考慮に入れると、「近い」アパートの総費用が1,240ドルで最も安い。

図表3.5は1時間当たりの機会費用を15ドルと想定して、4物件それぞれの総費用をグラフにしたものだ。「近い」アパートが最善の選択肢——最適——となる。

時間の機会費用が高くなったことで、最善の選択肢が「遠い」アパートから「近い」アパートへと変わった。時間の機会費用が1時間当たり10ドルから15ドルに上がると、通勤者にとって、通勤に使う時間を減らしてくれる選択がより価値を持つようになる。そのため、通勤時間が長くて家賃が安いアパートから、通勤時間が短くて家賃が高いアパートへと最善の選択肢が変わったのである。

図表3.6は、図表3.3と図表3.5のグラフを1つにまとめたものである。下方の濃い紫の線は、時間の機会費用が10ドルの場合の総費用曲線を示し、上方の薄い紫の線は、時間の機会費用が15ドルの場合の総費用曲線を表す。図表3.6からは、2つの重要な特徴がひと目で見て取れる。

3章 最適化:最善をつくす

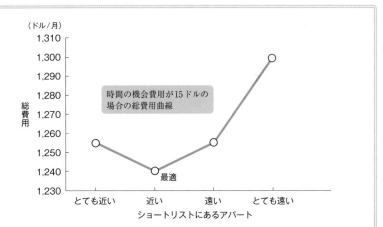

図表3.5 家賃と通勤費用を合わせた総費用（時間の機会費用は15ドルの場合）

時間の機会費用を15ドルとすると、最善の選択肢は「近い」アパートになる。家賃（直接費用）と通勤費用（間接費用）の合計で見て、この物件の総費用が最も安い。

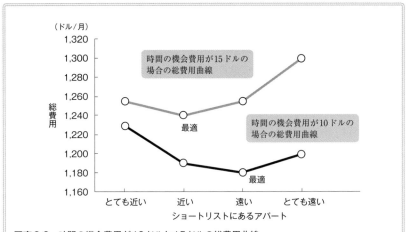

図表3.6 時間の機会費用が10ドルと15ドルの総費用曲線

時間の機会費用が10ドルから15ドルに上がると、最善の選択肢は中心部により近いアパートになる。時間の機会費用が高い労働者は、通勤時間が短い物件を選択すべきだ。

1. 時間の機会費用が10ドルのグラフは、機会費用が15ドルのグラフの下に位置している。10ドルと15ドルの機会費用を比較すると、前者のほうがどの物件でも通勤費用が安くなる。そのため、家賃（直接費用）と通勤費用（間接費用）を合わせた総費用も、すべての物件で前者のほうが

安くなる。
2. 時間の機会費用が 10 ドルのときは、「遠い」アパートの総費用が最も安い。一方、15 ドルでは、「近い」アパートの総費用が最も安い。時間の機会費用が10ドルから15ドルに上がると、最善の選択肢は、「遠い」アパートから、「近い」アパートに変わる。

3.3 差分による最適化：限界分析

　ここまでは、アパートごとの総費用を計算する方法で、物件探しの問題を検討してきた。すでに説明したように、このアプローチを水準による最適化と呼ぶ。次は、もう1つの最適化の方法である、差分による最適化について説明しよう。差分による最適化では、選択肢の異なる部分だけに焦点を当てるので、水準による最適化よりも速く答えを求めることができる。

　差分による最適化では、ある選択肢から別の選択肢に変えた場合に費用と便益がどう変化するかに注目することで、最適化問題を分解する。たとえば、旅行プランを立てるときに、マイアミのホテルで4日間の休暇を過ごすか、あるいは5日間の休暇を過ごすかを選択するとしよう。水準による最適化では、4日間の純便益の合計と5日間の純便益の合計をそれぞれ計算して比較を行う。この方法とは別に、2つのプランの違いのみに注目して考えることもできる。つまり、1日余分に過ごす費用と便益だけを考えるのである。5日目の休暇から得られる便益とかかる費用を比較して、便益のほうが大きければ、最適化を図る経済主体は5日間のプランを選ぶ。4日間か5日間かの選択肢を選ぶとき、どちらのプランでも最初の4日間は共通しているので、最初の4日分については考える必要はない。最適化を図る経済主体が注目する対象は、2つのプランの違い——5日目——だけでいい。

　経済学では、各選択肢の違いを示すために限界という用語を用いる。通常この違いは、「1段階」の増加、あるいは「1単位」の増加というように表される。この例での限界は、4日間と5日間の休暇の違い、すなわち5日目を指す。

　ともに実現可能なある選択肢と別の選択肢の違いに焦点を当てて費用と便益を計算することを、**限界分析**と呼ぶ。限界分析では、もう1段階（1単位）増えたときの結果（費用と便益）を比較する。アパートの物件探しの例で考える

● **限界分析**（marginal analysis）とは、ともに実現可能なある選択肢と別の選択肢の違いに焦点を当てて費用と便益を計算することである。

3.3

> 限界分析でも、「何が最適か」という質問への最終的な答えは変わらない。だが、最適化に関するあなたの見方を変えるだろう。

と、限界分析を使えば、都市の中心部に近い物件からもう1段階離れた物件に変えるときの費用と便益を分析できる。

限界分析でも、「何が最適か」という質問への最終的な答えは変わらない。だが、最適化に関するあなたの見方を変えるだろう。限界分析を使って選択肢を比較するときには、変わる部分に重点を置く。限界分析は、差分による最適化を行う方法であり、経済学における最も重要な概念の1つである。

限界費用

最善の物件を選ぶアパートの物件探しの問題に戻ろう。同じ問題を考えたほうがわかりやすいだろう。ここでしたいのは、どんな状況でも最適化できるツールを示すことだ。

ここまで、限界分析は使用してこなかった。代わりに、4物件の直接費用と間接費用を合わせた総費用を計算して比較することで、この問題を解決した。次は、限界分析を使ってこの問題を検討しよう。後で確認するように、どちらの方法でも最適解は変わらない。しかし、この問題についての考え方は変わる。

1時間当たりの機会費用が10ドルの通勤者の例を再び考えよう。各アパートを別々に検討するのではなく、比較することを考えてみよう。具体的に言うと、中心部に近いアパートから、もう1段階離れたアパートに引っ越すときに、何が変わるかに着目する。それぞれのアパートの違いは何だろうか？

この違いを考えるには、図表3.7が役に立つ。「通勤費用」の列には、時間の機会費用が10ドルの場合の、各アパートの1カ月の通勤費用が書かれている。「限界通勤費用」の列は、中心部から1段階ずつ離れたアパートに引っ越すことで生じる追加的通勤費用だ。たとえば、「近い」アパートから、「遠い」アパートに引っ越すと、1カ月50ドルの通勤費用が余分に発生する。これは、ショートリスト上で隣接する物件の通勤費用の差額だ。この例では、限界通勤費用はいつも50ドルで一定だ。中心部から1段階離れるごとに、通勤費用が同じ金額ずつ上昇している（これは設定を単純にしたためであり、一般にそうなるわけではない）。一般的に言うと、**限界費用**とは、ともに実現可能なある選択肢

● **限界費用**（marginal cost）とは、ともに実現可能なある選択肢から別の選択肢に変えた場合に発生する追加費用である。

(単位：ドル)

アパート	通勤費用	限界通勤費用	家賃	限界家賃	総費用	限界総費用
とても近い	50		1,180		1,230	
		＞ +50		＞ −90		＞ −40
近い	100		1,090		1,190	
		＞ +50		＞ −60		＞ −10
遠い	150		1,030		1,180	
		＞ +50		＞ −30		＞ +20
とても遠い	200		1,000		1,200	

図表3.7 水準と変化（限界）の関係（時間の機会費用は10ドルの場合）
中心部から1段階ずつ離れたアパートに引っ越す限界費用を分析することで、この問題を分解できる。中心部から離れる意味がなくなるのは、どの地点だろうか？

から別の選択肢に変えた場合に発生する追加費用である。

「家賃」と書かれた列をもう一度見てみよう。それぞれのアパートの1カ月の家賃が書かれている。「限界家賃」の列は、中心部からもう1段階離れたアパートに引っ越すことで生じる家賃の差額である。たとえば、「とても近い」アパートから、「近い」アパートへ引っ越すことで、家賃を1カ月90ドル節約できる。したがってこの場合、家賃の限界費用は負の値であるマイナス90ドルになる。同じように、「近い」アパートから「遠い」アパートに引っ越すと、1カ月で60ドルの節約になり、家賃の限界費用はマイナス60ドルになる。

最後に、限界総費用を計算しよう。2通りの方法で限界総費用の値を算出できる。第1の方法は、通勤の限界費用（限界通勤費用）と家賃の限界費用（限界家賃）を合計することだ。たとえば、「限界費用」の一番上の数値を見ると、50ドル＋(−90ドル)＝−40ドルとなっていることがわかる。つまり「とても近い」アパートから「近い」アパートに引っ越すと、通勤費用が50ドル上がるが家賃は90ドル下がり、全体では40ドル下がる。

第2は、「総費用」の列に示されているように、すべての費用を計算する方法だ。たとえば、「とても近い」アパートの通勤費用は50ドル、家賃は1,180ドル、合計した総費用は1,230ドルだ。「近い」アパートの場合には、通勤費用が100ドル、家賃が1,090ドル、総費用が1,190ドル。1,230ドルの「とても近い」アパートから、1,190ドルの「近い」アパートに引っ越すと、総費用は40ドル下がる。

どちらの方法でも、「とても近い」アパートから「近い」アパートに引っ越すとき、限界総費用はマイナス40ドルである。

通勤の限界費用＋家賃の限界費用
　　＝ 50 ドル ＋（－90 ドル）＝ －40 ドル
「近い」アパートの総費用－「とても近い」アパートの総費用
　　＝ 1,190 ドル － 1,230 ドル ＝ －40 ドル

　どちらの計算結果もマイナス40ドルになるのは偶然ではない。ここから、限界総費用を計算するのに、どちらの方法でも違いが出ないことがわかった。各項目の限界費用を合計するやり方でも、各物件の総費用とその差額を計算するやり方でも、限界総費用はまったく同じになる。結果は同じになるので、どちらかやりやすいほうで限界総費用を計算すればよい。

　図表3.7の一番右にある「限界総費用」の列には、最適化に必要なすべての情報が含まれている。この列を上から下に順に見て、中心部から郊外に向かう「引っ越し」が労働者にどのような影響を及ぼすかを考えよう。最初は、「とても近い」アパートから、「近い」アパートへの引っ越しだ。限界費用は1カ月につきマイナス40ドル。費用削減につながるので、引っ越す価値がある。

　次は「近い」アパートから「遠い」アパートへの引っ越しだ。限界費用は1カ月につきマイナス10ドル。この引っ越しも費用削減になるので、価値がある。

　3番目は、「遠い」アパートから「とても遠い」アパートへの引っ越しだ。限界費用は1カ月につき20ドル。費用増加につながるので、引っ越す価値はない。

　まとめると、最初の引っ越しと次の引っ越しは実行する価値があり、最後の引っ越しは費用に見合わない。「遠い」アパートから「とても遠い」アパートへの引っ越しは条件が悪くなるので、「とても遠い」アパートへの引っ越しは最適解ではない。一方、「とても近い」アパートへの引っ越しも最適解ではない。「とても近い」アパートから「近い」アパートに引っ越せば、条件が良くなるからだ。最後に、「近い」アパートから「遠い」アパートへの引っ越しも条件が良くなるので、「近い」アパートへの引っ越しも最適解ではない。

　以上から、「遠い」アパートへの引っ越しが最適解——実現可能な最善の選択肢——である。「遠い」アパートへの引っ越しは次の条件を満たす唯一のアパートである。そのアパートに引っ越すことで条件が良くなり、そのアパートから出ることで条件が悪くなる。言い換えれば、「遠い」アパートはほかの物件よりも条件がいい。

　最適化を図る経済主体の目的は、できる限り恵まれた状態にいることである。最適とは、最適化を図る経済主体がそれ以上は良くなれない状態を言う。実現可能なほかの選択肢よりも良いアパートとは、総費用を最小化するアパートで

もある。これは、**限界での最適化原理**の例だ。限界での最適化原理とは、実現可能な最善の選択肢をとるとあなたの状況がより良くなり、別の選択肢に変えると状況がより悪くなるということである。

図表3.8のグラフは、この考え方を可視化したものだ。各アパートの総費用と、中心部から離れるように引っ越したときのそれぞれの限界費用をまとめてある。たとえば、「とても近い」アパートから「近い」アパートへ引っ越すことによって費用は40ドル減る。点線は、「とても近い」アパートの費用と「近い」アパートの費用には40ドルの差があることを示している。

総費用曲線が、図表3.8のようにお椀のような凹型をしているとき、限界分析を使用した最適化は、つねに1つの最適な選択肢を選び出せる。総費用が下がっているとき、限界費用は負の値となる。限界分析で考えると、中心部からさらに離れ、総費用を下げたほうがいいということになる。総費用が上がり、限界費用が正の値になると、これ以上は遠くに離れないほうがいいという意味になる。

総費用曲線がお椀のような凹型ではない場合、分析はより複雑になる。しか

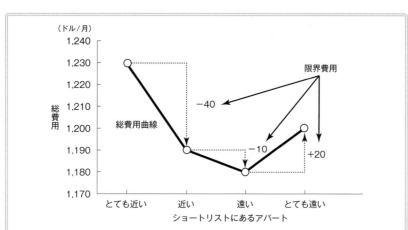

図表3.8 各アパートの総費用と引っ越しの限界費用（時間の機会費用は10ドルの場合）

費用最小化の選択では、「遠い」アパートになる。紫の総費用曲線と点線の限界費用曲線を見れば一目瞭然だ。限界費用がマイナスのとき、総費用は下がる。限界費用がプラスのとき、総費用は増える。「遠い」アパートは、ほかのどの物件よりも条件が良い唯一の物件となっている。「遠い」アパートに引っ越すときに限界費用はマイナスになり、「遠い」アパートから引っ越すときに限界費用はプラスになる。したがって、「遠い」アパートは、限界での最適化原理を満たす唯一のアパートである。

- **限界での最適化原理**（Principle of Optimization at the Margin）とは、実現可能な最善の選択肢をとるとあなたの状況がより良くなり、別の選択肢に変えると状況がより悪くなるということである。

しその場合でも、最終的には差分による最適化は、水準による最適化と同じ解を導出する。

水準による最適化も差分による最適化も、どちらも同じ「最適」な解に至るので、直面する問題に対しては、使いやすいほうで分析をすればいい。しかし、経済学ではほとんどの場合に差分による最適化、つまり限界での最適化を使用する。ここではその理由を理解しておこう。限界での最適化では、比較する2つの選択肢の異なる特徴以外はすべて無視できるので、分析が簡単になる。限界分析では、意思決定に関係のない情報は分析する必要がない。

まとめると、差分による最適化には以下の3つのステップがある。

1. すべての費用と便益を、共通の単位に変換する(1カ月当たりのドルなど)。
2. 選択肢を変えた結果生じる限界的変化を計算する。
3. 限界での最適化原理を適用して、その選択肢をとることで状況がより良くなり、別の選択肢に変えることで状況がより悪くなるという特徴を持つ最善の選択肢を選ぶ。

EBE Evidence-Based Economics
根拠に基づく経済学

問い：立地は家賃にどのように影響するのか？

本章では、各アパートの質はどれも同じであるとして、都市の中心部に近いほど家賃は高いと想定した。この想定が正しいかどうか、疑問に思われた読者もいるだろう。

多くの場合に(アメリカでは)、街中といえば汚いアパートを、郊外といえばきれいな一軒家を想像するだろう。だが立地の影響だけを見たい場合には、アパートの質を一定として立地だけを変化させる必要がある。

経済学者のベス・ウィルソンとジェームス・フリューは、オレゴン州ポートランドの賃貸アパートに関するデータベースを作成した[1]。彼らは、統計的手法を使って、都市の中心部に近いアパートと、郊外の同質のアパートをうまく比較できるようにした。この比較から、中心部からの距離と

---

[1] James Frew and Beth Wilson, "Apartment Rents and Locations in Portland, Oregon: 1992-2002," *Journal of Real Estate Research*, Vol. 29, No. 2, 2007, pp. 201-217.

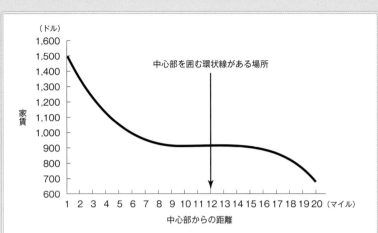

図表3.9 オレゴン州ポートランドの家賃(中心部からの距離別)

図は、都市の中心部からの距離以外は同じ特徴を持つアパートを調べたものである。縦の矢印は、ポートランドを走る環状線がある場所を示す。

家賃には強い負の関係があることがわかった。それが、図表3.9に描かれている。

　この図は、次のような同じ特徴を持つアパートの家賃を見たものだ。バス・トイレ付きの1ベッドルーム、洗濯機、屋根付き駐車場、ケーブルテレビ、エアコンあり、暖炉なし、トレーニングルームなし、プールなし。この分析では、中心部からの距離以外の特徴はすべて同質とみなして、アパートの家賃を比較した。

　都市の中心部に近いと家賃が上がること、また中心部に近ければ近いほど家賃が上がることが図から確認できる。たとえば、中心部から6マイル離れた場所にあるアパートの一般的家賃は約1,000ドルだが、中心部から1マイル離れた「同じ」タイプのアパートの家賃は、1,500ドルだ。

　図表3.9を見ると、中心部から12マイル前後で曲線が目立って平らになっているのがわかる。この地域一帯の家賃が同じ理由は何だろうか？　これは、機会費用とポートランドの道路事情を考えると答えが出る。多くの大都市と同じように、ポートランドの中心部から約12マイルの場所にも、「リング・ロード」と呼ばれる都心環状線が走っている。この環状線の近くに住む人々は、その恩恵を受けて移動時間が短くなる。この環状線が

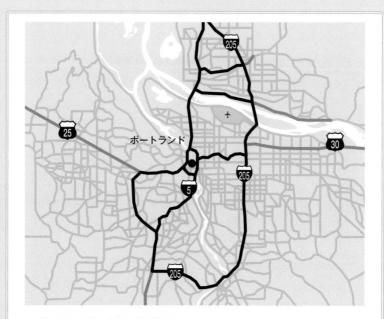

オレゴン州ポートランド周辺の環状道路
多くの大都市と同じように、ポートランドの中心部から約12マイルの場所に「リング・ロード」と呼ばれる都心環状線が走っている。

あることで、中心部から9マイルから14マイルの距離では通勤時間はあまり変わらない。

希少性、価格、インセンティブ

では、最初の重要な質問に戻ろう。都市の中心部から離れるにしたがって家賃が下がるのはなぜだろうか？ それは、「最適化」という本章の話題とどのような関係があるのだろうか？

仮に都市の中心部と郊外で家賃が同じであれば、最適化をする通勤者は中心部に住むことを好むだろう。しかし、誰もが中心部に住めるわけではないし、誰もが通勤時間を短くできるわけではない。中心部に住みたいと思う人全員の願いを叶えるほどには十分な数のアパートがないからだ。そう、1章で学んだ最初の概念である希少性があるからだ。

アパートの賃貸市場が、短い通勤時間で通えるのは誰かという問題を

解決してくれる。賃貸市場では、最適化をする貸し主と、最適化をする借り主が、アパートの家賃を自由に交渉できる。アパートの家賃は、政治家や規制当局ではなく市場が決める。時間の機会費用が最も高く最適化を図る主体が、より通勤時間が短くてすむアパートの家賃を押し上げるのである。

市場価格（この場合には、アパートの家賃）は、経済資源を暗黙裏に配分するインセンティブを与えてくれる。たとえば、都市の中心部のアパートの家賃が上昇すると、時間の機会費用が高い労働者だけが進んでその物件を借り、そのほかのほとんどの労働者は、中心部から離れた場所に住み、より長い通勤時間を受け入れる。家賃が安くなるのと引換えに通勤時間が長くなる——これがトレードオフである。

市場価格は、都市の中心部のアパートに多く支払う意思のある人々にそれを配分する効果を持つ。この配分メカニズムによって、収入が高い人——そして機会費用が高い人——が立地の良いアパートを借りることになる。

この市場メカニズムに対しては、不公平だという批判もある。なぜ給料の高い人が、立地の良い物件まで手に入れるのか？　これに対して市場システムの擁護者はこう答える。立地の良いアパートは家賃が高く、そうしたアパートに住む人々はその特権に対する対価をちゃんと支払っている。市場による配分メカニズムは、高い金額を支払う意思のある人がそれを得られるように保証しているのだ、と。

市場の配分プロセスがどのように機能しているかは4章の課題であり、その他の章でも話題にする。この問題について議論をはじめる際には、都市の中心部のアパートのような希少な資源の価格を社会がどう決定するべきかについて、みなさんに考えてほしい。最適化をする貸し主と最適化をする借り主が、アパートの家賃の決定について自由に交渉できるシステムを構築するべきだろうか？　もしこのシステムが、最も高給な労働者だけが便利なアパートに住むことができる制度を生むことになったらどうだろうか？　これは不公平なのだろうか？　アパートを配分するもっと良い方法をみなさんは思いつくだろうか？

> **Q 問い** 立地は家賃にどのように影響するのか？
>
> **A 答え** （全部ではないとしても）ほとんどの街では、アパートの質が同じだとすれば、都市の中心部から離れたアパートほど家賃は下がる。たとえば、オレゴン州ポートランドでは、中心部から6マイル離れると、それと同質のアパートの家賃は33%下がる。
>
> **データ** オレゴン州ポートランドの家賃。
>
> **注意** この分析では特別な統計的手法を用いて、都市の中心部からの距離を除けば同じ特徴を持つアパートを比較している。アパートの重要な特徴が同質ではないということももちろんあるので、計算にはバイアスがかかってしまう。

まとめ

● 経済学では、経済主体が行う選択の多くを最適化で説明できる、あるいは少なくとも近似できると考える。多くの人がほとんどの場面で最適化をしていると考えているが、最適化を当然のこととみなしているわけではない。人々は最適化しているのか？　経済学の分析はこの質問に答えようとする。最適化を使って人々の行動を説明したり予測したりすることは、事実解明的経済分析の1つである。

● 最適化は、最適ではない意思決定を改善するのに役立つツール——特に費用便益分析と限界分析——を提供する。意思決定を向上させるために最適化を活用することは、規範的経済分析の1つである。

● 水準による最適化には3つのステップがある。(1)すべての費用と便益を、「1カ月当たりのドル」などの共通の単位に換算する、(2)各選択肢ごとに純便益の合計を計算する、(3)純便益が最も大きい選択肢を選ぶ。

● 差分による最適化は、ある選択肢から別の選択肢に変えた場合の純便益の違いを分析する。最も重要な例が限界分析である。限界分析

とは、ともに実現可能なある選択肢と別の選択肢の違いに焦点を当てて費用と便益を計算することである。限界分析は、もう1段階（1単位）余分に何かをしたときの結果を比較する。限界費用とは、ともに実現可能なある選択肢から別の選択肢に変えた場合に発生する追加費用である。

● 差分による最適化には3つのステップがある。(1)すべての費用と便益を、共通の単位に変換する（1カ月当たりのドルなど）、(2)選択肢を変えた結果生じる限界的変化を計算する、(3)限界での最適化原理を適用して、その選択肢をとることで状況がより良くなり、別の選択肢に変えることで状況がより悪くなるという特徴を持つ最善の選択肢を選ぶ。

● 水準による最適化と差分による最適化からは、まったく同じ解が得られる。2つの方法は表裏一体である。

キーワード

水準による最適化	差分による最適化
行動経済学	最適
比較静学	限界分析
限界費用	限界での最適化原理

復習問題

1.... 最適化とはどういう意味だろうか？ 水準による最適化と差分による最適化の違いは何だろうか？

2.... 最適化原理では、人はつねに最善の選択肢を選ぶと考えられているのだろうか？

3.... 比較静学とは何だろうか？ 例を示して説明しなさい。

4.... 都市の中心部の近くに住むことを選択する人もいれば、中心部から離れて毎日の通勤時間が長い場所に住むことを選ぶ人もいる。通勤時間が長い場所を選ぶことは最適化の失敗なのだろうか？

5.... 2つの学区を境にして似たような住宅が販売されているという情報を得たとしよう。子どもの学校の質について両親が感じる価値を推定するのに、この情報を

6.... 「何事も全力をつくすべき」という諺がある。経済学者はこの諺に同意するだろうか？
7.... ほとんどの場合に、経済学では水準による最適化ではなく、差分による最適化を活用する。その理由は何だろうか？
8.... マンション市場では、都市の中心部に近いマンションの供給が少ない理由を説明しなさい。
9.... 最適化行動の分析は、規範的だろうか、あるいは事実解明的だろうか、あるいは両方だろうか？ その理由についても説明しなさい。

演習問題

1.... 政府は、都市のスプロール現象を減らそうと考えているとする。人々に、都市の中心部のビジネス街の近くに住むことを選択させるにはどのような方法が考えられるだろうか？（スプロール現象とは、都市の周辺にある郊外に住宅地と商業地域が発展することである。スプロール現象の主な問題の1つは、毎日、都市の中心部へ通勤することで交通渋滞と公害が増加することである）
2.... あなたは志願したビジネス・スクール3校のすべてに合格した。学校を選ぶにあたって考慮すべき重要な項目を考えなさい。
   a. 大学の選択について最適な決断をするには、何を考慮するべきだろうか？
   b. ビジネス・スクールに通うために、あなたは年収4万ドルの仕事をあきらめた。これはビジネス・スクールを決める選択に、どのような影響を及ぼすだろうか？
3.... 以下の状態は、水準による最適化と差分による最適化のどちらをより示しているだろうか？
   a. ジョンはどの映画を観ようか考えていた。バットマンの映画の新作は、スパイダーマンの映画の新作よりも、5ドル多い便益があることがわかった。
   b. マルシアにとって、シカゴからホノルルまで、ユナイテッド航空の直行便で行く純便益は400ドルで、アメリカン航空の1回乗継便で行く純便益は200ドルだった。
   c. ニッキは、学生用の駐車場で最初に見つけた場所に駐車すると決めていた。彼女は、試験に遅れるリスクをとりたくなかったので、最初に空いていた場所にはほかの場所に比べて5ドル高い価値があると思っていた。
   d. レーガンは、2つの講義を教室で受講し、1つの講義をオンラインで受講すると、その純便益は100ドルであると考えている。同じ3つのコースをすべてオンラインで受講する純便益は80ドル、同じ3つのコースをすべて教室で受講する純便益は90ドルである。

4.... あなたは生物と化学の2つの授業をとっている。両方のクラスで間もなく小テストがある。勉強時間数とそれに対応する点数は以下の表のとおりである（この問題では、1時間の中で2科目を分割して勉強することは考えない）。たとえば、化学を1時間、生物を2時間勉強したときは、化学で77点、生物で74点になる。

勉強時間	化学	生物
0	70	60
1	77	68
2	82	74
3	85	78

ここであなたの目標は、2つの小テストの平均点を最大化することだ。2つの試験の準備に全部で1時間しか使えなかった場合、差分による最適化の考え方を活用して、それぞれの科目の勉強時間を判断しなさい（1つの科目を1時間勉強して、別の科目はまったく勉強しない）。1時間を2つの科目に配分できるとしたら、どのように配分すべきだろうか。次に、2つの試験のために全部で2時間勉強する場合の時間配分を答えなさい。最後に、全部で3時間勉強できる場合の時間配分を答えなさい。

5.... 1週間に異なる量のガソリンを消費することの総便益が以下の表に示されている。

週当たりのガソリン消費 （ガロン）	総便益 （ドル）	限界便益
0	0	
1	8	
2	15	
3	21	
4	26	
5	30	
6	33	
7	35	
8	36	

a. 右端の限界便益の欄を埋めて表を完成させなさい。

b. ガソリンの価格は1ガロン4ドルである。限界での最適化原理を活用して、毎週消費するガソリンの最適使用量を答えなさい。

c. 地球温暖化対策として、ガソリン1ガロンにつき2ドルを課税する提案がある（ガソリンなどの化石燃料を燃やすことが、温室効果ガスを排出し、地球温暖化の原因になっているため）。ガソリン価格は（税込みで）1ガロン当たり6ドルに上がるとする。限界での最適化原理を活用して、この新しいガソリン税を所与（ある与えられた価格）として、最適なガソリンの使用量を求めなさい。

6.... スコットは、特に地元のプロ野球チームであるシンシナティ・レッズの試合を

観に行くことが好きだ。その他すべてを一定とすると、グラウンドに近い場所に座るほうが好ましい。また打撃練習を見るためには、球場に早く着きたい。駐車する場所が球場に近いほうが、打撃練習を長く見学できる（駐車場はどこも空きがあるものとする）。スコットの最適な座席と駐車場のタイプを、以下の表の情報を参考にして判断しなさい。

座席の場所	価格（ドル）	スコットにとっての座席の価値（ドル）
ダイヤモンド・シート	235	200
クラブ・ホーム	95	130
クラブ・シート	85	125
スカウト・ボックス	79	120
スカウト	69	100

駐車場の場所	駐車料金（ドル）	バッティング練習を見られなかった時間（分）	到着時間から得られる便益（ドル）
ウエスティン駐車場	5	60	0
南駐車場	10	50	10
西駐車場	17	25	35
東駐車場	25	10	50
球場地下	45	0	60

7. 様々な公害を削減することによる社会的総便益と総費用は以下の表のとおりであると仮定する。

(1) 公害削減	(2) 総便益	(3) 総費用	(4) 純便益の合計	(5) 限界便益	(6) 限界費用
0	0	0			
1	20	9			
2	38	20			
3	54	33			
4	68	48			
5	80	65			
6	90	84			

a. (4)の列を完成させなさい。

b. 水準による最適化を使って、もしもアメリカの環境保護庁（EPA）が純便益の合計を最大化したい場合には、3単位の公害の削減が必要であることを示しなさい。

c. (5)と(6)の列を完成させなさい。

d. 限界での最適化原理でも、EPAは3単位の削減が必要であることを示しなさい。

8. 所得税は以下の税率になっているとする。所得が3万ドル以下の場合は非課税、所得が3万ドル超の場合には3万ドルを超えた額に対して30％支払う。たとえば、6万ドルの所得の人の場合の所得税は、30％ ×（6万ドル － 3万ドル）= 9,000ド

ル、になり、9,000ドルを支払う。

　限界税率は、所得が増えた場合に支払う税である。平均税率は、あなたが支払う税の総額を所得で割ったものである。同じ例で計算すると、6万ドルの所得の人の限界税率は30％であり、平均税率は、9,000ドル/6万ドル＝15％である。

　あなたには選択肢が3つある。まったく働かない、半分の時間を働く、フルタイムで働く。まったく働かなければ所得はゼロ、半分の時間を働く場合には3万ドル、フルタイムで働く場合には6万ドルの所得になる。働いていないときは、あなたはサーフィンをすることができる。サーフィンが好きなあなたにとっては、いつもサーフィンをすることは年間5万ドルの価値があり、年の半分サーフィンをすることは2万5,000ドルの価値があり、まったくサーフィンをしなければ便益はない。どのぐらいの時間働くかを判断する際には、平均税率を考えるべきだろうか、それとも限界税率を考えるべきだろうか？　詳しく説明しなさい。

9. A地点からB地点に移動する総費用について考えなさい。車で移動する費用には、ガソリン代と時間の機会費用が含まれる。バスに乗る費用には、バス代と時間の機会費用が含まれる。バス代はガソリン代よりも安い。この場合、目的地に行くのにバスを使うと、車で行く費用よりも安くなるだろうか？　A地点からB地点まで最も早い道順をバスが通っていない場合はどうだろうか？

需要、供給と均衡

Demand, Supply, and Equilibrium

ガソリン価格が安くなったら、もっとガソリンを買うだろうか？

　2013年のアメリカのガソリン価格は、1ガロン当たり3ドルから4ドルの間にあった。もっと安くなったら（たとえば、1ガロン1ドルになったら）、消費が増えるだろうか？　どこまで安くなったら、ドライブの回数を増やそうと思うだろうか？　1ガロン0.04ドル（4セント）だったら──つまり事実上の無料になったら──どうだろうか？　驚くことにこの価格は、政府の補助金政策で2013年にベネズエラ人が実際に支払っていたガソリン価格だ。

　本章では、財やサービスの価格変化に、買い手と売り手がどのように反応するのかを学ぶ。主に扱う事例は、エネルギー市場とガソリン価格だ。ガソリン価格は、ガソリンの買い手である家計と、ガソリンの売り手であるエクソンモービル社などのガソリン会社の意思決定にどのような影響を及ぼすだろうか。ガソリン価格に対する政府の政策の影響がないときには、

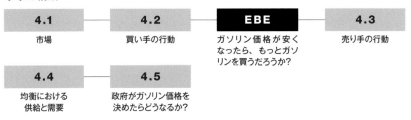

本章の構成

- **4.1** 市場
- **4.2** 買い手の行動
- **EBE** ガソリン価格が安くなったら、もっとガソリンを買うだろうか？
- **4.3** 売り手の行動
- **4.4** 均衡における供給と需要
- **4.5** 政府がガソリン価格を決めたらどうなるか？

KEY IDEAS
キーアイデア

- 完全競争市場では、(1)売り手はみな同じ財やサービスを売り、そして、(2)個人の買い手も個別の売り手も、自分だけでは財やサービスの市場価格に影響を及ぼすほどの力はない。
- 需要曲線は、市場価格と買い手が需要する財の量の関係を表す。
- 供給曲線は、市場価格と売り手が供給する財の量の関係を表す。
- 競争均衡価格では、需要量と供給量は一致する。
- 価格が自由に変動しないときには、市場では需要量と供給量は一致しない。

買い手と売り手の決断によって価格はどのように決まるのだろうか。

4.1 市場

　毎年、世界中では10億人以上のドライバーがガソリンスタンドに行くのに、そこで「売り切れ」だと言われることはない。しかも給油をしてから発車をするまでにたいていの場合は10分もかからない。

　驚くほど効率的なシステムだ。どのぐらいの数の客が来店するかをガソリンスタンドに教えてくれる人はいないし、どこでガソリンを入れればいいかをドライバーに教える人もいない。チケット販売サイトで「ガソリン満タン」という切符が売られているわけでもない。しかし、ほとんどの場合に、給油をしたいすべてのドライバー全員分の十分な量のガソリンがある。ドライバーは支払う意思がある価格でガソリンを購入しているし、石油会社は従業員に給料を支払ったうえで株主に配当をするのに十分な金額を得ている。

　本章では、ガソリン市場を例にして市場の動きを学ぶ。**市場***とは、財やサービスを取引する経済主体の集合であり、取引のためのルールと取決めが定めら

- **市場**(market)とは、財やサービスを取引する経済主体の集合であり、取引のためのルールと取決めが定められている。

れている。小麦や大豆、鉄や石炭などの農業や工業の財は、すべて市場で取引される。市場には特定の場所が決められていることもあれば（たとえば、オランダのアールスメール花市場など）、決められていない場合もある。たとえば、石油の場合には、街の至る所にガソリンスタンドがあるので、市場は分散している。同じように、求人情報のウェブサイトは、コンピューターがありインターネットにアクセスできればどこからでも利用できる。経済学者から見れば、出会い系サイトも市場だ。

> 価格は、少ない費用で財を生産する売り手と、その財に高い価値を付ける買い手の間の取引を促進するための選択の道具として機能する。

ここでは、すべての取引が自発的に発生し、価格が伸縮的である市場を想定する。価格は、少ない費用で財を生産する売り手と、その財に高い価値を付ける買い手の間の取引を促進するための選択の道具として機能する。

ガソリン市場の例では、ガソリンの原料である原油や、より広範囲のエネルギー市場などから説明できる。そこでは、ドライバーが購入したいガソリンの量と、ガソリンスタンドが売りたいガソリンの量が同じになるように、ガソリン価格が決まる。

競争市場

それぞれ別のオーナーが経営している数百のガソリンスタンドがひしめきあう街があったとしよう。そんな中で、ある店がほかよりも1ガロン当たり1ドル高く売りはじめたら、お客はほとんど来なくなるだろう。同様に、ほかの客よりも1ドル安く売ってくれと交渉しても買うことはできない。ガソリンスタンドでは通常、個人の客との特別な取引はしない。車のグレードに関係なくドライバーはレギュラーガソリン1単位に対して同じ価格を支払うことになっている。

生活が苦しいからといって値切ってみても、うまくはいかないだろう。試しに次回の給油時に値切り交渉をしてみるといい（ただし、交渉後に別のガソリ

---

* 市場を「いちば」と読むときは、函館の朝市、豊洲の魚市場、高知の日曜市のように、実際の場所を指している。財やサービスはこのような実際の場所ではなく、たとえば電話やオンラインで取引されることもあるので、経済学では、財やサービスが取引される抽象的な「場」を指す場合には市場を「しじょう」と読んで、両者を区別する。英語で区別するときは、いちば (market place)、しじょう (market) となる。日常的には、東京都中央卸売市場（しじょう）の1つである豊洲市場（とよすしじょう）のように、「しじょう」は「いちば」のかしこまった言い方としても使われるが、経済学ではもう少し深い意味を持っている。

ンスタンドに行けるだけの十分なガソリンが残されていることは確認しておくこと)。

すべての売り手と買い手が同じ価格に直面しているとき、その価格は**市場価格**と呼ばれる。**完全競争市場**では、(1)売り手はみな同じ財やサービスを売り、そして、(2)個人の買い手も個別の売り手も、自分だけでは財やサービスの市場価格に影響を及ぼすほどの力はない。すなわち、売り手も買い手もみな**価格受容者**（プライステイカー）である。言い換えれば、市場価格を受け入れるだけで、価格の交渉はできない。

市場が完全に競争的であることは、仮にあったとしても、極めて少ない。しかし経済学では、とりあえずこのように市場を設定して理解しようとする。このことは、最初はばかげているように聞こえるかもしれない。なぜ、経済学では世の中にめったに存在しない設定の市場について研究するのだろうか？　その答えは、ほとんどの市場が完全に競争的ではないとしても、多くの市場はほぼ完全に競争的だからである。多くのガソリンスタンドには、競争相手がいて──多くの場合に通りの向かい側には競合店がある──市場価格以上には価格を設定できないようになっている。田舎道などでは近くに競合店がないガソリンスタンドもあるかもしれないが、これは例外だ。売り主が、ほぼ同じ財を売り、ほとんどの市場参加者が多くの競争に直面している場合には、完全競争モデルは、実際の市場がどのように動くのかを示す良い近似となる。

一方、ソフトウエア市場におけるマイクロソフト社のように、市場で巨大な割合を占める参加者が、市場価格を単独でコントロールしている場合もある。このような市場の例についてはミクロ経済学で学ぶことになる。

本章の目的は、価格が伸縮的で完全競争である市場（同じ財を扱い、市場参加者は市場価格に影響を及ぼすことができない市場）の特徴を理解することである。

1. 買い手の行動
2. 売り手の行動
3. 市場価格と取引量の決定プロセス

- すべての売り手と買い手が同じ価格に直面しているとき、その価格は**市場価格**(market price)と呼ばれる。
- **完全競争市場**(perfectly competitive market)では、(1)売り手はみな同じ財やサービスを売り、そして、(2)個人の買い手も個別の売り手も、自分だけでは財やサービスの市場価格に影響を及ぼすほどの力はない。
- **価格受容者**(price-taker)とは、市場価格を受け入れる売り手や買い手のことである。買い手はより安い価格を交渉することはできず、売り手はより高い価格を交渉することはできない。

これらの基本的な問題をこれから1つずつ扱っていく。

4.2 買い手の行動

　最初に、買い手の行動を学習しよう。買い手は価格受容者であり、市場価格を交渉の余地のないものとして受け取り、値下げ交渉はしない。経済学では、財の価格と買い手が購入したい財の量の関係を分析する。所与の価格（ある与えられた価格）において、買い手が購入したいと思う財やサービスの量を**需要量**と言う。

　需要量という概念を理解するためには、買う側の立場になって考えてみるといい。ガソリン価格が上がると、ガソリンの購入を減らすだろうか？　ガソリン価格が上がると、キャンパス外から通学する学生は車の代わりに自転車で通学するようになるかもしれない。あるいは、友だちと車の相乗りをしたり、公共交通機関を利用したりするようになるかもしれない。ガソリン価格がもっと上がれば、燃費の悪い車ならば売ってしまうかもしれない。大学の寮に住む学生なら、車を使わないようにするかもしれない。春休みにボストンからワシントンD.C.の実家に帰るのに車ではなく、バスを利用するかもしれない。

　これらの調整を数値化して考えてみよう。たとえば、ガソリンの価格が上がれば購入を減らすことを、典型的な消費者クロエの例で考えてみよう。クロエは、すぐにはガソリンの消費量を調整することはできないかもしれないが、長期では、ガソリン価格が上昇すれば、公共交通機関を利用するなどしてガソリンの消費を減らそうとする。クロエのガソリンの購入量とガソリン価格の関係は、図表4.1の右上表にまとめた。表は様々な価格における需要量が示されており、**需要表**と呼ばれる。需要表を見れば、**その他すべてを一定として**、ガソリン価格の変化に対応してクロエのガソリンの購入量がどのように変わるのかがわかる。「その他すべてを一定として」とは、所得、家賃そして高速道路料金などのガソリン価格以外のすべての条件が一定に保たれる、または固定されていることを意味する。需要表からは、ガソリン価格が下がると、クロエは購入するガソリンの量を増やすことがわかる。

- **需要量**(quantity demanded)とは、所与の価格において、買い手が購入したいと思う財やサービスの量である。
- **需要表**(demand schedule)とは、その他すべてを一定として、様々な価格における需要量を示したものである。
- **その他すべてを一定とする**(holding all else equal)とは、経済においてその他の要素が変化しないことを意味する。経済学ではしばしば、ラテン語で同じことを意味する*ceteris paribus*が使われる。

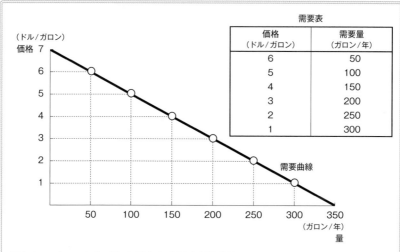

図表4.1 クロエのガソリンに対する需要表と需要曲線

ガソリン価格が下がると、クロエのガソリン購入量は増える。つまり、ガソリン価格が下落すると、需要量は増加する。横軸に沿って左から右に行くにしたがって曲線は下に向かう。すなわち、需要曲線は右下がりである。

需要曲線

　需要表をグラフにしたものが、需要曲線である。**需要曲線**とは、様々な価格における需要量をグラフにしたものである（その他すべては一定とする）。図表4.1は、需要表をグラフで表したものだ。たとえば、一番左の点は、1ガロン当たり6ドルの価格ではガソリンの需要量は年間50ガロンになることを表している。同様に、一番右の点は、1ガロン当たり1ドルの価格では、需要量は年間300ガロンになることを示している。横軸（x軸）はガソリンの需要量、縦軸（y軸）はガソリン1ガロン当たりの価格を示す。経済学ではつねに、横軸に需要量、縦軸に価格をとる。通常は、図表4.1のように「点をつなげる」。価格と需要量がつねにきりのいい数字になるとは限らない。

　需要曲線には、これからも繰り返し観察される重要な特徴がある。ガソリンの価格と需要量には**負の関係**があり、反対方向に動く。言い換えると、一方が上がれば、もう一方は下がる。またはその逆に、一方が下がれば、もう一方は

- **需要曲線**(demand curve)とは、様々な価格における需要量をグラフにしたものである。すなわち、需要表をグラフで表したものである。
- 2つの変数が反対方向に動くとき、その2つの変数には**負の関係**(negatively related)があると言う。

上がる。クロエの場合には、1ガロン当たり6ドルのガソリン価格では年間50ガロンを需要する。1ガロン当たり1ドルでは、はるかに多い年間300ガロンを需要する。このように、ガソリンの価格と需要量は反対方向に動く。

ほとんどすべての財は、基本的には負の関係にある需要曲線を描く。（その他すべてを一定として）価格が下落するときには需要量は増加する。これを経済学では**需要の法則**と呼ぶ。

支払意思額

クロエの需要曲線からは、追加して1ガロンのガソリンを購入することに対するクロエの支払意思額（支払可能額）を計算することもできる。ここで追加の1ガロンは、限界的なガソリンである。様々な購入量に対応するクロエの需要曲線の高さは、その時に最後に購入する財の1単位に対する支払意思額である。言い換えるならば、需要曲線の高さは、クロエが購入したうちの最後の1ガロンの価値をドル価格で表したものである。

たとえばクロエは、150ガロン目のガソリンに対しては4ドルを支払ってもよいと思っている。言い換えれば、1年間に使用できるガソリンをすでに149ガロン持っているクロエは、さらに追加して1ガロンを購入するときの支払意思額は4ドルである。**支払意思額**とは、財の追加の1単位に対して買い手が支払う意思のある最大の金額である。

仮にクロエがすでに（その年に使用できる）ガソリンを199ガロン持っていたとしたら、追加して購入する1ガロンに対してはクロエが支払うのは3ドルだけだ。追加して購入する1ガロンに対する支払意思額は、すでに持っている量（図表4.1の横軸）とは負の関係がある。すでに保有しているガソリンの量が多いほど、追加して購入する1ガロン当たりの支払意思額は小さくなる。ほとんどの財とサービスには、こうした負の関係が成り立つ。所有している量が多いほど、同じ財を1単位余分に獲得することから得られる便益は少なくなる——たとえば、ピザのスライスでも同じことが言える。

これが、**限界便益逓減**と言われる概念である。財の消費が多くなるにつれて、追加の1単位に対する支払意思額は減少する。この概念を理解するためには、

- **需要の法則**(law of demand)とは、（その他すべてを一定として）価格が下落するときには需要量は増加する、という関係であり、ほとんどすべての場合において当てはまる。
- **支払意思額**(willingness to pay)とは、財の追加の1単位に対して買い手が支払う意思のある最大の金額である。
- **限界便益逓減**(diminishing marginal benefit)とは、財の消費が多くなるにつれて、追加の1単位に対する支払意思額は減少することである。

ドーナツを例に考えてみればよい。朝食の1個目のドーナツはとても価値があるので、1個目にはたくさん支払ってもよいと考える。しかし、4個目に食べるドーナツの価値ははるかに小さくなるだろう。したがって4個目のドーナツに対する支払意思額は減少する。ドーナツを食べる量が増えるほど、次のもう1個のドーナツに対する支払意思額は減少する。

個人の需要曲線から総需要曲線を導き出す

　ここまではクロエという1人の消費者について考えてきた。しかし、ここで説明した概念は、消費者や企業も含めて、ガソリンの買い手のすべてに対して適用できる。

　エネルギーの世界全体の市場について考えてみよう。クロエの需要曲線から、ガソリン価格が下がるとガソリン使用量は増加することがわかる。価格が下落すれば他のガソリン使用者も消費を増加させるだろう。

　個人の需要曲線はすべて右下がりだが、共通しているのはここまでだ。たとえば、ケニアの学校教師の所得が年間1,000ドルだとすれば、ガソリン価格がいくらであろうと、この教師が（約50倍の所得がある）アメリカの典型的な労働者と同じ量のガソリンを消費することはない。

　この部分が次の課題になる。世界中の非常に多くの消費者のガソリン需要は、どのように説明すればいいだろうか。需要曲線はすべて、需要の法則に従っているだろう。しかし、それ以外は、同じではない。世界のエネルギー市場の動きを研究するためには、経済学では世界規模のガソリンの需要曲線を研究する必要がある。これは、個人の需要曲線の合計と等しくなる。経済学では、この加算していくプロセスを、個人の需要曲線の**集計**と呼ぶ。

　はじめに、買い手が2人だけのときの需要量を合計する方法を説明しよう。まず需要表を使って行う。そのあとで、それが需要曲線を描いたときには何を意味するのかを説明する。需要について考える方法が違ったとしても、意味していることは同じであると覚えておこう。それぞれの方法は、相互に裏づけ合うものとなっている。

　図表4.2には、2人の個人の需要表と、総需要表がある。ある特定の価格における総需要量を計算するためには、スーとカルロスの様々な価格ごとの需要量を足せばよい。たとえば、ガソリンの価格が1ガロン4ドルのときには、スーの需要量は年間200ガロン、カルロスの需要量は年間400ガロンとなる。した

| ●個人の行動を加算していくプロセスを**集計**（aggregation）と言う。

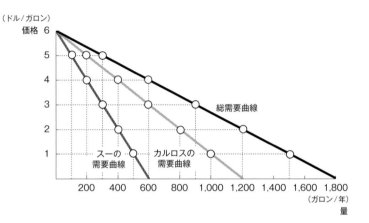

図表 4.2　総需要表と総需要曲線の集計

総需要表とは、個人の需要表の様々な価格で需要される量を合計することによって集計したものである。同じように、総需要曲線は、個人の需要曲線の様々な価格で需要される量を合計することによって集計される。

がって、1ガロン4ドルの場合には、年間の集計された需要水準は、200ガロン＋400ガロン＝600ガロン、となる。

　概念上は、需要量を集計するにあたっては、価格を固定して対応する買い手の需要量を足していく。足していくのは量であって金額ではない。こう考えるとわかりやすいだろう。ドーナツを1個1ドルで売るベーカリーがあるとしよう。2人の空腹の学生がこのお店に入り、1人が1個ずつドーナツを欲しがったとする。この場合に、1個1ドルでの2人の総需要量は2個だ。この2個のドーナツの例を思い出し、総需要量を計算するときには、合計する対象を間違えないようにしよう。

　図表4.2には需要曲線も描かれている。このように需要曲線が直線のときには、価格と需要量の関係は線形であると言う。線形にすると説明しやすく、数式で表しやすいために、経済学ではしばしば需要曲線を直線で描く。とはいえ、

実際の需要曲線は完全な直線にはならないので、この線形モデルは主に説明のために用いるものである。

図表4.2で描かれた需要曲線は、需要表を集計したものと同じ方法で集計できる。たとえば1ガロン4ドルという価格での需要量を見る。スーの需要曲線は年間200ガロンの需要量を示し、カルロスの需要曲線は年間400ガロンの需要量を示している。したがって、1ガロン4ドルの価格での年間の総需要量は、この2人の需要量の合計であり、200ガロン＋400ガロン＝600ガロン、となる。

市場需要曲線を作る

図表4.2では、単に2人の需要曲線を合計する方法を示した。次は市場のすべての買い手の需要量について考えよう。経済学ではこれを**市場需要曲線**と言う。すべての潜在的な買い手である個人の需要曲線の合計である。市場需要曲線は、その他すべてを一定として、総需要量と市場価格の関係をグラフにしたものである。

10億人以上の経済主体が、毎年ガソリンを購入している。特定の市場価格でガソリンの総需要量を合計すれば、その価格でのガソリン市場の需要量を計算できる。しかし、経済学者が見るのはガソリンの需要量だけではない。ジェット燃料、ディーゼル燃料も、自動車のガソリンと同様に石油から生産される。エネルギー市場を研究する経済学者には、ガソリン市場が、石油から生産される製品のすべての市場に密接に影響を及ぼしていることがわかっている。したがって、経済学者がガソリン市場を研究するときには、石油に関するすべての市場を集計する。図表4.3は、何十億「バレル」（1バレル＝42ガロン）もの石油に関する世界の需要曲線のおおよその見積もりである。バレルとは石油市場で使用される単位である。

最後に、図表4.3の（市場）需要曲線は直線ではなく、前出のグラフの直線の需要曲線とは少し違って見える。需要曲線の重要な特徴が、価格と需要量の負の関係であることを思い出そう。需要曲線はこのように、直線ではない負の関係を表すこともある。

図表4.3の水平な点線は、2011〜13年にかけての石油の市場価格である1バレル100ドルを示している。この価格を示す水平の点線と需要曲線が交わる交点では、買い手の支払意思額（この需要曲線の高さ）は石油の市場価格と同じ

● **市場需要曲線**（market demand curve）とは、すべての潜在的な買い手である個人の需要曲線の合計である。その他すべてを一定として、総需要量と市場価格の関係をグラフにしたものである。

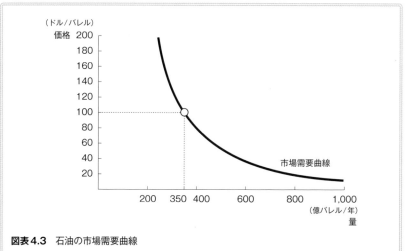

図表 4.3　石油の市場需要曲線
2011〜13年にかけて、石油の市場価格は1バレル約100ドルだった。この時の世界の石油需要量は年間350億バレルだった。この需要曲線は、石油価格と需要量の関係をグラフにしたものである。

になる。買い手は、自分の支払意思額が石油価格より高い間は、石油の購入を続ける。需要曲線からわかるように、市場価格が1バレル100ドルのときには、買い手は年間需要量が350億バレルに到達するまで石油を買い続ける。

需要曲線のシフト

需要曲線とは、その他すべてを一定として、価格と需要量の関係を描いたものである、と説明した。次には、一定であると想定していた「その他すべて」について、もっと詳しく考えていこう。

以下の5つの主要な変数（要因）が変わるときには、需要曲線はシフトする。

・嗜好または選好
・所得または富
・関連する財の利用可能性と価格
・買い手の数と規模
・将来に対する買い手の予想

嗜好または選好の変化　嗜好または選好の変化とは、個人的に好きなこと、楽しんでいるもの、または価値を見出す対象が変わることである。たとえば、

地球温暖化は地球規模で深刻な問題であり、化石燃料の使用を減らす倫理的責任があるとあなたが考えるようになれば、（価格が同じであっても）石油製品への需要は減少するかもしれない。環境への懸念が膨らんだ結果、石油製品を購入する支払意思額は減少するために、あなたの需要曲線は左にシフトする。同じ価格で需要量が減ると左に移動することになるため、このことを需要曲線の「左への」シフトと言う。多くの人が同じ経験をすると——たとえば、環境に関するドキュメント動画が、何百万人もの人々にハイブリッド車の購入を促進させたならば——その後はガソリン車の市場需要曲線は左へシフトする。需要曲線の左へのシフトについては、図表4.4を参照されたい。

当然ながら、嗜好の変化が、同じ価格で需要量を増やし、需要曲線を右にシフトさせることもある。たとえば、離れた場所に住む恋人と付き合いはじめて、交通移動が必要になる場合には、あなたのガソリンの需要を右にシフトさせるだろう。図表4.4には、需要曲線の右へのシフトもグラフに示されている。

この例は、2つの重要な概念を表している。

- **需要曲線のシフト**は、同じ価格の下で需要量が変化するときにのみ起こる。左へのシフトと右へのシフトは、図表4.4(a)に描かれている。
- 財の価格だけが変化する場合には需要曲線はシフトせず、その価格の変化

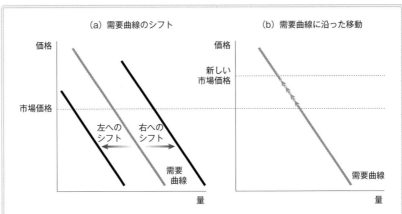

図表4.4　「需要曲線のシフト」と「需要曲線に沿った移動」

財の価格以外にも、多くの要因が需要量に影響を及ぼす。様々な要因の変化が、同じ価格の下で需要量を減らす場合には、(a)に示されるとおり需要曲線は左にシフトする。その逆に、要因の変化が、同じ価格での需要量を増やす場合には、同じく(a)に示されるとおり需要曲線は右にシフトする。一方で、財の価格だけが変化する場合には、(b)に示されるとおり需要曲線はシフトせず、需要曲線に沿って移動する。

は**需要曲線に沿った移動**を引き起こす。需要曲線に沿った移動は、図表4.4（b）に描かれている。

　上の2つの用語はこれから繰り返し言及される概念であり、正しく理解しておこう。図表4.4を使って、「需要曲線のシフト」と「需要曲線に沿った移動」の違いを正しく理解しているかどうかを確認しよう。同じ価格の下で需要量が変わる場合には、需要曲線はシフトする。

　では続けて、嗜好または選好以外の、需要曲線をシフトさせる重要な要因について説明しよう。

　所得または富の変化　所得や富の変化は、財とサービスに対する支払能力に影響を及ぼす。あなたが初めてフルタイムの仕事に就き、学生生活から、年収4万ドルの生活に変わったとする。あなたは車を買うかもしれないし、ガソリンも買うだろう。休暇の過ごし方ももっと豪華なものにするかもしれない。たとえば、バスに乗って遠くにいる友人に会いに行くのではなく、飛行機でハワイを訪れるかもしれない。これらの変化は、ガソリンの価格が一定であるとすれば、あなたの（直接的および間接的な）支払意思額が高くなり、これにより需要曲線が右にシフトしたことを示す。**正常財**の場合には（財の価格を一定とすると）、所得の増加は財の需要曲線を右にシフトさせる。

　一方、スパム（ランチョンミートの缶詰）などの缶詰加工肉を考えてみよう。先進国では、所得が上がると缶詰食品の消費が減り、生鮮食品の消費が増えると考えられている。所得の増加が財の需要曲線を左にシフトさせる場合、（財の価格を一定とすると）その財（食品）は**劣等財**である。この失礼にも聞こえる名称は、実際には専門用語であり、所得の増加と需要曲線の左へのシフトの関係を表すものである。

　関連する財の利用可能性と価格の変化　関連する財の利用可能性と価格の変化も、（石油価格を一定とすると）石油製品の需要に影響を及ぼすので、石油の需要曲線をシフトさせる。たとえば、市が公共交通機関の料金を値下げすれば、ドライバーは車の使用を減らす可能性が高い。これは、ガソリンの需要曲

- **需要曲線のシフト**（demand curve shifts）は、同じ価格の下で需要量が変化するときにのみ起こる。
- 財の価格だけが変化する場合には需要曲線はシフトせず、その価格の変化は**需要曲線に沿った移動**（movement along the demand curve）を引き起こす。
- **正常財**（normal good）では、所得の増加は財の需要曲線を右にシフトさせる（財の価格は一定とする）。
- **劣等財**（inferior good）では、所得の増加は財の需要曲線を左にシフトさせる（財の価格は一定とする）。

線を左にシフトさせる。一方の財の価格の低下が、関連するもう一方の財の需要曲線を左にシフトさせるとき、2つの財は**代替財**である。公共交通機関とガソリンで見ると、公共交通機関の料金の下落によって、人々は車の運転を減らし、結果的にガソリンの需要曲線の左へのシフトをもたらすために、この2つは代替財である。

一方、関連する財やサービスで、反対の役割を持つものもある。たとえば、あなたの自宅から200マイル離れた場所にあるスキーリゾートがリフト券を値下げしたとする。この値下げでスキーに行く人が増えて、移動の必要性が上昇すると、ガソリンの需要曲線を右にシフトさせるかもしれない。一方の財の価格の低下が、関連するもう一方の財の需要曲線を右にシフトさせるとき、2つの財は**補完財**であると言う*。

買い手の数と規模の変化　買い手の数が増えると、需要曲線は右にシフトする。買い手の数が減ると需要曲線は左にシフトする。また、買い手の購買規模も重要である。たとえば、小さな都市の市長が市バスのすべてをガソリン車から電気自動車に転換したとしても、大都市である東京都の知事がそれを実行した場合に比べれば、世界のガソリン需要への影響ははるかに小さいものだろう。

「需要曲線のシフト」と「需要曲線に沿った移動」についてのまとめ

次の要因が変化するときには、需要曲線はシフトする。

1. 嗜好または選好
2. 所得または富
3. 関連する財の利用可能性と価格
4. 買い手の数と規模
5. 将来に対する買い手の予想

需要曲線に沿った移動が発生する唯̇一̇の理由
　財の価格自体の変化

- 一方の財の価格の低下が、関連するもう一方の財の需要曲線を左にシフトさせるとき、2つの財は**代替財**（substitutes）である。
- 一方の財の価格の低下が、関連するもう一方の財の需要曲線を右にシフトさせるとき、2つの財は**補完財**（complements）である。

* リフト券だけではスキー旅行はできない。不足している役割をガソリンが補って（補完して）いることになる。

将来に対する買い手の予想の変化　将来に対する買い手の予想の変化も、需要曲線に影響を及ぼす。経済全体が減速する最初の数カ月の間に、一部の人が仕事を失いはじめたとしよう。たとえあなたはまだ失業していなくても、心配にはなるだろう。近い将来のどこかの時点で仕事を失う可能性がある。その可能性を予想するとき、万一に備えて今から貯金を増やすかもしれない。自家用車からカーシェアリングに変えたり、週末のスキーを中止したりして、出費を減らすことだろう。こういった節約行動は、ガソリンの使用量を減らし、石油の需要曲線を左にシフトさせる。

EBE Evidence-Based Economics 根拠に基づく経済学

問い：ガソリン価格が安くなったら、もっとガソリンを買うだろうか？

　ガソリンの価格が上昇すると、その需要量が減少することはすでに説明した。これを裏づける実際のデータを見ていこう。

　ブラジルとベネズエラは隣国同士であり、1人当たりの所得水準も近い。また有数の石油産出国である——両国とも2013年には1日当たり約300万バレルを生産した。しかし、この2国のエネルギー政策は極めて異なったものである。多くの国と同様に、ブラジルではガソリン販売には重い税金が課されている。一方のベネズエラでは、ガソリン販売に大きな補助金が出されている。対照的な政策を比較するために、2013年のガソリン価格をドル換算すると、ブラジルのドライバーは1ガロン5.58ドルを支払うが、ベネズエラのドライバーの支払いは1ガロン当たりたったの0.04ドルだ。ベネズエラ政府は、ガソリン価格が事実上は無料になるほどの補助金を出している。ベネズエラでは国営企業が石油を供給しており、たとえ価格が1ガロン0.04ドルであっても、消費者の需要を満たすのに十分なガソリンを提供できるからである。

　需要の法則に基づくならば、その他すべてが一定であれば、より低い価格は、より高い需要量を伴う。実際に、1人当たりのガソリン消費量は、ブラジルよりベネズエラのほうが5倍も多い。

　図表4.5では、縦軸にガソリン価格（税と補助金を含む）、横軸にガソリンの需要量をとっている。一見してわかるように、価格と需要量には

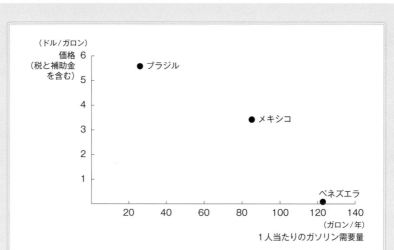

図表4.5 1人当たりのガソリン需要量と、ブラジル、メキシコ、ベネズエラのガソリン価格

ガソリン市場において、価格と需要量には負の関係がある。図中の需要量はOECDデータ、課税後または補助後のガソリン価格はAIRINC社による。

負の関係がある。この図に、(1人当たりの所得が同程度の)ほかの中南米諸国であるメキシコを追加した。メキシコはガソリンに少額の補助金を出しているため、両国の間に入る。需要の法則は価格と需要量の負の関係を予想するものであるが、データによってもこの予想は再確認される結果となった。

Q 問い ガソリン価格が安くなったら、もっとガソリンを買うだろうか？

A 答え ガソリン1ガロン当たりわずか0.04ドルしか支払わないベネズエラ人は、1ガロン5.58ドルを支払うブラジル人よりも5倍多くの量を購入する。

データ 1人当たりの所得水準がほぼ同じで、ガソリン価格が大きく異なる中南米の諸国におけるガソリンの需要量を比較する。ガソリン価格の違いは、課税水準と補助金の違いによって発生する。

注意 1人当たりの所得水準はこの3カ国では同程度であるが、分析の際には考慮に入れていない違いはほかにある。

4.3 売り手の行動

　ここまでで、買い手の行動は理解できたと思う。市場の動きを理解するには、売り手についても研究をする必要がある。市場における買い手と売り手の相互関係が市場価格を決めるからである。

　まず、財の価格と、売り手が売りたい、または供給したいと思う財の量の関係を分析する。所与の価格において、売り手が供給したいと思う財やサービスの量は**供給量**と呼ばれる。

　供給量の概念を直観的に理解するため、エクソンモービル社のような企業を想定してみよう。石油価格が上昇すると、エクソンモービル社は、発見・掘削するのにより費用がかかる石油をもっと市場に供給しようと考えるだろう。海底油田は2マイル（約3,200メートル）の深さの海底、さらにその海底から8マイルの深さの地中にある。そうした海底油田の掘削には、何百人もの従業員が働き、ロボット化された無人の潜水艦が装備されているフットボール場2つ分の広さを持つ特殊な船舶が使われる。これらには膨大な費用がかかるため、そのような海底油田は、石油価格が1バレル70ドル以上にならない限り掘削はされない。

　北極圏の海底石油掘削にはさらに費用がかかる。1つの小さな氷山がタイタニック号を沈没させられるくらいだから、何千もの巨大な氷山が毎年行き交う場所で、石油掘削装置を建設してそれを保守する大変さは想像できるだろう。北極圏の海底油田は、石油の価格が1バレル80ドル以上のときにのみ掘削が行われる。

　石油価格が高ければ高いほど、エクソンモービル社にとって収益を生む掘削場所が増えていく。石油は将来には枯渇するという議論も多い。実際、エクソンモービル社にとっても、低コストで掘削できる油田は枯渇している。地球の地中深くには使いきれないほどの石油があるとされている。ただし問題は、そのような石油の多くが、掘削されて市場に出回るまでには膨大な費用がかかる、ということである。

供給曲線

　石油価格が上昇すると、エクソンモービル社は掘削が困難な場所であっても

| ●**供給量**（quantity supplied）とは、所与の価格において、売り手が供給したいと思う財やサービスの量である。

新しい油田を開発するようになる。エクソンモービル社の石油生産と石油価格の関係は、図表4.6の供給表にまとめられている。**供給表**とは、その他すべてを一定として、様々な価格における供給量を示したものである。供給表からは、エクソンモービル社は、石油価格が上昇するときには石油の供給量を増やすことがわかる。図表4.6には、様々な価格における供給量をグラフにしたエクソンモービル社の**供給曲線**も示されている。つまり、供給曲線とは、供給表をグラフで表したものである。

図表4.6の供給曲線には重要な特徴がある。石油価格と供給量には**正の関係**がある。正の関係があるときには、2つの変数が同じ方向に動く——つまり、一方の変数が上がればもう一方の変数も上がる。ほとんどすべての場合において、供給量と価格には正の関係がある（その他すべては一定とする）。これを経済学では**供給の法則**と呼ぶ。

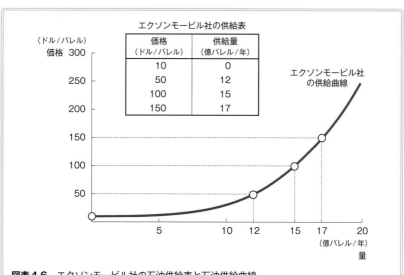

図表4.6 エクソンモービル社の石油供給表と石油供給曲線
供給量は石油価格と連動して上昇する。したがって、供給量と価格には正の関係がある。横軸に沿って左から右に行くにしたがって曲線は上に向かう。すなわち、供給曲線は右上がりである。

- **供給表**(supply schedule)とは、その他すべてを一定として、様々な価格における供給量を示したものである。
- **供給曲線**(supply curve)とは、様々な価格における供給量をグラフにしたものである。すなわち、供給表をグラフで表したものである。
- 2つの変数が同じ方向に動くとき、その2つの変数には**正の関係**(positively related)があると言う。
- **供給の法則**(law of supply)とは、（その他すべてを一定として）価格が上昇するときには供給量は増加する、という関係であり、ほとんどすべての場合において当てはまる。

エクソンモービル社は、石油価格が1バレル10ドル以上になると石油の生産をはじめる。1バレル50ドルでは、年間12億バレルを供給する。1バレル100ドル以上ならば、年間15億バレル以上を供給する。供給表の最も高い価格である1バレル150ドルでは、供給量はさらに増加して年間17億バレルになる。

受入意思額

エクソンモービル社が最適化行動をとるならば、少なくとも生産の限界費用が支払われる金額なら、さらに1バレルを追加的に供給するだろう。3章で学んだ最適化について思い起こしてみよう。限界費用とは、1単位生産を増やすために必要な追加費用である。石油生産者は、少なくとも追加生産をする1バレル当たりの限界費用が支払われる限りは、1バレルを追加して供給する意思がある。

最適化行動をとる企業にとっては、供給曲線の高さは企業の限界費用を示す。たとえば、エクソンモービル社の供給曲線を見ると、石油価格が100ドルのときには供給量は年間15億バレルである。逆の言い方をすると、エクソンモービル社は、15億バレルの石油を生産するためには価格100ドルを受け入れる意思がある。これが供給曲線の示す内容だ。経済学では、財を追加的に1単位売るために売り手が受け入れる最小の金額を**受入意思額**と言う。最適化行動をとる企業にとって、受入意思額は、生産の限界費用と同じである。年間15億バレルを供給するとき、エクソンモービル社の限界費用は100ドルなので、この時点での受入意思額は100ドルになる。

個別の供給曲線から市場供給曲線を導き出す

買い手については、個人の需要曲線を合計すれば市場需要曲線を導き出すことができた。売り手についても同じである。供給量を加算する作業は、需要量を加算する作業と同じである。特定の価格における供給量を合計していくのである。これを様々な価格について行えば、**市場供給曲線**を描くことができる。市場供給曲線は、その他すべてを一定として、総供給量と市場価格の関係をグラフにしたものである。

それでは、集計の分析をはじめよう。まず、市場にはシェブロン社とエクソ

- **受入意思額**(willingness to accept)とは、財を追加的に1単位売るために売り手が受け入れる最小の金額である。最適化行動をとる企業にとって、受入意思額は、生産の限界費用と同じである。
- **市場供給曲線**(market supply curve)とは、すべての潜在的な売り手の個別の供給曲線の合計である。その他すべてを一定として、総供給量と市場価格の関係をグラフにしたものである。

ンモービル社という2つの企業だけがあるとする。図表4.7に両社の供給表を示す。1バレル100ドルでは、シェブロン社の供給量は年間10億バレルであり、エクソンモービル社は年間15億バレルである。したがって、1バレル100ドルでの年間総供給量は、10億バレル+15億バレル=25億バレル、となる。総供給量を計算するために、様々な価格について同じ計算を繰り返す。総供給曲線は図表4.7にグラフで示されている。

もちろん、実際の市場には、シェブロン社やエクソンモービル社だけではなく、数多くの石油生産者がいる。市場供給曲線は、そういった数多くの潜在的な売り手の個別の供給曲線の合計である。市場需要曲線が、すべての潜在的な買い手である個人の需要曲線の合計であるのと同じ考え方だ。

何千もの石油生産者の個別の供給曲線を集計することで、図表4.8の市場供給曲線を導き出せる。1バレル100ドルのところには点線が入っている。これは実際に2011〜13年にかけての世界の石油市場におけるおおよその市場価格

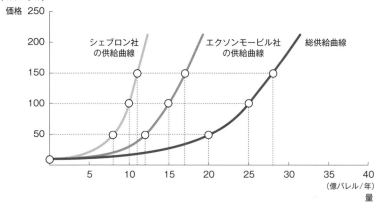

図表4.7 総供給表と総供給曲線の集計

特定の価格における総供給量を計算するためには、その価格におけるそれぞれの供給量を合計する。そして、様々な価格について同じ計算を繰り返すことによって、総供給曲線を描くことができる。

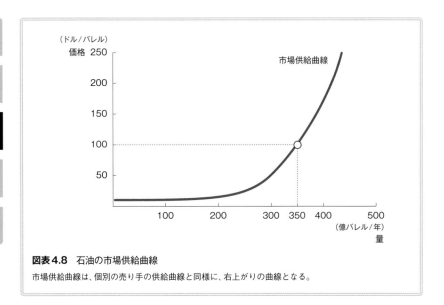

図表4.8　石油の市場供給曲線
市場供給曲線は、個別の売り手の供給曲線と同様に、右上がりの曲線となる。

だ。この価格では石油の総供給量は年間350億バレルだった。

供給曲線のシフト

供給曲線とは、その他すべてを一定として、価格と供給量の関係を描いたものだ。供給曲線を描くときに一定であるとされた主要な変数（要因）は以下の4つである。これらの変数が変わるときには、供給曲線はシフトする。

・財を生産するために使用する投入物の価格
・財を生産するために使用する技術
・売り手の数と規模
・将来に対する売り手の予想

財を生産するために使用する投入物の価格の変化　投入物の価格の変化は、供給曲線をシフトさせる。**投入物**とは、ほかの財やサービスを生産するために使用する財やサービスである。たとえば鉄は、石油掘削場の建造、石油掘削機械の製造、パイプラインの敷設、石油タンカーの建造に使用される。したがって、石油生産にとっては鉄は重要な投入財である。鉄の価格が上昇するときに

●**投入物**（input）とは、ほかの財やサービスを生産するために使用する財やサービスである。

は、石油生産の収益性が下がるので、最適化する石油生産者は（価格が変化しない場合）それまでと同じ量の石油を供給しないという選択をするだろう。結果的に、鉄の価格の上昇は、石油の供給曲線を左にシフトさせる。言い換えると、石油価格が一定のときには、石油供給量は減少する。その逆に、鉄の価格の下落は、石油供給曲線を右にシフトさせる。図表4.9(a)は、供給曲線の左へのシフトと右へのシフトを描いたものである。

この例は、2つの重要な概念を表している。

- **供給曲線のシフト**は、同じ価格の下で供給量が変化するときにのみ起こる。左へのシフトと右へのシフトは、図表4.9(a)に描かれている。
- 財の価格だけが変化する場合には供給曲線はシフトせず、その価格の変化は**供給曲線に沿った移動**を引き起こす。供給曲線に沿った移動は、図表4.9(b)に描かれている。

財を生産するために使用する技術の変化　技術の変化も供給曲線をシフトさせる。最近では、シェールガス・オイルの採掘における「フラッキング」（水

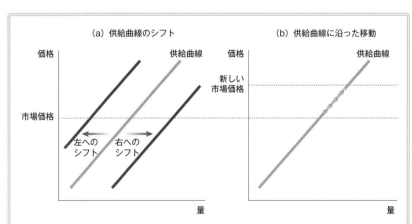

図表4.9　「供給曲線のシフト」と「供給曲線に沿った移動」

財の価格以外にも、多くの要因が供給量に影響を及ぼす。様々な要因の変化が、同じ価格の下で供給量を減らす場合には、(a)に示されるとおり供給曲線は左にシフトする。その逆に、要因の変化が、同じ価格での供給量を増やす場合には、同じく(a)に示されるとおり供給曲線は右にシフトする。一方で、財の価格だけが変化する場合には、(b)に示されるとおり供給曲線はシフトせず、供給曲線に沿って移動する。

- **供給曲線のシフト**(supply curve shifts)は、同じ価格の下で供給量が変化するときにのみ起こる。
- 財の価格だけが変化する場合には供給曲線はシフトせず、その価格の変化は**供給曲線に沿った移動**(movement along the supply curve)を引き起こす。

圧破砕法）がエネルギー産業に変革を巻き起こした。この技術では圧力をかけた液体を利用して、油井を取り囲む地下の岩石（頁岩［シェール］）を破砕する。破砕された岩石から天然ガスが流れ出て、油井から取り出される。フラッキング技術が、原油と天然ガスの供給曲線を右にシフトさせたのである。

売り手の数と規模の変化 売り手の数の変化も供給曲線をシフトさせる。たとえば、2011年にリビアで起きた内戦では、6カ月に及ぶ政府・反政府間の戦闘の後に、42年間にわたって同国を支配してきた独裁者ムアンマル・カダフィ大佐が失脚した。この間、リビアでは事実上石油の生産が止まってしまった。内戦以前のリビアでは、1日当たり約150万バレルの石油が生産されていたので、リビア内戦の間、世界の供給曲線は、リビアの生産規模である1日当たり約150万バレル相当だけ左にシフトしたことになる。

将来に対する売り手の予想の変化 将来に対する売り手の予想の変化も供給曲線をシフトさせる。たとえば、天然ガスの市場を考えてみよう。毎年冬になると、天然ガスの使用量は住宅暖房分が跳ね上がる。このために天然ガス価格も冬には跳ね上がる。この価格上昇を予想して、天然ガスの生産者は、（価格が比較的安い）夏の間に膨大な量のガスを貯蔵する。言い換えると、天然ガスの生産者は夏の天然ガスの生産量のすべてを販売する代わりに、夏の天然ガス生産の多くを貯蔵に回す。つまり、天然ガスの供給者は、夏の間は供給曲線を左にシフトさせる。これは最適化戦略の1つである。（価格の安い）夏の市場では供給量を減少させ、（価格の高い）冬の市場では供給量を増加させることによって、天然ガスの供給者はより高い平均価格を獲得できる。この戦略をま

「供給曲線のシフト」と「供給曲線に沿った移動」についてのまとめ

次の要因が変化するときには、供給曲線はシフトする。

1. 財を生産するために使用する投入物の価格
2. 財を生産するために使用する技術
3. 売り手の数と規模
4. 将来に対する売り手の予想

供給曲線に沿った移動が発生する唯一の理由
　財の価格自体の変化

とめると、天然ガスの生産者は、将来の天然ガスの価格がどのように変化するかを予想し、その予想に対応して1年という期間の中で供給量を調整する。

4.4 均衡における供給と需要

　ここまでは、買い手と売り手の行動を別々に説明してきた。市場におけるこの2つの側面を一緒にする方法はまだ説明していない。買い手と売り手はどのように相互に影響し合うのだろうか？　彼らが取引する市場価格はどのように決まるのだろうか？　買い手が購入して売り手が販売する財の量はどのように決まるのだろうか？　これらの問いに答えるためには、市場需要曲線と市場供給曲線を使う。ここでは完全競争市場を扱っているが、これからは単に「競争市場」と呼ぶ。

　競争市場は、供給量と需要量が同じ価格に収束する。供給量と需要量が一致するということがどういうことかを見るためには、図表4.10に示されているように、需要曲線と供給曲線を同じグラフ内に描く必要がある。

　図表4.10では、石油の需要曲線と供給曲線は1バレル100ドル、年間350億バレルで交わる。需要曲線は右下がり、供給曲線は右上がりであるため、この2つの曲線が交わる点は1つだけである。経済学ではこの交点を**競争均衡**と呼ぶ。この交点は、供給量と需要量が一致する**競争均衡価格**である。またこの価格であれば、市場で供給されるどの量に対しても買い手がいることになるので、市場清算価格と言うこともある。交点の量は、競争均衡価格に対応する**競争均衡量**である。

　競争均衡価格では、需要量と供給量は一致する。それ以外の価格では、需要量と供給量は一致しない。これを確認するには、別の価格で水平線を引いてみればよい。需要量と供給量が一致するのは、競争均衡価格における水平線のみである。

　図表4.11は、市場価格が競争均衡価格より高いために、市場が競争均衡にはない状態を示している。価格が高いと、売る側にとっては好ましいが、買う側にとっては好ましくない。高い価格は、競

> 競争市場は、供給量と需要量が同じ価格に収束する。

- **競争均衡**(competitive equilibrium)は、供給曲線と需要曲線の交点である。
- **競争均衡価格**(competitive equilibrium price)では、供給量と需要量は一致する。
- **競争均衡量**(competitive equilibrium quantity)とは、競争均衡価格に対応する量である。

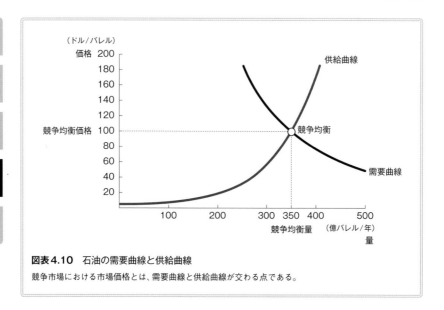

図表4.10 石油の需要曲線と供給曲線
競争市場における市場価格とは、需要曲線と供給曲線が交わる点である。

争均衡水準よりも供給量を増やし、競争均衡水準よりも需要量を減らす。市場価格が競争均衡価格よりも高いときには、供給量が需要量を上回る**超過供給**になる。たとえば、図表4.11を見ると、石油1バレル140ドルの市場価格では、石油供給量が年間380億バレルになり、年間290億バレルの石油需要量を上回っている。

　市場で同じ状態が続くと、売り手は年間380億バレルの石油を供給し続けるが、買い手は290億バレルしか購入しないので、その差の90億バレルが毎年売れ残る。石油の貯蔵量が世界中で膨大に増加するために、石油価格は押し下げられることになる。現存する石油の貯蔵タンクには限界があり、新たに建設するには費用がかかるので、売り手は増加し続ける石油在庫を減らすために値下げをはじめる。こうして価格は下落する。しかし、図表4.11のような状況は、普通は長く続かない。同規模の石油販売業者同士が、顧客を獲得するために値下げをしてお互いに競争するからだ。この競争は、市場価格が競争均衡価格に戻るまで続く。この競争のプロセスが、競争均衡と言われる状態に市場を戻すうえでの重要な役割を担っている。

　図表4.12には、逆のケースが示されている。市場価格が競争均衡価格よりも低いときには、需要量は供給量を上回り、**超過需要**になる。石油1バレル当た

● 市場価格が競争均衡価格よりも高いときには、供給量が需要量を上回る**超過供給**（excess supply）になる。

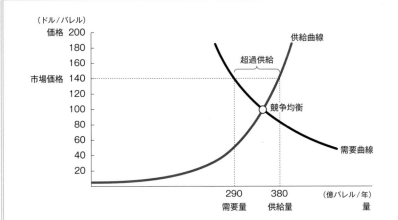

図表4.11　超過供給

市場価格が競争均衡水準より高いときには、需要量は供給量より小さい。これが超過供給の状態である。この場合には、石油の超過供給は年間で、380億バレル－290億バレル＝90億バレル、である。

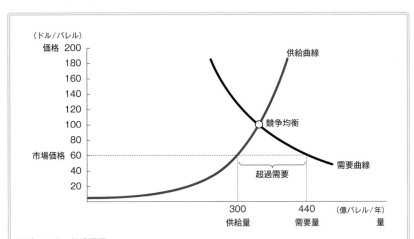

図表4.12　超過需要

市場価格が競争均衡水準より低いときには、需要量は供給量よりも大きい。これが超過需要の状態である。この場合には、石油の超過需要は年間で、440億バレル－300億バレル＝140億バレル、である。

り60ドルの市場価格では、石油需要量は年間440億バレルであり、年間の石油供給量300億バレルを上回っている。これは、買い手側は440億バレルの石油を欲しがっているが、市場には300億バレルしか供給されないことを意味している。

| ●市場価格が競争均衡価格よりも低いときには、需要量が供給量を上回る**超過需要**(excess demand)になる。

図表4.12のような状況は、普通は長く続かない。欲しい量の石油を入手できない買い手は、限られた量の石油を得るためにより高い価格を支払うことでお互いに競争する。この競争は、市場価格が競争均衡価格である1バレル100ドルになるまで続く。

競争均衡における曲線のシフト

この考え方に基づいて、次の問題を考えてみよう。石油の均衡量と均衡価格に対して、世界の石油市場へのショックはどのような影響を及ぼすのだろうか。

たとえば、2011年のリビア内戦時のように、主要な石油輸出国がいきなり生産をストップしたらどうなるだろうか。この場合には、図表4.13に描かれるように、供給曲線の左へのシフトの原因となる。石油がより希少となるため、かつて供給量と需要量を一致させていたときの水準よりも、石油価格を引き上げる必要がある。この石油の均衡価格の上昇は、需要曲線に沿った移動を伴う（需要曲線はシフトしない）。需要曲線は右下がりであるため、価格の上昇は需要量を減少させる。実際リビアで内戦が勃発し、リビアの油田が閉鎖された時期には世界の石油価格は上昇した。

需要曲線のシフトによる影響を予想することもできる。たとえば、環境問題への懸念が増し、消費者が二酸化炭素排出量を削減するために石油の使用を減らすと、何が起きるだろうか？　図表4.14に示されるように、消費者の嗜好の変化は、石油の需要曲線を左にシフトさせる。石油需要が減少すると、供給量と需要量を一致させていたときの水準よりも石油価格を引き下げる必要がある。石油の均衡価格の下落は、供給曲線に沿った移動を伴う（供給曲線はシフトしない）。供給曲線は右上がりであるため、価格の下落は供給量を減少させる。

市場を分析するためには、需要曲線と供給曲線を使う。これによって、経済学者はパズルを解くことができる。たとえば図表4.14では、石油の市場価格は下落し、人々は石油の消費を減少させている。この2つの事象が同時に起きることは理解しにくいかもしれない。石油価格が下がれば、石油の購入量は増えるのではないか、と思われるからだ。だが、図表4.14を見れば、石油価格の下落は需要曲線の左へのシフトに引き起こされたものであることがわかる。価格の下落と均衡量の下落はともに、需要曲線の左へのシフトの結果なのである。

ここまでは、動くのは需要曲線か供給曲線のどちらか一方だけという例で学んできた。しかし、世の中はつねにこれほど単純ではなく、両方の曲線が同時にシフトする場合もある。たとえば、リビアでの革命によって石油の供給曲線

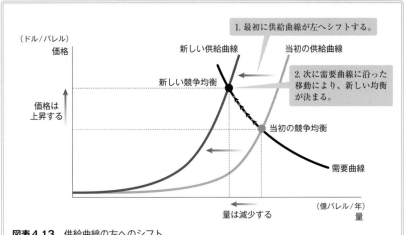

図表4.13 供給曲線の左へのシフト

供給曲線の左へのシフトは、均衡価格を上昇させ、均衡量を減少させる。当初の競争均衡は●点である。シフトをしない需要曲線と新しい供給曲線の交わる●点が新しい均衡点となる。

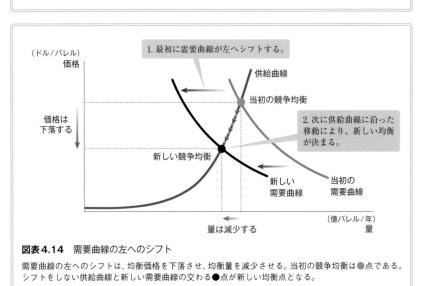

図表4.14 需要曲線の左へのシフト

需要曲線の左へのシフトは、均衡価格を下落させ、均衡量を減少させる。当初の競争均衡は●点である。シフトをしない供給曲線と新しい需要曲線の交わる●点が新しい均衡点となる。

は左にシフトし、それと同時期に高まる環境問題への懸念が石油の需要曲線を左にシフトさせることがあるかもしれない。

このような混合ケースでは何が起こるだろうか。供給曲線と需要曲線が同時にシフトすることが、市場価格と取引量の変化にどのように変換されるのかを示したのが図表4.15である。みなさんがすでに想像しているように、両曲線の

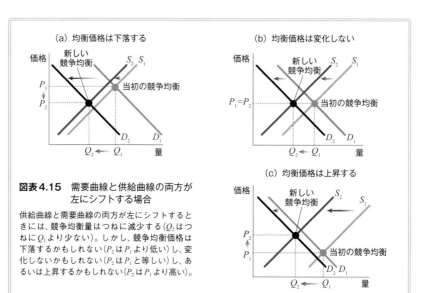

図表4.15 需要曲線と供給曲線の両方が左にシフトする場合

供給曲線と需要曲線の両方が左にシフトするときには、競争均衡量はつねに減少する（Q_2はつねにQ_1より少ない）。しかし、競争均衡価格は下落するかもしれない（P_2はP_1より低い）し、変化しないかもしれない（P_2はP_1と等しい）し、あるいは上昇するかもしれない（P_2はP_1より高い）。

シフトはたくさんの組み合わせが可能である。それぞれのケースごとに異なる図で示したが、それ以外のケースについては章末の演習問題でも取り上げる。

図表4.15の3つの図ではそのすべてのケースにおいて、需要曲線も供給曲線も左にシフトする。3つの図はそれぞれ異なるケースを示している。当初の曲線は薄い色で、新しい曲線は濃い色で示されている。●点は、当初の需要曲線と当初の供給曲線が交わる当初の競争均衡である。●点は、新しい需要曲線と新しい供給曲線が交わる新しい競争均衡である。当初の競争均衡価格はP_1、新しい競争均衡価格はP_2である。当初の競争均衡量はQ_1、新しい競争均衡量はQ_2である。

3つのすべてのケースにおいて、均衡量は減少する（Q_2がQ_1より少ない）。しかしながら、均衡価格は、需要曲線と供給曲線のシフトの変化の大きさ次第でその反応は違ってくる。(a)では、需要曲線の左へのシフトの影響が優位であり、均衡価格はP_1からP_2へ下落する。(b)では、均衡価格は変化せず、P_1とP_2は等しい。(c)では、供給曲線の左へのシフトの影響が優位であり、均衡価格はP_1からP_2に上昇する。要するに、供給と需要の両方が左にシフトすると、競争均衡量はつねに減少するが、競争均衡価格は上下のどちらかの方向に移動するかもしれないし、そのまま変化しないかもしれない。

4.5　政府がガソリン価格を決めたらどうなるか？

　ここまでの分析の結論は、競争市場では最終的には競争均衡に落ち着く――言い換えると、供給曲線と需要曲線の交点に収束する。しかし、これは価格が市場の圧力に反応できるときにのみ起きることである。

　市場によっては、法律、規則、あるいは社会規範によって価格が決まる。経済学の興味の対象はあらゆる市場の動きであり、競争均衡に到達できない市場も含まれる。価格が伸縮的ではない市場を例にとって、このような状況について説明しよう。

　図表4.12をもう一度見てみよう。ガソリンの市場価格が競争均衡価格の水準以下に意図的に抑えられているときには、ガソリンの需要量は供給量よりも多くなる。したがって、市場価格でガソリンを買いたいドライバーの多くは、ガソリンを買えなくなってしまう。

　このような状況の下では、ガソリンの配分は、ガソリンへの支払意思以外の何かによって決定されている。1973～74年の（第1次）オイルショックの時期に、アメリカ政府が実質上、ガソリン価格の上限を決めたことから、需要量は供給量を上回ることとなった。これを上限価格規制と言う。ドライバーたちは、この上限価格では超過需要が生まれることを即座に推測して、ガソリンを購入するために早朝から列を作った。そしてドライバーたちが行列に並びはじめる時間は日増しに早くなっていった。

　『ニューヨーク・タイムズ』紙では以下のような記事を掲載している。「どこでも行列が当たり前になってきた。ニュージャージー州モントクレアのキャサリン・リーは朝の4時20分に起きて列の先頭に並ぶためにガソリンスタンドに車で向かった。しかし彼女は2番目で、一番手は3時15分から並んでいた。リーは持参した枕を膨らませ、掛布団をかけて、開店まで3時間の仮眠をとった」。巧妙な方法を考え出した人もいた。「マサチューセッツ州ベッドフォードでは、あるビジネスマンが、ハーツレンタカーの駐車場に自分の車を入れ、ガソリンが満タンの車をレンタルし、そのガソリンを自分の車に給油して、ハーツには1日のガソリン代込みのレンタル代金を支払う――もちろん走行費用はかからない――そしてガソリンが満タンになった自分の車で家に帰って行った」[1]。

---

[1] Fred Ferretti, "The Way We Were: A Lock Back at the Late Great Gas Shortage," *New York Times*, April 15, 1974, p. 386.

行列は、超過需要があることがわかっている買い手にとっては最適な反応だ。供給量より需要量のほうが多いために、ガソリンスタンドは頻繁にガソリン在庫を切らせていた。このオイルショックの期間を通して、ガソリンスタンドの20%がガソリン在庫を切らせていた。したがって、行列に早い時間から並びはじめること——しかも、非常に早い時間から並ぶこと——は、確実に自分の車を満タンにする最適な方法だった。

長い行列で待ちたくない人もいる。特に、自分の順番が回ってくるまでにガソリンがなくなるという不安がある場合にはなおさらだ。「彼らはまともではない。互いに喧嘩をし、銃を持って脅している。みんな病んでいる」。まるで映画のような世界だが、実はこれは1973〜74年のオイルショックに起きた出来事を語ったガソリンスタンド店員の言葉だ。別のガソリンスタンドのオーナーはこう言った。「開店前からもう暴動になっていた。路上で口論し、ナイフを振りかざしている客もいた」。

市場に均衡価格の実現を委ねるのではなく、財の価格を固定しようとする政策の例はほかにも数多くある。価格規制はうまくいかないことが多いのだが、政府は過去の教訓を忘れているようだ。

次のコラム「選択の結果」では、価格を固定したことによる失敗例についてより詳しく紹介する。問題の財をほかにどのような方法で配分することができたかを考えてほしい。

CHOICE&CONSEQUENCE
選 択 の 結 果

市場価格を固定することによる予期せぬ出来事

あなたの住んでいる街が、先着順でアップル社のノートパソコン1,000台を50ドルで販売すると発表したら何が起きるだろうか？ 住民は、整然と列を作って、じっと順番を待っているだろうか？

これはバージニア州ヘンリコ郡で実際にあった話だ。住民は販売当日の午前1時半から行列を作りはじめた。午前7時に開店したときには5,000人以上が詰めかけ、いっせいに人を押しのけてパソコン売り場に向かった。高齢者は人波の下敷きになり、ベビーカーは押しつぶされた。70人の警察官が騒ぎを鎮静化させるために駆けつけたが、17人が負傷し、4人が病院に担ぎ込まれた。騒ぎが収まった後、4,000人以上は苦労もむなしくノートパソコンを買うことはできなかった。購入できた人の多くは、後にそれを転売したという[2]。

SECTION 4.5 | 政府がガソリン価格を決めたらどうなるか？

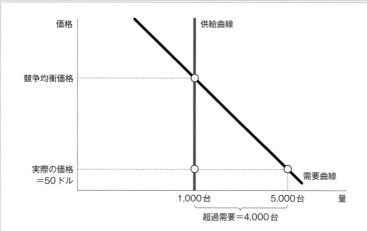

図表4.16　ヘンリコ郡のノートパソコンの超過需要

ヘンリコ郡は、ノートパソコンの価格を50ドルに固定することによって、超過需要の状況を作り出した。この価格では需要量（ノートパソコン5,000台）が供給量（ノートパソコン1,000台）を大きく上回る。需要量と供給量を一致させるには、価格をずっと高い競争均衡価格に設定する必要があった。垂直の供給曲線は、価格50ドルのノートパソコンの供給が1,000台に固定されていることを表している。

　ヘンリコ郡で実施されたパソコンセールは、超過需要を引き起こした。1台当たり50ドルに固定された価格に対する需要量は5,000台で、供給量である1,000台をはるかに超えていた。市場に十分なノートパソコンがない状態を図表4.16に示した。ノートパソコンを買えた人々は必ずしも一番高い支払意思のある人々ではなかった。ノートパソコンを買えた消費者は、混雑の中を押しのけていくことができる人々だった。たとえ、そのノートパソコンが最終的にはもっと価値を見出す人に転売されたとしても、人々は将棋倒しになり多くのけが人が出た。将棋倒しを起こすようなやり方は、富の配分をするには悪い方法である。

　経済学者は、うまく機能する市場を設計する方法についてアドバイスを求められることが多い。この場合には当然ながら、伸縮的な価格になっていればこの市場をよりうまく働かせることができたし、ヘンリコ郡にははるかに多くの収入がもたらされたことだろう。

　ほかには、電話またはメールで入札を受け付けて競売を行うこともできただろう。この場合には、ヘンリコ郡は最も高い値を付けた上位1,000人に1,000台のノートパソコンを販売することができただろう。

　ランダムなくじ引きでさえ、将棋倒しよりははるかにましだっただろう。将棋倒しになる中では一番腕力がある人が

---

2) Stephanie McCrummen and Aymar Jean, "17 Hurt as Computer Sale Turns into Stampede," *Washington Post*, August 17, 2005.

ノートパソコンを獲得し、数多くの負傷者が出た。ランダムなくじ引きにすれば、ノートパソコンは幸運な人の手に渡るにすぎない。幸運な勝者が自分たち以上に価値を見出す人に転売することも自由だ。

まとめ

- 市場とは、財やサービスを取引する経済主体の集合であり、取引のためのルールと取決めが定められている。完全競争市場では、(1)売り手はみな同じ財やサービスを売り、そして、(2)個人の買い手も個別の売り手も、自分だけでは財やサービスの市場価格に影響を及ぼすほどの力はない。

- 需要量とは、所与の価格（ある与えられた価格）において、買い手が購入したいと思う財やサービスの量である。需要表とは、その他すべてを一定として、様々な価格における需要量を示したものである。需要曲線とは、需要表をグラフで表したものである。需要の法則とは、(その他すべてを一定として)価格が下落するときには需要量は増加する、という関係であり、ほとんどすべての場合において当てはまる。

- 市場需要曲線とは、すべての潜在的な買い手である個人の需要曲線の合計である。その他すべてを一定として、総需要量と市場価格の関係をグラフにしたものである。

- 需要曲線のシフトは、同じ価格の下で需要量が変化するときにのみ起こる。財の価格だけが変化する場合には需要曲線はシフトせず、その価格の変化は需要曲線に沿った移動を引き起こす。

- 供給量とは、所与の価格において、売り手が供給したいと思う財やサービスの量である。供給表とは、その他すべてを一定として、様々な価格における供給量を示したものである。供給曲線とは、供給表をグラフで表したものである。供給の法則とは、(その他すべてを一定として)価格が上昇するときには供給量は増加する、という関係であり、ほとんどすべての場合において当てはまる。

- 市場供給曲線とは、すべての潜在的な売り手の個別の供給曲線の合

計である。その他すべてを一定として、総供給量と市場価格の関係をグラフにしたものである。

◉ 供給曲線のシフトは、同じ価格の下で供給量が変化するときにのみ起こる。財の価格だけが変化する場合には供給曲線はシフトせず、その価格の変化は供給曲線に沿った移動を引き起こす。

◉ 競争均衡は、供給曲線と需要曲線の交点である。競争均衡価格では、供給量と需要量は一致する。競争均衡量とは、競争均衡価格に対応する量である。

◉ 価格が自由に変動しないときには、市場では需要量と供給量は一致しない。

キーワード

市場	市場価格
完全競争市場	価格受容者
需要量	需要表
その他すべてを一定とする	需要曲線
負の関係	需要の法則
支払意思額	限界便益逓減
集計	市場需要曲線
需要曲線のシフト	需要曲線に沿った移動
正常財	劣等財
代替財	補完財
供給量	供給表
供給曲線	正の関係
供給の法則	受入意思額
市場供給曲線	投入物
供給曲線のシフト	供給曲線に沿った移動
競争均衡	競争均衡価格
競争均衡量	超過供給
超過需要	

復習問題

1. その他すべてを一定とする、とはどういう意味だろうか？ 需要曲線に沿った移動を議論するときには、この概念はどのように使われるのだろうか？ 供給曲線に沿った移動を議論するときには、この概念はどのように使われるのだろうか？
2. 限界便益逓減について説明しなさい。あなたは、好きな財に関して限界便益逓減を感じるだろうか？ 限界便益逓減の法則には例外があるだろうか？（ヒント：2個の電池が必要な懐中電灯を想定して、あなたが使う電池について考えてみるとよい。）また、その理由も説明しなさい。
3. 市場の需要表は、個人の需要表からどのように作られるだろうか？ 市場需要曲線は、個人の需要曲線とどのように異なるのだろうか？
4. 以下の項目は、どのようにしてジレット社のシェービングクリームの需要曲線をシフトさせるのだろうか？ 説明しなさい。
    a. 競争相手のシェービングクリームの価格が上がる。
    b. 失業率の上昇により、所得の平均水準が下がる。
    c. シェービングクリームより優れていると評判のシェービングジェルとシェービングフォームが市場で売り出される。
5. 「安い原油」が不足しているとはどういう意味だろうか？ 将来の原油価格にはどのような影響を及ぼすだろうか？
6. 供給の法則とは何だろうか？ 典型的な供給曲線の特徴は何だろうか？
7. 受入意思額と支払意思額の違いは何だろうか？ 取引を行うためには、受入意思額は支払意思額よりも低くなければならないだろうか、または高くなければならないだろうか、あるいは同程度でなければならないだろうか？
8. 以下の要素は、スパークリングワインの供給曲線をどのようにシフトさせるだろうか？ それぞれ説明しなさい。
    a. 新しい灌漑技術がぶどうの生産高を増やした。
    b. 非熟練労働者の移住の増加で、ワイン用ぶどうを摘む作業の賃金が下がった。
    c. 政府が季節労働者の最低賃金を設定した。
9. 以下の内容は、どのように市場の均衡価格に影響を及ぼすのだろうか？ それぞれ説明しなさい。
    a. 需要の左へのシフト
    b. 供給の右へのシフト
    c. 需要の右への大きなシフトと、供給の右への小さなシフト
    d. 供給の左への大きなシフトと、需要の左への小さなシフト
10. なぜ50ドルの固定価格が、ノートパソコンを配分する最適な方法ではなかった

のだろうか？ 効率的にノートパソコンを配分するための、別の方法を提案しなさい。

演習問題

1. 以下は、A国における様々な価格に対応した洗濯用洗剤の需要量と供給量の表である。

A国における需要量と供給量

価格（ドル）	需要量（万オンス）	供給量（万オンス）
2	6,500	3,500
4	6,000	4,000
6	5,500	4,500
8	5,000	5,000
10	4,500	5,500
12	4,000	6,000
14	3,500	6,500

a. このデータを用いて、洗濯用洗剤の市場の需要曲線と供給曲線を描きなさい。
b. 市場の均衡価格と均衡量を答えなさい。
c. 以下は、隣国のB国とC国の需要量と供給量の表である。この3国が経済連合を形成し、市場を統合したとしよう。これらのデータを活用して、新しく形成された経済連合における市場の需要曲線と供給曲線を描きなさい。この市場における均衡価格と均衡量を答えなさい。

B国における需要量と供給量

価格（ドル）	需要量（万オンス）	供給量（万オンス）
2	3,500	500
4	3,000	1,000
6	2,500	1,500
8	2,000	2,000
10	1,500	2,500
12	1,000	3,000
14	500	3,500

C国における需要量と供給量

価格（ドル）	需要量（万オンス）	供給量（万オンス）
2	4,000	1,000
4	3,500	1,500
6	3,000	2,000
8	2,500	2,500
10	2,000	3,000
12	1,500	3,500
14	1,000	4,000

2. 1999年にコカ・コーラ社では、気温が高い日にはコーラの価格を上昇させる販売機を開発した。この機械が作られた背景を説明するために、ソフトドリンクの需要曲線と供給曲線を描きなさい。
3. 需要曲線と供給曲線がどのような状況で同時にシフトすると、以下の状況を引き起こすことになるだろうか？ それぞれ説明しなさい。
   a. 糖尿病患者が使用するインシュリン注射キットの価格が、45ドルから52ドルに値上がりしたが、均衡量は変わらなかった。
   b. トマトの害虫被害がケチャップの生産費用を高めた。暖冬のため牛の成育が順調で、ハンバーガーの価格が下がった。しかし、ケチャップの均衡量は変化しなかった。
4. 家を購入しようと考えている人（住宅市場の需要者）と、家を売ろうと考えている現在の住宅所有者（住宅市場の供給者）が、突如、住宅は今年よりも来年のほうがはるかに値上がりすると考えるようになったとしよう。
   a. この期待（予想）の変化は、今年の住宅の需要曲線を左にシフトさせるだろうか、それとも右にシフトさせるだろうか？ 説明しなさい。
   b. この期待の変化は、今年の住宅の供給曲線を左にシフトさせるだろうか、右にシフトさせるだろうか？ 説明しなさい。
   c. この需要曲線と供給曲線のシフトは、今年の住宅価格を上昇させるだろうか、または下落させるだろうか？ 需要曲線と供給曲線を使って説明しなさい。
5. ブラジルは世界最大のコーヒー豆の生産国である。2013～14年にかけてブラジルでは深刻な干ばつがあり、コーヒー豆の収穫に被害を及ぼした。コーヒー豆の価格は2014年1～3月の3カ月間で2倍になった。
   a. 需要曲線と供給曲線の図を描いて、コーヒー価格の上昇について説明しなさい。
   b. コーヒーと紅茶は代替財だろうか、補完財だろうか？ その理由も説明しなさい。
   c. ブラジルの干ばつは紅茶の均衡価格と均衡量にどのような影響を及ぼすと考えられるだろうか？ 紅茶市場の供給曲線と需要曲線を描いて説明しなさい。
6. フロリダ州でオレンジの収穫に被害を及ぼす寒波があり、オレンジが値上がりした。オレンジジュースの均衡価格は上がるだろうか、下がるだろうか、または変化しないだろうか？ オレンジジュースの均衡量は増加するだろうか、減少するだろうか、それとも同じだろうか？ 供給曲線と需要曲線を描いて説明しなさい。
7. 盲腸の手術では、虫垂が切り取られる。分析を単純にするために、誰もが医療保険に加入していると想定し、盲腸の手術が必要な人は誰でも受けられるとする。
   a. 盲腸の手術の需要曲線は垂直であることを示しなさい。
   b. 技術的進歩があり、盲腸の手術がはるかに安い費用で行えるようになったと

しよう。盲腸の手術の均衡価格は上昇するだろうか、下落するだろうか、または変化しないだろうか？　均衡量は増加するだろうか、減少するだろうか、それとも変化しないだろうか？　供給曲線と需要曲線を描いて説明しなさい。

8. カリフォルニア州ソノマ郡では、ピノノワールワイン用のぶどうと製菓用のリンゴを育てている。ピノノワールワインの需要が永続的に右に大きくシフトしたとしよう。ピノノワールワインの需要の右へのシフトは、リンゴの均衡価格と均衡量にどのような影響を及ぼすだろうか？

9. 友人の1人が以下のような主張をしている。
「需要曲線の右へのシフトは価格を上昇させる。価格の上昇が供給曲線の右へのシフトの原因となり、価格の下落を相殺する。したがって、需要の増加の影響が価格に及ぼす影響を予想することは不可能だ」
この友人の主張にあなたは同意するだろうか？　もし同意しない場合には、友人の主張のどこに欠陥があるかを説明しなさい。

10. イギリス政府では、大量の飲酒とアルコール消費量の減少を目標に、アルコールの最低価格を導入することを考えている。以下の図にはイギリスのアルコール市場が示されているとしよう。アルコールの現在の価格は1ユニット当たり23ペンスであり、8ユニットのアルコールが毎週消費されている。もし政府がアルコール1ユニット当たり30ペンスの最低価格を設定するとどうなるだろうか？　この政策が採用されると、アルコールは超過供給になるだろうか、超過需要になるだろうか？　またその理由を説明しなさい（ユニットとはイギリスでアルコール消費量を測る際に用いられる単位で、1ユニットは100%アルコールで10mlに相当する）。

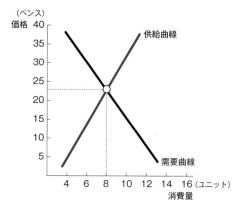

11. ロブスターは8月には漁獲量が多くなるが、11月は漁獲量が少なくなる。さらに、8月にはほかの月に比べて、観光客がロブスターの需要を右にシフトさせる。8月のロブスターの均衡価格と均衡量、そして11月のロブスターの均衡価格と均

衡量を比較しなさい。需要曲線と供給曲線を描いて説明しなさい。

12.. タイ米の市場価格は100バーツである。このとき、タイ政府が140バーツでコメを買うと申し出たとしよう。

a. このことは、タイ国内のコメ市場のその他の買い手に、どのような影響を及ぼすだろうか？

b. 供給曲線と需要曲線を描いて、この政策では、どのぐらいたくさんのコメをタイ政府が購入しなければならないかを示しなさい。

13.. アメリカでは砂糖政策（2013年）の一環として、国内のサトウキビ生産者からの粗糖（精製されていない砂糖）を1ポンド当たり平均18.75セントで購入することにした。サトウキビがどれだけ生産されても、政府はこの価格で粗糖を買い上げるものとする。政府が購入した粗糖は国内市場では販売されなかった。これは粗糖の価格が下がる原因になる可能性があったからである。

a. この政策の下で、砂糖に対するアメリカ政府の需要曲線はどのようなものになるだろうか？

b. アメリカ国内の砂糖の価格には、この政策はどのような影響を及ぼすだろうか？供給曲線と需要曲線を描いてその理由を説明しなさい。

14.. （注意：この問題には基礎的な代数の知識が必要となる）パソコンの需要は、

$$Q_D = 15 - 2P$$

で表され、Pはパソコンの価格である。当初はパソコンの供給は、

$$Q_S = P$$

である。以下の質問に答えなさい。

a. 当初の均衡価格と均衡量を求めなさい。

b. メモリーチップとマザーボード（パソコンの2つの重要部品）の価格が値上がりし、その結果パソコンの供給曲線が、

$$Q_S = -3 + P$$

となったとしよう。この時、新しい均衡価格と均衡量を求めなさい。

マクロ経済学への誘い

第Ⅱ部

PART Ⅱ
Introduction to Macroeconomics

国の富:マクロ経済全体を定義して測定する

The Wealth of Nations: Defining and Measuring Macroeconomic Aggregates

> アメリカの経済生産の
> 1年間の総市場価値は
> どれほどの規模になるのか?

本章からは経済全体を見ていくことになる。経済学では、経済における活動を集計して経済全体を見る。マクロ経済学とは、経済全体の活動を研究する学問である。

マクロ経済学は、この100年間で大きく変貌した。第1次世界大戦以前には、経済全体の活動量を測定する統計システムはなかった。当時の経済学者は、大きな世界の中の小さな一部分だけを見て、世界で何が起きているのかを推測するしかなかった。たとえば、鉄の生産量や、鉄道輸送された貨物の量などを調べて、それを根拠に、経済全体の活動量を推測した。貨物の輸送量が増えていれば、経済全体の活動量も増えている、と想像できるが、誰にも正確なことは言えなかった。

しかし今日では、経済で何が起きているかについて、想像で語られるこ

本章の構成

5.1 マクロ経済学の問題

5.2 国民経済計算:生産=支出=所得

EBE アメリカの経済生産の1年間の総市場価値はどれほどの規模になるのか?

5.3 GDPでは測定されないもの

5.4 実質と名目

KEY IDEAS
キーアイデア

- マクロ経済学とは、経済全体の活動を研究する学問である。
- 国民経済計算とは、経済の総産出量である国内総生産（GDP）を算出するためのフレームワークである。
- GDPは3通りのアプローチにより測定できる。原則として、3つのアプローチはすべて同じ値となり、生産＝支出＝所得、となる。
- GDPは、経済活動や経済的幸福度（ウェルビーイング）を測定する手法としては、限界もある。
- 経済学では、インフレ率を測定したり、名目GDPと実質GDP（価格を固定して測定する）を区別したりするために、物価指数を活用する。

とはない。経済全体の活動水準を測定する洗練された統計システムがあるからだ。詳細に規定された測定方法を利用することによって、経済全体を研究することができるし、経済を安定化させる政策を考えることができる。

本章では、経済全体の活動量をどのように集計するのか、また経済全体の生産の総市場価値をどのように集計するのか、といった基本的な問題を考えることを通して、マクロ経済学の土台作りをする。

5.1 マクロ経済学の問題

4章までは、いわゆるミクロ経済学の内容を学んできた。個人、家計、企業、政府はどのように選択するのだろうか？ そしてその選択は、資源の配分や、他の経済主体の厚生や、特定の財とサービスの価格にどのように影響を及ぼすのか、などの課題について学んできた。本章からは、マクロ経済学について学ぶ。マクロ経済学では、経済全体の総産出量の成長率や、生活に必要な生計費の年間上昇率といった、経済全体の活動とそこで起こる現象について研究する

と1章では説明した。ここからはマクロ（マクロ経済学を略してマクロと言う）について学ぶことになる。

マクロ経済学では、経済全体の活動の過去の傾向を分析し、将来の動きを予測しようとする。またマクロ経済学者は、国によって所得格差があることや、低所得国が先進国にキャッチアップする（追いつく）ための政策にも関心を持っている。

アメリカの**1人当たり所得**は、ポルトガルの2倍、中国の7倍、ジンバブエの100倍以上に相当している。この差は、どのように測定されるのだろうか？　この差の原因は何なのだろうか？　このような差は、どのくらい長く続くのだろうか？

中国経済は、アメリカ経済に急速にキャッチアップしている。中国は、過去30年間では、アメリカよりも4倍も速いスピードで成長してきた。中国はいつかは、アメリカの1人当たりの所得水準に追いつくのだろうか？　アメリカを超えるのだろうか？　あるいは、別の何かが起きるのだろうか？　たとえば日本は、1990年当時には1人当たり所得でアメリカを超えそうな勢いであったが、その後は長期停滞に陥っている。20年以上を経た現在でも、アメリカの1人当たり所得は日本を上回っている。また、1人当たり所得が上昇するのに伴って経済成長率は低下する傾向がある。この理由は何だろうか？

ジンバブエのような貧しい国々の生活環境を改善するためには、何ができるだろうか？　2010年のジンバブエの1人当たり年間所得369ドルは、人間がかろうじて生きていられるという水準だ。低所得国の成長を促進させる方法を見つけ出すことは、人類の幸福にとって極めて重要な課題である。栄養失調や医療不足は、世界中で年間何千万もの人々を死に至らしめている。低所得国の年間成長率を5ポイント上げることができれば、20年間に5,000万人もの生命が救えるとも言われている。

経済の長期的繁栄を実現する方法を知るには、政策の違いが経済の成長を促進させたり、停滞させたりすることを理解する必要がある。腐敗と混乱が政策担当者を間違った方向へと導くこともある。それでは、悪い政策とはどのようなものなのだろうか？　将来には、それを回避することができるようになるのだろうか。

マクロ経済学では、経済活動の1年間、あるいは「短期的な」変動の研究も行う。経済成長が、時には失速したり、マイナスに陥ったりするのはなぜだろ

●**1人当たり所得**(income per capita)は、国全体の所得をその国の人口で割って算出する。

うか？ 最低2四半期を連続して経済が縮小することを**景気後退**と言う。1四半期とは1年の4分の1、すなわち3カ月ごとに区切られた期間である。

景気後退期には、最も重要なマクロ経済の指標の1つである失業率が上昇する。**失業者**であることの条件は、以下の3つである。(1)仕事がない、(2)それ以前の4週間（1カ月）は積極的に仕事を探している、(3)現在は仕事に就ける状態にある。**失業率**（労働力人口の中の失業者の割合）も変動するが、その理由については9章で詳しく扱う。

2007～09年の間の経済変動を例に考えてみよう。この時期、アメリカ経済は4.3％縮小し、失業率は5％から10％に上昇した。また、同時期に世界経済は金融危機に陥った。株式市場の暴落、住宅市場の崩壊、住宅ローンの破綻、そして銀行の倒産などが続いた。なぜこのようなことが起きたのだろうか？ 政府は危機に対応して何かをすべきだったのだろうか？ 1年間で世界の株式市場の価値（時価総額）は半分以下になった。その原因は何だったのだろうか？ 数多くの主要銀行が突然、破綻してしまったのはなぜだろうか？

2007～09年の金融危機も破滅的なものではあったが、1929～39年の大恐慌は、それとは比べ物にならないほど悲惨な規模であった。1929～33年にかけて、生産量は約30％減少し、失業者の比率は労働力人口の3％から25％にまで上昇した。1932年7月には、アメリカの株式市場は、1929年9月のピークに比して87％も急降下した。これほどの大惨事が今後は起こらないようにする政策はあるのだろうか？ それとも、危機が実際に起こってからしか対応はできないのだろうか？ 2007～09年に起こった金融危機が、第2の大恐慌の引き金を引く可能性はあったのだろうか？

どれも重要な問題であるが、それに答えるためには、特別なツールと新しいモデルが必要である。最初にしなければならないのは、研究対象の測定である。すなわち、経済全体を測定することであるが、これは不可能な作業のように見える。極めて多数の経済主体のすべての行動を測定することなどできないのではないだろうか？ 100年前には方法はなかったが、幸いにも経済をめぐる科学は進歩を続けてきた。今では経済全体の活動を測定する**国民経済計算**と呼ば

- **景気後退**(recession)とは、（最低2四半期を連続して）経済全体の産出量が減少している期間である。
- **失業者**(unemployed)であることの条件は、以下の3つである。(1)仕事がない、(2)それ以前の4週間(1カ月)は積極的に仕事を探している、(3)現在は仕事に就ける状態にある。
- **失業率**(unemployment rate)とは、労働力人口の中の失業者の割合である。

れるフレームワークがある。アメリカではこの国民経済計算の公式名称は、**国民所得生産勘定（NIPA）**である*。国民経済計算の仕組みを理解することによって、本章で問いかけてきた興味深くかつ重要な課題に答えるための準備を整えることができる。

5.2 国民経済計算：生産＝支出＝所得

　経済全体の活動を測定するには、数量と価格の両方を考慮に入れる必要がある。ここでフォルディカという仮想の国があるとしよう。フォルディカ国には、年間500万台の車を生産するフォード・モーター社（以下、フォード社）という企業が1社だけある。すなわち雇用主が1人の小さい国である。フォルディカ国の20万人の国民は全員がフォード社の従業員であり、同社の株を持っているとする。このフォルディカ国の経済を、生産アプローチ、支出アプローチ、所得アプローチという3通りの方法によって見てみよう。

生産アプローチ

　まず、フォルディカ国の年間生産量の市場価値の総額を測定する。簡単化のため、フォード社は所有している機械とフォルディカ国の国民の労働力だけで車が作れると想定する。鉄やプラスチックなどのその他の投入物は考慮に入れず、ここでは、ほかの投入物はないものとする。

　フォルディカ国の生産の市場価値を計算するには、生産する車の台数と車の市場価格を掛ける。たとえば、フォード車1台の市場価格が3万ドルだとすると、フォルディカ国の年間生産額は以下のように計算できる。

$$500\text{万台} \times \underset{\text{(1台当たり価格)}}{3\text{万ドル}} = 1{,}500\text{億ドル}$$

生産量と市場価格を掛けることによって、特定の期間内（この例の場合は1

- **国民経済計算**(national income accounts)とは、一国の経済全体の活動を測定するものである。
- **国民所得生産勘定（NIPA）**(National Income and Product Accounts)とは、国民経済計算のアメリカにおける公式名称である。

* 日本では国民経済計算（SNA）と言う。原書のnational income accountsをここでは同じ「国民経済計算」と訳しているが、直訳すれば「国民所得勘定」となるだろう。しかしこれは、現在のGDP等を測定する統計の国際基準である「国民経済計算」(System of National Accounts)のマニュアルでは用いられていない用語である。そこで本書では、統計体系を指すnational income accountsを国民経済計算と意訳している。一方、5.2節の後半に出てくるnational income accounting identityは、経済分析に用いる理論的概念であるので、従来から使われている「国民所得勘定式」と訳している。

年間）に経済で生産された財の市場価値を示す尺度を求めることができる。ここでは、フォルディカ国の経済は市場価値で年間1,500億ドルの財を生産している。

経済学では、一国の経済全体の活動量を**国内総生産**、または**GDP**と言う。GDPは、ある特定の期間内に、一国内で生産された最終財とサービスの市場価値である、と定義される。GDPでは期間は特定されており、通常は1年か四半期である。たとえば、「2015年のGDP」とは、2015年に生産された最終財とサービスの市場価値であり、「2015年Q1のGDP」とは、2015年の第1四半期に生産された最終財とサービスの市場価値である。ここで第1四半期とは1月にはじまる3カ月（1月から3月まで）、第2四半期とは4月にはじまる3カ月（4月から6月まで）、第3四半期とは7月にはじまる3カ月（7月から9月まで）、第4四半期とは10月にはじまる3カ月（10月から12月まで）、である。

GDPの定義には最終という言葉が含まれているが、これは生産過程における最終生産物の価値を測定するからである。最終生産物を作るための部品——たとえば、車のエンジン——は、最終財の集計には入らない。最終財（完成した自動車）を測定する際には、エンジンは自動車の中に組み込まれているので、集計に加えると二重に計上してしまうことになるからだ。

GDPは生産を測定するものであり、消費者への売上げを測るものではない。このため生産されたものは、仮に消費者には売られていなくてもGDPの計算には加えられる。たとえば2015年にフォード社によって生産はされたが販売はされなかった車は、（販売していない）車の在庫が増えたことになる。GDPの生産アプローチにおいて、在庫はGDPの一部に加えられるのである。

支出アプローチ

次に、フォルディカ国の経済全体の活動を測定する第2の方法について説明しよう。ここでも、上記の生産アプローチとまったく同じ数字になる。家計と企業は（フォルディカ国に住む人も、国外に住む人も）、経済で生産された車をすべて買うと想定する。この車の購入を合計すると、フォルディカ国の生産の支出総額は、（生産アプローチの計算結果と同じく）ちょうど1,500億ドルとなる。

では、車が売れ残った場合はどうなるのだろうか？　経済学では、売れ残っ

● **国内総生産（GDP）**（gross domestic product）とは、特定の期間内に、一国内で生産された最終財とサービスの市場価値である。

た財は企業の所有とされる、すなわち企業の在庫の一部として計算されると考える。GDPの計算では、在庫とは企業による「購入」である。したがって、家計の車への支出と企業の在庫への支出の両者を集計して、総支出は1,500億ドルになる。

所得アプローチ

　ここでちょっと考えてみよう。どうして、フォルディカ国で生産され、フォルディカ国の生産者から購入される財やサービスに注目したのだろうか？　それに代わって、フォルディカ国に住む家計と企業が稼いだもの、つまり、所得に焦点を当てることもできるのではないだろうか？　本当に重要なのはこの点ではないのだろうか？　このアプローチが、経済全体の活動を測定するための第3の方法である。

　フォード社が1,500億ドルの収入を生み出したことは、すでに計算されている。労働者にXドルを支払い、企業の所有者には［1,500億ドル－Xドル］が残る。したがって、フォルディカ国のすべての労働者と所有者の総収入は、以下の式となる。

$$X ドル + (1{,}500億ドル - X ドル) = 1{,}500億ドル$$

　結果の数字は、上記の2つのアプローチで経済全体の生産として集計した1,500億ドルとまったく同じであるが、これは、フォルディカ国で生産された財とサービスに対する支出の価値でもある。

　計算結果がまったく同じ1,500億ドルになったことは偶然ではない。国民経済計算では、収入は労働者に渡されるか、企業が受け取らなければならない。そのため、収入総額は、労働者と企業の所有者が受け取る所得の総額と同じでなければならない。このように、必ず等しくなる（同値）ことを**恒等**と言う。また2つの変数が数学的に同値になるように定義されているとき、この2つの変数を結びつける式を**恒等式**と言う。生産額と支出額と所得額が同じになるという等式は、一見したところでは明白ではないかもしれないが、3つの概念は同じ値になるものとして定義されている。

　これで、以下の国民経済計算の恒等式を理解できるだろう。

> 「生産＝支出＝所得」は本章の重要な概念であり、マクロ経済学の分析では、この恒等式を基盤としている。

● 2つの変数が数学的に同値になるように定義されているとき、この2つの変数を結びつける式を**恒等式**（identity）と言う。

生産＝支出＝所得

この恒等式は本章の重要な概念であり、マクロ経済学の分析では、この恒等式を基盤としている。ここからは、国民経済計算についてさらに深く掘り下げていこう。

経済循環

生産要素とは、生産過程での投入物である。生産要素は、資本と労働という、2つの重要な項目からなる。資本については後でもう少し詳しく説明するが、ここでは便宜上、資本とはたとえば、土地、工場、機械などの物的資本と考えて、分析を簡単化しよう。物的資本と労働はともに、家計が「所有」している。企業は株主が所有し、ほとんどの株主は（アメリカでは）家計である。すなわち、家計は、直接的あるいは間接的に経済における物的資本のほとんどを所有しているのである。

国民経済計算の3つの側面——生産、支出、所得——が相互にどのように関連しているかを理解するためには、家計と企業の関係について考える必要がある。航空機製造のボーイング社のような企業は、物的資本と労働を需要し、飛行機のような財とサービスを供給する。家計は、飛行機による旅行などの財とサービスを需要し、物的資本と労働を供給する。

こうした家計と企業の関係は、図表5.1に描かれている経済循環図から説明することができる。図には、家計と企業を結びつける4つの経済フローが示されている。そこにはフォルディカ国の例で説明した3種類の経済フロー（生産＝支出＝所得）とともに、生産要素という第4の経済フローが加えられている。

1. 生産
2. 支出
3. 所得
4. 生産要素

図表5.1は、政府、市場、銀行、外国などの経済における重要な部分が省略された、簡単化されたものになっている。しかし、この経済循環図は、現代経済の基本構造を理解するうえで便利なものだ。経済循環図には、企業と家計という2つの主要な意思決定者がいて、4種類の経済フローがある。

| ●**生産要素**(factors of production)とは、生産過程での投入物である。

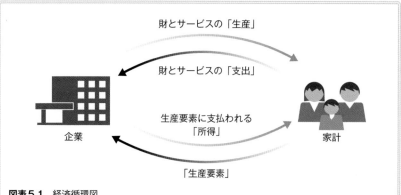

図表5.1　経済循環図

国民経済計算では、GDPを生産、支出、所得、生産要素の4つの側面から測定するが、それらは等価である。経済循環図には、この4つの同等の経済フローが視覚的に表されている。左側の企業は、財とサービスを生産する(生産)。右側の家計は、その財とサービスを購入するためにお金を支払う(支出)。家計が所有している物的資本と労働を使用することに対して、企業はお金を支払う(所得)。物的資本と労働は生産の構成要素であり、企業に提供される(生産要素)。国民経済計算体系では、この4つの経済フローのすべてが市場価値において等しくなるように構成されている。

「生産」は、企業によって生産された財とサービスを表す。これらの財とサービスは最終的には家計に売られる。したがって生産の流れを描くときには、企業部門から家計部門に向かう矢印を引く。たとえば、フォード社製の自動車マスタングは、工場から出荷されて、誰かの車庫に納車される。

「支出」は、財とサービスへの支払いを表す。支払いは、家計から企業に対して行われる。したがって支出の流れを描くときには、家計部門から企業部門に向かう矢印を引く。家計はマスタングを手に入れるために、フォード社に3万ドルを支払う。生産と支出はともに財やサービスに関係したものであり、2つの経済フローは1つのグループにまとめられて描かれ、財とサービスの市場を表すことになる。

「所得」は、企業から家計への支払いであり、企業による物的資本と労働の使用に対して（言い換えれば、家計の所有している生産要素を使用することに対して）、家計に補償されるものである。この支払いには、賃金、給料、利息、配当などがある。したがって所得の流れを描くときには、企業部門から家計部門に向かう矢印を引く。たとえば、フォード社の従業員が受け取る平均労働報酬は年間6万5,000ドルである。

「生産要素」とは、家計によって所有されているが、企業が生産の過程で使用する生産資源である。生産要素（物的資本と労働）は家計によって直接的ま

たは間接的に所有されているものであり、生産要素の流れを示す矢印は、家計部門から企業部門へ向かうように引かれる。

　これらの4つの取引、言い換えると「経済フロー」について注目すべき点は、市場価値が、すべてまったく同じになるということだ。国民経済計算では、そのように体系が作られている。経済で計算が正しく行われているならば、支出の市場価値は生産の市場価値と等しくならなければならない。同様に支出の市場価値は家計の所得の市場価値と等しくならなければならない。同様に、所得の市場価値は、物的資本や労働という生産要素の使用に対して受け取る所得である生産要素の市場価値と等しくならなければならない。これらの関係は、国民経済計算体系の定義から、数学的に導かれるものである。

　経済循環図は、まったく同じ市場価値を持つ4つの経済フローから成り立っているが、この後の解説では、国民経済計算について最初に学んだ3つのアプローチに議論は戻る。すなわち、生産＝支出＝所得、である。実際に、政府統計部門で測定されている国民経済計算では、この3つの側面に焦点を当てている。

国民経済計算：生産アプローチ

　ここからは国民所得を計算するそれぞれの方法について、もう少し詳しく見ていく。最初に、国民経済計算の生産アプローチについて考える。生産アプローチで測定されるのは、生産過程で国内企業が生み出す市場価値の合計である。正式に言うならば、生産アプローチでは、それぞれの企業の**付加価値**が測定される。ここで付加価値とは、企業の売上げの総額から、他の企業から購入した中間財の金額を差し引いたものである。

　コンピューター・メーカーであるデル社を例に考えてみよう。20年前には、デル社ではほとんどすべてのコンピューターをアメリカ国内で組み立てていた。しかし今日では、ほとんどすべてのデル製コンピューターは、外国の製造委託会社から購入されている。顧客からの注文を受けると、デル社は外国の——通常は、アジア、メキシコ、またはアイルランドに設立されている——製造委託会社にコンピューターの組立てを指示する。完成後にはデル社は外国からそれらを輸入し、アメリカの顧客に販売する。デル社が外国の製造委託会社から購入するノートパソコンは、デル社の生産における中間財である。

　さらにデル社では経営戦略を、（顧客への直接販売戦略から）小売店販売網

● 生産アプローチでは、それぞれの企業の**付加価値**（value added）が測定される。付加価値とは、企業の売上げの総額から、他の企業から購入した中間財の金額を差し引いたものである。

も利用する戦略へと拡大させた。現在は、自社直販だけではなく、一部のコンピューター製品は他の企業を通して市場に出荷している。デル製コンピューターは、たとえばベスト・バイ、ステープル、ウォルマートなどの小売店で買うこともできる。

図表5.2には、その流れがまとめられている。図に示されるように、顧客は毎年アメリカ国内でデル製コンピューター約500億ドル相当を購入する。デル製コンピューターの売上げのうち、約150億ドルは顧客が小売業者から購入したものであり、約350億ドルは顧客がデル社から直接購入したものである。

ウォルマートのような小売業者は、コンピューターの仕入れ代金として売上げの3分の2相当をデル社に支払う。したがって、デル社は100億ドルを小売店から、350億ドルを直販により顧客から受け取り、総額は450億ドルになる。デル社は外国の製造委託会社には300億ドルを支払っている。したがって、デル社は、アメリカでの事業から150億ドルの収入を得る。この収入の中から、デル社は従業員の賃金や倉庫の建築費などの国内費用を支払っている。

ここで、デル社が（国内の従業員を含めて）生産過程で生み出した価値について考えてみよう。この価値の量が、アメリカの国内総生産（GDP）へのデル社の貢献となる。答えは150億ドルである。アメリカの消費者がデル製コンピューターに支払った500億ドルよりはかなり少ない。デル社が受け取った450億ドルの中から、外国の製造委託会社に中間財の代金として支払った300億ドルを差し引いた金額だ。

デル製コンピューターに対する顧客からの総売上げは、

150億ドル　　＋　　350億ドル　　＝　500億ドル
（小売業者からの売上げ）　（直販による売上げ）

デル社の収入は、

100億ドル　　＋　　350億ドル　　＝　450億ドル
（小売業者からの収入）　（直販による収入）

デル社が受け取る売上げから中間財の購入額を差し引いた金額が、デル社が生み出した付加価値になる。

450億ドル　　－　　300億ドル　　＝　150億ドル
（デル社の収入）　（中間財購入への支払い）

この経済活動を、アメリカのGDPとして計上するためには、ほかに何を組み入れればよいのだろうか（デル社による貢献部分ではないものも含める）。外国にある工場は、アメリカのGDPには計上されない。工場は国境の外側に

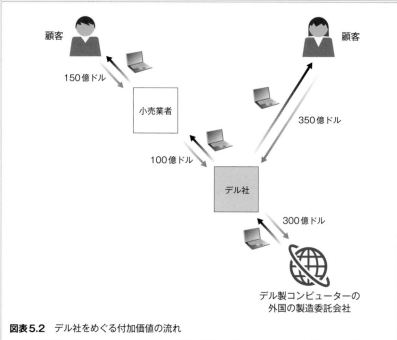

図表5.2 デル社をめぐる付加価値の流れ

アメリカの消費者は、デル製コンピューターの購入に500億ドルを支払っているが、デル社が生み出している付加価値は150億ドルにすぎない。デル社の収入は、小売業者からの収入100億ドルと直販による収入350億ドルを合わせた450億ドルである。その中からデル社は、外国の製造委託会社に300億ドルを支払う。その差である、450億ドル−300億ドル＝150億ドル、がデル社とその従業員が生み出した付加価値である。

あるため、外国にある製造工場での生産分はその国のGDPの一部に組み入れられる。

　生産アプローチにおいては、外国から財を輸入して、まったく同じ輸入価格でアメリカの消費者にそれを売る場合にはGDPは変化しない。しかし、何かを1ドルで輸入して、1.5ドルで販売すると、0.5ドルの付加価値が生み出されたことになり、生産に追加される。デル社がコンピューターの輸入価格に価格を上乗せできるのは、マーケティング、企業の評価、顧客の利便性、そしてコールセンターへのアクセスのような追加サービスを提供しているからである。

　同様に、ウォルマート社がデル製コンピューターを販売すると、アメリカにおける付加価値が増加する。ウォルマート社は工場で何かを生産しているわけではないが、卸売価格で財を購入し、それより高い小売価格で販売することで付加価値を生み出し、結果的にGDPは増加する。ウォルマート社の付加価値は、

顧客から受け取った収入（売上げ）ではない。デル製コンピューターの販売から得られる収入と、デル社からの仕入れに支払う金額との差が、ウォルマート社が生み出す付加価値になる。デル製ノートパソコンは、ウォルマート社にとっては中間財なのである。この例では、すべての小売業者を合わせて、デル製コンピューターの販売から150億ドルの収入を得て、そのコンピューターの仕入れに対してデル社に100億ドルを支払っている。この取引の流れによって、小売業者は50億ドル（＝150億ドル－100億ドル）の付加価値を生み出し、この50億ドルがアメリカの生産面でのGDPの一部に計上される。

国民経済計算：支出アプローチ

次に、数学的に同値となるGDP測定方法の第2の方法について説明しよう。国民経済計算の支出アプローチでは、国内で生産される財とサービスの購入について測定する。この購入は、以下の5項目に分類される。

(1) 消費　消費とは、国内の家計によって購入された、消費財と消費サービスの市場価値である。そうした消費の支出項目には、フリスビーの購入から足のマッサージの料金まであらゆるものが入る。消費支出には、住宅建築に関する支出を除いた、すべての消費支出が含まれる（住宅建築は、次の投資に入る）。

(2) 投資　投資とは、国内の家計と国内の企業によって購入された、新しい物的資本の市場価値である。厳密に言うと、民間投資であるが、通常は単に投資と表現する。このような新しい物的資本には新築住宅、企業在庫（生産はされたがまだ売れていない製品など）、会社の建物（オフィスビルや工場など）、企業設備（コンピューターや貨物列車など）が含まれる。マクロ経済学で投資と言う場合には、新しい物的資本の購入のみを指し、株や債券の購入などの金融資産への投資は含まれない。この点は混同しやすいので注意が必要である。普通、「投資をする」（たとえば、投資信託を購入する、個人年金を積み立てるなど）と言うときには、日常では金融的な意味のほうがなじみ深いが、これはマクロ経済学で考える投資ではない。マクロ経済学で扱う投資には、新しいスーパータンカーや新しい工場や新築住宅などの、新しい物的資本の購入のみが含まれる。

(3) 政府支出　政府支出とは、政府によって購入された、財とサービスの市

● **消費**(consumption)とは、国内の家計によって購入された、消費財と消費サービスの市場価値である。
● **投資**(investment)とは、国内の家計と国内の企業によって購入された、新しい物的資本の市場価値である。

場価値である。戦車や橋などが政府支出の例である。国民経済計算では、移転支払い（たとえば、退職者への公的年金の支払いなど）は、政府支出からは除外される。加えて、政府債務にかかる利子も除外される。これらの項目は、他の経済主体への支払いであり、受け取った経済主体が財やサービスを購入するために使用される。したがって、二重計算を避けるために、政府が他の経済主体へ支払う金額は、財やサービスの政府支出には計上されない。

(4) 輸出 輸出とは、国内で生産され、外国の家計や企業や政府に販売された、すべての財とサービスの市場価値である。

以上の4項目には重複がない。言い換えるならば、二重計算はない。支出はそれぞれ上記の4項目のいずれかの項目に必ず分類される。

(5) 輸入 輸入とは、外国で生産され、国内の家計や企業やその国の政府に販売された、すべての財とサービスの市場価値である。ただし輸入はすでに、消費、投資、政府支出の一部に組み入れられているため、(1)〜(3)の3項目と重複している。この重複部分をどのように扱うかについては後に説明する。

これで、この5項目の分類を使って国内総生産（GDP）を計算するための準備は整った。Yは、国内経済で生産される財とサービスの市場価値の総額、つまりGDPを表す。Cは消費を表す。消費とは財とサービスに対する家計の消費支出であり、国内および国外で生産された財およびサービスへの消費支出を合わせたものである。Iは投資を表す。投資とは民間部門（政府部門は除外される）による投資財への支出であり、その投資財が国内および国外のどこで生産されたのかは問われない。Gは政府支出である。国内および国外で生産された政府による財とサービスの購入である。

輸出（アメリカ国内で生産され、外国の家計、企業、および政府に販売された財）は、アメリカのGDPとして計算される。一方、輸入（外国で生産された財とサービスに対するアメリカ国内での支出）はアメリカのGDPには含まれないため、少しの調整が必要だ。

- **政府支出**(government expenditure)とは、政府によって購入された、財とサービスの市場価値である。
- **輸出**(export)とは、国内で生産され、外国の家計や企業や政府に販売された、すべての財とサービスの市場価値である。
- **輸入**(import)とは、外国で生産され、国内の家計や企業やその国の政府に販売された、すべての財とサービスの市場価値である。

> 国内生産の市場価値であるGDPは、国内の経済主体の総支出、すなわち$C+I+G$に、外国の経済主体の輸出に関する支出Xを加えて、国内の経済主体の輸入への支出Mを差し引いたもの、と等しくなることがわかる。

輸出はXで表す。輸出とは、国内で生産され、外国の経済主体によって購入された財とサービスの価値である。輸入はMで表す。輸入とは、外国で生産され、国内の経済主体によって購入された財とサービスの価値である。輸出から輸入を差し引いたもの、すなわち、$X-M$、が貿易収支である。輸出が輸入よりも大きい（XがMより大きい）ときには貿易黒字、輸出が輸入よりも少ない（XがMより小さい）ときには貿易赤字となる。

国内経済で生産された財とサービスの支出の総価値は、以下のように計算することができる。

$$Y = C + I + G + X - M \quad \text{（国民所得勘定式）}$$

国内生産の市場価値であるGDPは、国内の経済主体の総支出、すなわち$C+I+G$に、外国の経済主体の輸出に関する支出Xを加えて、国内の経済主体の輸入への支出Mを差し引いたもの、と等しくなることがわかる。外国での生産に対する支出は、C、I、Gにすでに含まれているために、そこから輸入Mを差し引いて、外国の生産に関するこの支出を控除するのである。

GDPを（$C+I+G+X-M$）に分解したこの恒等式は非常に重要なものであり、**国民所得勘定式**と呼ばれる。マクロ経済学では頻繁に利用される恒等式である。

EBE Evidence-Based Economics
根拠に基づく経済学

問い：アメリカの経済生産の1年間の総市場価値はどれほどの規模になるのか？

政府の統計部門は、経済の産出量の市場価値の総額、すなわち国内総生産（GDP）を測定する。アメリカでは商務省経済分析局（BEA）が行う。2013年のアメリカのGDPは16兆8,000億ドルであることが発表された。

●**国民所得勘定式**(national income accounting identity)、$Y=C+I+G+X-M$、は、GDPを「消費＋投資＋政府支出＋輸出－輸入」に分解したものである。

	支出	GDPシェア
国内総生産（GDP）	16.8兆ドル	100.0%
消費	11.5兆ドル	68.5%
＋投資	2.7兆ドル	15.9%
＋政府支出	3.1兆ドル	18.6%
＋輸出	2.3兆ドル	13.5%
－輸入	－2.8兆ドル	－16.4%

図表5.3 2013年のアメリカのGDPとGDPシェア（支出アプローチ）

2013年のアメリカのGDPは16兆8,000億ドルだった。またGDPを構成する各項目がGDPに占める割合、つまりGDPシェア（項目/GDP）で示されている。四捨五入の影響で各項目の合計はGDPとは一致しない。同様に、ドル表示の支出とGDPシェアには多少の誤差も生じている。

出所：米商務省経済分析局（BEA）「国民所得生産勘定」。

	支出	GDPシェア
国内総生産（GDP）	547兆円	100.0%
消費	304兆円	55.7%
＋投資	105兆円	18.6%
＋政府支出	136兆円	24.7%
＋輸出	101兆円	16.4%
－輸入	－100兆円	－15.4%

図表5.3J 2018年の日本のGDPとGDPシェア（支出アプローチ）

日本のGDPでは、アメリカより消費のシェアが小さく、政府支出のシェアが大きい。ただしアメリカでは2013年には現役世代には公的医療保険がなく、保険から支払われる医療費が民間消費になるが、日本では政府支出に含まれるため、見かけの差が大きくなっている。消費は民間最終消費支出、投資は民間固定資本形成＋民間在庫変動、政府支出は政府最終消費支出＋公的固定資本形成＋公的在庫変動、輸出は財貨・サービスの輸出、輸入は財貨・サービスの輸入である。

出所：内閣府「国民経済計算」主要系列表。

同年のアメリカの人口は、3億1,640万人であったので、1人当たりGDPは5万3,100ドルである。

本章で学んだ国民所得勘定式は、GDPの構成要素を分析するのにも役に立つ。図表5.3には2013年のアメリカのデータが示されているが、いくつかの重要な特徴が読み取れる。第1に消費はGDPの69％もある。政府支出ははるかに少なく、GDPの19％でしかない。次に多い項目は投資の16％だ。輸出はGDPの14％で、輸入はGDPの16％である。輸入にマイ

ナス符号が付いているのは、GDPを表す式では、すべての項目を足し合わせて、そこから輸入を差し引いているからである。図表5.3の項目をすべて合計するとGDPになる（多少の誤差はある）。

GDPにおける各項目の割合（GDPシェア）は、過去80年間では比較的安定している。図表5.4には、1929〜2013年のGDPシェアの推移が示されており、各項目の支出の割合がわかる。これらの割合の合計から、輸入の割合を差し引くと100％になるはずである。図表5.4を見ると、消費はつねに経済活動の約3分の2を占めていることがわかる。

政府支出は経済活動の20％前後を推移してきたが、例外となった時期が2回ある。第1に、このデータの分析開始当初の時期には、政府支出はGDPの10％程度であった。大きな政府になったのは、第2次世界大戦以降である。

第2の例外の時期は第2次世界大戦中であり、政府支出のGDPシェアは非常に高まり、最も高いときには、GDPの50％近くを占めるに至った。戦争という行為は政府が独占的に行うものであり、一国の経済の産出量に占める政府支出が極めて大きくなるのは当然である。第2次世界大戦中に政府支出の割合が増大したのは、（民間部門の）投資と消費が減少したことも影響している。

図表5.4からはもう1つ重要な特徴が読み取れる。輸入と輸出のGDPシェアは両方とも、過去80年間を通して絶対値で拡大をし続けていることである。運輸技術の発達は、世界中のあらゆる場所に財を輸送する費用を安くした。ITは、一国の住民を対象にしたサービスを外国から提供することを簡単にした（たとえば、コールセンターはインドに立地している）。最適化行動をとる人ならば、欲しい財とサービスを購入するうえでもはや国境にはこだわりはないだろうから、輸送費用と通信費用が下がれば、取引の増加がとどまることはないだろう。輸出が増加していることは、輸出のGDPシェアが右上がりに増えていることから確認できる。一方、輸入は国民所得勘定式で負の数字として計算されるため、輸入がゼロの線から右下がりになっているということは、輸入が増加し続けていることを示している。

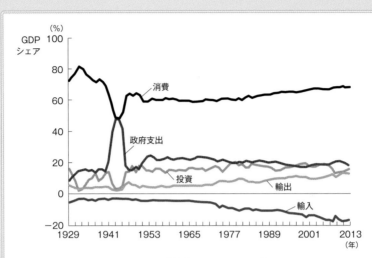

図表5.4 アメリカのGDPシェアの寄与度：1929〜2013年

アメリカのGDPシェアは、第2次世界大戦中という一時期を除けば、過去80年間を通して比較的安定している。

出所：米商務省経済分析局（BEA）「国民所得生産勘定」。

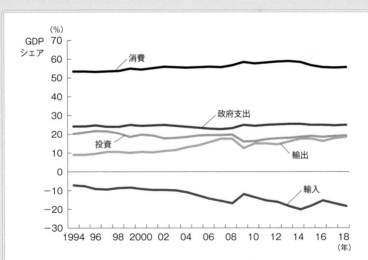

図表5.4J 日本のGDPシェアの寄与度：1994〜2018年

アメリカと同様に、日本のGDPシェアもほぼ安定している。

出所：内閣府「国民経済計算」。

Q 問い		アメリカの経済生産の1年間の総市場価値はどれほどの規模になるのか？
A 答え		2013年の米商務省経済分析局（BEA）の発表によると、アメリカのGDPは16兆8,000億ドル、1人当たりGDPは5万3,100ドルであった[1]。
データ		米商務省経済分析局（BEA）集計の「国民所得生産勘定」による。
注意		国民経済計算からは、経済における様々な生産が除外されている。この点については本章後半で学ぶ。

国民経済計算：所得アプローチ

ここまでは、生産面と支出面からGDPを検討することで経済を詳しく見てきた。生産面では付加価値に着目し、支出面では国民所得勘定式（$Y = C + I + G + X - M$）を用いた。本章の最初に説明したように、GDPは所得面から分析することもできる。国民経済計算における所得アプローチは、様々な経済主体の所得を把握しようとするものである。そして、総所得は、総生産に等しく、総支出とも一致する。2013年のアメリカの総支出が16兆8,000億ドルとすれば、2013年の総生産と総所得も16兆8,000億ドルになる。

所得の支払いは、2つの重要なカテゴリーに分けられる。第1の項目は、人々の労働に対して支払われる所得であり、これを**労働所得**と呼ぶ。これには、賃金、給料、従業員の健康保険、従業員の年金のような一般的な項目が含まれる。それに加えて、入社時の契約金、職場の無料駐車場、会社幹部が週末に社用機を使用するコストなども含まれている。つまり、労働に対して直接的または間接的に支払われる費用のすべてが労働所得には含まれる。

所得の支払いの第2の項目は、物的資本（住宅など）や金融資本（株や債券など）の所有者が獲得する所得（あるいは便益）だ。これを**資本所得**と呼ぶ。これには、株主に支払われる配当、貸し手に支払われる利息、企業の内部留保、

● **労働所得**（labor income）とは、労働に対して人々に支払われる様々な形態の所得である。
● **資本所得**（capital income）とは、物的資本または金融資本を所有することから獲得する所得である。
1) 2013年のアメリカの人口3億1,640万人は商務省国勢調査局による。http://www.census.gov/population/international/data/countryrank/rank.php

LETTING THE **DATA SPEAK**
データは語る

貯蓄か投資か

経済学者は、貯蓄と投資を研究するためにも、国民所得勘定式を使用する。貯蓄を示す式を導出するためには、GDPから開始する。GDPは国民所得と同じであり、ここから家計と政府が消費する分を差し引く。言い換えるならば、GDPから消費支出と政府支出を差し引く。式は以下のようになる。

$$\begin{aligned}貯蓄 &= Y - C - G \\ &= (C + I + G + X - M) - C - G \\ &= I + X - M\end{aligned}$$

式の1段目から2段目にかけては、国民所得勘定式に従ってYを$C + I + G + X - M$に置き換えている。最終的な式を言葉で表すと以下のようになる。

$$貯蓄 = 投資 + 輸出 - 輸入$$

ほとんどの国では、輸出と輸入の総額はほぼ同じである。その場合には、輸出から輸入を差し引くとほぼゼロとなり、以下のように簡単化することができる。

$$貯蓄 = 投資$$

ただし、外国との貿易がある開放経済の場合には、輸出と輸入がまったく同じになることはないため、この等式は単に近似である。当然ではあるが、他国といっさい貿易をせず、輸出と輸入は両方ともゼロになる閉鎖経済では、この等式は正しいものとなる。

上式の両辺をGDPで割ってみよう。

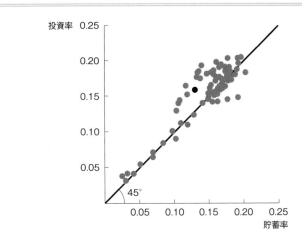

図表5.5 アメリカにおける貯蓄率と投資率の関係：1929〜2013年

図の点は、各年のデータを示している。横軸は貯蓄率、縦軸は投資率を測っている。点の散らばりから、貯蓄率と投資率が毎年ほぼ同じ方向に動いていることがわかる。また、各点は45度線の近傍に集中している。濃い紫色の点は、散布図の最終年にあたる2013年のデータである。

出所：米商務省経済分析局（BEA）「国民所得生産勘定」。

> 貯蓄率（貯蓄をGDPで割ったもの）は、投資率（投資をGDPで割ったもの）と等しくなる。
>
> $$\frac{貯蓄}{GDP} = \frac{投資}{GDP}$$
>
> 1929～2013年のアメリカのデータを使用して、毎年の貯蓄率と投資率を比較することができる。図表5.5には、各年の貯蓄率と投資率が示されている。横軸に貯蓄率、縦軸に投資率を測って各年が点で示されている。貯蓄率と投資率が連動していることが見てとれる。また、ほとんどが45度線の近傍に集中している。
>
> 図表5.5は、貯蓄が、投資とほぼ等しくなることを示している。6章では、これを応用して、物的資本への投資などの、経済成長の決定要因について考えることになる。

地主に支払われる地代、持ち家で生活することから得られる便益など、多くの費用が含まれる。

労働所得と資本所得という分け方は、労働所得を得る人々と資本所得を得る人々は違うという間違った印象を与えかねない。実際には、ほとんどの人々が両方の所得を受け取っている。たとえば、仕事と持ち家と個人年金の積立金がある50歳の労働者は、仕事からは労働所得を得て、持ち家からは資本所得（住む家があることの潜在的な価値）を得て、積立金からは資本所得（配当金）を得ているのである。

同様に重要なことは、家計が企業を所有しているという考え方である。企業は自分自身を所有することはできない。企業が所得を得た場合には、最終的な受益者はその企業の所有者だ。ほとんどの大企業は株式市場で取引される株を発行している。この場合には、企業は世界中の何百万人もの株主によって所有されていることになる。資本所得を受け取る者はこれらの株主たちである。

最後に、所得の支払いの何割が労働に対して支払われ、何割が資本に対して支払われているのかについて考えることも興味深い課題である。アメリカをはじめとする先進諸国ではおおよそ、所得の約3分の2は労働に、そして約3分の1は資本に対して支払われているようである。

5.3 GDPでは測定されないもの

多くの人は、家を出る前にはインターネットでその日の天気を調べることだろう。ただしネット上の天気予報には、気温と簡単な天気図ぐらいしか示され

ていないことも多い。

　天気予報では多くの情報が省略されている。たとえば湿度、霧、風速などは、どれもが通勤に影響があると言える。とはいえ、通勤者にとっては、居住地域の天気予報に関して、知っておくべきことを教えてくれる簡単な情報があればよい。

　天気予報と同様に、GDPと国民経済計算は経済の活動を測定する便利なシステムではある。完全なものというわけではなく、それに含まれていない詳細な情報はたくさんある。しかしながら、GDPは、経済活動の水準や変動、および長期トレンドについて、必要なことのほとんどを教えてくれる。GDPというツールがあれば、経済全体の行動を測定し、予測する準備を整えることができる。

　しかし、GDPではとらえられていないものが何であるのかについて議論し、それによって、GDPで測定できるものと測定できないものについて知ることが大切だ。GDPは、社会的幸福度（ウェルビーイング）を測る尺度として、または、経済活動全体を測る尺度としてさえも、たくさんの限界がある。

　しかし経済学者たちは、恐れを知らない人々の集まりだ。経済全体の生産を測定することなど、完璧かつ正確にできるはずもないのだが、とにかく取り組もうとはする。完璧な測定方法が開発されるのを待っていても何も出てはこない。難題に立ち向かうことなく、あきらめるよりも、不完全ではあっても今できる方法で測定することを経済学者は選ぶのである。

物的資本の減耗

　GDPでは、物的資本の減耗は無視されている。資本減耗とは、老朽化や使用により損傷することによって、物的資本の価値が下がることである。ほとんどの物的資本は、生産過程において、時間の経過とともに価値は失われていく。大型トレーラーを運転すれば、ブレーキやタイヤは消耗する。地中から石油を採掘すれば、残された原油埋蔵量は枯渇していく。

　経済の生産量を完璧に把握するためには、生産に伴う物的資本の減耗を考慮に入れて、総生産額から資本減耗分を差し引くのがよい。

　多くの政府で、国民経済計算では資本減耗を計算しているが、GDPを計算するときには資本減耗を差し引いてはいない。この資本減耗分はGDPの約10〜15%に相当するという分析もある。たとえば、アメリカの国民経済計算で資本減耗分を差し引くならば、GDPの13%を相殺する規模になると推計されて

いる。

　これで問題は解決したように思えるが、実際には状況はもっと複雑である。第1に、国民経済計算における資本減耗とは、厳密に測定されたものというよりは、複雑な手法に基づいた「推測」であるにすぎない。第2に、資本減耗の推定では、原油埋蔵量の減少のような分析が難しい分野の多くに関しては、推定の試みさえなされていない。第3に、物的資本の減耗を考えることによって、関連してその他の疑問が新たに生まれてくる。たとえば、健康状態の変化も、GDPの生産からは完全に除外されている項目だ。労働者の健康を損なうような生産現場もある——たとえば、炭鉱での過酷な作業や、製造業で発生する有害な化学物質への曝露などが挙げられる。物的資本の減耗を考慮に入れるならば、健康と人的資本の減耗についても計算すべきではないだろうか（人的資本の概念は6章で説明する）。

　すなわち、資本減耗を測定することは複雑な概念上の課題であり、GDPの標準的な測定の中では取り扱わないことになっているのである。

家庭における生産

　GDPは、家庭における生産の面からも問題がある。家庭における生産（すなわち家事労働）は、国民経済計算には含まれていない。仮に、（お店から種子やシャベルを購入しないで）自分で花を育てて作った花束はGDPには入らないが、近所の花屋から国内で育てられた花を購入した場合には、すべての金額がGDPに含まれる。自分の農場で育てた羊から刈り取った羊毛を使って毛糸の帽子を編んでもGDPには含まれないが、その帽子を隣人に売った場合には、その売上げはGDPに入る。このような会計上の決まりは、時にばかばかしく見えることだろう。たとえばあなたが、自宅の庭の手入れを任せている庭師と結婚すると、GDPは減少することになる。

　家庭における生産（家事労働）を排除していることが国民経済計算の欠陥であることに関しては、すべての経済学者が合意している。しかし、家庭における生産を測定する方法がない。家庭における生産に関しては、それに伴う市場取引も市場価格もなく測定可能な量もない。家庭料理の市場価値とは何だろうか？　長きにわたって議論されてきた哲学的問題なのである。

　仮に、自家製ミートローフだけの問題であったならば、それが含まれていなくてもそれほどの問題ではないだろう。しかし、経済活動の大きな部分が、家庭の中で発生している。ほとんどの家庭では、家のほこりをとり、掃除機をか

け、床を拭き、磨きあげることによって、住宅を維持している。草を刈り、落ち葉を拾い、花壇の雑草をとるといった作業は自分で行うことが多い。多くの家庭では、食事の多くを自宅でとっている。

　最後に、子育て（育児）という非常に重要な分野がある。例を使って説明してみよう。2組の異なる家族、アベリー家とマイカ家について考えてみよう。両家にはともに子どもがいる。アベリーとマイカは自分で子どもの世話をする専業主婦であったとすると、市場取引がない育児はGDPには含まれない。ここで、アベリーがマイカの子どもの世話をして給料が4万ドル支払われ、マイカがアベリーの子どもの世話をして同じく4万ドルが支払われるとすると、GDPは合計で年間8万ドル分増加する。育児がGDPに加算されるかどうかには関係なく、子どもが誰かに世話をされる場合である。それぞれの親が自分の子どもの世話をしている場合には、その育児についての市場取引は発生していないので、育児はGDPから除外される。それぞれの親がお互いの家族の子どもの世話をするときには、育児の市場取引が作り出されるので、GDPは8万ドル分増加する。

　このようなことがらのすべてが経済学者の悩みの種である。これには2つの理由がある。第1に、成人人口のうち一定の割合の人々は家庭でも労働をしている。正式には雇用されていない人であっても、昼間にテレビドラマの再放送を見るよりもはるかに多くの家事をしていることは時間の使い方に関する調査からわかっている。第2に、収入を伴う仕事（以下、単に「仕事」と呼ぶ）がある人であっても、家庭でも労働を行っている。日中は仕事をしていたとしても、帰宅後には掃除、料理、育児といった家事をしていることも多い*。

　これらの影響を数量化してみよう。アメリカの2013年の人口は3億1,640万人であり、仕事をしている18歳以上の生産年齢人口（18–65歳）は1億4,400万人、仕事がない18歳以上の生産年齢人口は5,200万人である。

　仕事に就いていない人々の多くは、食事の準備、家の維持、育児などの家庭内の様々な家事労働を行っている。仕事に就いていない18歳以上の生産年齢人口は、年間1人当たり平均2万ドルに相当する生産を家庭内で行っていると仮定しよう。2万ドルという数字は、内容は様々であるが家事労働の平均的なものであろう。なかには、三つ子の新生児の世話をするために労働力人口には加われない人もいれば、1日中テレビを見て過ごす人もいることだろう。

＊ ここで言う収入を伴う仕事とは、市場において賃金を得ている仕事という意味である。正規労働だけではなく、非正規労働も含まれる。

加えて、家庭外に仕事を持つ人々であっても、年間1万ドル相当の家事労働を行っている。

このような様々な家事労働を合計すると、アメリカの1年間の家事労働の生産は2兆5,000億ドルになる。

$$5{,}200万人 \times 2万ドル + 1億4{,}400万人 \times 1万ドル = 2兆5{,}000億ドル$$

（仕事に就いていない人の家事労働）　　（仕事に就いている人の家事労働）

16兆8,000億ドルのGDPの規模を持つ経済の中で、2兆5,000億ドルを占めるということは、経済の生産の約15％がGDPの計算からは抜け落ちているということになる。さらに、家庭における生産（家事労働）はもっと高い水準であるとする推計も多い。

地下経済

地下経済——政府の統計から意図的に隠された取引——は国民経済計算のもう1つの抜け穴である。これには、工事現場での現金払いを要求する配管工や、メーターを止めることに同意すれば料金割引の交渉に応じるタクシー運転手なども含まれる。配管工事やタクシー業務は合法であるが、課税を逃れるために所得を隠す労働者もいる。法律の専門家の所得も別の理由で隠されているかもしれない。たとえば、離婚の問題や就労ビザがないケースが依頼案件であった場合などだ。

地下経済には、非合法市場も含まれる。違法薬物の取引や売春が最たるものである（ただしこれを合法化している州・国もある）。違法薬物の売上げだけでも、GDPの1％に相当すると推計されている。アメリカの経済で言えば、全農産物の価値に相当する規模である。

たとえば、スイス、日本、香港、そしてアメリカのような、法制度が整備された先進諸国であっても、地下経済の規模はGDPの約10％に達するとされている。発展途上国では、一般的には地下経済活動の割合はずっと高い。たとえばメキシコでは、地下経済の規模は公表されているGDPの規模の半分には達しているとされている。

アイルランド、イタリア、およびイギリスなどでは最近、GDPの推計に、違法薬物の取引や売春などの地下経済活動を含めるようにさえなった。

負の外部性

　ある経済活動が、それに直接は従事していない人々にマイナスの影響を与えるという、費用のスピルオーバーがあるときには、負の外部性が発生している。また、経済活動がそれに直接は従事していない人々にプラスの影響を与えるという、便益のスピルオーバーがあるときには、正の外部性が発生している。外部性は、正であっても負であっても、通常はGDPには考慮されていない。石炭発電所が、何千もの家庭に電力を供給する一方で、同時に人体に有害な大気汚染物質を排出している場合について考えてみよう。GDPには発電量は計上されているが、大気汚染の費用は控除されていない。

　時には負の外部性が、経済の産出量に対する正の貢献として加算されることさえある。たとえば、防犯のためにカギや防犯装置が購入される。お金持ちは、自分の財産を守るために警備員を雇うこともある。このような防犯対策は、GDPには正の貢献として計上される。

国内総生産（GDP）と国民総生産（GNP）[*]

　すでに説明したように、GDP（国内総生産）は特定の期間内に、一国内で生産された最終財とサービスの市場価値である。したがってGDPには、アメリカ国民の生産物と、アメリカにいる外国人の生産物の両方が組み入れられている。たとえば、アメリカの労働者がシンガポールで2カ月間働いた場合には、その生産はシンガポールのGDPに加算されるが、アメリカのGDPには組み入れられない。同様に、もしも日本の自動車メーカー――たとえばホンダ（本田技研工業）――がアラバマ州に工場を建設した場合には、この工場から生み出される付加価値は、日本のGDPではなくアメリカのGDPに計上される。たとえ工場の操業がロボットによって自動化されており、アメリカ人従業員が1人もいなかった場合であっても同じである。アラバマ州の工場はアメリカ国境の内側で操業をしている限り、そこで生み出された付加価値はアメリカのGDPに計上される。

　国境を越える生産活動がそれほどあるのかと疑問を持たれるかもしれないが、実際にもそうした活動は活発に行われている。たとえば、アメリカで販売され

---

[*] 国民総生産（GNP）は、所得に注目している場面（国民がどれだけの所得を得ているか等）で使われることが多いので、国民総所得（GNI）と呼ばれることが多い。国内総生産と同様に三面等価が成立しており、国民総生産と国民総所得は等価になる。

ている「日本」車の約70%は、今ではカナダやメキシコ、そしてアメリカの工場で生産されている。

こうした現状に対応して、経済学では、その国の居住者によって所有されている生産要素によって作り出される産出のみから構成される経済全体の生産の測定方法を定めた。これが**国民総生産（GNP）**である。アメリカの場合には、通常その労働者がアメリカに居住しているのであれば、一時的に外国で働いている時期に生み出された生産であっても、GNPに含まれる。たとえば、アメリカ人教授がシンガポール国立大学の夏期講座で教える場合には、シンガポール国立大学から支払われる2カ月分の給料は、アメリカのGNPに含まれるが、シンガポールのGNPには組み入れられない。

同様に、日本の自動車メーカーが所有する機械から生み出された付加価値は、たとえその機械がアラバマ州の工場で操業されていたとしても、アメリカのGNPには含まれない。その一方で、アラバマ州の日本メーカーの自動車工場で雇われているアメリカ人労働者の生み出した付加価値はアメリカのGNPに含まれる。アメリカのGNPには、生産要素が世界のどこで使用されているかに関係なく、アメリカの居住者が所有する生産要素が生み出す付加価値のみを算入するように注意深く構成されている。

GNPは国民による生産を測定したものである。「国民による」とは、その国の居住者が所有する資本や労働などの生産要素を表す。たとえばGNPを計算するには、GDPからスタートして、そこにまず自国の居住者が所有して、外国で操業をしている生産要素から生み出された生産を計上する。そこから、外国の居住者が所有して、アメリカ国内で操業をしている生産要素から生み出された生産を除外するのである。

国民総生産（GNP）
　　＝国内総生産（GDP）
　　　　＋（自国の居住者が所有する生産要素［資本と労働］を用いた、外国での生産）
　　　　－（外国の居住者が所有する生産要素［資本と労働］を用いた、自国内での生産）

2013年の概算数字によると、アメリカのGNP（17兆1,000億ドル）は、アメリカのGDP（16兆8,000億ドル）を上回っている。特に、アメリカの資本と

●**国民総生産（GNP）**（gross national product）とは、その国の居住者によって所有されている生産要素（資本および労働）によって作り出される生産の市場価値である。

労働による外国での生産の市場価値（8,000億ドル）は、外国の資本と労働によるアメリカ国内での生産の市場価値（6,000億ドル）を上回っている。2013年にはアメリカのGNPはGDPを1.5％上回っていた。

　GNPとGDPが非常に大きく乖離している国もある。たとえば、中東の豊かな石油輸出国であるクウェートは、外国に資産を多く持っているが、外国人がクウェート国内に所有している資産は比較的少ない。クウェートが所有している外国資産から生み出される所得はクウェートのGNPに算入されるが、クウェートのGDPには含まれない。したがって、クウェートのGNPはGDPよりもかなり大きなものとなり、その差は約10％となっている。しかしクウェートのような国は例外的であり、ほとんどの国ではGNPとGDPはほぼ同じ水準になっている。

余暇

　GDPを測定する際のもう1つの問題が余暇の取り扱いだ。国民経済計算では、余暇についてはまったく評価されていない。しかし、余暇は人間の幸福においては重要な要素だ。たとえば、生活時間調査では、人々は人と接しているときに最も満足度が高いと答えている[2]。一方で、人々は仕事や通勤時間は満足度が最も低いと答えている。GDPの国際比較で見ても、国によって仕事の重荷の程度には大きな違いがある。もちろん、人生の目標はできる限り多くの時間働いて所得を最大化することではない。もしもそれが目標であるならば、誰も引退をしたり休暇をとったりはしないだろう。もっと妥当な目標は、幸福を最大化することである――これは別の意味での最適化である。GDPは、どのぐらい多くの物的な財が経済で生産されたのかは教えてくれる。しかし、その物質的な成果のすべてが人間の幸福を最適化するために使用されているかどうかまでは教えてくれない。

GDPで幸福が買えるだろうか？

　余暇が考慮されていないとはいえ、1人当たりGDPは、社会における幸福度の簡易的指標としてしばしば用いられる。1人当たりGDPは、実際にも人の幸福を判断する指標になるのだろうか？　社会科学には幸福を測定するうえで信頼に足る方法はないが、その人が人生に満足しているかどうかを評価する

---

[2] Daniel Kahneman and Alan B. Krueger, "Developments in the Measurement of Subjective Well-Being," *The Journal of Economic Perspectives*, Vol. 20, No. 1, 2006, pp. 3-24.

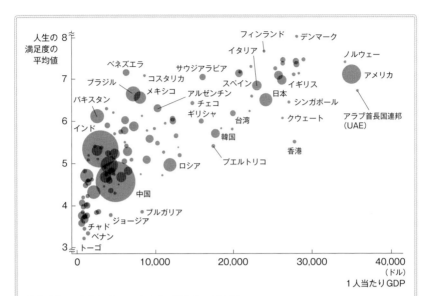

図表5.6　1人当たりGDPと人生の満足度：2003年

様々な国において、1人当たりGDPと人生の満足度の平均値（10点満点で計測）を比べてみると、両者の間には強い正の関係があることが確認される。

出所：Angus Deaton, "Income, Health and Well-Being around the World: Evidence from the Gallup World Poll," *Journal of Economic Perspectives*, Vol. 22, No. 2, 2008, pp. 53-72.

ためのやや粗い方法はある。それは、直接本人に聞くことだ。理想的な方法ではないにせよ——たとえば、本当のことは言わないで「私は幸せよ、あなたは？」という回答が返ってくるかもしれない——これは、出発点にはなる。世界中の何百万もの人々を対象に行った幸福についての調査の結果は、驚くべきものだった。

　1人当たりGDPは、人生における満足度を示す優れた指標になっていることがわかったのだ。図表5.6には、数多くの国々で人生の満足度についての自己評価と1人当たりGDPには正の関係があることが示されている。1人当たりGDP水準が高い国は、人生の満足度も高い。横軸には1人当たりGDP、縦軸には人生の満足度の平均値が10点満点で示されている。それぞれの円は国を示し、円の大きさは人口の大きさを示している。右上の大きな円はアメリカ、左下の大きな円はインドと中国を示している。

> **1人当たりGDPは、人生における満足度を示す優れた指標になっている。**

同様の関係は、一国内にもある。言い換えると、世帯ごとの所得と人生の満足度を調査した研究によると、低所得世帯の人生の満足度は高所得世帯の満足度よりもはるかに低いものであった[3]。

5.4 実質と名目

GDPは、経済全体がどのように成長しているかを示すツールとしては特に便利なものである。成長を分析するためには、全体的な価格上昇（インフレーションのことである。この概念についてはこの後に説明する）から生じるGDPの上昇と、財とサービスの量と質の上昇から生じるGDPの上昇については区別する。

たとえば、フォルディカ国では同じ車が2012年には10台、2013年には10台、生産されると仮定しよう。簡単化のため、車の品質は年月を経ても変わらないものとする。経済学には、品質の改善の問題を処理するための複雑なツールもあるが、ここでは分析をできるだけ単純にするために、品質については考えないこととする。品質は変化しないものとし、車の価格が、2012〜13年にかけて3万ドルから4万ドルに上昇したとしよう。この場合に、2012年のGDPは30万ドル（= 10台×3万ドル／台）であり、2013年のGDPは40万ドル（= 10台×4万ドル／台）となる。一見すると、経済は33%成長したように見える。数式では以下のとおりである。

$$\frac{[2013年のGDP] - [2012年のGDP]}{[2012年のGDP]} = \frac{40万ドル - 30万ドル}{30万ドル}$$

$$= \frac{1}{3} = 0.33 = 33\%$$

しかし、生産された車の実際の台数はまったく増えてはおらず、10台のままだ。もし市場価値ではなく、車の生産台数を数えていたら、2012〜13年にかけての経済成長率は0%となっただろう。価格が上昇したといって喜んではいられない（この例では品質は固定されている）。

当然ながら、単に値上がりしたことによる成長と、財やサービスの生産が増えたことによる成長とは区別しなければならない。そこで、**名目GDP**と**実質GDP**という概念を使うことにしよう。**名目GDP**は、本章で議論してきた標

---

[3] Betsey Stevenson and Justin Wolfers, "Economic Growth and Subjective Well-Being: Reassessing the Easterlin Paradox," Brookings Papers on Economic Activity, Spring 2008.

準的なGDPの尺度で、生産物の市場価値の合計である。ただし、生産された単位当たりを測定するための価値としては現在（生産された年）の市場価格を使用する。

実質GDPは、最終財とサービスの市場価値を合計するという点では名目GDPと概念は同じだが、実質GDPでは生産された年ではなく、特定の基準年の市場価格を使用する。上の例にしたがって説明しよう。基準年は2012年とする。フォード車の価格は2012年には3万ドルだった。2012年には10台のフォード車が生産され、2013年にも（同じ）10台のフォード車が生産された。実質GDPを計算するにあたっては、基準年である2012年の価格を使って2012年と2013年の両方の産出量の価値を測定する。したがって実質GDPは、2012年は30万ドルで、2013年も同じ30万ドルである。実質GDPで見ると、2012～13年にかけての経済成長はゼロである。車の生産量がまったく変わっていないのだから、納得できる結果である。

経済学では名目と実質という言葉によって、どちらの概念を使用して分析をしているのかがわかるようにする。新聞記事などでは一般的には、実質GDPの成長率が使用されている。記事の見出しに「アメリカの経済成長率が2.2%に後退」とあれば、何も書かれていなくても、実質GDPのことだと読者にはわかるだろうと想定されている。

ここまでは、1種類の財のみを生産する経済という単純な例で実質GDPについて学んできた。当然この考え方は、いくつもの財とサービスを生産する経済にも応用することができる。この概念を使って演習をしてみよう。フォード車とシボレー車という2種類の車を製造する経済で考えてみよう。図表5.7には、この仮想例のデータを示す。

最初に名目GDPを計算しよう。生産された年の価格を使用して、生産された年に販売された財の総市場価格を合計すればいい。

2012年の名目GDPは以下の計算になる。

$$\underbrace{10台}_{\substack{\text{フォード車}\\\text{の2012年}\\\text{の生産台数}}} \times \underbrace{3万ドル}_{\substack{\text{フォード車1台}\\\text{の2012年}\\\text{の市場価格}}} + \underbrace{5台}_{\substack{\text{シボレー車}\\\text{の2012年}\\\text{の生産台数}}} \times \underbrace{2万ドル}_{\substack{\text{シボレー車1台}\\\text{の2012年}\\\text{の市場価格}}} = 40万ドル$$

同様に2013年の名目GDPは、以下のとおりである。

- **名目GDP**(nominal GDP)は、(最終財とサービスの)総生産価値である。ただし、生産された各単位を測定するための価値としては、現在(生産された年)の市場価格を使用する。
- **実質GDP**(real GDP)は、(最終財とサービスの)総生産価値である。ただし、生産された各単位を測定するための価値としては、特定の基準年の市場価格を使用する。

SECTION 5.4 | 実質と名目

	フォード車		シボレー車		名目GDP	実質GDP (2012年価格)
	数量（Q）	価格（P）	数量（Q）	価格（P）		
2012年	10台	3万ドル	5台	2万ドル	40万ドル	40万ドル
2013年	10台	4万ドル	20台	2万5,000ドル	90万ドル	70万ドル

図表5.7 2財のみを生産する経済の数量（Q）と価格（P）

表には2012年と2013年に生産されたフォード車とシボレー車の数量（Q）と価格（P）が入っている。名目GDPは、生産されたのと同じ年の価格と数量を使用して生産の総額を求める。2012年の価格を使用して計算した2012年の実質GDPは、2012年の名目GDPと同じである。2012年の価格を使用して計算された2013年の実質GDPとは、すなわち2012年の価格を使用して計算された2013年の産出量の市場価値の総額になる。

$$\underbrace{10台}_{\substack{フォード車\\の2013年\\の生産台数}} \times \underbrace{4万ドル}_{\substack{フォード車1台\\の2013年\\の市場価格}} + \underbrace{20台}_{\substack{シボレー車\\の2013年\\の生産台数}} \times \underbrace{2万5,000ドル}_{\substack{シボレー車1台\\の2013年\\の市場価格}} = 90万ドル$$

この数字は、図表5.7に示されている名目GDPの値で確認することができる。

実質GDPを計算するためには、2012年を基準年とする。すなわち、2012年と2013年の両方の実質GDPを計算するためには、2012年の価格を使用する。2012年の実質GDPを計算する際には何の問題もない。2012年の実質GDPは、2012年の数量と2012年の価格を使用して計算される（2012年の名目GDPの計算とまったく同じになる）。

$$\underbrace{10台}_{\substack{フォード車\\の2012年\\の生産台数}} \times \underbrace{3万ドル}_{\substack{フォード車1台\\の2012年\\の市場価格}} + \underbrace{5台}_{\substack{シボレー車\\の2012年\\の生産台数}} \times \underbrace{2万ドル}_{\substack{シボレー車1台\\の2012年\\の市場価格}} = 40万ドル$$

問題は、2013年の実質GDPを、2012年を基準年として計算するときである。ここでは、2012年の価格と2013年の数量を使用することになる。2013年の実質GDPは以下のとおりである。

$$\underbrace{10台}_{\substack{フォード車\\の2013年\\の生産台数}} \times \underbrace{3万ドル}_{\substack{フォード車1台\\の2012年\\の市場価格}} + \underbrace{20台}_{\substack{シボレー車\\の2013年\\の生産台数}} \times \underbrace{2万ドル}_{\substack{シボレー車1台\\の2012年\\の市場価格}} = 70万ドル$$

同じ市場価格を用いることで、違う年との比較が意味のあるものになる。経済学ではこのような方法を、基準年を使用する、と言う。この例の場合には、2012年の価格を基準にしている。基準となる年を示すにあたっては、「2012年価格を基準とする」と表現する。

実質GDPの計算方法がわかったところで、実質GDPの成長率に話を進めよ

う。これは一般的には**実質GDP成長**と言われる。たとえば、2013年の実質GDP成長は以下のように計算される。

$$[2013年の実質GDP成長] = \frac{[2013年の実質GDP] - [2012年の実質GDP]}{[2012年の実質GDP]}$$

実質GDP成長に焦点を当てることによって（異なる年の価格を基準年として同じものに固定することによって）、2012年の実質GDPの価値（40万ドル）と、2013年の実質GDPの価値（70万ドル）を比較することができる。ここでは、実質GDPは75%増加している。

$$\frac{70万ドル - 40万ドル}{40万ドル} = \frac{3}{4} = 0.75 = 75\%$$

実質GDP成長の概念で最も重要なことは、物価の変動に惑わされることなく、異なる年の経済の産出量を比べることができる、という点にある。

念のためではあるが、誤解を与えないように指摘しておきたいことがある。残念ながら、実質GDPの実際の成長率は、例で示した数字よりもはるかに低い。アメリカの実質GDP成長率は、信頼に値する国民経済計算が最初に作られた1929年以降では、年率で平均3.3%である。急速な成長を続けている発展途上国であっても、実質GDP成長の平均は年率で5%から10%の範囲に収まっている。7章では長期における実質GDP成長について分析し、12章では実質GDP成長の短期における変動について分析することとなる。

GDPデフレーター

経済全体の価格水準を調べるために、実質GDPを利用することもできる。特に、名目GDPを同じ年の実質GDPで割った数字に100を掛けると、基準年から見たときに、その国で生産された財とサービスの価格がどのくらい上昇したのかを推測することができる。この比率を**GDPデフレーター**と言う。

$$GDPデフレーター = \frac{名目GDP}{実質GDP} \times 100$$

この比率から価格上昇が推測できる理由を理解するためには、式に書くとわかりやすい。同じく図表5.7の例で考えてみよう。実質GDPを計算するために

● **実質GDP成長**（real GDP growth）とは、実質GDPの成長率のことである。
● **GDPデフレーター**（GDP deflator）とは、名目GDPを同じ年の実質GDPで割った数字に100を掛けたものである。一国の財とサービスの価格が基準年から見てどのくらい上昇したのかを示す指標である。

は、2012年を基準年とした。最初に2012年のGDPデフレーターを計算しよう。名目GDPを分子に、実質GDPを分母に書き、それぞれを数量と価格から計算する。以下の式を図表5.7の数字で確認してみよう。

GDPデフレーター[2012年]

$$= \frac{名目GDP[2012年]}{実質GDP[2012年]} \times 100$$

$$= \frac{2012年の価格で、2012年に国内で生産されたすべての財を購入するためにかかる費用}{基準年の価格で、2012年に国内で生産されたすべての財を購入するためにかかる費用} \times 100$$

$$= \frac{10台 \times 3万ドル + 5台 \times 2万ドル}{10台 \times 3万ドル + 5台 \times 2万ドル} \times 100$$

$$= 100$$

最初の計算からわかることは、基準年では（この場合には2012年）、名目GDPは実質GDPと同じになる。つまり基準年では、GDPデフレーターは100になる。

では、基準年（2012年）の翌年である2013年について考えてみよう。同様に、図表5.7の数字を見て、以下の式を確認しよう。

GDPデフレーター[2013年]

$$= \frac{名目GDP[2013年]}{実質GDP[2013年]} \times 100$$

$$= \frac{2013年の価格で、2013年に国内で生産されたすべての財を購入するためにかかる費用}{基準年の価格で、2013年に国内で生産されたすべての財を購入するためにかかる費用} \times 100$$

$$= \frac{10台 \times 4万ドル + 20台 \times 2万5,000ドル}{10台 \times 3万ドル + 20台 \times 2万ドル} \times 100$$

$$= \frac{90万ドル}{70万ドル} \times 100$$

$$= 128.6$$

2013年のGDPデフレーターの式でも、分子と分母における数量は同じであり（10台のフォード車と20台のシボレー車）、2013年に販売された数量である。分子と分母で異なっているのは価格である。分子（上の段）には、2013年の

名目GDPを計算するために使用される2013年の価格が入っている。分母（下の段）には、2013年の実質GDPを計算するために使用される2012年の価格が入っている——2012年の価格は基準年の価格である。

分子には、2013年の価格を使用して、2013年に国内で生産されたすべての財を購入するためにかかる費用が示されている。分母には、2012年（基準年）の価格を使用して、2013年に国内で生産されたすべての財を購入するためにかかる費用が示されている。GDPデフレーターは、2013年に生産されたすべてのものを購入する費用の上昇を反映させる比率であり、2013年に生産された財とサービスを固定して、価格だけを、2013年の価格（分子）から2012年の価格（分母）に変える。

2013年のGDPデフレーターは、分子と分母の数量を固定したままで、2013年の価格（分子）が、2012年の価格（分母）とどのように比べられるかを示している。数量はウエイトと考えることができる。2013年の数量が多ければ多いほど、全体の割合を決定する財とサービスのウエイトは高くなる。これは当然のことと思われる。全般的な価格水準（物価）の指標を構成するときに、数量が多い財とサービスのウエイトは高くなるからである。

経済学では、毎年のGDPデフレーターの変化率を見る。たとえば、2013年のGDPデフレーターの変化率は以下の式で計算できる。

$$[2013年のGDPデフレーターの変化率] = \frac{[2013年のGDPデフレーター] - [2012年のGDPデフレーター]}{[2012年のGDPデフレーター]}$$

GDPデフレーターの変化率は、全般的な価格水準（物価）の変化率を示す。ここでは、2012年のGDPデフレーターは100、2013年は128.6であったので、価格は以下のとおり28.6%上昇したと結論づけられる。

$$\frac{128.6 - 100}{100} = \frac{28.6}{100} = 0.286 = 28.6\%$$

この全般的な価格水準のインフレ率は、フォード車の価格のインフレ率（3万ドルから4万ドルへの33%の上昇）と、シボレー車の価格のインフレ率（2万ドルから2万5,000ドルへの25%の上昇）の間の数字となっている。フォード車とシボレー車の相対的ウエイトは、それぞれの数量のウエイトによって決まる。

図表5.8は、2009年を基準年としたときの、1929〜2013年のアメリカの実際のGDPデフレーターの推移を示したグラフである。基準年である2009年の

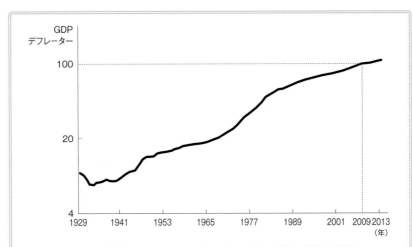

図表5.8 2009年を基準年としたアメリカのGDPデフレーターの推移：1929〜2013年

基準年である2009年では、GDPデフレーターはちょうど100になる。GDPデフレーターは2009年以前は100より小さく、2009年以降は100より大きくなっている。GDPデフレーターは、全般的な価格水準（物価）の指標である。価格水準が上昇している経済では、GDPデフレーターは上昇する。唯一、GDPデフレーターが急激に下がったのは1929〜33年の大恐慌の時期であった。グラフの縦軸は対数目盛[*]で示されている。対数目盛[*]では、その長さが同じであれば、変化率は同じである。たとえば、4から20への変化(5倍)は、同じく20から100への変化(5倍)と同じ長さの移動で示されている。

出所：米商務省経済分析局（BEA）「国民所得生産勘定」。

GDPデフレーターはちょうど100になる。GDPデフレーターは2009年以前は100より小さく、2009年以降は100より大きくなっている。1929〜2013年の間、GDPデフレーターは年平均で2.9%の上昇であった。この2.9%という数字は、この期間に平均して価格（物価）がどのぐらいの速さで上昇したかを示す尺度である。

全般的な価格水準（物価）の変動を測定するには様々な方法があり、混同されることもある。実際、一般的にはGDPデフレーターは価格変動を表す尺度としては極めて有用性が高いものであるが、一般的にはあまり知られていない。最もよく知られている価格変動を表す尺度は消費者物価指数である。以下では、消費者物価指数について説明する。

消費者物価指数

すでにおわかりいただいているだろうが、GDPデフレーターは比率を表している。

[*] 数学で言う常用対数で縦軸が表示される。

$$\text{GDPデフレーター[2013年]}$$

$$= \frac{\text{名目GDP[2013年]}}{\text{実質GDP[2013年]}} \times 100$$

$$= \frac{\text{2013年の価格で、2013年に国内で生産された}}{\text{基準年の価格で、2013年に国内で生産された}} \times 100$$
$$\frac{\text{すべての財を購入するためにかかる費用}}{\text{すべての財を購入するためにかかる費用}}$$

たとえば、基準年が2009年であるならば、分母で使用される価格は、2009年にその経済で使われていた価格である。

消費者物価指数(CPI) は、アメリカの労働省労働統計局(BLS)によって計算されている。計算方法は以下の式のとおりであるが、そこからわかるように、CPIはGDPデフレーターとほとんど同一の式によって計算される。

$$\text{CPI[2013年]} = \frac{\text{2013年の価格で、特定の消費財バスケットを購入するためにかかる費用}}{\text{基準年の価格で、特定の消費財バスケットを購入するためにかかる費用}} \times 100$$

一見して、GDPデフレーターとCPIの式は、ほとんど区別がつかないだろう。

1. どちらの式も、分子には2013年の価格を使用し、分母には基準年の価格を使用している。
2. どちらの式も、2013年に「あるモノ(消費財バスケット)」を購入する費用(分子)と、基準年の価格で「同じモノ(同じ消費財バスケット)」を購入する費用(分母)の比率を表している。
3. どちらの式も同じ解釈ができる。比率が高いほど、基準年から2013年にかけての価格上昇が大きい。

この式の重要な違いは、購入される財のバスケットが異なることである。GDPデフレーターで用いられているのは、国内で生産されるすべての財のバスケットである。言い換えると、GDPデフレーターでは、国内の経済の総生産を表す財のバスケットについて測定している。これは、GDPバスケットと呼ばれる。

● **消費者物価指数(CPI)** (Consumer Price Index)とは、比較する年の価格で特定の消費財バスケットを購入するためにかかる費用を、基準年の価格で同じ消費財バスケットを購入できる費用で割って、100を掛けたものである。

一方のCPIが測定しているのは、特定の消費財のバスケットである。この消費財バスケットは、典型的なアメリカの家計が購入する特定の財とその数量によって構成される。これは、消費財バスケットと呼ばれる。

この2つのバスケットには、以下に示す重要な違いがある。

(1) GDPバスケットには、家計が購入しない財が含まれている。たとえば、石炭火力発電所、機関車、地下鉄の駅、市バス、空母、原子力潜水艦を購入する消費者はいないだろう。消費者は、これらの財を購入した政府や企業が提供するサービスは利用するが、これらの財を直接購入することはない。このため、これらの財は（購入された年の）GDPバスケットには組み入れられるが、消費財バスケットに組み入れられることはない。

(2) 消費財バスケットには、家計が購入した財であっても、GDPには集計されない財が含まれている。たとえば、GDPでは国内における生産のみが集計されるので、外国で生産されたノートパソコンなどの輸入品はGDPには含まれない。アメリカの消費者が購入した中国製ノートパソコンは、アメリカのGDPバスケットには計上されないが、アメリカの消費財バスケットには計上されることになる。

(3) たとえ、ある製品がGDPバスケットと消費財バスケットの両方に含まれている場合であっても、2つのバスケットではそのウエイトが異なっている可能性が高い。たとえば、住宅関連の支出はGDPバスケットにも消費財バスケットにも組み入れられているが、住宅は消費財バスケットではウエイトが高い。住居費用、公共料金、家具代金を含めると、住宅関連支出は消費財バスケットの40%を占めている。しかし同じ項目であっても、GDPバスケットに占める割合は20%以下になる。

以上の違いのすべてを踏まえたうえでも、GDPデフレーターとCPIが経済全体の物価の成長について異なった内容を示しているものであるのかどうかについては疑問が残るだろう。現実的には、両指標の間にはほとんど違いはない[*]。そのことについて説明しよう。

---

[*] 実際にはGDPデフレーターでは比較年の数量を用いているのに対して、CPIでは基準年の数量を用いている、という違いがある。本書では、この違いは上級の教科書で取り扱うべき課題であるものとして説明をしていない。アメリカとは違って、日本ではGDPデフレーターとCPIの動きが異なっていることから、両指標の違いに対する注意が集まり、この違いが本書のようなレベルの教科書で言及されることがある。

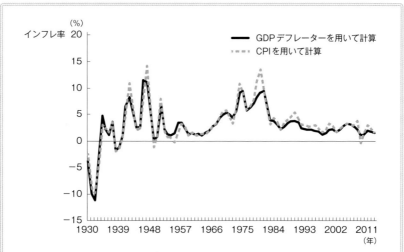

図表5.9 アメリカのインフレ率の推移：1930～2013年

1930～2013年の間のインフレ率の推移が、GDPデフレーターを用いて計算されたインフレ率（実線）と、CPIを用いて計算されたインフレ率（点線）という2本の曲線によって示されている。2つの計算方法に基づいて描かれたインフレ率の曲線であるが、2本の曲線は非常に似た推移を見せている。

出所：米商務省経済分析局（BEA）「国民所得生産勘定」、米労働省労働統計局（BLS）。

インフレーション

物価の上昇率が**インフレ率**である。これは、1年間の物価指数の上昇率を計算したものである。たとえば、2013年のアメリカの全般的なインフレ率を計算するには、GDPデフレーターか、あるいはCPIを「物価指数」として用いて、以下の計算を行う。

$$[2013年のインフレ率] = \frac{[2013年の物価指数]-[2012年の物価指数]}{[2012年の物価指数]}$$

GDPデフレーターとCPIのどちらを物価指数として選択するかは、インフレ率の計算には大きな影響を及ぼさない。図表5.9では、GDPデフレーターを物価指数として計算に用いたインフレ率（実線）と、CPIを物価指数として計算に用いたインフレ率（点線）を比較している。一見してわかるように、2本のインフレ率の曲線はほとんど重なっている。

GDPデフレーターについて目にする機会が少ないのは、この両指数の類似性も関係している。CPIについてわかっていれば、GDPデフレーターからは

●物価の上昇率が**インフレ率**（inflation rate）である。これは、1年間の物価指数の上昇率を計算したものである。

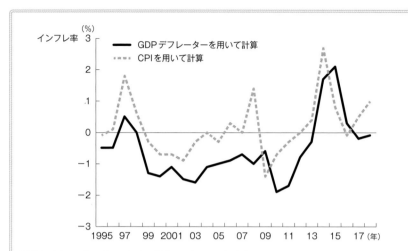

図表5.9J　日本のインフレ率の推移：1995〜2018年

GDPデフレーターには含まれるがCPIには含まれない投資財や輸出財の価格が大きく下落したことや、CPIには含まれるがGDPデフレーターには含まれない輸入財の価格が相対的に上昇したことで、最近までGDPデフレーターによるインフレ率がCPIによるものよりも、1ポイント前後低い傾向が続いていた。

注：1997年と2014年の増加率には、消費税が増税された影響が含まれている。
出所：内閣府「国民経済計算」、総務省統計局「消費者物価指数」。

ほとんど新しい情報は得られない。さらに、GDPデフレーターが四半期ごとにしか発表されないのに対して、CPIは毎月発表されるよりタイムリーな指標である。加えて、家計に最も関係するインフレーションを示すCPIのほうが、一般の消費者にはよりなじみ深い。

名目変数の調整

　異時点間で意味のある比較をするためには、名目値の変数を調整する必要がある。たとえば、1909年に米大統領に就任したウイリアム・ハワード・タフトには、年間7万5,000ドルの給料が支払われていた。2013年にはオバマ大統領に40万ドルの給料が支払われている。より多く支払われたのは、どちらの大統領だろうか？

　この質問の意味は、「どちらの大統領がより多くのドルを受け取ったのか？」というものではない。「どちらの大統領に支払われた給料のほうが価値が高かったのか？」という意味であり、経済学の用語を用いて述べるならば「2人の大統領に支払われた金額のうち、より購買力が高かったのはどちらだろうか？」という質問である。1909〜2013年の間にはインフレが進んでいるので、1909

年に支払われた金額は2013年の同じ金額よりも、はるかに多くの財やサービスを購入することができた。タフト大統領の給料を現代の大統領の給料と比較するためには、彼の給料を現在のドル価値に変換する必要がある。

この計算は、以下のように行う。

$$[2013年のドル価値] = \frac{[2013年の物価指数]}{[1909年の物価指数]} \times [1909年のドル価値]$$

式の右辺の分数は、1909〜2013年の間に物価がどのくらい上昇したかを表す比率であり、この比率を掛けることで、1909年のドル価値で表された金額を、2013年のドル価値に変換することができる。この計算式に、2013年のCPIと、1909年のCPIの推定値（政府による公式のCPI計測が開始されたのは1913年である。そこから1909年のCPIを推定した）を当てはめる。

$$[2013年のドル価値] = \frac{[2013年の物価指数]}{[1909年の物価指数]} \times [1909年のドル価値]$$

$$= \frac{233}{9} \times 7万5{,}000 ドル$$

$$= 190万ドル$$

物価指数の比率からは、平均すればこの期間に物価は、233/9 = 25.89倍上昇し、1909年の1ドルは、2013年の25.89ドルと価値が等しいことがわかる。タフト大統領の1909年の7万5,000ドルの給料にこの物価指数の比率を掛けると、2013年では190万ドルの購買力に等しくなる。タフト大統領の給料はオバマ大統領の給料40万ドルの4倍以上の価値があったのだ。

過去の物価を変換する作業は、この公式を利用すれば最近の物価（たとえば2013年）についても適用できる。誰もが2013年の物価であれば直観的にわかるだろうが、1909年の購買力に対しては感覚的にはわからないだろう。こうした物価を変換する作業はとても役に立つのだ。

まとめ

- マクロ経済学では、経済をひとまとまりとして、その集計量を研究する。集計量とは、経済全体の和のことである。マクロ経済学とは、経済全体の活動を研究する学問である。

- 国内総生産（GDP）は、特定の期間内（たとえば1年）に一国内で生

産された最終財とサービスの市場価値である。GDPは3つのアプローチで示され、どれも等しくなる：生産＝支出＝所得。経済循環図が3つの側面を説明し、経済活動を測定する4つ目の方法として生産要素を加えることができる。

- 「気温32℃、ところによって曇り」といった簡単な天気予報のように、GDPは、経済活動や経済的幸福度の全体的尺度にすぎない。価値の下落（資本減耗）、家庭における生産（家事）、地下経済、外部性、余暇、資本と労働の国際移動などをめぐる詳細な情報はGDPには含まれない。だが、1人当たりGDP水準が相対的に高い国の住民は、人生の満足度も相対的に高い、という研究がある。

- 経済学では、名目価値と実質価値を区別して考える。実質GDPは、生産の市場価値を特定の基準年の価格で計算することによって測定するものである。GDPデフレーターと消費者物価指数（CPI）はともに、経済全体の物価水準の尺度であるが、両指標の間にはそれぞれを構成する財のバスケットに相違がある。GDPデフレーターとCPIは、全般的な物価上昇の比率（インフレ率）を示すために用いられる。

キーワード

1人当たり所得	景気後退
失業者	失業率
国民経済計算	国民所得生産勘定（NIPA）
国内総生産（GDP）	恒等式
生産要素	付加価値
消費	投資
政府支出	輸出
輸入	国民所得勘定式
労働所得	資本所得
国民総生産（GNP）	名目GDP
実質GDP	実質GDP成長
GDPデフレーター	消費者物価指数（CPI）

インフレ率

復習問題

1. 様々なニュースで、マクロ経済学の典型的な研究対象になるものを3つ挙げなさい（選んだ記事の日付と出所も明記すること）。また、なぜそれがマクロ経済学の主題となるのかについて議論しなさい。
2. 国内総生産（GDP）について定義しなさい。
3. 会計上の恒等式とは何だろうか？　恒等式：生産＝支出＝所得、について説明しなさい。
4. 経済循環図を用いて、生産、支出、所得がお互いに関連していることを示しなさい。
5. 生産アプローチは、GDPの推計においてどのように用いられているのだろうか？　付加価値の役割についても説明しなさい。
6. 支出アプローチを用いてGDPを計算しなさい。
7. アメリカのGDPで最も高い割合を占めているのは、支出の中のどの項目だろうか？
8. 所得アプローチを使うと、経済活動の量はどのように計算することができるだろうか？
9. 2013年のアメリカの総支出水準は16兆8,000億ドルであったとしよう。このとき、総所得水準はいくらになるだろうか？　理由についても説明しなさい。
10. 資本減耗とはどういう意味だろうか？
11. GDPには含まれない3つの重要な項目について説明しなさい。
12. あなたは、レストランで食事をする代わりに自分で料理することにしたとしよう。これは、GDPにはどのような影響を及ぼすのだろうか？
13. 国内総生産（GDP）が国民総生産（GNP）を超えるのは、どのような場合だろうか？
14. 1930年代に国民経済計算の研究で偉大な業績をあげたサイモン・クズネッツは、ノーベル経済学賞を受賞した。彼は、「国の厚生は、国民所得の測定からはほとんど推測できない」と述べている。あなたは彼に同意できるだろうか？　その理由とともに述べなさい。
15. GDPの実質成長率と名目成長率とを区別する根本的な理由は何だろうか？
16. 消費者物価指数（CPI）とGDPデフレーターの主要な違いは何だろうか？
17. CPIとGDPデフレーターは、どこが似ているのだろうか？

演習問題

1. アメリカのGDPの計算で最終財と考えられているのは、次のうちどの財だろうか？その理由と合わせて説明しなさい。
  a. （アメリカで販売される予定の）アップル社製の新しいノートパソコン用にカリフォルニア州で製造されるプロセッサー。
  b. カリフォルニア州のスパで提供されている足のマッサージ。
  c. 連邦政府が購入した軍事装備品。

2. 以下の変化の結果、GDPはどのぐらい変わるかについて答えなさい。その理由についても簡単に説明しなさい。
  a. 夕食用に、20ドルのハム・チーズサンドを購入するのをやめて、6ドルで材料を買い、自分で作ることにした。
  b. 有名な女性ロック歌手が執事と結婚したとしよう。彼には年間5万ドルの給料が支払われていた。結婚後も同様に、執事は引き続き彼女に仕え、彼女は以前と同じように執事の生活を支えている——しかし、彼は従業員ではなく夫であり、給料は発生しない。

3. 世界には2つの小さな国しかないと想定してみよう。人口3万人のアスコット国と、人口2万人のデルウィッチ国だ。アスコット国のGDPは1億5,000万ドル、デルウィッチ国のGDPは2億5,000万ドルだ。またデルウィッチ国のGNPは2億8,000万ドルと推定されている。この情報を用いて、アスコット国のGNPと1人当たりGDP、デルウィッチ国の1人当たりGNPを計算しなさい。

4. 以下の表は、小国マグノリアに関するデータである。

項目	支出
公的年金	25万ドル
資本減耗	4万7,000ドル
民間投資	63万ドル
輸　出	26万ドル
輸　入	30万ドル
マグノリア国で働く外国人の給料	16万ドル
家計支出	85万ドル
原材料の購入	27万ドル
政府支出	90万ドル
資本所得	29万ドル
外国で働くマグノリア国の住民の給料	35万ドル

  a. 支出アプローチを用いて、マグノリア国のGDPを計算しなさい。
  b. マグノリア国のGNPを計算しなさい。マグノリア国のGDPはGNPとは異なるだろうか、同じだろうか？　また、その理由を説明しなさい。

5. 2013年、ポロニア国の消費者物価指数（CPI）は230で、中位の（名目）家計所

得は3万1,200ドルだった。同国の1950年のCPIは51で、中位の（名目）家計所得は9,500ドルだった。

a. 2013年を基準年として、1950年と2013年の中位の実質家計所得を計算しなさい。

b. 1950年と2013年のどちらの年のほうが人生の満足度は高かっただろうか？その理由についても説明しなさい。

6. …… 私たちが購入している製品はほとんど、それに至るまでにはいくつもの中間過程を経ている。設問では1斤の食パンの製造過程を追って、関連する取引の価値を列挙している。

食パンの製造過程	取引額
農家が小麦を製粉所に売る	0.50ドル
製粉所が小麦を挽いて小麦粉にし、ベーカリーに売る	1.00ドル
ベーカリーが食パンを焼き、食品卸に売る	2.00ドル
食品卸が様々な小売店に売る	2.50ドル
小売店が消費者に食パンを売る	3.25ドル

a. 食パンの製造と販売によって、GDPのどの支出項目が増えるだろうか？

b. 生産アプローチ、支出アプローチ、所得アプローチの3つすべての方法を使って、食パンの製造によって増えたGDPを計算しなさい。

7. …… シルバニア国では、Tシャツ、エナジードリンク、ピザの3種類の財だけを生産し、消費しているとしよう。2011年と2012年のそれぞれの財の生産量と価格は以下のとおりである。

	2011年		2012年	
	数量	価格	数量	価格
Tシャツ	100枚	25ドル	110枚	25ドル
エナジードリンク	500缶	1ドル	500缶	1.50ドル
ピザ	1,000切れ	2ドル	900切れ	4ドル

a. 2011年と2012年の名目GDPを計算しなさい。

b. 2011年を基準年として、2011年と2012年の実質GDPを計算しなさい。

c. 設問b.の解答に基づいて、2011～12年にかけて実質GDPが何％成長したかを計算しなさい。

d. 2012年を基準年として、2011年と2012年の実質GDPを計算しなさい。

e. 設問d.の解答に基づいて、2011～12年にかけて実質GDPが何％成長したかを計算しなさい。

f. 2011年を基準年として、2011年と2012年のGDPデフレーターを計算しなさい。

g. 設問f.の解答に基づいて、2011～12年にかけて物価が何％変化したかを計算しなさい。

8. カレッジア国の平均的住民の生活必需品は炭酸飲料とピザと鎮痛剤であるとしよう。1年間の消費バスケットは、1,000炭酸飲料、100ピザ、50瓶の鎮痛剤である。過去8年間のこれらの財の価格は表のとおりである。

	炭酸飲料	ピ　ザ	鎮痛剤
2005年	1.00ドル	8.00ドル	10.00ドル
2006年	1.50ドル	8.00ドル	10.00ドル
2007年	1.50ドル	8.50ドル	11.00ドル
2008年	2.00ドル	8.50ドル	11.50ドル
2009年	2.50ドル	9.00ドル	11.00ドル
2010年	2.50ドル	9.00ドル	10.00ドル
2011年	2.00ドル	10.00ドル	12.00ドル
2012年	3.00ドル	10.00ドル	13.00ドル

2008年を基準年として、以下を計算しなさい。

a. 各年のCPIを計算しなさい。

b. 2006年以降の各年について、前年からのインフレ率を計算しなさい。

9. アメリカの公的年金給付は現在、勤労消費者物価指数（CPI-W）に連動している。つまり、CPI-Wが物価の上昇を示すと、支払いの実質額を維持するために公的年金給付は増加する。CPI-Wの消費バスケットの分類に付けられたウエイトは以下の表のとおりである。

項　　目	ウエイト
食料と飲み物	15.948
住　　居	39.867
衣　　類	3.623
交　　通	18.991
医　　療	5.767
娯　　楽	5.528
教育と通信	6.766
その他の財とサービス	3.510
合　　計	100.000

公的年金給付の調整にCPI-Wを使うのは、高齢者に対するインフレーションの影響を過小に見積もっているという議論がある。あなたはこれに同意するだろうか？　なぜ、それが正しいとされるのだろうか？　その理由について説明しなさい。

10. 本章では実質GDPの計算方法について詳細に説明した。すでに気づいている方もいるかもしれないが、この方法には重大な問題がある。総産出量を計算する際に、この方法では基準年の相対価格を用いて、財とサービスの産出をウエイトづけしている。

たとえば基準年には、教科書が100ドル、ノートパソコンが2,000ドルであった

とする。この場合、総産出量を計算する際に、ノートパソコンに対して教科書の20倍のウエイトをかけていることになる。

しかし、相対価格が変化した場合にはどうなるだろうか？ みなさんもご承知のとおり、ノートパソコンも含めてほとんどのハイテク関連製品は、一般的には時間とともに値下がりする。ノートパソコンの価格が、基準年から現在までの間に2,000ドルから1,000ドルに値下がりしたとしよう。今では、ノートパソコンの価格は教科書の10倍でしかない。このとき、基準年の相対価格をそのまま使用すると、現在の実質GDPを計算する際にはノートパソコンに対してウエイトをかけすぎていることになる。

この問題に対処するため、1996年にアメリカの商務省経済分析局（BEA）では、実質GDPの計算方法を「連鎖方式（フィッシャー式）」と呼ばれるものに変更した。たとえば、2008年を基準年としよう。2008～09年にかけて実質GDPの成長率を計算するために、BEAでは2008年を基準年として2008年の実質GDPを計算し、それから、2009年を基準年として2008年の実質GDPを計算する。次にBEAは、2009年を基準年とした2009年の実質GDP、および2008年を基準年とした2009年の実質GDPをそれぞれ計算する。それぞれの基準年に対して、成長率は以下の式となる。

$$\frac{[2009年 GDP_{(2008年基準)}] - [2008年 GDP_{(2008年基準)}]}{[2008年 GDP_{(2008年基準)}]}$$

$$\frac{[2009年 GDP_{(2009年基準)}] - [2008年 GDP_{(2009年基準)}]}{[2008年 GDP_{(2009年基準)}]}$$

こうして2つの異なる成長率を計算してから、この平均をとる。BEAは、計算した平均成長率に1を加え、それに2008年の物価に2008年のGDPを掛けて、2009年の実質GDPを計算する。2009～10年にかけての成長率も同様の方法で計算される。

ここで、アメリカで生産されている財が、ノートパソコン、経済学の教科書、栄養ドリンクの3種類だけであると仮定する。2011～13年の生産量と価格は以下のとおりである。

	ノートパソコン		教科書		栄養ドリンク	
	価 格	数 量	価 格	数 量	価 格	数 量
2011年	1,500ドル	700万台	100ドル	700万冊	2ドル	2,500万本
2012年	1,200ドル	900万台	110ドル	900万冊	4ドル	3,000万本
2013年	1,000ドル	900万台	120ドル	1,000万冊	4ドル	3,500万本

a. 各年の名目GDPと実質GDPを計算しなさい（2011年を基準年とする）。

b. フィッシャー式を使って、2012年と2013年の実質GDPを計算しなさい。

6 総所得

Aggregate Incomes

平均的アメリカ人が平均的インド人よりずっと豊かな理由は何か?

　格差は世界中の至るところにある。生活水準、教育の機会、医療サービス、インフラストラクチャーの充実度は国によって大きな差がある。世界の多くの地域では、貧困が根づいてしまっている。特にサハラ以南のアフリカ、南アジア、南アメリカ大陸の一部の状況は深刻だ。その一方でアメリカ、カナダ、西ヨーロッパやその他の豊かな国々に住む多くの人々はあまり不自由を感じることなく、豊かな生活を営んでいる。格差はあまりにも大きく、世界を旅行すると、生活環境があまりにも違っていることに衝撃を受けることがある。あなたが経済学に興味を持った動機も、こういった経済格差のあまりの大きさに気づいたからかもしれない。多くの人々が、より豊かで生活水準が高い国へと移住するのもこのためだ。

　マクロ経済学は、以上のような課題の研究を通して、格差が存在する理由を説明するための有益な概念の枠組みを与える。6章から8章では、各

本章の構成

6.1	6.2	6.3	EBE
世界の経済格差	生産性と集計的生産関数	技術の役割と決定要因	平均的アメリカ人が平均的インド人よりずっと豊かな理由は何か?

KEY IDEAS
キーアイデア

- 1人当たり所得とGDPは国によって大きな差がある。
- 現在の為替レートで換算した1人当たりGDP、または購買力平価で換算した1人当たりGDPを基準に用いることによって、各国の所得の違いを比較することができる。
- 集計的生産関数は、一国のGDPを資本ストック、労働の総効率単位、技術と関係づける。
- 1人当たりGDPの格差については、労働者1人当たりの物的資本および人的資本の違いによって生み出される格差もあるが、技術の違いと生産の効率性の違いがもたらす格差のほうがより重要である。

国ごとの経済格差と経済成長(いわゆる「長期マクロ経済学」)に関連した課題を学ぶ。それに続く5つの章では、経済変動(いわゆる「短期マクロ経済学」)に課題を移す。まず本章では、各国ごとの生活水準の違いを測定する方法と、経済格差が存在する理由を説明する。7章では、経済成長について分析する。経済はどのように成長し、時とともにどのようにしてより繁栄するようになるのだろうか? その理由を学ぶ。最後に8章では、貧しい国がいつまでも貧困状態から脱することのできない根本的な要因について議論する。

6.1 世界の経済格差

世界各国の所得に差がある理由を考える前に、まずそれらを測定する方法について学ぼう。各国ごとの生活水準と経済状況の違いを定量化することは難しいが、1人当たり所得はその中では頑健な(十分に強い)尺度であると考えられている。

6.1 1人当たり所得の違いを測定する

5章では総所得（GDP）を測定する方法を学んだ。GDPは、生産アプローチ、支出アプローチ、所得アプローチによって測定することができる。国民所得勘定式からは、3つのアプローチによる測定の結果はまったく同じ（同値）になり、これを国内総生産（GDP）と言う。GDPをその国の総人口で割ると、**1人当たり所得**、または**1人当たりGDP**が算出できる。

1人当たり所得と1人当たりGDPは同じ値であるので、本書ではこの2つの用語を同義として扱う（一国の市民の平均所得であることを強調したいときには、1人当たり所得を使用する。1人当たりの経済の産出量であることを強調したいときには、1人当たりGDPと言う）。

式は以下になる。

$$1人当たり所得 = 1人当たりGDP = \frac{GDP}{総人口}$$

たとえば、2010年にはアメリカのGDPは約14兆4,500億ドル、総人口は約3億1,000万人であった。この時、1人当たり所得は約4万6,613ドルとなる。

この数字は、他国の1人当たり所得と比較できるだろうか？　メキシコと比べてみよう。同じ方法で計算すると、2010年のメキシコの1人当たり所得は約11万6,036ペソだ（メキシコでの所得は、米ドルではなく自国通貨であるペソで計算される）。アメリカの4万6,613ドルとは単位（通貨）が違うために、直接メキシコの数字とは比較できないので、為替レートを使用して単位をそろえる。たとえば、2010年1月1日時点では、1ドル＝12.9ペソ、または、1ペソ＝1/12.9＝0.078ドル、だった。この為替レートを使うと、メキシコの平均所得をドルに換算できる。

$$\underset{(ドル表示)}{メキシコの1人当たり所得} = \underset{(ペソ表示)}{メキシコの1人当たり所得} \times \underset{(ドル/ペソ)}{為替レート}$$

$$= 11万6,036ペソ \times 0.078$$

$$= 9,051ドル$$

平均的メキシコ人の1人当たり所得は約9,051ドルになる。メキシコで雇用されているメキシコ人の平均賃金でアメリカではどれくらいの消費ができるのか知りたい、という場合にはこの数字は役に立つだろう。

● **1人当たり所得**(income per capita)、または**1人当たりGDP**(GDP per capita)は、GDPをその国の総人口で割ることによって算出される。

為替レートを使って換算すれば、GDPと人口のデータがそろっている各国ごとの1人当たり所得を計算できる。たとえば、2010年のスウェーデンの1人当たり所得は5万549ドル、スイスは6万9,167ドルであり、アメリカの所得と近い。しかし、その差が大きい国も多く、アメリカの1人当たり所得はメキシコの約5倍、インドの30倍、セネガルの43倍、エチオピアの155倍だ。

為替レートを使うことで同じ単位にそろえて各国のGDPを比較することができるが、1人当たり所得を国別に比較するもっといいツールが購買力平価（PPP）だ。為替レートを使えば同じ単位に換算はできるが、財とサービスの価格が国によって違うことは考慮に入れられていない。メキシコよりアメリカのほうが安いものもある（たとえば携帯電話の通話料金はアメリカのほうが安い。アメリカのほうが進んだ技術が採用されていること、そしてメキシコの通信料金が独占価格であるために高いことが原因だ）。しかし、メキシコのほうが安いものもある（たとえばアボカドディップなどの食品や理髪料金はメキシコのほうが安い。これは労働やその他の投入物の価格が安いことが原因だ）。

5章では、時間の経過とともに価格水準（物価）が変化したときには、GDPのような経済変数をどのように調整すればよいのかについて学んだ（そこで学んだのが実質GDPの考え方である）。GDPの国際比較をするときにも、同様の調整が必要となる。しかし、ドルとペソの為替レートでは、その役目は果たせない。たとえば、計算に用いた2010年1月1日時点の為替レートは1ドル＝12.9ペソであったが、もしも2009年1月1日時点の為替レート（1ドル＝13.8ペソ）で計算していたら、メキシコの平均所得は、9,051ドルではなく、8,355ドルになる。しかしこの違いは、メキシコやアメリカの家計が生活のうえで感じている物価の変化とはほとんど関係がなく、単にメキシコの平均所得を現在の為替レートでドルに換算したにすぎない。為替レートは、生活水準（生計費）の変化とは関係なく、様々な理由で変動している（詳しくは15章で触れる）。

自国通貨の単位で測定されているGDPを共通単位に換算するもっといい方法が、購買力平価（PPP）だ。この考え方は、5章で学んだ名目GDPを実質GDPに変換する方法によく似ている。具体的には、**購買力平価（PPP）**は、代表的な製品を組み合わせたもの（バスケット）の価格を集計して、それぞれの国で、1米ドルでその代表的製品を購入できるようにGDPを調整する。こ

● **購買力平価（PPP）** (purchasing power parity)は、それぞれの国の代表的な製品を組み合わせたもの（バスケット）の価格を集計したものである。その相対的な価格は、国ごとの所得を比較するために使用される。

LETTING THE DATA SPEAK データは語る

ビッグマック指数

1986年にイギリスの『エコノミスト』誌は、為替レートを代替するビッグマック指数なるものを考案した。指数といっても、単に2国間のビッグマックの価格の比率である。当時はすでに世界各国にマクドナルドの店舗があり、ビッグマックの価格を調査できたので、それを2国間の為替レートを代替する指標として使うこともできた。もともと冗談半分の提案であったのだが、ビッグマック指数は注目を集め、今では広く利用されている。ビッグマック指数は購買力平価換算の1つの簡単な例である。その弱点は、代表的な様々な種類の財を取り上げているわけではないこと、すなわち多様な消費財の中からビッグマックという1つの消費財だけを取り上げた指標にすぎないという点だ。ビッグマックの価格だけから、各国の生計費の違いが本当にわかるわけではない。

うすることで、購買力平価換算による米ドル価格表示の各国のGDPを計算することができる。たとえば、2010年の代表的製品の組み合わせが、アメリカでは1ドル、メキシコでは8.64ペソであるとしよう。この基準で見ると、米ドルとペソの購買力平価の換算係数は、1ドル＝8.64ペソ、あるいは、1ペソ＝0.116ドル（＝1/8.64）となる。

これを使って計算すると、購買力平価（PPP）で見たメキシコの1人当たり所得は以下のとおりになる。

$$\underset{(\text{PPP})}{\text{メキシコの1人当たり所得}} = \underset{(\text{ペソ表示})}{\text{メキシコの1人当たり所得}} \times \underset{(\text{ドル／ペソ})}{\text{PPP}}$$

$$= 11万6{,}036\text{ペソ} \times 0.116$$

$$= 1万3{,}460\text{ドル}$$

為替レート換算と購買力平価換算では、その結果にはかなりの違いがある。実際、ペソ/ドルの為替レートで計算したメキシコの1人当たり所得は9,051ドルであった。一般的には、購買力平価を使用したときのほうが、アメリカと貧しい国々の間の差は小さくなる。1人当たり所得が低い国では生計費も安くなるからである。為替レート換算のGDPでは、貧しい国々では多くの製品が安いという事実は考慮されていない。

1人当たり所得の格差

ただし、購買力平価換算の所得で見ても、各国間には大きな格差がある。図表6.1では、様々な国の2010年の1人当たり所得を購買力平価換算した結果が示されている（2005年価格。基準年の定義は5章を参照）。1人当たり所得が1,000ドル未満の国は、コンゴ民主共和国、エチオピア、リベリア、マダガスカル、トーゴなどの19カ国である。1,000ドルから2,000ドルの所得の国は、アフガニスタン、ハイチ、ケニア、タジキスタン、ウガンダ、ザンビアなどの23カ国である。これらの国々と比べると、アメリカ（4万1,365ドル）、フランス（3万1,299ドル）、ドイツ（3万4,089ドル）の1人当たり所得は際立って高い数字である。

図表6.2は、図表6.1の内容を世界地図上に示したものである。1人当たり所得の違いが色分けして示されている。グレー系の色で示された国々は1人当たり所得が低く、紫色系で示された国々は1人当たり所得が高い国々だ。全体像は図表6.1で示されているものと同じだが、図表6.2で見ると豊かな国と貧しい国がどこに位置しているのかがわかる。たとえば、アフリカ大陸は一部の例外を除いて全体的に貧しい地域である。南アジアやラテンアメリカのほとんどの

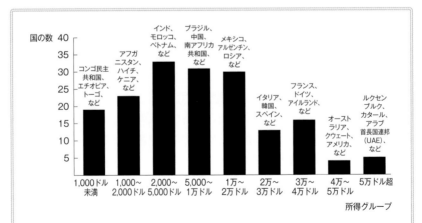

図表6.1 世界各国の1人当たり所得：2010年（購買力平価換算、2005年価格）

1人当たり所得は各国間で大きな格差がある。2010年の1人当たり所得が1,000ドル未満の国は19カ国あった（購買力平価換算、2005年価格）。その一方で、1人当たり所得が4万ドル超の国はほんの少しである。

出所：Penn World Table; Alan Heston, Robert Summers, and Bettina Aten, Penn World Table Version 7.1, Center for International Comparisons of Production, Income and Prices at the University of Pennsylvania (Nov 2012).

図表6.2 各国の1人当たり所得を示した世界地図：2010年（購買力平価換算、2005年価格）
地図を見ると、1人当たり所得が国によって大きく違うことがひと目でわかる。貧しい国々はアフリカ、アジアの一部、そして中央アメリカ、カリブ海沿岸に集中している。

出所：Penn World Table; Alan Heston, Robert Summers, and Bettina Aten, Penn World Table Version 7.1, Center for International Comparisons of Production, Income and Prices at the University of Pennsylvania (Nov 2012).

国々も同様だ。対照的に、北アメリカ、西ヨーロッパに位置する国々は比較的豊かである。地図を見ると、世界には実際に大きな経済格差があることがわかる。本章の目的の1つは、この原因を解明することである。

労働者1人当たり所得

ここまでは、1人当たり所得——総所得（GDP）を総人口で割ることによって算出した——について説明してきた。しかし総人口には、子どもや高齢者や就業していない人など、生産に参加していない人が含まれている（ただし、多くの発展途上国には児童労働問題がある）。つまり、各国間の1人当たり所得の違いは、働いている人の割合によっても変化する。この問題を回避するためには、**労働者1人当たり所得（GDP）**、すなわち、GDPを「労働者」（就業者）数で割ることによって算出した数字を見ればよい。

$$労働者1人当たり所得 = \frac{GDP}{就業者数}$$

● **労働者1人当たり所得（GDP）**（income per worker, GDP per worker）は、GDPを労働者（就業者）数で割ることによって算出される。

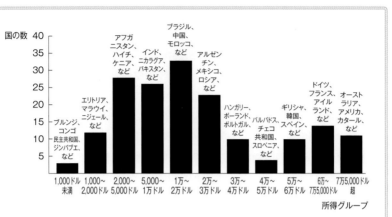

図表6.3　世界各国の労働者1人当たり所得：2010年（購買力平価換算、2005年価格）

労働者1人当たり所得の各国ごとの分布は、図表6.1の1人当たり所得の各国ごとの分布と似たグラフになっている。一見してわかる違いは、図表6.1と比べて山の高い棒グラフが全体的に右寄りへとシフトしていることである。いずれの国をとっても、1人当たり所得（GDPを総人口で割ることによって算出する）よりも、労働者1人当たり所得（GDPを就業者数で割ることによって算出する）のほうが高いためである。

出所：Penn World Table; Alan Heston, Robert Summers, and Bettina Aten, Penn World Table Version 7.1, Center for International Comparisons of Production, Income and Prices at the University of Pennsylvania (Nov 2012).

　この尺度ならば、働いていない人々は含まれていないので、労働者1人が平均でどのぐらい生産しているのかがわかりやすい。

　図表6.3は図表6.1と一見して似ているが、ここでは労働者1人当たりの所得（購買力平価換算）が示されている。総人口に対する労働者の割合が大きく違っていれば、図表6.1とはかなり違うグラフになるはずである。2つのグラフの印象は全体的には似通ったものになっている。ただし、いずれの国をとっても、分母に入る数字を比べると、就業者数は人口よりもつねに小さくなるため、労働者1人当たり所得のほうが、1人当たり所得よりも高くなる。たとえば、購買力平価換算したメキシコの2010年の1人当たり所得は1万1,939ドル（2005年価格、2010年価格では1万3,460ドル）である一方で、労働者1人当たりの所得（購買力平価換算、2005年価格）は2万7,625ドルである。インドの場合にはこの数字は、3,477ドルと9,010ドルとなる。この方法で示される、労働者1人当たり所得が最も高い国々の所得表示は、図表6.1では5万ドル超であったものが、図表6.3では7万5,000ドル超になっている。

6.1 生産性

1人当たり所得や労働者1人当たり所得が各国ごとに異なっている主な原因は、生産性が国によって違うからだ。ここでの**生産性**とは、労働者が1時間働くことにより生み出される財とサービスの価値である。5章で学んだ国民所得勘定式からわかるように、GDP（特定の期間内に、一国で生産された最終財とサービスの市場価値の総額）はその国の総所得と同じ（同値）である。したがって生産性は、1時間の労働当たりの所得でもある。労働者1人当たりの所得と生産性は非常に密接な関係があり、同じ理由から各国ごとにばらつきがある（2つの概念が異なっている唯一の理由は、労働者1人当たりの総労働時間が国によって違うからである。しかし実際には、両者の違いは小さなものである）。

国によって1人当たり所得に大きな差がある理由を理解するためには、各国間の生産性の違いに焦点を当てることになる。すなわち、生産の側面を見なければならない。特に、ある国の労働の生産性を他の国よりも高めているものが何であるかについて考えていこう。

所得と生活水準

私たちが重点を置くべきなのは1人当たり所得なのか、それとも労働者1人当たり所得なのか？　何を知りたいかによって、その答えは変わる。各国間の生産性にばらつきがある理由を解明したいならば、労働者1人当たり所得の違いを見るべきである。労働者1人当たり所得とは、GDPを雇用されている労働者（就業者）数で割った数字だからだ。

別の理由から、各国間の所得格差に注目するときには、各国間の生活水準の違いを測定することになる。そのためには、子どもや高齢者を含めたすべての人口をこの尺度に組み入れることになるので、おのずと1人当たり所得の違いを見ることになる。

ただし、1人当たり所得からは、わからないことがたくさんある。5章で示したように、1人当たり所得が一国の人生の平均的満足度を示す極めて優れた指標であるとしても、1つの数字を見るだけでは、すべての国民の幸福度と生活水準の多様性を把握することはできない。

> 国によって1人当たり所得に大きな差がある理由を理解するためには、各国間の生産性の違いを見なければならない。

●**生産性**（productivity）とは、労働者が（1時間）働くことにより生み出される財とサービスの価値である。

たとえば、平均所得にばらつきがあるのは、国と国の間だけではなく、一国の中でも同じである。アメリカでは沿岸部は内陸部よりも豊かだが、メキシコでは北部と南部の所得格差が大きい。一般的に所得格差が大きいときには、平均所得からは、多くの人々が実際にどのぐらい快適に暮らしているのかという全体像はつかめない。最後に、5章でも触れたが、人々の生活は、所得と消費だけではなく、公害、医療の質、治安なども関係する。このような要因の国ごとの違いは、1人当たり所得からは把握することはできない（5章の後半で学んだとおりである）。

　以上に述べたように、国民の厚生について1人当たり所得を見てすべてがわかったと考えることはできないが、生活水準に関しては1人当たり所得からわかることはたくさんある。5章では、1人当たり所得と人生の満足度の平均値の関係を見た。本章での私たちの関心の1つは、ある国において極度の貧困状態で暮らす人がたくさんいるのかどうかという点である。世界銀行の研究では、絶対的貧困の概念を1日当たり1.08ドル（1993年価格）以下で暮らすことと設定している。この基準は**1人1日1ドルの貧困線**として広く普及することとなった（今でも1日1ドルと言われることがあるが、本書の原書出版時点では、1人1日1.25ドル［2005年価格］に改定された）[*]。これだけの金額で生命を維持できるとは想像しがたいが、実際に2005年には14億人以上の人々が1日1.25ドル以下で生活を送っていた。図表6.4は、各国ごとに、（この定義に基づく）貧困者の割合を縦軸に、1人当たり所得を横軸にとって描いた散布図である。図に見られるとおり、2つの変数の間には強い負の関係があり、1人当たり所得は、極貧に苦しむ人口を抱えている国を知る手助けになることがわかる。

　図表6.4と以降の同様の図では、横軸の尺度を変えて、所得が500ドルの水準であっても、8,000ドルの水準であっても、1人当たり所得の10％の変化は、横軸で測って同じ長さになるように描かれている。たとえば、500ドルという低所得水準での10％の増加を表す水平距離と、8,000ドルという高所得水準での10％の増加を表す水平距離は同じ長さにしてある。5章の図表5.8の縦軸では対数目盛を使用したが、それと同じ方法である。7章では経済成長について議論するが、そのときにも、1人当たり所得やGDPのような変数を表すには対数目盛を用いてグラフを描くほうが都合がいいことがわかるだろう。

● **1人1日1ドルの貧困線**（one dollar a day per person poverty line）は、経済学者や社会学者が国際的な貧困の程度を比較するために使用する絶対的貧困の尺度である。

[*] 2015年にはさらに、1日1.90ドル（2011年価格）へと、2005年価格から大きく上方に改定された。これは、購買力平価の算出方法が改善され、貧困国の購買力平価換算の所得が大きく上方修正されたことに合わせたためである。

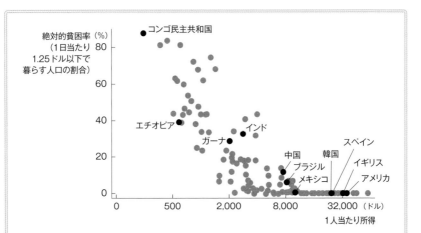

図表6.4 貧困と1人当たり所得の関係：2010年（購買力平価換算、2005年価格）

絶対的貧困率（1日当たり1.25ドル以下で暮らす人口の割合）は、1人当たり所得が低い国のほうが高い。1人当たり所得が1万ドル超の比較的繁栄した国では、1日1.25ドル以下で実際に暮らす人はほとんどいなくなる。

出所：Penn World Table and World Bank DataBank; Alan Heston, Robert Summers, and Bettina Aten, Penn World Table Version 7.1, Center for International Comparisons of Production, Income and Prices at the University of Pennsylvania（Nov 2012）.

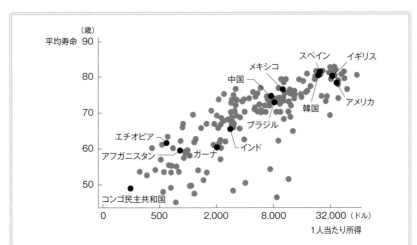

図表6.5 平均寿命と1人当たり所得の関係：2010年（購買力平価換算、2005年価格）

図からは、1人当たり所得が高い国の人々は、平均寿命（出生時平均余命）も長いことが見てとれる。平均すると、より豊かな国の人々は、概して長命な傾向がある。

出所：Penn World Table and World Bank DataBank; Alan Heston, Robert Summers, and Bettina Aten, Penn World Table Version 7.1, Center for International Comparisons of Production, Income and Prices at the University of Pennsylvania（Nov 2012）.

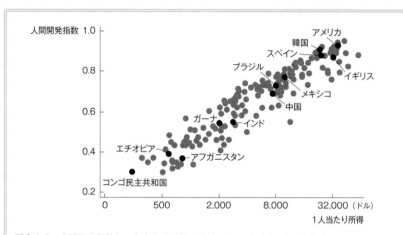

図表6.6 人間開発指数と1人当たり所得の関係：2010年（購買力平価換算、2005年価格）

人間開発指数とは、1人当たり所得、平均寿命（出生時平均余命）、25歳以上の平均教育年数、子どもの学校への入学者数などの情報を組み合わせた指標である。図からは、1人当たり所得が高い国は、人間開発指数も高い傾向にあることが見てとれる。

出所：Penn World Table (Alan Heston, Robert Summers, and Bettina Aten, Penn World Table Version 7.1); United Nations Development Programme.

1人当たり所得に着目するもう1つの理由は、貧困は不健康をもたらしがちなことである。国民の健康を測るのに、平均寿命（出生時平均余命）を見ることがある。図表6.5では、縦軸に平均寿命、横軸に1人当たり所得をとって描かれた散布図であり、やはりここでも2つの間には強い関係が見られる。つまり、所得から導かれたものではない生活水準の指標であっても、1人当たり所得と強い関係を持っているのである。

各国ごとの生活水準を測定する際に考慮に入れるべき要因は、ほかにも多数ある。そうした要因を考慮した指数の1つに、国連が定義した人間開発指数がある。この指標は、1人当たり所得、平均寿命（出生時平均余命）、教育年数に関する情報を統合したものであり、生活水準をより総合的に測定することを目的としている。図表6.6は、人間開発指数を縦軸に、1人当たり所得を横軸にとって描かれた散布図である。図からは、1人当たり所得と人間開発指数の間にも強い関係があることがわかる。

ここまでの議論の全体の流れを見ると、1人当たり所得と、貧困や平均寿命や人間開発指数などの生活水準に関するいくつかの指標との関係から、1つのシンプルな道筋が見えてくる。はじめに、1人当たり所得に焦点を当てて調べ、その後に、健康、教育、貧困、国家間の格差や国内の格差に関する問題をさら

> **CHOICE&CONSEQUENCE**
> ## 選択の結果
>
> ### 1人当たり所得を見ているだけではわからないこと
>
> 　生活水準を国際比較するときのよくある間違いは、1人当たり所得にのみ焦点を当てて、その構成については考慮しないことだ。わかりやすい例に、南アフリカのケースがある。1994年以前の南アフリカは、アパルトヘイト（分離を意味している）と呼ばれた弾圧的な人種差別制度の下で、少数の白人により支配されていた。アパルトヘイトは、アフリカ系アメリカ人の政治参加を禁止しただけでなく、その経済活動も制限した。さらに、黒人労働者の賃金を低く抑えるために様々な弾圧的な取決めも定められていた。経済史学者チャールズ・ファインスタインによれば、20世紀を通じて、南アフリカ経済は全体では繁栄していたにもかかわらず、この間の黒人市民の所得は増えていなかった[1]。南アフリカの1人当たり所得の推移を見るだけでは、黒人の大半が低所得で低い生活水準に苦しんでいたことはわからない。

に詳しく見ていく、という順番だ。本章ではこの方法で議論を進めることにする。

6.2 生産性と集計的生産関数

　すでに学んできたように、1人当たり所得や労働者1人当たり所得が各国間で異なっている理由を知るためには、生産性の違いについて理解する必要がある。最初に、国ごとに生産性のばらつきが生じる主たる要因の概略について学ぶ。続いて、集計的生産関数を用いて、これらの要因についてより体系的に分析を行うことにしよう。

生産性の違い

　国によって生産性に差が生じるのは、主に3つの要因がある。順番に説明していこう。

　(1) 人的資本　労働者は、**人的資本**（生産物あるいは経済的価値を生み出す

● **人的資本**(human capital)とは、生産物あるいは経済的価値を生み出す労働者の技能の蓄積である。

1) Charles H. Feinstein, *An Economic History of South Africa: Conquest, Discrimination and Development*, Cambridge University Press, 2005.

労働者の技能の蓄積）で見ると、個人個人がみな違う。たとえば、コンピューターサイエンス（計算機科学）の学位を持つ大卒労働者がプログラミングやウェブページ制作をするならば、高卒労働者よりもはるかに生産性は高いだろう。そこで、コンピューターサイエンスの知識を持つ労働者は、1日当たりで高卒労働者2人分の仕事ができるとしよう。この場合には、大卒労働者は高卒労働者の2倍の人的資本を持つ、あるいは生産性が2倍だ、と言う。

　(2) **物的資本**　**物的資本**とは、機械（設備）や建物（構築物）のように、生産に使用されるあらゆる財である。たとえば農業生産のためには、農業機械、投入物と産出物を運搬するための設備、そして産出物を貯蔵するための建物が必要になる。これらの投入物はすべて異なったものであるが、ひとまとめにして、経済の**物的資本ストック**（ドル価格表示）として扱われる。経済がより大きな物的資本ストックを持っているときには、それぞれの労働者はより多くの（より良い）設備と構築物を使って働けるので、労働者の生産性はより高いものになる。

　(3) **技術**　良い**技術**を持っている経済は、労働と資本を効率よく使用し、高い生産性を実現する。経済がより良い技術を持つとはすなわち、生産における優れた知識（たとえば、他国にない新しい製造技術）を持っているか、生産活動がより効率的に組織されているか、のいずれかの場合である。

集計的生産関数

　人的資本、物的資本、そして技術は、経済の中で労働者がどれくらい生産的であるかを決定する重要な要因である。集計的生産関数は、経済の中でこの3つの要因がどのようにGDPを作り出しているかを理解するうえで用いられるツールである。

　5章では、何万もの製品をGDPという1つの尺度にまとめる方法を学んだ。本章では分析をさらに一歩深めて、すべてを集計してGDPとして簡単化し、GDPを1つの製品と見る。この簡単化によってGDPの構成を無視したとしても、何がGDPの水準を決めるのかをもっ

> 人的資本、物的資本、そして技術は、経済の中で労働者がどれくらい生産的であるかを決定する重要な要因である。

- **物的資本**(physical capital)とは、機械（設備）や建物（構築物）のように、生産に使用されるあらゆる財である。
- **物的資本ストック**(physical capital stock)とは、生産に使用される機械（設備）や建物（構築物）、その他の労働以外の投入物の価値の合計である。
- 良い**技術**(technology)を持っている経済は、労働と資本を効率よく使用し、高い生産性を実現する。

とはっきり理解することができる。これが本章の主な目的である。

GDPをこのように見ることの利点は、1つの製品として扱うことによって、集計的生産関数を分析するように、GDPと様々な投入物との関係を分析することができるようになることにある。これは、企業の産出量と投入物の関係を分析する方法と似ている。たとえば、トウモロコシの生産量を知りたいならば、最初に行うことは、トウモロコシの総生産量と、農場で働く労働者の人数や使用する機械などの主な投入物との関係を明確にすることである。

集計的生産関数の分析で重要な概念が生産要素だ。生産要素とは生産過程での投入物——生産要素以外の財（ここではGDP）を生産するために市場で購入される財とサービス——である。これについては5章で学んでいる。一国の産出量について理解するためには、生産関数を使って分析する。生産関数とは、GDPを生産するために生産要素がどのように組み合わされているのかを示すものである。しかし、1社を分析する場合とは違って、私たちが注目するのはTシャツやiPhoneのような特定の製品ではなく、GDP全体である。このような関数を**集計的生産関数**と言う。

集計的生産関数は、GDPがどのように決定されるのかを理解するためだけでなく、国によって生産性にばらつきがあるのはなぜかを理解するうえでも役に立つ。

労働

生産において最も重要な第1の要素は労働だ。雇用される労働者が多くなれば、一国の産出量は増加する。たとえば、土地を耕してトウモロコシを収穫するためには、より多くの労働者が雇用されることが必要である。

だが、すべての労働者が同じというわけではない。優れた人的資本を持ち、より多くの産出量、すなわちより多くの経済価値を生み出す労働者もいる（人的資本が生産性の重要な決定要因である理由はここにある）。労働者の人的資本は国によって異なるので、一国の労働者の総数を指標として見ているだけでは、その国の経済の総産出量はわからない。その代わりに、労働者の総数と、労働者（雇用されている個人）の平均人的資本（効率性）を掛け合わせた**労働の総効率単位**を知る必要がある。たとえば、コンピューターサイエンスの学位

- **集計的生産関数**(aggregate production function)とは、一国のGDPと生産要素との関係を示すものである。
- **労働の総効率単位**(total efficiency units of labor)とは、経済における労働者の総数と、労働者（雇用されている個人）の平均人的資本（効率性）を掛け合わせた指標である。労働の効率単位とも言う。

を持っている大卒労働者は、高卒労働者2人分の仕事ができる場合には、その大卒人材の労働は高卒労働者の2倍に計上することが自然である。この考え方を拡張すると、労働の総効率単位（H）は、その国の全労働者数（L）と、効率性あるいは労働者の人的資本の平均（h）の積、として計算できる。

$$H = L \times h$$

この式からわかるとおり、一国の労働の総効率単位が増加するときには、より多くの労働者が生産過程に参加する（雇用が増加する）か、あるいは労働者の生産性がより上昇するか、のいずれかが実現した場合である。正式な教育を受けることにより高い技能を身に付けさせることは、労働者の生産性を上げる方法の1つになる。

物的資本と土地

第2の主要な生産要素は物的資本であり、Kで表される（ドイツ語の資本［Kapital］の頭文字からとられている）。一国に物的資本がたくさんある、つまり優れた物的資本ストックがあると、労働者はより多量の、あるいはより高品質の機械と建物を使って労働できるので、その国のGDPをより大きくすることができる。

第3の生産要素は土地である。18世紀の経済を考えてみれば、土地やその他の天然資源は生産の重要な要素であっただろう。土地以外の生産要素には、天然資源やその経済における起業家能力（起業家や経営者の技能と能力）がある。議論を簡単化するために、ここでは物的資本と労働（特に労働の総効率単位）のみに関心を払う。土地と天然資源の価値は、物的資本ストックに含められる（建物の価値が物的資本に入るのと同じことである）。起業家能力の役割については、技術に関する議論で再び触れる。

集計的生産関数を式で表す

集計的生産関数は、以下の式で表される。

$$Y = A \times F(K, H)$$

この式は、「Yは、KとHの関数である」と読む。以下は記号の定義である。

1. YはGDPを意味する。
2. Kは一国の物的資本ストックである。
3. Hは一国が生産で使用する労働の総効率単位である。

4. Fは、物的資本と労働とGDPの間には関係があることを意味している。GDPは物的資本と労働の総効率単位を組み合わせて作り出される。
5. Aは技術を表す指数である。Aが大きければ、その国は同じ水準の物的資本ストックと労働の総効率単位で、より多くのGDPを作り出すことができる。技術の役割については、後に詳しく議論する。

この集計的生産関数は、個々の企業が特定の製品を生産するときの生産関数と似たものである。特に、以下の点が挙げられる。

(1) 特定の企業の生産関数と同じように、集計的生産関数は、物的資本と労働が増えるときにはGDPが増加することを示している——ここでは、量が増えることは良いことである、と想定する。労働を一定とすると、物的資本ストックを増やせば、より多くのGDPを生産できる。物的資本ストックを一定とすると、労働を増やせば、より多くのGDPを生産することができる。

(2) 集計的生産関数はまた、限界生産力逓減の法則に従う(4章で学んだ限界便益逓減の議論と似ている)。**限界生産力逓減の法則**とは、他の生産要素投入を一定として、ある生産要素の投入を増やすと、その生産要素のGDPへの限界的な寄与は小さくなることである。図表6.7は、労働の総効率単位を一定とした、集計的生産関数の図が描かれている。また図表6.8には、物的資本ストックを一定とした、集計的生産関数の図が描かれている。まず、図表6.7から説明しよう。

図表6.7には、物的資本ストックと産出量(GDP)の間には正の関係があることと限界生産力逓減の法則が示されている。特に、物的資本ストックの1単位の追加が産出量に与える限界的な寄与(物的資本ストックが1単位増える結果として、産出量はどのぐらい増加するのか)には、総物的資本ストックが大きくなると減少するという負の関係がある。これを確認するには、1単位の物的資本ストックの増加に対する産出量の増加を、集計的生産関数の2つの異なる点で比較すればよい。原点に近い場所(点A)での物的資本ストックの1単位の増加量を見てみよう。経済で物的資本ストックが少ないときには、対応する産出量の増加量は大きくなる。さらに右へ移動して、物的資本ストックが多くなった場所(点B)で1単位の物的資本ストックを増加させるときには、点

● **限界生産力逓減の法則**(law of diminishing marginal product)とは、他の生産要素投入を一定として、ある生産要素の投入を増やすと、その生産要素のGDPへの限界的な寄与は小さくなることである。

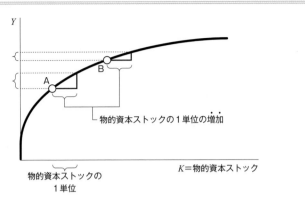

図表6.7 横軸に物的資本ストックをとった集計的生産関数（労働の総効率単位は一定）

図に描かれた集計的生産関数は、労働の総効率単位を一定としたときの、一国の物的資本ストックとGDPの関係を示している。物的資本ストックが増えるときには、GDPも増加する。しかし、限界生産力逓減の法則により、物的資本ストックが増えるにしたがって、両者の関係を表す曲線の傾きは次第に緩やかになる。物的資本ストックの同じ1単位の増加に対するGDPの増加を比べると、点B（物的資本ストックが多い点）よりも、点A（物的資本ストックが少ない点）においてのほうが、GDPの増加量は大きくなる。

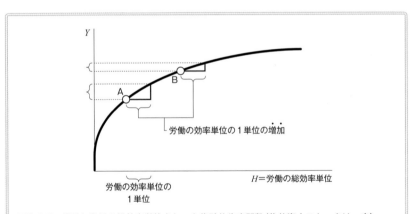

図表6.8 横軸に労働の総効率単位をとった集計的生産関数（物的資本ストックは一定）

図に描かれた集計的生産関数は、物的資本ストックを一定としたときの、一国の労働の総効率単位とGDPの関係を示している。この場合にも同様に、労働の総効率単位が増えるときには、GDPも増加する。しかし、限界生産力逓減の法則により、労働の総効率単位が増えるにしたがって、両者の関係を表す曲線の傾きは次第に緩やかになる。

Aと比べて点Bのほうが縦軸の増加量は少ない。すなわち、点Aよりも点Bのほうが結果として生み出される産出量の増加分は少なくなっていて、限界生産力逓減の法則を視覚的に確認することができる。

　図表6.7では、労働の総効率単位（H）を一定として、その経済における物

的資本ストックとGDPの関係を見ている。図表6.8では逆に、物的資本ストック（K）を一定として、その経済における労働の総効率単位とGDPの関係を見ている。どちらの関係においても、限界生産力逓減の法則は成り立っている。

6.3 技術の役割と決定要因

次に、技術がどのように集計的生産関数に影響を与えるのか、そして、一国の技術水準に影響を及ぼす要因について考えてみよう。

技術

GDPを決定する第3の生産要素は技術である。集計的生産関数においては、生産要素とGDPの関係を決めるのは技術であると考える。技術がより優れたものであるならば、その経済は同じ投入物からより多くの産出物を作り出す。図表6.9は、より高度な技術が集計的生産関数に及ぼす意味を示している。労働の総効率単位（H）を一定とすると、技術が進歩するとGDPと物的資本ストックの関係を示す線は上にシフトする。したがって、労働の総効率単位の水準が同じであるときには、より優れた技術があれば、経済はより多くのGDPを作り出す。

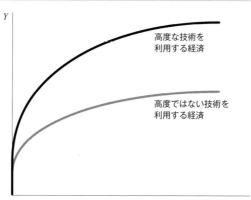

図表6.9 技術進歩の結果が引き起こす生産関数のシフト

技術が進歩するにつれて、集計的生産関数は上にシフトする。つまり、物的資本ストックと労働の総効率単位が同じであるときには、技術進歩があれば、より多くのGDPが生み出される。図は、労働の総効率単位が一定のときには、様々な物的資本ストックの水準において、より技術が進歩した経済ではより高水準のGDPが生み出されていることが示されている。

LETTING THE DATA SPEAK
データは語る

ムーアの法則

　1965年以降、コンピューターのマイクロプロセッサー開発をめぐっては、驚くべき規則性が長期間にわたって続いている。これはムーアの法則と呼ばれる(この方法を発見したインテル社の共同創始者ゴードン・ムーアの名前にちなんだものである)。ムーアは、マイクロプロセッサーのチップ上に集積されるトランジスタの数はおおよそ2年ごとに2倍になると予想した[2]。トランジスタの数は、コンピューター・プロセッサーの演算処理速度を決定する重要な要素である。ムーアの法則では、大まかに言うと、コンピューターの演算処理能力は2年ごとに2倍になると言っているのである。図表6.10に描かれているように、これまでのところは、コンピューター技術の発展の歴史はムーアの法則で予想された道筋をたどってきた。コンピューターの技術進歩をめぐるその他の指標も、ムーアの法則どおりに進歩してきたことを示している。たとえば、デジタルカメラの画素数や、RAMの記憶容量もおおよそ2年ごとに倍増してきた。その一方で、コンピューター・ノードの消費電力やハードディスクの記憶容量当たりの価格は、2年ごとに半分になっている。

　もちろん、時間と技術進歩の関係は、「法則」になるようにあらかじめ決まっ

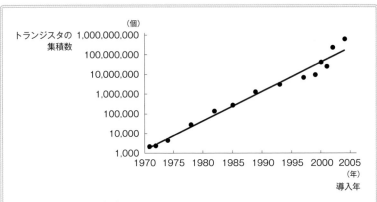

図表6.10　ムーアの法則

1965年、ゴードン・ムーアが、コンピューター・プロセッサーの演算処理速度は着実に改善されていくことを予想した。この予想は、結果的には非常に正確なものであった。コンピューターチップ上に集積されるトランジスタの数はおおよそ2年ごとに倍増した。この驚くべき規則性はムーアの法則と呼ばれるものであり、現代の持続的技術進歩を象徴する法則となった。

出所：Intel, "Moore's Law: Raising the Bar," *Backgrounder*, 2005. http://www.bandwidthco.com/whitepapers/hardware/cpu/moore/Moores%20Law%20-%20Raising%20the%20Bar.pdf

---

[2] Gordon E. Moore, "Cramming more Components onto Integrated Circuits," *Electronics Magazine*, 19 April, 1965.

> ていたわけではない。この技術進歩は、新しいコンピューター技術に対する多くの企業の投資の結果として生み出されたものであり、それらの投資の収益が、再び投資を呼ぶのである。大学や民間研究所への政府の研究助成の成果でもあり、またアメリカやその他の先進諸国そして発展途上諸国の大勢の若く優秀な学生が理工系とその関連分野に参入した結果でもある。将来はどうなるかはわからないし、急速な技術進歩も止まってしまうかもしれない。理工系に進学する学生が減るかもしれないし、政府が民間や大学への研究助成を減らすか完全に止めてしまうかもしれない。それにより、将来の技術進歩へのインセンティブが弱められてしまうかもしれない。また、たとえ研究助成金の削減やこの分野の研究の収益性に変化がなかったとしても、今までのような急成長から比べれば進歩の速度は落ちるかもしれない。それでもなお、ムーアの法則が示した規則性は今までのところ極めて正確なものであり、今後も将来にわたってそれが続くとするならば、生活への影響ははかりしれないものとなるだろう。

　集計的生産関数の分析を通して、生産性が人的資本や物的資本および技術に依存する理由が明らかになった。総就業者数を一定としたときには、より優れた人的資本、より多くの物的資本ストック、より優れた技術は、どれもがGDPの増加に寄与する。総就業者数（そして労働者1人当たりの労働時間）が一定であるときには、これらの生産要素は生産性を向上させる。

技術に関するいくつかの側面

　経済学で定義されている技術は、実際には2つの非常に異なった構成要素からなっている。まず知識である。現在、私たちは、スマートフォンやタブレットなどの、かつては存在すらしなかった様々な新しい財を生産する方法を知っている。これらの知識を利用することによって、より効率的に仕事を行うことができるようにもなった。たとえばあなたが、小論文を書いたりするとき、あるいは授業で計算したりするときには、コンピューターの力を利用する。このコンピューターは、社会が獲得し、生産過程に適用した知識によって生産されている。こうした知識の一部は、労働者の人的資本にも含まれている。現代の労働者たちは、50年前よりもより生産的に仕事をこなすことができる。しかし、この知識の重要な部分は、企業の物的資本ストックに体化されている（埋め込まれている）。すなわち、企業が使用するコンピューターは、経済の物的資本ストックの一部となっている。

　しかし、技術は、物的資本ストックとは違うものである。100年前には、い

くら支払ってもいいと思ったとしても、コンピューターを買うことはできなかった。そもそもコンピューターはまだ発明されていなかった。50年前は、あなたが今使っているよりも性能が劣るコンピューターであっても、購入するには莫大な金額を支払わなければならなかった。入手できたとしても、おなじみのノートタイプはなく、巨大な装置であった。技術進歩──この場合にはコンピューター技術の進歩──は、こなせる仕事の量を増やし、そのスピードも速くしたのである。

　技術進歩は偶然に起こることもあるが、多くの場合に、経済主体による目的を持った最適化行動の結果である。たとえば、社会は**研究開発（R&D）**によって進歩を実現する。研究開発には、大学や民間研究所における新しい科学のアイデアに関する研究や、工場の現場で生産過程に適用される新しい生産方法の研究、既存の知識や製品を商品化するための開発、などの幅広い活動が含まれている。R&Dは、アメリカ経済にとって重要な活動だ。2007年（データの得られる最新年）には、約141万人が研究職として働き、4,300億ドル（GDPの2.77％）が研究開発に投じられた。このうち、約2,700億ドルは企業による支出で、残りがアメリカ政府、大学、そしてその他の機関により支出された。

　経済学で言う技術とは、生産過程に関する知識の進歩を表現するよりももっと広い意味で使用される用語である。2国の経済で考えてみよう。1つの国では、資源の配分は市場で決められる。もう1つの国では、資源は個人と企業の間にランダムに配分される、としよう。少々特殊な想定ではあるのだが、どちらの国にも、経済学者とバスケットボール選手の2種類の労働者と、教育とバスケットボールという2種類の仕事しかないと仮定する。

　最初の国では、労働者への仕事の配分は市場に委ねられている。教えることよりもバスケットボールのほうが上手な人はバスケットボール選手になり、経済学者は教育者になるだろう。もう1つの国では、この資源配分はランダムに行われる。経済学者がバスケットボール選手に選ばれることもあるし、バスケットボール選手が大学で教えることもある。2国間で生産についての知識には差はなく、また同じ人的資本を持っているとする。それでも、最初の国のほうがはるかに成功するであろうし（特にバスケッ

> 技術進歩は偶然に起こることもあるが、多くの場合に、経済主体による目的を持った最適化行動の結果である。

●**研究開発（R&D）**(research and development)とは、企業または経済において技術進歩を目的とする、科学的知識の向上、新しいイノベーションの創出、または生産過程における既存の知識の改善、などを目指す活動。

> **LETTING THE DATA SPEAK**
> **データは語る**
>
> **企業レベルでの生産の効率性と生産性**
>
> 　経済学者のジェームズ・シュミッツは、アメリカとカナダの鉄鉱業がブラジルの生産者と競争した事例を研究した[3]。彼は、企業の組織構造の進歩が、生産の効率性、つまり「技術」の向上をもたらし、そして生産性を著しく向上させることを明確に示した。
>
> 　シュミッツの研究によると、カナダやアメリカの鉄鉱業は従来は外国との競争がほとんどなく、生産性（たとえば1時間当たりの鉄鉱石の産出量）は、少なくとも1970年以降は一定であった。ところが、1980年代初頭にブラジルの生産者がアメリカ市場に参入し、シカゴやその他の主要市場で鉄鉱石の販売を開始した。すると、その後の10年間では、それまでは横ばいであったアメリカとカナダの鉄鉱業の生産性が2倍になった。シュミッツの分析によれば、これは資本や資材の集中的な投入や、新しい生産技術の導入を原因としたものではなく、生産過程の大幅な再編成による結果だった。
>
> 　シュミッツの指摘によれば、鉄鉱石の採掘現場には強力な労働組合があった。そのために、現場では労働者に業務を効率よく再配分することができなかった。たとえば、様々な設備ごとに配置されている修理工の数が多すぎると業界内では報告されていたのだが、労働組合の契約があったために、修理工の人数を減らすことはできなかった。ところが、外国との競争が激化したことにより、業務ルールが変更され、労働力をより生産的に配置することができるようになった。労働者の業務が適切に配分され、設備が効率的に活用できるようになった結果、生産性は劇的に向上した。

トボール分野）、より多くの生産が生み出されるだろう（バスケットボール分野の成功は当然であるにしても、おそらくは教育分野でも大きな成果を収めるだろう）。

　この2国間の違いは**生産の効率性**である。生産の効率性とは、所与の（ある与えられた）費用、または、所与の生産要素と知識から、最大の産出量を生み出す社会（経済）の能力である。経済が生産の効率性を引き上げることができれば、図表6.9に示されていたのと同様に、集計的生産関数は上にシフトする。

- **生産の効率性**(efficiency of production)とは、所与の生産要素と知識から、最大の産出量を生み出す社会(経済)の能力。

[3] James A. Schmitz, "What Determines Productivity? Lessons from the Dramatic Recovery of the U.S. and Canadian Iron Ore Industries Following Their Early 1980s Crisis," *Journal of Political Economy*, Vol. 113, No. 3, 2005, pp. 582-625.

生産の効率性とは、所与の投入物を用いて作り出される産出量に差異をもたらすものである。したがって経済学では、生産の効率性は技術の一部であると定義される。

GDPにおける技術の重要性が、以下の式に示されるように、集計的生産関数に技術（A）が含まれている理由である。

$$A \times F(K, H)$$

Aが大きい場合には、技術が優れていることを意味し、所与の労働の総効率単位と物的資本ストックにおいてGDPを増加させる。したがって、図表6.9に示されているように、集計的生産関数は上にシフトする。しかし、Aは生産要素ではないことに注意が必要だ。Aはその国で利用可能な技術の水準ではあるのだが、生産者が市場で購入できる投入物ではない。

企業家精神

生産の効率性と生産性が国によって異なっている点に関する特に重要な理由が、企業家精神である。8章でさらに詳しく触れるが、様々な要因が、企業家として比較優位がある個人が実際に起業をするかどうかに影響を及ぼしている。彼らが起業できない場合には、一国の生産の効率性は低下する——これは、バスケットボール選手と経済学者の間の仕事の配分のミスマッチの例と同じケースであるが、おそらくはもっと重要な問題を含んでいる。

LETTING THE **DATA SPEAK**
データは語る

独占とGDP

メキシコは、1994年にアメリカとともに北米自由貿易協定（NAFTA）に加盟した。その時、多くの経済学者は、メキシコの経済は急速に成長するだろうと予測した。しかし、NAFTA加盟以降の15年間を通して、メキシコの経済成長率は、ほとんどの予測をはるかに下回るものだった。メキシコ経済が躍進を遂げられなかった理由の1つが独占と新規参入への障壁だ。

メキシコの電気通信産業は、長期にわたった国営企業による独占を経て民営化されたものの、実際には、カルロス・スリムが支配する民間企業による私的独占状態にあった。おかげで、カルロス・スリムは今では世界的な大富豪の1人だ。対照的に、アメリカの電気通信産業は非常に競争が激しく、多くの企業が、無線通信（ワイヤレス通信）とブロードバンドインターネット接続の両分野で競争している。メキシコの電気通信産業では、

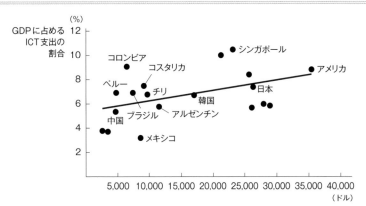

図表6.11 同等水準所得の各国と比較してメキシコの情報通信技術への投資水準は低い

独占と新しい企業に対する参入障壁は、投資を妨げ、技術進歩を遅らせることが多い。たとえば、電気通信産業が独占状態にあるメキシコでは、1人当たり所得の水準が近い各国と比較して、情報通信技術(ICT)への投資額が少なくなっている。

出所：世界銀行。

国際的に見ても高額な通信料金が課されているというだけでなく、図表6.11に示されるように、経済状況がほぼ同等水準にある各国と比較して投資額も少ない。

効率的な資源配分を妨げている独占と参入障壁を取り除くことは、GDPを増加させるための1つの重要な方法である。

EBE　Evidence-Based Economics
根拠に基づく経済学

問い：平均的アメリカ人が平均的インド人よりずっと豊かな理由は何か？

アメリカとインド（そして他の国々）の間で、労働者1人当たり所得と生産性に格差がある理由を理解するためには、人的資本、物的資本、技術の3つの要素に焦点を当てるとわかりやすい。各国間の労働者1人当たり所得（GDP）に違いがある理由を説明するためには、これらの3つの要素のそれぞれの重要性を理解しなければならない。そこで、ある国の実際の労働者1人当たり所得と、比較をしたい国と同じ水準の人的資本、物

的資本ストック、技術をその国が保有しているとした場合の労働者1人当たり所得と比較してみよう。図表6.12では、この作業を技術に関して行っている。

　教育の達成度（人的資本の重要な側面である）と雇用に関するデータを使用して、労働の総効率単位を計算する。表の(3)列は、各国の労働者1人当たりの平均教育年数である。アメリカと比較すると、ほとんどの国で平均教育年数は極めて短い。

　次に、過去数十年間分の投資のデータを使用して、各国ごとの物的資本ストックを計算した。(4)列は、各国ごとの労働者1人当たりの物的資本ストックをアメリカの水準と比較して示した割合である。ほとんどの国の労働者1人当たりの物的資本ストックはアメリカを大きく下回っている（表には示されていないが、ノルウェーはアメリカよりも高い水準である）。

　集計的生産関数の形式をとった推定値を用いると（推定値の詳細については本章補論を参照）、労働の総効率単位と物的資本ストックが労働者1人当たり所得とどのように関係しているのかを見ることができる。人的資本と物的資本の寄与と、実際の労働者1人当たり所得（図表6.12の(2)列）を比較することで、技術が労働者1人当たり所得にどの程度の寄与をしているのかを推測できる。特に、物的資本と労働の寄与として説明できないGDPについては、技術が寄与しているものと仮定する。

　集計的生産関数の推定値に基づいて、次に、各国の実際の所得水準（2列）と、これらの各国がアメリカと同等水準の技術を持っていたとした場合の所得水準（5列）とを比較する（労働の総効率単位と物的資本ストックについては各国の実際の数値を使用する）。実際の所得と、このような推定値との差が技術の寄与分を表している。

　表からは、明確なパターンが示されている。アメリカにおける労働者1人当たり所得は、インドの約9倍（8万2,359ドル/9,010ドル≈9）であり、図表6.1から図表6.3で説明したパターンと一致する。インドの平均教育年数は5.1年であり、アメリカは13.1年である。インドの労働者1人当たりの物的資本ストックは、アメリカの約9％しかない。

　それならば、インドがアメリカと同等の技術水準を持っていたと想定

国 (1)	労働者1人当たり所得（2010年）(2)	平均教育年数 (3)	労働者1人当たりの物的資本ストックの比率（アメリカの2010年の水準との比較）(4)	アメリカと同等水準の技術を持っていた場合の労働者1人当たり所得 (5)
アメリカ	82,359ドル	13.1年	100.0	82,359ドル
イギリス	67,025ドル	9.8年	65.8	61,548ドル
韓　国	54,315ドル	11.8年	87.7	74,496ドル
スペイン	54,539ドル	10.4年	83.9	68,684ドル
メキシコ	27,625ドル	9.1年	33.5	47,725ドル
ブラジル	15,975ドル	7.5年	16.9	35,045ドル
中　国	12,961ドル	8.2年	14.9	34,881ドル
インド	9,010ドル	5.1年	8.9	24,071ドル
ガーナ	4,928ドル	7.1年	4.2	21,502ドル
アフガニスタン	3,980ドル	4.2年	3.7	16,818ドル
コンゴ民主共和国	628ドル	3.5年	0.8	9,625ドル

図表6.12 人的資本、物的資本、技術の3つの要素が、労働者1人当たり所得の違いに及ぼす影響
出所：Penn World Table（Alan Heston, Robert Summers, and Bettina Aten, Penn World Table Version 7.1）．

すると、人的資本と物的資本が従来の水準のままであった場合に、典型的なインドの労働者はどれくらい生産をするのだろうか？

その答えは(5)列に示されている2万4,071ドルである。すなわち、インドの技術がアメリカの水準と同等になると、インドの労働者1人当たり所得は今の約3倍になる（2万4,071ドル/9,010ドル ≈ 2.7）。技術水準の違いが大きな差につながっていることがわかる。さらに、もしもインドが人的資本と1人当たり物的資本をアメリカと同等の水準まで増加させれば、労働者1人当たり所得はアメリカと同等の水準まで上昇するだろう（生産関数から導き出される当然の結論である：インドの人的資本、労働者1人当たりの物的資本、技術の3つの要素がアメリカと同等の水準なら、インドの労働者1人当たり所得はアメリカのそれと同じ水準になる）。インドの場合には、所得はさらに3.5倍に増加する（8万2,359ドル/2万4,071ドル ≈ 3.5）。

このように、技術の違いは非常に重要なものに見える（労働の総効率単位と物的資本とを合わせたものとほぼ同じぐらい重要なものに見える）

が、その違いは一国の経済や企業で生産のために利用できる知識の違いというだけではない。そこには生産の効率性の違いも反映される（経済学者とバスケットボール選手の例を思い出そう）。さらに、生産要素の計測誤差があった場合にも、技術の違いとして扱われてしまう。たとえば、現実に、人的資本が各国ごとに異なっているのは、平均教育年数が違うからだけではなく、教育の質に大きな差があるからでもある。豊かな国で教育の質が高い傾向にあるならば、ここで示した計算方法では技術の影響を過大評価してしまっているのかもしれない。

Q 問い 平均的アメリカ人が平均的インド人よりずっと豊かな理由は何か？

A 答え 労働の総効率単位と物的資本の違いは重要である。インドがアメリカと同等水準の技術を持っていたならば（生産の効率性の違いも含まれる）、労働者1人当たり所得（GDP）は9,010ドルではなく、約3倍の2万4,071ドルになっていただろう。労働の総効率単位と物的資本をアメリカと同等の水準まで増やすことができれば、労働者1人当たり所得はさらに3.5倍に増加させることができる。

データ 各国ごとの労働者1人当たり所得（購買力平価換算）、教育、そして投資。

注意 データで示されている技術の違いには、生産の効率性の違いが反映されるとともに、一方では計測誤差もあるかもしれない。

まとめ

- 1人当たり所得は、総所得あるいは国内総生産（GDP）をその国の総人口で割ることによって算出される。1人当たり所得はまた、各国によって異なった水準にある。アメリカやノルウェーなどの先進国の1人当たり所得は、アフガニスタン、ニジェール、コンゴ民主共和国などの40倍以上ある。

- 各国ごとの1人当たり所得（GDP）は、現在の為替レートを使って換算するか、あるいは購買力平価（それぞれの国の経済の代表的な製品を組み合わせたもの［バスケット］の価格を集計した基準）を使っ

て換算して単位をそろえることによって比較できるようになる。購買力平価は各国ごとの相対的な価格の違いを適切にとらえたものであり、為替レートの変化による変動にも左右されないため、より信頼に足る基準である。1人当たり所得は、国の経済に関する多くの重要な情報（医療、教育、格差、貧困など）を省略しているが、経済的繁栄をうまく表している指標である。一般的に1人当たり所得は、長い平均寿命（出生時平均余命）、高い教育水準、貧困率の低さと相関している。

- 集計的生産関数とは、一国のGDPと、労働の総効率単位、物的資本ストック、技術、生産の効率性などの生産要素との関係を示すものである。技術や生産の効率性の向上、そして労働の総効率単位や物的資本の増加は、GDPを成長させる。

- 労働の総効率単位と物的資本ストックは、GDP全体にとっては非常に重要だが、各国間の労働者1人当たり所得の違いを決定する最も重要な要因は、技術の違いと生産の効率性の違いである。

キーワード

1人当たり所得または1人当たりGDP

購買力平価（PPP） 　　　労働者1人当たり所得（GDP）
生産性 　　　　　　　　1人1日1ドルの貧困線
人的資本 　　　　　　　物的資本
物的資本ストック 　　　技術
集計的生産関数 　　　　労働の総効率単位
限界生産力逓減の法則 　研究開発（R&D）
生産の効率性

復習問題

1.... アメリカとガーナの1人当たり所得を比較しよう。第1の方法では、米ドルとガーナセディ（セディはガーナの通貨単位）の現在の為替レートを用いて、米ドル

に換算する。第2の方法では、購買力平価換算の為替レートを用いて、米ドルに換算する。両国の生活水準をより正確に示すことができるのはどちらの計算方法だろうか？　理由も説明しなさい。

2. 購買力平価を測定するにあたって、ビッグマック指数を使用することにしよう。その欠点は何だろうか？

3. A国の1人当たり所得は、B国よりも高いとする。この時に、A国のほとんどの国民の所得がB国のほとんどの国民の所得よりも高いということにはならない。その理由を説明しなさい。両国の市民をそれぞれ10人として、上記の結論に至るような例を作りなさい。

4. 1人当たり所得は、生活水準の各国間の違いを理解するうえでは、労働者1人当たり所得よりも役に立つ指標だろうか？

5. 1人当たり所得と、絶対的貧困や平均寿命（出生時平均余命）のような厚生指標の間には相関はあるのだろうか？　1人当たり所得を厚生指標とみなすことはできるだろうか？

6. 人間開発指数では何が測定されるのだろうか？　人間開発指数とその国の1人当たり所得の相関はどうなっているのだろうか？

7. 生産性について説明しなさい。また、国によって生産性が異なる理由について説明しなさい。

8. 技術の2つの構成要素とは何だろうか？

9. 生産要素とは何だろうか？　また、集計的生産関数は何を表しているのだろうか？

10. 労働の総効率単位とは何だろうか？　労働の総効率単位と人的資本の関係についても説明しなさい。

11. 以下の図を使って、一国の物的資本ストックとGDPの関係について説明しなさい。

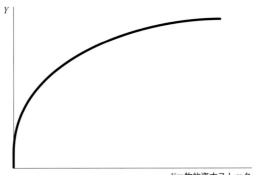

12. 「物的資本」と「人的資本」の違いについて説明しなさい。

13. 物的資本と天然資源はどのように異なるのだろうか？　説明しなさい。

14. 技術の向上は、集計的生産関数にどのように影響を及ぼすだろうか？

15.. ムーアの法則とは何だろうか？ ムーアの法則は歴史的データにより実証されているのだろうか？

16.. 平均的アメリカ人は平均的インド人よりずっと豊かである。その理由は何だろうか？

17.. 一国のGDPを成長させるためには、どのような政策を実行すればよいだろうか？

演習問題

1.... インドとイギリスのスターバックスの従業員に支払われる賃金を比較する新聞記事がある。当時の為替レートは、1ポンド＝87ルピーであった。記事によれば、インドではスターバックスのバリスタの時給は56ペンス（0.56ポンド）であり、イギリスでスターバックスが販売している一番安いコーヒーを下回る金額である。あなたの友人はこの記事に愕然として、インドのスターバックスは賃金を大幅に引き上げるべきだと主張した。友人の考え方は正しいだろうか？ 説明しなさい。

2.... 以下の表は、4カ国の各国の通貨建てで示された2012年の1人当たりGDPである。同年の各国におけるビッグマックの価格も各国の通貨建てで示されている。

	1人当たりGDP （2012年）	ビッグマック価格 （2012年）
ノルウェー（クローネ）	579,162	41
ポーランド（ズロティ）	41,398	9.1
トルコ　（トルコリラ）	19,580	6.6
イギリス　（ポンド）	24,740	2.49

出所；GDPは、UNECE Statistical Database、CIS、EUROSTAT、IMF、OECDからの抜粋。ビッグマックの価格は、http://bigmacindex.org/2012-big-mac-index.html を参照。

2012年のアメリカでのビッグマックの価格は4.20ドルだった。

各国に共通する製品の代表としてビッグマックを使用して、それぞれの国の購買力平価（PPP）の換算係数を計算しなさい。また、各国の1人当たりGDPの購買力平価を計算しなさい。

3.... 本章前半の学習を活用して、アメリカと、架空の国であるアルゴニア国の2008年の生活水準を比較しよう。

  a. 2008年のアメリカのGDPはおよそ14兆ドルで、人口は約3億人である。1人当たりGDPはいくらになるだろうか？

  b. 2008年のアルゴニア国のGDPは、現地通貨で1兆アルゴニアドル、人口は1,000万人である。1人当たりGDPはいくらになるだろうか？ この数字を、設問a.で計算した米ドル建てのアメリカの1人当たりGDPと比較しようとする場合には、どのような問題があるだろうか？

c. アルゴニアドル／米ドルの為替レートは、2008年1月1日の時点では6だった（1ドル＝6アルゴニアドル）。そして、2008年8月1日には9になった。2つの時点におけるアルゴニア国の1人当たりGDPを、それぞれ米ドル換算で示しなさい。為替レート換算でのアルゴニア国の1人当たりGDPの変化は、この期間における生活水準の真の変化を反映しているのだろうか？

d. アルゴニア国のマクドナルドでは、2008年のビッグマックの価格は7アルゴニアドルであった。アメリカではビッグマックは3.5ドルだった。この情報を用いて、アルゴニア国の1人当たりのGDPを別の方法で推計しなさい。この結果は、為替レートに基づくGDPの計算よりも信頼できるのだろうか？ その理由も説明しなさい。

4. 以下は、架空の国であるルジタニア国の情報である。

	2011年
人口（ルジタニア国全土）	1億9,000万人
雇用者数	8,000万人
国内総生産（GDP）	2兆4,760億米ドル

a. ルジタニア国の1人当たり所得を計算しなさい。

b. ルジタニア国の労働者1人当たり所得を計算しなさい。

以下は、同じく架空の国であるアルクティカ国の情報である。

	2011年
人口（アルクティカ国全土）	8,000万人
雇用者数	4,000万人
国内総生産（GDP）	3兆6,000億ドル

c. アルクティカ国の1人当たり所得を計算しなさい。

d. アルクティカ国の労働者1人当たり所得を計算しなさい。

e. これらの情報から、アルクティカ国はルジタニア国よりも生産性が高いと考えられるだろうか？ その理由も説明しなさい。

f. ルジタニア国とアルクティカ国の生活水準を比較するにあたっては、2つの表の情報をどのように使えばよいだろうか？

5. 架空の国であるポロニアの現在のドル換算でのGDPは、同じく架空の国であるルリタニアのGDPよりも高いとする。しかし、購買力平価換算のドル価格を使用すると、ルリタニア国のGDPのほうがポロニア国よりも高くなる。この情報をもとにしたときには、ポロニア国とルリタニア国の生活水準については、どのようなことが言えるだろうか？

6. 2011年、中国では貧困線の基準を1日当たり6.3元（1年当たり2,300元）に引き上げた。現在の為替レートで換算すると、1米ドル弱になる。中国の貧困線の水準は、2005年の購買力平価（PPP）で見ると1日1.25ドルに定められた世界銀

行の貧困線の水準には達していないという意見がある。あなたはこの意見に同意するだろうか？　この主張を評価するためには、ほかにどのような情報が必要だろうか？

7. この設問では、本章後半の学習を活用する。2つの異なる時期において、物的資本ストックと労働の総効率単位が変化した場合の経済の状態を比較してみよう。

a. 第1期から第2期にかけて失業率が上昇したと仮定する。ただし、その他すべてを一定とする。労働の総効率単位はどのような影響を受けるだろうか？　労働の総効率単位の定義式を使って、不等式を用いて説明しなさい。各期の労働の総効率単位は、以下のように示される。

第1期：$H_1 = L_1 \times h_1$

第2期：$H_2 = L_2 \times h_2$

ただし、Lは総就業者数である。

b. 失業の増加は、GDPにはどのような影響を及ぼすだろうか？　集計的生産関数の定義式を使って、不等式のかたちで示しなさい。

c. 1人当たりGDPと労働者1人当たりGDPには、どのような影響が及ぶだろうか？

d. 第1期から第2期にかけて技術進歩があったとする。しかし、同時に物的資本ストックは減少した。GDPは増加するだろうか、減少するだろうか？　その理由も説明しなさい。

8. 以下の表は、人的資本の効率単位（労働の総効率単位）の変化に伴うリサシア国のGDPの変化である。

GDP	物的資本ストック （1単位）	労働の総効率単位
10,000万ドル	15,000	16,000
15,000万ドル	15,000	20,000
18,000万ドル	15,000	24,000
20,000万ドル	15,000	28,000
21,000万ドル	15,000	32,000

a. 経済がより多くの労働の総効率単位を持つときのGDPの変化率について説明しなさい。

b. GDPを縦軸にとり、労働の総効率単位を横軸にとるときには、集計的生産関数はどのような形になるだろうか？

c. この集計的生産関数の形から、どのようなことが言えるだろうか？

9. 旧ソビエト連邦では、物的資本ストックを増やすことにのみ膨大な資源が使われていたが、結局は最後にGDPの成長は止まった。本章の議論に基づいて、この結果に至ったことが必然であった理由を説明しなさい。

10. 物的資本の収穫逓減を仮定して、集計的生産関数のグラフを描きなさい。縦軸

と横軸には、名前をつけなさい。それぞれどの要素が変化をしているのかを示しなさい。

11. 演習問題10のグラフに基づいて、技術進歩があったときには何が起こるのかを示すグラフを描きなさい。縦軸と横軸に名前をつけ、変化の方向を明確に記入すること。

12. まず日本、次に韓国、そして現在は中国であるが、これらの国々は研究開発（R&D）に多くの資源を費やすことなく急速な経済成長を達成した。本章では、技術進歩の重要性を成長のエンジンとして位置づけた説明をしてきたが、3カ国の成果とは矛盾しているように見える。

上記の3国は（そして他の国々も含めて）R&Dへの膨大な投資をすることなく、どのようにして急速な成長を達成できたのだろうか？

13. 「生産の効率性」の概念について、式を用いた説明と直観的な説明をそれぞれしなさい。生産の効率性がGDPにとって重要である理由を説明しなさい。

補論

集計的生産関数の数学的説明

　図表6.12では、インドがアメリカと同等水準の技術を持っていた場合のインドの労働者1人当たりの平均所得を示した。補論では、その計算方法について説明しよう。

　集計的生産関数、$Y = A \times F(K, H)$、を用いて、実際のデータを当てはめる際には、しばしば次の式を用いる。

$$Y = A \times F(K, H) = A \times K^{1/3} \times H^{2/3}$$

一般に、コブ・ダグラス関数と呼ばれるものであるが、この式にはいくつかの便利な特徴がある。第1に、KやHのべき指数（1/3と2/3）は、合計すると1になる（1/3 + 2/3 = 1）。これは、生産関数は規模に関して収穫一定であることを表している。すなわち、KおよびHが1%上昇すると、Yも1%上昇する。さらに、ここで示された関数は、国民所得のだいたい3分の2は労働に、3分の1は物的資本に振り分けられる、という経験的事実とも整合的である。

　式の両辺を経済の労働者の総数（L）で割ると、以下の式を得る。

$$Y \times \frac{1}{L} = A \times K^{1/3} \times H^{2/3} \times \frac{1}{L}$$

これは以下のように書き直すことができる。

$$y = \frac{Y}{L} = A \times K^{1/3} \times H^{2/3} \times \frac{1}{L^{1/3} \times L^{2/3}}$$

ここでyは労働者1人当たり所得、言い換えると、GDPを一国の労働者数で割った値である。右辺の右端は、単に、便宜上のために$1/L$を分割したものだ。

　この式を整理すると、以下を得る。

$$y = A \times \left(\frac{K}{L}\right)^{1/3} \times \left(\frac{H}{L}\right)^{2/3}$$

労働の総効率単位（H）は、$H = L \times h$、である。これを使って式を書き換える。

$$y = A \times \left(\frac{K}{L}\right)^{1/3} \times h^{2/3}$$

これをさらに書き換えると、以下のように表すことができる。

$$\begin{bmatrix} 労働者1人当たり \\ GDP \end{bmatrix} = [技術] \times \begin{bmatrix} 労働者1人当たり \\ 物的資本 \end{bmatrix}^{1/3} \times \begin{bmatrix} 労働者1人当たり \\ 人的資本 \end{bmatrix}^{2/3}$$

導出された式には、1人当たりGDPの各国ごとの違いと、生産性の各国ごとの違いには密接な関係がある理由が示されている。簡単化のため各国の労働者は同じ時間を働くと仮定すると、等式の左辺は、1時間の労働に対するGDPを示すことになり、一国の生産性となる。生産性とは、本章で強調した3つの要素——技術、物的資本、人的資本——により決定されることが、この式では表されている。

次に労働者1人当たりGDPに関するデータを、物的資本ストック(K)、または労働者1人当たりの物的資本に関するデータ、そして、労働者1人当たりの人的資本(h)に関するデータとともに使う。GDPに関するデータは、様々なデータソースから入手できる（いずれも国民経済計算に基づいている）。これらのデータソースからは投資に関する情報も入手できるので、物的資本ストックの計算に使うことができる。最後に、平均教育年数の違いから人的資本の各国ごとの差を計算する。特に、教育年数が1年間長くなることによって労働者の給料がいくら上昇するかという点についてはすでに学んでいる。この情報を活用すれば、平均教育年数の差に基づいて、人的資本の各国ごとの違いを表す指標(h)を作り出すことができる。たとえば、大卒であれば通常は教育年数は16年であり、教育年数が6年の労働者の2倍の賃金を得ている。そこで、平均教育年数が6年の国を$h=1$と設定し、平均教育年数が16年の国を$h=2$と設定する。

アメリカの技術（$A_{アメリカ}$と表記する）をまず計算しよう。前述の式を使えば以下を得る。

$$A_{アメリカ} = \frac{y_{アメリカ}}{\left(\dfrac{K_{アメリカ}}{L_{アメリカ}}\right)^{1/3} \times h_{アメリカ}^{2/3}}$$

アメリカの労働者1人当たりGDPは、以下のように表される。

$$y_{アメリカ} = A_{アメリカ} \times \left(\frac{K_{アメリカ}}{L_{アメリカ}}\right)^{1/3} \times h_{アメリカ}^{2/3}$$

上式は下式を整理することによっても求めることができる。

同様に、インドのGDPへの技術の寄与（$A_{インド}$と表記する）は以下の式のとおりである。

$$A_{インド} = \frac{y_{インド}}{\left(\dfrac{K_{インド}}{L_{インド}}\right)^{1/3} \times h_{インド}^{2/3}}$$

上式において、$A_{インド}$の代わりに$A_{アメリカ}$を使うと、インドのGDPがどのように変化するかを見ることができる。インドがアメリカと同等の技術水準である$A_{アメリカ}$を持ったときには、インドの労働者1人当たりの仮想的GDPは以下のように計算される。

$$y_{アメリカの技術を持つインド} = A_{アメリカ} \times \left(\frac{K_{インド}}{L_{インド}}\right)^{1/3} \times h_{インド}^{2/3}$$

$A_{アメリカ}$、$K_{インド}$、$L_{インド}$、$h_{インド}$の推計値を使うことによって、たとえばインドがアメリカと同等水準の技術を使用できたときには、インドの労働者1人当たりの仮想的なGDPは2万4,071ドルと計算される。同様の計算を行えば、どの国に対しても集計的生産関数にアメリカの技術水準を代入することができる。図表6.12は、以上のような計算を行った結果を示したものである。

経済成長と発展 第Ⅲ部

PART Ⅲ
Long-Run Growth and Development

経済成長

Economic Growth

アメリカ経済は、過去200年間にわたって、なぜ経済成長を続けることができたのか？

　アメリカはつねに繁栄し続けていたわけではない。現在の1人当たり（実質）GDPは、200年前の1820年と比較しておよそ25倍だ。当時はほんの一部の人々だけが町に住み、ほとんどの人々は農業に従事していた。ラジオ、テレビ、水道、ショッピングモール、車、飛行機や電車などの今では当たり前に使用されている財やサービスや技術の多くは、当時は想像することすらできなかった。

　アメリカをはじめとする一部の国々では、過去200年の間に新しい財やサービスおよび技術を開発して、1人当たりのGDP（所得）を劇的に増加させてきた。このプロセスこそ経済成長である。アメリカをはじめとする国々が過去200年の間にこれほどの経済成長を達成できた理由は何だろうか？　それはどのように達成されたのだろうか？　本章ではその答えを考えていこう。

本章の構成

7.1 経済成長の力

7.2 経済はどのように成長するのか？

EBE アメリカ経済は、過去200年間にわたって、なぜ経済成長を続けることができたのか？

7.3 経済成長と技術の歴史

7.4 経済成長、不平等、そして貧困

KEY IDEAS
キーアイデア

- 経済成長は、1人当たり（実質）GDPがどれだけ成長したかによって決まる。
- 多くの国々で1人当たりGDPが高くなっているのは、過去200年間にわたって続いた急速な経済成長の結果である。
- 持続的成長は、技術進歩によってもたらされる。
- 各国ごとに長期的な成長率は著しく異なっている。それが、1人当たりGDPの水準に大きな違いがある理由である。
- 経済成長は、貧困を減らす有効な手段である。

7.1 経済成長の力

　6章では、総所得（GDP）がどのようにして決定されるのかを学んだ。次に、この考え方を使って、なぜ、アメリカをはじめとする一部の国々が、ほんの200年の間にこれほど豊かになったのか、その理由を考えてみよう。その過程では、6章で説明した各国ごとの違いについて、新しい視点から眺めることになる。5章で説明したように、基準年の価格を使用して生産の価値を表したものが実質GDPであり、本章で単にGDPと言うときには、実質GDPを意味している（本章での基準年は、断りのない限り2005年である）。

ひと目でわかるアメリカの経済成長

　最初のステップとして、過去200年間のアメリカの1人当たりGDPの推移について見てみよう（図表7.1）。6章では、異なる国の所得を比較するために、代表的な製品を組み合わせたバスケットの価格を基準にして、所得を調整した。同様に、5章では、異なる年の所得を比較するために、インフレを調整した実質GDP（実質所得）の計算方法を学んだ。このとき、基準年の価格を使って、GDP（所得）を調整したことを思い出そう（これを、基準年価格と呼ぶ）。同じことを本章でも行う。図表7.1には、2005年を基準年として、アメリカの1人当たりGDPの推移が描かれている。たとえば1967年の所得は、2005年のド

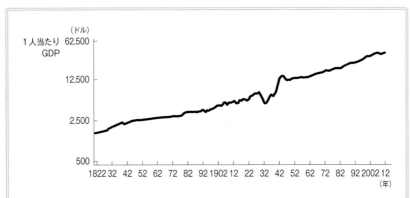

図表7.1 アメリカの1人当たりGDPの推移（2005年価格）

アメリカの1人当たりGDPの成長は、大恐慌とその後の一時期を除いて、比較的安定して持続してきた。縦軸は、同じ比率が同じ長さになるように数値をとる（これを対数表示と言う）。たとえば、500ドルと2,500ドルの間の長さは、2,500ドルと1万2,500ドルの間の長さと同じである。

出所：Maddison Project（1820-1959）and World Bank DataBank: World Development Indicators（1960-2012）; J. Bolt and J. L. van Zanden, "The First Update of the Maddison Project: Re-Estimating Growth Before 1820," Maddison-Project Working Paper WP-4（2013）．

ル価格表示になるように換算されている。

　図表7.1には、1820～2012年のアメリカの経済成長が描かれている。**経済成長**、または**成長**は、一国の1人当たりGDPの増加で表す。図には、過去200年間のアメリカの経済成長と1人当たりGDPの明らかな上昇が示されている。ただし、つねに上昇し続けたわけではなく、景気変動による上下の動きもある。特に目立つのは、1929年にはじまった大恐慌だ。大恐慌でアメリカの1人当たりGDPが最も低下し、多くの人々の生活にも重大な影響を及ぼしたものの、その影響は一時的なものだった——大恐慌をはさんだ前後の時期の、1人当たりGDPの安定した持続的成長がアメリカの経済を特徴づけている。本章では、このような長期的な動きに焦点を当てる。大恐慌のような経済変動については、8章以降で取り扱う。

　図表7.1に描かれている持続的成長の結果、現在のアメリカの1人当たりGDPと生活水準は1820年当時と比べてはるかに向上した。たとえば、1人当たりGDPは1820年の1,858ドルから、1950年には1万3,056ドルに、そして2012年には4万5,336ドルに上昇した（すべて2005年価格）。（図の縦軸は対数表示になっている。5章と6章の図表と同様に、500ドルと2,500ドルの間の長さは、2,500ドルと1万2,500ドルの間の長さと同じである。その理由について

| ●**経済成長**（economic growth）、または**成長**（growth）は、一国の1人当たりGDPの増加で表す。

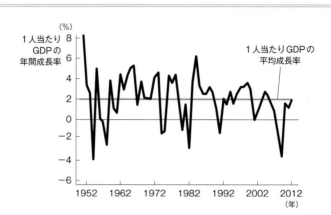

図表7.2 アメリカの1人当たりGDP成長率：1950〜2012年（2005年価格）

アメリカの1人当たりGDPの（年間）成長率は、平均成長率の周囲で上下に短期的変動を示している。

出所：Penn World Table (1950–1959) and World Bank DataBank: World Development Indicators (1960–2012); Alan Heston, Robert Summers, and Bettina Aten, Penn World Table Version 7.1, Center for International Comparisons of Production, Income and Prices at the University of Pennsylvania (Nov 2012).

は次節で触れる。）

　最初に、成長を測定する方法についてもう少し詳しく説明しよう。**成長率**は、2つの時点間で基準となる（2期間の当初の時点の）数量と比較した、2時点間の数量の変化（本章では、1人当たりGDP）、と定義される。2つの時点を、t と $t+1$ としよう。そして、その時点に対応する1人当たりGDPを、それぞれ、y_t と y_{t+1} とする。この2つの時点間での1人当たりのGDP成長は、以下の式になる。

$$\text{成長率}_{t, t+1} = \frac{y_{t+1} - y_t}{y_t}$$

1年間の変化に焦点を当ててみよう。たとえば、t と $t+1$ は2005年と2006年だとすると、アメリカの1人当たりGDPは、2005年には4万2,482ドル、2006年は4万3,215ドルであったので、2005〜06年の成長率は以下の式になる。

$$\text{成長率}_{2005, 2006} = \frac{4万3,215ドル - 4万2,482ドル}{4万2,482ドル} = 0.017$$

または、$0.017 \times 100 = 1.7\%$、となる。この式を用いれば、どの国のGDP成長率であっても計算できる。

- **成長率**(growth rate)とは、2つの時点間で基準となる（2期間の当初の時点の）数量と比較した、2時点間の数量の変化である（本章で扱う数量は、1人当たりGDP）。

図表7.2は、この式を使って計算した1950～2012年のアメリカの1人当たりGDPの年間成長率である。平均成長率は正で約2.03％だったが、景気変動も目立っている。経済成長がマイナスに陥った時期の1つに2008年にはじまった「金融危機（Great Recession）」がある。金融危機については、12章で詳しく説明する。

指数的成長

経済成長において議論の中心となるのは、**指数的成長**の概念である（指数関数的成長とも言う）。これは、数量がほぼ一定の成長率で増加するプロセスである。変数の価値の増加（前記の式では $y_{t+1} - y_t$）は、現在の価値（前記の式では y_t）に対して、比例的に増加する。後ほど説明するが、指数的成長*では、過去の成長に新しい成長が積み上げられて、その効果が増幅される。このため、成長率のわずかな違いであっても、何年も成長が続く間には、大きな量の違いとなって現れる。

6章で見たように、国によって1人当たりGDPの水準が大きく異なっている理由の1つに、この経済成長の指数的特徴がある。

指数的成長とその意味を理解するために、簡単な例で考えてみよう。2000年の変数 Y_t の価値は1で、その後は5％（0.05）の率で一定の成長を持続したとする。2015年の値はいくつになるだろうか？　最初に、$1 \times 0.05 = 0.05$、を基準年の値に対して15倍してみよう（2000～15年まで毎年1回ずつ足していくと15回になる）。すると、$15 \times 0.05 = 0.75$、で2015年は1.75となる（$Y_{2015} = 1.75$）。

しかし、ここには蓄積の効果が組み込まれていないため、成長率の正しい計算ではない。2001年から計算をはじめてみよう。5％の成長率では、2001年は1.05である（$Y_{2001} = 1.05$）。では、2002年はいくつになるだろうか？　ここでのポイントは、2001～02年の追加的な5％の成長は1.05からの成長であり、当初の1.00の水準からではない、という点だ。したがって、$Y_{2002} = 1.05 \times 1.05 = $

> 指数的成長では、過去の成長に新しい成長が積み上げられて、その効果が増幅される。

● **指数的成長**（exponential growth）とは、数量（たとえばGDP、または1人当たりGDP）がほぼ一定の成長率で増加するプロセスである。

* ここで、雪だるま式に増える成長を意味する「指数」的成長は、英語ではexponential growthである。indexも「指数」と訳され、物価「指数」の英語はprice indexである。単語も意味も異なる英語に対して、同じ訳語が慣習的に使用されているので、混乱しないように注意しよう。

1.1025、となる。同様に、2003年については、$Y_{2003} = 1.1025 \times 1.05 = 1.1576$、となる。繰り返して計算していくと、2015年については2.0789となる（$Y_{2015} = 2.0789$）。

この数字が最初の直感的計算の1.75より大きくなるのは、成長の効果が雪だるま式に積み上げられた結果である。これが、指数的成長の特徴を示す根本的理由だ。現在の成長は過去の成長の上に積み上げられるので、その結果、指数的成長となる。2003年の水準を計算するためには、2002年の水準（$Y_{2002} = 1.1025$）の上に加算されるので、2002～03年の成長の増加分は0.05より大きい。

指数的成長がある（おおむね一定の成長率の）変数をグラフで描くには、図表7.1のように、縦軸を対数表示にするほうがわかりやすい。1,000ドルからはじめて10%の成長ならば1,100ドルであるが、10万ドルからはじめた場合は11万ドルになる。2つの増加量は大きく異なっているが（100ドルと1万ドル）、基準値との比率としては同じく10%である。結果的に、10%の成長をグラフに描くにあたっては、1,000ドルからはじめても10万ドルからはじめても縦軸が同じ長さになるように、対数表示でこの変化を示すほうがわかりやすい。参考のため、図表7.3は、対数目盛ではなくて通常の目盛を使用すると、図表7.1はどのように描き直されるかを示している。図からは、アメリカの1人当たりGDPは急激に上昇しているという誤った印象が作り出されてしまうだろう。しかし、図表7.1のように対数目盛で示すと、1人当たりGDPはほぼ一定の比率で成長していることが明確にわかる。

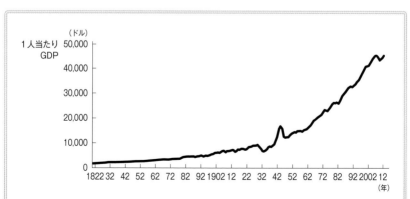

図表7.3 アメリカの1人当たりGDP（対数表示しない場合、2005年価格）

出所：Maddison Project (1820-1959) and World Bank DataBank: World Development Indicators (1960-2012); J. Bolt and J. L. van Zanden, "The First Update of the Maddison Project: Re-Estimating Growth Before 1820," Maddison-Project Working Paper WP-4 (2013).

> **CHOICE & CONSEQUENCE**
> ## 選択の結果
>
> **指数的成長がもたらす結果**
>
> あなたに2つの給与プランが提示されたとしよう。第1のプランでは、初任給が1カ月1,000ドルで、毎月6%ずつ昇給する。第2のプランでは、初任給は2,000ドルだが昇給がない。あなたなら、どちらの給与プランを選ぶだろうか？
>
> 当然であるが、答えは人によって違う。お金がすぐに必要ならば、2,000ドルの給与に魅力を感じるだろう。しかし、慌てて毎月2,000ドルの給与の仕事に就く前に、毎月6%昇給するとどうなるかを考えたほうがよい。1,000ドルの給与が毎月6%ずつ昇給を続けると、1年後の月給は2,000ドル以上になる。4年後には、1カ月およそ1万6,400ドルだ。この仕事を1年以上続けるつもりならば、低い給与からはじめるほうがはるかに得だ。
>
> 第1の給与プランは、かなり厚待遇だ。少なくとも、しばらくの間この仕事を続けるつもりの人にとっては魅力的なプランである。これこそが、指数的成長の力なのである。毎月6%の昇給は、初任給に対して適用されるのではない（もしそうであるならば、毎月60ドルずつ増加するだけだ）。初任給からはじまり毎月複利で積み上がっていくものであり、その時点までの累積額に対して、6%が加算される。つまり、1カ月後の給与は1,060ドル、2カ月後は、1,060ドル×1.06＝1,123.60ドル、になる。3カ月後は、1,123.60ドル×1.06＝1,191.02ドル、と累積されていく。この2つの給与プランの違いの例からもわかるように、指数的成長は、一国の成長の道筋にも同じ効果をもたらすのである。

指数的成長の影響を理解するために、1810年の時点で1人当たりGDPが1,000ドル（2005年価格）と同等水準だった2国間で比べてみよう。その成長は、一方の国は1人当たりGDPが年率2%で増加し、他方の国は1%で増加する、という指数的成長であると仮定する。一見して、違いは小さいように思える。たしかに、成長率の小さな違いは、1、2年という期間ではほんのわずかな影響しか及ぼさない。

しかし200年後には、この2国間の成長率の違いは、際立った差となって現れる。年率1%で成長した国の2010年の1人当たりGDPはおよそ7,316ドルだ。指数的成長の性質から、年率2%で指数的成長を続けた国の2010年の1人当たりGDPは5万2,485ドルになる。このように、「ほんの」1%の成長率の違いが、2国の間に7倍以上の差をもたらす。

もし、1%の成長ではなく、まったく成長しなかった場合（つまり成長率が0%

の場合)、1人当たりGDPは2010年でも1,000ドルのままだ。そうなると、2国間の差はなんと52倍にもなる。この例から指数的成長の重要性（この場合には、指数的成長がないことの重要性であるが）がよくわかる。

経済成長のパターン

　(6章で触れたように) 今日、目の当たりにしている各国間の1人当たりGDPの大きな格差が時間の経過とともにもたらされたのには、指数的成長が大きく影響している。今日の比較的豊かな国々は過去200年間にわたって持続的に成長していたのに対して、貧しい国々ではそれができなかった。

　経済成長が現実の各国経済に及ぼした影響を見てみよう。図表7.4には、1960〜2010年の各国の1人当たりGDPの成長パターンが示されている（購買力平価換算、2005年価格）。(4)列には、1960〜2010年の年間平均成長率が示されている。これは、上記で示した式を使用して2期間の成長率を計算したものではない。(4)列に示されているのは、1960年の水準からはじまって2010年の水準に到達するまでには、各国は平均して毎年どのぐらい成長する必要があったのかを示した数字である（数字を計算する方法については、本節の最後「平均成長率の計算」で説明する）。

　まず、1人当たりGDPが著しく成長したのは、アメリカ、イギリス、フランスであることがわかる。たとえば、アメリカとイギリスの年間平均成長率は2%以上だった。

　さらに、スペイン、シンガポール、韓国、中国、そしてボツワナのほうが1人当たりGDPの増加は大きく、したがって成長率も高いことが見てとれる。1960年にはこの5カ国はアメリカよりはるかに貧しい国であったが、2010年までにはアメリカとの差の一部を、あるいはほとんどを縮めるに至った。このような成功は、各国の高い成長率を反映した結果である。たとえば、シンガポール、韓国、ボツワナのこの期間の1人当たりGDPの年間平均成長率は5%超であり、中国は4.72%だった。

　さらに表からは、豊かな国々との格差を縮めることがあまりできなかった国々があることもわかる。メキシコ、ブラジル、インドの成長率はアメリカと同等水準かまたは少し高いだけであった。グアテマラ、ハイチ、ガーナ、ケニア、ルワンダの成長率はアメリカを下回っていたために、いっそう貧しくなっている。実際、表からは、ケニアの1人当たりGDPは約50年間でほとんど変わらず、ハイチの1人当たりGDPは毎年0.14%の割合で減り続けていた。ハイチは、

	1人当たりGDP		年間平均成長率
(1)	1960年 (2)	2010年 (3)	(4)
アメリカ	15,398ドル	41,365ドル	2.00%
イギリス	11,204ドル	34,268ドル	2.26%
フランス	10,212ドル	31,299ドル	2.27%
スペイン	6,316ドル	27,332ドル	2.97%
メキシコ	4,914ドル	11,939ドル	1.79%
シンガポール	4,383ドル	55,862ドル	5.22%
グアテマラ	2,930ドル	6,091ドル	1.47%
ブラジル	2,483ドル	8,324ドル	2.45%
韓国	1,656ドル	26,609ドル	5.71%
ハイチ	1,513ドル	1,410ドル	−0.14%
ガーナ	1,286ドル	2,094ドル	0.98%
ケニア	1,020ドル	1,247ドル	0.40%
中国	772ドル	7,746ドル	4.72%
ルワンダ	760ドル	1,025ドル	0.60%
インド	720ドル	3,477ドル	3.20%
コンゴ民主共和国	696ドル	241ドル	−2.10%
ボツワナ	674ドル	9,675ドル	5.47%

図表7.4 各国の1人当たりGDPと成長率（購買力平価換算、2005年価格）

2010年の1人当たりGDPの水準は、1960年の1人当たりGDPの水準との、2期間の1人当たりGDPの年間平均成長率によって決まる。1960年には貧しかったボツワナは、現在ではガーナやケニアよりもはるかに豊かな国になっている。これは、ガーナの年間平均成長率が0.98%、ケニアが0.40%であったのに対して、ボツワナは5.47%の成長を続けたためである。同じ理由で、今日では韓国はブラジルより豊かになり、シンガポールはスペインよりも豊かな国になっている。

出所：Penn World Table; Alan Heston, Robert Summers, and Bettina Aten, Penn World Table Version 7.1, Center for International Comparisons of Production, Income and Prices at the University of Pennsylvania (Nov 2012).

1960年よりも2010年のほうが貧しくなったのである。2010年の地震以降、ハイチの状況は悪化が続いている。地震では20万人以上の死者が出たうえに、インフラも壊滅状態になってしまった。

アメリカと比較して、各国の1人当たりGDPはどのように推移しているのだろうか。図表7.5には、図表7.4に示された中から数カ国を取り出し、各国の1人当たりGDPをアメリカの1人当たりGDPで割った水準の推移が示されている。すべて購買力平価換算で、基準年は2005年である。

図表7.5に示されている全体的な印象は、図表7.4と同じであるが、各国の成長率にはいくつかの興味深い点がある。たとえば、イギリスの1人当たりGDP

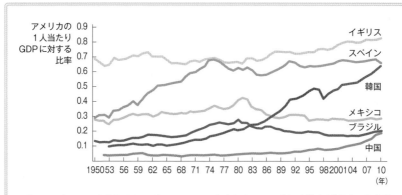

図表7.5 各国の1人当たりGDPをアメリカの1人当たりGDPで割った比率（購買力平価換算、2005年価格）

アメリカの1人当たりGDPと比較した、各国の1人当たりGDPの成長を示したグラフである。韓国や中国がアメリカに次第に追いついて（キャッチアップして）いく過程が見てとれる。一方、メキシコとブラジルは、経済のキャッチアップは適わなかった。

は、1950年代から現在に至るまで、アメリカの1人当たりGDPの70％から80％の間で推移している。スペインと韓国は、当初の所得水準には差があったが、ともに急成長を遂げた1980年代までは、2国間で見ると例外的な一時期を除けば、両国間の格差は縮小する傾向にあり、またアメリカとの差も縮まっている。ブラジルも1950年代から1960年代にかけては順調に成長を続けてアメリカとの差を縮めたが、1980年頃にこの傾向は反転し、2010年には、ブラジルの1人当たりGDPはアメリカの約20％に下がった。これは1950年代と比べてもほとんど増えていない。最後に中国だが、毛沢東（マオ・ツォートン）による共産党独裁の時代には、アメリカとの間には極めて大きな差があった。しかしこの差は、1976年の毛沢東の死去とそれに続く1978年の中国経済の開放以降、急速に縮まりつつある。

　過去50年間の経済成長のパターンのより完全な姿を見るために、図表7.7では、1960〜2010年の間のデータがあるすべての国の成長率をグラフで示した。グラフからは、各国の成長率には非常にばらつきがあることがわかる。ハイチやコンゴ民主共和国などのように、この期間の成長率がマイナスだった国がある一方で、シンガポールや韓国のように、非常に高い成長率を記録した国もある。

　過去のデータを使用して、各国の1960年以前の成長率を比較することもできる。簡単な方法でこの成長のパターンを示すため、図表7.8では、1820年、

LETTING THE DATA SPEAK
データは語る

GDPは水準で比較すべきか？成長率で比較すべきか？

　中国は、アメリカと比較して、1980年当時より現在のほうが貧しくなっているのだろうか？　図表7.5からは、アメリカに対する中国の1人当たりGDPは過去30年間で著しく増加しているように見える。ここで、1950年以降の中国の1人当たりGDPとアメリカの1人当たりGDPをグラフにした図表7.6で考えてみよう。このグラフを見ると、アメリカと中国の差はむしろ開いて、中国はアメリカに対して相対的により貧しくなったように見える。しかし、その見方は正しくない。実際、図表7.6のようなグラフから、アメリカと比較して中国がより貧しくなったのか豊かになったのかを判断しようとするのは、しばしば陥りがちな間違いである。指数的成長を実現している変数を絶対値で比較することは誤りである。図表7.5には、このような誤りを避けるための工夫が施されている。図は、各国の1人当たりGDPの値を単にグラフに描いたものではない。各国の1人当たりGDPをアメリカの1人当たりGDPで割った結果を示すことによって、その国のGDPとアメリカのGDPの比率をグラフに描いた。

　この方法の利点を理解するために、2カ国の例で考えてみよう。1人当たりGDPが2万ドルの国と、1万ドルの国がある。第1の国は第2の国の2倍豊かだ。両国の経済が10％で成長すると、翌年の1人当たりGDPは、第1の国は2万2,000ドル、第2の国が1万1,000ドルになる。2つの国のGDPの比率は2倍で変わらないが、絶対的な所得の差は1,000ドル分増加した。このように、

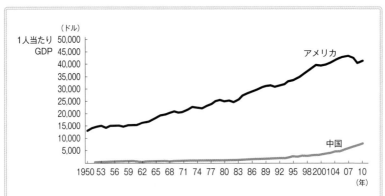

図表7.6　アメリカと中国の1人当たりGDPの推移（購買力平価換算、2005年価格）

出所：Penn World Table; Alan Heston, Robert Summers, and Bettina Aten, Penn World Table Version 7.1, Center for International Comparisons of Production, Income and Prices at the University of Pennsylvania (Nov 2012).

指数的成長があるときには、GDPの値をそのまま比較することは賢明ではない。指数的成長があるときには、両国のGDPの間の関係が相対的に安定であっても、絶対的な差は増加する。このため、図表7.5のように比率を見ることが必要となる。しばしば陥りがちな間違いは、GDPや投資などの指数的成長を示す変数については、比率を見なければならないにもかかわらず、水準を比較してしまっていることである。

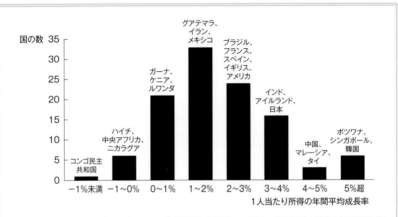

図表7.7 各国の1人当たりGDPの年間平均成長率：1960～2010年（購買力平価換算、2005年価格）

ボツワナ、シンガポール、韓国などは急速に成長し、年間平均成長率は5％超だった。その一方で、コンゴ民主共和国、ハイチ、ニカラグアのように1960年以降ではマイナス成長に陥った国もある。

出所：Penn World Table; Alan Heston, Robert Summers, and Bettina Aten, Penn World Table Version 7.1, Center for International Comparisons of Production, Income and Prices at the University of Pennsylvania (Nov 2012).

1870年、1920年、1970年、2010年の各国の1人当たりGDPと、1820～2010年、そして1920～2010年の年間平均成長率を比較した（購買力平価換算、2005年価格）。

　図表7.8からは、1820年当時は、各国の所得水準の格差はそれほど大きなものではなかったことがわかる。たとえば、アメリカはメキシコのおおよそ2倍程度であったが（1人当たりGDPが、アメリカは1,873ドルでメキシコは863ドル）、2010年には非常に大きな差となった。この差は、成長率の違いによって生じたものだ。1820～2010年のアメリカの年間平均成長率は1.65％、メキシコは1.33％であった。アメリカとインドの違いはさらに際立っている。1820年当時のインドの1人当たりGDPはアメリカの半分以下にすぎなかったが、

	1820年	1870年	1920年	1970年	2010年	年間平均成長率（1820～2010年）	年間平均成長率（1920～2010年）
イギリス	2,854ドル	4,390ドル	6,259ドル	14,817ドル	32,722ドル	1.29%	1.85%
アメリカ	1,873ドル	3,365ドル	7,641ドル	20,684ドル	41,961ドル	1.65%	1.91%
フランス	1,562ドル	2,582ドル	4,441ドル	15,702ドル	29,556ドル	1.56%	2.13%
スペイン	1,387ドル	1,661ドル	2,996ドル	8,696ドル	23,116ドル	1.49%	2.30%
ブラジル	940ドル	981ドル	1,325ドル	4,207ドル	9,467ドル	1.22%	2.21%
メキシコ	863ドル	896ドル	2,509ドル	5,945ドル	10,619ドル	1.33%	1.62%
中国	826ドル	729ドル	760ドル	1,071ドル	11,054ドル	1.37%	3.02%
インド	734ドル	734ドル	874ドル	1,195ドル	4,640ドル	0.98%	1.87%
モロッコ	592ドル	775ドル	977ドル	2,224ドル	5,542ドル	1.18%	1.95%
韓国	461ドル	464ドル	839ドル	2,982ドル	29,865ドル	2.22%	4.05%
ガーナ	—	604ドル	1,075ドル	1,960ドル	2,645ドル	—	1.01%
ハイチ	—	—	—	1,265ドル	944ドル	—	—
ケニア	—	—	—	1,259ドル	1,570ドル	—	—

図表7.8　各国の1人当たりGDPの成長：1820年以降（購買力平価換算、2005年価格）

1820年当時は、各国の1人当たりGDPにはそれほど大きな差はなかった。しかし、イギリスやアメリカなどが持続的な成長を続けた一方で、成長できなかった国もあり、1人当たりGDPの格差は広がった。

出所：Maddison Project and Bureau of Economic Analysis, National Income and Product Accounts Table 1.1.9; J. Bolt and J. L. van Zanden, "The First Update of the Maddison Project: Re-Estimating Growth Before 1820," Maddison-Project Working Paper WP-4 (2013).

2010年までにはその差は約10倍に達した。ここでも、2国間の1人当たりGDPの成長率の違いが直接的に影響している。

表からはまた、1820年当時は、イギリスはアメリカよりはるかに豊かだったことがわかる。だが2010年までには、アメリカのほうがイギリスよりもおよそ30％も豊かになっている。この変化も成長率の違いによるものである。アメリカが年間1.65％の成長を続けていた間、イギリスの成長率は1.29％であった。成長率におけるこのほんの少しの差は、アメリカがイギリスを追い越し、2010年までにはおよそ30％豊かになるという結果をもたらすには十分な差だった。さらに、スペイン、中国、韓国、などの国々は1970年当時はアメリカと比べて貧しかったが、その後の40年間ではアメリカより速く成長し、その格差を縮めてきたことがわかる。

こうした経済成長は、リーダー国（この場合にはアメリカ）に他の国々が所得面や技術面で追いつくという意味から**キャッチアップ成長**と呼ばれる。キャッチアップ成長を遂げた国々は、既存の技術から便益を受け取り、同時に貯蓄、

労働の総効率単位、そして生産の効率性を増加させることによって成長した。実際、キャッチアップ成長は非常に重要な要因ではあるが、図表7.8からも成長の遅さや停滞の例が見られるように、自然に起きる現象ではない。8章では多くの国々で、このキャッチアップ成長が実現されない理由について詳しく説明する。

図表7.8には、もう1つ重要なことが示されている。イギリス、アメリカ、フランス、そしてスペインなどの国々は、1820年から2010年にかけて**持続的成長**を示している。表中の各50年間ごとの区切り年の1人当たりGDPを見ても、すべての時期でプラスであり安定した成長が続いている。全期間を通して成長率はプラスである。この持続的成長は、どのようにして実現されるのだろうか？ そして、どのような要因が、一国の成長率を決めるのだろうか？ こうした疑問について次節以降で考えていこう。

平均成長率の計算

最後に、図表7.4の平均成長率の計算方法について説明しよう。アメリカを例に考える。1人当たりGDPは1960年には1万5,398ドル、2010年には4万1,365ドルだった（購買力平価換算、2005年価格）。1960～2010年の50年間の成長率を説明するには、本文で示した式を用いる。

$$\frac{4万1,365ドル - 1万5,398ドル}{1万5,398ドル} = 1.6864$$

成長率は168.64%と計算される。

平均成長率を計算する1つの方法に算術平均がある。上の数値を50で割れば、年間平均成長率が求められる。計算すると3.4%となるが、図表7.4の数字である2.00%とは異なっている。この数字はどのようにして計算されたのだろうか？ また、なぜ違うのだろうか？

その答えは、本章のはじめに説明したように、指数的成長の性質と関係している。経済が毎年 $g = 0.034$（3.4%）の割合で成長すると50年後には1人当たりGDPはいくらになっているだろうか？ これを計算するためには、1人当たりGDPが1年後には $(1+g)$ 倍になっていることに注意が必要だ。2年目から3年目にかけては、さらに $(1+g)$ 倍の増加をするので、1年目から3年

- **キャッチアップ成長**（catch-up growth）とは、比較的貧しい国が、より発展した国で発明された知識や技術を活用することによって、自国の1人当たりGDPを増加させていく成長プロセスである。
- **持続的成長**（sustained growth）とは、長期にわたって1人当たりGDPが正で比較的安定して成長するプロセスである。

目には $(1+g)^2$ となる。続けると50年後には、1人当たりGDPは $(1+g)^{50}$ 倍増加する。仮に、$g = 0.034$ として計算すると、1人当たりGDPは50年後には5.32倍になり、アメリカの実際の数字からはかなり大きくなってしまう。しかし、実際の数値では、50年後のアメリカの1人当たりGDPは約2.6864倍だ。2010年の1人当たりGDPを1960年の1人当たりGDPで割ると、

$$\frac{4万1,365ドル}{1万5,398ドル} = 2.6864$$

となる。これは、

$$1 + 1.6864$$

と書くことができる。168.64％が、1960〜2010年のアメリカ経済の成長率となる。

1960〜2010年の成長率を50で割ると、成長率の増幅の効果（累積効果）を無視してしまうことになり、1人当たりGDPの成長につながる年間成長率を過大に見積もってしまう。

年間平均成長率を算出するためのより洗練された計算をするには、幾何平均を利用するのがよい。この場合には、成長率は以下の式で計算できる。

$$(1+g)^{50} = 2.6864$$

この式を使えば、正確な年間平均成長率 (g) を算出することができる（この式を g について解くと、$g = 2.6864^{1/50} - 1$ となる）。したがって、（平均）年間成長率は、$g = 0.020$ となり、これが表に示された数字である。ほとんどの場合に、短い期間であれば、平均成長率を求めるにあたって、算術平均と幾何平均は似たような数字になる。この場合に大きな違いが生まれたのは、期間が50年間と非常に長かったためである。

7.2 経済はどのように成長するのか？

6章で学習した集計的生産関数に、この問題の最初の答えがある。集計的生産関数、$Y = A \times F(K, H)$、は、物的資本 (K) と労働の総効率単位 (H) という2つの生産要素をGDPに関連させたものだ。集計的生産関数は、技術水準 (A) にも依存するが、これには、経済で利用できる知識と生産の効率性が含まれる。A が変わるときには、集計的生産関数はシフトする。

一国経済では、物的資本ストック (K) の増加、労働の総効率単位 (H) の増加（たとえば労働者の人的資本の向上）、技術 (A) の進歩を通してGDPを

増加させることができる。以下では、3つの生産要素について、もう少し詳しく見ていこう。

まず、物的資本ストック（K）について考えてみよう。Kは、その経済にあるすべての設備（機械、車、飛行機、パソコンなど）と、すべての構築物（建物など）の価値を表す。物的資本ストック（そしてGDP）は、投資によって増加する。投資とは、物的資本の蓄積であると考えられる。

5章で学んだことを思い出そう。国民所得勘定式、$Y = C + I + G + X - M$、においてCは消費（財とサービスへの家計の消費支出）、Iは投資（民間部門による投資財への支出）、Gは政府による財とサービスの購入、Xは輸出、Mは輸入である。閉鎖経済で輸出と輸入はなく、さらに政府支出もないものとすると、$G = X = M = 0$となる（ここでの議論ではこの想定を採用する）。この場合の国民所得勘定式は、以下の式となる。

$$Y = C + I$$

言い換えると、GDPは集計的消費と投資の合計に等しい。これは、集計的貯蓄が投資になることも意味している。政府支出のない閉鎖経済が想定されているために、すべての所得は、消費されるか、あるいは貯蓄に回される。したがって、GDPは集計的消費に集計的貯蓄を足したものとなり、$Y = C + S$、となる。したがって、以下の式が成立する。

$$I = S$$

別の解釈をするならば、この関係は以下の流れを表している。すなわち、家計が貯蓄した資源はすべて企業に配分され、企業は投資のためにそれを利用する（たとえば、家計は銀行にお金を貯蓄し、銀行がそのお金を企業に融資し、企業はそのお金で投資をする）。このことから、貯蓄率が高い経済においては物的資本が急速に蓄積される——すなわち、物的資本ストックが急速に増加する。そして、集計的生産関数が示すとおり、GDPは増加する。したがって、経済が物的資本ストックを増加させるのかどうか、そして増加させるのであればそのスピードはどの程度のものであるのかを知るためには、家計の貯蓄行動について理解する必要がある。次に、この点について考えよう。

最適化：貯蓄と消費の間の分割の選択

2008年のアメリカ経済のGDP（総所得）は、14兆4,400億ドルであった。当然この産出量のすべてが消費されたわけではない。企業と政府は、その一部を投資に回して、一国の物的資本ストックとした。たとえば、新しい機械、道

路、橋などである。しかし、この投資のための資源は、家計の貯蓄から回される。前述のとおり、政府支出がない閉鎖経済においては、$I=S$、である。

　したがって、一国のGDPがどのようにして消費と投資に分割されているかを理解するためには、所得のうちのどれぐらいを貯蓄に配分するかを決める、消費者の選好について分析する必要がある。これは、家計が現在の消費と将来の消費の間でどのように折り合いをつけているのかを分析することだ。というのも、貯蓄とは、今日持っている資源の一部を明日の消費（より一般的には、将来の消費）のために配分する行為だからだ。これは、個人ないし家計の最適化行動の一例でもある。典型的な家計のほとんどは、所得を今使うか、将来のために貯蓄をするかの決定に影響を及ぼすいろいろな優先順位やニーズを抱えている。たとえば、子どもの大学入学準備のために今は貯蓄を、というのもその一例だ。

　あらゆる最適化問題と同様に、選択は価格によって影響を受ける。この場合の価格とは、金利である。金利とは、家計が貯蓄から得られる収益率である（金利がどのように決定されるかについては、10章で詳しく学ぶ）。一般的には、高い金利は貯蓄を促進する。さらには、将来の所得増加への期待、そして税金に対する予測が、貯蓄の判断に影響を及ぼす。たとえば、将来急速に所得が増加することを予想している家計にとっては、将来の消費のために貯蓄を増やす理由は小さいかもしれない（将来の所得の増加で、将来の消費は賄えるからだ）。あるいは、「不測の事態」（将来の困難な状況）に備えて貯蓄をする理由も小さい。反対に、将来の増税が予測されるときには、家計は将来の消費を減らすことなく増税分を支払うことができるように、現在の貯蓄を増やそうとするかもしれない。

　このようなトレードオフが経済の**貯蓄率**を決定し、所得の中から貯蓄に回される割合に影響する（実際には、家計に加えて、企業と政府も貯蓄をしている。そして経済の総貯蓄にはこれらも含まれる）。貯蓄率は、総貯蓄をGDP（総所得）で割ることによって求められる。2013年のアメリカ経済の総貯蓄は2兆1,800億ドル、GDPは16兆8,000億ドルであった（現在のドル価格表示）。このとき、貯蓄率は以下となる。

$$\text{貯蓄率} = \frac{\text{総貯蓄}}{\text{GDP}} = \frac{2兆1,800億ドル}{16兆8,000億ドル} = 12.98\%$$

| ●**貯蓄率**(saving rate)とは、所得の中から貯蓄に回される割合である。

持続的成長は、どのように実現されるのか？

　物的資本の蓄積だけで持続的成長は実現できるのだろうか？　1人当たりGDPを、正の方向に、長期間にわたって一定した割合で増加させることはできるのだろうか？　この質問に対する答えは「否」であり、理由は単に、物的資本の限界生産力逓減の法則があるからである。

　この理由について、もう少し詳しく説明しよう。6章の図表6.7に示したように、物的資本の限界生産力逓減により、物的資本が多くなればなるほど、物的資本の増加によって生まれるGDPの増加量は少なくなる。このことから、単に物的資本が蓄積されるだけでは、持続的成長が実現される可能性は排除される。

　では、一国の労働の総効率単位の持続的上昇はどうだろうか？　一国の労働者（就業者）数を増やすだけでは、労働の総効率単位を増やすことはできないのだろうか？　人的資本を増やすことによって、GDPを持続的に成長させることはできないのだろうか？

　最初に、生産過程に参加する人の数である労働力人口の増加について考えてみよう。その他すべての生産要素と技術を一定とすると、労働の限界生産力逓減（または、労働の総効率単位の限界生産力逓減）の法則から、労働者を1人追加することからもたらされるGDPの増加量は、労働者が増えるほど小さくなる。したがって、労働力を増やすだけでは、1人当たりGDPを持続的に増加させることは実現されない。

　労働者の人的資本を向上させることによって、同一労働力であっても、労働の総効率単位を増やすことはできる——たとえば、教育年数を長くする、または技能の水準を向上させるといったような変化は、実際にGDPを上昇させるが、それだけでは持続的成長の実現は望めない。人には寿命があるし、教育年数の長期化にも限界がある。当然ながら、教育年数を長くすれば、生産に労働力として参加できる年数は減少する。したがって、労働力の教育年数を持続的に延ばし続けることで労働の総効率単位の水準を持続的に引き上げようという考え方は現実的ではない。

　「それならば、教育の質を持続的に向上させてはどうだろうか？　労働の効率単位の向上に効果があるのではないか？」と思うかもしれない。だが、そうではない。過去の分析からも、こういった改善が持続的成長を実現する影響力には限界がある（この点については、EBEのコラム「アメリカ経済は、過去

> **CHOICE&CONSEQUENCE**
> ## 選択の結果
>
> ### 貯蓄率が上昇するのは、どんな場合にもいいことなのか?
>
> あなたは、一国の貯蓄率をコントロールできる最高権力者であったとしよう。あなたの目的は、市民の生活水準の向上だ。貯蓄率が上昇するのは、どんな場合にもいいことなのだろうか? 貯蓄率が高まれば、一国の物的資本ストックは増え、GDPも増加することは、学んできたとおりである。しかし、貯蓄は社会にとってつねに望ましい、というわけではない。極端な例で考えてみよう。一国の最高権力者が、一国の所得のすべてを貯蓄に回すように奨励することができるとしよう。たしかにGDPは増加するだろう。しかしそのときには、市民は消費がほとんどできないか、あるいはまったくできなくなっているので、それでは水準を向上させることにはならない。貯蓄率が100%という極端な例では、消費はゼロになってしまう。社会にとって最適な貯蓄水準というものがあるはずだ。貯蓄がその最適水準を超えているならば、消費を著しく減少させるため、社会の厚生は低下してしまう。

200年間にわたって、なぜ経済成長を続けることができたのか?」で詳しく説明する)。教育と技能への投資が1人当たりGDPの上昇に主要な役割を担っているとしても、労働者の教育年数を持続的に延ばし続けるだけでは、毎年約1.5%から2%の持続的成長を実現することはできない。

したがって、持続的成長を達成するためには、何か別のものが必要である。その、何か別のものこそが技術である——特に、生産で使用される技術上の知識における進歩が重要である。

知識・技術進歩・経済成長

6章で紹介したムーアの法則について思い出してみよう(図表6.10)。マイクロプロセッサーのチップ上に集積されるトランジスタの数は2年ごとに2倍になり、コンピューターの演算処理能力を向上させている。この傾向は少なくとも過去50年間にわたって続いており、今後も続くことが期待されている。たとえば、マイクロプロセッサーやその他の機械装置ができる以前の1900年頃には、非常に単純な計算以外は何をするにも膨大な費用がかかった。1950年当時には、真空管技術を用いて、1秒当たり1回の演算をできるようになったが、(現在のドル価格に換算して)1,000ドルの費用が必要だった。1970年代には、

トランジスタの出現により、同じ1,000ドルの費用で1秒当たり100回の演算ができるようになった。そして1990年代末には、集積回路（IC）の普及により、同じ費用で1秒当たり1,000万回の演算ができた。ムーアの法則はこうした技術進歩の1つの断面である。

技術進歩とは、新しい技術、新しい財およびサービスが経済で発明・導入され使用されるようになる過程のことである。それによって経済は、物的資本ストックと労働の総効率単位などの生産要素が同じでも、より高い水準のGDPを達成できる。

技術進歩について別の例で考えてみよう。図表7.9には、過去200年間の照明費用の変化が示されている[1]。企業や家計にとって照明の価格がどんどん安くなっていった。これは、電球の発明と、電球の質、照明技術、送電技術が改善され続けてきた結果である。

結局のところ、技術進歩こそが指数的に進化するものなのである。本章のはじめで指数的成長の特徴を説明したが、技術が改善されるということは、何かが一定量だけ増加するというのではなく、技術進歩の後にはほぼ一定の比率で向上することを意味している。技術進歩に指数的特徴がある理由は、考えてみれば単純だ。1人当たりGDP成長が指数的であるのは、成長が増幅されるからだ。つまり、経済成長とは現在のGDPをベースにして増加するものであるのだが、現在のGDPは過去の成長が積み上げられた結果だからである。同じ理屈は、技術進歩についても言える。新しいイノベーションや技術は、過去のイノベーションの結果として蓄積された知識の上に成り立っている——すなわち、「巨人の肩の上に」積み上げられた成果である。イノベーションがGDPに及ぼす改善により、生産能力が一定の量の増大をするのではなく、生産能力が一定の比率で持続的に向上する。数値例で考えてみよう。イノベーションは10%生産性を向上させるとする。1人当たり

> 新しいイノベーションや技術は、過去のイノベーションの結果として蓄積された知識の上に成り立っている—すなわち、「巨人の肩の上に」積み上げられた成果である。

● **技術進歩**(technological change)とは、新しい技術、新しい財およびサービスが経済で発明・導入され使用されるようになる過程のことである。それによって経済は、物的資本ストックと労働の総効率単位などの生産要素が同じでも、より高い水準のGDPを達成できる。

1) William D. Nordhaus, "Do Real-Output and Real-Wage Measures Capture Reality? The History of Light Suggests Not," Cowles Foundation Discussion Papers 1078, Cowles Foundation for Research in Economics, 1994.

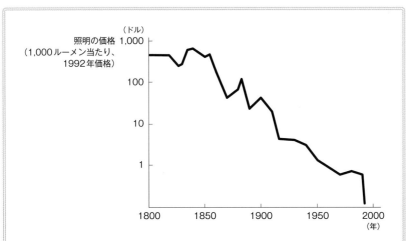

図表7.9　照明の価格の変遷

持続的成長の源泉は技術進歩であり、これが、経済の生産量を持続的に増加させる。図では、電球の質、照明技術、送電技術が改善され続けた結果、年月が経過するにしたがって照明費用は減少を続けている。これは、技術進歩の1つの断面であると見ることができる。

出所：William D. Nordhaus, "Do Real-Output and Real-Wage Measures Capture Reality? The History of Light Suggests Not," Cowles Foundation Discussion Papers 1078, Cowles Foundation for Research in Economics (1994).

1,000ドルのGDP水準から技術進歩が起きると、1人当たりGDPは1,000ドルから1,100ドルに上昇する。1人当たり10万ドルのGDP水準にこの技術進歩が適用されると、10万ドルから11万ドルに上昇する。そしてこの成長は、持続して毎年続いていく。

上の2つの例からわかるように、技術進歩における指数的性質こそが、技術進歩が限界生産力逓減の法則には必ずしも従わない理由である（すでに学んできたように、生産要素の増加では、限界生産力逓減の法則が成り立つ）。技術進歩が、持続的成長を実現するうえで最も妥当な原動力である。

すでにお気づきのように、（6章で学んだ）1人当たりGDPの各国間の格差と成長率との関係、および、（本章で学んだ）1人当たりGDPの時代別の違いと成長率との関係、の間には類似性がある。どちらの場合にも、物的資本ストックと労働の総効率単位が重要な役割を果たしているが、それだけでは大きな違いを説明するには不十分である。各国ごとであっても、時代別であっても、技術は重要な役割を担っているのである。

Evidence-Based Economics 根拠に基づく経済学

問い：アメリカ経済は、過去200年間にわたって、なぜ経済成長を続けることができたのか？

ここまでの議論は、持続的成長においては技術が中心的な役割を果たしていることを裏づけるものである。次に、実証データによっても同じことが言えることを確認しよう。

アメリカの経済成長の要因を分析するに際しては、6章と同じアプローチをとる。6章では、集計的生産関数、各国ごとの物的資本ストックと労働の総効率単位の推定値を用いて、GDPを計算し、それらの違いが各国ごとのGDPの格差をもたらしていることについて分析した。ここでの主な違いは、労働投入を正確に計測できる詳細なデータを用いて、労働者1人当たりGDPではなく、労働1時間当たりGDPを分析に用いたことである。分析は1950年以降を対象にした。

図表7.10には、1950年以降10年区切りの、労働1時間当たりの平均GDP（2005年価格）、労働1時間当たりの物的資本ストックの平均価値、そして労働者の人的資本の最も重要な部分である平均教育年数が示されている（ここでは、長期的成長の計算が目的なので、直近の景気後退の短期的な影響を除くために、最後の期間は2000～07年とした）。表には、1950～2007年にかけては、労働1時間当たりのGDP、労働1時間当たりの物的資本ストック、平均教育年数は安定して上昇していたことが示されている。

次に、6章と同様の方法で、アメリカのGDP成長に対する物的資本（K）と人的資本（H、労働の総効率単位）と技術（A）の寄与度を計算する。結果は表の(4)、(5)、(6)列である。(7)列は、労働1時間当たりのGDPの年間成長率であり、物的資本（K）、人的資本（H）、そして技術（A）の寄与度の合計となる。

表からは、アメリカの経済成長において技術が最も重要な役割を果たしていたことがわかる。1960年代の数字を見てみよう。人的資本の寄与度は0.17％だった。仮にアメリカの労働者の人的資本が1960年代を通して成長していなかったとすれば、1960年代の労働1時間当たりのGDPの

期間	労働1時間当たりのGDP（2005年価格）	労働1時間当たりの物的資本ストック（2005年価格）	平均教育年数	物的資本(K)によるGDP成長への寄与度	人的資本(H)によるGDP成長への寄与度	技術(A)によるGDP成長への寄与度	労働1時間当たりのGDPの年間成長率
	(1)	(2)	(3)	(4)	(5)	(6)	(7)
1950–59年	8.30ドル	102,548ドル	9.38年	0.89%	0.28%	2.37%	3.54%
1960–69年	11.50ドル	119,593ドル	10.16年	0.89%	0.17%	2.20%	3.26%
1970–79年	14.96ドル	128,591ドル	11.15年	0.88%	0.01%	1.22%	2.11%
1980–89年	17.46ドル	137,637ドル	12.07年	0.86%	0.30%	0.45%	1.61%
1990–99年	20.95ドル	144,354ドル	12.77年	0.84%	0.36%	0.87%	2.07%
2000–07年	27.06ドル	158,755ドル	13.22年	0.99%	0.19%	1.29%	2.47%

図表7.10 アメリカにおける労働1時間当たりのGDP成長への物的資本、人的資本、技術の寄与度：1950〜2007年

(6)列[技術(A)の寄与度]は、(7)列[労働1時間当たりのGDPの年間成長率]から、(4)列[物的資本(K)の寄与度]と(5)列[人的資本(H)の寄与度]を差し引いて計算される。
出所：米労働省労働統計局（BLS）、米商務省経済分析局（BEA）、米商務省国勢調査局。

年間成長率は0.17ポイント低くなる（3.26%ではなく、3.09%になる）。また仮に技術が一定であったとすると、労働1時間当たりのGDPの年間成長率は2.20ポイント低くなる。別の期間の結果についても同様のことが言える。6章の分析では、各国ごとにGDPが違う要因には技術が関係していることを確認した。アメリカ一国の場合でも同様に、ほとんどの期間を通して、労働1時間当たりのGDP成長に対して、技術が大きな役割を果たしている。

図表7.11は、図表7.10の最後の4列分の情報［(4)列から(7)列］を棒グラフにしたものである。物的資本と人的資本の2つの生産要素と技術の寄与度の内訳がさらにわかりやすく示されており、技術の役割の重要性はより明らかになっている。棒グラフの高さは、その期間の労働1時間当たりのGDPの年間成長率であり、そのうちの紫色が技術の寄与度である。1980〜89年の一時期を除いて、アメリカの成長に最も寄与したのは技術

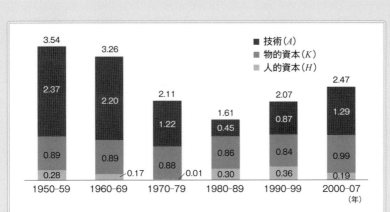

図表7.11 アメリカの労働1時間当たりのGDP成長に占める技術、物的資本、人的資本の割合：1950〜2007年

アメリカにおける労働1時間当たりのGDP成長に対する、物的資本(K)、人的資本(H)、技術(A)の寄与度を示したグラフである。棒グラフの上にある数字は3つの要素の数字の合計であり、労働1時間当たりのGDP成長率である。アメリカの経済成長に対して最も大きく寄与したのは技術(A)であったことは、図からも明らかである。

出所：米労働省労働統計局（BLS）、米商務省経済分析局（BEA）、米商務省国勢調査局。

だったことがわかる。

　技術の寄与度は1970年代から1980年代にかけてはいくぶん低下した。この期間は、労働1時間当たりのGDP成長率も低かったのだが、物的資本ストックは上昇している（図表7.10の(2)列）。おそらく、この期間にIT資本への膨大な投資がされていたことを反映しているのだろう。

　ただし、図表7.10と図表7.11を根拠に結論を導き出す際には注意が必要だ。6章と図表7.10でも指摘したように、技術の寄与度は、GDP成長のうち物的資本と人的資本によっては説明されない部分として計算される。もし物的資本と人的資本のGDP成長への寄与度を過小評価していた場合などには（たとえば物的資本ストックの品質の向上が十分に考慮に入れられていない場合などが考えられる）、技術の寄与度はその分だけ過大評価されることになるだろう。

Q 問い　アメリカ経済は、過去200年間にわたって、なぜ経済成長を続けることができたのか？

A 答え　技術進歩による貢献が大きい。ただし、物的資本と労働者の人的資本

> **データ** 1950〜2007年の期間における、アメリカの労働1時間当たりのGDP、労働1時間当たりの物的資本ストック、平均教育年数、労働者の平均職業経験年数、の推計による。
>
> **注意** 仮に物的資本と人的資本によるGDPへの寄与度を過小評価していた場合には、技術の寄与度は過大評価されてしまうかもしれない。

7.3 経済成長と技術の歴史

　図表7.8は、1820年以降の各国の経済発展を示している。この200年間は「近代」と呼ばれることもある。しかし、それ以前の時代はどうだったのだろうか？19世紀より前の成長パターンは、本章の分析とは似つかないものだったのだろうか？　仮にそうであったとすると、何が変わったのだろうか。

近代以前の経済成長

　もちろん人類には、19世紀より前にも長い歴史があり、その間にも科学、技術そして芸術分野で偉大な進歩を遂げている。しかし、経済的視点で見ると1800年より前の時代はある1つの言葉で表すことができる。持続的成長の欠如だ。図表7.1と図表7.2をもう一度見てみよう。アメリカ経済には低迷期があり、大恐慌もあった。しかし、全体として見れば1人当たりGDPの成長を持続させていた。

　1800年より前の世界は完全に停滞していたというわけではないが、図表7.1に見られるような持続的成長はなかった。経済成長期は何回かあり、技術進歩さえあった。そうした状態が100年以上続いたこともあった。最もよく知られている時代や国々は、古代ギリシャ、古代ローマ、そしてベネチアだ。これらの文明の全盛期には、生活水準は向上し、経済活動は飛躍した。しかし、この成長は永続的なものではなかった。古代ローマの経済成長は、ゆっくりとしたものではあったが、300年以上続いた後に、最後を迎えた。ベネチアの歴史も同様であった。

　どの時代にもある程度の経済成長はあったが、持続的な経済成長はまれであったか、まったくなかった。古代文明の成長が持続的ではなかった理由を知る簡

単な方法がある。6章で説明したように、世界銀行が2015年には、絶対的貧困を1人1日1.90ドル（2011年価格）での生活と定義しているのは、まったく根拠がないわけではない。生命を維持するために必要な栄養量（カロリーベース）を摂取する必要があるし、住居と衣類も必要だ。推計値には幅があるが、1人当たりの年間所得（GDP）が500ドルよりはるかに低いということは、人口の大部分の1人当たり年間所得が500ドルよりはるかに低いということになる。これは国家を維持していくことは実質上不可能な水準である。これを下回ると人間が生存することが困難な1人当たりの所得を、**生存水準**と呼ぶ（1つの数字ですべての環境に当てはまるわけではないが）。考え方は単純であり、正確な水準が決まっているわけではないが、人間の生存には必要な1人当たりの所得の最低水準がある、という考え方である。所得がこの水準を下回ると、人口のほとんどが飢餓に苦しむことになる。

もちろん、1万年前や1000年前には、いや200年前でさえ、国民経済計算の概念はなかった。それでも、人間の文明が存在していた国々の1人当たり所得が、今日のドル価格で換算して1人当たり500ドルを下回っていたことはなかったことはわかっている。さらに図表7.8に示されているように、19世紀初頭でも、世界の大部分の国々の所得は1人当たり500ドルを上回る水準だった。たとえば、アメリカの1人当たり所得は約1,873ドル、イギリスはこれより高かった。数千年の間で所得が3倍強にしかならなかったということは、1800年より前には持続的成長はなかったと言えるだろう。

近代以前に持続的成長が欠如していたことには、2つの大きな理由がある。第1に重要な理由として挙げられるのが、持続的成長を説明する重要な要因である技術の不足であった。1800年より前にも、何回かの重要な技術的ブレイクスルーはあったのだが、技術進歩のペースは今よりもずっと遅く、近代以降と比べるとほとんど停滞していたようにしか見えない。第2に、総所得（GDP）の成長が、1人当たりの所得の増加には結びつかなかった。これは、トーマス・マルサスの理論（マルサス・モデルと呼ばれることもある）の根拠とされている。次に、このマルサス・モデルについて議論し、世界がどのようにしてそこから脱出できたのかについて説明しよう。

● **生存水準**（subsistence level）とは、生命を維持するために必要な栄養量（カロリーベース）の摂取、住居、衣類を得るために一般的に必要とされる1人当たりの最低所得水準である。

マルサスが考えた経済成長の限界

トーマス・マルサスは、経済がどのように動くかに関しては、ひときわ悲観的な見方を示していた。おそらく、彼が著書『人口論』を執筆した1798年時点では、その後の19世紀のヨーロッパのような持続的成長を経験したことがなかったからだろう[2]。マルサスの考え方によれば、**出生率**――大人1人当たりの子どもの数、または出産適齢期の女性1人当たりの子どもの数――は、所得がつねに生存水準（前述した年間約500ドル）に近くなるように調整される。マルサス・モデルでは、生活水準が生存水準以上になると夫婦は子どもの数を増やす。したがって、総所得（GDP）は人口増加のペース以上には成長できないと想定しており、人口増加は、1人当たり所得を生存水準まで――そしておそらくそれ以下の水準に――押し下げる、とマルサスは主張した。この1人当たり所得の下落は、大多数の人口を失うことになる飢餓や戦争を引き起こした。そして、一定の総所得の下では、人口が減少することにより、再び1人当たり所得は増加する。**マルサス・サイクル**とも呼ばれるこのパターンの下では、総所得の増加が1人当たり所得を生存水準以上に引き上げ、それが人口を増やし、資源への圧力となって、再び1人当たり所得を最初の水準かそれ以下の水準にまで低下させてしまう。このパターンが、出生率を下落させ、死亡率の上昇をもたらし、時には飢餓を引き起こしさえすることによって、人口の増加を「修正」するのである。

陰鬱にも思える考え方であるが、マルサス・モデルは、実際には1800年より前の世界の姿をうまく描写しているようである。

この同時期、あるいは直後の時期には、出生率は低下を示している。経済的かつ社会的な原因から起こるこのプロセスは、**人口転換**と呼ばれる。経済学では通常、人口転換が起こる主たる原因は、農業と農村地域から工業と都市地域への転換であると主張する。都市部の家族では、農村部の家族ほど子どもの労働に頼る必要はなく、一方で、農場で働くのではなく、学校で教育を受けるよ

- **出生率**(fertility)とは、大人1人当たりの子どもの数、または出産適齢期の女性1人当たりの子どもの数である。
- **マルサス・サイクル**(Malthusian cycle)では、総所得の増加が人口の増加を引き起こし、それが1人当たりの所得を減らしてしまうので、結果として人口を減少させてしまう。これは、産業革命以前の世界の姿を描写したパターンであった。
- **人口転換**(demographic transition)とは、農業から工業に転換するときに多くの社会が経験する、出生率の低下と1家族当たりの子どもの数の減少である。

[2] Thomas R. Malthus, *An Essay on the Principle of Population*, 1798. 最新の翻訳は、斉藤悦則訳『人口論』（初版の翻訳）、光文社、2011年。

うになるので、子育て費用は高くなる。これが、子どもの数を少なくするインセンティブをもたらしている。

多くの歴史家や経済学者は、人口転換を近代経済の成長の中心的要素と考えている。人口転換によって出生率が低下した国は、マルサス・サイクルから抜け出すことができるからである。19世紀に人口転換が起こるまでは、マルサス・サイクルは続いていた。そしてこの後、特に西ヨーロッパの多くの国々では、1人当たり所得の持続的成長がはじまったのである。

産業革命

しかし、人口転換だけでは経済成長を促進するには不十分であった。出生率が低下し、その低い水準で安定するというだけでは、1人当たりGDPの成長パターンには質的変化は必ずしももたらされない。持続的成長は、この時代に起きたもう1つの重要な変化である産業革命を原因としていたのである。産業革命は、近代経済成長を支えた、持続的で急速な技術進歩に道を開くことになった。

産業革命は、革命という名称とは裏腹に、急激で破壊的な変化が短期間に起きたのではなく、徐々に進行した変化だった。産業革命は、イギリスにおいてたくさんの新しい機械や生産方法が導入されたことを示す用語であり、織物工業からはじまり、その後にほかの工業部門に広まっていった動きである。産業革命は（科学技術がまとまって広範なかたちで生産過程に利用された初めての出来事として、それ自体としても重要なものであるが）、世界中の多くの国々に広まった工業化の波の出発点として重要な意味を持つ。現在の豊かな国々は、過去200年間に持続的成長を達成していたことはすでに指摘した。それらの国々はまた、産業革命によってもたらされた技術の恩恵を活かすことに成功してきた国でもある。

たしかに新しい技術と新しい知識はそれ以前にも生まれていたが、イノベーションと、財とサービスの生産過程への新技術の適用が体系的かつ広範囲に広まったのは、産業革命以降のことである。今日へと続く持続的成長の原動力である技術進歩は、18世紀終わりにイギリスからはじまった産業革命を出発点としていた。

● **産業革命**(industrial revolution)とは、18世紀終わりにイギリスからはじまった、生産過程における一連のイノベーションと改善を総称する言葉である。

産業革命以降の経済成長と技術

今日では当たり前になっている技術のほとんどは、過去250年間に発明されて、利用可能になったものだ。それらの技術進歩の流れは、鉄道からはじまり自動車そして飛行機へ。ラジオやテレビから電気通信技術、コンピューター、インターネット、SNSへ。そして電力は、毎日の生活で使われている財を動かすために、またそれらを生産する工場で使用されている技術のほとんどすべてに使われている。世界中で数億人もの生命を救う医薬品から、水道を含めた基本的な衛生設備にまで至っている。このような技術進歩は、産業革命以降の知識と技術の指数的成長がもたらした成果だ。こうした経済成長の重要な基盤が、研究開発（R&D）だった。企業、大学、政府は、知識の基盤を向上させるために研究開発を行っている。現在アメリカは、毎年R&DにGDPの2.79%に相当する3,650億ドルを費やしている。この比率がもっと高い国もある。たとえば、イスラエルは4.66%、スイスは3%、スウェーデンは3.7%である。現在の高い生活水準は、このR&Dの投資の果実なのである。

7.4 経済成長、不平等、そして貧困

経済が成長していても、必ずしもすべての市民がその成長からの便益を平等に得ているというわけではない。実際、ここ数十年のアメリカ経済の急速な成長は、同時に、不平等の拡大を伴うものであった。平均所得をはるかに上回る高所得の家計や個人はつねに存在しているし、平均所得をはるかに下回る低所得の家計や個人もつねに存在している。この経済成長を生み出している新しい技術の恩恵を受けるのは一部の労働者や企業だけにとどまっており、経済成長はしばしば不平等の拡大を伴う。

経済成長と不平等

社会が不平等を問題にするのは、いくつかの理由がある。市民の生活水準に大きな不均衡がない社会が望ましい。格差の拡大は社会の二極化につながり、さらには社会の犯罪の増加にさえつながるとも考えられている。

> 経済が成長していても、必ずしもすべての市民がその成長からの便益を平等に得ているというわけではない。

ここまでは、一国の生産性と生活水

LETTING THE DATA SPEAK

データは語る

アメリカにおける所得格差

図表7.12を見ると、アメリカの所得格差の変化がわかる。図に示されているのは、アメリカの所得上位10%の人口の所得合計が、一国全体の所得に占める割合である（残りが、その他の90%のアメリカ人の所得の合計となる）。データは経済学者のトマ・ピケティとエマニュエル・サエズによりまとめられた[3]。図からわかるとおり、1940年頃までは、上位10%の所得合計は全体の約45%から50%だった。その後には所得格差の著しい改善が進み、35%まで低下して、その水準のまま1970年代半ばまで推移した。しかし、1970年代後半から格差が拡大しはじめ、1990年代終わりには、上位10%の所得合計は再び50%近くにまで上昇した。ピケティとサエズは、さらに興味深いパターンを発見した。1970年代より前には、富裕層の所得のほとんどは資本所得だった——つまり、株式の配当、資産の譲渡益、利子所得や不動産収入などの賃金や給与以外の資源からの収入であった。しかし、過去30年間では、富裕層の所得に占める賃金の割合が劇的に増加し、2000年には60%になった（ただしその後、2007年には38%に低下した）。金持ちであってもますます働くようになったのだろうか。

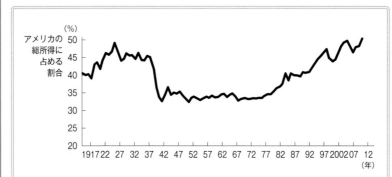

図表7.12 アメリカの所得上位10%の人口の所得合計が総所得に占める割合

アメリカの経済成長は比較的安定した持続的なものではあったが、成長から得られる利益の分配については時代とともに大きく変化している。20世紀初頭には、富裕層（所得上位10%）が総所得の約50%を得ていた。この所得分配は1940年代に入ると平等なものへと変化し、この傾向は1970年代半ばまで続いた。その後に再び格差は拡大し、所得上位10%の富裕層の所得が総所得に占める割合は、今日では50%まで上昇している。

出所：http://eml.berkeley.edu/~saez/TabFig2012prel.xls

---

[3] Emmanuel Saez and Thomas Piketty, "Income Inequality in the United States, 1913-1998," *Quarterly Journal of Economics*, Vol. 118, No. 1, 2003, pp. 1-39.

> **CHOICE & CONSEQUENCE**
> # 選択の結果
>
> ## 格差と貧困
>
> 　富裕層と貧困層が人口をちょうど二分している社会を想像してみよう。ここで2つのシナリオを想定する。シナリオ1の社会では1人当たり所得は、富裕層は5万ドル、貧困層は1,000ドルとする。シナリオ2の社会では1人当たり所得は、富裕層は5,000ドルで、貧困層は500ドルとする。あなたならば、どちらの社会で暮らしたいだろうか。
>
> 　この質問への答えには、当然ながら様々な要因が関係する。格差や貧困に対する考え方は人それぞれに違う。あなたが気にするのは平均所得であり、公平性はまったく気にしないとしよう。その場合には比較をするのは簡単だ。平均所得を計算すると、シナリオ1は2万5,500ドル、シナリオ2ではわずかに2,750ドルであり、シナリオ1のほうが明らかに高い。
>
> 　次に、あなたが気にするのは公平性だとする。その場合には、格差の尺度のみを見て、その他のことは考えないこととする。この場合には、富裕層と貧困層の所得の比率はシナリオ1では50倍で、シナリオ2では10倍なので、シナリオ1のほうが格差の度合いは大きい。したがって、あなたが格差のみを気にしてほかを考慮に入れない場合には、シナリオ2が望ましいと言いたくなるだろう。
>
> 　しかし、ここには誤りがある。格差の問題は、それが貧困と人々の生活水準の低さに関係することにある。シナリオ1では、貧しい人でも1,000ドルの所得があるので、格差が大きいとしても貧困の程度は低い。シナリオ2では、たとえ格差の度合いは小さいとしても、貧しい人には500ドルの所得しかない。したがって、たとえ他者の厚生や社会における貧困水準を重視するにしても、格差にだけ焦点を当てるのは間違いである。実際にこの場合には、シナリオ1のほうが平均所得は高く貧困度も軽度である。この点を考慮せずに、格差の水準のみを見て、より平等な配分は貧困の減少につながると考えると、間違った判断を下してしまうことにもなりかねない。

準を見るための主な尺度として1人当たり所得（GDP）に焦点を当ててきた。しかし、ある特定の時点での一国の1人当たり所得の平均が、その国のすべての個人の所得と同じになるわけではない。6章でも指摘したように、この区別をしっかりとつけ、社会の所得分配を考慮に入れないで1人当たり所得のみに焦点を当てることのないようにしなければならない。

　格差自体を問題にすることもたしかに重要であるが、多くの政策立案者や市民が懸念するのは、格差が貧困に関係しているからである。世界銀行が2015

年に定義した1人1日1.90ドル相当（2011年価格）という絶対的貧困は、深刻な経済問題や、健康問題、そして社会問題につながる。高い乳児死亡率、子どもの栄養失調、低い教育水準、主たる経済活動への参加から排除されていることなどは、極端な水準の貧困に伴う典型的な問題である。しかしながら、コラム「選択の結果」でも指摘したように、格差と貧困を区別して取り扱うことが重要だ。

経済成長と貧困

経済成長と貧困の関係は、どうなっているのだろうか？ 6章で学んだとおり、1人当たり所得（GDP）が高い国では、世界銀行が定義する1人1日1.25ドル水準の貧困状態で生活している人々は少ない。図表7.13からは、平均的には、1人当たり所得の成長は貧困の減少を伴っていることが読み取れるので、この仮説を裏づけている。図は1993年から2000年代後半にかけての各国の変化を示したものであり（年度は入手可能なデータに基づく）、縦軸は貧困率の上昇または下落を示し、横軸は平均の経済成長率を示している。

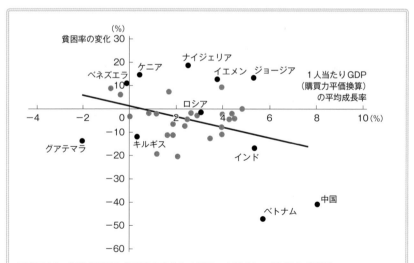

図表7.13 経済成長率と貧困率の変化との関係：1993年～2000年代後半

経済成長には貧困を減少させる傾向がある。ただしその関連は完璧なものではない。個々の点は各国の経済成長率と貧困率の変化との関係を示したデータである。

出所：Penn World Table and World Bank DataBank: World Development Indicators; Alan Heston, Robert Summers, and Bettina Aten, Penn World Table Version 7.1, Center for International Comparisons of Production, Income and Prices at the University of Pennsylvania (Nov 2012).

図の右下に位置するのは、正の経済成長と貧困率の低下を示した国々であり、中国、インド、ベトナムなどが含まれる。左上に位置するのは、負の経済成長と貧困率の上昇を示した国々であり、ベネズエラを含む3カ国のみがここに入る。さらに図には、全体の傾向を示す右下がりの直線が描かれている。なかには、成長率と貧困率がともに上昇した国もある（ナイジェリア、イエメン、ジョージアなど）が、全体としては、最近の数十年間の経済成長と、貧困者の割合には負の関係がある。ただし、図からもわかるように各国を示す点は、右下がりの傾向線からはかなり散らばって分布している。

　この関係からは、1人当たり所得の成長は貧困の減少の直接的な原因だと言うことはできないにしても、経済成長が貧困率を引き下げる最も有効な手段の1つであるという、多くの経済学者の信念を支えるエビデンスになっている。ただし、経済成長が自動的に貧困を減少させることを保証するわけではないことも認識しておく必要がある（ナイジェリア、イエメン、ジョージアの例がある）。格差の著しい拡大が伴わない場合に限って、この関係は成立するのかもしれない。

どうすれば貧困を減らすことができるのか？

　世界的にも貧困を減少させるために様々な政策が実行されてきたが、その多くは失敗だった。その理由については8章で詳しく説明するが、世界の貧困を減らす政策には特効薬はない。

　とはいっても、経済分析からは、いくつかの手段が有効であることはわかっている。解決策の1つが国際貿易で、参加するすべての国々にとって有益なものとなる（14章で詳しく説明する）。国際貿易は、勝者と敗者の両方を生み出すが、国際貿易から得られる便益は一般的にはプラスであり、その規模も大きい。特にプラスが大きくなるのは、EUやアメリカに輸出できる天然資源を保有していたり、農作物を生産している多くの貧しい国々だが、こうした国々は、高率関税や輸入割当てに阻まれて、事実上輸入を禁止されている。先進国が後進国に課している関税や輸入割当てを減らすことは、GDPの上昇をもたらす方法の1つであり、おそらくは、貧しい国々の成長も促進するだろう。実際、貿易はそれ以上の便益をもたらす。国際貿易により先進国との交流が増加すると、その国際的な交流は技術の移転も促進する。

　世界の生活水準を向上させるためのもう1つの重要な要素は、世界で活用されている知識と技術を改善し続けることである。アメリカではGDPのかなり

LETTING THE **DATA SPEAK**
データは語る

平均寿命とイノベーション

70年前の世界の平均寿命(出生時平均余命)は、今日よりもはるかに低いものであった[4]。1940年当時は、乳幼児の死亡率は非常に高く、成人できたとしても肺炎や結核などの治療法はなく、これらの病気は命取りとなった。このため平均寿命は、多くの国々で40歳以下だった。たとえば、平均的なインド人の寿命は非常に低く、30歳。また、ベネズエラは33歳、インドネシアは34歳、ブラジルは36歳だった。多くの西洋諸国の平均寿命も低かったが、貧困国よりは高かった。当時のアメリカの平均寿命は64歳だった。

その後の30年から40年を経て、平均寿命をめぐる様相は劇的に変わった。6章で見たように、先進国と後進国の平均寿命の差は今でもある。しかし全般的には、1980年代にサハラ以南のアフリカでAIDSが拡大するまでは、健康状態は世界中で著しく改善された。1999年のインドの平均寿命は60歳になり、1940年と比較して2倍になっている。これは、1820年当時のイギリスの平均寿命(40歳)よりも50%長い。ちなみに当時のイギリスの1人当たりGDPは1999年のインドと同水準だった。貧しい国々の健康状態の著しい改善は、どのようにして起きたのだろうか?

その答えは、20世紀のアメリカや西ヨーロッパ諸国で起きた科学分野のブレイクスルーとイノベーションにある。第1に、世界的な医薬品のイノベーションの波があった。なかでも最も重要なのが、抗生物質の開発である。抗生物質は、発展途上国における重大な死因であった細菌感染に、極めて有効な医薬品を生み出した。細菌感染に対する効果的な治療を提供するペニシリンは、1950年代初めから広く利用されるようになった。同時期の重要な出来事に、黄熱病や天然痘などに対する新しいワクチンの開発がある。

第2の要因は、DDT(ジクロロジフェニルトリクロロエタン)の発見である。最終的に農業用の殺虫剤としてのDDTの過剰使用は、環境に有害であると指定されるに至ったが、疾病予防のための初期の使用では画期的な効果をもたらした。DDTによって、貧困層の子どもの主要な死因の1つであるマラリアに対抗できるようになった。最後に、世界保健機関(WHO)が設立され、その支援の下に、コレラを予防するための水分補給や水の煮沸消毒などの、簡単だが効果的な医療活動・公衆衛生活動が貧困国に広まっていったことの影響は大きなものであった。

---

4) Daron Acemoglu and Simon Johnson, "Disease and Development: The Effect of Life Expectancy on Economic Growth," *Journal of Political Economy*, Vol. 115, No. 6, 2007, pp. 925–985.

の割合をR&Dに投入しており、労働力の中の大きな割合が科学と工学の分野に従事している。アメリカ、カナダ、イギリス、フランスおよびドイツなどの国々におけるこのような努力から生まれる技術進歩は、それらの国々の生活水準を向上させるだけではなく、世界中の生活水準も向上させる。たとえば、アメリカと西ヨーロッパからはじまった電気通信技術の発展によって、今では携帯電話が世界中で利用されるようになっており、あらゆる場所に住む何十億もの人々の生活の向上に役立ち、仕事の機会を与えてきた。無線通信が利用できるようになる前には、多くの国の人々は、通信を有線電話に頼らなければならなかった。

しかし、有線電話の分野は多くの場合に国営かまたは民間企業による独占であったために、価格が高く広範囲で利用することができなかった。無線技術の進歩は、消費者を独占企業による囲い込みから一部解放した。技術が進歩するにしたがって、無線通信はより良い医療の提供に活用されるようになり、そして企業間の通信も改善されることとなり、ビジネスの重要な場面で活用されるようになっている。同様に、医薬品のイノベーションによって、アメリカやドイツ、フランスだけでなく、世界中で生命が救われている。

したがって、豊かな国々とその他の国々との差を縮めることに直接的には役立たないとしても、アメリカや西ヨーロッパにおけるイノベーション政策の継続は、世界規模の貧困に対応する有効な手段となっている。

6章と7章では、経済成長の潜在能力や1人当たりGDPが各国ごとに異なっている背景について、物的資本や人的資本や技術がどのように関係しているのか、という点に焦点を当てて学んだ。物的資本への投資、労働力における人的資本の向上、技術進歩と生産の効率性の向上によって、豊かな国であれ貧しい国であれ、経済がどのように成長するのかを見てきた。次の疑問は、世界の多くの国々がなぜこのような発展に向かうことなく、貧しいままでいるのか、または低い成長率に甘んじているのか、という点だ。8章では、この疑問に対する答えを学ぶ。

まとめ

- アメリカを含めて多くの国々では過去200年間で経済が急成長し、1人当たりGDPは何倍にも増えた。たとえば、現在のアメリカの1

人当たりGDPは、1820年のおよそ25倍になった。アメリカの成長は持続的であり、1人当たりGDPは、大恐慌とその後の一時期を除いて、比較的安定した比率で成長を続けてきた。

- 経済成長は、キャッチアップ成長によって急激に成長することもある。キャッチアップ成長とは、比較的貧しい国が、より発展した国で発明された知識や技術を活用することによって、自国の1人当たりGDPを増加させていく成長プロセスである。

- 経済成長は、経済が物的資本を増やしたり、労働者の人的資本を引き上げたり（つまり同じ労働力人口で労働の総効率単位を引き上げたり）、技術を改善したりする結果として生まれる。物的資本の場合には、限界生産力が逓減し、人的資本の場合には、労働者が働きはじめる前に人的資本にどれだけ投資できるかには限界があるので、持続的成長は一般的には、物的資本や人的資本を増やすだけでは達成できない。持続的成長をもたらすのは、技術進歩である。技術進歩がアメリカの1人当たりGDP（または労働1時間当たりGDP）の上昇に最も寄与しているという実証的研究によるエビデンスがある。

- 過去200年間は、世界の多くの国々において持続的成長が実現した。しかしそれより前の数世紀には持続的成長ではなく、マルサス・サイクルを経験していた。すなわち、GDPの上昇による人口増加が、生活水準を引き下げ、出生率を下落させるので、人口増加を抑制する。世界は、産業革命によってこのマルサス・サイクルから脱出することができた。産業革命により、急速な技術進歩がはじまり、次の200年の持続的成長の土台が築かれた。

- 経済成長は、より大きな格差を生まない限り、貧困を大幅に減少させることができる。

キーワード

経済成長または成長　　　　成長率
指数的成長　　　　　　　　キャッチアップ成長
持続的成長　　　　　　　　貯蓄率

技術進歩　　　　　　　　生存水準
出生率　　　　　　　　　マルサス・サイクル
人口転換　　　　　　　　産業革命

復習問題

1. 経済成長とは何だろうか？　過去200年間に、アメリカ経済はどのように成長したのだろうか？
2. キャッチアップ成長と持続的成長とは、それぞれどのような成長だろうか？　例を用いて説明しなさい。
3. 集計的生産関数によれば、GDPはどのように増加するのだろうか？
4. 本章では、経済成長における貯蓄の重要性を強調している。
    a. 経済における貯蓄率は、どのように定義されるだろうか？
    b. 家計が消費をするか、貯蓄をするかを決定するにあたって、どのような要因が影響を及ぼすのだろうか？
    c. 家計の貯蓄行動は、投資にどのように影響を及ぼすだろうか？
5. その他すべてを一定として、労働の総効率単位の増加は持続的成長をもたらすだろうか？　理由についても説明しなさい。
6. 過去数十年間のアメリカの経済成長は、どのように説明されるだろうか？
7. 1800年より前には持続的成長はなかった。その理由は何だろうか？
8. マルサスの経済成長に関する予言とは何だろうか？　彼の予言は正しかったのだろうか？　理由についても説明しなさい。
9. 産業革命は、経済成長にどのような影響をもたらしたのだろうか？
10. 一国の1人当たりGDPの増加は、すべての国民が豊かになることを意味するのだろうか？　説明しなさい。
11. 本章の学習に基づいて、貧困を減少させるための最善の方法について論じなさい。
12. 20世紀には、ほとんどの国で平均寿命（出生時平均余命）は著しく増加した。その背景にあった要因は何だろうか？

演習問題

1. 1950年当時のドイツの1人当たりGDPが4,281ドルしかなかったのに対して、同年のアルゼンチンの1人当たりGDPは4,987ドルだった。1950年当時のアルゼンチンは実は、1人当たりGDPで比較するとドイツより金持ちだったのである。しかし1992年には、ドイツの1人当たりGDPが1万9,351ドルであったのに対し

て、アルゼンチンの1人当たりGDPは7,616ドルにすぎなかった（設問の1人当たりGDPの数字はすべて1990年価格）。

　a. 1950～92年にかけては、両国の1人当たりGDPは何％の成長をしたのだろうか？

　b. 1人当たりGDPが低かった国のほうが、その後に1人当たりGDPで上回ることがある。こうした状態は、どのようにして起こるのだろうか？

2. 現在、世界で最も成長が速い国とは、依然として最貧国の状況にある国々である。たとえば、2013年の経済成長が速い上位5カ国のうちの3カ国である南スーダン、シエラレオネ、トルクメニスタンの1人当たり実質GDPは、それぞれ世界で、144位、155位、95位だ（出所：CIA Factbook Estimates for 2013、購買力平価換算）。

何かが矛盾しているように見える。本章で学んだ成長に関する式を使って、1人当たりGDPが非常に低い国の成長率が非常に高いこともありうる理由について説明しなさい。

3. 以下の表は、韓国とアメリカの1970～2010年の1人当たりGDPである。表からわかるように、両国とも40年間で大きく成長を遂げている。

	韓国の1人当たりGDP	アメリカの1人当たりGDP
1970年	317ドル	5,247ドル
1980年	1,778ドル	12,598ドル
1990年	6,642ドル	23,955ドル
2000年	11,948ドル	36,467ドル
2010年	22,151ドル	48,358ドル

出所：世界銀行「世界開発指標」。

　a. 本章の図表7.3にあるように、対数表示を使わないグラフに、両国の5つの時期のデータを記入しなさい。それらの点を結んで折れ線グラフを描きなさい。

　b. 対数表示のグラフに両国の5つの時期のデータを記入しなさい。対数表示では、長さが同じであれば、同じ比率で変化していることが示される。5つの点を結んで折れ線グラフを描きなさい。

　c. 2つのグラフを比較して、その違いはどのように解釈されるだろうか？　説明しなさい。

4. 中国経済は、世界で最も成長の速い経済の1つである。中国の経済成長は、主に投資と輸出によって牽引されている。あなたと友人が、中国の成長モデルの持続可能性について議論しているとしよう。友人の意見によれば、集計的生産関数に基づいて考えるならば、中国経済が持続的に成長を続けるためには、物的資本ストックを増やし続けることが必要である。あなたはこの意見に同意するだろうか？　説明しなさい。

5. 以下のグラフは、紀元前1000年から2000年に至る世界全体の1人当たりGDPの推移である。

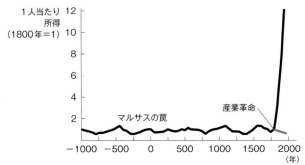

出所：Jeff Speakes, "Economic History of the World," Center for Economic Research and Forecasting, California Lutheran University.

グラフに示されているように、ほとんどの期間を通して、世界的には経済成長はないも同然であった。1人当たり所得がいくらか上昇を示していた時期もあったが、持続的成長は18世紀半ばに至るまではじまらなかった。それ以降は2000年まで爆発的に成長し、1人当たり所得は250年前の12倍になった。

18世紀初めに起きた経済成長をめぐる状況を劇的に変化させた要因とは、何であっただろうか？　説明しなさい。

6. 1970年代から1980年代にかけては、アメリカの労働生産性（労働1時間当たりのGDP）は停滞していた。その原因については、経済学者の間でも長い間議論がされてきた。経済の停滞は図表7.10と図表7.11を見ても明らかである。

図表7.10のデータに示されているこれらの20年間の労働1時間当たりのGDPの年間成長率の全般的な下落に最も関係しているのは、物的資本、人的資本、技術のどれだろうか？　図表にあるデータに基づいて説明しなさい。

7. 規模に関する収穫逓減の法則は、物的資本だけではなく、労働にも適用することができる。労働に関する収穫逓減の法則を使って、産業革命以前には、生活水準が持続的には成長できなかった理由を説明しなさい。また、人口とGDPの関係を説明するグラフを描きなさい（横軸に人口をとること）。産業革命以降は、そのグラフはどのように変化するかを説明しなさい。

8. 1968年に、スタンフォード大学のポール・エーリック教授は、人口過剰が1970年代から1980年代にかけて飢饉と飢餓を引き起こすかもしれないと主張した。彼の著書『人口爆弾』（宮川毅訳、河出書房新社、1974年）では、人口増加が抑制されなければ何百万人もの死者が出るだろうと記している。しかし、予言は外れた。彼の議論のどこが間違っていたのだろうか？

9. 物的資本ストックが10％増加すると、GDPは10％上昇すると想定する。今、物

的資本ストックがさらにもう10%増加したとする。これによってGDPの上昇は、10%超、10%ちょうど、10%未満、のいずれになるだろうか？　理由についても説明しなさい。

10. 【チャレンジ問題】図表7.4に基づいて答えなさい。仮に、アメリカ、メキシコ、ハイチ、中国、そしてルワンダが、表に示された成長率で成長し続けるとすると、各国が1人当たりGDPでアメリカに追いつくには何年かかるだろうか？　2010年からスタートするとして計算しなさい。

なぜ豊かな国と貧しい国があるのか?

Why Isn't the Whole World Developed?

熱帯地域と亜熱帯地域の貧困は地理的条件が原因なのか?

6章の図表6.2で、1人当たり所得を色分けした地図を見たときに、驚くほどの規則性があることに気づいただろうか? 貧困国の多くが、赤道に近い熱帯地域と亜熱帯地域に集中している。

対照的に、赤道から離れた温帯地域の国々は繁栄している。たとえば、コンゴ民主共和国は赤道直下に位置しているが、2010年の1人当たりGDPは241ドルだ(購買力平価換算、2005年価格)。同国から緯度にして60度北方にフィンランドが位置するが、同年の1人当たりGDPは3万2,989ドルだった(購買力平価換算、2005年価格)。赤道周辺のほとんどの国々について同じことが言える。赤道周辺国から同じ経度線を北上する緯度40度、50度、60度に位置している国々を見てみよう。ほとんどすべての場合に、赤道から離れた国ほど、赤道に近い国よりも豊かだ。このパターンは、多くの社会科学者の間に、赤道周辺の地域には経済的かつ

本章の構成

8.1	8.2	EBE	8.3
繁栄の直接的原因と根本的原因	制度と経済発展	熱帯地域と亜熱帯地域の貧困は地理的条件が原因なのか?	対外援助は世界の貧困の解決策になるのか?

KEY IDEAS キーアイデア

- 繁栄の直接的原因とは、一国の繁栄や貧困を、投入量に関連づけるものである。繁栄の根本的原因とは、投入量に差がある理由を探るものである。
- 繁栄の根本的原因の仮説には、地理、文化、制度からの3つのアプローチがある。
- 包摂的経済制度や収奪的経済制度は、経済発展に影響を及ぼす。
- 技術進歩を通した創造的破壊は、経済成長に不可欠な要素である。
- 「繁栄の逆転」現象の事例は、制度仮説の裏づけである。

社会的な条件に関して、特別に致命的な問題があるのではないか、という憶測を生み出した。熱帯地域や亜熱帯地域であることが、貧困国であることを宿命づけていると主張する人も多い。

その国がどこに位置しているのかによって繁栄の程度が決定される、ということはありうるのだろうか？　本章を通して、この疑問に何らかの回答を示す。世界中のすべての国が発展するわけではない理由、そして1人当たりGDPの差が大きい理由についても、理解が深まることだろう。

8.1　繁栄の直接的原因と根本的原因

6章で指摘したように、1人当たりGDPと生活水準は国によって大きく異なっている。アメリカとコンゴ民主共和国、ガーナ、ハイチの間には、1人当たりGDPに莫大な差がある。6章で強調したとおり、こういったギャップは、各国の物的資本、人的資本、技術の違いによって説明される。

ここまで学んできたのは、原因に基づく説明である。次に、それならば、なぜ一部の国々は、物的資本をより多く蓄積し、人的資本により多く投資し、技術をうまく発展させて、それを活用することができたのだろうか、という疑問

が生じる。つまり、物的資本や人的資本に投資をし、最新の技術を取り入れることでGDPを増加させることができるのであれば、なぜすべての国がそれを実行しないのだろうか？　なぜ、すべての国がアメリカや西ヨーロッパ諸国と同じように発展しなかったのだろうか？

このような疑問を深く掘り下げることによって、物的資本や人的資本や技術の違いは、経済活動の直接的原因にすぎないということがわかる。これらの3つの要因は、**繁栄の直接的原因**（近因）*である。すなわち、経済が繁栄していることと、生産への投入量が高水準にあることには関連があることは説明しているが、投入量が多い理由を説明しているわけではない。

物的資本や人的資本や技術にもっと投資をすることができないか、または投資をしようとしない国があるのはなぜだろうか？　その理由を突き止めるためには、さらに深く分析する必要がある。2章でも議論したとおり、因果関係は複雑だ。観察された現象の本当の原因を理解するためには、表面下に隠されているものが何かを見極める必要がある。このような背後にある要因が、**繁栄の根本的原因**であり、繁栄の直接的原因の違いを生み出した要因であると定義される。図表8.1には、繁栄の直接的原因と根本的原因の関係が示されている。

直接的原因と根本的原因の違いをもっとはっきりと理解するために、別の例で考えてみよう。あなたは、喉の痛み、熱、頭痛などの風邪の症状を感じたときには、おそらく喉の薬や解熱剤などを飲もうとするだろう。この場合に、あなたが薬を飲むことになった直接的原因は、喉の痛みや熱や頭痛だ。しかし、そもそもその症状を引き起こした根本的原因は、ウイルスによる感染だ。ウイルスが症状を引き起こし、あなたに薬を飲もうと思わせたのだ。同様に、ある国の、物的資本、人的資本、技術などへの投資が過小であった場合には、その原因を探る必要がある。豊かな国とそうではない国がある理由を完全に理解するためには、直接的原因と根本的原因の両方を考慮する必要がある。

貧困と繁栄の根本的原因をめぐっては様々な理論がある。世界中の貧困国の技術が遅れている理由に関する理論や、先進国ほど人的資本や物的資本に投資をしない理由に関する理論などがあるが、これらの理論は、大きく地理、文化、

- **繁栄の直接的原因**(proximate causes of prosperity)とは、高水準の1人当たりGDPは、物的資本、人的資本、技術などの要因が高水準であることによりもたらされることを説明する。
- **繁栄の根本的原因**(fundamental causes of prosperity)とは、繁栄の直接的原因の違いを生み出した要因である。

*　直接的原因(proximate cause)は近因とも訳され、表面的には原因のように見えるが、実際にはより遠い関係にある要因が本当の原因であるときに使われる。したがって、原因と言っても、本当の原因ではないことに注意する必要がある。医学関係では「近因」という訳語が用いられることが多い。

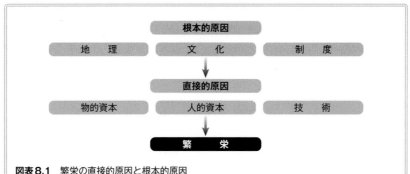

図表8.1 繁栄の直接的原因と根本的原因

物的資本と人的資本が潤沢にあり、高度な技術を効率的に生産に活用できるときに、社会は繁栄する。しかし、これらの3つの要因は、表面下に隠されているその他の深い要因によってもたらされた直接的原因（近因）と呼ばれるものである。地理的、文化的、そして制度的な要因である根本的原因が、物的資本や人的資本や技術への投資などの直接的原因に影響を及ぼすことを通して、繁栄にも影響を及ぼしている。

制度に基づく3つの仮説に分類できる。これらの仮説について説明し、実際のデータと合致するかを検証していこう。

地理仮説

繁栄の根本的原因をめぐる理論についての第1のアプローチは、**地理仮説**である。地理仮説では、地理的な違い、気候の違い、生態系の違いが、究極的には各国の繁栄の程度を大きく左右する根本的原因であると考える。地理仮説によれば、一部の国々が地理的、気候的、生態系的には恵まれていないことは、自力ではどうすることもできない問題である。国土のほとんどが農業には適していない国もあれば、日中の気温が高すぎる国や、航行可能な河川がないために輸送手段が極めて高コストになっている国もある。このような環境下にある国では、生産要素を蓄積したり効果的に活用したりすることは、不可能であるか、または不可能に近い、という意見もある。

昔から多くの思想家がこの地理仮説を主張してきた。その主要な提唱者の1人が、フランスの有名な哲学者であるモンテスキューだ。彼は、気候こそが、勤労意欲の主たる決定要因であり、したがって一国の繁栄を左右する、と主張した[1]。著書『法の精神』の中では、以下のように書いている。

● **地理仮説**（geography hypothesis）とは、地理的な違い、気候の違い、生態系の違いが、究極的には各国の繁栄の程度を大きく左右する根本的原因であるとする考え方である。

1) Charles-Louis de Secondat Montesquieu, *The Spirit of the Laws, Book XIV*, Chapter 2, [1748] 1989, pp. 230-235. 最新の翻訳は、井上堯裕訳『法の精神』中央公論新社、2016年。

体にまったく力が入らなくなるほど気温が高くなることがある。すると、極度の疲労が精神にも影響を及ぼす。好奇心を失い、有益な冒険心もなくなり、寛大な感情も失われる。すべてが受け身の傾向になり、怠惰であることに幸福を覚える。……人は寒冷な気候の中でより頑健になる。温暖な国の住民は、老人のように臆病であり、寒冷な国の住民は、若者のように勇敢である。

もう1人、イギリスの著名な経済学者であるアルフレッド・マーシャルも、その著書『経済学原理』の中で以下のように書いている。ちなみにマーシャルは、(本書のように) 経済学の原理を、より多くの学生が学ぶことを目的とした教科書をまとめあげた最初の経済学者だ[2]。

活力は、人種的特質とある程度は関係がある。しかしこの特質は、考えられる限りにおいて言えば、主に気候に起因しているようである。

労働意欲と活力が気候の影響を受けるとする見方は、時代遅れだ (時には、人種差別的でさえある)。しかし、地理仮説の中でも気候の違い以外の見解はいまだに支持されている。地理的特徴は、社会で利用できる技術の水準 (特に農業分野の技術) を左右すると、今でも多くの人々が信じている。経済学者のジェフリー・サックスもこの考え方を強く支持していた[3]。国連と世界保健機関 (WHO) に対して強い影響を及ぼした政策提言の中で、この考え方に言及して以下のように書いている。

現代の経済成長の時代がはじまった当時、またはその少し前までは、温帯地帯の技術は、熱帯地帯の技術よりもはるかに生産的なものであった。

ジェフリー・サックスをはじめとする複数の経済学者が、特にサハラ以南のアフリカでは、マラリアやデング熱などの感染症が簡単に拡散するために、経済的に困難な状況に陥っていることを指摘している。感染症の症状が深刻で、

---

[2] Alfred Marshall, *Principles of Economics, Book IV: The Agents of Production*, Chapter 5, 1890. 翻訳は、馬場啓之助訳『マーシャル 経済学原理』(全4巻)、東洋経済新報社、1965-67年。引用は、第Ⅱ巻「第4篇 生産要因」の「第5章 人口の健康と力」。

[3] Jeffrey Sachs, "Tropical Underdevelopment," NBER Working Paper, No. 8119, 2001.

かつ拡散した場合には、実際にも人的資本の大部分を破壊することがある。

地理的要因が、一国が繁栄する（あるいは繁栄できない）主たる根本的原因ならば、世界の貧しい国々は、生活水準の大きな改善を望むことはほとんどできない。地理的要因がもたらす不利益は永続的なので、貧困国が世界にキャッチアップして、いつの日にか経済発展を実現することは期待できないということにもなる――少なくとも理論的にはそのような結論が導かれてしまう。

> 地理的要因が、一国が繁栄する（あるいは繁栄できない）主たる根本的原因ならば、世界の貧しい国々は、生活水準の大きな改善を望むことはほとんどできない。

地理仮説で示されている要因のすべてが同じように悲観的というわけではない。交通技術への大規模な投資と、疫病の根絶が実現されれば、このような地理的困難さのいくぶんかは軽減することができるとも考えられる。

文化仮説

繁栄の根本的原因をめぐる理論についての第2のアプローチは、文化の違いと関係がある。この**文化仮説**によれば、社会が異なれば、共有する経験、宗教の教義、家族の絆の強さ、暗黙の社会的規範などの影響により、インセンティブに対する反応は異なる。文化仮説では、文化は価値観や選好や個人と社会の信念の重要な決定要因であり、文化の違いは経済活動を形成するうえで重要な役割を担っている。たとえば、投資を奨励し勤勉に働き新技術を取り入れることに価値を見出す社会がある一方で、迷信にとらわれ、新技術を疑い、勤勉に働くことに価値を見出さない社会もある。

文化と経済発展を結びつけた議論としては、ドイツの社会学者マックス・ウェーバーによるものが有名である。彼は、西欧社会の工業化の起源はプロテスタンティズムにあると主張した[4]。プロテスタンティズムの世界観は、勤勉に働くことと貯蓄（つまり投資）を奨励するものであり、市場経済の発展と経済成長には不可欠である、という考え方だ。

そのほかにも文化仮説は、アングロサクソン文化とイベリア文化の対比に使用される。投資と技術導入に積極的なアメリカやイギリスのアングロサクソン

- **文化仮説**（culture hypothesis）とは、異なる価値観や文化的信条が、各国の繁栄の程度を大きく左右する根本的原因であるとする考え方である。

4) Max Weber, *The Protestant Ethic and the Spirit of Capitalism*, New York: Routledge, [1905] 2001. 最新の翻訳は、中山元訳『プロテスタンティズムの倫理と資本主義の精神』日経BP社、2010年。

文化と、スペインやポルトガルを起源とする活力に乏しく、より閉鎖的なイベリア文化を対比させる考え方だ。また、北米と南米の違いを文化仮説の観点から対比させる社会科学者も多い。

およそ20年前、ハーバード大学の政治学者であるサミュエル・ハンチントンは、「文明の衝突」という言葉で21世紀初頭の混迷を、西欧文明とイスラム文明の間の対立としてとらえた[5]。ハンチントンは、繁栄には文化が重要な役割を担っているという考え方を支持したのである。たとえば20世紀に、韓国が急成長を遂げた一方で、ガーナが成長しなかった理由に関する以下の説明に、彼の思想が要約されている[6]。

> 文化が大部分を説明する。韓国人は、倹約、投資、勤勉、教育、組織、規範に価値を見出している。一方でガーナ人は、これらとは異なる価値観を持っている。

もちろん、その社会が持つ文化は不変ではない。非常にゆっくりとではあるかもしれないが、文化は変容する。

制度仮説

繁栄の根本的原因をめぐる理論についての第3のアプローチは、制度に関するものである。**制度**とは、法律や規則など、社会の組織を統治する公式および非公式なルールである。たとえば、歴史的発展のプロセスの中での制度の重要性を強調する研究、いわゆる新制度派経済学によってノーベル賞を受賞した経済史学者ダグラス・ノースは、制度を次のように定義している[7]。

> 制度とは社会におけるゲームのルールであり、より正式には、人間の相互作用を形成する、人間が考案した制約である。

● **制度**(institutions)とは、法律や規則など、社会の組織を統治する公式および非公式なルールである。

5) Samuel P. Huntington, "The Clash of Civilizations?" *Foreign Affairs*, 1993, pp. 22-49. 同論文からは世界的ベストセラーが生まれた。*The Clash of Civilizations and the Remaking of World Order*, Simon & Schuster, 1996. 最新の翻訳は、鈴木主税訳『文明の衝突』（上・下）、集英社、2017年。
6) Lawrence E. Harrison and Samuel P. Huntington, *Culture Matters: How Values Shape Human Progress*, New York: Basic Books, 2000.
7) Douglass North, *Institutions, Institutional Change and Economic Performance*, Cambridge: Cambridge University Press, 1990. 翻訳は、竹下公視訳『制度・制度変化・経済成果』晃洋書房、1994年。

この定義には、制度を定義する重要な3つの要素が含まれている。

1. 制度は、社会の一員である個人によって決定される。
2. 制度は、行動を制約する。
3. 制度は、インセンティブを決定することによって人々の行動を形成する。

第1に、制度とは「人間が考案した」ものである。人間のコントロールが及ばない地理的要因、そして変化が遅い文化的要因とは対照的に、制度は人間が作る要因によって決定される。すなわち制度は、根拠なく現れるものではなく、社会の構成員が、自分たちの相互作用をどのように組織するかについて下した選択により進化するのである。

第2に、制度は個人の行動に制約を課す。良い面としては、制度があることによって、他者から何かを盗んだり、借金を踏み倒したりできなくなる。悪い面としては、仕事や新しいビジネスをはじめるのを制度が妨げることもある。このような制約は絶対的であるとは限らない。法を犯したり、規則を破ったりする人々は世界中にいる。たとえば、アップル社は、2010年の時点では台湾でiPadの商標権を持っていなかったため、iPadを売ることは違法だった。しかしネットオークションでは、iPadケースが1,000ドル以上で販売され、それを購入すれば、たまたま「無料の」iPadがついてきた[8]。

特定の行動に罰則や報酬を与える政策や規則や法律は、当然ではあるが、行動に影響を及ぼす。たとえば、特定の技術の採用を禁止する法律を一部の市民がうまくかいくぐれたとしても、そのような法律はやはり技術の採用を抑制する。

このような観察は、ダグラス・ノースの第3の定義につながる。すなわち、制度はインセンティブに影響を及ぼす。制度が個人に課す制約が——ある種の行動を禁止するような公式な制約であろうと、慣習や社会的規範を通してある種の行動を抑制するような非公式な制約であろうと——人間の相互作用を形成し、インセンティブに影響を及ぼす。ある意味では、他の根本的原因以上に、制度はインセンティブの重要性を教えてくれる。

制度仮説は、人間が社会を組織するために選択した方法上の違い——つまり、

● **制度仮説**(institutions hypothesis)とは、人間が社会を組織するために選択した方法上の違い——つまり、個人や企業が社会で直面するインセンティブを形成するときの違い——が、各国の繁栄の程度の差異をもたらす根本的原因になっている、という考え方である。

個人や企業が社会で直面するインセンティブを形成するときの違い——が、各国の繁栄の程度の差異をもたらす根本的原因になっている、という考え方である。たとえば、市場が個人の生産性が最も高くなる仕事を配分し、法律や規則は企業に物的資本と技術に投資をするように奨励し、教育制度が人々に人的資本への投資の実行あるいは促進をすることができたときに、経済はより高いGDPを実現でき、より高い水準の繁栄を達成する。

まとめると、制度仮説は以下のような論理構成となる。

1. 社会が異なれば、制度も異なる。
2. 制度が異なっているならば、インセンティブも異なったものになる。
3. インセンティブは、社会がどの程度の水準まで生産要素を蓄積し、新しい技術を活用するかを決定するのに役立つ。

社会の繁栄が制度に依存しているという考え方自体は、新しいものではなく、少なくとも経済学の父、アダム・スミスの時代まで遡る。スミスは『国富論』において、「見えざる手」の働きを通して、繁栄を生み出すという市場の重要性について強調し、たとえば取引の制限などのように、市場の働きに制約を加えることは結局は富を損なうことになると警告している[9]。

歴史上の自然実験

朝鮮半島は北緯38度線で2つの国に分断されている。南側に位置するのは大韓民国（以下、韓国）である。7章で見たように、韓国は過去60年間に経済が急成長を遂げた国の1つであり、今ではヨーロッパの各国に匹敵する生活水準を達成している。

北緯38度線の北側にはもう1つの国、朝鮮民主主義人民共和国（以下、北朝鮮）が位置している。北朝鮮の生活水準は、サハラ以南のアフリカ諸国に近く、2010年の1人当たりGDPの最良とされる推計でも1,612ドル（購買力平価換算、2005年価格）であるが、これはスーダンやイエメンの生活水準を下回っている。対照的に、同年の韓国の1人当たりGDP（購買力平価換算、2005年価格）は2万6,609ドルである。これほどの差はどのように説明できるのだろ

---

8) Tim Culpan, "Taiwan's iPads are Free. The Cases Cost $1,000," *Businessweek Magazine*, October 7, 2010.

9) Adam Smith, *The Wealth of Nations*, 1776. 最新の翻訳は、山岡洋一訳『国富論——国の豊かさの本質と原因についての研究』（上・下）、日本経済新聞出版社、2007年。

うか？　地理仮説や文化仮説では説明できない。北朝鮮と韓国の地理的な条件はほぼ同等である。気候、海上航行へのアクセス、疾病環境は本質的には同等の水準にある。南北に分断される1947年以前には、文化的にも目立った違いはなかった。当時の両国は、民族的にも文化的にも極めて同質的な国だった。韓国の1947年以降の経済発展にとって地理と文化が重要な要因であると考えるならば、北朝鮮でも同レベルの経済発展の実現が予想されるのだが、現実にはそうはなっていない。

　実際、朝鮮半島が統一されていた第2次世界大戦以前には、両国間にこれほどの差はなかった。2つの国に分断され、非常に異なる制度が採用されてから初めて違いが生まれたのだ。

　朝鮮半島の分断は、朝鮮半島の人々が望んで合意したものではなく、ソビエト連邦（ソビエト社会主義共和国連邦）とアメリカの地政的取引の結果だった。米ソ2カ国が第2次世界大戦の終結時に、北緯38度線を境として朝鮮半島の勢力範囲を分けることに合意し、北側と南側で異なる政府が樹立された。

　2つの政府は、極めて異なる経済の運営方法を採用した。北朝鮮は、第2次世界大戦の抗日パルチザン活動家であった金日成（キム・イルソン）を最高指導者とし、ソビエト連邦の支援の下に、厳格な共産主義である主体思想（チュチェ）を掲げた。北朝鮮では中央の計画によって資源は配分され、私有財産は非合法化され、市場は禁止された。自由は、市場の中にも生活のあらゆる面にも存在しなかった。金日成の周囲のごく限られたエリートだけはその例外であった。この縁故主義は、金日成の息子で2011年に亡くなった金正日（キム・ジョンイル）から、孫の金正恩（キム・ジョンウン）へと引き継がれている。

　一方、南側の韓国では、ハーバード大学とプリンストン大学に学んだ忠実な反共産主義者である李承晩（イ・スンマン）が、アメリカの支援を得て制度を構築した。李承晩と朴正煕（パク・チョンヒ）は独裁体制をとったが、市場経済を基盤とし、企業には投資と工業化のためのインセンティブが提供され、国民には教育が提供された。韓国は1990年代には民主化し、経済はさらに自由化を進めていった。

　制度が経済の繁栄の主要な決定要因であるならば、朝鮮半島の2国間で制度が極めて異なるときには、異なる経済状況が導かれるはずだ。現実はまさにそう

> 制度が経済の繁栄の主要な決定要因であるならば、朝鮮半島の2国間で制度が極めて異なるときには、異なる経済状況が導かれるはずだ。現実はまさにそうなっている。

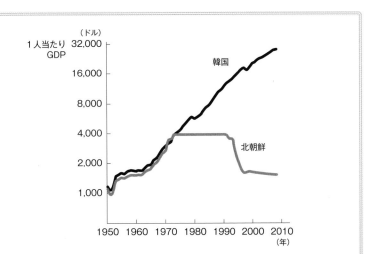

図表8.2 北朝鮮と韓国の1人当たりGDP(購買力平価換算、2005年価格)

北朝鮮と韓国の経済状況は、両国が分断されていなかった1940年代にはほぼ同等水準であったが、その後に大きく分かれた。市場経済を基盤とする制度を持つ韓国は、1人当たりGDPが高水準に成長した。対照的に、共産党独裁下の北朝鮮は成長ができず、1人当たりGDPは韓国の16分の1以下の水準に落ち込んでいる。

出所：Maddison Project (1820-2010); J. Bolt and J. L. van Zanden, "The First Update of the Maddison Project: Re-Estimating Growth Before 1820," Maddison-Project Working Paper WP-4 (2013).

宇宙から見た夜間の朝鮮半島

夜の韓国は明るいが、北朝鮮は暗闇である。経済の繁栄の水準が大きく異なっている状況が反映されている。

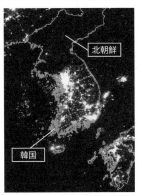

写真：Yonhap/アフロ

なっている。図表8.2を見ると過去60年間を通して、北朝鮮と韓国の1人当たりGDPはその差を広げ続け、今日の大きな差に至っていることがわかる。

朝鮮半島のような例は通常、自然実験、あるいは歴史による実験と呼ばれる。朝鮮半島では、軍事的な理由によって国が2つに分断された。その後に、文化

的にも地理的にも同質である2つの新しい国は、非常に異なる制度を発展させてきた。韓国は市場経済を採用し、北朝鮮は市場や私有財産や企業が存在する余地がほとんどない厳密な共産主義の規律を採用した。この例が自然実験に近いとされる理由は、地理的にも文化的にもほとんど変わらない中で、制度だけが急速に変化したためである。図表8.2からわかるように、経済的繁栄に違いをもたらしたものは、制度の変化だった。朝鮮半島の例は、制度仮説の強い裏づけになる（ただし、地理と文化はここではほとんど同等であったために、地理仮説と文化仮説の直接的反証にはならない）。

8.2 制度と経済発展

　韓国の若者たちも私たちと同じように成長する。良い教育を受け、選択して就いた仕事で努力をして、成果を出そうとするインセンティブを大勢の若者が持っている。市場経済である韓国で育った若者たちは、成功しさえすれば、いつの日にかその投資と努力の成果を享受できることを知っている。コンピューター、衣服、車、家、医療もお金で買えるし、起業して子孫に財産を残すこともできる。

　これらが実現されるのは、韓国には確立された**私有財産権**があるためだ。つまり、個人は政府やその他の何者にも奪われることを恐れることなく、企業、家、車などの様々な財産を所有することができる。アメリカと同じように、韓国で事業をするときには、そこから生み出される所得は、税金以外は自分のものである。税金は通常、国民にとって価値のある公共財やサービスを提供するために用いられる。国が法と秩序を維持しているので、あなたの財産は保護されている。たとえばビジネスで契約を結ぶときには、契約履行の後ろ盾には裁判所が控えている。起業家は、銀行や金融市場からお金を借り入れることができるし、外国企業が韓国企業と提携することも、また個人が家を購入するために住宅ローンを組むこともできる。

　一方で、北朝鮮の若者たちの生活は、韓国の若者のそれとはかけ離れている。貧困の中で育つ彼らは、熟練労働や起業の準備となる質の高い教育を受けられない。学校教育の内容のほとんどは、北朝鮮に対する外国の脅威や、最高指導者の慈悲深い指導力や北朝鮮軍についてのプロパガンダに関するものだ。しか

● **私有財産権**(private property rights)とは、個人が事業を行うことができ、資産を所有することが保障されることを意味している。

し彼らは、北朝鮮では私有財産が認められていないために、自分たちは不動産を持つことも、起業することも、高給を得ることもできない。自分たちのスキルを発揮したり、給与で必要なものや欲しいものを買うことができる市場もない。

このような異なるルールが、北朝鮮と韓国の国民生活を支える制度を構成しているのである。

包摂的経済制度と収奪的経済制度

韓国と北朝鮮で非常に異なる私有財産権の施行は、ここで私たちが経済制度と表現しているものの特徴の1つである。**経済制度**とは、経済取引に関する社会のルールの特徴である。経済制度には、財産権の保護以外にも、司法制度や、個人や企業がどのように融資を受けられるかを定める金融制度、および新規事業に参入したり新しい職業に就くときにかかる費用を決める規制、などの制度が公平に機能していることが含まれる。

ある社会の経済制度が、財産権と契約の履行を保障し、法を維持する司法制度を制定し、民間部門による経済・金融の取引の契約を認め、異なる業界や職種へ参入することが比較的開放的で自由であり、就職するための教育とスキルを学ぶ機会があるときに、その社会には**包摂的経済制度**があると言う。韓国の経済制度は、このような包摂的経済制度に近い。多くの国民に対して、才能とスキルを一番活用できるように経済活動への参加を促進するという意味で、韓国の経済制度は包摂的である。

一方の北朝鮮の状況は、包摂的経済制度には当てはまらない。北緯38度線より北側の経済制度は、財産権や契約の基盤を確立させることなく、極めて高い参入障壁を築きあげ、市場の活動をほとんど崩壊させている**収奪的経済制度**である。この用語は、社会から資源を収奪する人々によって政治的権力が形成されたという事実に基づいて名づけられている。収奪的経済制度を採用しているのは、共産主義国の北朝鮮に限らない。君主制、独裁制、軍事政権が支配する社会だけでなく、議会や大統領を選挙で選んだ社会の中にもかつては収奪的経済制度だった国もあったし、現在もなおそうである国もある。実際、歴史上

- **経済制度** (economic institutions) とは、経済取引に関する社会のルールの特徴である。
- **包摂的経済制度** (inclusive economic institutions) とは、私有財産権を保障し、法と秩序を維持し、民間部門の契約が確実に履行されることを支持し、新しい分野と職業への自由な参入が許されている社会である。
- **収奪的経済制度** (extractive economic institutions) とは、私有財産権を保障せず、契約を認めず、市場の活動を阻害している社会である。このような社会では、事業や仕事に対して高い参入障壁が築かれている。

は、ほとんどの社会の経済制度は、ここで定義した包摂的経済制度であるよりは、北朝鮮のような極端な収奪的経済制度のほうに近いものであった。

収奪的経済制度を持つ市場経済には、アゼルバイジャン、トルクメニスタン、ウズベキスタンなどの旧ソビエト連邦下の各国や、アジア圏のミャンマーやパキスタン、南米のアルゼンチン、グアテマラ、ペルー、そして、アフリカのコンゴ民主共和国、エジプト、ケニアなどがある。こういった制度を個々に見れば、北朝鮮の極端な中央集権とは異なっているにしても、財産権が確立していないことや、大勢の人々の犠牲の上に一部の人々が特権を得ている点が共通している。

収奪的経済制度は、単独では存在しない。北朝鮮が抑圧的独裁体制であることは偶然ではない。政治的エリートたちが国家を厳格に管理することができなければ、北朝鮮は何千万人もの人々に貧困を強いる体制を維持することはできないだろう。こうした政治権力と経済力の融合は、政治制度の役割の重要性を示している。**政治制度**とは、誰が政治権力を持つかを決定し、その権力の行使はどのように制約されるのかを決定するものである。収奪的経済制度の下では、政治エリートに政治権力が集中し、政治権力の行使にはほとんど制約がない。同様に、包摂的経済制度の下では、異なる種類の政治制度が共存している。その政治制度では、政治権力はより平等に社会の中で分配されているために、個人や1つの集団が国民の犠牲の上に自己の利益のために政治権力を行使することはできない。

経済制度が経済に及ぼす影響

韓国と北朝鮮、そしてコラム「データは語る」で見るオーストリアとチェコスロバキアの比較から一般的な法則が導かれる。包摂的経済制度は経済活動、生産性の成長、経済的繁栄を促進するが、収奪的経済制度はそうではない[10]。財産権はこの法則の核心である。なぜならば、保障された財産権を持つ者だけが、進んで投資をし、生産性を向上させるからである。生産物が収奪される——盗まれる、奪い取られる、税金として没収されるなどのどのような場合であっても——と予測する農家は働くインセンティブをほとんど持つことはなく、

● **政治制度**(political institutions)とは、政治権力の分配と、政治権力を行使するうえでの制約に関する社会のルールの特徴である。

10) Daron Acemoglu and James A. Robinson, *Why Nations Fail: The Origins of Power, Prosperity and Poverty*, New York: Crown Publishers, 2012. 翻訳は、鬼澤忍訳『国家はなぜ衰退するのか——権力・繁栄・貧困の起源』(上・下)、早川書房、2013年。

ましてや投資やイノベーションを開始するインセンティブもない。収奪的経済制度は、このようにしてインセンティブを歪める。農家、商人、実業家、労働者たちは、財産権がなければ投資や生産をする意欲はわかないだろう。契約書は文字が書いてある紙切れ以上の価値を持たず、契約書を交わしたとしてもその合意が簡単に反故にされてしまうのならば、企業は、ビジネスを順調に進めるために必要な信頼に基づく関係を構築することはできない。結局は、収奪的経済制度は、新規参入を奨励する環境を作るのではなく、市場への参入障壁を築いて非効率な企業を守り、新しいアイデアを持つ起業家が事業に参入することや、労働者がその熟練度に最も適した仕事に就くことを阻害するのである。

LETTING THE **DATA** SPEAK

データは語る

東ヨーロッパにおける分岐と収束

1948〜89年までの間、中東欧諸国は、北朝鮮と同じような共産党独裁体制の下にあった。国営企業が一般的であり、市場に競争はなく、共産党幹部が設定した目標の達成に向けて生産活動は行われた（目標はほとんどの場合に達成されることはなかった）。結果的に、食料や消費財はつねに不足していた。市場経済においては、労働者に動機づけができない企業、一定水準の品質の財を生産できない企業、あるいは生産目標を達成できない企業は、最終的には市場から退出を迫られる。しかし、共産主義社会では競争がまったくないので、国営企業は競争や市場からの退出を懸念する必要はない。そして、価格を設定するのは国であり、企業が赤字になれば、国が補塡してくれる。

1948年当時には、中央ヨーロッパの隣国同士であるオーストリアとチェコスロバキアの1人当たりGDPは約4,000ドルとほぼ同等の水準だった。しかし、第2次世界大戦以前にはあった政治的自由が奪われたチェコスロバキアでは、農地が強制的に地主から取り上げられて集約化され、計画経済が確立した。一方で東ヨーロッパの共産主義の諸国よりもはるかに包摂的な経済制度を持つオーストリアでは、市場システムが発展した。結果は、北朝鮮と韓国のケースと似たものとなった。想像されるとおり、その後40年間を通して、チェコスロバキアと隣国のオーストリアとの経済の差は拡大を続けた。

歴史、地理、文化が非常に似ているにもかかわらず、共産主義政府が最終的に崩壊に至る1989年には、両国の繁栄の差異はあまりにも大きなものになっていた。中東欧諸国で共産主義の支配下にあった国々は、民主主義と市場経済に移行し、より包摂的経済制度を取り入れることによって、急速に経済が成長をはじめた。そして、経済における民間部門の

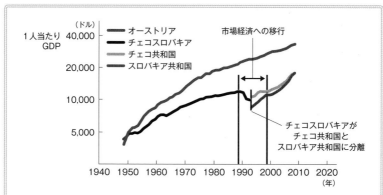

図表8.3 オーストリアとチェコスロバキアの1人当たりGDPの推移：1948年以降（購買力平価換算、2005年価格）

1948年には、チェコスロバキアとオーストリアは1人当たりGDPはほぼ同等の水準であったが、それ以降、異なる経済制度と政治制度の下で、その差は分岐して拡大していった。共産主義政府が崩壊して以降、市場経済に移行したチェコスロバキア（1993年にチェコ共和国とスロバキア共和国に分離した）は急速に成長し、オーストリアとの差は収束して縮小に向かっている。

出所：Maddison Project（1820–2010）; J. Bolt and J. L. van Zanden, "The First Update of the Maddison Project: Re-Estimating Growth Before 1820," Maddison-Project Working Paper WP-4 (2013).

割合が5％から80％に増加した。図表8.3を見ると、オーストリアと共産主義時代のチェコスロバキアのGDPの差は分岐して拡大していったが、1990年代にチェコスロバキアが市場経済に移行して以降、その差は収束して縮小していることがわかる。

　図表8.4には、収奪的経済制度がなぜ経済活動を阻害するのか、その理由が示されている。図には、経済において、起業家が新規参入してビジネスをはじめるときの収益が、高い順に並べられている。紫色の起業家収益曲線はこの収益を示している。縦軸は収益、横軸はその収益（またはそれ以上の収益）を得ている起業家の数である。

　図表8.4について詳しく説明しよう。(a)にある点Aを見ると、縦軸から起業家の収益が7万5,000ドル、横軸から7万5,000ドル以上の収益を得ている起業家の数は500人であることがわかる。ここで収益が低下し、点Bの2万5,000ドルになると、起業家の数は900人に増加する。これは、7万5,000ドル以上の収益を得ている500人の起業家に、2万5,000ドルから7万5,000ドルの利益を得ている400人の起業家が加わり、収益が2万5,000ドル以上ある起業家の総数は900人となるからである。つまり、起業家収益曲線は右下がりになる。す

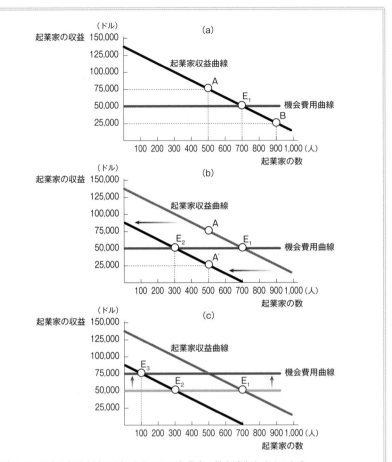

図表8.4 収奪的経済制度はどのようにして起業家の数を減少させるのか？

(a) 起業家収益曲線は、縦軸に起業家の収益を、横軸に起業家の数をとって示されている。曲線は、潜在的起業家の収益を高い順から並べることによって求められる。機会費用曲線は、潜在的起業家がほかの活動をしたときにもたらされる最も高い価値を示している。2つの曲線*の交点が、均衡した起業家の数である。たとえば、(a)では、収益が5万ドル以上のすべての潜在的起業家は、起業家になることを選ぶ。

(b) 収奪的経済制度は、起業家収益曲線を左にシフトさせる。左方シフトの理由は2つ考えられる。第1に、私有財産権制度が確立されていないことによって、起業家は自分の収益のすべてを手に入れることができない。第2は、法制度の不備により、起業家は取引相手と信頼できる契約を簡単に結ぶことができないために、財の供給に費用がかさみ、収入が不安定になる。これらの2つの理由によって、起業家の収益は低下する。

(c) 収奪的経済制度は参入障壁を築き、参入費用を高くするために、機会費用曲線は上に押し上げられる。(c)には、収奪的経済制度が起業家の数の均衡に及ぼす影響は、起業家収益曲線の左へのシフトと、機会費用曲線の上へのシフトの結果として生じていることが示されている。

---

* 2つの「曲線」と説明しているにもかかわらず、図には直線が描かれている。直線とはまっすぐな曲線でもある、と理解していただきたい。

なわち、収益が少なくなるほど、その水準以上の収益を得ている起業家の数は当然ではあるが多くなる。

　水平の線は起業家の機会費用であり、すべての潜在的な起業家を含めて機会費用は一定であると仮定している。ここで機会費用とは、たとえばほかの職を選んだ場合に得られる所得などが相当する。

　(a)は、事業参入の一般的な法則を示したものであり、参入は、起業家の収益が機会費用よりも上回るのか下回るのかによって決定される。(a)で、収益が点Aで表される起業家を、起業家Aとしよう。点Aは水平線より上方にあり、起業家Aの起業による収益（7万5,000ドル）は機会費用（5万ドル）を上回っているので、起業家Aは起業を選ぶ。一方、収益が点Bの起業家Bは、機会費用より下方に位置している。すなわち、起業家Bの収益2万5,000ドルは機会費用の5万ドルを下回っているので、参入しないだろう。このことから、点E_1までの起業家は事業に参入することがわかる。点E_1は、起業家収益と機会費用が両方とも5万ドルになる点であり、新たな起業家が参入するか参入しないかは無差別になっている。点E_1が、この経済の起業家の均衡水準である。

　収奪的経済制度は、この構造をどのように変えるのだろうか？　第1に、財産権が保障されていないことが何を意味するのかを、(b)に基づいて考えてみよう。財産権が保障されていない場合には、起業家は稼いだ収益のすべてを自分のものにすることはできない。政府または別の組織が事業の収益を没収してしまうかもしれない。たとえば、財産権が確立されていないために、起業家Aは、7万5,000ドルの収益のうち2万5,000ドルは得られるが、残りの5万ドルは没収されるか賄賂として奪われてしまうとしよう。すべての起業家が不安定な財産権制度の下にあるときには、起業家収益曲線は左にシフトする。

　起業家Aのケースを見ることで、収奪的経済制度が起業活動の全体に影響を及ぼすことがわかる。起業の収益は7万5,000ドルであり、当初は機会費用を超えている。しかし、財産権が保障されていないと、2万5,000ドルを得られるだけであり、機会費用の5万ドルを下回ってしまうことになる。起業家Aの新しい状況は点A'で示されているが、機会費用の下に位置している。

　起業家収益曲線がシフトする結果、新しい均衡は点E_2となり、起業家の数は著しく減少する。起業家の数が少なくなったことによって、起業数は減少し、技術の採用は少なくなり、教育からの収益や資本の蓄積はより小さくなるので、結果としてGDPは低下する。収奪的経済制度の影響の1つは、財産権が保障されない環境で活動することに伴う、起業家の数の減少とGDPの低下である。

収奪的経済制度の下では、財産権が保障されないというだけでなく、供給者との契約、融資、またビジネスの取決めの履行を保障する司法制度などを利用することができないか、あるいは極めて高い費用がかかってしまうために、経済活動は阻害される。たとえば、ある事業に対してきちんと供給がなされたならば7万5,000ドルの収益が得られるとしよう。しかし、契約を維持するための法的手段がなければ、供給を確実にする取決めは結べず、法的手段を行使することもできないので、収益は5万ドル分減少する。(b)では、この影響から起業家収益曲線が左にシフトすることで、起業家の数の減少とGDPの低下という同じ結果に至る。

収奪的経済制度の下では、より利益を上げられる企業の創業を阻止するという参入障壁が築かれる。結果的に、起業家は、起業するのではなく、生産的ではない別の活動に従事することを奨励されることになるかもしれない（地下経済活動に従事することなどが考えられる）。このような要因は(c)に示されているように、起業家の機会費用を上昇させる。(b)と同じ数値例で説明すると、参入障壁がない場合には、5万ドル以上の収益を生み出す起業家は事業を開始する（下に位置する水平の曲線を参照）。しかし、それぞれの起業家が、事業の免許を得るのに2万5,000ドルを支払わなければならないとすると、参入することで利益が得られるのは7万5,000ドル以上の収益がある起業家だけになる（水平の曲線が上にシフトする）。追加の2万5,000ドルの支払いは、機会費用曲線の上へのシフトである。なぜならば、起業家が参入する前に支払わなければならない費用であり、次善の選択のほうが2万5,000ドル分だけ、より魅力的になるためである。(c)には、収奪的経済制度の2つの含意が同時に示されている。すなわち、収奪的経済制度の下では、

1. 財産権が確立されていないために、法的な保障にも制約があり、起業の利益を減少させて、起業家収益曲線を左にシフトさせる。
2. 参入障壁を築くことで、参入の費用を高いものにし、機会費用曲線を上にシフトさせる。

結果的に新しい均衡点E_3では、起業家の数はさらに少なくなっている。起業家の数が減少している点E_3は、点E_1の水準の繁栄は達成できないだろう。多くの起業家たちの意欲がそがれており、投資、起業、技術発展が遅れ、一国のGDP水準は低下する。

収奪的経済制度が選ばれる論理

　図表8.4は、収奪的経済制度がいかに経済に悪影響を及ぼし、企業家精神と経済活動を減退させるかを示している。これは2つの似通った社会が、異なった制度をとることによって繁栄の水準に大きな差が生まれることを明らかにしている。ここで示したとおり、1つは包摂的経済制度を選んだ韓国であり、もう1つは収奪的経済制度を選んだ北朝鮮である。

　しかし、収奪的経済制度が貧困や経済の停滞をもたらすのにもかかわらず、そもそもなぜ、社会はこの制度を採用してしまうのだろうか？　誰もが豊かになる経済制度を作ることが望ましいことは明らかではないだろうか？　市民や政治家、そしてたとえ搾取する側の独裁者であっても、自分たちの国ができる限り豊かであってほしいと思うのではないだろうか？

　残念ながら、世界中の多くの国の市民にとって、この答えは否だ。その理由を理解するためには、創造的破壊という概念を理解する必要がある。最初に提唱したのはオーストリアの有名な経済学者ジョゼフ・シュンペーター[11]であり、彼はこの創造的破壊が、技術進歩の中心的要素であることを強調した。**創造的破壊**とは、新しい技術が古い技術に取って代わるプロセスであり、新しい企業は古い企業と入れ替わり、新しいスキルによって古いスキルは不要なものになる。創造的破壊においては、技術進歩は経済成長の主要な原動力であると同時に、経済的敗者を作り出す。7章で見たように、有用な新しい事業や技術によって、古いものは入れ替えられる。創造的破壊は技術進歩や経済成長と切り離すことができないものであり、敗者となる企業や個人はそれに反対するであろうが、技術進歩に反対するということは、収奪的経済制度を持続させる結果となってしまう。

　このシュンペーターの考え方を拡大すれば、**政治的な創造的破壊**の概念につながる。これは、経済成長が既存の権力構造を揺るがし、支配者の政治力を弱めるプロセスである。新しい技術が、新しいアクター（経済主体）*を作り出し、彼らが政治的要求をするかもしれない。また、新しい経済活動は、既存の支配

- **創造的破壊**（creative destruction）とは、新しい技術が古い技術に取って代わるプロセスであり、新しい企業は古い企業と入れ替わり、新しいスキルによって古いスキルは不要なものになる。
- **政治的な創造的破壊**（political creative destruction）とは、経済成長が既存の権力構造を揺るがし、支配者の政治力を弱めるプロセスである。

11) Joseph A. Schumpeter, *Capitalism, Socialism, and Democracy*, 1942. 翻訳は、中山伊知郎・東畑精一訳『資本主義・社会主義・民主主義』（新装版）、東洋経済新報社、1995年。

> 創造的破壊と政治的な創造的破壊に対する恐怖のために、…多くの支配者たちは、新しい技術の利用を禁止し、経済的発展に至るプロセスを妨げている。

者たちの支配が及ぶ範囲の外側にあるのかもしれない。経済成長のプロセスが政治的な創造的破壊も伴うならば、特権的地位を失うことを恐れる政治権力者は、このプロセスに反対するだろう。

北朝鮮の例で見ると、共産主義エリートたちは権力を握っており、特権的地位を享受している。現在の支配者である金正恩と彼の取り巻きたちは、経済を開放し、市場経済を導入して、市民に起業や技術導入を促進できるし、また、韓国や西側諸国との関係を友好なものにすることもできる。このような取り組みが実現すれば、北朝鮮は経済成長を実現し、何百万人もの国民を貧困から救い出すことができるだろう。しかし、その過程で、新しい指導者が出現するだろう——そしておそらくは、北朝鮮を長く貧困にとどめていた古い支配者層の不信を招くだろう。金正恩と側近たちは、北朝鮮の一般市民の利益よりも自分たちの利益を優先するために、経済制度を改革して経済成長を促進するよりは、現状維持を選ぶのである。

実際、創造的破壊と政治的な創造的破壊に対する恐怖から、共産主義的独裁者をはじめとする多くの支配者たちは、新しい技術の利用を禁止し、経済的発展に至るプロセスを妨げている。

包摂的経済制度と産業革命

イギリスにおける産業革命の期間を通じて、技術進歩が加速したことは7章で学んだ。まず織物業界に一連のイノベーションが起こり、それが他の工業部門へと広まっていった。有名な例ではあるが、蒸気機関が発展して、これが鉄道の基礎となり、同時に近代の生産の基盤を作ったのである。

産業革命が、フランスでも他のヨーロッパ諸国でも中国でもなく、イギリスで起きたのはなぜだろうか？ 歴史上の別の時期ではなく、なぜ18世紀後半にはじまったのだろうか？ この2つの疑問は、経済史の分野では長らく議論された課題であった。

産業革命のような社会的にも経済的にも複雑なプロセスが、1つの原因だけから発生するとは考えにくい。経済史の研究でも、産業革命はなぜ起きたの

---

* 経済学と政治学では、分析対象となる個人・組織の呼称が違っている。経済学では経済活動を行う主体を「経済主体(economic agent)」と呼び、政治学では、政治活動を行う主体を「政治的アクター(political actor)」と呼ぶ。

LETTING THE DATA SPEAK
データは語る

鉄道建設を阻止した理由

19世紀の経済成長を促進した重要な技術は鉄道だった。迅速な鉄道建設は、輸送費用を削減し、国内外での取引と貿易の拡大と費用低減を実現した。1860年までには、イギリスで9,073マイル（1マイル＝1.6キロメートル）、ドイツで6,890マイル、アメリカで3万626マイルの鉄道が敷設された。

多くの国々が急速に鉄道投資を進める一方で、当時のヨーロッパ大陸で最も支配力のあった2つの大国であるロシア帝国とオーストリア・ハンガリー帝国は、鉄道投資を選択しなかった。ロシアが鉄道建設をはじめたのは、1856年のクリミア戦争での大敗後であった。20世紀初頭に至っても、1人当たりの鉄道の年間利用回数は、イギリスが21.9回であったのに対して、中東欧諸国のそれは1.7回でしかなかった。

ロシア帝国とオーストリア・ハンガリー帝国が鉄道投資をしなかった理由は何だろうか？

答えは、政治的な創造的破壊に関係している。両国の君主は、鉄道とそれに伴う工業化が自分たちの権力を弱め、政権を不安定にすることを恐れたのである。たとえば、19世紀初頭のオーストリア・ハンガリー帝国の皇帝であるフランツ1世と側近のクレメンス・フォン・メッテルニヒは、工業化と鉄道建設に反対だった。イギリス人社会活動家のロバート・オウエンがオーストリア・ハンガリー帝国政府に、市民の生活水準を向上させるためには社会改革が必要であると説いたときに、メッテルニヒの側近の1人であるフレデリク・ゲンツは以下のように答えている。

> 我々は、一般大衆の生活水準の向上や自立はまったく望んではいない。そうでなければ、どうやって彼らを支配できるというのだ。

この言葉からも、フランツ1世とメッテルニヒが鉄道建設に反対していた理由は、おそらくは、臣民を支配しづらくなることを恐れたためであることがわかる。

これは、1825～55年にかけてロシア帝国を統治した皇帝ニコライ1世の考えでもあった。彼は、鉄道建設が、労働者の動揺、工業化への欲求、社会の不安定につながると考えていた。だから反対だったのだ。このように、オーストリア・ハンガリー帝国とロシア帝国は、技術導入と経済発展が政治的混乱を招くことを恐れたため、鉄道建設を阻止したのである。

生産技術の導入に対する制限は、過去の出来事というわけではない。インターネットは今日では最も重要なテクノロジーであり、個人や企業に膨大な情報を提供し、同時にメディアや思想の表現の場でもある。しかし、国境なき記者団によれば、バーレーン、ベラルーシ、ミャンマー、キューバ、イラン、北朝鮮、サ

ウジアラビア、シリア、トルクメニスタン、ウズベキスタンなどの国々では、インターネットの使用は厳しく制限され、ネット上の言論は弾圧されている。19世紀のロシア帝国とオーストリア・ハンガリー帝国の場合と同様に、このような政策は、政治的な創造的破壊と関連している。インターネットでアクセスできる内容を制限することは、反対意見を規制し、政治権力を維持する戦略となっているのである。

かについては、様々な説明がなされている。詳しく見ればそれぞれに違いはあるのだが、要約すれば、イギリスの産業革命はある種の包摂的経済制度に起因するか、または包摂的経済制度を条件として起こったと考えられている。イギリスが包摂的経済制度でなければ、産業革命が起こることはほぼ不可能であっただろう[12]。産業革命の特徴は、利潤を追求する実業家たちが新しい技術を開発し、それらを設備として採用し続けた点にある。財産権の保障がなければ、実業家たちがイノベーションを意欲的に追求し、取り組むことはなかっただろう。そして、イギリスには発達した市場制度があったことが、イノベーションによる利益をもたらした。新しい技術を採用することによって、織物をはじめとする工業部門の品質改善と費用削減を実現した実業家たちは、より大きな市場を開拓し、巨万の富を得ることができた。

またイギリスには、目に見える有形資産に加えて、アイデアという目に見えない資産も合わせて財産権として保護するための特許制度があった。実際、その他の経済的資産を保護することと同列に、新しいアイデアやイノベーションが保護されていたことは、イギリスにおけるイノベーションと技術進歩を推進するうえでの両輪であった。

18世紀において、その他の国々とは対照的に、イギリスは様々な分野への参入が比較的自由であった。もちろん、既存企業が競争相手の参入を阻止しようとしたり、実際に妨害に成功することはあった（たとえば、羊毛生産業者は議会に働きかけて綿の輸入を禁止することに一時は成功を収めたことがあった）。しかし、このような参入障壁は長くは続かなかった。国際的に見れば、イギリスは、潜在的な実業家たちに対して、新規参入できる場を提供し続けた。このようなイギリス社会の制度的特徴が、産業革命の重要な前提条件であった。

イギリスの経済制度は、それに適した政治制度にも支えられた。経済制度の

---

[12] Joel Mokyr, *The Enlightened Economy: An Economic History of Britain 1700-1850*, New Haven: Yale University Press, 2010.

発展に先立って、大きな政治改革があった。特に1688〜89年の名誉革命によって、立憲君主制に改革されたことによって、国王の政治権力に大きな制限が加えられることとなった。名誉革命で至高のものとされ、その後18世紀を通して発展し続けたイギリスの政治制度を基盤にして、産業革命を支えた包摂的経済制度が構築されたのである。

EBE　Evidence-Based Economics　根拠に基づく経済学

問い：熱帯地域と亜熱帯地域の貧困は地理的条件が原因なのか？

　熱帯地域の地理的条件が一国を貧困状態にとどめている原因であるのかどうかについては、どのように確かめればよいのだろうか？　地理的条件は基本的に変わらないため、一国の地理的条件を変えて長期的経済発展にどのような影響が及ぶのかを観察することはできない。

　繁栄や貧困の違いに地理的要因がどのように影響しているのかを知るには、同じ地理的条件の場所で、制度が変わったときに、繁栄の水準に差が生まれるかどうかを見てみればよい。本章では、制度が一国の繁栄に大きな影響を及ぼす例として、北朝鮮と韓国の事例を紹介した。このコラムでは、別の興味深い歴史的な出来事を見ることによって本章冒頭の疑問に答えることにしよう。

　ヨーロッパ人は、アフリカ大陸南端の喜望峰を回ってインド洋に到達し、また新世界を発見した後に、15世紀後半からは世界中の多くの国を支配した。植民地化がはじまり、ヨーロッパ諸国は世界中に新しい植民地を作り、そこにあった帝国や国々を征服していった。15世紀後半から20世紀半ばに至る500年間で、ヨーロッパ諸国はそれ以外の国々を支配していった。

　ヨーロッパ人は、世界の様々な地域で様々な制度を作っていった。ヨーロッパの植民地であったアメリカの現行の制度の長所は、他の植民地とはかなり異なる制度が採用されたことと深い関係がある。北米では広範囲に政治参加が急速に広まっていったのだが、同様に重要な点として、生産活動が極めて包摂的経済制度によって支えられていた点が挙げられる。

植民地時代の初期には、生産活動に従事していた人のほとんどが小規模農家であった。当初に北米の新大陸に移住した多くのヨーロッパ人は、非常に低賃金の労働者であったのだが、その後には経済的かつ政治的権利を獲得し、財産権を保障された市民になっていった。

他の植民地での状況は、かなり異なったものだった。バルバドスやジャマイカは、北米と同様にイギリスの植民地だったが、これらの島々には包摂的経済制度は採用されず、対照的な収奪的経済制度を発達させた。アフリカから奴隷として連れて来られた大多数の人間を限られた少数の人間が支配する、というプランテーション経済である。奴隷たちには政治的権利はなく、経済的権利もほとんどなく、長時間労働が強制されていた。劣悪な労働環境の下、多くは過重労働と非衛生的な環境により生命を落としていった。当時の法律によれば、すべての権力と武器を保持しているのはプランテーション農園の所有者であり、奴隷たちが利益を主張することはできなかった。

このようなタイプの収奪的経済制度は、人口の大部分が輸入奴隷により構成されているカリブ海諸島に限られたことではない。メキシコ、グアテマラ、ペルー、ボリビアの先住民の生活環境もほぼ同水準だった。マヤ文明、インカ文明、アステカ文明の子孫たちの権利はすべて奪われ（ヨーロッパ人が征服する以前にも、多くの人々にとっては様々な権利はないも同然ではあったのだが）、鉱山や農場で低賃金の強制労働を強いられた。労働者たちには政治的な発言権はなく、財産権に関してもないも同然だった。

ヨーロッパの植民地帝国は、ある地域では包摂的経済制度、別の地域では収奪的経済制度、と非常に異なる経済制度を築いたのである。これらの制度の違いに着目すれば、世界の一部の国々が貧困状態にとどまっているのは、制度が関係しているのか、あるいは地理的要因によるものであるのかを判断することができる。特に、ヨーロッパ人が世界の様々な地域を帝国の一部として植民地化した後に、それらの地域がどのような繁栄過程をたどっていったのかを検証すればよい。

しかし、問題がある。500年前の1人当たりGDPとその地域の繁栄水準はどのように測定すればいいのだろうか？　現在であれば、5章で説明し

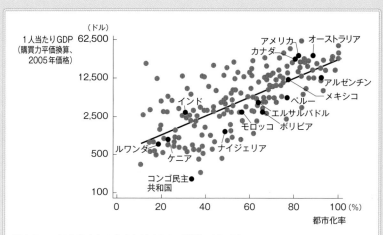

図表8.5 都市化率と1人当たりGDPの関係：2010年

図には、2010年の都市化率（住民5,000人以上の都市に住む都市人口が、一国の全人口に占める割合）と1人当たりGDP（購買力平価換算、2005年価格）が、両者の関係にとって最も当てはまりのよい傾向線とともに示されている。図からは今日でも、都市化率が繁栄の代理変数になりうることがわかる。

出所：Penn World Table (2010) and World Bank DataBank: World Development Indicators (2010); Alan Heston, Robert Summers, and Bettina Aten, Penn World Table Version 7.1, Center for International Comparisons of Production, Income and Prices at the University of Pennsylvania (Nov 2012).

た国民経済計算を使用できる。しかし、北米大陸全域に居住していたネイティブアメリカンはもとより、カリブ海諸島の先住民や、アステカ文明、インカ文明には国民経済計算の概念はなかった。

　幸い、一国の繁栄を測定するのに優れた代理変数として都市化率を利用することができる。都市化率とは、住民5,000人以上の都市に住む都市人口が、一国の全人口に占める割合である。なぜならば、大都市の人口を支えることができるのは、十分な農産物の余剰を生産することができるとともに、それらを都市に輸送する手段と、取引をするためのネットワークを持っている国のみだからである。都市化率と繁栄の因果関係については、多くの歴史上の記録がある。世界中の多くの国々が工業化を実現した20世紀後半でさえ、1人当たりGDPと都市化率には強い関連が見られる。

　図表8.5に、2010年の両者の関係が示されている。縦軸は1人当たりGDP（購買力平価換算、2005年価格）、横軸は都市化率を示している。図からは、今日でも都市化率と1人当たりGDPの間には極めて強い正の関

8章 なぜ豊かな国と貧しい国があるのか？

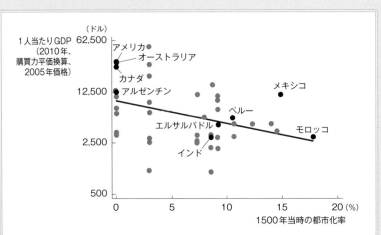

図表8.6　都市化から見る繁栄の逆転

ヨーロッパによる植民地化以前の1500年当時では、都市化水準で見ると他の地域より繁栄していた植民地は、現在では他の地域に比べて繁栄していない。図には、1500年当時の都市化率と2010年の1人当たりGDPの関係が示されている。最も当てはまりのよい傾向線は右下がり（負の傾き）の関係であることが示されている。繁栄した地域の地理的要因は変わっていないにもかかわらず、これらの国々の繁栄の水準は他国と比較すると大きく低下した。この繁栄の逆転現象は、地理仮説に対する強い反証になる。

出所：Penn World Table (2010) and Acemoglu, Johnson, and Robinson (2002); Alan Heston, Robert Summers, and Bettina Aten, Penn World Table Version 7.1, Center for International Comparisons of Production, Income and Prices at the University of Pennsylvania (Nov 2012); Daron Acemoglu, Simon Johnson, and James A. Robinson, "Reversal of Fortune: Geography and Institutions in the Making of the Modern World Income Distribution," *Quarterly Journal of Economics*, Vol. 117, No. 4, 2002, pp. 1231-1294.

係があることがわかる。

　図表8.6は、様々な歴史資料から推定された1500年当時の都市化率と、2010年の1人当たりGDPの関係を示したものである。驚くことに、図で最も当てはまりのよい直線を引くと「繁栄の逆転」と呼ぶべきものが見られる。この逆転現象は、これまで学んできたような、一般的に世界の各地域で見られてきた持続的な繁栄のパターンとは異なっている。7章で学んだのは、現在の豊かな国々のほとんどは、50年前や100年前にもやはり繁栄していたということである。その他すべてを一定とするとき、年月が経過したとしても相対的な持続的繁栄は予想されるものであった。この考え方に基づくならば、たとえ優位な条件が部分的にせよ損なわれていたにしても、何世紀も前とはいえ高度に都市化されていた地域であるならば、現在も繁栄しているだろうと考えるのが当然だ。

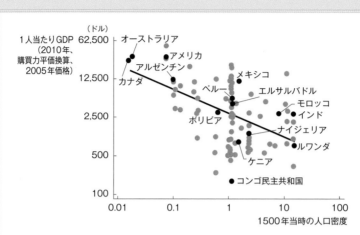

図表8.7　人口密度から見る繁栄の逆転

1500年当時の人口密度（ヨーロッパによる植民地化以前の繁栄を示すもう1つの代理変数である）と今日の繁栄の間にも強い負の関係が見られる。植民地化された地域で、1500年当時により多くの人口（1エーカーの耕作地当たり）を維持できた地域は、今日ではあまり豊かとは言えない地域である。このパターンも地理仮説の反証であり、繁栄を形成するうえでは制度が重要な役割を持っているという考え方の裏づけになる。すなわち、1500年以降に繁栄から逆転した主な要因は、人口密度が高い植民地にはより収奪的経済制度が選択されたことである。

出所：Penn World Table (2010) and Acemoglu, Johnson, and Robinson (2002)；Alan Heston, Robert Summers, and Bettina Aten, Penn World Table Version 7.1, Center for International Comparisons of Production, Income and Prices at the University of Pennsylvania (Nov 2012)；Daron Acemoglu, Simon Johnson, and James A. Robinson, "Reversal of Fortune: Geography and Institutions in the Making of the Modern World Income Distribution," *Quarterly Journal of Economics*, Vol. 117, No. 4, 2002, pp. 1231-1294.

　しかし、図表8.6を見ると現実はかなり異なっている。1500年当時には比較的都市化され繁栄していた地域は、現在は総じて豊かな地域ではなくなっている。1500年当時は、メキシコ、ペルー、北アフリカ、そしてインドは他の地域に比べてより繁栄していた。一方、北米（のちのアメリカとカナダ）や、オーストラリア、ニュージーランド、そしてアルゼンチンは人口もまばらでほとんど都市化がされていなかった。現在ではその構図は変わり、状況は逆転した。

　ただし図表8.6では、1500年当時の都市化率のデータが存在しないサハラ以南のアフリカ諸国を除いた限られたサンプルを使用している。しかし、別の指標を使って対象データを拡大することはできる。繁栄の代理変数として、都市化率を使用できるならば、人口密度を代理変数として使用することも可能だろう。十分な余剰農産物や、発達した取引と交通のネッ

トワーク、そして健康的な生活環境が整った地域のみが、高い人口密度を維持できる。図表8.7ではこのアプローチを採用して、サハラ以南のアフリカなどもデータに含めている。サンプルサイズを大きくしたとしても、繁栄の逆転現象についての結果は同じであった。1500年当時の人口密度として測定された繁栄が大きかった国々は、現在はあまり豊かな国とは言えなくなっている。

繁栄の逆転は、なぜ起こったのだろうか？

この繁栄の逆転現象は、どのように説明できるのだろうか？　可能性の1つは地理的要因だ。実際、仮に500年前のメキシコ、インド、サハラ以南のアフリカが北米やオーストラリアよりもずっと貧しかったのならば、この違いは地理的要因が原因だと考えることも妥当な結論であったかもしれない。そして、ペルーやインドのような亜熱帯地域の土壌よりも、北米やオーストラリアの温帯地域の土壌のほうが農作物がよく育つので、この違いが、北米とオーストラリアが南米や南アジアよりも豊かである理由だと言うこともできただろう。

しかし、データは逆のパターンを示している。500年前には、南米の多くの国々と南アジア、北アフリカ、サハラ以南のアフリカは、北米やオーストラリア、ニュージーランドよりも発展していたのだが、現在は非常に貧しい状態にある。地理的要因では、図表8.6や図表8.7に見られるパターンを説明することはできない。地理的条件は変わらないので、ペルー、インド、カリブ海諸島やアフリカ諸国の地理的条件が農業の生産性を低くし、貧困状態をもたらしているならば、現在と同じように1500年当時も同じように貧しかったはずだ。しかし、これらの地域が当時は豊かであったことを考えると、繁栄が逆転した原因を理解するためには、1500年当時と現在の間で実際に何が変化したのかを見なければならない。変化したのは、地理的要因ではなく、ヨーロッパによる植民地化以降の制度であった。

公平を期するならば、このような逆転現象も考慮に入れた、より洗練された地理仮説も考えられるだろう。たとえば、地理的条件の影響は時代によって変化すると主張できるかもしれない。1500年当時には経済成

長に貢献した地理的特徴が、その後には負担になったのかもしれない。

　こうした推測は理論上は可能であっても、現実的には妥当ではない。現在、国の富のほとんどは、工業、貿易、サービス業から生み出される。これらは、気候にはあまり影響されないが、制度からは大きな影響を受けることになる経済活動である。疾病は今ではかなりの程度管理ができるようになったし、亜熱帯地域でもマラリアのような致命的な病気は根絶している。どちらかと言えば、痩せた土壌や劣悪な疫病環境や輸送条件などの地理的要因は、今日よりも500年前のほうが影響は大きなものであった。サハラ以南のアフリカ、アジアの熱帯地域、ラテンアメリカの地理的条件が不利であると言うならば、これらの国々は今日ではなく、500年前に不利益を被っていたことだろう。仮に、洗練された地理仮説が正しいとするならば、こういった国々には、工業と貿易について比較優位があるはずだ（これらの国々が、今でも貧しい農業国であることを考えると、現実はその正反対である）。

　このような事実から、地理的特徴は、熱帯地域と亜熱帯地域が北米やオーストラリアより貧しいことの主たる原因ではない、という結論が導き出される。

　ヨーロッパが植民地化する以前から発展していた地域には収奪的経済制度が築かれ、発展していなかった地域には包摂的経済制度が築かれた。この制度面の逆転の結果として、繁栄がもたらされた、と考えられる。このパターンの論理は単純だ。ヨーロッパの植民地化は利潤を獲得することが目的だったため、比較的発達して文明化した地域から金、銀、余剰農産物を奪い取るには、収奪的経済制度を築くほうが有利だったのである。加えて、目的の達成のためには、人口密度の高い地域のほうが労働力の活用には有利だった。多くの場合に、かつての支配者であった帝国の制度を乗っ取ることによって、収奪的経済制度が築き上げられたのである。

　対照的に、北米のように、発達した文明が見られなかった地域や、ほとんど開拓されていなかった土地では、ヨーロッパ人がそこに移住して植民地化し、基盤となる制度を構築した。彼らにはより包摂的な経済制度を構築するインセンティブがあり、それを実現する能力も持っていた。

その結果、メキシコやペルーの周辺のかつてのアステカ帝国やインカ帝国が支配した地域は、収奪的経済制度を強制された。一方で、ヨーロッパ人たちが自ら移り住み、のちにアメリカやカナダになった北米地域では包摂的経済制度が築かれた。この制度的違いが、その後の繁栄の逆転につながった。包摂的経済制度を基盤とした地域は急速に発展し、特に新しい工業技術が続々と採用された19世紀の発展は目覚ましいものであった。一方で、収奪的経済制度を基盤とした地域の経済は停滞し、ほとんど成長しなかった。

ここまで来れば、本章のタイトルにもなっている質問に答えることができる。「なぜ豊かな国と貧しい国があるのか？」。包摂的経済制度が経済の繁栄の源泉である。市場の参加者が、過度な規制に脅かされることなく、収奪的経済制度が作る将来への不安に脅えることがなければ、人々は労働をし、投資をし、イノベーションを実現することによって、成功の可能性が高まる活気ある経済を作り出す。もちろん、包摂的経済制度の下にあっても、運が個人の生活に影響を及ぼすことは避けがたいのだが、市民生活と財産を保護する腐敗のない司法制度と、リスクへの挑戦や実験が受け入れられる環境こそが、個人と国家を豊かなものにする経済的かつ社会的インセンティブを提供する土台なのである。

Q 問い 熱帯地域と亜熱帯地域の貧困は地理的条件が原因なのか？

A 答え 否。500年前は熱帯地域や亜熱帯地域の国々の多くは、赤道から離れた温帯地域の現在は豊かな国々よりも繁栄していた。繁栄の逆転現象は、地理的特徴が変化したためではなく、異なる構造の制度（収奪的経済制度か、あるいは包摂的経済制度か）がヨーロッパの植民地化により導入された結果である。

データ 1500年代の都市化率と人口密度に関するデータ。2010年の1人当たりGDPと都市化率に関するデータ。

注意 ここで示したエビデンスは、地理的要因が経済発展に何らかの役割を担っていることを否定するものではない。地理的要因は熱帯地域と亜熱帯地域における現在の貧困の主たる要因ではない、ということを示唆するものである。

8.3 対外援助は世界の貧困の解決策になるのか？

　経済成長について学んだ7章では、貧困国の成長を支援する政策について議論した。それでは、対外援助についてはどうだろうか？

　西側諸国の多くは、可能であるならば、貧困に苦しむ何億もの人々の生活を改善するために何かをするべきであると考えている。この信念に基づき、過去60年間にわたって、貧困国に対外援助（「開発援助」）を提供する様々な努力が重ねられてきた。慈善団体、世界銀行、国連などの国際機関による多国間援助や2国間援助による開発援助は、世界の貧困の減少、そして根本的には貧困の撲滅を目指している。

　たとえば、世界銀行や国連の高級官僚、ジャーナリストやコメンテーターなどの国際社会のメンバーの多くは、開発援助に大きな期待を寄せている。しかし、このような対外援助は、世界の貧困を減少させるのに本当に効果があったのだろうか？

　驚くべきことではあるが、経済学者の多くは、対外援助は全体として貧困の減少の役には立っていない、と判断している。たとえば、過去50年間に数千億ドルがアフリカへの開発援助に使われてきたが、アフリカ諸国は今なおアメリカやヨーロッパよりもはるかに貧しいままである。どうしてこうなってしまったのだろうか？

　対外援助は、どのように機能していたのだろうか？　対外援助はどのような困難に直面しているのだろうか？　前述の驚くべき結論には、経済学の眼を通して理解すると、以下の3つの理由が浮かび上がる。第1に、一国の物的資本、人的資本、または技術水準を大きく上昇させることができれば、1人当たりGDPは上昇し経済は成長すると考えられてきた。対外援助資金の提供国の側から見れば十分な金額に思えていたとしても、最貧国にとっては物的資本と国民の教育年数を十分に増加させるほどには、対外援助の金額は大きなものではなかったのかもしれない。一般的には、援助は、技術や生産の効率性には影響を及ぼさない。この観点から見ると、対外援助が世界の最貧国の1人当たりGDPを増加させる目的に対しては十分な成果を上げていない、というのは驚くようなことではない。

　第2に、実際には、対外援助のほとんどが、新しい技術や教育には投資されていない。そこには、政治と経済の腐敗に関連する問題がある。貧困国の政府

> CHOICE&CONSEQUENCE
> # 選択の結果
>
> **対外援助と腐敗**
>
> 　1990年代、ウガンダ政府は予算の5分の1を初等教育に使っていた。この資金のうちのかなりの割合が、開発援助として国際社会から提供されたものである。
>
> 　政策当局と研究者が資金の効果について評価する際には、一般的には、当初の目的が達成されたかどうかという点と、事業の便益が費用を上回っているかどうかという点について調査がされる。しかし、対外援助や政府援助の場合には、その多くは資金が意図した対象には届かず、資金を有効に使用する機会が奪われてしまっていることも多い。経済学者のリトバ・ライニッカとヤコブ・スヴェンソンの調査によれば、ウガンダの学校のうち計画されていた資金を実際に受け取った学校はわずかに13%だった[13]。
>
> 　学校に渡されるはずの資金の大部分は、地方の役人によってかすめ取られていたことが、彼らの調査からわかった。さらに興味深いことに、豊かな地域にある学校のほうが貧しい地域にある学校よりも多くの資金を受け取っていた。豊かな地域には多くの資源と強い人的コネクションがあることが、こうした不平等な配分が生じる原因の1つだ。このため、豊かな地域では計画以上の資金を得ることができたのかもしれない。逆に、貧しい地域には、計画を下回るわずかな資金しか渡ることはなかった。残念ながら、このような腐敗と政府による資源や資金の横領はめずらしいことではなく、多くの国々での対外援助の効果的配分の障害になっている。ウガンダの場合には、国内での地域間と学校間の資源の不平等な配分を広げることにもつながっているのかもしれない。

や援助団体に渡された対外援助資金は、しばしば横領されてしまったり、腐敗した政府高官に渡ってしまう。ある研究によれば、実際には対外援助資金が本来の目的のために使用されたのは15%にすぎず、さらに、その多くもゆがめられた方法で使用されていた。

　第3に、対外援助は貧困を減少させるうえでは限定的な影響しか及ぼさないという、より根本的な問題がある。仮に、多くの国々の貧困の原因が収奪的経済制度にあるとすれば、対外援助がその同じ制度的枠組みの中で実行されている限り、貧困をなくすことはできない。実際、時には、コラム「選択の結果」に示されているように、対外援助が独裁者の手に渡っている場合には、収奪的

---

[13] Ritva Reinikka and Jakob Svensson, "Local Capture: Evidence from a Central Government Transfer Program in Uganda," *Quarterly Journal of Economics*, Vol. 119, No. 2, 2004, pp. 679–705.

経済制度はむしろ強化され、独裁者の権力を強めて、彼らの富を増やすという結果にもなりかねない。

対外援助に関して、以上に示されたような限界があるとしても、対外援助が悪であるとか役に立たないというわけではない。対外援助は世界中の貧しい人々への資金の移転であり、一時的ではあるにせよ困難を軽減し、たとえ限定的であったとしても、役立つことは多い。とはいえ貧困国の生活状況を継続して改善し続けるためには、繁栄の根本的原因である制度を変える努力をし続けなければならない。

まとめ

- 物的資本や人的資本や技術は、繁栄の直接的原因（近因）である。これらは、一国の経済が繁栄しているかどうかを決めるものではあるが、それ自体が他のより深い要因によって決定されるものだ。違う言い方をするならば、なぜ経済が貧しいままの状態にとどまっているのかを理解するためには、その国では、なぜ物的資本と人的資本に十分な投資がされないのか、なぜ最高の技術を採用し、生産を効率よく改善することをしないのか、その理由を考えなければならない。

- 繁栄の根本的原因とは、人的資本や物的資本への投資、およびその国の技術の選択という繁栄の直接的原因を左右し、この経路を通じて繁栄を形成する要因である。

- 繁栄をめぐる根本的原因には、地理的要因、文化的要因、制度的要因の３つがある。地理仮説では、一国が繁栄できるかどうかを決めるのは、地理的な違い、気候の違い、そして疾病なども含んだ環境の違いである。文化仮説では、一国の繁栄の潜在能力を大きく左右するものは、その国の文化的価値観である。制度仮説では、繁栄の中核にあるのが制度であると考える。制度とは具体的には、その社会の組織を統治し経済の契約を定める公式および非公式なルールを指す。

- 包摂的経済制度とは、私有財産権がきちんと保障され、民間部門の契約の履行や金融取引を許可・促進する司法制度があり、様々な事

業や職種への開放的で自由な参入が許されている社会である。これとは対照的に、収奪的経済制度とは、私有財産権が保障されておらず、法の及ぶ範囲が限定的で、一握りの集団の事業と所得が保護されて、それ以外のすべてが犠牲にされるという参入障壁がある社会である。制度仮説によれば、包摂的経済制度は繁栄をもたらすが、収奪的経済制度の下では繁栄は阻害される。

● 世界各国の1人当たりGDPの格差にはいくつもの原因があるが、かつてのヨーロッパの植民地諸国の経済的状況を見る限り、地理的要因よりは、制度的要因が主要な原因であることがわかる。実際、かつて繁栄していた地域がヨーロッパの植民地化の後に衰退するといった繁栄の逆転現象は、地理的要因からは説明することができない。

● 対外援助は極端な貧困を一時的に緩和して危機をコントロールするうえでは効果があるかもしれない。しかし、世界の多くの国々での経済発展の停滞の解決策にはなりえない。これは、対外援助が、貧困をもたらす制度を是正しようとはしていないためである。

キーワード

繁栄の直接的原因	繁栄の根本的原因
地理仮説	文化仮説
制度	制度仮説
私有財産権	経済制度
包摂的経済制度	収奪的経済制度
政治制度	創造的破壊
政治的な創造的破壊	

復習問題

1.... 繁栄の直接的原因と繁栄の根本的原因は、どのように違うのだろうか？
2.... 地理仮説について説明しなさい。

3.　地理仮説によれば、貧困国の所得を増やすためには何をすればよいのだろうか？
4.　文化仮説について説明しなさい。
5.　本章の議論に基づいて、制度について説明しなさい。制度を定義する3つの重要な要素とは何だろうか？
6.　各国ごとに繁栄の水準に違いがあることを、制度仮説でどのように説明しているのだろうか？
7.　私有財産権が経済の中で十分に保障されていることは、どのような意味を持っているのだろうか？　私有財産権が経済発展を促進するのは、どのような理由からなのだろうか？　説明しなさい。
8.　包摂的経済制度と収奪的経済制度の違いについて説明しなさい。
9.　起業家収益曲線とは何を示しているのだろうか？　起業の機会費用についても説明しなさい。
10.　収奪的経済制度は、どのようにして起業する意欲を失わせるのだろうか？　説明しなさい。
11.　以下のような国を考えよう。その国では起業家への私有財産権が保障されているが、人口の大部分は教育を受けておらず、したがって起業家になることもできない。さらに、労働者の生産性は低い。この場合に、この国には包摂的経済制度があると言えるのだろうか？　この国は、高い水準の経済発展が期待できるのだろうか？
12.　政治的な創造的破壊とは何だろうか？　この概念によって収奪的経済制度の存在はどのように説明することができるのだろうか？
13.　500年前に繁栄していた国々の経済水準が低下し、今ではむしろ貧困国になっている。どのような要因によって、こうした繁栄の逆転現象を説明することができるのだろうか？

演習問題

1.　本章で述べたように、マックス・ウェーバーは、西欧社会に工業化をもたらした背景にはプロテスタンティズムがある、と主張した。ウェーバーの考えでは、プロテスタントの仕事に関する倫理観は市場経済の発展や経済成長にとって極めて重要なものであった。しかし、ウェーバーは、中国の儒教やインドのヒンドゥー教などの宗教は、資本主義の発展にはつながらなかったことも主張した。現在、インドや中国が世界で最も急成長している国であることを考えると、経済発展を説明するうえでの文化仮説は、どの程度効果的だと考えられるだろうか？　あなたの意見を述べなさい。
2.　第2次世界大戦後のドイツは、東ドイツと西ドイツに分断された。東ドイツは旧

ソビエト連邦に占領され、西ドイツはアメリカ、イギリス、フランスの連合軍に占領された。ドイツ経済は、戦争で崩壊していた。両占領軍は、分断されたドイツ経済の立て直しを図った。1990年の東西ドイツの再統一によってベルリンの壁が崩壊する以前は、西ドイツの経済は年間平均で4.4%成長し、これは東ドイツのおよそ3倍だった。自然実験について本章で述べた韓国と北朝鮮の例と、東西ドイツの例を比較しなさい。この問題で述べた情報と自分で調べた情報に基づいて、隣接した地域で成長率が異なる理由について考えなさい。

3. ブロンドという仮想の最貧国があると考えよう。ブロンド国の経済は、石油輸出からの収入に極端に依存している。石油掘削を行う企業は国内に2社だけであり、両社とも政府が管理している。石油輸出からの収入の大部分は、大統領とその取り巻きたちが使う。また、50年前の独立以来、民主的な選挙は一度も行われていない。豊富な石油資源があると言われているものの、掘削技術は非常に非効率であり、掘削できる石油は毎年限られた量のみである。また山脈に囲まれているため、国境を越えて財を輸送するには費用がかかる。就学率は非常に低く、成人の識字率も低い。平均寿命も非常に短い。ブロンド国の農業は集約化されており、食料不足が日常化している。これらの情報に基づいて、ブロンド国の繁栄（または繁栄の阻害）について直接的原因と根本的原因をそれぞれ論じなさい。

4. アメリカとメキシコの国境に隣接して位置している2つの同名の都市ノガレスの地図を見て、以下の質問に答えなさい。

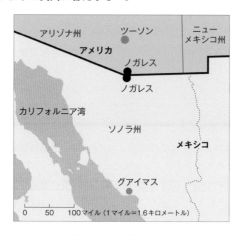

一方はアメリカのアリゾナ州にあり、もう一方はメキシコのソノラ州にある。メキシコのノガレスでの市民の生活は、米アリゾナ州ノガレスとはかなり異なったものである。メキシコのノガレスでの平均所得は、アリゾナ州ノガレスの約3分の1だ。教育水準、平均寿命、健康状態はどれもメキシコのノガレスよりも米

アリゾナ州ノガレスのほうが高い。アリゾナ州ノガレスと違い、メキシコのノガレスは、政治改革を行ったばかりで、民主主義がやっと機能しつつあるという状態だ。犯罪率も米アリゾナ州ノガレスのほうが低い。この隣接する2都市は、地理的環境や気候は同じだ。両都市の住民は、祖先も共通しており、食事や音楽に対する嗜好も似ている。

これらの情報に基づいて、米アリゾナ州ノガレスが、メキシコのノガレスよりもはるかに繁栄している理由について考えなさい。

5. 以前はローデシアの名で知られていたジンバブエ共和国には、90年間に及ぶイギリスの植民地であった歴史がある。1980年の独立後、初代首相にはロバート・ムガベが就任した（のちに、第2代大統領）。彼は、土地の再分配政策を強行し、白人農場主から商業用農地を没収した。さらに、白人所有企業の株式の没収も進めた。その後、同国の農業生産は急激に減少した。かつてアフリカの穀倉地帯と呼ばれていたジンバブエであるが、今では食料不足に直面する事態に陥っている。

a. ジンバブエは、収奪的経済制度と包摂的経済制度のどちらにあたるだろうか？その理由についても説明しなさい。

b. 政府が市民生活に悪影響を及ぼす政策を実施したのはなぜだろうか？ ジンバブエの状況にも触れて答えなさい。

6. 本章では、経済成長には企業家精神が重要であることを指摘するとともに、起業を促進させる要因について議論した。以下の質問に答えなさい。

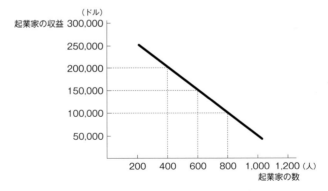

a. グラフはある国の起業家収益曲線である。この国で起業する際の機会費用が15万ドルであるとき、均衡における起業家の数は何人になるだろうか？

b. この国の政府が民間企業の資産を接収することにした。ここで接収とは、政府が民間企業の資産を没収するか、あるいは事業主に安価での資産売却を強要することを意味している。このとき、起業家の数の均衡水準はどのように変化するだろうか？ グラフを用いて説明しなさい。

c. 政府が同国で事業を行う際に必要な許可を得るための免許取得料を減額したとする。その他すべてを一定としたときには、この政策は起業にどのような影響を及ぼすだろうか？ グラフを用いて説明しなさい。

7. 本章で学んだ起業からの収益と機会費用を示すグラフを用いて、以下の歴史上の出来事がどちらの曲線（または両方の曲線）をどのようにシフトさせるかを説明しなさい。

a. キューバ政府は、1959～63年にかけて、農業改革法と呼ばれる一連の法律を成立させた。法律により、一定規模を超えた土地は没収され、小作人と組合に譲渡された。

b. 1947年の独立以来1990年代に至るまで、インドには「ライセンス・ラジ」（ラジとはヒンドゥー語でルールを意味する）として知られた慣行があった。これは、インド国内での事業に厳しい規制と管理を行う一連のルールであり、事業主が起業する際の役所での手続きは複雑なものになっていた。たとえばある起業家は、1台のコンピューターを輸入するのに必要な許可を得るためにニューデリーとの間を50往復もするはめになった。1990年代以降、こうした規制の多くは廃止された。一連の改革によって企業は事業活動が容易になった（2002年のPBS［米公共放送システム］のテレビシリーズ Commanding Heightsに基づく）。

c. ベネズエラの独裁者ウゴ・チャベスは、2007～08年にかけて、電話、電気、鉄鋼、銀行などの経済の主要分野における多くの大企業を国有化した。その後に銀行やその他サービスへの課税額は大幅に引き上げられた。

8. ある国の経済において、起業からの収益と費用曲線は、以下の式で表されるとする（単位：1,000ドル）。

$R = 250,000 - 50,000N$

$C = 50,000 + 150,000N$

$R=$ 起業家の収益

$C=$ 起業にかかる費用

$N=$ 起業家の数

a. この式に基づく機会費用曲線は、本章で描いた曲線と（全体的な形が）どのように異なっているだろうか？ その違いが何に起因しているのかについて説明しなさい。

b. この経済での均衡における起業家の数と、起業からの収益を求めなさい。

c. 政府は、起業するために必要な書類の申請には5万ドルの事業免許取得料を請求するものとする。このときの起業家の数と起業からの収益の均衡を求めなさい。

9. 経済が成長する過程の初期段階では、しばしば国内の所得格差は拡大する。本

章で説明した概念を用いて、不平等が拡大する理由について説明しなさい。

10.. 本章で議論した3つの仮説のうち、対外援助を経済発展に不可欠なものとみなしているのはどの仮説だろうか？　説明しなさい。

11.. 開発経済学者ウィリアム・イースタリーは、『エコノミスト　南の貧困と闘う』（小浜裕久・織井啓介・冨田陽子訳、東洋経済新報社、2003年）において、貧困国への対外援助と投資の関係について議論している。援助が投資を促進する効果があることを確認するためには、以下の2つの条件が満たされるべきであると指摘している。第1に、援助と投資には統計的に正の関係があること、第2に、援助と投資には1対1の関係があるべきである。つまり、援助が（GDPの）1％増加すると、投資は（GDPの）1％増加する、という関係だ。1965〜95年までの88カ国のデータを使って分析したところ、88カ国のうち17カ国は第1の条件を満たしたが、そのうち、第2の条件を満たしたのは6カ国だけだった。

本章の議論に基づいて、なぜ投資を刺激するための対外援助が機能しないのか、その理由について説明しなさい。

マクロ経済の均衡 第IV部

PART IV
Equilibrium in the Macroeconomy

雇用と失業

Employment and Unemployment

企業が工場を閉鎖すると、地域の雇用と失業にはどのような影響が及ぶのか？

　不景気は地域経済を直撃する。自動車業界が不振に陥れば、フォード・モーター社は工場閉鎖に追い込まれる。地域経済が停滞すれば、その地域の量販店も店舗の1つを閉めるだろう。石炭価格が下落すれば、炭鉱会社は採鉱の操業停止に追い込まれる。新しい供給者（サプライヤー）との競争が激化すれば、工場閉鎖に追い込まれる衣料品メーカーも出てくる。そこでの仕事を失った労働者は、即座に新しい仕事を探し出せるだろうか？ 地域の労働市場は、すばやく回復するだろうか？ それとも、地域の失業は、しばらく続くのだろうか？
　本章では、雇用と失業を決定する要因について分析し、様々な経済ショックが労働市場における均衡にどのような影響を及ぼすのかを考える。

本章の構成

9.1 雇用と失業の測定
9.2 労働市場の均衡
9.3 失業はなぜ起きるのか？
9.4 ジョブ・サーチと摩擦的失業
9.5 賃金の硬直性と構造的失業
EBE 企業が工場を閉鎖すると、地域の雇用と失業にはどのような影響が及ぶのか？

KEY IDEAS
キーアイデア

- 潜在的労働力である16歳以上人口は、就業者、失業者、非労働力人口の3グループに分類される。
- 雇用水準と賃金水準は、企業の労働需要と労働者の労働供給と様々な賃金の硬直性で決まる。
- 失業中の労働者が労働市場の状況を学び、新しい仕事を見つけるには時間がかかるので、摩擦的失業が生まれる。
- 賃金の硬直性があるため、労働需要量と労働供給量が一致しないことで構造的失業が生まれる。
- 循環的失業とは、失業率とその長期間平均である自然失業率との差を指す。

9.1 雇用と失業の測定

　1年半も仕事を見つけることができなかった失業者が、新聞に投稿した。「孤独、無気力、絶望の感情にさいなまれている」[1]。ほとんどの人々にとって、失業が長期に及ぶことは、個人の健康や幸福度(ウェルビーイング)に多大な影響を及ぼす。長期的な失業は、所得の喪失、仕事のスキルの喪失、自尊心の喪失という、3つのトラウマを同時にもたらしてしまう。

　失業はその経済的費用と社会的費用が大きいため、政府は経済における失業者数を減らそうと努力する。そのためには、失業率の推計とその変化をまとめる方法がなくてはならない。失業の測定をする際にも、実は様々な問題が含まれている。たとえば、積極的に職探しをしている無職の30歳が失業者に分類されることに問題はない。では、仕事は失ったが職探しはしないと決めた30歳を、どのように分類すればいいのだろうか？　フルタイムの大学生や、専業主婦（夫）はどうだろうか？　一生懸命に忙

> 失業はその経済的費用と社会的費用が大きいため、政府は経済における失業者数を減らそうと努力する。

---

[1] Anna Richey-Allen, "The Pain of Unemployment," *New York Times*, October 31, 2010.

しく働いていても、その労働の対価をもらっていない人はどうなるのだろうか？

経済学には、雇用と失業の標準的な定義がある（議論の余地はあるのだが）。アメリカの標準は、労働省労働統計局（BLS）が設定した定義である。

16歳以上人口の分類

誰が働いていて、誰が失業しているかを判断するためには、まず、分析対象となる労働者を定義する。BLSは、総人口から、16歳未満の子ども、軍役中の者、福祉施設や刑務所などに収容されている者、を除いたすべての一般市民を、16歳以上で施設に入っていない文民人口と言う。ここでは簡単化のため、**16歳以上人口**と呼ぶ*。2014年1月時点では、アメリカの16歳以上人口は2億4,690万人だった。

16歳以上人口は、「就業者」「失業者」「非労働力人口」の3グループに分類される。フルタイムでもパートタイムでも、賃金が支払われている労働者は、公式には**就業者**に分類される。言い換えると、パートタイムでも賃金が支払われている限り、就業者に分類される。この正式な定義によれば、2014年1月時点でのアメリカの就業者は1億4,520万人である。

16歳以上人口のうち、賃金が支払われる仕事がなく、直近の4週間に積極的に職探しを行い、現在働ける状態にある労働者は、**失業者**に分類される。この失業の定義に基づくならば分類は容易であり、上述の失業の測定に際しての疑問も解消する。解雇された労働者は、新しい仕事を積極的に探している場合に限り失業者として分類される。同様に、学生や親で賃金が支払われる仕事に就いておらず、かつ仕事を探していなければ、失業者には分類されない。2014年1月時点でのアメリカの失業者は1,020万人である。

労働力人口とは、就業者と失業者の合計である。

- **16歳以上人口**(potential workers)は、総人口から、16歳未満の子ども、軍役中の者、福祉施設や刑務所などに収容されている者、を除いたすべての一般市民を言う。
- フルタイムでもパートタイムでも、賃金が支払われている労働者は**就業者**(employed)である。
- **失業者**(unemployed)とは、賃金が支払われる仕事がなく、直近の4週間に積極的に職探しを行い、現在働ける状態にある労働者を指す。
- **労働力人口**(labor force)とは、就業者と失業者の合計である。

* 日本でこれに対応する定義は「15歳以上人口」である。『労働力調査』では、日本の居住者で施設、刑務所等への入所者や自衛隊員も含まれるが、外国政府の外交使節団、領事機関の構成員（随員を含む）およびその家族、外国軍隊の軍人・軍属（その家族を含む）は含まれない。英語のpotential workersの直訳は「潜在的労働者」であるが、これは日本の統計調査では非労働力人口の中で実際には就業意欲のある者を指し、はるかに狭い概念として使われているので、本書では「16歳以上人口」と訳している。

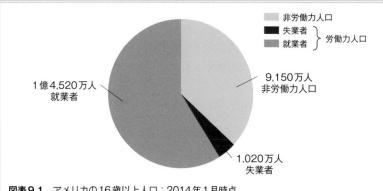

図表9.1 アメリカの16歳以上人口：2014年1月時点

アメリカにおける16歳以上人口は、2億4,690万人である。16歳以上人口は、就業者（1億4,520万人）、失業者（1,020万人）、非労働力人口（9,150万人）の3グループに分類される。就業者と失業者の合計を労働力人口と言う（約1億5,550万人、端数は四捨五入）。

出所：米労働省労働統計局（BLS）。

労働力人口＝就業者＋失業者

最後に、就業者もしくは失業者という分類に当てはまらない16歳以上人口はすべて「非労働力人口」に分類される。このグループに含まれるのは、退職者、専業主婦（夫）や学生など、賃金を支払われる仕事に就いていない、かつ職探しもしていない16歳以上人口である。2014年1月時点で、16歳以上人口で労働力人口に含まれない非労働力人口は、9,150万人である。図表9.1は、アメリカにおける16歳以上人口の内訳を、就業者、失業者、非労働力人口に分類して示した。

失業率の計算

経済学には、以上の分類に基づく労働市場を表すたくさんの統計がある。**失業率**とは、労働力人口の中の失業者の割合である。

$$失業率 = 100\% \times \frac{失業者}{労働力人口}$$

$$= 100\% \times \frac{失業者}{就業者＋失業者}$$

同様に、**労働力率**とは、16歳以上人口の中の労働力人口の割合である。

- **失業率**（unemployment rate）とは、労働力人口の中の失業者の割合である。
- **労働力率**（labor force participation rate）とは、16歳以上人口の中の労働力人口の割合である。

$$労働力率 = 100\% \times \frac{労働力人口}{16歳以上人口}$$

式に数字を当てはめると、労働力人口、失業率、労働力率を計算できる（以下は2014年1月時点のアメリカの値である。端数は四捨五入をしているため、合計数字には多少の誤差がある）。

$$労働力人口 = 就業者 + 失業者$$
$$= 1億4,520万人 + 1,020万人 = 1億5,550万人$$

$$失業率 = 100\% \times \frac{失業者}{労働力人口}$$
$$= 100\% \times \frac{1,020万人}{1億5,550万人} = 6.6\%$$

$$労働力率 = 100\% \times \frac{労働力人口}{16歳以上人口}$$
$$= 100\% \times \frac{1億5,550万人}{2億4,690万人} = 63.0\%$$

これらは一般的な統計で使用される式だが、全体の概要をとらえた数字にすぎず、重要なことがたくさん省略されていることを認識する必要がある。たとえば、失業者の計算には、求職意欲喪失者と不完全就業者という、職不足で不満を抱える人々は含まれない。

　求職意欲喪失者とは、仕事に就くことを希望しているにもかかわらず、職探しをあきらめた16歳以上人口である。仕事を積極的に探していないので、上記の定義により失業者には含まれない。アメリカの求職意欲喪失者は2014年1月時点で83万7,000人、これは、労働力人口の0.5％に当たる。

　一方で、希望する時間働くことができない労働者であっても、賃金を得ている限りは就業者に分類される。景気低迷期には、多くの労働者が自分と家族のためにもっと長時間働きたいと考えていたとしても希望の時間だけ働くことはできない。このような例が不完全就業者であるが、失業統計には含まれない。2014年1月時点ではアメリカの不完全就業者は730万人であり、労働力人口の4.7％に当たる。

失業率の傾向

　景気の変動を反映して、失業率も変動する。景気後退期（GDPが下がるとき）には、失業率は上昇する傾向がある。一般的にアメリカの景気後退期の失業率

は、6〜9％の水準に達する。経済が健全で順調に拡大している時期には、失業率は5％近くまで低下する。

> ある程度の水準の失業率（通常は4〜5％）は、現代の健全な経済にとって必要。

深刻な景気後退期には、失業率は大きく上昇する。たとえば、2007年初頭――2007年後半からはじまる景気後退の直前――の時期には、アメリカの失業率は4.5％前後で推移していた。2007〜09年の景気後退は失業率の急激な上昇を招き、2009年10月の失業率のピーク時には10.0％に達した。20世紀を通してアメリカ経済が最も収縮した1930年代の大恐慌時の失業率は、25％にも達していた。

図表9.2には、1948年以降のアメリカ経済の毎月の失業率の推移が示されている。景気後退期の失業率は、相対的に高い（網掛けされた期間は景気後退期である）。たとえば、失業率は1970年代半ばのオイルショック後に上昇し、1981〜82年の景気後退期に再び上昇した。第2次世界大戦以降で失業率が最も高かったのは1981〜82年の景気後退期の10.8％であり、2007〜09年の景気後退期の失業率10.0％を上回っていた。

失業率はゼロにはけっしてならない点にも注意が必要である。1948年以降で失業率が3％以下になったのは、1950年代初頭の一時期だけだ。1990年代の好況期でさえ、失業率は約4％だった。ある程度の水準の失業率（通常は4〜5％）は、現代の健全な経済にとって必要だが、失業率が10％に高まった状

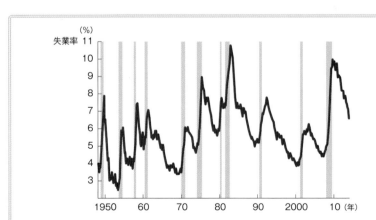

図表9.2 アメリカの失業率の推移：1948〜2014年

グラフは、1948年1月から2014年1月までのアメリカの失業率の毎月の推移を示している。網掛けされた期間は景気後退期である。失業率は景気後退期には上昇する。

出所：米労働省労働統計局（BLS）、セントルイス連銀「FRED (Federal Reserve Economic Data)」。

態は政府が積極的に回避に努めるべき国家的危機である。その理由については、本章後半で説明する。

失業者の内訳

失業者の分布は、労働力人口の中でもグループによって大きく異なる。一番大きな違いは、教育水準が低いグループの失業率が極めて高いことだ。たとえば、2013年時点で比較すると、高校を卒業していない労働者の失業率は11.0%だったが、大卒労働者の失業率はわずか3.7%だった（図表9.3）。

高学歴労働者のほうが失業率が低くなる背景には、様々な要因が考えられる。最適化の原理を用いれば、その一部は説明できる。失業した労働者は、新しい仕事を探すことに時間を使ったり、家庭内での生産活動に時間を費やしたりする。屋根裏の掃除や家のペンキ塗りなどの「家庭内」活動はたくさんあるが、ほとんどが高い教育水準が必要なわけではない。また、教育水準の高い人々は、必ずしも家庭内活動の技術が高いわけではない。

しかしながら家庭の外で働く場合には、より高学歴の労働者は低学歴労働者より賃金が高いという傾向がある（6章で学んだとおり、高い人的資本には高い労働需要があることと関係している）。したがって、より高学歴の労働者は、時間の機会費用が高い。失業中の未熟練労働者は、低賃金の単純な仕事に就くか、あるいは部屋のリフォームのために数週間家にいるかについては無差別であり、どちらを選択してもかまわないかもしれない。失業中の技術者も、未熟

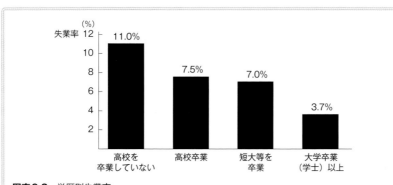

図表9.3 学歴別失業率

高学歴化に伴って、失業率は低下する。グラフに示されている学歴別失業率は、25歳以上の成人で、施設に収容されていないすべての市民を対象にした2013年の調査である。

出所：米労働省労働統計局（BLS）。

練労働者と同じぐらい上手に家のリフォームができるかもしれない。しかし技術者であれば、機械化された組立ラインを設計するなどの仕事に就くことによって、より高収入を得ることができるだろう。その収入によって自分以外の誰かを雇って、自宅のリフォームをしてもらうほうがはるかにいいかもしれない。高学歴労働者は高賃金であり、失業の費用も高くなる。同様に、中高年労働者は、若年労働者よりも、経験とスキルを持っている（したがって、賃金が高い）ので、失業率が低くなる。

9.2 労働市場の均衡

雇用と失業がどのように決定されるのかを知るには、まず労働市場の動きを理解する必要がある。ほかの市場と同様に、需要と供給が重要な役割を果たしている。労働の需要曲線と労働の供給曲線を別々に考えてから、2つの曲線を一緒に描いて労働市場の均衡について考えよう。

労働需要

4章で最初に需要曲線を学んだとき、家計が財とサービスを需要することを説明した。本章では、労働市場について同じことを学習しよう。家計の役割は逆になっている。労働市場では、家計が労働を供給し、企業が労働を需要する。生産のために労働者を雇用する必要があるため、企業は需要する側に立っている。

最適化を行う企業は利潤を最大化しようとするので、生産者に最大の利潤（「収入－費用」と定義される）をもたらす労働量を需要する。では、企業はどのようにして利潤を最大化する労働量を決定するのだろうか？ それは、労働者が生み出す収入とその労働者を雇用する費用を比較することによって決まる。

理容室を例に考えてみよう。ある理容室に1人の理容師がいる。その理容師はいつも散髪をするのに忙しく、1時間当たり25ドルの収入を生み出していると仮定しよう。理容師の市場賃金は1時間当たり15ドルである。理容室は1時間当たり10ドルの利潤を得ている（25ドル－15ドル＝10ドル）。この理容室で、2人目の理容師が追加して雇われる場合には、さらに多くの散髪を行うことはできるが、2人の理容師が絶えず忙しく働き続けることができるだけの顧客がつねにいるとは限らないので、2人目の理容師が追加して雇われたからといっても理容室の売上げが2倍になるわけではない。2人目の理容師による売上げは、

1時間当たり20ドルしか増えなかったとしよう。理容師の市場賃金は1時間当たり15ドルであるため、2人目の理容師を雇うことによる利潤は、1時間当たり5ドル（＝20ドル − 15ドル）増加する。したがって、最適化する理容室ならば、2人目の理容師も雇うだろう。

　この理容室が、3人目の理容師を追加して雇うとどうなるかを考えてみよう。3人目の理容師も売上げを少しは増やすだろう。しかし、この理容室では3人の理容師がいつも忙しく働かなければならないほどにはたくさんの顧客が来ることはほとんどないので、2人目の理容師が追加して雇われたときよりも売上げの増加額はさらに低下するだろう。3人目の理容師は1時間当たり10ドルだけ売上げを増やすと仮定しよう。市場賃金は1時間当たり15ドルなので、3人目の理容師を雇うと実際には理容室の利潤を減らしてしまう（10ドル − 15ドル ＝ −5ドル）ので、この理容室では3人目の理容師は雇わないだろう。理容室は理容師を2人だけ雇うことで最適化される——すなわち、利潤を最大化できる。

　理容室の例からは、労働需要についての2つの重要な点が見えてくる。第1に、6章と7章ですでに説明したように、一般に企業においては、労働の**限界生産力**は逓減する。限界生産力とは、1人の労働者が追加されることによって生み出される生産物の増加量である。労働の限界生産力が逓減するということは、追加される労働者が生み出す限界生産力は、それ以前に雇われている労働者が生み出している量よりも少ないことを意味している。たとえば、理容師の数が増えれば、その理容室が提供する散髪サービスの量は増えるが、すべての理容師が忙しく働かなければならないほどには顧客は多くないので、追加される理容師は、以前から雇われている理容師が追加されたときほどは生産を増やせない。経済学では、この労働者の限界生産力の市場価値を、**労働の価値限界生産力**と呼ぶ。理容室の例では、最初の理容師がもたらす追加収入は25ドルだったが、2人目の理容師は20ドル、3人目の理容師は10ドルの追加収入しかもたらさなかった。理容師が追加されるごとに価値限界生産力は逓減し、理容師を追加して雇い入れることにより企業が得られる総収入の増加幅は徐々に小さくなっていく。

　理容室の例からわかる第2の重要な点は、企業は労働者を追加しても利益が増加しなくなる時点までは労働者の雇用を増やし続ける、ということである。企業は追加される労働者が企業にもたらす収入（労働の価値限界生産力）が、その労働者を雇う費用（**市場賃金**）と最低でも同じである限り労働者の雇用を

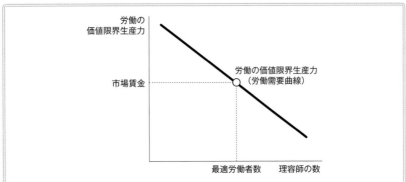

図表9.4　労働の価値限界生産力が労働需要曲線となる
労働量が増加するのに伴って労働の価値限界生産力は減少するため、労働の価値限界生産力を示す曲線は右下がりになる。企業が利潤を最大化するためには、労働の価値限界生産力と市場賃金が等しくなるところまで労働者の雇用を増やし続ける。労働の価値限界生産力曲線は、労働需要曲線でもある。

増やし続ける。どうしてそうなるかを見るために、雇用される労働者の数と対応する労働の価値限界生産力の関係を示した図表9.4で考えてみよう。雇用される労働者数が増加するのに伴って、価値限界生産力は減少するので、曲線は右下がりになる。

　企業が雇っている労働者が図表9.4に示される最適労働者数よりも少ない人数の場合には、その企業は労働者をより多く雇うことによって利益を増やすことができる。その理由は、追加される労働者がもたらす収入（価値限界生産力）が彼らを雇う費用（市場賃金）より大きいからだ。逆に、企業が最適労働者数よりも多く雇っているならば、労働者を解雇することで利益を増やすことができる。労働者がもたらす収入（価値限界生産力）が彼らを雇う費用（市場賃金）より小さいからだ。

　したがって、利潤を最大化する企業は、労働の価値限界生産力と市場賃金が等しくなるところまで労働者を雇うべきである。市場賃金が変化するときには、労働需要量は、価値限界生産力を表した曲線に沿って移動する。すなわち企業は、価値限界生産力が市場賃金に等しくなるように、雇用する労働者の数を調整する。したがって、図表9.4の右下がりの曲線（労働の価値限界生産力）は、様々な賃金水準で需要される労働量がどのように変化するかを示す**労働需要曲線**にもなっている。

- **労働需要曲線**（labor demand curve）は、需要される労働量と賃金の関係を表している。労働の価値限界生産力は、様々な賃金水準で需要される労働量がどのように変化するかを示す労働需要曲線にもなっている。

労働需要曲線のシフト

　労働需要曲線は、需要される労働量と賃金の関係を表す。賃金が変化し、需要される労働量以外の経済変数がどれも変化しない場合には、労働需要曲線に沿った移動になる。一方で、図表9.5に示されているような労働需要曲線全体を左や右にシフトさせる要因はたくさんある。

　労働量と労働の価値限界生産力に関連する変化が、この曲線に影響を及ぼし、労働需要曲線をシフトさせる。以下では、労働需要曲線のシフトを起こす4つの要因について説明する。

- **生産物価格の変化**　散髪の価格が下がると、理容師の価値限界生産力も下落する。このとき、賃金が一定であった場合には、企業が雇う理容師の数は減少し、労働需要曲線は左にシフトする。
- **生産物やサービスの需要の変化**　散髪の需要が減少すると、それが直接には散髪の価格を変化させないとしても、理容師の価値限界生産力に影響を与える。散髪需要の減少は、理容室の来客数を減少させ、理容師たちが散髪をしないで待機している時間を増加させる。このような生産物に対する需要の減少は、労働需要曲線を左にシフトさせる。
- **技術の変化**　労働の価値限界生産力が上昇するときには、労働需要曲線は

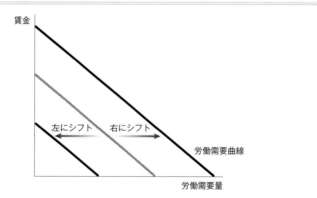

図表9.5　労働需要曲線は右下がりになる

労働需要量と賃金の関係を表す労働需要曲線は右下がりになる。図には、労働需要曲線の左へのシフトと右へのシフトが描かれている。ある賃金の下で、労働需要量が変化するときには、労働需要曲線はシフトする。

右にシフトする。たとえば、19世紀後半に開発された技術によって、美容師は髪の毛をストレートにしたり、もしくはカールさせる（「パーマ」をかける）ことができるようになった。パーマをかける能力は、美容師の価値限界生産力を上昇させ、美容師の労働需要曲線を右にシフトさせた。技術進歩と生産性の上昇は一般的には労働需要曲線を右にシフトさせるのだが、時にはその逆が起きることもある。たとえば、機械が労働を代替するときには、労働需要曲線が左にシフトすることもある。本章後半では、このような例を取り上げる。

・**投入価格の変化**　企業は、財とサービスを生産するためには、労働だけでなく、機械や道具などのその他の生産要素も使用する。その他の生産要素の価格が下落すれば、企業はそれらの生産要素をより多く購入するだろう。このときには一般に労働の価値限界生産力は上昇し、労働需要曲線を右にシフトさせる。たとえば、バリカンを使うと理容師はより速く散髪ができる。（バリカンの価格が下がれば）理容室がもっと多くのバリカンを購入できるので、同じ時間で対応できる顧客数は増加する。

　ここまでは、1軒の理容室、もしくは1人の理容師の労働需要曲線を用いてほとんどの考え方を説明してきた。経済全体の雇用と失業の水準を研究するには、経済全体の労働需要曲線を導き出す必要がある。経済全体、もしくは「総」労働需要曲線を導出するには、2つのステップを踏む。第1段階では、産業別に労働需要曲線を導く。前述の例の場合には、すべての理容室の労働需要曲線を合計することによって計算できる。一国の経済に10万軒の理容室があり、理容師の賃金が1時間当たり15ドルのときには各店で2人が雇われているという場合には、その賃金で需要される労働者の総数は20万人となる。理容師の労働需要曲線の残りの部分を導き出すためには、様々な賃金水準で需要される労働者総数を求めればよい。

　分野あるいは産業ごとの労働需要曲線を導出できたら、次は、その労働需要曲線を合計して、総労働需要曲線を求める。ただしこの際には、異なる業界内のスピルオーバーや、また労働者と企業の間のスピルオーバーも考慮する必要がある。たとえば、ある分野の拡大が別の分野の製品の需要を増やすかもしれない。さらに、全体的な賃金と雇用水準の変化は、製品の需要に影響を及ぼす。たとえば、雇用が増えれば所得が増え、他の労働者が生産している製品の購入が増える（この点に関しては12章で再び触れることにする）。

モデルでは、一国の経済には1つの総労働需要曲線だけあるものとして、簡単化してきた。現実には、労働者が持つスキルは様々であり、受け取る賃金も異なる。モデルでは細かい部分の相違は無視しているとしても、仮定を簡単化することで得られるメリットは大きい。労働市場の機能の様々な側面にとらわれすぎることなく、経済全体がどのように機能しているのかについて重要な洞察を導き出すことができるからだ。

労働供給

労働供給曲線は、労働供給量と賃金の関係を表す。労働需要曲線と同様に、労働供給曲線も最適化の原理から導出される。この場合には、労働者は、賃金が支払われる労働、余暇、その他の活動（育児、家屋の維持、料理、掃除などの家庭内での生産活動など）に対して、自らの限られた時間を最適に配分しようとする。市場賃金が高いときには、労働者は家庭の外で仕事をすることに、より多くの時間を使おうとするだろう。たとえば、あなたが時間給の仕事に就いていて、所定時間以上に仕事をするならば、通常の時給の1.5倍の金額をもらうことができる*。これは多くの労働者にとって魅力的な条件であり、働く時間をもっと長くしようと考えるだろう。その結果、家庭内での活動や余暇に使う時間は短くなる。

これからわかるとおり、賃金が上昇すると労働供給量は増加する。したがって、労働供給曲線は、図表9.6に示されているように右上がりになる。

労働供給曲線のシフト

すでに説明したとおり、労働供給曲線は、労働供給量と賃金の関係を表す。賃金が変化し、（労働供給量以外の）経済変数がどれも変化しない場合には、労働供給は労働供給曲線に沿った移動になる。

一方で、労働供給曲線全体を左や右にシフトさせる要因はたくさんある（図表9.6）。労働供給量と賃金に関連する変化が、供給曲線全体に影響を及ぼし、労働供給曲線をシフトさせる。考えられる3つの要因について説明しよう。

・**嗜好の変化** 嗜好や社会規範の変化は、働く意思に影響を及ぼす。たとえば、第2次世界大戦以前には、既婚女性が家庭の外で働き賃金を得ること

| ●**労働供給曲線**(labor supply curve)は、労働供給量と賃金の関係を表す。
| * 日本での所定時間外労働の割増率は先進国相場に比べて低いため、1.5倍の割増賃金はもらえない。

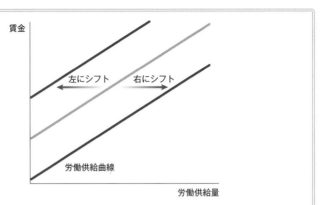

図表9.6　労働供給曲線は右上がりになる
労働供給量と賃金の関係を表す労働供給曲線は右上がりになる。(その他すべてを一定として)賃金が上昇するときには、人々の労働意欲も上昇する。図には、労働供給曲線の左へのシフトと右へのシフトが描かれている。ある賃金の下で、労働供給量が変化するときには、労働供給曲線はシフトする。

は歓迎されていなかったが、大戦中、政府は愛国心を発揮して軍需工場で働くことを女性たちに奨励した。戦時下の工場での労働は、世界的にも女性の労働参加の第一歩となった。社会規範が変化した結果、アメリカにおいて女性の労働力率は、1940年の25％から、1990年代には約60％に上昇し、労働供給曲線を大きく右にシフトさせることになった。

- **時間の機会費用の変化**　掃除機、食洗機、洗濯機、芝刈り機などの製品の登場が、それまで家庭内の生産活動に必要とされていた時間を減らしたので、家庭の外で働くことの機会費用を低下させた。このことが、より多くの時間を、家庭内の生産活動から、賃金を得る仕事に移行させ、労働供給曲線を右にシフトさせた。家事に関する技術進歩が時間の機会費用を下げたことが、女性の労働力率の上昇に貢献したのである。

- **人口の変化**　人口の増加は、経済における16歳以上人口の上昇につながり、労働供給曲線を右にシフトさせる。アメリカにおける人口が増加している1つの要因は、移民である。毎年、約100万人の移民の純流入があり、人口を年率で約0.3％ずつ増加させている。移民の流入が、アメリカ国内の労働供給曲線を右にシフトさせる。

労働需要曲線も同様であるが、経済全体の労働供給曲線(「総」労働供給曲線)は、経済における16歳以上人口による労働供給の合計として求められる。

競争的労働市場の均衡

1章では、均衡は、そこから行動を変えることで便益を得る人は誰もいない状態、と定義した。また4章で学んだとおり、競争均衡とは、供給曲線と需要曲線の交点である。同様に、競争的労働市場での均衡とは、労働供給曲線と労働需要曲線の交点である（図表9.7）。競争均衡賃金（w^*）では、労働供給量は労働需要量に等しい。賃金がw^*よりも上回る点では、労働供給量が労働需要量を上回り、賃金を押し下げる。一方、賃金がw^*よりも下回る点では、労働需要量が労働供給量を上回り、賃金を押し上げる。したがって、w^*は、労働供給量と労働需要量が等しくなる唯一の賃金水準となる。図表9.7のL^*で表されている均衡点における労働量を、均衡雇用量とも言う。

競争均衡での賃金を、**市場均衡賃金**と言う。市場均衡では、労働需要量と労働供給量が一致するように賃金が調整されるので、仕事が欲しいすべての労働者は（最終的には）仕事に就くことができる。市場均衡賃金は、賃金の硬直性の影響によって決まる賃金とは異なったものである。硬直性があるときには、賃金は労働需要量と労働供給量が等しくなるようには調整されない。この点については本章後半で触れるが、このような硬直性が失業を生み出す。

図表9.7で描かれた労働市場均衡を使用して、一国のすべての雇用水準をモ

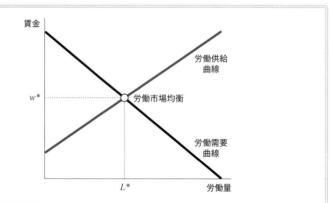

図表9.7　労働市場均衡
右上がりの労働供給曲線と右下がりの労働需要曲線は、市場均衡賃金(w^*)で交わり、労働量はL^*となる。市場均衡賃金では、労働供給量と労働需要量は等しい。

- 競争均衡での賃金を、**市場均衡賃金**(market-clearing wage)と言う。この賃金水準で、労働需要量と労働供給量が一致し、仕事が欲しいすべての労働者が仕事に就くことができる。

デル化してみよう。前述の分析と同じく、1種類の労働にだけ焦点を当てて、分析を簡単化する。とは言っても、図表9.7に示されている労働市場均衡のモデルを応用すれば、特定の分野の市場や地域の労働市場であっても同じように均衡を簡単に分析できる。たとえば、コンピューターのプログラミングができる労働者の供給と需要を想定することによって（医師であっても、庭師であっても同様であるが）、その労働市場における賃金と雇用水準の均衡を導き出すことができる。

　ここで注意してほしい点は、図表9.7で示した労働市場では、摩擦は考えられていないことだ。摩擦がない市場では、企業は労働者を即座に雇用したり解雇したりできる。また、労働者も企業もお互いについて完全な情報を持ち、賃金は市場が均衡するように即座に調整される（労働供給量と労働需要量が等しくなる）。次は、議論を摩擦のない労働市場から離れて、現実世界の労働市場と失業の問題へと進めよう。

9.3　失業はなぜ起きるのか？

　図表9.7では、労働供給曲線と労働需要曲線は、市場均衡賃金（w^*）で交わる。したがって労働需要量と労働供給量は等しく、賃金（w^*）で仕事が欲しいすべての労働者は仕事に就くことができる。働いていない人々は、労働供給曲線の市場均衡賃金より上の部分で表される。労働供給曲線のこの部分にいる人々は、市場均衡賃金（w^*）以上の賃金を得られる場合にのみ働く意思がある。

　図表9.7で表された経済には、雇用されている労働者と、市場均衡賃金（w^*）では働く意思がないために雇用されていない労働者がいる。競争均衡では、仕事を探している労働者は1人もいないはずである（労働者はすでに雇用されているか、もしくは市場均衡賃金では働く意思がないかのどちらかである）。すなわち競争均衡では、雇用はされていないが仕事を探している人々は想定されていないことを意味する。しかしそれならば、2014年1月時点では、公式統計ではアメリカには1,020万人の失業者が存在しているという事実を説明できない。彼らは、雇用はされていないが仕事を探しているのである。

　第1の可能性は、公式の失業統計にはおそらく、市場均衡賃金（w^*）より高い賃金でしか働きたくない労働者が一部に含まれている、という点だ。失業に関する調査の質問項目では、現在の市場賃金の相場で仕事を探しているのかどうかは明確にはされていない。一部の人々は、賃金相場を上回る水準の仕事

を探しているのであるから失業者には含めるべきではないのだが、実際には失業者として計上されてしまっているのかもしれない。

しかし、ほとんどの失業者は、市場賃金の相場で喜んで働く意思があるにもかかわらず、その賃金水準で雇ってくれる雇用主を見つけ出すことができないでいる、ということがデータからはわかっている[2]。したがって、2014年1月時点で仕事を見つけられないアメリカ人が1,020万人いることを説明するには、別の理由を探さなければならない。

現実世界で観察することを経済モデルが予測できないときには、このモデルで使用した仮定が正しいかどうかを問い直さなければならない。たしかに、この労働市場モデルでは、現実には成り立たないかもしれないことが仮定されてしまったようである。

前述のモデルでは、労働者と企業は雇用市場に関して完全な情報を有していると仮定されていた。たとえば、均衡賃金がどのくらいであるのか、雇用主はどのような資格を持つ人を求人しているのか、仕事はどこにあるのか、を労働者も企業も知っていると想定されている。すなわちここでは、労働者は希望する求人を即座に見つけることができるし、企業にとっては求人を埋めることができない仕事は存在しない、ということが想定されている。一方で、企業と労働者が労働市場についての重要な情報を十分に有していない場合には、労働者は求人情報とのマッチングがいつもできるわけではない。このミスマッチが失業の原因となる。

このような失業は摩擦的失業と呼ばれる。次節では、摩擦的失業について説明しよう。さらに、失業の発生と失業の変化に影響を及ぼす、2つの経済的要因について説明しよう。

9.4 ジョブ・サーチと摩擦的失業

図表9.7で示された経済では、市場均衡賃金（w^*）で働く意思がある者は誰でも仕事を得ることができる。ここまでの労働市場の分析では、労働市場には摩擦がないと想定し、労働者は自分を雇う意思がある雇用主を即座に見つけ出すことができると想定していた。しかし現実に、もしあなたがこれまで仕事を

---

2) Alan Krueger and Andreas Mueller, "Job Search and Job Finding in a Period of Mass Unemployment: Evidence from High-Frequency Longitudinal Data," Princeton University, Industrial Relations Section Working Paper 562, 2011.

探したことがあるならば、希望どおりの仕事を見つけ出すことは簡単ではなく、大変な努力と時間を伴うものであることはおそらく経験したことがあるだろう。マクドナルドで夏のアルバイトの募集を見つけることは簡単かもしれないが、自分のスキルや能力に適した仕事にめぐり合うことは難しい。

自分に適した仕事を見つけ出すためには、求人を出している企業を探し、給与や福利厚生、その他の特徴を調べて比較する必要がある。推薦状を集めて、履歴書を送らなければならない。応募する職場でたまたま働く知人や、知人の知人を見つけるためには、家族や友人と情報交換をするのもいいだろう。面接の予約をして、数々の面接に勝ち残る必要がある。最後にあなたは、面接官が他の有力候補者への面接を終えるのを待つことになる。ほとんどの場合に、あなた以外の誰か別の人が選ばれて、あなたは振り出しに戻って同じことを繰り返すことになる。

経済学では、この仕事を探す活動を**ジョブ・サーチ（職探し）**と言う。能力や経験、仕事への期待は様々なので、失業者と企業の適切な組み合わせを見つけ出すには時間がかかる。

仕事を探して応募し面接を受ける、というすべてのプロセスを計画するためには時間がかかる。また、企業と労働者が持っている相互の情報と景気動向についての情報は完全なものではない。それらの2つの理由のために、ジョブ・サーチからは摩擦が生じる。2007〜09年の景気後退期に、時給40ドルの仕事を失ったミシガン州デトロイトの自動車メーカーの労働者について想像してみよう。失業の直後に時給20ドルのサービス業の仕事があることを知るのだが、彼はその仕事に就くのではなく、自動車産業で時給の高い仕事を探し続ける。数カ月を費やした自動車産業での仕事探しはうまくいかず、そこで初めて、自分にとって今の最善の選択は、サービス業で時給20ドルの仕事に就くことであると理解するに至る。このような例を見るにつけ、情報を集めて自分に適した仕事を探すのは時間がかかる作業であることがわかる。

求人に関する完全な情報を得ることができないために、ジョブ・サーチに時間がかかることに起因する失業が**摩擦的失業**である。

奇異な喩えに感じられるかもしれないが、仕事を見つけるジョブ・サーチは恋人探しに似ている。理想の恋人を見つ

> 能力や経験、仕事への期待は様々なので、失業者と企業の適切な組み合わせを見つけ出すには時間がかかる。

● **ジョブ・サーチ**（職探し、job search）とは、労働者が自分に適した仕事を見つけるために行う活動である。

> 市場賃金が市場均衡賃金より高い水準で維持されることにより、市場賃金で仕事に就きたい労働者を失業させてしまう。

け出すには時間がかかる。この場合、パートナーがいなくて恋人探しをしている人は、恋愛面で失業中だと言える。パートナーがいない人は、新しい恋人を一晩で見つけられるとは期待していないだろう。同様に、失業者が仕事を即座に見つけられると期待すべきではない。

9.5 賃金の硬直性と構造的失業

　ジョブ・サーチから生じる摩擦的失業は、どのような労働市場においても自然で、かつ必要な特性である。しかし、賃金が市場の需給均衡水準（w^*）よりも上回る（このときには、労働供給量が労働需要量を上回る）という理由からも、失業率は上昇する。労働市場における競争均衡を上回る水準で賃金が固定されているとき、この状態を**賃金の硬直性**と呼ぶ。**構造的失業**は、労働供給量が労働需要量を継続的に上回っているときに起きる。賃金の硬直性は、このような継続的なギャップにつながる重要な要因である。賃金の硬直性は、様々な原因で起きる。この点に関してはこれから説明するが、経済的な影響は同じである。すなわち、市場賃金が市場均衡賃金より高い水準で維持されることにより、市場賃金で仕事に就きたい労働者を失業させてしまう。賃金の硬直性がいかに労働市場に影響を及ぼすかについては、最低賃金法について需要供給分析を用いて説明することからはじめる。しかし、アメリカの労働市場に関しては、賃金の硬直性以外にも重要な要因があるのだが、それについては後に学習する。

最低賃金法

　ほとんどの国では、時間給の最低水準が法律に明記されている。**最低賃金法**と呼ばれるものであるが、こうした法定の最低賃金があることで、労働供給量が労働需要量と等しくなる市場均衡賃金の水準まで、市場賃金が引き下げられ

- **摩擦的失業**（frictional unemployment）とは、労働者が求人に関する完全な情報を得ることができないために、ジョブ・サーチに時間がかかることに起因する失業のことである。
- **賃金の硬直性**（wage rigidity）とは、市場賃金が、労働市場が均衡する競争均衡を上回る水準で固定されている状態を指す。
- **構造的失業**（structural unemployment）は、労働供給量が労働需要量を継続的に上回っているときに起きる。

ることはない。アメリカでは、連邦政府が国内の最低賃金を設定しているが、州政府は州内の仕事に対して連邦政府による設定を上回る最低賃金を独自に定めることができる。たとえば2014年1月で比較すると、連邦政府が定めた最低賃金が7.25ドルであったのに対して、最も高額の州政府の最低賃金はワシントン州が定めた9.32ドルだった。

図表9.8に示されるように、最低賃金があるときには、労働供給量は労働需要量と等しくはならない。グラフでは、賃金の最低基準である最低賃金には下線が引かれている（$\underline{w}$）。また、最低賃金（$\underline{w}$）は市場均衡賃金（w^*）よりも高い。最低賃金が$\underline{w}$であるときには、雇用主が需要する労働量は、労働者が供給する労働量よりも少なくなる。結果的に、$\underline{w}$での供給量と需要量のギャップとして示されているように、一部の労働者は仕事に就くことができない。このような失業者は、$\underline{w}$の賃金水準で喜んで働くであろうし、$\underline{w}$よりも低い賃金水準であっても喜んで働くかもしれない。最低賃金が定められることにより、雇用主は、労働供給量と労働需要量が等しくなるような賃金水準では労働者を雇用することができなくなっている。

最低賃金法は、勝者と敗者を作り出す政策の一例だ。勝者は、供給量と需要量を等しくする以上の水準の賃金で仕事を得ている労働者たちだ。敗者は、高い賃金を支払わなければならない企業と、働きたいにもかかわらず市場賃金（$\underline{w}$）では仕事を見つけられない失業者たちだ。最低賃金の費用と便益については活

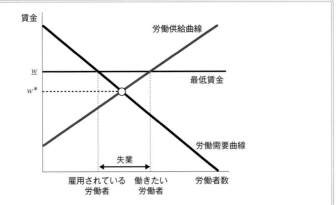

図表9.8 最低賃金がある市場における労働供給と労働需要

最低賃金（$\underline{w}$）が市場均衡賃金（w^*）より高いときには、労働供給量は労働需要量を上回り、失業を生み出す（失業＝労働供給－労働需要）。

CHOICE&CONSEQUENCE
選択の結果

ラッダイト運動

　技術進歩は失業につながるのだろうか？　フィリップス社の中国工場では、何百人もの従業員が電気シェーバーを製造する組立ラインで働いている。一方、オランダ本社では、同じ電気シェーバーを128台のロボットによって組み立てている。ビデオカメラの目を備え、コンピューター制御された油圧駆動ロボットは疲れ知らずだ。ロボットでいっぱいの工場を見ると、技術進歩は企業の労働需要を減少させるかもしれないと思えてくる。実際、労働者が自分たちから仕事を取り上げる技術革新に反対してきた歴史がある。

　最も有名な例が、1811年に起こったものである。この年、イギリスの織物工場の労働者たちは工場を燃やし、新発明の織機を破壊して回った。暴徒たちは発明家や工場の所有者も標的にし、彼らの家に放火したり、暗殺を企てたりもした。ラッダイトと呼ばれる、生産の機械化に反対した運動である（その数十年前に織機を叩き壊して回ったネッド・ラッドという労働者にちなんだ名称である）。暴動は頻発し暴力的であったために、事態収拾のために軍隊まで駆り出された。多数の暴徒が絞首刑に処され、1813年に運動は収束した。結局、ラッダイト運動が紡織業の機械化を止めることはできなかった。

　では、新しい機械は本当に1811年の織物工場の労働者の生活を破壊するものだったのだろうか？　その答えは、おそらくはイエスだ。新しい機械の導入によって、それまでは何時間もかかっていた仕事が数分で完了できるようになった結果、工場で雇用される労働者は減らされることとなった。たくさんの熟練職人が仕事を失い、その家族は影響を受けた。このため、ラッダイト運動の参加者たちが、機械が自分たちの仕事を奪ったと信じていたのは間違いではなかった。

　技術進歩が、紡織業などの1つの産業の仕事をまるごと崩壊させることもある。しかし、一国全体で見るならば、技術進歩が失業を増加させるわけではないことは歴史からも明らかである。技術進歩は、生産性を向上させ、経済全体の所得を増加させる。この増加した所得は財の需要を押し上げるので、労働需要も増加する。結果的には、ある産業で仕事を失った労働者は別の産業で仕事を見つけることができる。ただし、労働者の多くにとっては、そのためには時間がかかることがある。また一部の者にとっては、ラッダイト運動に参加した労働者たちのように、新しい仕事に就いたとしても結局は安い賃金で働かざるをえなくなることもある。

　今日では、ラッダイトという言葉は、新技術への反対運動と同義語になっている。1811年のイギリスの紡織業労働者たちは不運であり、技術進歩の犠牲者だった。しかし、ほとんどの人々にとって持続的な技術進歩は、生産性を向上さ

せ、財やサービスを購入する費用を引き下げることを通して、生活水準を向上させるものである。

発に議論されているが、アメリカが最低賃金を引き上げるべきか否かについての経済学者の意見は分かれている。

最低賃金は構造的失業を生み出すが、これが失業の唯一の原因というわけではない。たとえば、2014年1月には160万人の新卒の大学生が失業状態にあった。大卒の平均時給は、2013年には29.85ドルであり、最低賃金の4倍の水準だった。大卒のほとんどには最低賃金よりもはるかに高い金額が支払われており、大卒者の労働市場の需給が均衡しないのは最低賃金が原因だったわけではない。

最低賃金で働く労働者は、すべての学歴レベルを含めた労働力人口全体の1.0%にすぎない。すなわち、労働市場における最低賃金の影響はそれほど大きいわけではない。最低賃金は、一部の非熟練労働者にとっての労働市場が均衡することを妨げはするが、一般的な労働市場への影響はごくわずかな程度にとどまっている。

労働組合と団体交渉

賃金の硬直性のもう1つの要因は**団体交渉**という、企業と労働組合の間で行われる契約の交渉である。労働組合は、その構成メンバー（組合員）のためにより良い就業環境、賃金、福利厚生について交渉する労働者の組織である。労働組合は、交渉の手段として、ストライキ（仕事をいっせいに止めること）の実行をほのめかす。多くの場合に、団体交渉の結果として決まる賃金や福利厚生の水準は、市場均衡賃金として得られる水準よりも高くなる。団体交渉は、失業に関しては、図表9.8で見た最低賃金法と同じ影響を及ぼす。市場均衡賃金を上回る賃金水準を維持することによって、労働組合は、労働供給量が労働需要量を上回る原因を作り出し、したがって構造的失業をもたらす。このような団体交渉を通して、組合員が労働組合から恩恵を受ける一方で、非組合員が仕事を探すことを困難にしてしまう。

しかし最低賃金の場合と同様に、団体交渉はアメリカの労働市場における賃金の硬直性を生み出す重要な要因とはなりにくい。アメリカでは労働組合員は

● **団体交渉**（collective bargaining）とは、企業と労働組合の間で行われる契約の交渉である。

比較的少ないからだ。たとえば2011年には、アメリカの労働組合員は労働者の10.6%だった。労働組合がもっと重要な役割を担っている国もあり、たとえば同年のイタリアでは35.2%の労働者が組合員であった。

効率賃金と失業

1914年、フォード・モーター社の創業者であるヘンリー・フォードは突拍子もない行動に出た。フォードは突然、ほとんどの従業員の日給を2.34ドルから5.00ドルに引き上げたのだ。利潤最大化を求める雇用主が、外部からの圧力を受けたわけでもないのに、従業員の給与を2倍にするとはどういうことなのだろうか？

フォードは、日給を5ドルに引き上げることは自分の利益に適う行動だと説明した。「慈善活動なんてとんでもない。事業を軌道に乗せるためには、これぐらいの金額を支払う必要があった。これは、未来のための投資だ」。

摩擦のない競争的労働市場では、市場賃金以上に支払うことは（もしくは労働者が受け入れている以上の水準の賃金を支払うことは）、企業にとっては最適な選択ではない——言い換えると、企業の利潤を最大化しない。「完全」市場では、企業は労働者に関するすべての情報を持ち、仕事のすべてを観察している。このような理想的環境の下では、労働を得るために市場賃金の水準以上の賃金を支払う必要はない。しかし、労働者が仕事を怠ける（仕事の手を抜く）ことができるような現実の市場では、現行賃金の水準以上の賃金を支払うことが企業に利益をもたらす。フォードが行ったような賃上げを、経済学では**効率賃金**と言う。労働者が受け入れる賃金の水準以上（実際には市場賃金の水準以上）の賃金を支払うことによって、フォードは労働者の生産性の向上と企業の利潤率の改善を実現したのだった。

効率賃金は生産性と企業の利潤率を向上させるが、それにはいくつかの理由が考えられる。第1に、効率賃金は労働者の離職率を低下させる。組立ラインでの労働は単調なものであり、比較的離職率が高い。新しく労働者を求人して訓練をするのは、企業にとっては費用がかかる。もし労働者が一般的な市場賃金の水準以上の賃金をもらっていたら、別の仕事に就いたときには賃金が下がるので、今の仕事を維持したいと思うだろう。第2に、高賃金の仕事を失いたくない労働者は通常よりも一生懸命に働くインセンティブが生まれて、1時間

● **効率賃金**(efficiency wage)とは、労働者が受け入れる賃金の水準を上回る賃金であり、その高い部分が労働者の生産性を向上させ、その企業の利潤率を改善させる。

当たりの生産量は増加するだろう。第3に、市場賃金の水準以上の賃金支払いに対して、従業員はより一生懸命に働くことを通して感謝を示すので、1時間当たりの生産量をさらに増加させることになる。最後に、効率賃金は、その仕事に応募してくる労働者自体の質を向上させる。

　もし効率賃金が生産性を上昇させるのならば、ヘンリー・フォードのような雇用主たちは、市場均衡賃金を上回る水準の高い賃金を支払うほうが利益につながることに気がつくだろう。最低賃金法や団体交渉と同様に、結果的には賃金の硬直性につながる。そうなると、労働供給量が労働需要量を上回る原因となり、図表9.8でも見たとおり、構造的失業をもたらす。ただし違いが1つあることに注意しよう。最低賃金と団体交渉は、雇用主に、市場均衡賃金を上回る水準の高い賃金を無理に支払わせるものであった。一方でこの効率賃金は、利潤最大化を目的とする企業が自ら進んで高い賃金を支払うことにより、賃金が市場均衡水準より高くなるものである。

賃金の下方硬直性と失業の変動

　賃金の硬直性には、もう1つのタイプがある。労働者は自分たちの賃金が下がることを嫌がるというものであり、経済学ではこれを**賃金の下方硬直性**と言う。賃金カットは、労働者のやる気をそぎ、生産性を低下させる。結果として、たいていの企業は賃金をカットせずにむしろ労働者を解雇する。賃金カットを受け入れるように従業員を説得しようとするのは、倒産の危機に瀕している企業ぐらいだろう。

　賃金の下方硬直性は、前述の賃金の硬直性のように、賃金を市場均衡よりも高い水準で維持させ、構造的失業をもたらす。図表9.9にそのシナリオを示してみよう。労働市場は、失業がまったくない完全均衡の状態（点E_1）からはじまると想定する。次に、経済が停滞して労働需要曲線が左にシフトする（経済の変動については12章で詳しく扱う）。

　賃金が伸縮的であるときには、労働需要曲線の左へのシフトは、市場を新しい均衡点Fに移動させる。このとき、図表9.9に示されるように、均衡賃金はw_Fに下落し、労働需要量はL_Fまで減少する。図からわかるとおり、この新しい均衡では、労働供給量は労働需要量に等しく、したがって失業もゼロである。

　しかし、賃金が硬直的であるときには、市場均衡の水準まで下がることはなく、当初の水準で賃金は維持される。これも図表9.9に示されている。この賃

| ●**賃金の下方硬直性**（downward wage rigidity）とは、労働者が賃金カットを受け入れないことから生まれる。

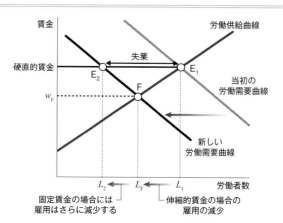

図表9.9　労働需要のシフトは労働市場の均衡に影響を及ぼす

賃金が伸縮的に変動する場合には、労働需要曲線の左へのシフトは、均衡賃金と雇用を減少させる（経済は点E_1から点Fに移動する）。同じ労働需要曲線の左へのシフトであっても、賃金の下方硬直性がある場合には、雇用への影響はより大きなものになる（経済は点E_1から点E_2に移動する）。雇用はL_FではなくL_2まで大きく減少する。なぜならば、労働需要曲線の左へのシフトの影響は賃金水準ではまったく調整されず、当初の（硬直的）水準から動かないからである。さらに、賃金の下方硬直性が失業の原因となる。なぜならば賃金水準は変化しないので、労働供給量は同じままで、労働需要量がL_2まで減少するからである。労働供給量と（硬直的賃金の下での）労働需要量の差が失業者数となる。

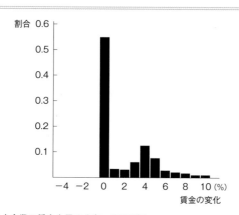

図表9.10　ある大企業の賃金上昇の分布：2008年

横軸には賃金の上昇率を、縦軸では棒の高さが賃金が上昇した労働者の全従業員に占める割合を示している。この企業では、2008年に賃金カットを経験したのは全従業員1万5,000人のうち46人だけであった（46人の従業員は0%より左側に位置する棒グラフとして描かれているが、肉眼ではわからない）。図からもわかるとおり、この企業では50%以上の従業員の賃金が変動しなかった。

出所：Nathan Hipsman, "Downward Nominal Wage Rigidity: A Double-Density Model," Harvard University Working Paper, 2012.

金の下方硬直性により、労働供給量はL_1の水準にとどまり、L_2まで減少した労働需要量を大きく上回る。これによって（構造的）失業が生じるのである。

12章ではさらに詳しく学ぶが、図表9.9に示される賃金の下方硬直性は、失業率が変動する原因の1つでもある。景気後退期には労働需要は左へ（逆向きに）シフトする。このとき、賃金の下方硬直性があると失業率は上昇する。

賃金の下方硬直性の影響は、図表9.10にも見ることができる。図には、2008年時点である大企業に勤めている労働者の賃金の成長率が示されている（2007～09年の景気後退期のちょうど真ん中の2008年を選んでいる）[3]。横軸には賃金の上昇率を、縦軸では棒の高さが賃金が上昇した労働者の割合を示している。賃金の上昇率が0％の労働者の割合が突出して大きく、賃金はカットされる代わりに変動しなかったことがわかる。賃金カットされた人数は極めて少ないために、グラフからはわからない（1万5,000人の従業員のうちわずか46人である）。賃金の下方硬直性の程度は企業によってもまた産業分野によっても異なっているが、このような賃金の硬直性は労働市場全体に幅広く浸透しており、失業にも重大な影響を及ぼしている。12章で改めて説明するが、景気後退期には特にその傾向が強くなる。

自然失業率と循環的失業

すでに指摘したように、アメリカ経済にはある程度の失業がつねに存在している。加えて、失業率は、図表9.2に示したように大きく変動している。「平常の」失業率と、その平常の失業率の周辺での変動を区別するため、経済学では **自然失業率**という概念を使用する。**自然失業率**とは、その周囲を現実の失業率が変動する率である。具体的には、自然失業率は、長期間の失業率を平準化することによって求められる。たとえば、スペインでは1977～2013年の失業率は平均で16.1％だった。アメリカでは同期間の失業率は平均して6.5％であった。

循環的失業とは、現実の失業率と自然失業率との差である。循環的失業率は通常、景気後退期（労働需要曲線が左にシフトする時期）には上昇し、好況期（労働需要曲線が右にシフトする時期）には下落する。12章では、失業と経済変動の関係を詳しく議論することになる。

2013年のスペインの失業率は26.1％で、循環的失業率は10.0％であった（自

- **自然失業率**(natural rate of unemployment)とは、その周囲を現実の失業率が変動する率である。
- **循環的失業**(cyclical unemployment)とは、現実の失業率と自然失業率との差である。

[3] Nathan Hipsman, "Downward Nominal Wage Rigidity: A Double-Density Model," Harvard University Working Paper, 2012.

然失業率は16.1％）。2013年のアメリカの失業率は7.4％で、循環的失業率は0.9％であった（自然失業率は6.5％）。

　自然失業率には摩擦的失業が含まれているが、摩擦的失業はどんなにうまく機能している労働市場にも必ず存在する。一方の自然失業率には、長期にわたる構造的失業が含まれるが、これは経済的には非効率であると一般的には考えられている。したがって自然失業率について、それが社会的に最適な失業率である、あるいは望ましい失業率であると勘違いしてはならない——この点に関して言うならば、まったく「自然」ではない。この点を理解するために、極めて強い賃金の下方硬直性がある経済について考えてみよう。図表9.9に示されるとおり、この経済にはかなり高い水準の構造的失業があり、これが平均失業率を長期にわたって上昇させることになるだろう。これは望ましい経済状態ではない。というのも就業できたはずの多くの労働者が無職の状態にとどまっており、彼らの労働生産性を活用できていないからだ。この例は、長期にわたる平均失業率（自然失業率）には、失業に関して非効率な要素が含まれていることを示唆している。

　自然失業率には摩擦的要素と構造的要素が含まれているが、循環的失業にも同じくこの2つの要素が含まれている。景気後退期には、新しい労働者を雇用しようとする企業は少なくなる。このため、労働者が自分に適した仕事に就くことはますます困難になり、摩擦的失業が増加する。加えて、図表9.9からもわかるように、賃金の下方硬直性があるときには、硬直的賃金が市場均衡賃金を上回る水準で維持されるために、景気後退期に労働需要曲線が左にシフトすると、構造的失業を増加させることになる。

EBE Evidence-Based Economics 根拠に基づく経済学

問い：企業が工場を閉鎖すると、地域の雇用と失業にはどのような影響が及ぶのか？

　1990〜2007年の間に、ペンシルベニア州ピッツバーグの失業率は1.8ポイント改善した。この期間、ピッツバーグ経済には良いときも悪いときもあったが、1つ、特に運が良かった要因は、ピッツバーグの経済活動が、中国からの輸入品と競合しない分野に重点を置いていた点である。ピッ

ツバーグ経済は、製紙、印刷、金属製品などの産業に特化しており、これらは中国からの輸入品との競争に「さらされるリスクが低い」。アメリカ経済全体を通しても、このような産業では中国からの輸入品の増加率が比較的低くとどまっていた。

図表9.11のアメリカ東部の地図を見ると、ピッツバーグに隣接してノースカロライナ州ローリー・ダーラム地域がある。1990～2007年のローリー・ダーラム地域の経済はまったく対照的な状況にあった。ローリー・ダーラム地域では失業率が1.9ポイント上昇した。加えてこの地域の多くの労働者が職探しを完全にやめてしまったため、今では労働力人口にさえも入っていない。ローリー・ダーラムの労働市場が弱体化した要因の1つは、同地域の経済が繊維、衣類、電気製品、コンピューターなどの産業に特化していたことだ。これらは中国からの輸入品との競争に「さらされるリスクが高い」産業である。

中国からの様々な輸入品との競争にさらされている何百もの地域を比較することを通して（ピッツバーグとローリー・ダーラムはこのうちの2つの事例にすぎない）、経済学者のデイビッド・オーター、デイビッド・ドーン、ゴードン・ハンソンらは、中国からの輸入品との競争にさらされたことにより労働需要曲線が左にシフトすることを発見した。これはまさしく図表9.9で示したシフトである[4]。彼らの分析によれば、高レベルの競争にさらされた地域は、競争レベルが低かった地域よりも、製造業での雇用は大きく減少し、失業率も高かった。

この研究によって、図表9.9で示した労働市場の分析モデルの内容が立証された。つまり、労働需要曲線の左へのシフトは、賃金の下方硬直性があるときには、仕事の数の減少と失業率の上昇をもたらす。労働需要曲線が左にシフトしたにもかかわらず、製造業の賃金の下落が見られなかったことは、賃金の硬直性に関するモデルの予測と整合的だ。したがって、競争リスクが高い地域の失業率の高さは、図表9.9に示したように、その理由の一部は、賃金の硬直性が関係している可能性がある。この研究は同時に、競争リスクが高い地域においては非製造業の賃金も大きく下落

---

[4] David H. Autor, David Dorn, and Gordon H. Hanson, "The China Syndrome: Local Labor Market Effects of Import Competition in the United States," *American Economic Review*, Vol. 103, No. 6, 2013.

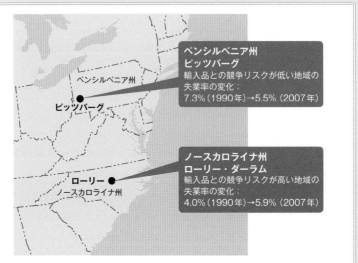

図表9.11 2つの町の物語
ピッツバーグとローリー・ダーラム地域では、1990〜2007年の失業率を比較すると非常に異なった動きを見せている。ピッツバーグの失業率は7.3%から5.5%に減少したが、一方でローリー・ダーラムの失業率は4.0%から5.9%に上昇した。この違いの要因として、ローリー・ダーラムが、中国からの輸入品との高いレベルの競争リスクにさらされていた点が挙げられる。ローリー・ダーラムは製造業に特化しており、中国からの輸入品の競争は厳しいものであった。対照的に、ピッツバーグでは、中国からの輸入品との競争にさらされるリスクは低かった。

したことも見出した。すなわち、賃金の硬直性は、就業中の労働者に適用されるものであり、失業中の労働者が探す新しい仕事には適用されない。解雇された製造業労働者は、新しい仕事を探すときには低い賃金を提示され、職に就くためには自らの意思で低い賃金を受け入れることになる。

この分析からは、アメリカの雇用を増やすためには中国からの輸入を禁止すべきだという意見が出てくるかもしれないが、それは問題の解決策ではない。中国からの輸入品は多くのアメリカの家計にとって有益であり、家計は低価格の輸入品を享受している。とはいえその一方で、国際貿易のために、一部の国内労働者が仕事を失っているという事実がある。そして、貿易に関する議論の多くは、雇用の喪失に起因する個人的かつ経済的な転換に関する課題や、関連する損失を軽減する政策をめぐるものである。これらの重要な課題については、国際貿易の影響を議論する14章と15章でもう一度触れることにする。

Q 問い	企業が工場を閉鎖すると、地域の雇用と失業にはどのような影響が及ぶのか？
A 答え	1990～2007年に中国からの輸入品との競争に高いレベルでさらされた地域の失業率は、競争リスクが低かった地域に比べて、高い水準であった。
データ	雇用、失業、産業構造に関する地域レベルのデータ。中国からの輸入品の産業別成長率に関する全国レベルのデータ。1990～2007年の分析。
注意	中国企業との競争以外にも、多くの要因が失業率の変動に影響を及ぼしている。

まとめ

- アメリカでは、労働者について考えるときには16歳以上人口について考える。フルタイムでもパートタイムでも、賃金が支払われている労働者は就業者に分類される。その一方で、賃金が支払われる仕事がなく、直近の4週間に積極的に職探しを行い、現在働ける状態にある労働者は失業者に分類される。就業者と、失業中の16歳以上人口の合計を労働力人口と言う。それ以外の16歳以上人口は、非労働力人口である。失業率とは、労働力人口の中の失業者の割合である。

- 失業率は時期によって大きく変動する。景気後退期とその直後は、失業率は上昇する傾向にある。

- 失業率の分布は、労働力人口の中でもグループによって大きく異なったものになる。教育水準が高い労働者のグループは失業率が低いという傾向がある。

- 雇用量は労働需要と労働供給によって決定される。労働需要曲線は、労働の限界生産力逓減の法則と企業の利潤最大化行動により、右下がりの曲線となる。一方で高い賃金は、一般に労働者がもっと長時間働こうとするインセンティブとなるので、労働供給曲線は右上が

りの曲線となる。

● 競争的労働市場における均衡は、労働需要曲線と労働供給曲線の交点である。競争均衡での賃金は、市場均衡賃金とも呼ばれる。

● 競争的労働市場モデルにおける均衡では、すべての労働者が市場均衡賃金を知っている。市場均衡賃金で働く意思がある労働者はみな仕事に就くことができるため、失業は存在しない。市場均衡賃金で働く意思がない労働者は、仕事を探すことをやめた労働者であり、失業者には含まれない。

● 労働者は労働市場の状況について調べたり、自分に適した仕事を探すジョブ・サーチ（職探し）活動を行う必要があるために、摩擦的失業が発生する。たとえ健全な労働市場であっても、転職期間中の失業者、前職を失ってから新しい仕事を探している者、あるいは労働市場に入ってから最初の仕事を探す者など、ある程度の失業はつねに存在する。構造的失業は、市場賃金が市場均衡水準を上回っているときに、労働供給量が労働需要量を上回ることにより発生する。これは賃金の硬直性とも関連している。賃金の硬直性は、最低賃金法や団体交渉などの労働市場の制度的理由によって生じるものである。賃金の硬直性を引き起こすさらに重要な理由には、効率賃金や賃金の下方硬直性がある。

● 効率賃金とは、雇用主が労働者の生産性を上昇させるために支払う、市場均衡賃金よりも高い水準の賃金である。賃金の下方硬直性は、労働者が賃金カットを受け入れないために、労働需要曲線が左へシフトしても、それに対応して賃金が速やかには下落しないことを指す。

● 失業率が変動する最も重要な原因は、労働需要曲線のシフトである。賃金が伸縮的であれば、労働需要曲線の左へのシフトは雇用と賃金の両方を減少させるが、労働市場は均衡しているため失業は増加しない。賃金に硬直性がある場合には、賃金が下落をしないので、同じ労働需要曲線の左へのシフトであっても、雇用はさらに大きく減少し、失業が増加する。

● 自然失業率とは、長期間の失業率を平準化したものである。循環的失業とは、現実の失業率と自然失業率との差である。循環的失業は景気後退期には上昇し、好況期には下落する。

キーワード

- 16歳以上人口
- 失業者
- 失業率
- 労働需要曲線
- 市場均衡賃金
- 摩擦的失業
- 構造的失業
- 効率賃金
- 自然失業率
- 就業者
- 労働力人口
- 労働力率
- 労働供給曲線
- ジョブ・サーチ（職探し）
- 賃金の硬直性
- 団体交渉
- 賃金の下方硬直性
- 循環的失業

復習問題

1. 失業に関する統計は、アメリカでは労働省労働統計局（BLS）が集計して発表する。以下の質問に答えなさい。
   a. 労働省労働統計局による就業者の公式な定義はどのようなものだろうか？また、16歳以上人口における失業の定義はどのようなものだろうか？
   b. 以下の用語の意味と計算方法を示しなさい。
      i. 失業率
      ii. 労働力率
2. 以下の人々は、労働力人口に含まれるだろうか？ あるいは労働力人口には含まれないのだろうか？ 説明しなさい。
   a. ジェーンは哲学の博士号取得を目指しながらフルタイムで働いている。週末には高齢者施設でボランティアとして活動している。
   b. クリスティンは、子どもと一緒に過ごす時間を増やすために、ジャーナリストの仕事をやめた。今は子ども向けの雑誌でパートタイムとして働き、収入を得ている。
   c. 過去4週間で、ハリーは求人面接をしたいという会社の申し出に応じなかった。最近になって、彼は自分に合っていると感じた別の仕事に応募した。
3. 図表9.2を見て、以下の質問に答えなさい。1948年以降に失業率が高かった時期が2回あるが、それぞれ何％だっただろうか？ その時期には何が起こっていたのだろうか？
4. 比較的教育水準の高い労働者の失業率は低い傾向がある。その理由を説明しな

5.... 労働の価値限界生産力とは何だろうか？ 例を用いて、どのように計算するのかを説明しなさい。

6.... 労働需要曲線をシフトさせる要因を2つ挙げなさい。また、それぞれの要因の変化が、なぜ曲線のシフトにつながるのかについて説明しなさい。

7.... 労働供給曲線の傾きが右上がりであるのはなぜだろうか？ 労働供給曲線をシフトさせる要因は何だろうか？

8.... 経済が健全である国では失業率は0％になるだろうか？

9.... ジョブ・サーチ（職探し）とはどういう意味だろうか？ 摩擦的失業とはどのように関係しているのだろうか？

10.. 摩擦的失業と構造的失業の違いについて説明しなさい。

11.. 生産過程への新技術の導入は、労働者が業務を遂行するために必要とする時間を短縮させる。技術革新が、工場の労働者に完全に取って代わることもある。技術進歩は、大量の失業につながるのだろうか？ あなたの考えを述べなさい。

12.. 賃金の硬直性とは何だろうか？ 労働市場において賃金の硬直性を上昇させる2つの要因について説明しなさい。

演習問題

1.... 表は、アメリカの2001～11年の失業者数、就業者数、労働力率の年平均である。表を完成させて、以下の質問に答えなさい（16歳以上人口とは、軍隊や施設に入っていない人口である。比率は％を使用）。

	失業者数	就業者数	労働力率	就業率	失業率	労働力人口	16歳以上人口
2001年	683万人	1億3,694万人	66.8%				
2002年	838万人	1億3,648万人	66.6%				
2003年	877万人	1億3,773万人	66.2%				
2004年	814万人	1億3,924万人	66.0%				
2005年	758万人	1億4,171万人	66.0%				
2006年	699万人	1億4,442万人	66.2%				
2007年	707万人	1億4,605万人	66.0%				
2008年	895万人	1億4,537万人	66.0%				
2009年	1,430万人	1億3,989万人	65.4%				
2010年	1,482万人	1億3,907万人	64.7%				
2011年	1,374万人	1億3,987万人	64.1%				

注：米労働省労働統計局（BLS）のデータに基づいて年間平均を算出した（Series：LNS12000000、LNS11300000、LNS 13000000）。

　　a. 失業率が大きく変動した年を答えなさい。その原因として考えられるのは何だろうか？

b. 2002年の労働力人口と16歳以上人口のデータを用いて、16歳以上人口の割合を計算しなさい。その数字が、「1 − 労働力率」になることを示しなさい。

c. データから確認できる一般的な傾向について説明しなさい。

2. 2012年4月、架空の国バザニアの主要紙である『バザニアン・デイリー』は「前四半期に2万人の雇用が追加されたが、失業率は5%から6.7%に上昇した」という記事を掲載した。新しく雇用が創出されたのに、失業率が上昇したのはなぜだろうか？ その理由を説明しなさい。

3. マクロ経済学では、「先行指数」とは経済全体の動きに先駆けて変化する経済指標のことである。逆に「遅行指数」とは、経済全体の動きの後半に（または遅れて）変化する経済指標のことである。

図表9.2をよく観察しなさい。失業率は景気後退の先行指数になっているだろうか、それとも遅行指数になっているだろうか？ 説明しなさい。

4. ダイ・キャスト・アルミニウム社は、自動車メーカーの協力会社で、特殊な自動車部品を製造している。この企業が製造し、1個1.5ドルで販売している取付け金具がある。以下の表は、それぞれの労働時間で生産できる金具の数である。労働者は、1時間単位でしか雇用できないと仮定する。

労働時間	生産できる金具の数
0	0
1	50
2	90
3	120
4	140
5	150
6	155
7	157

a. 労働時間1時間当たりの（金具の）限界生産力（金具を単位とする）と、労働の価値限界生産力（ドル単位）を求めなさい。

b. 工場での労働者の賃金が1時間当たり25ドルの場合には、ダイ・キャスト・アルミニウム社はこの労働者を何時間雇用するだろうか？ 賃金が1時間当たり35ドルに上昇した場合には、何時間雇用するだろうか？ 説明しなさい。

c. もしも、賃金が1時間当たり35ドルで、金具の価格が1個1ドルに下落した場合には、ダイ・キャスト・アルミニウム社が選択するであろう労働時間を答えなさい。

5. 全米経済研究所（NBER）の最近の4人の研究者のグループの研究は、手厚い失業保険の失業率への影響を分析した。この研究は、失業保険の給付額や期間に関して異なる法律を持つ2つの州の州境で隣接する郡の失業状況を比較した。研究によれば、金融危機の期間の失業率は、「失業給付の期間を拡大させた州に

ある郡では劇的に上昇した」とされる。こうしたことが起こる理由について説明しなさい（この問題は、Hagedorn, Karahan et al., "Unemployment Benefits and Unemployment in the Great Recession: The Role of Macro Effects," NBER Working Paper 19499, October 2013に基づいている）。

6. 食品業界の労働市場の均衡賃金を、1時間当たり11ドルであると仮定する。政府は新たに最低賃金を1時間当たり9ドルに設定した。食品業界の労働市場にこの最低賃金が及ぼす影響を説明しなさい。

7. グラフは、1時間当たり8ドルの最低賃金が設定された労働市場の需要と供給を示している。そのグラフを使って以下の質問に答えなさい。

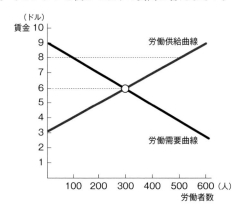

a. 最低賃金があることにより失業するのは何人だろうか？　これはどのような種類の失業だろうか？

b. 最低賃金が6ドル未満に設定された場合には、労働需要と労働供給の量はどのように変化するだろうか？　説明しなさい。

c. 最低賃金が8ドルに設定されたときの勝者と敗者について論じなさい。

d. アメリカでは、最低賃金法が、労働力人口の全体における失業に大きな影響を及ぼしているだろうか？　あるいは影響を及ぼしてはいないだろうか？　その理由についても説明しなさい。

8. スペイン政府は失業率の上昇に対応して、2012年に一連の労働市場改革を実施した。政府は退職金を減額し、賃金や時間給への労働組合の影響力を減少させた。雇用を増加させるためのこういった政策の背景には、どのような根拠があるのだろうか？　説明しなさい。

9. サラリー・ドットコム（訳注：アメリカの職業別の平均的な年収を示すサイト）で見ると、カリフォルニア州シリコンバレーのソフトウエア・エンジニアであるレベルⅢ（ソフトウエアの設計や導入を行う高度な技術）の平均年収は10万8,244ドルだ。しかし、グーグル社では、同じ職種に平均で12万4,258ドルを支払っ

ている。グーグル社が、同じ地域で同じ職種の平均より高い給与を支払う理由について説明しなさい。

10. グラフは、スターバックスの「バリスタ」の労働需要曲線と労働供給曲線を示したものである。この市場での1時間当たり賃金は6ドルで固定され、変更されることはない。

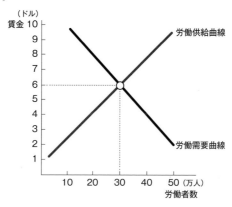

a. スターバックスの飲み物が高カロリーであることが懸念され、スターバックス商品への需要が減少したと仮定しよう。バリスタ市場の雇用にはどのような影響が及ぶだろうか？ グラフに描きなさい。

b. 賃金が伸縮的になったと仮定する。設問a.への解答はどのように変わるだろうか？ 説明しなさい。

11. 2007～09年は、「金融危機」と呼ばれる経済収縮の期間だった。景気後退期には、たくさんの企業が製品需要の減少を経験する。その他すべてを一定とするとき、マクロ経済学の理論では、景気後退期にはほとんどの労働者の賃金は下落する。しかし、2007～09年の景気後退期や、最近のその他の景気後退期には、そうはならなかった。

本章での議論に基づいて、どうして賃金が下落しなかったのか、その理由を説明しなさい。あわせて失業との関係について説明しなさい。

10 クレジット市場

Credit Markets

銀行の破綻はどのぐらい頻繁に起こっているのか?

銀行、保険会社、投資会社などの金融機関は、利用者に堅固なイメージを持ってもらうために、工夫をこらしている。入口に石柱を立てたり、ロビーを大理石張りにしたりして、イメージ作りに努めている。ノーザン・ロック、ブラックロック、ブラックストーンなどといった、崩壊しそうにない言葉を社名にすることもある。大手保険会社のプルデンシャルは、自らを「ザ・ロック(岩山)」と名乗り、山の要塞であるジブラルタルの岩山を会社のシンボルにしている。名前は頼もしいが、金融機関は絶対に倒産しないと言えるのだろうか?

本章の構成

10.1	10.2	10.3	EBE
クレジット市場とはどういう市場か?	銀行と金融仲介機関:供給と需要をあわせて考える	銀行はどのような業務を行っているのか?	銀行の破綻はどのぐらい頻繁に起こっているのか?

KEY IDEAS

キーアイデア

- クレジット市場は借り手（信用需要者）と預金者（信用供給者）をマッチングさせる。
- クレジット市場均衡で実質金利が決まる。
- 銀行とその他の金融仲介機関は、(1)利益につながる融資機会を見つけ出す、(2)短期の資金を活用して長期投資を行う、(3)リスクの量と分散を管理する、という3つの重要な機能を持つ。
- 銀行は、負債の価値が資産の価値を上回ると、債務超過になる。

10.1 クレジット市場とはどういう市場か？

　あなたは他に前例のないビジネス・プランを思いつき、それだけを考えている。会社を創業し、CEO（最高経営責任者）になるのだ。まず、呼吸を整えて段取りを考えよう。ほとんどの新規企業は5年以内に倒産してしまうということだが、そうならないための努力は惜しまないつもりだ。

　アイデアは、100%電気自動車だけで運用するタクシー＆リムジン会社だ。ニューヨーク市民も興味を持ってくれるだろう。会社名はバッテリーパークにしよう。知り合いたちもみなこのアイデアを気に入り、実現したらあなたの会社の車を使うと約束してくれている。地元企業も説得して、従業員や顧客にサービスを使ってもらえるようにも頼み込んだ。

　次に、必要な設備と建物を買うかまたは借りるための資金を集める必要がある。事業免許、電気自動車、バッテリー充電システム、コンピューター予約センター。ほかにもタクシーがバッテリー切れになったときにすぐに充電できる設備が市街の複数カ所に必要だ。さらに、スタッフを雇って訓練し、広告も出さなければならない。新規事業をスタートし、効率的な営業規模を実現するまでには、計算すると50万ドルは必要だ。少ない金額ではないが、新規事業の利益を考えれば、リスクをとる価値はあるはずだ。

　しかし、どうやって50万ドルの資金を集めたらいいのだろうか？　自分の銀行口座にそれほどの大金はないし、友人たちも同様だ。両親や祖父母に出資

を頼むことも考えたが、もしも事業が失敗して家族が老後の蓄えを失うことになったら困る。では、どうすればいいのだろうか？

借り手と融資の需要

資金が必要なのは、あなただけではない。毎年、多数のアメリカ人起業家や世界中の何百万人もの人々が、新規事業をはじめるためにお金を借り入れている。さらに多くの既存企業も、事業の拡大や支払いのために融資を受けている。

車や住宅などの高額な品物を買うためにお金を借りることもあるし、失業中の生活を維持するために一時的にお金を借りる家計もある。自分自身や子どもの大学進学のための学費を借りる人も多い。ビジネス、法学、医学の大学院に進学する学生のほとんどが学資ローンを組んで授業料を支払っている。このように、起業家、住宅購入者、医学生などといった資金を借りる経済主体のことを、**債務者（借り手）** と言う。彼らが借り入れる資金は、**信用（クレジット）** と呼ばれる。

ほとんどの企業や個人は、銀行から信用を得ているが、クレジット市場は、銀行だけではなくもっと広範囲のものである。大企業が巨額な融資を調達する社債・CP（コマーシャルペーパー）に加えて、ノンバンクも含まれる。

もちろん、借りたお金は無料で貸し出されたわけではなく、利子が支払われる。最初に借りた金額を元金と言う。**金利（利子率）** は、元金の返済分に上乗せして、借り手が（1年の最後に）ローン1ドル当たりに対して支払う必要がある追加的な金額である。金利は、1ドルのローンの1年間の費用と言うこともできる。

次に、1ドルのローンを L ドルのローンに拡大して考えてみよう。借り手が L ドルのローンに対して支払う必要がある利子は、ローンの金額に金利を掛けたものである。たとえば、金利 i の1年ローンで L ドルを借りると、1年の最後には、元金 L ドルに加えて、利子として、$i \times L$ ドル、を支払わなければならない。次で説明する実質金利と区別するために、この金利 i を**名目金利（名目利子率）** と呼ぶ。

さて、あなたのすばらしい事業計画に話を戻そう。自分の計画に自信があるあなたは、ローンに対して10%の金利を支払ってもかまわない、と考えている。

- **債務者**(debtor)または**借り手**とは、資金を借りる経済主体のことである。
- **信用**(credit)または**クレジット**とは、債務者が受け取るローンを指す。
- **金利**または**利子率**(interest rate)と**名目金利**または**名目利子率**(nominal interest rate)。ここで金利 i は、1ドルのローンの1年間の費用であり、L ドルのローンの年間費用は、$i \times L$、で表される。

つまり、50万ドルのローンに対して、年間5万ドルを利子として支払う（50万ドル×0.10＝5万ドル）。あなたは、アイデアに格別の自信があるので、金利が20％であったとしてもローンを組むつもりかもしれない。

しかし、金利が50％だったらどうだろうか？ 50万ドルの元金に対して年間25万ドルの利子というのは法外だ。この金利では、ほとんど利益は残らないだろう。事業計画を縮小して、ローンの金額を減らしたほうがいいだろうし、20人雇う代わりに2～3人からはじめたほうがいいかもしれない。

では、もし金利が100％だったらどうだろうか？ 1年後に元金と利子を加えた金額は、50万ドルのローンに対して、50万ドル＋50万ドル＝100万ドル、となる。つまり、借りた金額の2倍を支払う必要がある。この場合には、事業のことは完全に忘れてしまったほうがいいだろう。このような条件で資金を調達しても利益が得られる事業があるとは考えがたい。

現実には、ほとんどの企業はローンの金利として50％や100％を支払うことはない。金利の上昇が信用需要量を引き下げる原因になることを説明するために、ここまでは極端な例で考えてみたのだが、実際には金利が上昇すると、高い金利を支払ってでも借入れをしようとする企業や個人はほとんどいなくなる。

実質金利と名目金利

ここまでは、経済全体の物価上昇率を示すインフレ率には言及してこなかった。実は、インフレ率は、家計や企業がお金を借りる行動に影響を与える重要な要素だ。インフレ率がどれだけ重要であるかを理解するために、例を使って説明しよう。たとえば、あなたが、冒頭の電気自動車によるタクシー＆リムジン会社を起業する資金を得るために、名目金利10％で、50万ドル借り入れたとしよう。名目金利10％ということは、1年後には、借り入れた元金50万ドルに5万ドルを上乗せして合計55万ドルを返済しなければならない。1回のリムジンの乗車であなたの会社には利潤が50ドル入り、インフレ率はゼロであるとする。この場合には、借り入れたお金と利子を返済するには、次の1年間に1万1,000件の予約をとる必要がある。

(50ドル)×(1万1,000件)＝55万ドル
(予約1件当たり)　(予約数)

ここでインフレが起きて、予約1件当たりの価格が2倍になると、会社の利潤も同じく50ドルから2倍の100ドルになる。すると、借入金を返済するのに必要な予約件数は、5,500件だけになる。

$$(100ドル) \times (5,500件) = 55万ドル$$
（予約1件当たり）　（予約数）

この場合にはインフレが起こって価格が2倍になることで、借り入れた金額を返済するのは楽になった。この例から、次のことがわかる。「インフレ率が高ければ高いほど（その他すべてを一定とすると）、財やサービスの価格が高くなり、名目金利でのローンの返済は楽になる」。

この例からわかるように、ローンを返済できるかどうかを判断するには、インフレを考えることが大切だ。実は、名目金利にインフレの影響を考慮に入れた公式は次の手順で計算できる。名目金利とは、あなたが借り入れた金額（元金）の名目金額での年間成長率だ。たとえば、名目金利が10%なら、1年後には、借入金には名目金額で10%が追加される。インフレ率は、全般的な物価の1年間の上昇率である。実質金額での（インフレ調整後の）借入金の上昇率を計算するためには、名目の借入金額の成長率からインフレ率を差し引く必要がある。したがって、実質の借入金の成長率は以下の式となる。

$$名目金利 - インフレ率 = i - \pi$$

ここで、i は名目金利、π はインフレ率を表している。インフレ調整済みの実質金利は r である。したがって、以下の式となる。

$$r = i - \pi = 実質金利$$

この、$r (= i - \pi)$ は、インフレの影響を調整しているので、**実質金利（実質利子率）**と呼ばれる。

この公式は、名目金利と実質金利の違いを研究した経済学者アーヴィング・フィッシャー（1867-1947）の名前に由来して、フィッシャー方程式と呼ばれる[1]。

具体的な数字を用いてフィッシャー方程式を考えてみよう。仮に名目金利が5%で、インフレ率が2%ならば、実質金利は以下のように計算できる。

$$3\% = 5\% - 2\%$$

最適化行動をとる経済主体は、借入金がどれだけ実質的に増えるかを考えるので、借入金の経済コストを考えるときには、実質金利（r）を用いる。11章ではフィッシャー方程式を使って、実質金利を考えるときのインフレ期待の役割について説明する。

- **実質金利**または**実質利子率**(real interest rate)とは、名目金利からインフレ率を差し引いたものである。

[1] Irving Fisher, "Appreciation and Interest: A Study of the Influence of Monetary Appreciation and Depreciation on the Rate of Interest with Applications to the Bimetallic Controversy and the Theory of Interest," *Publications of the American Economic Association*, Vol. 11, No. 4, 1896, pp. 331-442.

名目金利と実質金利（r）の関係は、5章で学んだ名目GDPと実質GDPの関係と非常によく似ている。名目GDP成長率から実質GDP成長率を計算する際は、名目GDP成長率からインフレ率を差し引いた。同じように、名目金利から実質金利を計算するにも、名目金利からインフレ率を差し引けばよい。どちらの計算も経済学的な考え方は同じであり、名目金額の上昇ではなく、実質の購買力の成長に焦点を当てている。名目GDP成長率の場合も、借入金の名目金額の上昇率の場合も、名目上の成長率から物価の上昇率を差し引くことによって、インフレを調整する。

信用需要曲線

企業や個人の意思決定に関係するのは実質金利（r）であり、信用の需要も、実質金利の関数として表される。**信用需要曲線**は、信用需要量と実質金利の関係を表している。

図表10.1には、横軸に信用需要量、縦軸に実質金利をとって、信用需要曲線が描かれている。実質金利が高いほど、信用需要量は低くなるために、信用需要曲線の傾きは右下がりとなる。バッテリーパーク社の信用需要が示すように、企業が支払う金利が高くなればなるほど、借り手の利潤は低下する。高い金利で進んでローンを組もうとする借り手はほとんどいないだろう。これは様々な需要曲線の場合と、概念的には同じである。ニンジンやキャビアなどでは、財の価格が上がると、消費者は購入量を減らす。信用も同じように働く。信用の実質的な「価格」は、実質金利である。信用需要曲線の傾きは、実質金利と信用需要量の関係の感応度を示している。

1. 信用需要曲線の傾きが急な場合には、信用需要量は実質金利の変動に対して、あまり反応しない。
2. 信用需要曲線の傾きが緩やかな場合には、信用需要量は実質金利の変動に対して、比較的敏感に反応する。

図表10.1の縦軸で示されている価格は実質金利——お金を借りる価格と考えればいい——だが、ほとんどすべてのローンは、名目金利で組まれていることに注意が必要だ。たとえば、あなたが住宅ローンの申請をしたときには、銀行からは名目金利が提示される。企業への融資も、名目金利が提示される。し

●**信用需要曲線**（credit demand curve）は、信用需要量と実質金利の関係を表している。

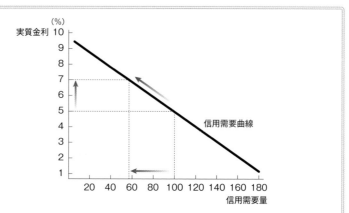

図表10.1　信用需要曲線
グラフでは、横軸に信用需要量、縦軸に実質金利がとられている。実質金利が上昇すると、信用需要量は減少する。これは、信用需要曲線に沿った移動である。

かし、最適行動者の意思決定に関係しているのは実質金利である。本章以降の数章で学ぶマクロ経済分析では、実質金利が中心的な役割を果たす。特に長期融資（30年間の住宅ローンや10年間の企業融資など）では、実質金利が重要となる。本章では、実質金利と信用需要の関係に焦点を当てる。11章では、名目金利と実質金利との関係について扱う。信用需要曲線を使うときには、図表10.1のような信用需要曲線に沿った移動と、信用需要曲線のシフトについてをよく注意して区別することが重要である。このような区別については4章で紹介したが、同じ区別がここでも適用される。図表10.2には、信用需要曲線のシフトが描かれている。以下に示す多くの要因が、信用需要曲線をシフトさせる。

- **企業が想定するビジネス・チャンスの変化**　企業は、事業を拡大する資金を調達するためにお金を借り入れる。たとえば、ユナイテッド航空などの航空会社は、航空券を買おうとしている旅行者が増加していることを認識すると、自社の飛行機の需要は増加すると予想する。ユナイテッド航空は、飛行機をもっと購入するかリースするためにはお金を借りなければならなくなるので、ユナイテッド航空の信用需要曲線は右にシフトする。仮に別の航空会社も同じ傾向に直面し、同じ実質金利の下で信用需要が増えるならば、市場信用需要曲線は右にシフトする。
- **家計の選好や期待の変化**　家計は、家や車や大型テレビの購入、大学の学

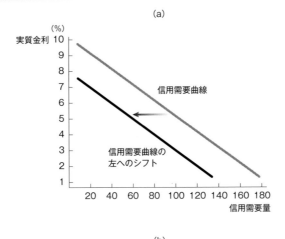

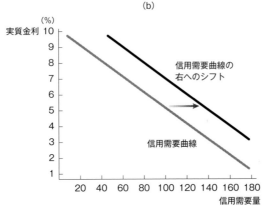

図表10.2 信用需要曲線のシフト

(a)に示されるとおり、実質金利が同じであっても、企業が想定するビジネス・チャンスの変化、家計の選好や期待の変化、そして政府の政策が変化することによって信用需要量が減少すると、信用需要曲線は左にシフトする。(b)に示されるとおり、逆に、同じ実質金利であっても、家計や企業の信用需要量が増加すると、信用需要曲線は右にシフトする。

費の支払いなど様々な理由でお金を借りる。仮に家計の選好が変化して、こうした財とサービスの購入をもっと増やしたくなったときには、家計はローンを増やそうとするだろう。同じように、たとえば将来について楽観的になり、大きなローンを組んでも返済できる地位に昇進できると考えた場合には、より多くの資金を借り入れるだろう。こうした家計の選好や期待の変化は、クレジット市場の需要曲線を右にシフトさせる。

対照的に、家計が将来についてより悲観的になったときには、同じ金利の下であっても希望する借入れ額を減少させるので、クレジット市場の需要曲線は左にシフトする。

・**政府の政策の変化**　クレジット市場における政府の借入れは、年によって大きく変化する。たとえば、2007年にはアメリカ連邦政府は0.4兆ドルの赤字であった。つまりクレジット市場から政府は0.4兆ドルを借り入れていた。2007～09年に景気後退が深刻になると、家計と企業の所得が下落し、結果として税収も減少した。その時には政府は、政府支出を増加させて、家計の窮状を救い、収縮する経済への刺激を図った。このため2009年には、財政赤字は1.5兆ドルにまで膨れ上がった。その他すべてを一定として、政府の借金の増加は、クレジット市場の需要曲線を右にシフトさせる（2009年以降は、連邦政府の赤字は継続して減少し続け、2013年までには0.8兆ドルに縮小した）。また、政府の租税政策も信用需要曲線をシフトさせる。政府は時には、利潤に対して減税することによって物的資本への投資を刺激したり、投資への優遇措置を導入したりすることなどによって、クレジット市場の需要曲線を右にシフトさせる。

貯蓄の決定

　銀行は、お金を借りたい企業や家計に信用を提供する。しかし、銀行は貸し出すお金をどこから調達しているのだろうか？

　余分な現金を持つ経済主体は、そのお金を銀行に預金する。このようにして、銀行は、預金者と借り手をマッチングさせる仲介者の役割を担うことになる。クレジット市場の仲介者は銀行だけではない。様々な種類の金融仲介機関——10.2節ではその一部を紹介する——が、お金を借りたい企業や個人と、貯蓄を持っている企業や個人とを結びつける重要な役割を担っている。

　ここからしばらくは、仲介者として機能する機関のことは考えずに、借り手が最終的に受け取る資金の源泉を提供する預金者（貯蓄主体とも言う）について考える。貯蓄主体には、進んで貸したいお金がある。今持っているお金を、現在ではなく、将来使いたいからだ。もちろん、そのお金をタンスの中にしまっておいたり、無人島に自生するヤシの木の下に埋めておいたりすることもできるのだが、埋めたお宝に利子は付かない。

> 銀行は、預金者と借り手をマッチングさせる仲介者の役割を担っている。

> **CHOICE&CONSEQUENCE**
> **選択の結果**
>
> **なぜ貯蓄をするのか？**
>
> 将来のために貯蓄をするべき5つの理由：
>
> 1. 第1に、最も重要な理由は、退職後に備えるための貯蓄である。退職後の所得は、働いていた時期の所得よりも低いものになる。アメリカでは、家計に給付される平均的な公的年金給付は、退職前所得の半分以下である。退職後の消費水準を急低下させたくないならば、退職前所得の一部を貯蓄しておく必要がある。多くのフィナンシャル・アドバイザーは、アメリカの現役家計に対して、所得の1割から2割を税制上の優遇措置がある年金として貯蓄していくことを勧めている。
> 2. 「子どものため」に貯蓄する。たとえば、子どもの結婚や、大学や大学院への進学などの将来の教育に備える投資である。遺言によって子どもに大金を残す親もいる（死後の贈与は遺産と呼ばれる）。
> 3. 住宅、耐久消費財（洗濯機や自動車など）、休暇などの、予定している大きな出費に備えて貯蓄する。
> 4. 事業に投資するために貯蓄する。中小企業は、銀行ローンを組めないこともある。銀行のローン担当者は、あなたの最先端のすばらしい事業計画を信じないかもしれない（あなたが銀行のローン担当者であったならば、バッテリーパーク社のようなタクシーとリムジンのサービス会社の設立を計画している大学新卒者に融資をしただろうか？）。外部からの資金が調達できない場合、個人事業主は自分のアイデアを実現するためには自分の貯蓄を使わなければならない。
> 5. 経済的な苦況に備えて貯蓄する。自宅の屋根から雨漏りがして、高額な修繕費が必要になるかもしれない。失業するかもしれない。保険ではカバーできない高額な医療費が必要になるかもしれない。こうした苦境を乗りきるためには、支えになる資金が必要になる。

信用供給曲線

　預金するお金を持っている人々や企業は、銀行やその他の金融機関にお金を貸すことによって利子を得る。この場合には、銀行にお金を預金し、預金口座に利子が付く、というかたちが「貸す」ことである。この方法で預金者が進んで貸すのは、いくらぐらいだろうか？　この質問に答えるためには、預金者の最適化行動について理解する必要がある。

　預金は自然なトレードオフの結果だ。人々は、所得を現在の消費に使うこと

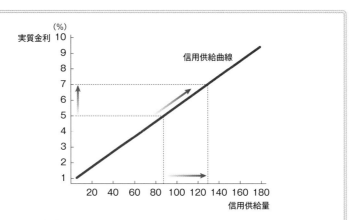

図表10.3　信用供給曲線
グラフでは、横軸に信用供給量、縦軸に実質金利がとられている。実質金利が上昇すると、信用供給量は増加する。これは、信用供給曲線に沿った移動である。

もできるが、将来の消費のために預金することもできる。預金するためには何かを——たとえば現在の消費を——あきらめることが必要であり、その見返りに何か価値のあるものを得ることができるならば、預金することを選ぶだろう。実質金利をrとするとき、今日預金した1ドルは、1年後には$(1+r)$ドルの購買力を持つ。すなわち実質金利が、預金から得られる報酬である。言い換えると、実質金利は現在の消費の機会費用だ——つまり、現在の消費をあきらめることができる水準を将来の購買力で測っている。実質金利が高いときには、現在の消費の機会費用が上昇するので、預金量は増加することになる。

もっとも、実質金利が高いときには、実際には預金率が下がる可能性もある。たとえば、実質金利が高く預金が急速に増えるのであれば、若い労働者の中には、退職後に備える預金という長期的な目標がある程度の水準に到達したならば、預金を減らしてもいいと思う人も出てくるかもしれない。ただしほとんどの場合には、このような預金への負の影響は、（正の）機会費用が持つ効果よりも弱いと考えられている。したがって、ほとんどの場合に、高い実質金利は預金率を上昇させる。

このことから、信用供給量と実質金利の関係を表す**信用供給曲線**は右上がりになることがわかる。実質金利が高いときには、預金が増加して、銀行が貸し出せる資金も増加するので、信用供給量も増加する。図表10.3は、信用供給曲

● **信用供給曲線**（credit supply curve）は、信用供給量と実質金利の関係を表している。

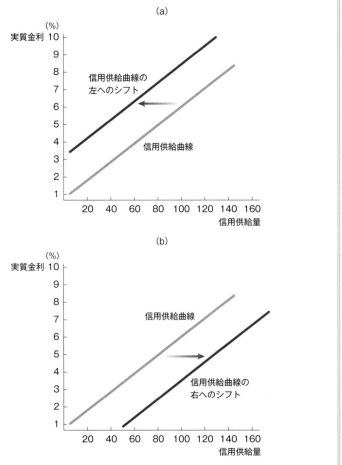

図表 10.4 信用供給曲線のシフト

(a)に示されるとおり、実質金利が同じであっても、家計や企業の貯蓄する動機が変化することによって信用供給量が減少すると、信用供給曲線は左にシフトする。(b)に示されるとおり、逆に、同じ実質金利であっても、家計や企業の信用供給量が増加すると、信用供給曲線は右にシフトする。

線を示したグラフである。

　これまで学んできたことと同様に、図表10.3に示される信用供給曲線に沿った移動と、図表10.4に示される信用供給曲線のシフトをよく注意して区別することが重要である。信用供給曲線に沿った移動は、実質金利の変化に**のみ**反応する預金者の行動である。信用供給曲線のシフトは、同じ実質金利水準の下で、最適化行動をとる経済主体の貯蓄動機の変化に誘発されて起きる。

- **家計の貯蓄動機の変化** 家計は退職に備えるなどの様々な出来事に対応するために貯蓄をするが、このような動機は時間とともに変化するために、信用供給曲線をシフトさせる。たとえば家計が、将来の経済状況は厳しい時期を迎えると予想するときには、それに対応して財産を蓄えておくために、貯蓄を増やそうとするだろう。これは信用供給曲線を右にシフトさせる。また、年齢によっても貯蓄行動は変わる。たとえば、退職時期が近づくと貯蓄率が上昇する傾向がある。

- **企業の貯蓄動機の変化** 企業の支出（従業員の給与も含まれる）が収入より少ないときには、企業の利益はプラスである。こうした場合に、配当を支払うことを通して利益を株主に還元する企業がある。その一方で、利益を配当することなく銀行口座に預金して、将来の投資に備える企業もある。このような利益（**内部留保**と言う）の大きさは、時とともに変化する。企業が将来の事業資金の調達に不安がある場合には、配当ではなく内部留保を選択するだろう。こうした決定は、信用供給曲線を右にシフトさせる。企業によるこうした決定も経営状況の悪いときに備えた貯蓄である。

クレジット市場における均衡

図表10.5には、信用供給曲線と信用需要曲線の2つが描かれている。これが**クレジット市場**の全体像であり、市場では借り手が預金者から資金を調達する。またクレジット市場は貸付資金市場と呼ばれることもある。

グラフでは、様々な借り手のローンの債務不履行のリスクは同一であると仮定して、クレジット市場を簡単化している。言い換えると、ローンを返済しないリスクは、すべての借り手について同じである。この簡単化によって、クレジット市場における均衡実質金利は1つに決まる（実際には、異なる債務不履行のリスクに対応して貸し手に補償するために、異なるリスクの借り手には異なる実質金利が付く）。

供給曲線と需要曲線によって表されるほかの市場と同様に、クレジット市場における均衡は、2つの曲線が交わる点である。この交点により、市場の信用の総額（Q^*）と均衡実質金利（r^*）の両方が決まる。均衡実質金利では、信用需要量と信用供給量が等しくなる。実質金利が均衡金利より高いと、信用の超過供給が起こり、実質金利を押し下げる圧力が生じる。実質金利が均衡金利

| ● **クレジット市場**（credit market）は、借り手が預金者から資金を調達する場所である。

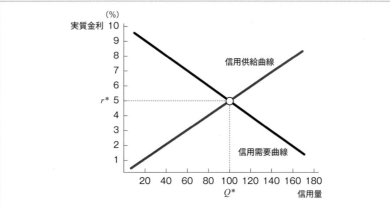

図表10.5　クレジット市場における均衡
クレジット市場均衡は、信用供給曲線と信用需要曲線が交わる点である。この交点で実質金利と信用量が決まる。

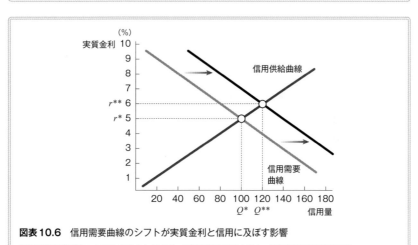

図表10.6　信用需要曲線のシフトが実質金利と信用に及ぼす影響
信用需要曲線が右へシフトすることにより、均衡実質金利は上昇し、均衡信用量は増加する。

より低いと、信用の超過需要が起こり、実質金利を押し上げる圧力が生じる。

　このことを確認するために、信用需要曲線のシフトがクレジット市場における均衡にどのような影響を及ぼすかを考えてみよう（図表10.6）。たとえば、政府が投資減税を実施し、企業が工場建設や設備購入に1ドルを投資するごとに30セントが減税されるとする。このような減税は企業の投資費用を減少させるので、投資の純便益（＝便益－費用）を増加させる。その結果、クレジッ

ト市場において最適化行動をとる企業の（工場や設備への投資資金を調達するための）借入れ意欲は上昇する。結果として、信用需要曲線は右にシフトする。新しい均衡点では、実質金利（r^{**}）は上昇し、信用供給量と信用需要量（Q^{**}）は増加する。

クレジット市場と資源の効率的配分

クレジット市場は、極めて価値のある社会的役割を担っている。預金者が余らせている現金を借り手に貸すことで、クレジット市場は経済の資源配分を改善する。

以下のように考えると理解しやすいだろう。クレジット市場がまったく存在しないと仮定してみよう。あなたは、来年になったら使うつもりの1,000ドルを持っていたとしよう。このお金をどうすればいいだろうか？　自宅の金庫に入れておくこともできる。いわゆる「タンス預金」の場合は、翌年も手元のお金は1,000ドルのままだ。インフレがなければ実質金利は0％だが、5％のインフレが起こったときには、実質金利は悪化して、−5％である。インフレが5％分の購買力を失わせることになるからだ。

この例は、フィッシャー方程式を使って考えることもできる。実質金利の式は以下のとおりである。

$$r = i - \pi$$

名目金利が0％（$i = 0$）のときには、実質金利は、$r = 0 - \pi$％、となる。インフレ率が0％（$\pi = 0$％）のときには、実質金利は、$r = 0 - 0 = 0$％、である。インフレ率が5％（$\pi = 5$％）のときには、実質金利は、$r = 0 - 5 = -5$％、となる。

起業する計画がある叔父さんにあなたのお金を貸せば、0％の名目金利を上回る成果が得られるかもしれない。しかしその叔父さんが成功しなければ、この選択肢はタンス預金よりも悪い結果をもたらす。

1,000ドルの投資を必要としているあなたが知らない借り手が、ほかにもいるかもしれない（叔父さんよりも、その借り手のほうが信用できるかもしれない）。クレジット市場がなければ、そのような人たちは必要な資金を調達することができずに苦労することだろう。

> 預金者が余らせている現金を借り手に貸すことで、クレジット市場は経済の資源配分を改善する。

クレジット市場の社会的役割の価値は、あなたのような預金者と借り手を

マッチングすることである。クレジット市場が機能しているならば、あなたは1,000ドルの預金から報酬を得ることができる（一般的にはその水準は平均して1〜5％の実質利益であり、どれだけのリスクをとるかによって異なる）。こうして資金を借りるに値する借り手は、必要な資金を調達できることになる。

10.2　銀行と金融仲介機関：供給と需要をあわせて考える

　銀行などの金融機関は、クレジット市場において供給と需要を結びつける経済主体である。すなわち、以下のとおりに活動する。銀行口座に預金をするときには、最終的に誰がそれを使うのかはわからない。銀行はすべての預金をプールして、そのプールした資金を使って様々な種類のローンを組成する——家計のためのクレジットカード・ローン、住宅購入者のための住宅ローン、起業家のための小規模ローン、GE、ナイキ、フォード・モーター社といった大企業のための大規模ローンなどである。銀行はまた、現金を必要とするほかの銀行へ資金を融通することもある。

　銀行経営は複雑な業務であるが、普段の私たちはこれが当たり前に行われているものだと思っている。前節でクレジット市場について説明したときには、貸し手と借り手はお互いにその相手を簡単に探し出せると仮定していた。しかし現実の世界では、貸し手と借り手をマッチングさせる業務は複雑だ。貸し手と借り手をつなぐ役割を担っている組織が銀行であり、この役割を果たしているがゆえに銀行は金融仲介機関と呼ばれる。より一般的に言うと、**金融仲介機関**は、金融資本の供給者（貯蓄主体など）から金融資本の使用者（借り手など）へと、資金が流れるようにする役割を果たしている。

　金融資本は、信用（負債*または債務と言うこともある）や株式など、様々な形態をとる。貯蓄主体が信用を選ぶときには、貯蓄主体には利子が付けられてローンが返済されるという条件の下に、第三者に貯蓄が貸し出される。貯蓄主体が株式を選ぶときには、貯蓄を使って会社の株主となることによって、その会社の将来の利益に対する所有権と請求権を獲得する。その利益は、配当として会社から株主に支払われる。

●**金融仲介機関**(financial intermediary)は、金融資本の供給者（貯蓄主体など）から金融資本の使用者（借り手など）へと、資金が流れるようにする役割を果たす。

*　負債は債務とも言う。

銀行は金融仲介機関の1つの形態であるにすぎない

　様々な種類の金融機関が、金融仲介機関として機能し、金融資本の供給者（すなわち預金者）から金融資本の使用者へと資金を流通させている。銀行以外にも金融仲介機関と言うときには、投資信託運用会社、ヘッジファンド、プライベート・エクイティ・ファンド、ベンチャーキャピタル・ファンド、「影の銀行システム」と言われる銀行類似企業、さらには質屋から消費者金融に至るまで様々な形態がある。

　投資信託運用会社は、投資家が預金を活用して株式や債券などの金融**証券**を購入する際に手助けをする。ある会社の株式を買うということは、その会社の所有権の一部を買ったということである。また債券を買うということは、実質的にはその債券を発行した企業にお金を貸していることと同じである。このような株式や債券への投資の多くは、大規模で多銘柄の証券をプールした投資信託によって行われる。2012年のアメリカの投資信託の総資産は約13兆ドルである。

　ヘッジファンドは、一部の富裕層や財団、大学基金などの機関から資金を集めて運用する基金（ファンド）である。ヘッジファンドでは、リスクが高く非伝統的な投資戦略が用いられる。たとえば、森林を育てるための広範囲の土地を購入したり、財務上の問題を抱えて株価が暴落している企業の株式を購入したりもする。ヘッジファンドが課す手数料は、上述の資産運用会社よりもはるかに高い。2012年のアメリカのヘッジファンドの総資産は約2兆ドルである。

　プライベート・エクイティ・ファンドも通常は、限定された富裕層の投資資金を運用する。プライベート・エクイティ・ファンドは、非公開で、証券取引所では購入できない種類の証券を保有している。たとえば、個人経営や同族経営の企業（ファミリー・ビジネス）の株式を購入することもある。あるいは、上場企業の株式をすべて購入して、その企業を非公開会社（株式を上場していない会社）にすることもある。2012年のアメリカのプライベート・エクイティ・ファンドの総資産は約3兆ドルである。

　ベンチャーキャピタル・ファンドは、プライベート・エクイティ・ファンドの中の特別な形態である。通常は新規事業を開始したばかりで実績がない新しい企業（スタートアップ企業）に投資する。たとえば1999年に、クライナー・パーキンスとセコイア・キャピタルという2社のベンチャーキャピタルが、その1年前に創業されたばかりの奇妙な社名の会社「グーグル」に2,500万ドルを投資した。その投資は、現在では250億ドルの価値を持つに至り、投資価値は1,000倍になっている。しかしベンチャーキャピタルは、極めてリスクが高い金融仲介機関であり、典型的なベンチャーキャピタルは、2000年のITバブル崩壊以降の10年間ではほとんど利益を獲得していない。2012年のアメリカのベンチャーキャピタル・ファンドの総資産は約2,000

● **証券**（security）とは、金融上の契約である。証券には株式と債券がある。株式は会社の所有権を配分する契約である。また債券は、貸し手への返済を約束する契約である。

億ドルである。

　影の銀行システムは、公式には銀行とは言えないような何千もの金融機関である。預金は集めていないが、資金を集めてファンドを組成してローンを貸し付けるという意味では、銀行のような機能を果たしている。リーマン・ブラザーズ証券は影の銀行の一例であったが、同社の破綻は2008年の金融危機の引き金となった。リーマンでは、通常の預金を受け入れるのではなく、保険会社のような大手機関投資家から融資を受けて、株式や債券を取引したり、企業に融資を行ったりした。また新しい金融商品を作り出して、別の金融機関や機関投資家に売りさばいていた。

銀行の貸借対照表上における資産と負債

　銀行の業務を理解するためには、銀行の貸借対照表（バランスシート）を見ればいい。貸借対照表には、銀行の資産と負債についての情報がまとめられている。資産の欄には、銀行が行った投資、銀行が保有する公債、そして銀行が借り手に貸したお金が含まれる（ここで借り手とは、銀行でローンを組んだ家計や企業が相当する）。銀行の負債の欄には、預金者などの貸し手が銀行に対して持っている請求権が載っている。たとえば、家計が銀行に1万ドル預金するときには、その預金は銀行にとっては負債、すなわち銀行が預金者から借りているお金、となる。

　会計上は、この資産と負債を1つの表にまとめて示したものを貸借対照表（バランスシート）と言う。資産と負債の金額がちょうどバランスしている（釣り合う）ようになっているためである。貸借対照表では、そこに示された銀行や企業の取引相手側から見た呼び方がなされる——資産（銀行の場合には、銀行から借りているもの）を「借方」、負債（銀行に貸しているもの）を「貸方」と言う。

　図表10.7には、2013年のシティバンクの貸借対照表の主な特徴がまとめられている。左側の欄には借方（「資産」）、右側の欄には貸方（「負債」）を入れるのが慣習である。また右側の欄には自己資本も入る。自己資本は、総資産から総負債を差し引いたものであり、会社の所有者（株主）の資産価値を表している。以下、もう少し詳しく貸借対照表における資産と負債の項目について見てみることにしよう。

資産　シティバンクの資産は、準備預金、現金同等物、長期投資の3つに大別される。

1. **銀行準備**とは、現金（シティバンクの金庫にある紙幣と硬貨）と、連邦準備銀行の預金口座残高の合計である。連邦準備銀行は通称をFRBと言い、政府の銀行でもあり、銀行制度全体を規制・監督する役割を担う連邦準備制度（Fed）の一部である*。Fedについては11章でさらに詳しく説明する。図表10.7に示されているとおり、シティバンクの準備預金は、総資産のうち2,940億ドルを占めている。
2. **現金同等物**とは、シティバンクが即座に使用することができる、リスクのない流動資産である。たとえば、他の銀行への預金などがある。その価値が日々変動しない資産は、リスクがないと言われる。流動資産は、ほとんど価値を変えないか、あるいはまったく価値を変えることなく、即座にかつ簡単に現金に換金することができる。シティバンクの現金同等物は、総資産のうち1,920億ドルを占めている。
3. **長期投資**とは、そのほとんどが家計や企業に対するローンであるが、銀行の支店や本社などの不動産の価値なども含まれている。長期投資は、シティバンクの総資産のうち1兆3,980億ドルを占めている。

負債と自己資本　図表10.7では、シティバンクの負債と自己資本は、要求払い預金、短期借入金、長期負債、そして自己資本の4つに分類されている。

1. **要求払い預金**とは、預金者が銀行に「貸した」資金である。ほとんどの預金者はこれを銀行に貸し付けたローンではなく、当座預金口座への預金であると考えている。預金者は、ATMや銀行窓口でお金を引き出したり、小切手を振り出したり、お店での買い物にデビットカードを使用することで必要なときにいつでも引き出すことができる。このような預金は、要求払い預金と呼ばれる。要求払い預金は通常は「当座預金」と呼ばれているが、銀行側から見るならばこのお金は預金者から預かっているものであり、シティバンク側にとっては負債である。シティバンクは、要求払い預金として9,380億ドルのお金を預金者から預かっている。次節で

● **銀行準備**（bank reserve）とは、銀行が保有する現金とその銀行が連邦準備銀行（Fed）に保有している預金口座残高の合計である。
● **要求払い預金**（demand deposit）とは、銀行からお金を引き出したり、小切手を振り出したり、お店での買い物にデビットカードを使用することで、預金者が必要なときにいつでも引き出すことができる資金である。

* 日本では連邦準備銀行の略称としてFRBが用いられるが、アメリカではFedと呼ばれ、連邦準備制度と明確な区別はしていない。

資　　産		負債と自己資本	
準備預金	2,940億ドル	要求払い預金	9,380億ドル
現金同等物	1,920億ドル	短期借入金	5,270億ドル
長期投資	1兆3,980億ドル	長期負債	2,210億ドル
		総負債	1兆6,860億ドル
		自己資本	1,980億ドル
総資産	1兆8,840億ドル	総負債＋自己資本	1兆8,840億ドル

図表10.7　シティバンクの貸借対照表：2013年6月

シティバンクの貸借対照表（2013年6月）は、銀行が保有する資産と、預金者や他の金融仲介機関が所有する債権（銀行にとっては負債）の両方がまとめて示されたものである。自己資本とは、総資産と総負債の差額と定義される。したがって、総負債と自己資本の合計は総資産と同一金額になる。

出所：Citigroup Inc., 2013 Second Quarter Form 10-Q.

はさらに詳しく説明する。

2. **短期借入金**とは、シティバンクが他の金融機関から調達した短期ローンである。このようなローンは、すべて翌年までには返済する必要がある。また、その多くが、翌日に返済する必要があるオーバーナイト物である。通常はこのようなオーバーナイト・ローンは、次の日にも繰り返される。つまりシティバンクは、オーバーナイト・ローンを一度返済して、即座に同じ貸し手と新しいオーバーナイト・ローンを契約する。短期借入れへの過度の依存は、銀行システムを脆弱なものにする。もしも貸し手が、シティバンクの短期負債の返済に突如として懸念を覚えたならば、シティバンクは新しい資金を借り入れることはできなくなり、日常業務に必要な資金が不足するだろう。このようなリスクを抱える一方で、シティバンクは、5,270億ドルの短期借入金を借り入れることによって営業資金を調達している。

3. **長期負債**とは、返済までに1年またはそれ以上の期間がある債務と定義される。シティバンクには2,210億ドルの長期負債があるが、これは負債総額の13％を占めるにすぎない。この割合は、貸借対照表の資産の欄とは対照的であり、資産のうち長期投資が占める割合は約75％である。長期負債と長期資産との違いが、銀行にとってはリスクとなる——この点については本章後半で詳しく触れる。

4. **自己資本***とは、銀行の総資産と総負債の差額と定義される。

●**自己資本**（stockholders' equity）とは、銀行の総資産と総負債の差額と定義される。

自己資本 = 総資産 − 総負債

この差額は、企業の価値の推定値に等しい。言い換えると、会計上のすべての情報が正しく組み込まれているならば、自己資本はシティバンクの株式の価値の総額に等しくなる。

この自己資本の式を書き換えると、以下の式が成り立つ。

総資産 = 総負債 + 自己資本

この式を見ると、右辺と左辺がそれぞれ貸借対照表の右側と左側に一致していることがわかるだろう。自己資本の会計上の定義により、貸借対照表の負債側と資産側は、つねに完全に釣り合う（バランスしている）ものとなっている。

10.3　銀行はどのような業務を行っているのか？

銀行の貸借対照表に基づいて、銀行が金融仲介機関として果たしている相互に関係した3つの機能について見ていこう。

1. 銀行は、利益につながる融資機会を見つけ出す。
2. 銀行は、預金のような短期債務を、満期変換と呼ばれるプロセスを通じて、長期投資に変換する。
3. 銀行は、リスクを分散する戦略をとったり、あるいはリスクを預金者から銀行の株主に移転したり、別のケースではアメリカ政府に移転することによってリスクを管理する。

以上の3点について、順番に説明しよう。

利益につながる融資機会を見つけ出す

銀行の主要な役割の1つが、融資に値する借り手を見つけ出して、預金者の預金を活用することである。すなわち銀行は、クレジット市場の需要と供給を結びつける。銀行がこうした役割を担うのに適している理由は、銀行には貸し

---

* 現在の日本の会計基準では、貸借対照表での貸方は「負債」と「純資産」から構成される。純資産から「新株予約権」と「被支配株主持ち分」を除いたものが「自己資本」である。除かれた項目は、現在の株主の資産ではないものである。自己資本から「その他の包括利益累計額」を除いたものが「株主資本」である。株主資本は、「資本金」、「資本剰余金」、「利益剰余金」の合計から「自己株式」を差し引いたものである。
以前の会計基準には、純資産、自己資本、株主資本の区別はなかった。この区別は入門レベルの経済学の教科書ではさほど重要ではないので、本書ではこれらの区別を捨象して「自己資本」と呼ぶことにする。

手の希望者が集まってくる一方で、大勢の融資希望者が集まった中から信用力の高い対象を選択することができるからである。また銀行は、大勢の投資業務の専門家や、最良の融資申請書を分析する訓練を受けた融資担当者を雇っている。

満期変換*

図表10.7のシティバンクの貸借対照表に示されるように、右側の負債の87％が短期（要求払い預金と短期借入金の合計）である一方で、左側の資産の約75％が長期投資であった。シティバンクは、短期負債を長期資産に転換しているのである。

満期とは、負債を返済すべき期日である。要求払い預金の場合には、預金者はいつでも自分のお金を引き出せるので、満期はゼロ年である。対照的に、銀行が借り手に貸し付けるときには、そのローンの満期には、通常は数年間から30年間の幅がある。要求払い預金のような短期負債を長期投資に変換するプロセスを**満期変換**と言う。

満期変換により、社会は極めて長期の投資を行うことが可能になる。しかし一方で銀行は、満期が短い預金と満期が長いローンの間で起こる食い違い（ミスマッチ）を抱えることにもなる。満期のミスマッチが存在するので、多くの預金者が同時にお金を引き出すという行動をとった場合には、銀行にとって大きな問題を引き起こすこととなる。もしも短期預金者が急にお金が必要になり、お金を引き出そうとしても、銀行は簡単には長期ローンを引き揚げて資金を回収することはできない。したがって、預金引出しの要求を確実に実現するためには、銀行は預金のすべてを貸し出すことはできない。銀行は、預金プールの一部を**準備**、あるいは現金に近い証券のかたちで保有している。

銀行には多数の預金者がいるが、通常は1日の間にお金を引き出すのはそのうちのごく一部である。ほとんどの場合に銀行は、1日という単位では、既存の預金からの引出しは、新規の預金によってほぼ埋め合わされている（相殺されている）。すなわち銀行は、預金の引出し要求を満たすためには、少額の準備をプールしておくだけで足りる。このために銀行は、要求払い預金のほとんどを長期投資に向けることができるのである。

- **満期**(maturity)とは、負債を返済すべき期日である。
- **満期変換**(maturity transformation)とは、銀行が短期負債を長期資産である投資（長期投資）に変換するプロセスである。

* 「期間変換」とも言う。

10.1 リスクの管理

　銀行は、預金者には1ドルたりとも損をさせないことを約束している。銀行が預金者のお金でリスクがあるローンを組んでいるにしては、ずいぶんと大胆な約束だ。たとえば、銀行は多くの場合に、リスクのある住宅ローンに資金を投じる。2007年にはじまり2009年に終結した金融危機の期間を通じて、銀行が保有する住宅ローンのうち約12％は、返済が遅れるか債務不履行に陥った。

　銀行は2通りの方法でリスクを管理する。第1は、分散したポートフォリオを保有することである。銀行は通常は、住宅ローンだけではなく、企業融資、別の金融機関への資金の融通、そして政府債などの様々な資産に投資している。銀行の多様な資産のすべてが同時に悪化するということは考えにくいことであり、分散したポートフォリオを保有することはリスクを管理するうえでは有効な手段である。

　しかし、時には様々な資産の大部分が同時に悪化することもある。こうした場合には、分散させるだけではリスク管理としては不十分である。2007～09年の金融危機の時期には、ほとんどの種類の資産が価値を失った。しかし、そのような時期でさえ、リスク管理のための銀行の第2の戦略のおかげで預金者は保護されていた。それは、株主にリスクを移転するやり方だ。そしてさらに深刻な金融危機に際しては、最終的にはアメリカ政府にリスクが転嫁される。

　リスクがどのように転嫁されていくかを理解するために、長期投資の資産価値が10％下落したときに貸借対照表に何が起こるかを考えてみよう。数字と項目は簡単化されたものであり、準備預金と現金同等物が10億ドル、長期投資が100億ドルで、合計110億ドルの資産を有する銀行について分析する。

　図表10.8(a)は、長期投資の資産価値が10％下落する前の貸借対照表であり、(b)には、資産が下落した結果として貸借対照表上に2つの変化が起きたことが示されている。第1に長期投資が10％下落、つまり10億ドル分減少した。第2に、自己資本が10億ドル分減少した。自己資本の定義は、総資産と総負債の差額であった。その一方で、要求払い預金の金額は変わらない（これは銀行と預金者との契約上の約束である）。すなわち、資産が10億ドル分減少したため、自己資本も10億ドル分減少したのである。

　この例からもわかるとおり、自己資本がプラスである限り銀行が直面するリスクはすべて株主の負担となる。言い換えると、銀行の資産が負債を上回っている限りは、資産価値のあらゆる変化はそのまま株主によって吸収される。

(a) 投資損失前の貸借対照表			（単位：億ドル）
資産		負債と自己資本	
準備預金と現金同等物	10	要求払い預金	90
長期投資	100		
		総負債	90
		自己資本	20
総資産	110	総負債＋自己資本	110

(b) 10億ドルの投資損失後の貸借対照表			（単位：億ドル）
資産		負債と自己資本	
準備預金と現金同等物	10	要求払い預金	90
長期投資	100 − 10 = 90		
		総負債	90
		自己資本	20 − 10 = 10
総資産	110 − 10 = 100	総負債＋自己資本	110 − 10 = 100

図表10.8　貸借対照表上の変化

(a)では、銀行は総資産110億ドルであり、自己資本20億ドルを保有している。自己資本は、総資産から総負債を差し引いたものとして定義される。(b)では、銀行の資産価値が10億ドル分の下落をすると、自己資本が10億ドル分の減少をする。

　銀行の資産価値が負債価値を下回ると、自己資本はゼロになる。この場合には、銀行は所有している価値以上に借金をしていることになる。このような状況に陥った銀行に対して、政府は営業の停止を命じる。そして、政府の銀行規制当局である連邦預金保険公社（FDIC）が介入して、その銀行を管理する。FDICは、(1)銀行業務を停止して預金者への支払いをする（ペイオフと呼ばれる）、あるいは(2)その銀行を新しい所有者に譲渡する。

　ペイオフが選択された場合には、FDICはその銀行の資産を継承し、銀行に預金をしていたすべての個人に、1人当たり最高25万ドルまで払い戻しをする。25万ドルまでは「FDICにより保証された」預金金額である。もしその銀行に十分な資金があったときには、FDICは25万ドルを超えて預金を払い戻すこともある。しかし、預金者以外のほとんどの貸し手（債権者）と、銀行の株主は何も受け取れない。

　多くの場合にFDICはペイオフを選択することはなく、健全な銀行により速やかに事業継承がなされるように処理を行う。銀行の事業継承では、通常はすべての預金が保護される——たとえ25万ドル以上であっても——が、その一

方でほとんどの場合に株主は保護されない。翌営業日には、銀行は正面入口の銀行名の看板を付け替えて、いつもどおりに営業を再開する。倒産した銀行の預金者がよほど注意をしていなければ、その変化には気がつかないかもしれない。

ただし、このような処理は高くつく。ほとんどの場合に、経営破綻した銀行には、資産を超える負債（主に要求払い預金）がある。専門用語では経営破綻した銀行の状態を**債務超過***と言うが、これは資産価値が負債価値を下回っている状態である。一方で、倒産した銀行を引き継ぐ健全な銀行の状態は**資産超過**であり、これは資産価値が負債価値を上回っている状態である。健全な銀行が倒産した銀行を引き継ぐうえでは、何らかの財政的な誘因が必要になるのだが、FDICがそうした誘因を提供する。

2007～09年の金融危機の期間には、銀行破綻によってFDICは1,000億ドル以上の費用を負担した。しかし責任を負っているのは、FDICだけではない。FDICが負担した費用はすべての銀行から徴収した預金保険料であり、これはすべての銀行の預金者が経営破綻した銀行の尻拭いをさせられているのと同じである。銀行が破綻したときには、経営破綻した銀行の預金者だけでなく、すべての銀行の預金者が後始末の責任を負うことになるのである。

銀行取付け

社会的には有益な機能ではあるが、銀行が行う満期変換とリスク移転は別のリスクを作り出す。重要なことは、満期変換が行われることによって、銀行の資産が**非流動資産**になることである——つまり、短期負債を長期の非流動資産に変換することによって、銀行は、預金者や貸し手（債権者）から求められたときには即座に返済しなければいけないお金を、事実上は動かせないものにしてしまう。

多くの預金者が銀行の経営に関して不安を抱くと、預金者の大半が同時に預金を引き出そうとするかもしれない。銀行の資産の大部分を長期で非流動的な資産が占めていたならば、銀行は、預金の引出しに対応するのに必要な現金を工面することはできないだろう。銀行の現金が底をつくだろうという噂が立つと、さらに多くの預金者たちが、残り少なくなった銀行の現金から少しでも引

- ●銀行の資産価値が負債価値を下回っているときには、その銀行は**債務超過**（insolvent）である。
- ●銀行の資産価値が負債価値を上回っているときには、その銀行は**資産超過**（solvent）である。

* 負債は債務とも言うが、債務超過を負債超過とは言わない。

き出そうとすることだろう。

このように、銀行パニックは、自己実現的に発生することがある——つまり予想することによって、その予想が現実になる。想定以上の金額が引き出されたことによって銀行の現金が減少して現金不足が起こり、銀行に現金がなくなる前に預金を引き出そうと預金者が我先にと銀行に殺到することによって、さらに多くの現金が引き出される。たとえ、パニック以前にはこの銀行が健全であったとしても、多くの預金者を失った銀行は、非流動資産に対して一番高い価格を付ける意思がある買い手を見つけ出すための十分な時間の余裕もなくなっているので、資産を「投げ売り」せざるをえなくなってしまう。こうなるとその銀行は、もはや健全とは言いがたい。パニックが拡大し、人々が預金の引出しに殺到するという状態を**銀行取付け**と言う。

> 銀行パニックは、自己実現的に発生することがある——つまり予想することによって、その予想が現実になる。

銀行取付けは、様々な経済的費用が伴う。一番重要なものは、取付けによって銀行が長期の非流動資産を途中で流動化せざるをえなくなることである。たとえば、建築事業などの物的資本への長期投資の放棄、あるいは非効率な流動化を強いられることなどが含まれる。また、クレジット市場の主要な参加者である銀行に取付けが起こったことにより、クレジット市場の円滑な働きが妨げられる。

近年の金融危機では、銀行取付けは違ったかたちでも発生した。そのいくつかは一般には気づかれることもなかった。2007年に起きた銀行取付けで最も際立っていたのは、住宅ローンに特化したイギリスの銀行であるノーザン・ロックで起きたケースだ。ノーザン・ロックが債務超過に陥って破綻することを恐れた預金者たちは、銀行からの預金引出しを開始した。この預金引出しが雪だるま式に膨らんでいくにつれて、イギリスでは150年ぶりに起こった銀行取付け騒ぎへと拡大していった。ノーザン・ロックは自行を買収してくれる銀行を懸命に探して預金者を落ち着かせようとしたが、取引は成立しなかった。ノーザン・ロックはその後一時、国有化された。

銀行の規制と銀行の支払い能力

銀行取付けが頻繁に起こると、銀行システムは非常に不安定なものになる。

● **銀行取付け**（bank run）は、その銀行が預金引出しに対応できる流動資産が不足するだろうという懸念に駆られて、極めて大量に現金が引き出されるときに発生する。

幸いにも、何万人もの不安に駆られた預金者たちが預金を引き出そうと殺到したノーザン・ロックのような銀行取付け騒ぎは、預金保険制度のおかげで1930年代以降ではまれにしか起こっていない。銀行が何らかの理由で破綻しても、預金者の預金残高は上限額までは保証されている。この上限額以下の預金は、預金保険制度を運営する（政府）機関によって全額払い戻される（アメリカの場合はFDICが預金保険を提供している）＊。

預金保険制度があっても、ノーザン・ロックの銀行取付け騒ぎを止められなかった理由は、2007年のイギリスでは上限額が比較的低く、多くの預金者の預金残高がこの上限額を上回っていたからである。また預金残高が全額保証される預金者たちも、ノーザン・ロックの破綻により一時的にせよ預金が引き出せなくなることを心配して、預金の全額を引き出そうとした。

銀行に預金をしている経済主体は、家計だけではない。ナイキ社やマイクロソフト社などの企業も銀行に口座を持っている。銀行がほかの銀行からお金を借りることもある。大企業や銀行業界の全体が不健全な銀行を信頼しなくなったときには、企業や銀行がその不健全な銀行から預金（と短期融資）を引き揚げる、といった機関投資家による取付けが起こる場合もある。機関投資家が持っている預金や短期融資は、FDICが完全に保証するには大きすぎる金額である。このためFDICでは、機関投資家による取付けは防げない。こうした機関投資家による取付け騒ぎは2007〜09年の金融危機の期間には頻繁に起きていた。しかし、機関投資家による取付け騒ぎは写真に撮られるような事件ではなく、それがいつ発生したのかを正確に知ることはなかなか難しい。

2008年に起きた投資銀行リーマン・ブラザーズの破綻の直前にも、機関投資家による取付けは起きていた。投資銀行＊＊は、企業や政府による巨額の金融取引（特に投資のための資金を調達すること）を支援する業務に特化した銀行である。投資銀行にはFDICの保証はなく、通常の銀行預金も取り扱ってはいない。それに代わって、投資銀行の貸借対照表の負債の欄はすべて、銀行も含んだ他の機関投資家からのローンである。

リーマン・ブラザーズに資金を貸し付けていた金融機関の多くは、リーマンが破綻する2週間前までには、短期融資をすでに止めていた。言い換えれば、

＊ 日本では、認可法人である預金保険機構が預金保険を提供している。
＊＊ 投資銀行とは、大企業の株式・社債の発行や企業買収を支援する業務を行う金融機関である。日本の銀行はアメリカでは商業銀行に相当するが、投資銀行は商業銀行と違って預金を集めない。ゴールドマン・サックス、JPモルガン、メリルリンチ（バンク・オブ・アメリカの投資銀行部門）等が代表的な投資銀行である。日本では、主に大手証券会社が投資銀行業務を行っている。

リーマンはその破綻の直前に、機関投資家による取付けを経験していたことになる。当時のリーマンは負債の名目額が資産の価値を上回った債務超過に陥っていた。抜け目のない銀行は、破綻直前のリーマンには新規の融資を提供することはなかった。

当然のことながら、銀行はこのような金融危機を何としてでも回避したいと考えている。銀行がとれる戦略には様々なものがあるが、もちろんそれらに優劣はある。予防が最善の対策になることはどの場合にも同じだ。究極的には、ストレス耐性を強くするためには自己資本を増やすことが必要になる。つまり、負債を大幅に上回る資産を保有すればいい。銀行の資産の価値が負債の価値を大幅に上回っているときには、十分な自己資本を持っていることになる。この場合には、銀行が資産超過の状態にあるので、支払い能力に疑問を持たれることはなく、銀行取付けの可能性も減少する。

銀行の準備金が不足しているときには、新規の融資をストップして、長期投資を売却することもできる。しかし、それが裏目に出てしまうこともある。実際に銀行が困難な状況に陥っていることが明るみに出てしまうことにもなり、すでにはじまりつつあるパニックを悪化させることにもなるからだ。さらに、銀行が融資業務を止めるということは、金融仲介の仕事を減らすということであり、最も収入が必要なときに収入を減らしてしまうことになる。

EBE Evidence-Based Economics
根拠に基づく経済学

問い：銀行の破綻はどのぐらい頻繁に起こっているのか？

銀行は、自分たちが安定した強固な組織であるという印象を作り出すのに一生懸命だ。しかし、実際のところ銀行は、その広告の文言ほどには堅固ではない。アメリカだけで見ても、1900年以降におよそ2万行の銀行が破綻している。しかしながら、それらの銀行破綻のほとんどは、1933年に連邦預金保険公社（FDIC）が設立される以前に起きたものだ。これ以降、預金保険制度が創設され、また全国の銀行は厳しい規制を課されることとなった。それにもかかわらず、FDICが設立された以後でも、3,000行以上の銀行が破綻した。

近代の市場経済では、銀行の破綻は定期的に起きているようである。

20世紀初頭以降でも4回の深刻な銀行破綻の波があった。最初の銀行破綻の波は、大恐慌の10年前である1919〜28年に起こった。この時期には、全米の銀行の20%にあたる約6,000行が破綻した。破綻した銀行は、農村地方に集中しており、不動産を担保に農家に融資をした後、その地価が下落したことが原因だった。

第2の波は大恐慌期（1929〜39年）に起こった。この時期には、9,000行以上の銀行が破綻した。この銀行破綻の波は、1920年代の第1の波よりもはるかに深刻なものだった。1933年の1年間だけでも、全米の銀行の25%以上が破綻した。大恐慌を通して全米の銀行の50%弱が破綻に至った。

第3の波は、1980年代から1990年代初頭にかけての預金貸付組合の危機（不良債権危機）として発生した。預金貸付組合（S&L）は地方銀行の一種である。不良債権危機の期間、全米の銀行の15%にあたる約3,000行が破綻した。S&L危機は、農産物と石油の価格乱高下によって引き起こされた。価格が上昇を続けていた間は、銀行は地元の農家と企業にリスクの高い投資をしたが、農産物と石油の価格が下落に転じたときには、それらの投資は破綻した。

第4の波は、2007〜09年の金融危機によって引き起こされた。2012年末までに460行以上の銀行が破綻した。この数字は全米の銀行の5%以下であり、一見するとそれまでの3つの波と比較して影響は小さかったように見える。しかし、2007〜09年の銀行破綻の波の中には、総資産3,000億ドル以上のワシントン・ミューチュアル銀行の2008年の破綻が含まれていた。それ以前に経験した破綻は最大規模でも、総資産400億ドルを有するコンチネンタル・イリノイ銀行の1984年の破綻であった。なおこの金額は、2008年価格では900億ドルに相当する。

さらに重要なことは、2007〜09年の金融危機の時期は、リーマン・ブラザーズなどの複数の金融機関（ノンバンク）が崩壊した時期でもある。前述のとおり、リーマンのような投資銀行は、預金を集めておらず、また貸し手（債権者）の融資はFDICによる保証がされていないという点で、通常の銀行とは異なっている。他の金融機関から6,000億ドル以上の融資を受けていたリーマンの貸借対照表の規模は、ワシントン・ミューチュ

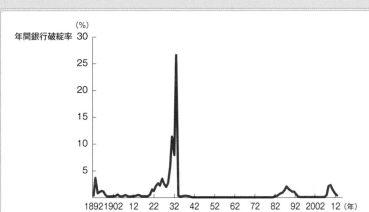

図表10.9 アメリカにおける年間銀行破綻率：1892～2013年

グラフには、アメリカにおける1年間の銀行破綻行数を、同年に営業している銀行の総行数で割った数字が示されている。

出所：セントルイス連銀、連邦準備制度、連邦準備制度理事会、連邦預金保険公社（FDIC）。

アル銀行のほぼ2倍であった。

　図表10.9は、アメリカにおける1年間の銀行破綻行数を、同年に営業している銀行の総行数で割った数字をグラフに示したものである。この指標は完璧なものではない——たとえば、ワシントン・ミューチュアル銀行は、その資産規模にかかわらず、1行として数えられる——が、歴史に残るような銀行破綻のパターンについて有用情報を与えてくれる。

　グラフからは2つの事実がわかる。第1に、アメリカの金融危機の歴史上で最も深刻だったのは大恐慌の時期であった（図表10.9でも、1933年の数字が突出している）。第2に、FDICによる銀行規制と預金保険制度が創設された1933年以降、銀行破綻率は極めて低い。FDICは預金を保護するだけではなく、厳格な規制を銀行に課している点に着目しよう。預金保険制度は、銀行取付けの発生を減少させている。同様に、銀行規制は、銀行が預金者のお金を使って無謀なリスクを背負う可能性を減少させる。少なくとも今のところは、FDIC創設以前の金融の混乱と比較して見る限り、FDICの時代は平穏な時代である。

> **Q 問い**　銀行の破綻はどのぐらい頻繁に起こっているのか？

10.1

A 答え 長く平穏な時期もあったとはいえ、1900年以降のアメリカでは、銀行破綻の波が4回発生し、約2万行の銀行が破綻した。

データ 連邦準備銀行と連邦預金保険公社（FDIC）による銀行関係の歴史データ。

注意 巨大な銀行1行の破綻は、小規模な地方の銀行が100行破綻するよりも影響は大きい。銀行破綻の影響を件数だけからとらえるのは、ある意味では誤解を生じさせかねないもの、とも言える。

CHOICE&CONSEQUENCE
選択の結果

大きすぎて潰せない

多くの経済学者は、巨大銀行の影響力が強くなりすぎていることを懸念している。銀行の規模が大きくなると、破綻したときの悪影響は経済全体に波及する。1つの銀行が破綻すると、その銀行に融資をしていたすべての銀行が損害を被る。1つの銀行破綻が別の銀行の財務に損害を与え、それがまたさらに他の銀行へと波及して拡大していくと、ドミノ倒しのように次々と銀行破綻が伝播していく。理論的には1つの巨大銀行の破綻が、金融システム全体を崩壊させてしまうこともありうる。

規制当局は、このような大手金融機関を、「システム上重要な金融機関（SIFI, systemically important financial institution）」と呼び、SIFIが破綻したときの影響について頭を悩ませている。政府が直面している難問は、もしSIFIが問題を抱えていて、たとえそれがSIFIの無責任な決断の結果であったとしても、責任を負うべき政府はSIFIを救済しないわけにはいかないという点だ。たとえば、政府が銀行に資金を（低金利で）融資して、銀行が営業を続けられるように支援することによって、銀行破綻が経済全体に大きな打撃を与えることを回避しようと考えるだろう。

SIFIは「大きすぎて潰せない（Too Big to Fail）」と言うが、これでは、政府は巨大銀行を破綻させることを恐れているので、問題が起きたときには政府が救済する、と言っているようなものだ。それを知っているSIFIは、無責任にリスクを冒すという選択をするかもしれない。たとえ投資がうまくいかなくても、政府は救済支援を提供せざるをえないのだから、銀行は安泰だ。（コイン投げで）「表なら私の勝ち、裏ならあなたの負け」（どちらに転んでも私が得をする）状態とはこのことだ。政府が危機を脱出するために金融支援を行ったときには、結局は、勝者は銀行の株主で、敗者は納税者

だ。

このような問題を回避するために、銀行規制当局は2つの手立てを講じている。第1に、現在は大手銀行が債務超過に陥った場合には、事業縮小の手順を具体的に示す責任がある。この手続きは、「清算計画（リビング・ウィル）」とも言われるものであるが、営業を停止する必要が起きた場合には、どのように銀行の資産を売却して債権者に返済するのか、その手順を詳細に説明することが求められている。このような清算計画は、SIFIも含めた破綻した銀行の営業を停止させる政府の判断を、より信頼に価する実行可能なものとするように制度設計がされている。

第2に、規制当局は、銀行のリスクを減らして自己資本を充実させることを要求している。これは、大手銀行が問題を抱えることになる可能性をあらかじめ縮小させる狙いである。この点については11章で再び触れる。

CHOICE&CONSEQUENCE
選択の結果

資産価格の変動と銀行の破綻

銀行破綻の波は、時には銀行業界を巻き込む。このような波はどのようにして発生するのだろうか？ 多くの銀行は、なぜ同時に破綻するのだろうか？

投資した長期資産の価格が暴落したときには、銀行は破綻する。銀行は同じ種類の長期資産に投資する傾向があるため、各銀行の資産価値はいっせいに上昇したり下落したりする。銀行の長期資産価値がほんの数パーセント下落したことによって、自己資本がすべて失われ、債務超過に陥ることもある。

資産価値の大きな変動は歴史的にはめずらしいことではない。たとえば1920年代後半には株価と地価が暴騰したが、その後の大恐慌期には暴落した。1980年代後半の不良債権危機（S&L危機）も同様に、資産価値の下落によって引き起こされた。それをもたらした要因の1つが、天然資源価格、特に石油価格の激変だった。1972～80年にかけては、原油価格は1バレル当たり20ドルから100ドル（2010年価格）まで高騰した後に、1986年には1972年の価格まで下落した（基準年価格により比較）。石油価格がピークを付けた1980年には、価格は上昇を続けるものとほとんどが予測していた。その後の石油価格の下落は予想外のものであり、アメリカでは石油生産地域、特にテキサス州、ルイジアナ州、オクラホマ州が打撃を受けて、それらの地域の企業の倒産は1万件を超えた。地域経済の低迷により、住宅価格も大きく下落した。

直近の金融危機（2007～09年）も資産価格の下落に関連している。アメリカ経済の株式時価総額の実質価値は半分に縮小し、住宅地の実質価値は3分の1を超える下落をした。

資産価格が大幅に変動するのはなぜだろうか？ 株価に関しては定説では、株

価はファンダメンタルズと関係がある、とされている。ファンダメンタルズとは、企業の将来の利益と将来の金利に関する合理的な予測値である。この理論はしばしば、効率的市場理論と呼ばれるものであり、ノーベル賞を受賞した経済学者のユージン・ファーマが提唱した。ファーマによると、株価はファンダメンタルズのみによって完全に合理的に決定される。株価の動きはすべて新しい情報の合理的評価を反映するものであり、投資家の感情に任せた結果ではない、と主張した[2]。効率的市場理論に基づくならば、資産価格の大幅な変動は、重要な新しい情報が投資家に伝わり、投資家がその情報を活用して、株式市場で取引されている企業の将来の収益性についての彼らの考えを合理的に修正したことの結果なのである。

一方、過去30年でますます注目を集めることになったもう1つの見方がある。ノーベル賞を受賞した経済学者のロバート・シラーは、資産価格の変動を資産バブルに関連づけて考えた[3]。バブルは、資産価格がファンダメンタルズから乖離したときに発生する。大きな資産価格バブルはしばしば発生するが、これは心理的な要因とバイアスによって誘導される、と考える経済学者もいる。バブルは特に、経済や株式市場が非常な好景気の時期に起きる。そうであるとすれば、バブルが起こったときにそれを認識することができるならば、市場の崩壊時期をある程度は予測することができるだろう。

資産価格崩壊の要因が何であるにしても、銀行部門が危機を乗り切るうえで銀行規制が果たしている役割の有効性には、ほとんどの経済学者は同意している。世界中の銀行規制当局は、銀行の自己資本を増加させるべく——負債より多くの資産を持つように——新しい規制を作成中だ。このような規制が実行されれば、貸借対照表上の資産価値の急落に対しても、それを乗り切るための銀行の体力は増強される。11章以降では、景気後退などのマクロ経済の変動、そして景気後退の深刻さを緩和することを目的に政府が行う様々な政策についてさらに詳しく学ぶこととしよう。

まとめ

● 経済資源の効率的配分にとっては、信用（クレジット）は不可欠なものである。信用を与えられることによって、企業は投資のための融

---

[2] Eugene F. Fama, "Efficient Capital Markets: A Review of Theory and Empirical Work," *Journal of Finance*, Vol. 25, No. 2, 1970, pp. 383-417.

[3] Robert J. Shiller, *Irrational Exuberance*, Princeton University Press, 2005. 翻訳は、植草一秀監訳『投機バブル 根拠なき熱狂』ダイヤモンド社、2001年。

資を受けることができるし、家計は住宅購入のためにローンを組むことができる。

- クレジット市場において重要な価格は名目金利ではなく、実質金利である。実質金利は、貸すことと借りることの価格にインフレーションの影響を考慮したものである。実質金利には、借り手と貯蓄主体にとっての現在と将来の経済的トレードオフが反映されている。

- 企業や家計や政府は、お金を借りるときには、クレジット市場を利用する。信用需要曲線は、借り手の信用需要量と実質金利の関係を表している。信用需要曲線は、借り手の最適化行動から導出される。

- 信用供給曲線は、信用供給量と実質金利の関係を表している。信用供給曲線は、貯蓄主体の最適化行動から導出される。貯蓄主体は、消費を先延ばしにする便益（実質金利）を考慮に入れて、現在の消費と将来の消費の配分を決める。

- 信用需要曲線と信用供給曲線の交点が、クレジット市場均衡である。均衡実質金利において、信用需要量と信用供給量が等しくなる。

- クレジット市場において、預金者と借り手が、銀行やその他の金融仲介機関によって仲介される。銀行は、経済において3つの重要な役割を担う。第1に銀行は、信頼できる借り手を探し出して、預金者の預金を振り向ける。第2に銀行は、要求払い預金のかたちで預金者から集めた短期の資金を、長期のプロジェクトに投資する。第3に銀行は、分散させたポートフォリオを持ち、預金者から株主へ（経済危機の場合には政府へ）リスクを移転させることでリスク管理を行う。

- 政府は預金保険制度を提供して、銀行取付けの可能性を減少させる。また政府は、危機の拡大を回避するためには、破綻の危機にある銀行を救済するための介入も行う。1900年以降、アメリカ経済は銀行破綻の深刻な波を4回経験している。

キーワード

債務者または**借り手**　　　　　　　**信用**または**クレジット**

金利または利子率	名目金利または名目利子率
実質金利または実質利子率	信用需要曲線
信用供給曲線	クレジット市場
金融仲介機関	証券
銀行準備	要求払い預金
自己資本	満期
満期変換	債務超過
資産超過	銀行取付け

復習問題

1. 名目金利と実質金利の違いについて説明しなさい。
2. 企業、家計、政府は、お金を借りるときにはクレジット市場を利用する。信用需要曲線とは、信用需要量と実質金利の関係を表したものである。
   a. 信用需要曲線が右下がりである理由を説明しなさい。
   b. 信用需要曲線がシフトする原因は何だろうか？
3. 人々が将来のために貯蓄しようと思う要因は何だろうか？
4. 貯蓄がある家計や企業は、銀行やその他の金融機関にお金を貸し出す。信用供給曲線とは、信用供給量と実質金利の関係を表したものである。
   a. 信用供給曲線が右上がりである理由を説明しなさい。
   b. 信用供給曲線がシフトする原因は何だろうか？
5. 銀行の貸借対照表（バランスシート）で重要な項目は何だろうか？ 表を使って説明しなさい。
6. 影の銀行システムとは何だろうか？
7. 銀行は経済の金融仲介機関としてどのような機能を果たしているのだろうか？ 説明しなさい。
8. 満期変換について説明しなさい。
9. 自己資本とは何だろうか？ 自己資本がゼロより大きいときに、銀行が直面するリスクを負うのは誰だろうか？
10. 銀行取付けについて説明しなさい。
11. 預金保険とは何だろうか？ 預金保険は、銀行取付けをうまく回避させられるだろうか？
12. 本章の選択の結果のコラム「大きすぎて潰せない」で説明したように、銀行規制当局は、「システム上重要な金融機関（SIFI）」と呼ばれる大手金融機関の破

綻を恐れている。
  a. SIFIの破綻は経済にどのような影響を及ぼすかについて説明しなさい。
  b. 銀行規制当局は、SIFIの破綻を回避するためには、あるいは破綻の影響を最小限に食い止めるためには、どのような措置をとっているのかについて説明しなさい。
13. 長期資産に投資して、その後に資産価格が大きく下落すると銀行は破綻することがある。資産価格が、金融危機や銀行の破綻につながるほど大きく変動する理由は何だろうか？ 2つの見解を示しなさい。

演習問題

1. 最適化行動をとる経済主体は、経済費用とローンの返済を考えるときには、実質金利を使う。
  a. 銀行が貯蓄預金に支払う金利は0.45%であるとする。その一方で、同時期のインフレ率は1.5%だった。この場合には、平均的な貯蓄主体の実質金利はいくらになるだろうか？
  b. 銀行は、今後1年間のインフレ率を3%と予測している。銀行は、5%の実質利益を得たいと考えている。この時、銀行は借り手に対する名目金利をいくらに設定すればいいだろうか？ フィッシャー方程式を用いて説明しなさい。
2. 1970年代は、アメリカをはじめとする多くの先進工業国のインフレ率は高水準であった。
  a. インフレ率の上昇により、クレジットカード会社などの貸し手は、名目金利を引き上げた。インフレ率とクレジットカード会社の名目金利は、どのように関係しているのだろうか？ インフレ率が上昇すると、貸し手は名目金利を引き上げる必要がある理由について説明しなさい。
  b. 貸金業法では、ローンに対して貸し手が請求する名目金利に上限が設定されている。1970年代には、貸金業法による規制を回避するために、一部のクレジットカード会社が、金利に上限が設定されていない州に本社を移転した。1970年代のようなインフレ率が高い時期に、クレジットカード会社が貸金業法が制定されていない州に本社を移動した理由について説明しなさい。
3. ネルボサとチラキサという2つの架空の国がある。ネルボサ国では、消費者も企業もともに金利の上昇に敏感で、実質金利が上昇すると即座に、借入れ額を減らす。一方のチラキサ国の家計と企業は、金利にはそれほど反応せず、実質金利が上昇したときにも、借入れ額を減らそうとはしない。
  ただし、両国の信用供給曲線は同じである。

政府債務が大幅に増加しているときに、それに反応して均衡実質金利がより大きく変化するのは、どちらの国だろうか？ グラフを描いて、その理由について詳しく説明しなさい。

4. 1979年8月、アメリカのインフレーションは年率で12％近くに到達し、短期名目金利も10％に近い水準であった。続く35年間を通して、インフレ率も短期名目金利も一貫して下落し続けた。2014年8月には、インフレ率は約2％、短期名目金利はほとんど0％になった。1979～2014年にかけては、短期の実質金利はどのように変化していったのだろうか？ インフレ率と名目金利は長期では連動して動く傾向があるのはなぜかを説明しなさい。

5. 均衡実質金利と均衡信用量は、次に示すシナリオの下では、どのように変化するだろうか？ その時のクレジット市場をグラフに描いて、曲線と均衡点について詳しく説明しなさい。

　a. 2007～09年の金融危機から不動産市場が回復し、家計は住宅を購入するための住宅ローンの申し込みを再開する。

　b. 連邦政府の財政赤字削減を議会が承認したことで、政府の借入れ額が大幅に減額される。

　c. 2007～09年の景気後退からの回復は長くは続かないだろうと家計が不安を持ちはじめて、経済の見通しが悲観的になる。

　d. 企業が将来の景気に対して楽観的になり、利益からの株主への配当を増額することを決める。

6. 銀行の貸借対照表を描いて、資産と負債の欄に、以下の内容を書き込みなさい（表は小問ごとでもよい）。

　a. 顧客が銀行の当座預金に500ドルを現金で預金した。

　b. 銀行が2,500ドルの学生ローンを提供した。

　c. 銀行が5,000ドルを盗まれた。

　d. 顧客が1,000ドルのローンの支払いを行った。このうち、800ドルはローン残額に対する金利の支払い、200ドルは元本の返済である。

　e. 銀行が保有していた100万ドルの不動産ローンが不慮の出来事により債務不履行に陥った（銀行にとって価値がない投資になった）。

7. ナロー・バンキング業務を行っている銀行は、投資の満期と、一般から集める預金の期間をマッチングさせる。言い換えると、ナロー・バンキング業務とは、短期の預金を預かり、低リスクの資産に投資したり、政府の短期債券などの、満期が短い資産に投資したりすることである。

　a. 連邦預金保険公社（FDIC）が提供する預金保険制度に加入している銀行のすべてが、ナロー・バンキング業務に取り組むと仮定しよう。ナロー・バンキング業務は、銀行システムのリスクをどのように減らすことができるのか

b. ナロー・バンキング業務が銀行のシステミック・リスクを減少させることができるとすれば、銀行は満期変換の機能を果たし続けるだろうか？　その理由についても説明しなさい。

8. ミクロ経済学では「モラルハザード」について詳しく学ぶ。モラルハザードとは簡単に説明するならば、発生するかもしれない損失の一部（またはすべて）が他の経済主体によって支払われる場合には、当該の経済主体はリスクがある選択をとりがちになる状況である。

　　本章で説明したような、連邦預金保険公社（FDIC）により提供されている預金保険制度はモラルハザードをもたらすだろうか？　その理由についても説明しなさい。

9. 本章で学んだとおり、アメリカの銀行は、当座預金の一部を準備として保有している。その手段は、銀行の手元に現金として持っているか、あるいは連邦準備銀行（Fed）に準備として預金するというものである。ただしFedに預けた準備からは、ほとんど金利は得られない。また銀行規制当局は、準備預金として当座預金の一定の割合（現在は10％）を保有することを義務づけている。銀行がその水準以上に準備を保有している場合には、それは超過準備と呼ばれる。通常は、銀行が超過準備を持つことはほとんどない。しかし、2007〜09年の金融危機を経て以来、銀行が保有する超過準備は、ほぼゼロの水準から1.8兆ドル以上にまで増加した。

　　a. 銀行が超過準備を最小限の水準に抑えたいと考える理由について説明しなさい。

　　b. 本章では銀行業務について学んだ。それに基づいて、金融危機を経験したことにより、銀行が超過準備を劇的に拡大させるようになった理由について、あなたの考えを説明しなさい。

10. 投資銀行であるリーマン・ブラザーズは、2008年に銀行取付けを経験した。2007年には商業銀行であるノーザン・ロックでも銀行取付けが起きた。

　　a. この2つの銀行取付けについて、共通点と相違点を説明しなさい。

　　b. リーマン・ブラザーズは連邦預金保険公社（FDIC）が提供する預金保険制度には加入していなかった。一方のノーザン・ロックの預金は、イギリス政府が提供する預金保険制度により保護されていた。それにもかかわらず、ノーザン・ロックでは銀行取付けが起きたのはなぜだろうか？　説明しなさい。

11. 本章の選択の結果のコラム「資産価格の変動と銀行の破綻」では、石油や不動産などの資産価格と、銀行などの融資機関の資産超過（支払い能力）との関係について議論した。

　　次の2つのシナリオについて考えなさい。表の空欄を埋めて、次の質問に答えなさい。

セキュリタス銀行は、H国にある大手銀行である。以下に示した貸借対照表では、同行の年度初めの資産と負債のみをまとめている。

セキュリタス銀行の貸借対照表

資　産		負　債	
準備預金と現金同等物	200億ドル	要求払い預金	2,000億ドル
長期投資	3,300億ドル	他銀行への負債	500億ドル
総資産	?	自己資本	?

フィロペリキュラム銀行は、別の大手銀行であり、以下の貸借対照表は、上表と同様に資産と負債のみがまとめられている。

フィロペリキュラム銀行の貸借対照表

資　産		負　債	
準備預金と現金同等物	100億ドル	要求払い預金	4,500億ドル
長期投資	6,500億ドル	他銀行への負債	2,000億ドル
総資産	?	自己資本	?

景気の低迷により、両行の長期投資の資産価値はともに10％目減りしたと仮定する。2つの銀行の貸借対照表は、どのように変化するだろうか？　また、2つの銀行の状況はどうなっているだろうか？　本章で議論した「大きすぎて潰せない」と言われる概念に関連させて説明しなさい。

12. 1987年10月19日、ダウ工業平均株価（DJIA）は23％の下落という、1日当たりで最大の下落幅を記録した。同様に、外国為替市場やその他の資産市場もその1日の間に大きく変動した。本章で学んだ知識に基づいて、資産価格が変動する要因について説明しなさい。

金融システム

The Monetary System

1922〜23年のドイツでは、なぜハイパーインフレーションが起きたのか?

一国の物価水準が3年以内に2倍に達する状態をハイパーインフレーションと言う。1923年のドイツで起きたインフレーションは、このレベルをはるかに超えていた。時には物価が、3〜4日おきに2倍になり、1カ月の間に物価が8回も2倍になったこともある。1923年10月1日には100万ドイツマルクだった卵1個の価格が、30日後には約2億5,600万ドイツマルクまで暴騰した。

2倍増を8回繰り返すとこうなる：

2倍、4倍、8倍、16倍、32倍、64倍、128倍、256倍

ドイツのハイパーインフレ期には、物価はおよそ5,000億倍まで上昇した。ドイツの貨幣はほとんど価値を失い、1日分の食料を紙幣で買うた

本章の構成

| 11.1 | 11.2 | 11.3 | 11.4 |
| 貨幣 | 貨幣、物価、GDP | インフレーション | 連邦準備制度 |

EBE
1922〜23年のドイツでは、なぜハイパーインフレーションが起きたのか?

KEY IDEAS

キーアイデア

- 貨幣には3つの役割がある。交換手段、価値貯蔵手段、計算単位である。
- 貨幣数量説では、マネーサプライ、流通速度、価格、実質GDPの関係が示されている。
- 貨幣数量説では、インフレ率は、マネーサプライの成長率から実質GDPの成長率を差し引いたものと等しくなると予測する。
- 中央銀行の使命は、インフレの抑制である。
- 連邦準備銀行（アメリカの中央銀行）は、民間銀行の準備預金を保有している。
- 連邦準備銀行は、民間銀行の準備預金を管理することを通して、以下の3つのことを行える。(1)短期の指標金利を設定する、(2)マネーサプライとインフレ率に影響を与える、(3)長期実質金利に影響を与える。

めには、その分の紙幣を運ぶためのスーツケースかカートが必要なほどだった。子どもが凧を作る材料に小額紙幣を使ったエピソードも話題になった。

何らかの特別な原因がドイツでハイパーインフレーションを引き起こしたのだろうか？ ハイパーインフレは、過去100年間で様々な国で発生している。オーストリア、アルゼンチン、ブラジル、チリ、中国、ハンガリー、ギリシャ、ポーランドなど、数えあげればきりがない。なぜハイパーインフレが起きるのか？ ハイパーインフレはどうすれば回避することができるのか？ 本章を通して検証していこう。過去の教訓から学んだおかげで、第2次世界大戦以降はほとんどの国でハイパーインフレは起きていない。とはいっても、すべての国々が過去の経験からきちんと学んでいるわけではなく、ジンバブエ、イラン、ベネズエラでは、2011年以降にもハイパーインフレが起こり、経済が衰退している。

11.1 貨幣

　世界経済は極めて複雑な社会システムだ。世界中のGDPを合計すると年間80兆ドルであり、それに相当する財とサービスが生み出されている。これらを取引するために使われる資産が**貨幣**である。世界経済がどのように動くのかを理解するためにはまず、貨幣がどのように社会システムを円滑に動かしているのかを最初に理解しなければならない。

　書店でアルバイトをする英文科の学生を例に使って、貨幣の役割について考えてみよう。学生は、労働を貨幣と交換している。そのアルバイト代で、欲しかったiPhoneを買うかもしれない。この例では、貨幣が円滑な交換を実現している。書店でアルバイトをした20時間の労働を差し出して、結果としてiPhoneを手に入れている。このとき貨幣がなければ、自分の労働とiPhoneを直接取引することになるのだが、それは難しい。アップル社にとっては、iPhoneと交換に学生の労働を受け取るよりも、iPhoneと交換にお金を受け取ったほうがはるかに効率的だ。

貨幣の機能

　貨幣は、現代の経済社会において、同時に3つの機能を果たしている。

1. 交換手段
2. 価値貯蔵手段
3. 相対的価値の尺度、すなわち、計算単位

　交換手段とは、財やサービスと引換えに交換することができるものであり、それによって取引を容易に行うことができるようになる資産である。たとえば、ピザを買うために10ドルを支払うときには、交換手段として、貨幣（この場合には紙幣）を使用する。貨幣の使用は、財やサービスを買ったり売ったりするうえで、便利で、広く一般に受け入れられている方法である。

　貨幣は、購買力を将来に持ち越すことを可能にする**価値貯蔵手段**として使用

- **貨幣**（money）とは、人々が財やサービスを売買するに際して、支払いをしたり、受け取ったりするときに使用される資産である。
- **交換手段**（medium of exchange）とは、財やサービスと交換することができる資産である。

される際には、より良い交換手段として機能する。たとえば、火曜日に10ドルを受け取ったら、その10ドルは水曜日の買い物で使うこともできるし、10年後であっても使うことができる。ピザ屋の店長が代金として今日10ドルを受け取るのは、その10ドルが将来も使えることを疑っていないからである。

> 貨幣は、現代の経済社会において、同時に3つの機能を果たしている。貨幣は交換手段であり、価値貯蔵手段であり、相対的価値の尺度、すなわち、計算単位である。

　貨幣は、価格を表す尺度でもある。ジーンズ1本の価値（価格）について考えてみよう。原理的には、たとえば、ジーンズ1本はだいたい卵200個分の価値に相当すると示すこともできるし、バナナ100本分の価値に相当すると示すこともできる。しかし、価格を表す尺度がお店によって様々であったならば買い物は難しくなる。価格を計測する尺度——測定する単位——が1つであれば買い物は簡単になる。現代の経済社会では、**計算単位**として貨幣が使用される——計算単位とは、様々な財やサービスの価格を示すうえで、広く一般に使用される尺度である。現代の経済社会では、ある財を購入するために必要な費用は、卵の個数やバナナの本数ではなく、ドルの量によって測定される。

　交換手段、価値貯蔵手段、広く一般に受け入れられている計算単位があると、経済取引はずっと簡単なものになる。貨幣は、この重要な役割のすべてを同時に果たしているのである。

貨幣の種類

　紙幣は、西暦1000年頃に中国で発明されたものであるが、貨幣には紙幣ではない別の形態も人類の歴史を通じて存在した。紙幣が採用される以前は、それ自体に価値があるものがお金として使用されていた。ヤギ、ニワトリ、馬などもお金として使用されたが、最もよく知られた例が金や銀である。

　近代社会ではそれらの代わりに、**不換紙幣**——すなわち、政府が法令により定めたものであり、法定通貨として使用されている紙幣ではあるが、金や銀のような物的商品としての価値はないもの（資産）——が、使われるようになった。紙幣は、他の人々がお金として受け取ってくれるから価値があるのであり、

- **価値貯蔵手段**(store of value)とは、購買力を将来に持ち越すことを可能にする資産である。
- **計算単位**(unit of account)とは、様々な財やサービスの価値（価格）を示すうえで、広く一般に使用される尺度である。
- **不換紙幣**(fiat money)とは、政府が法令により定めたものであり、法定通貨として使用されている紙幣ではあるが、金(きん)や銀のような物的商品としての価値はないもの（資産）である。

100ドル札に印刷されているベンジャミン・フランクリンの肖像が好きだから100ドル札を貯めているわけではない。100ドル札は、交換手段、価値貯蔵手段、計算単位として有用であり、将来も有用であり続けると信じられているがゆえに、100ドル札は利用価値を持っているのである。

理論的には、プロ野球の使用済みチケットの半券や、バチカン市国のサン・ピエトロ広場で拾った小石などといった、供給が限定された物はすべて不換紙幣の役割を担うことができる。しかし、チケットの半券や小石が貨幣として使われる場合、偽造されるリスクは極めて高い。この問題は、偽造が難しくかつ違法になる（そして持ち運びが容易な）不換紙幣を政府だけが作ることによって、ある程度は解決できる。

マネーサプライ

財やサービスを購入するために、あなたは今日どのくらいの金額を使用できるだろうか？　多くの場合に、手元に現金として持っている金額よりもはるかに大きい金額を使用することができる。財布には10ドルが入っているが、（決済用の）当座預金口座には1,000ドルの残高があるとしよう。小切手を切りさえすれば、利用できる金額は10ドルから1,010ドルへとたちまち急増する。貯蓄預金口座から当座預金口座に資金を振り替えさえすれば、さらに利用できる金額を増やすこともできる*。

経済学で貨幣という場合には、財やサービスを購入するために即座に引き出すことができるほとんどの形態の資産が含まれている。この概念を念頭に置くとき、**マネーサプライ****には、流通している貨幣、当座預金、貯蓄預金、その他のほとんどの種類の銀行預金が含まれている。マネーサプライの定義で、M2と呼ばれるものを聞いたことがあるかもしれない。M2と定義されるマネーサプライには、上述の様々な種類の銀行預金が含まれている。

マネーサプライには、M1、M2、M3のような様々な定義があるが、本章では複雑になりすぎることを避けるために、M2にのみ焦点を当てて議論する。

図表11.1は、1959～2014年の流通貨幣（銀行の金庫にある現金、すなわち手元現金は含まれない）とマネーサプライ（M2）の推移をグラフにしたものである。重要な関係を際立たせるために、両者は名目GDPで割られているが、

● **マネーサプライ**(money supply)には、流通している貨幣、当座預金、貯蓄預金、その他のほとんどの種類の銀行預金（トラベラーズチェック、マネー・マーケット・アカウント（MMA）など）が含まれている。これは、M2と呼ばれる。

* 日本では、個人には当座預金は普及しておらず、普通預金が使われる。
** マネーサプライは、マネーストックとも言う。Fedや日本銀行の統計では「マネーストック」と呼ばれる。

SECTION 11.1 | 貨幣

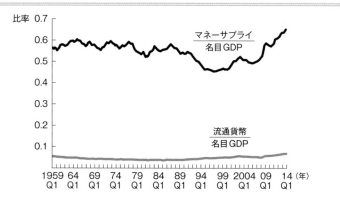

図表11.1 流通貨幣とマネーサプライ(M2)の名目GDPに対する比率

2つの比率

(1) $\dfrac{流通通貨}{名目GDP}$

(2) $\dfrac{マネーサプライ(M2)}{名目GDP}$

ここで「通貨」とは流通貨幣であり、銀行の金庫にある現金(手元現金)は含まれない。マネーサプライ(M2)には、流通貨幣、当座預金、貯蓄預金、その他のほとんどの種類の銀行預金(トラベラーズチェック、マネー・マーケット・アカウント(MMA)など)が含まれる。グラフには、流通貨幣が、マネーサプライの約11%であることが示されている。

出所：Board of Governors of the Federal Reserve (マネーサプライ、流通貨幣) and Bureau of Economic Analysis, National Income and Product Accounts (GDP). データは、1959年第1四半期(Q1)から、2014年第1四半期(Q1)までの四半期ごとの数値である。

2つの比率はまったく異なっていることがわかる。2014年の1年間で比較すると、流通貨幣はGDP 1ドル当たり7セントしかなかったが、総マネーサプライはGDP 1ドル当たり65セントだった。すなわち総マネーサプライは、流通貨幣の約9倍である。これは、銀行口座の残高に比べて持ち歩く現金の量は少ないことを考えれば当然だ。加えて、重要な金融取引が現金を使って行われることはまれである。先進国では、住宅や車を買うために現金が詰まったスーツケースを持ち歩くのは麻薬密売人ぐらいだ。実際、毎月の家賃支払いなどの少額取引でさえ、現金はめったに用いられない。

2つの比率の傾向を見るために、図表11.1を活用することもできる。

$\dfrac{流通貨幣}{名目GDP}$

$\dfrac{マネーサプライ}{名目GDP}$

の比率は年によって変化し、近年は増加傾向にあるが、長期的には大きく変化

11.1 CHOICE&CONSEQUENCE 選択の結果

金に交換できた貨幣とできなくなった貨幣

南北戦争がはじまった1861年、アメリカ政府は兵士の給料を金と交換できる紙幣で支払っていた。しかし、1862年には、金不足のために、金と交換できない不換紙幣に変わった。

5ドル札の2葉の写真からもその違いを確認できる。上の写真は1861年に発行された5ドル札であり、要求により(on demand)金と交換できる「要求払い手形」と呼ばれた。5ドル札の中央には「ON DEMAND」と印字されている。下の写真は1862年に発行された5ドル札であるが、金とは交換ができなくなったため「ON DEMAND」の文字は印字されていない。

1862年の不換紙幣導入をめぐっては、激しい論争が交わされた。多くの政治家たちは、金か銀に交換できない紙幣は成立しえないと考えていた。しかし、1862年に不換紙幣が発行されると、即座に受け入れられ、ハイパーインフレーションも起こさなかった。この方式は、1879年に金との交換ができる紙幣（兌換紙幣制）が再び導入されるまで続いた。

南北戦争期（1861～65年）は、不換紙幣がアメリカで使用されていた期間

写真：Heritage Auctions, www.HA.com

金と交換ができる兌換紙幣（写真上）と、金と交換ができない不換紙幣（写真下）。

の1つである。独立戦争期（1775〜83年）にも、植民地州では一時的に不換紙幣が使用された。また米英戦争期（1812〜14年）にも、不換紙幣が一時的に採用されている。ただしいずれの場合も、兌換紙幣制に復帰している。

20世紀になって兌換紙幣の流通は徐々に減少し、最後の兌換紙幣の発行は1971年だった。その後も、不換紙幣制はうまく機能している。実際、紙幣の購買力は、金の購買力よりもはるかに安定している。今ではアメリカは再び「金本位制」（金と紙幣を交換できる制度）に復帰すべきであると考えている経済学者はほとんどいない。

むしろ、現在では新たに不換電子マネーが民間部門で導入されつつある。これらの新貨幣は政府が保証していないため、不換通貨とは言えず、将来成功するかどうかは誰にもわからない。これらは電子暗号通貨（仮想通貨、暗号資産）として、コンピューターの暗号化されたコードによって保護され、盗難は不可能ではないとしても極めて困難である。コンピューターコードが使用されることにより、仮想通貨の保有者の素性も隠される。一番有名な仮想通貨は、最初にできたビットコインだ。

暗号通貨は、当初から様々な論争を引き起こした。コカインなどの違法取引の電子決済にあたっては、仮想通貨が頻繁に使用されていた。交換所が悪質なハッカーに侵入されて、仮想通貨が盗まれることもあった。たとえば、ビットコイン交換所のマウントゴックス社は4億7,700万ドル相当のビットコインを盗まれて倒産した。この暗号通貨の需要は増減が大きく、通貨の価値を不安定なものにした。たとえば、2013年のビットコインの価格は、年初の1ビットコイン＝13ドルからはじまり、同年11月30日には1ビットコイン＝1,163ドルの最高値を付けた後に、年末には1ビットコイン＝732ドルに下落した。

していない。

11.2 貨幣、物価、GDP

ここまでの議論を通して、マネーサプライ、物価、そして名目GDPの関係を理解するための準備を整えることができた。図表11.1で見た、名目GDPに対する流通貨幣の比率が、長期では比較的安定しているという事実も活用する。

名目GDP、実質GDP、インフレーション

まず、5章で学んだ定義から出発しよう。名目GDPは、現在（生産された年）の価格を用いて計算された（最終財とサービスの）総生産価値である。実質

GDPは、特定の基準年の市場価格（生産された年と同じ年ではない場合もある）を使用して計算された（最終財とサービスの）総生産価値である。インフレ率は、経済の一般物価水準の成長率である。

この概念を説明するために、サッカーボールだけを生産している国を例にして考えてみよう。市場価格が1個当たり50ドルのサッカーボールを10個生産し、2013年の総販売額は500ドルだったが、2014年は550ドルになった。名目GDPは50ドル（＝550ドル−500ドル）増加した。では、この50ドルの増加の原因は何だろうか？　次の2つのシナリオの可能性がある。

1. サッカーボールの1個当たりの価格は50ドルのままだが、生産量が11個に増加した。
2. サッカーボールの生産量は10個のままだが、1個当たりの価格が55ドルに上昇した。

シナリオ1と2はいずれの場合でも、名目GDPは550ドルになり、1年前からは10％の上昇である。

シナリオ1の場合には、サッカーボールの価格は変化していないが、生産量が10個から11個に増加した。この場合のインフレ率は0％で、実質GDPは10％の上昇になる。2013年を基準年とすると、実質GDPは、500ドル（＝10個×50ドル）から550ドル（＝11個×50ドル）へと10％上昇している。

シナリオ2の場合には、サッカーボール1個当たりの価格が50ドルから55ドルに上昇したが、生産量は10個のままだ。この場合のインフレ率は10％で、実質GDPは変わらない。2013年を基準年とすると、どちらも生産量は10個で変わらないため、500ドル（＝10個×50ドル）で変化していない。

この例から、名目GDPの基本的な特徴がわかる。名目GDPの上昇は、物価水準の上昇、実質GDP水準の上昇、あるいはこの2つの水準の上昇、という3つの上昇のいずれかによって引き起こされる。つまり、名目GDPの成長率は、物価水準の成長率（インフレ率）と実質GDPの成長率の合計である。

$$名目GDPの成長率＝物価水準の成長率＋実質GDPの成長率$$
$$＝インフレ率＋実質GDPの成長率$$

この基本的関係を利用することによって、マネーサプライの成長率、インフレ率、そして実質GDPの成長率の関係を表す理論を導き出すことができる。

貨幣数量説

マネーサプライと名目GDPの関係の説明からはじめよう。図表11.1に示されているように、長期的には、名目GDP に対するマネーサプライの比率は、おおむね一定である。

> 貨幣数量説によれば、インフレ率とはマネーサプライの成長率と実質GDPの成長率の差である。

$$\frac{マネーサプライ}{名目GDP} = 一定$$

貨幣数量説では、この比率は完全に一定であると想定している。一般的には、図表11.1からも明らかなように、完全に一定ではない。この意味では、貨幣数量説は間違っている。しかし貨幣数量説は、20～30年という期間（経済学で長期と呼ぶ期間におおむね相当する）について、経済がどのように動くかを近似しようとする。もう一度、図表11.1を見てみよう。名目GDPに対するマネーサプライの比率は毎年変化しているものの、長期的にはほぼ一定であるように見える（名目GDPをマネーサプライで割った比率は、貨幣の流通速度である——これは図表11.1で示されたものとは分子と分母が逆になった比率である。ただし本書では、貨幣の流通速度については扱わない）。

2つの変数の比率が一定であるということは、分母と分子は同じ成長率となる。マネーサプライが10％成長した場合には、名目GDPに対するマネーサプライの比率を一定に保つためには、名目GDPも10％成長する必要がある。

したがって、貨幣数量説では、マネーサプライの成長率と名目GDPの成長率は同一であると考える。

　　マネーサプライの成長率＝名目GDPの成長率

名目GDPの成長率は、(1)インフレ率と、(2)実質GDPの成長率、の2つに分解することができる。上式の名目GDPの成長率に、インフレ率＋実質GDPの成長率、を代入する。

　　マネーサプライの成長率＝インフレ率＋実質GDPの成長率

この等式を整理して、左辺にインフレ率を持ってくる。

　　インフレ率＝マネーサプライの成長率－実質GDPの成長率

これが貨幣数量説の直接的な含意である。この等式から、インフレ率とはマネーサプライの成長率と実質GDPの成長率の差であることがわかる。この差

- **貨幣数量説**（quantity theory of money）では、名目GDPに対するマネーサプライの比率は完全に一定であると想定する。

が広がるときには、インフレ率は上昇する。この等式によって、経済データで検証できる明確な予測を立てることができる。

11.3 インフレーション

5章で学んだように、インフレ率とは物価指数の上昇率である。もちろん、物価はつねにプラスに動くわけではない。もしも物価水準が下がれば、その下落は**デフレーション**と呼ばれる。インフレ率が−1％であるというときには、デフレ率が1％であることを意味する。大恐慌期のアメリカと日本の失われた20年のデフレ期を除けば、第2次世界大戦以降は、物価指数は下落するのではなくて、上昇を続けてきた。

インフレーションの原因は何だろうか？

貨幣数量説では、マネーサプライの成長率が実質GDPの成長率を上回るときにインフレーションが起きる。これは、前述の式からも導き出せる。

図表11.2では、1960〜90年の30年間について110カ国のデータを用いてこの関係を調べている。グラフからわかるように、インフレ率（縦軸）は、マネーサプライの成長率から実質GDPの成長率を差し引いた数値（横軸）と密接な関係がある。グラフの変数はすべて年率、つまり1年当たりの増加率で表されている。貨幣数量説では、インフレ率は、「マネーサプライの成長率−実質GDPの成長率」と1対1の同率で上昇すると予測する。この関係は、図表11.2によってもおおむね確認される。各国データのほとんどは、傾き1を示す45度線の近傍にある。このことからも、貨幣数量説が導き出す主要な長期予測が実証的にも確認できる。

図表11.2にも示されているが、1960〜90年の30年間に極めて高いインフレーションを経験した国もある。アルゼンチンのインフレ率が最も高く、1960〜90年の年間平均で80％だった。アルゼンチンの場合には、1980年代の物価の急上昇が、30年間の平均インフレ率を押し上げた。1980年代には物価が1カ月で50％以上上昇したこともあった。

本章の冒頭で述べたとおり、物価水準が3年以内に2倍に達する状態を**ハイパーインフレーション**と言う。ハイパーインフレは、マネーサプライの急激な増加と密接な関連がある。ほとんどの場合に、極端なマネーサプライの増加は、

| ●**デフレーション**(deflation)率(またはデフレ率)とは、物価水準の下落率のことである。

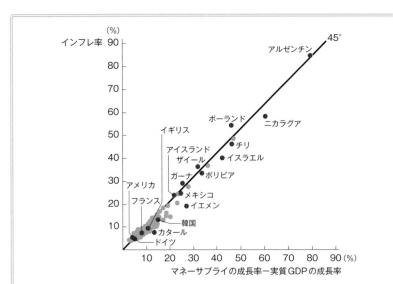

図表11.2　貨幣数量説の長期予測の検証

グラフでは、1960〜90年の30年間について110カ国のデータを用いて、貨幣数量説による長期予測を実証的に検証した。縦軸は、各国のインフレ率（年率換算）である。横軸は、マネーサプライの成長率から実質GDPの成長率を差し引いた数値（年率換算）である。各国は、1つの点で示されている。原点から描かれた傾き1の45度線が、貨幣数量説が予測している関係である。

出所：George T. McCandless and Warren E. Weber, "Some Monetary Facts," *Federal Reserve Bank of Minneapolis Quarterly Review*, Vol. 19, No. 3, 1995, pp. 2-11.

巨額の財政赤字を原因とする。政府の税収が支出より少ないときには、政府は財やサービスを購入するために、民間からお金を借り入れるか、あるいは紙幣を発行する。政府が紙幣を発行し、財やサービスの購入のためにそれを使用すると、流通貨幣が増加するために、マネーサプライも増加する。これが、1922〜23年のドイツで、政府がハイパーインフレーションを引き起こした原因である。

インフレーションが及ぼす影響

　最適化の意思決定に重要な要因が、相対価格――たとえば、労働者の1時間当たりの賃金に対する牛乳1ガロンの価格――だけならば、緩やかなインフレが問題になることはない。原理的には、インフレが財の価格と労働者の賃金の両方を引き上げるならば、労働者が財やサービスを買う能力は経済全体のインフレの影響を受けない。すべての財の価格が5％上昇し、同時に労働者の賃金も5％上昇するならば、相対価格と労働者の購買力は変化しない。インフレが、

すべての財の価格とすべての労働者の賃金を、インフレ率分だけ上昇させるならば、インフレはあまり重要視する問題ではない。

しかし、すべての価格とすべての賃金がつねに同調するように動くわけではない（少なくとも短期的には）。インフレ率の上昇は、一部の人々に予想外の利益をもたらす一方で、別の人々には予想外の損失をもたらす。あなたが雇用主と名目賃金について3年契約を交わしたとしよう。この3年契約の期間中にインフレ率が予想外に上昇した場合には、（あなたの雇用主が契約の更改に応じてくれない限り）この予想外のインフレによりあなたは損失を被る。この例では、損失を被るのはあなたたち従業員であり、企業の株主はこの予想外のインフレで得をする。なぜならば、インフレによって、企業が労働者に支払う賃金のインフレ調整後の実質価値は減少するからである。

次に、インフレと連動していない企業年金（全般的な物価水準の上昇に連動して自動的に年金額が増えるように設定されていない年金）を受給している退職者について考えてみよう。インフレ率の上昇によって、年金の購買力が低下するので、退職者は損失を被ることになる。ここでも、この関係の反対側にいる、企業年金を支払っている株主は得をする。年金の（インフレ調整後の）実質費用は低下するからである。

別の例でも考えてみよう。固定金利で住宅ローンを借りるケースである。住宅を購入するために銀行からお金を借り、固定された（前もって決められた）金利でそのローンを返済する。このときインフレ率が上昇すれば、ローンの実質金利は下がり、住宅ローンの負担は減少する。この場合には、消費者が得をして、銀行の株主は損失を被る。

賃金契約、企業年金、または住宅ローンの支払いなどの契約がインフレーションと連動していない場合には、インフレ率の上昇は、ある経済主体には損失を与える一方で、別の経済主体には利益をもたらす。

上の3つの例では、インフレーションは勝者と敗者を生み出したが、社会全体への影響については明確ではない。インフレが社会に及ぼす影響には、一般的にはマイナスのものもあれば、プラスのものもある。次に、この点について考えていこう。

インフレーションの社会的費用

インフレーションが社会的費用を課すことになる重要な3つの理由について、まず説明しよう。

1. インフレになると営業費用が増える　高いインフレ率の下では、企業は価格を頻繁に変更する必要がある。ハイパーインフレーションが最悪期の1923年のドイツでは、物価は3〜4日おきに2倍になった。これは、物価が1時間ごとにおよそ1%上昇していたことに相当する。あなたが事業を経営するにあたって、1日に何回も新しい値札に付け替える手間を想像してみるといい。このような極端な例ではなくて、年率20%のインフレでも、1年間に何度も価格を変更する必要がある。経済学では、価格を変更する企業の費用を「メニューコスト」と呼ぶ。レストランが価格を変更する際には、新しいメニュー表を印刷することに喩えた表現だ。

2. インフレになると相対価格が変わる　高いインフレ率の下でも、価格は同調して動くわけではない。1部1ドルで販売されている新聞のケースで考えてみよう。隣街にも1部1ドルで販売されているライバル紙があるとする。インフレ率が高いにもかかわらず、一方の新聞社が1ドルの価格に固執すれば、新聞の実質（インフレ調整後の）価格は低下する。言い換えると、全般的な物価水準が上昇するにつれて、1ドルの購買力は下落していく。ここで一方の新聞社が価格を2倍に値上げしたとしよう（新聞を販売している売店の数は変わっていない）。この価格変更の結果、価格は2倍になるが、2社の新聞社が記者に支払っている賃金や印刷費は同じままである。売店の販売価格の差が歪みを生み出す。同一価格であるべき2紙に、一時的にせよ非常に異なる価格が付けられている。価格差がある期間中は、両社とも利益は得られないだろう。価格が安いほうの新聞社は、収益が得られるほど十分な水準の価格に設定されていない（全般的な物価水準の上昇に伴い、労働と印刷の費用が上昇しているためである）。値上げの結果、価格が競争相手の2倍になった新聞社は、急速に読者を失うだろう。結果的に、価格が安いほうの新聞社も2ドルに値上げするだろうが、複雑な組織では、通常は大きな決断が即座に下されることはないので、これには数カ月かかるかもしれない。これはインフレが、相対価格の乱れを生み出し、経済活動の効率性を低下させる、という数多くの例の1つだ。

3. インフレーションは時には価格規制のような非生産的な政策を生む　インフレーションが有権者の怒りを買い、それに反応した政治家が、さらに経済活動を阻害する価格規制などの制度を作り出してしまうことがある。多くの場合に4章で説明した1970年代のガソリン価格の上限規制のような政策は、角を矯めて牛を殺す、という結果となる。たとえば価格規制は、長蛇の行列を作り出したり、供給崩壊などの問題を引き起こすことがある。さらに、その財を

正式な規制価格で運よく獲得した消費者の一部が、地下経済（アングラ・エコノミー）でもっと高い価格で転売するという、価格規制の部分的な失敗に帰す結果となる。価格規制は、その財を消費するために購入するのではなく、別の誰かにより高い金額で転売するために購入しようという、非効率的なインセンティブを消費者に作り出す。

インフレーションの社会的便益

一方で、インフレーションはある種の社会的便益を生み出す。2つの例を紹介しよう。

1. 政府が紙幣を発行すると政府の収入が発生する　新しい紙幣を大量に発行して使用するとハイパーインフレーションが起きるが、少量の新しい紙幣を発行して使用することは、政府にとっては社会的便益をもたらす税収のもとになりうる。しかし、この追加的な政府収入は両刃の剣でもある。政府が支出を増やせば市民は利益を得るが、それがインフレを引き起こせば、市民が所有する紙幣の実質価値を下落させてしまうため市民は損失を被る。しかし紙幣の発行が少量にとどまるのであれば、社会的純便益は正味ではプラスになる。

政府が紙幣を発行することから得られる便益が**通貨発行益**である。大部分の国にとっては、通貨発行益は政府の主たる財源というわけではない。しかしアメリカの場合には、アメリカ紙幣を大量に保有している人々が世界中にはたくさんいるために（特に地下経済の関係者たち）、通貨発行益の重要度は比較的大きい。もちろんアメリカの紙幣の需要には、アメリカ以外の各国の人々による、不安定な自国通貨に代わる安定した価値貯蔵手段の保有を望むという、完全に合法的な理由に基づくものもある。アメリカ政府は毎年、約300億ドルの通貨発行益を得ている。

紙幣を発行することで通貨発行益を得ることができるため、政府がこれを乱用してしまうこともある。多額の財政赤字に苦しむ政府が急速にマネーサプライを拡大させ、結果としてインフレを引き起こす原因になる。最近では、ジンバブエ、イラン、ベネズエラで起こった例がある。

紙幣の大量発行は、政府にとって短期的には魅力がある方法である。しかし長期的には、政府の借金を返済するために紙幣を発行するという方法は、いずれは収拾がつかなくなり、ハイパーインフレという破滅的事態を引き起こすこ

● 政府が紙幣を発行することから得られる便益が**通貨発行益**(seignorage)である。

とになる。

2. **インフレーションが経済活動を刺激する、こともある**　労働者の名目賃金が短期では固定されているとしよう。名目賃金が固定されている理由は、年間労働契約のためであるかもしれないし、また、名目賃金が競争均衡を上回る水準で維持される下方硬直性があるためかもしれない（この点については9章で議論した）。名目賃金が固定されているときには、インフレ率が高まれば、インフレ調整後の賃金は下落する。インフレ調整後の賃金とは、賃金を消費者物価指数（CPI）などの全般的な物価指数で割ったものであるが、これを**実質賃金**と言う。実質賃金の下落は、企業の雇用意欲を増加させる。すなわち、全般的な物価水準の上昇は、企業がより高い価格で財を売ることを可能にするために、企業の労働需要曲線を右にシフトさせる。労働需要曲線の右へのシフトは、雇用とGDPを上昇させる。

インフレーションは、実質金利も引き下げる。10章で学んだように、「実質金利＝名目金利－インフレ率」である。インフレ率が上昇するときに、名目金利が即座に反応しなければ、実質金利は下落する。実質金利とは、お金を借りた場合のインフレ調整後の費用であり、実質金利の下落は、消費と投資のための資金の借入れを刺激する。消費と投資の上昇は（その他すべてを一定として）、GDPを上昇させる。

したがって、適度なインフレは、実質賃金を低下させ（雇用を刺激する）、実質金利を低下させる（消費と投資を刺激する）ことを通して、短期的には経済を刺激する。この点については13章で詳しく議論する。

11.4　連邦準備制度

どの国にとっても、金融制度の中軸となるのは中央銀行である。ここでは、中央銀行の基本的な業務について紹介しよう。景気後退やその他の経済変動に対して、中央銀行がどのように対処するのかという詳しい議論は13章で行う。本章では、中央銀行が裁量を持つ最も重要な手段について紹介して、金融システムの構造と機能について説明する。

中央銀行と金融政策の目的

中央銀行とは、金融機関を監督し、重要な金利を管理し、マネーサプライを

| ●**実質賃金**(real wage)とは、名目賃金を消費者物価指数（CPI）などの、物価指数で割ったものである。

Evidence-Based Economics 根拠に基づく経済学

問い：1922〜23年のドイツでは、なぜハイパーインフレーションが起きたのか？

　第1次世界大戦の終結後、連合国は敗戦した中央同盟国、特にドイツに対して重い賠償金を科した。ドイツの賠償金額は、1919年に調印されたベルサイユ条約で定められたものである。ところが戦後ドイツを引き継いだワイマール共和国は、要求された賠償金額を支払うことができず、フランスはその代償として、ドイツの工業地域であるルール地方を1923年1月に占領したが、それに抵抗したルール地方の労働者はストライキを起こした。これが政府の財政問題とも相まって、ドイツ経済の機能をマヒさせてしまった。経済状況は悪化し、ドイツ政府は税収では財政の必要額の8％しか賄うことができず、その残りは民間からの借入れと紙幣の発行で支払われた。

　図表11.3には、この間に起きたドイツの流通貨幣の爆発的な増加が描かれている。貨幣数量説から予測されるように、ドイツのマネーサプライの急激な増加は（同時に実質GDPの増加を伴うものでない限りは）、インフレ率の急騰を引き起こす。ほかの説明がまったく考えられないわけではないが、ドイツ政府が支出を減少させる、民間からの借入れを増加

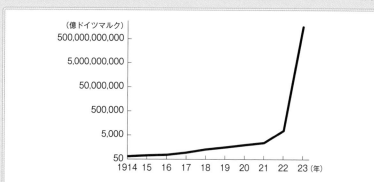

図表11.3 ワイマール共和国期の流通貨幣

1920年代初頭に、ドイツの流通貨幣は爆発的に増加した。

出所：Carl-Ludwig Holtfrerich, *The German Inflation 1914–1923: Causes and Effects in International Perspective*, Berlin/New York: Walter de Gruyter, 1986.

させる、あるいは債務不履行を実行するなどによって、要求された賠償金額を支払うために紙幣を大量に発行することを回避できてさえいれば、ドイツではハイパーインフレは起きなかっただろう、と経済学者たちは考えている。

　ドイツ経済の崩壊は、ナチス党が台頭する舞台を整えることにもなった。ハイパーインフレがピークに達していた時期、1923年11月8日に3,000人のナチス党員がミュンヘンでクーデター未遂事件（ミュンヘン一揆）を起こした。事件の起きた場所からビアホール一揆としても知られるクーデター未遂事件の結果、アドルフ・ヒトラーは逮捕され8カ月投獄された。その間、ヒトラーが獄中で執筆した自伝が『わが闘争』であり、それがナチス党結集の引き金ともなった。

　1922～23年のハイパーインフレが終息した後も、残念ながらドイツ経済の混乱は6年間続くこととなった。1929年には大恐慌がドイツを襲ったが、それは深刻なデフレと失業を伴うものであった。ドイツは、10年あまりの間に3つの経済的大惨事──1918年の第1次世界大戦の敗北と損害（賠償金の支払い）、1922～23年のハイパーインフレ、そして1929年の大恐慌とデフレ──を経験することとなった。大恐慌はドイツの経済的困窮を決定づけるものであった。またそれ以前には不人気だったナチス党が台頭することとなり、1933年にはヒトラーがドイツ首相に就任した。

Q 問い　1922～23年のドイツでは、なぜハイパーインフレーションが起きたのか？

A 答え　ドイツ政府は、第1次世界大戦の敗戦後に連合国により科された賠償金を支払うことができなかった。経済の停滞もあって、ドイツ政府は借金返済のために大量の紙幣を発行したため、ハイパーインフレが引き起こされることとなった。

データ　マネーサプライに関する時系列データ、特に流通貨幣の時系列データ

注意　ドイツのマネーサプライと物価水準は、1922～23年には同時に上昇したが、相関関係が必ずしも因果関係を意味するわけではない。しかしドイツのこのケースでは、ほかにも裏づけとなる証拠は多数存在し、おそらく因果関係があったと考えられる。

間接的にコントロールしている、政府機関である。こうした活動をまとめて**金融政策**と呼ぶ。また中央銀行は、**金融当局**と呼ばれることもある。

アメリカの中央銀行は**連邦準備銀行**であり、**Fed**と略して呼ばれることも多い[*]。Fedは連邦政府ではなく、独立した規制当局であり、連邦政府とはほぼ完全に独立して運営されている銀行である。図表11.4には、12の地域を管轄する連邦準備銀行（地区連銀）と、ワシントンD.C.にある連邦準備制度理事会を示している。Fedの最も重要な政策決定は、連邦公開市場委員会（FOMC）で行われる。FOMCは、12の地区連銀総裁の中から輪番で選ばれる5名と、連邦準備制度理事会の7名の理事によって組織される。

金融政策は、目標と政策手段の両面において多面的である。広義においては、Fedは金融政策を通して2つの重要な目標・目的を追求する——(1)インフレーションを低く、予測可能な水準で安定させること、(2)雇用を（持続可能な）最大水準で実現すること。この2つの目標が、Fedに課された**二重の使命**（デュアル・マンデート）である。

インフレーションを低く、予測可能な水準で安定させるという目標は、「物価の安定」と言い表されることもあるが、この表現は多少の誤解を招くかもしれない。なぜなら、Fedをはじめとするほとんどすべての中央銀行は、実際には「物価の安定」を、年率2%程度のインフレーションと考えているからである。**インフレ目標**とは、長期において非常に低い水準のインフレを達成するように試みる政策を意味する。ほとんどの中央

> Fedは金融政策を通して2つの重要な目標・目的を追求する—(1)インフレーションを低く、予測可能な水準で安定させること、(2)雇用を（持続可能な）最大水準で実現すること。この2つの目標が、Fedに課された二重の使命（デュアル・マンデート）である。

- ●**中央銀行**(central bank)とは、金融機関を監督し、重要な金利を管理し、マネーサプライを間接的にコントロールしている、政府機関である。こうした活動をまとめて**金融政策**(monetary policy)と呼ぶ。
- ●アメリカの中央銀行は**連邦準備銀行**(Federal Reserve Bank)であり、**Fed**と略して呼ばれることも多い。

[*] 日本の中央銀行は、日本銀行である。地区ごとに連邦準備銀行があるアメリカとは違い、1つの銀行であり、全国に32の支店がある。総裁、2名の副総裁、6名の政策委員会審議委員から構成される政策委員会が最高意思決定機関である。いずれも任期が5年である。政策委員会において特に金融政策を決める会議は、金融政策決定会合と呼ばれる。金融政策決定会合の議長はこれまで総裁が務めているが、規則上は委員の互選によるとされていて、論理的には総裁以外が議長となることも可能である。
日本銀行法第1章総則第2条は、「日本銀行は、通貨及び金融の調節を行うに当たっては、物価の安定を図ることを通じて国民経済の健全な発展に資することをもって、その理念とする。」と書かれており、アメリカと違って、物価と雇用が並列して書かれる二重の使命（デュアル・マンデート）とはなっていない。物価の安定が最終的な目標ではなく、国民経済の健全な発展が最終目標である。中央銀行の使命の与え方は国によって様々である。

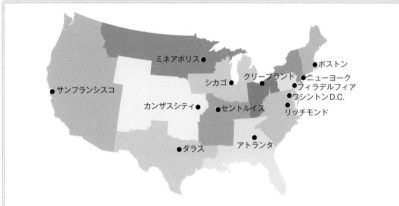

図表11.4 連邦準備銀行の地域区分

連邦準備制度は、1913年に創設された。中央銀行の権限の政治的集中を避けるために、Fedは12の地域に分割された連邦準備銀行（地区連銀）とワシントンD.C.に本拠を置く連邦準備制度理事会に分けられている（アラスカ州とハワイ州はサンフランシスコ地区連銀が管轄。プエルトリコはニューヨーク地区連銀が管轄）。

銀行は、公式あるいは非公式なかたちでインフレ目標を採用してきた。

ユーロを通貨として使用しているヨーロッパ諸国（ユーロ圏諸国）では、欧州中央銀行（ECB）がFedと同じ役割を担っている。しかし、ECBはインフレ抑制と予測可能性をより重要視し、雇用最大化目標には重きを置いていないようにも見える。これは一部には、1920年代のハイパーインフレの悲惨な経験を持つドイツが、ECBの意思決定に影響を及ぼしていることと関係しているかもしれない。

中央銀行は何をしているのか？

中央銀行の業務は、民間銀行の日常業務と密接にかかわったものであり、その内容は多岐にわたっている。第1に、中央銀行は民間銀行、特に大規模銀行に対する規制に関して中心的な役割を担っている。中央銀行は、大手民間銀行の財務状況、つまり「帳簿」の監査を行い、各行に対して決算のバランスシートの資産と債務の項目について正確な報告を求める。民間銀行の資産構成がリスクの高いものになっていると中央銀行が考えたら、民間銀行の決算に対して異議を唱えることもある。中央銀行は、民間銀行の自己資本の規模をモニタリングしており、将来の起こりうるべき損失をも吸収できるだけの十分な自己資本を民間銀行が保有していることを要求する。これらは、いわゆる「ストレス・

テスト」と呼ばれるものであるが、2007〜09年の金融危機以降、こうした業務は中央銀行の役割として重要度がますます増している。

中央銀行はまた、銀行間の決済システムの支援もする。ある銀行が別の銀行に送金する場合を考えてみよう。たとえば、預金者が小切手を切り、その小切手の受取人が違う銀行の口座に入金するときには、中央銀行がその清算手続きをする。仮に、JPモルガン・チェース銀行の顧客が、シティバンクの顧客に100ドルの小切手を切った場合には、FedがJPモルガン・チェース銀行からシティバンクへ100ドル送金して、Fedは小切手を清算する。Fedは、銀行のための銀行としての活動をするのである。

Fedは、民間銀行の準備預金も保有する（銀行の手元現金は含まれない）。準備預金の管理は、Fedが行う最も重要で複雑な役割の1つであり、ここからはこの点に重点を置いて説明する。Fedが準備預金を管理することによって、以下の3点が可能になる。

1. 短期金利、特にフェデラル・ファンド・レートに影響を与える。
2. マネーサプライとインフレ率に影響を与える。
3. 長期実質金利に影響を与える。

雇用がどこに関係しているのか疑問に思われるかもしれない。雇用最大化の持続は、Fedの二重の使命の1つである。金利は、家計と企業の借入意欲に影響を及ぼす。金利が下がると、借入れを刺激するので消費が増える。その結果、労働需要曲線は右にシフトし、雇用が増加する。その逆に、金利が上がると借入意欲が低下するので、消費は減り、その結果として、労働需要曲線は左にシフトして、雇用が減少する。労働市場への影響については、再び13章で触れる。本章では、Fedが準備預金を管理する方法と、準備預金額が金利やマネーサプライやインフレ率に影響を及ぼす理由に重点を置いて説明する。

上記のポイントを理解するため、以下のように進めていこう。

1. 経済における準備預金の役割について説明する。民間銀行の業務を説明するときには10章で紹介した内容についても触れる。準備預金は市場で取引されるものであり、様々な参加者、すなわち準備預金を需要する民間銀行と準備預金を供給する中央銀行がいるのだが、それぞれの役割について説明する。

2. 準備預金市場の均衡について説明する。これが短期の指標金利と関連している（この金利の下で、準備預金の需要量と供給量は等しくなる）。
3. 次に、Fedがマネーサプライとインフレ率に及ぼす影響について説明する。これらは準備預金市場からも影響を受ける。
4. 最後に、家計と企業の投資判断に直接関係している長期金利に対して、短期金利がどのような影響を及ぼしているのかを説明する。

準備預金

10章で定義したように、準備預金とは、民間銀行が中央銀行に保有している預金と、民間銀行の手元現金を合計したものである。準備預金はM2には含まれないことに注意が必要だ。すなわちM2とは、家計と企業（銀行を除いた企業）が財やサービスを購入するために使用できるマネーサプライである。しかし、以下に説明するように、準備預金はマネーサプライに影響を与える。準備預金の量は金融制度の運営に重要な役割を果たしている。それでは、民間銀行はどのように準備預金の量を決めて、必要なときには追加の準備預金をどのように獲得しているのだろうか？

通常の業務では、民間銀行は日常的に必要な金額の資金を持つ必要がある。銀行の準備預金は、この資金の供給源である。

ある1日をとってみれば、とある民間銀行の預金口座への新しい入金額よりも引出し額のほうが多くなることがあるかもしれない。その民間銀行に口座を持つ大企業が、月末の従業員への給与支払いのために、資金を引き出すこともあるだろう。別の大企業は、企業の買収資金として10億ドルを引き出すことがあるかもしれない。また民間銀行にとっては、過去に融資を受けた別の銀行へ返済するための資金も必要であるかもしれない。

これらの事例からもわかるように、民間銀行には**流動性**、つまり、取引を行うために即座に使うことができる資金が必要である。日常業務を行い、かつ法定準備率を満たすだけの十分な資金があるならば、その民間銀行には十分な流動性資産があると言える。法定準備率は中央銀行によって設定される。アメリカでは、現在の法定準備率は、民間銀行の要求払い預金の10%である。当座預金やその他の預金口座などの要求払い預金からは、事前予告なしに（「要求に応じて」）預金を引き出すことができる。要するに、民間銀行は、要求払い

● **流動性**（liquidity）とは、即座に支払いに使うことができる資金のことである。見方を変えれば、即座に（要求に応じて）支払いに使える資金は流動性を持っていることになる。

預金の10%に相当する金額の準備を（手元現金、またはFedへの預金として）保有していなければならない。この法定準備率で要求された水準を超えた準備は、超過準備と言われる。

銀行が取引を行うために資金——流動性——が必要な際の第1の防御線が、自行の手元現金であり、または中央銀行への預金として保有されている準備預金だ。銀行に十分な準備預金があれば、日常の資金需要に応じてそれらは使用される。しかし、業務を行うには十分な準備が不足するという場合もある。短期に追加資金を工面する方法が見つけられなければ、銀行は新規融資ができないかもしれないし、さらに困った状況では、お金を引き出したい預金者に払い戻しができないかもしれない。

幸いにも、銀行には追加の流動性を得る方法がある。他の銀行から資金を借りるのである。ある銀行で多額の預金引出しがあった場合には、おそらくその一方に多額の預金が預け入れられている銀行が存在する。すべての銀行が突然多額の引出しに遭遇するという可能性がないわけではないだろうが、多くの場合に問題は、流動性の必要性は銀行業界全体の現象というよりも、限られた銀行にのみ生じる現象である。

これを理解するには、ゼネラル・エレクトリック（GE）社などの大手企業の給料日に何が起こるのかを想像してみるといい。GE社の30万人の従業員は1カ月当たり平均約7,000ドルの給与を得ている。簡単化のため、GE社はすべての現金を1つの銀行にまとめて預金し、月に1回の従業員への給与支払いをすべて電子送金（銀行振込み）で行っているとしよう。給料日の当日には、GE社の銀行口座からは、30万人×7,000ドル＝21億ドルが減少する一方で、GE社の従業員の銀行口座残高では21億ドルが増加する。仮にGE社と従業員全員の口座が同じ銀行にあるとすれば、銀行の預金から引き出された金額と預金に振り込まれた金額が相殺されるので、預金引出しは正味では起こらない。

（より現実的な想定として）口座が別々の銀行にあった場合でも、GE社側の銀行からは21億ドルの預金が引き出される一方で、従業員側の銀行には21億ドルの預金が預け入れられるだろう。この時点では、GE社側の銀行では準備預金が不足するかもしれないが、その一方で従業員側の銀行は超過準備であふれているだろう。GE社側の銀行は不足に対処するために準備預金の借入れを希望し、従業員側の銀行は超過準備の貸出しを希望するだろう。

ここで、**フェデラル・ファンド市場**が登場する*。フェデラル・ファンド市場は、銀行がお互いに準備預金の貸し借りをする場だ。この市場では、銀行は

通常は期限を1日（24時間）とするローンを組むため、フェデラル・ファンド市場はオーバーナイト市場とも言われる。ローンは通常は朝に組成され、翌朝には返済される。実際には、連邦準備銀行にある準備預金によってローンが組成されることから、フェデラル・ファンドという名前がつけられた。フェデラル・ファンド市場の金利は、**フェデラル・ファンド・レート**である。

オーバーナイト・ローンと聞くと奇妙なものに感じられるかもしれないが、大手銀行にとっては銀行間で非常に手際よくローンが組成されるために、24時間（あるいはそれ以下の時間）を期限とするローンであっても十分に有用なのである。個人で考えるならば、24時間を期限とする住宅ローンを提示されたとしても、誰も借りようとは思わないだろう。毎朝すべての書類にもう一度サイン（署名）するという作業を、毎朝、30年間にわたって続けようとは考えないだろう。しかし、大手銀行は、お互いに何十億ドルものローンを毎朝一瞬のうちに組成する。毎朝、各銀行はその日の業務に必要な流動性資産の量を見積もり、それに従って貸し借りを行う。翌朝もこれと同じことが繰り返される。

フェデラル・ファンド市場の需要サイド

図表11.5には、準備預金の需要曲線が描かれている。正確に言うと、民間銀行が連邦準備銀行に預金として預けている準備預金である（民間銀行の手元現金は含まれない）。縦軸はフェデラル・ファンド・レート、横軸は準備預金の量である。準備預金の需要曲線は、民間銀行が保有する準備預金の総額であるという点に注意が必要だ（借入れをした準備預金だけではない）。したがって、100億ドルの準備預金を保有している銀行Aが、その中から10億ドルを銀行Bに貸し出したときには、準備預金の正味の需要は以下の式となる。

$$\underbrace{(100億ドル}_{\text{銀行Aの当初の準備預金}} - \underbrace{10億ドル)}_{\text{銀行Bに対する準備預金の貸出し}} + \underbrace{10億ドル}_{\text{銀行Bによる準備預金の借入れ}} = 100億ドル$$

二重計算を防ぐために、貸し出された10億ドルの準備預金は、借り入れた

- **フェデラル・ファンド市場**(federal funds market)とは、銀行が準備預金の貸し借りをオーバーナイト・ローンによって組成する市場である。
- **フェデラル・ファンド・レート**(federal funds rate)とは、銀行がフェデラル・ファンド市場のオーバーナイト・ローンに対して要求する金利である。貸出しに利用される資金は、連邦準備銀行にある準備預金である。

* 日本の場合、フェデラル・ファンド市場に相当するのは、コール市場である。フェデラル・ファンド・レートに対応するのは、コール・レートである。

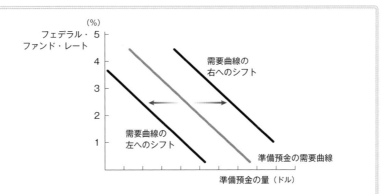

図表11.5　フェデラル・ファンド市場の需要曲線

準備預金の(正味の)需要曲線は右下がりである。フェデラル・ファンド・レートが高い場合には、準備預金を保有する費用が増加し、最適化行動をとる銀行が需要する準備預金の量は減少するからである。逆に、フェデラル・ファンド・レートが低い場合には、銀行が需要する準備預金の量は増加する。フェデラル・ファンド・レートの変化は、その他すべてを一定として、需要曲線に沿った動きとなる。景気拡大期や景気収縮期には、預金量(後出)が変化したり流動性に対するニーズが変化したりするために、需要曲線全体がシフトする。

銀行にとっての準備預金としてのみ計算される。この例では、民間銀行が保有する準備預金の総額は100億ドルのまま変化していない。

　需要曲線は、フェデラル・ファンド・レートの水準と、それに対応して民間銀行が需要する準備預金の総額の組み合わせを示している。準備預金を保有する費用——すなわち、準備預金を借り入れるために支払う金利——が低下すると、最適化行動をとる銀行はより多くの準備預金を保有することを選択するので、需要曲線は右下がりとなる。準備預金は銀行にとってのセーフティネットであり、セーフティネットの費用が減少すれば、銀行はより大きなセーフティネットを保有することを好む。

　したがって、金利が下落すると、準備預金の需要量は増加する。フェデラル・ファンド・レートの変化は(その他すべてを一定として)、準備預金の需要曲線に沿った移動を引き起こす。

　一方で、フェデラル・ファンド・レート以外の要因が変化した場合には、需要曲線の全体がシフトする。準備預金の需要曲線のシフトは、所与の(ある与えられた)フェデラル・ファンド・レートに対応して準備預金の需要量が変化した結果である。準備預金の需要曲線をシフトさせるのは、以下に示す5つの主要な原因があるのだが、最後の2つはFedが直接コントロールできるものである。

- **景気拡大、または景気収縮** 景気拡大期には、民間銀行は、顧客に新しいローンを提供するためには流動性を必要とする——たとえば製造会社などが、新しい工場を建設して生産を拡大したいと考えているかもしれない。準備預金は、こうしたローンの資金として使用できる流動性を提供する。したがって、民間銀行の新規融資の拡大は、準備預金の需要曲線の右へのシフトを引き起こす。同じように、民間銀行の新規融資の収縮は準備預金の需要曲線の左へのシフトを引き起こす。
- **流動性の必要度の変化** 銀行からの巨額の資金流出が予想される銀行取付け騒ぎの発生などが考えられる場合にも、準備預金の需要は増加する。預金の払い戻しには流動性を必要とするが、これはまさしく準備預金が提供するものだ。したがって、大量の預金の払い戻しが予想されるときには、準備預金の需要曲線は右にシフトする。
- **預金量の変化** 準備預金の需要は、預金残高の総額に比例する。アメリカでは法定準備率によって、銀行に対して、顧客の預金残高の10％相当額を手元現金かFedの預金として保有することを義務づけている。したがって、預金残高が増加するときには、準備預金の需要曲線は右にシフトする。その逆に、預金残高が減少するときには、準備預金の需要曲線は左にシフトする。
- **法定準備率の変化** Fedには10％とされている法定準備率を変更する権限がある。この権限を使うことはまれではあるが、Fedが法定準備率を引き上げると、準備預金の需要曲線は右にシフトする。その逆に、Fedが法定準備率を引き下げると、準備預金の需要曲線は左にシフトする。
- **Fedの準備預金に対して支払われている金利の変化** Fedは、民間銀行によるFedの預金——すなわち、民間銀行がFedに保有している準備預金——に対して、わずかではあるが金利を支払っている。2014年にFedは、民間銀行の準備預金に対して0.25％の金利を支払った。Fedがこの金利を引き上げれば、準備預金を預けることが民間銀行にとって利益になるので、準備預金の需要曲線は右にシフトする。その逆に、Fedがこの金利を引き下げると、準備預金から得られる利益は減少するため、準備預金の需要曲線は左にシフトする。

図表11.5には、準備預金の需要曲線の左右へのシフトが描かれている。

11.4 フェデラル・ファンド市場の供給サイド、およびフェデラル・ファンド市場の均衡

次に、フェデラル・ファンド市場を供給サイドから見てみよう。Fedの日常業務を理解するためには、準備預金の供給曲線はFedが毎朝設定する垂直な線で表される、と考えるとわかりやすい。Fedはこの垂直な供給曲線を毎日左右に動かしているのだが、ここではまず、垂直な供給曲線は需要曲線の左右へのシフトに対しては反応しないという簡単なモデルに基づいて説明しよう（図表11.6）。

フェデラル・ファンド市場における供給曲線と需要曲線の交点が、**フェデラル・ファンド市場均衡**である。この交点では、民間銀行による準備預金の需要量とFedが提供する準備預金の供給量が等しくなる。また、この交点がフェデラル・ファンド市場の均衡レートである。

実際には、準備預金（民間銀行がFedに保有している準備預金）は、Fedが民間銀行に対して発行する電子的に記録された借用証書である。民間銀行は、準備預金と引換えにFedに資産を売却することになるが、そのほとんどが政府の債券である。すなわち、連邦政府が直接発行する国債、あるいは、住宅ローン市場に資金を提供する連邦住宅抵当公庫（ファニーメイ）などの政府支援機関が直接発行する債券である。

Fedが民間銀行が保有する準備預金の量を増やそうと考えた場合には、民間銀行から国債を購入し、その代わりに民間銀行が保有している電子的に記録された準備預金を増加させる。その逆に、Fedが民間銀行が保有する準備預金の量を減らしたいと考えた場合には、民間銀行に国債を売却し、その代わりに民間銀行が保有している準備預金を減少させる。国債を売買することによって、Fedはフェデラル・ファンド市場の垂直な供給曲線を左右にシフトさせ、民間銀行が（Fedに）保有している準備預金の量をコントロールする。このような取引が**公開市場操作**であり、Fedの最も重要な金融政策の手段になっている。

- フェデラル・ファンド市場における供給曲線と需要曲線の交点が、**フェデラル・ファンド市場均衡**（federal funds market equilibrium）である。
- Fedが民間銀行が保有する準備預金の量を増やそうと考えた場合には、民間銀行から国債を購入し、その代わりに民間銀行が保有している電子的に記録された準備預金を増加させる。その逆に、Fedが民間銀行が保有する準備預金の量を減らしたいと考えた場合には、民間銀行に国債を売却し、その代わりに民間銀行が保有している準備預金を減少させる。国債を売買することによって、Fedはフェデラル・ファンド市場の垂直な供給曲線を左右にシフトさせ、民間銀行が（Fedに）保有している準備預金の量をコントロールする。このような取引が**公開市場操作**（open market operation）である。

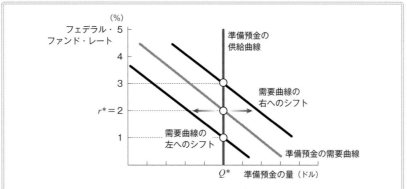

図表11.6 フェデラル・ファンド市場の均衡

Fedは準備預金の供給を1日ごとに固定させているため、準備預金の供給曲線は垂直になる。右下がりの需要曲線と供給曲線の交点が、フェデラル・ファンド市場均衡である。Fedは需要曲線の動きに反応して供給曲線をシフトさせないと想定すると、需要曲線の左へのシフトがフェデラル・ファンド・レートを引き下げるのに対して、需要曲線の右へのシフトはフェデラル・ファンド・レートを引き上げる。

公開市場操作による取引については、図表11.7に示した（13章でも再び取り扱う）。

Fedが金融政策を実行する方法には、2つの選択肢がある。第1の方法について、図表11.6に基づいて考えてみよう。この場合には、需要曲線がシフトしてもFedの準備預金は変化せず一定である。この方法が採用された場合には、需要曲線のシフトは、フェデラル・ファンド・レートの変化を引き起こす。

第2の方法は、フェデラル・ファンド・レートの目標水準を実現できるように準備預金の量を調節することである。図表11.8は、フェデラル・ファンド・レートの目標金利（ここでは2%水準）を実現する準備預金の量を決める方法が示されている。この場合には、Fedは、最初にフェデラル・ファンド・レートの目標を決定し、そのフェデラル・ファンド・レートに適合する需要曲線上の点を見つける。Fedは、その需要曲線上の点に対応した量の準備預金を提供する。このような方法によって、Fedは、たとえ需要曲線が毎日シフトしたとしても、フェデラル・ファンド・レートを一定の水準で維持することができる。需要曲線が右にシフトするときには、Fedは、フェデラル・ファンド・レートが上昇しないように、準備預金の供給を増加させる。需要曲線が左にシフトするときには、Fedは、フェデラル・ファンド・レートが下落しないように、準備預金の供給を減少させる。

過去30年間を通して、Fedでは、図表11.6で説明した第1の方法ではなく、

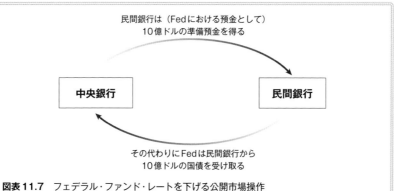

図表11.7 フェデラル・ファンド・レートを下げる公開市場操作

公開市場操作とは、中央銀行と民間銀行との間の取引である。図に示した例では、Fedが10億ドルの借用証書を民間銀行に渡すことが、Fedにおける準備預金になる。その代わりに、Fedは民間銀行から10億ドルの国債を受け取る。

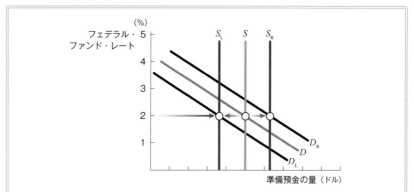

図表11.8 フェデラル・ファンド・レートを一定の水準に維持するための準備預金の供給量

Fedは、準備預金の需要曲線のシフトに対応して、フェデラル・ファンド・レートを一定の水準に維持するために準備預金の量を調整する。準備預金の需要曲線が右へシフトする場合($D→D_R$)には、Fedは、準備預金の新しい供給曲線と新しい需要曲線が、同じフェデラル・ファンド・レートの水準で交わるように、準備預金の当初の供給曲線を右にシフトさせる必要がある($S→S_R$)。その逆に、準備預金の需要曲線が左にシフトする場合($D→D_L$)には、Fedは準備預金の当初の供給曲線を左にシフトさせる必要がある($S→S_L$)。

　図表11.8で説明した第2の方法へと実行する方法を転換させてきた。1995年以降には、連邦公開市場委員会（FOMC）はフェデラル・ファンド・レートの目標水準（または目標範囲）について定期的に公表するようになっている。

　図表11.8は、準備預金の需要曲線がシフトしたときに、Fedがフェデラル・ファンド・レートを一定の水準に維持するために実行する方法を示している。

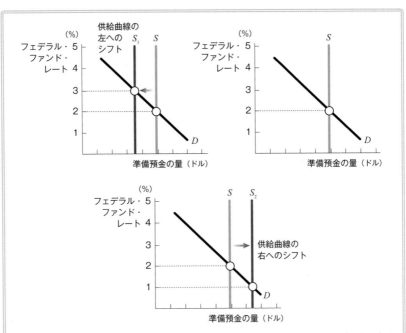

図表 11.9 準備預金の供給曲線のシフトによって誘発されるフェデラル・ファンド・レートの変化

Fedは、準備預金の供給曲線を左にシフトさせることによって、フェデラル・ファンド・レートを上昇させることができる。このシフトによる新しい均衡点では、フェデラル・ファンド・レートはより高い水準になる。同様にFedは、準備預金の供給曲線を右にシフトさせることによって、フェデラル・ファンド・レートを下落させることができる。このシフトによる新しい均衡点では、フェデラル・ファンド・レートはより低い水準になる。

これはまさしく、1980年代後半以降にFedがほぼ毎日行っている方法である。しかし時にはFedは、経済に影響を与える目的でフェデラル・ファンド・レートを変更することがある。13章で説明するが、金利が引き上げられると経済成長は抑制され、金利が引き下げられると経済成長は刺激される。Fedが金利を上げたり下げたりする理由については、後の章でさらに説明するが、ここでは、Fedが行う方法について説明する。

図表11.9には、Fedが準備預金の供給曲線を左にシフトさせることによって、フェデラル・ファンド・レートを上昇させる方法が示されている。すでに学んだことであるが、Fedは、国債を民間銀行に売却し、民間銀行は準備預金を使って国債を購入することによって、民間銀行がFedに預けている準備預金の量は減少する。その結果、準備預金の供給曲線を左にシフトさせることができる。

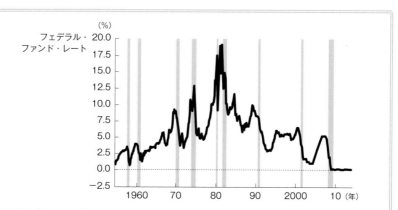

図表11.10 フェデラル・ファンド・レート：1954年7月～2014年1月

第2次世界大戦後のフェデラル・ファンド・レートの変動は激しいものであった。景気後退期（図では網掛けされている）には、フェデラル・ファンド・レートは下落する傾向にあった。経済が停滞している時期には、Fedはフェデラル・ファンド・レートを引き下げることによって経済を刺激することを図ったのである。

出所：連邦準備制度理事会。

供給曲線のシフトによって新しい均衡点へと導かれ、準備預金の「価格」はより高くなる——すなわち、フェデラル・ファンド・レートは上昇する。

同じ図表11.9には、Fedが準備預金の供給曲線を右にシフトさせることによって、フェデラル・ファンド・レートを下落させることができることも示されている。Fedは、民間銀行から国債を購入して、その国債の代金として民間銀行に追加の準備預金を与えることによって、供給曲線を右にシフトさせることができる。この供給曲線のシフトによって新しい均衡点へと導かれ、準備預金の「価格」をより低いものにする——すなわち、フェデラル・ファンド・レートは下落する。

図表11.10には、1954年7月から2014年1月に至るフェデラル・ファンド・レートの過去の変動が示されている。グラフにも示されているように、フェデラル・ファンド・レートは急激に上昇することもある。こうした乱高下は、準備預金の供給曲線のシフトによって引き起こされたり（図表11.9）、準備預金の需要曲線のシフトによって引き起こされたりする（図表11.6）。

まとめ：Fedはフェデラル・ファンド・レートをどのようにコントロールしているのだろうか？ ここまでの議論をまとめてみよう。Fedは、準備預金の供給量を（公開市場操作を通して）シフトさせるか、あるいは準備預金の需要

曲線をシフトさせることによって、フェデラル・ファンド・レートに影響を及ぼすことができる。Fedは、法定準備率を引き上げる（2014年6月時点では要求払い預金の10%）か、あるいは、準備預金に対して支払う金利を引き上げる（2014年6月時点では0.25%）ことによって、準備預金の需要曲線を右にシフトさせることができる。こうした需要曲線を

> Fedは、フェデラル・ファンド・レートに影響を及ぼす3つの基本的な政策手段を持っている。(1)準備預金の供給量を変化させる、(2)法定準備率を変更する、(3)準備預金に対して支払う金利を変更する、の3つの政策手段である。

シフトさせる政策にはどちらも、フェデラル・ファンド・レートの均衡点を上昇させる効果がある。

　一方でFedは、法定準備率を引き下げるか、あるいは、準備預金に対して支払う金利を引き下げることによって、準備預金の需要曲線を左にシフトさせることができる。こうした需要曲線をシフトさせる政策にはどちらも、フェデラル・ファンド・レートの均衡点を下落させる効果がある。

　要するに、Fedは、フェデラル・ファンド・レートに影響を及ぼす3つの基本的な政策手段を持っている。(1)準備預金の供給量を変化させる、(2)法定準備率を変更する、(3)準備預金に対して支払う金利を変更する、の3つの政策手段である。今日ではFedは主に、（公開市場操作を通して）金利に影響を与えるために準備預金の供給量を変化させる手段に重点を置いて実施している。第2の手段である、法定準備率の変更はめったに実施されることはなくなった。アメリカで法定準備率が最後に変更されたのは、1992年だった。第3の手法である準備預金の支払いに対する金利が変更されることもほとんどない（実際にこの政策が行使されたのは、2008年に議会で承認された1回のみ）が、将来はもっと行使されることが予想されている。

Fedはマネーサプライとインフレ率にどのような影響を及ぼすのか？

　フェデラル・ファンド・レート、すなわち重要な短期金利の決定に関する議論はこれで完了した。これは、Fedが準備預金を管理することを通して及ぼす3つの影響力の第1のものであった。続いて第2の、Fedがマネーサプライとインフレ率に対して与える影響力について説明する。

　実際には、Fedはマネーサプライやインフレ率を直接コントロールすること

はできない。現実には、Fedは準備預金の量を管理している。それゆえに、Fedがマネーサプライをコントロールしていると誤解している人も多い。しかし実際には、準備預金はマネーサプライの一部ではない。マネーサプライは、家計や企業が民間銀行に預けている預金と流通貨幣により構成されている。

マネーサプライやインフレーションを直接にはコントロールしてはいないものの、Fedはこれらの重要なマクロ経済変数に影響を及ぼそうとはする。インフレは（雇用とともに）Fedの二重の使命の1つであるが、マネーサプライは違う。このため、Fedの大きな関心はインフレに向けられており、マネーサプライへの関心は間接的なものである。したがって、インフレ率がFedの目標である2%に近い場合には、Fedはマネーサプライの成長率の短期的変動に関しては気にしない。

長期的には、貨幣数量説の実証分析で学んだように、インフレ率は、マネーサプライの成長率から実質GDPの成長率を差し引いたものとおおむね等しくなる。この関係があるため、インフレ率がFedのインフレ目標を上回りはじめたときには、Fedはマネーサプライの成長率を抑制しようとする。

ここで留意しなければいけないのは、銀行が新しいローンを組むとマネーサプライは上昇する、という点だ。シティバンクで20万ドルの住宅ローンを組んだ住宅購入者の例で考えてみよう。住宅を売った人は、住宅の購入者からその代金を受け取り、自分の銀行に預金する（預金するのは、シティバンクであるかもしれないが、別の銀行であるかもしれない）。この預金は、マネーサプライを20万ドル分だけ増加させる。すなわち、この新規住宅ローンが組成されたことが、マネーサプライを20万ドル分だけ増加させ、結果として、新規の住宅ローンが数多く組成されたときには、マネーサプライは急増する。Fedは、マネーサプライの成長を抑制しようと考えたときには、民間銀行による家計や企業への融資の増加を抑制する手段を用いる。

次で説明するように、フェデラル・ファンド・レートは、長期金利に影響を及ぼす。この長期金利は、家計と企業が需要する新規融資に影響を及ぼす。すなわちFedは、フェデラル・ファンド・レートを引き上げることによって、家計や企業にとっての金利を上げ、これによって銀行融資の需要量を下げ、マネーサプライの成長率を下げる。

まとめ：Fedがマネーサプライとインフレ率に及ぼす影響 Fedは、3つの手段を用いてフェデラル・ファンド・レートを上昇させることができる。Fed

> **CHOICE & CONSEQUENCE**
> ## 選択の結果
>
> ### フェデラル・ファンド市場以外で準備預金を得る
>
> 通常であれば、フェデラル・ファンド市場は何の問題もなく動いている。追加の準備が必要な銀行はそれを借り入れているし、余分な準備を持っている銀行はそれを貸し出している。しかし通常ではないとき、たとえば金融市場でパニックが起きているようなときには、超過準備を持っている銀行にとっては信頼に足る銀行がどこであるかがわからなくなり、フェデラル・ファンド市場が機能不全に陥る可能性がある。どの銀行が健全な――すなわち、貸し手に対する返済能力がある――状態であり、どの銀行が健全ではない（債務超過に陥っている）のかがわからなくなっている。こうした状況では、超過準備を持つ銀行は、準備預金を貸し出そうとはしなくなるだろう。
>
> そうした危機が起こると、必要な準備預金を調達できない銀行も出てくるかもしれない。このようなときにはFedが介入して、資金が必要な銀行に準備預金を提供することができる。これは「連銀貸出し（または割引窓口、discount window）」と呼ばれる機能である。割引窓口による融資は、フェデラル・ファンド市場から調達できる資金よりも金利が高いことから、連銀貸出しは民間銀行が準備預金を借り入れる際の最後の手段となっている。これが、Fedが「最後の貸し手」と呼ばれるゆえんである。ほかに手段がないときには、銀行は準備預金をFedから直接借り入れることができるからだ。

は、第1に、公開市場操作を通して準備預金の量を減少させる。第2に、法定準備率を上昇させる。第3に、準備預金に対して支払う金利を引き上げる。これらの3つの政策はフェデラル・ファンド・レートを上昇させて、家計と企業の借入れ金利を上昇させる。結果として、フェデラル・ファンド・レートの上昇は、家計や企業に対する融資の増加を抑制し、マネーサプライの成長を抑制するとともに、インフレ率を下落させる。その逆に、フェデラル・ファンド・レートが引き下げられるときには、家計や企業に対する融資は増加し、マネーサプライとインフレ率はともに上昇する。

フェデラル・ファンド・レートと長期実質金利の関係

ここまでは、Fedが準備預金の管理を通して及ぼす3つの影響力のうち、最初の2つについて学んできた。ここからは、第3の影響力について学ぶ。銀行

準備の市場に介入することによって、Fedはフェデラル・ファンド・レートと長期実質金利の両方に影響を及ぼすことができる。すでに学んだとおり、実質金利はローンの実質価格であると定義できる。言い換えるならば、インフレ調整後のローンの価格である。実質金利は以下のように定義される。

　　　　実質金利＝名目金利－インフレ率

　次の例で考えてみよう。インフレ率が2%の国で、ある企業が5%の名目金利で100ドルを1年間借りたとする。1年後、その企業の返済額は、100ドル×（1年＋0.05）＝105ドル、になる。しかし、インフレによって、このお金の購買力は減少する。インフレ率は2%であるので、返済した105ドルの購買力は、105ドル／（1年＋0.02）となり、最初にローンが組まれた年では約103ドルの価値でしかない。これは借入額より3ドル高いだけだ。すなわち、借り手の実質費用は3ドルのみであり、これは最初に借り入れた100ドルの3%に相当する。一般的に、ローンの実質費用は、名目金利からインフレ率を差し引いたものである。この例では実質金利は、5%－2%＝3%と計算される。

　投資は、長期名目金利から長期インフレ率を差し引いた**長期実質金利**に依存する。経済学で長期と言うときは、少なくとも10年先までの期間を意味する。多くの投資は、少なくとも10年間にわたって資金を必要とするため、長期実質金利は経済に直結している。住宅ローンには、その返済期間が30年間に及ぶものもある。2階建て大型旅客機の「スーパー・ジャンボ」エアバスA380の開発のように、大手企業の研究開発プロジェクトでは、構想段階から完成披露まで20年かかることもある。

　対照的に、フェデラル・ファンド・レートは短期名目金利である。したがって、Fedが基本的に管理している短期金利と、ほとんどの投資判断に重要な影響を及ぼしている長期実質金利とは直接には対応しているわけではない。フェデラル・ファンド・レートが長期実質金利に及ぼす影響力について理解するために、ローンが組成されたときに期待される実質金利について考えてみよう。これは、ローンの期間に対して（実際に）実現した実質金利とは異なったものとなるかもしれない。したがって、実現した実質金利と期待される実質金利は区別する必要がある。

　実現した実質金利は、以下のように定義される。

　　　　実現した実質金利＝名目金利－実現したインフレ率

- **長期実質金利**（long-term real interest rate）とは、長期名目金利から長期インフレ率を差し引いたものである。
- **実現した実質金利**（realized real interest rate）とは、名目金利から実現したインフレ率を差し引いたものである。

たとえば、2010年12月31日に借り入れて、2020年12月31日に返済するローンで考えてみよう。ここで実現した実質金利は、2010年12月31日に契約で合意した名目金利から、2010年12月31日から2020年12月31日の期間に実現したインフレ率を差し引いたものである。実現したインフレーションとは、対象期間に実際に起こったインフレであることに注意しよう。ローンの契約時点では、借り手には実現したインフレ率がどのぐらいになるかはまだわからない。したがって借り手には、2020年12月31日のローンの返済時までは実現した実質金利を計算することはできない。

しかし、現在とローン返済時点の間のインフレ率について予想（これを「期待」と呼ぶ）することはできる。すなわち、この期待インフレ率を用いることによって、密接に関連している概念である**期待実質金利**を以下のように定義できる。

期待実質金利＝名目金利－期待インフレ率

ローンが組成されるときには、最適化行動をとる借り手も貸し手もともに期待実質金利について考えるだろう。この時点では、実現したインフレ率はまだわからない。期待実質金利が人々の判断に重要な役割を果たすので、その構成要素の1つであるインフレ期待は重要だ。**インフレ期待**とは、経済主体による将来のインフレ率の予想である。

ここまでの議論によって、フェデラル・ファンド・レートの変化がどのように期待長期実質金利に影響を及ぼすのかを考えるための準備は整った。一致した見解はないものの、フェデラル・ファンド・レートが変化するときには期待長期実質金利が——同じ方向に——変化する傾向もある、という点ではおおよその合意が得られている。

フェデラル・ファンド・レートが低下すれば、民間銀行はフェデラル・ファンド市場においてより低い金利で準備を借り入れることができるようになる。借入れ費用が下落した民間銀行は、より低い金利でローンを提供しはじめる。これによって、民間銀行の信用供給（曲線）は右にシフトする。

さらに、長期ローンは、実質的には

> 一致した見解はないものの、フェデラル・ファンド・レートが変化するときには期待長期実質金利が—同じ方向に—変化する傾向もある、という点ではおおよその合意が得られている。

- **期待実質金利**(expected real interest rate)とは、名目金利から、期待インフレ率を差し引いたものである。
- **インフレ期待**(inflation expectation)とは、経済主体による将来のインフレ率の予想である。

> **CHOICE & CONSEQUENCE**
> **選択の結果**
>
> **インフレ期待の2つのモデル**
>
> 　人々は、実際にはどのようにしてインフレ期待を形成しているのだろうか？ インフレ期待は、近い過去のインフレ水準によって決まる、と考える経済学者もいる。たとえば、「予想される来年のインフレ率は、去年に実現したインフレ率だ」という具合である。これは適応的期待とされるものであるが、過去を振り返って形成されるインフレ期待である。将来が近い過去の姿に似ていると考えるのは自然なことであり、このような過去を振り返って形成されるインフレ期待を考えることはもっともらしいことである。
>
> 　しかし、将来起きることが近い過去に起きたことと同じであると信じることが、最も合理的である、とは言い切れない。適応的期待理論が予測するよりも、人々はもっと洗練された予想をする、と考えている経済学者も多い。このような適応的期待モデルを批判する経済学者が想定するのが、合理的期待モデルである。これは、人々がインフレ期待を形成するにあたっては、入手できるすべての情報を、最も洗練された方法で活用することによって予想すると想定するモデルである。経済主体が合理的期待を持っているときには、彼らは経済の動きをよく理解し、それを活用してできる限り良い予測を立てる有能な予測士である。
>
> 　この合理的期待形成モデルは、人間の合理性の能力を過大評価しているという批判もある。経済学者たちによって、これらの2つのモデルが——または人の期待の形成に関する別のモデルが——消費者と労働者の現実のインフレ期待を表しているかについて、長年議論が続けられてきたのだが、まだ決着はついていない。

たくさんの短期ローンが連結することで成り立っているため、長期の名目金利が下がる。すなわち、10年ローンとは、1年ローンが1つひとつ連結したものであると考えることができる——これは、車両が連結された貨物列車に似ている。フェデラル・ファンド・レートが下落すると、民間銀行が組成するローンの最初の1年分の費用は低下する。フェデラル・ファンド・レートが変化するとき、その変化の方向は通常は少なくとも数年間は反転しないため、10年ローンとして連結されている1年ローンの最初の数年間分が影響を受ける。10年を返済期限とする長期ローンの名目金利とは1年ローンの10回分の平均であると考えられる。フェデラル・ファンド・レートの変化により、1年ローンの最初の数回分が影響を受けるため、長期名目金利も同じ方向に変化する。

|1年ローン|1年ローン|1年ローン|1年ローン|1年ローン|1年ローン|1年ローン|1年ローン|1年ローン|1年ローン|

10年ローン

より具体的な数値例で考えてみよう。Fedがフェデラル・ファンド・レートを4%から3%に引き下げ、この変更が2年間は継続した後、3年目にはまた4%に戻すとする。このとき10年間の名目金利は、1年ローンの10回分の平均であると考えられるので、4%から3.8%に下がる。最初の2回のローンは3%で、残りの8回分のローンが4%になるため、1年ローンの10回分の平均は以下の式となる。

$$\frac{3\% + 3\% + 4\% + 4\% + 4\% + 4\% + 4\% + 4\% + 4\% + 4\%}{10} = 3.8\%$$

次に、（ここで計算した）長期名目金利の変化が期待長期実質金利にどのように影響を及ぼすのかを見る必要がある。そのためには、金融政策が、長期名目金利と期待長期インフレ率の両方に及ぼす影響について考えることが必要である。

まず、フェデラル・ファンド・レートが下落したにもかかわらず、インフレ期待が変わらないときには、何が起こるのかを想像してみよう。もしもインフレ期待が変わらないにもかかわらず、名目金利が下落したときには、期待実質金利は低下する。したがって、フェデラル・ファンド・レートの下落は長期名目金利を引き下げ、期待長期実質金利を下落させる。

図表11.11は、こうした関係を整理したものである。この例では、中央銀行に預けられている準備預金の増加からはじまる。この変化は、Fedが行った公開市場操作の結果である。このとき、Fedは銀行から国債を購入して、その国債の代価として銀行に準備預金を供給する。準備預金の供給曲線の右へのシフトは、フェデラル・ファンド・レートを引き下げる――この例では、4%から3%への下落である。そして、これが長期名目金利を4%から3.8%に下落させる。期待長期インフレ率が2%で維持されているならば、期待長期実質金利は（公開市場操作が実施される以前の）4% − 2% = 2%、から、（公開市場操作が実施された後には）3.8% − 2% = 1.8%、に下がる。

ここでインフレ期待が変わる場合には、分析はもっと複雑なものになるのだが、その場合であっても、期待長期実質金利は通常は、フェデラル・ファンド・レートが引き下げられるときにはそれに反応して下落する。

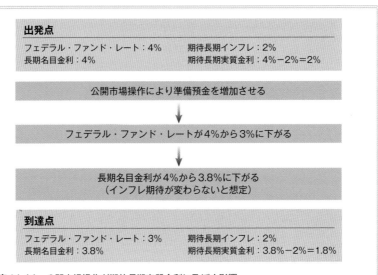

図表11.11 公開市場操作が期待長期実質金利に及ぼす影響

Fedに預けられている準備預金の増加は、フェデラル・ファンド・レートを引き下げ、それが長期名目金利を下落させる。インフレ期待が変わらないときには、期待長期実質金利は下落する。その下落幅は、長期名目金利の下落した幅と同じであり、長期名目金利と同じ分だけ下がる。

まとめ：Fedが期待長期実質金利に及ぼす影響 長期実質金利は、長期名目金利から期待長期インフレ率を差し引いたものである。Fedが、フェデラル・ファンド・レートなどの短期金利に影響を与えるときには、長期名目金利にも影響は及ぶ。長期ローンとは短期ローンがいくつも連結したようなものであり、10年ローンとは1年ローンが10回連結されたものである。フェデラル・ファンド・レートが引き下げられたときには、最初の1年分のローンの金利も低下する。加えて、フェデラル・ファンド・レートが変化するときには、通常は数年間は方向を反転させることはないので、10年ローンのうちの最初の数年間分が影響を受けることになる。ほとんどの場合に、Fedがフェデラル・ファンド・レートを引き下げても、長期インフレ期待にはほとんど影響はない。要するに、長期名目金利が下落してもインフレ期待にはほとんど変化は起こらないために、フェデラル・ファンド・レートが下落するときには、長期実質金利も下落するという傾向がある。

Fedの活動についてここまで概要を学んできた。本章ではFedの中心的活動について説明したが、残された重要なFedの役割については、続く2つの章

で取り上げる。本章は貨幣の概念と、Fedの業務の基本的な構造と機能、特にフェデラル・ファンド市場におけるFedの影響力について紹介した。続く2つの章では、Fedがどのようにして相反する政策目標に対応しているかを見る。そして、金融危機と2007〜09年の景気後退に対してFedが実際にどのような政策を実行したのかを見ることになる。

まとめ

- 貨幣は、私たちの生活において重要な役割を果たしている。貨幣は、広範囲の経済取引を可能にし、以下の機能を同時に果たしている。(1)財やサービスの取引を可能にする交換手段、(2)購買力を保持し、将来に持ち越すことを可能にする価値貯蔵手段、(3)異なる財やサービスの価値(価格)を示すうえで広く一般に使用される計算単位。

- マネーサプライとは、個人が取引で即座に使用することができるお金の量のことである。マネーサプライは、流通貨幣(銀行の手元現金は含まれない)と民間銀行の様々な預金口座の残高の合計として定義される。マネーサプライのこの定義は、M2とも言われる。M2と定義されるマネーサプライには、いかなる形態の準備預金も含まれない。

- 貨幣数量説では、マネーサプライと名目GDPの関係が示されている。名目GDPとは、現在(生産された年)の価格を用いて計算された経済の総生産価値である。貨幣数量説では、長期インフレ率は、マネーサプライの長期成長率から、実質GDPの長期成長率を差し引いたものである。

- 実質GDPの成長率が一定の下で、マネーサプライの成長率が上昇するとインフレーションが誘発される。極端な場合にはハイパーインフレを招く。インフレを伴うマネーサプライの上昇は、社会的費用を生む。インフレーションの社会的費用には、企業が頻繁に価格を変更することによる、相対価格の歪み、価格規制、企業が負担する「メニューコスト」などがある。
  マネーサプライの適度な上昇は、適度なインフレを生み、社会にとってある種の便益ももたらす。社会の便益には、通貨発行益が含まれる。またインフレは、一時的に実質賃金と実質金利を下落させるの

で、実質GDPの成長を刺激する。

- 中央銀行は、インフレーションを低く、予測可能な水準で安定させる、という目標を持っている。

- Fedは、民間銀行の準備預金を保有する(銀行の手元現金は含まれない)。準備預金の管理は、Fedが行う最も重要な役割の1つである。Fedが準備預金を管理することによって、以下の3点が可能になる。(1)短期金利、特にフェデラル・ファンド・レートに影響を与える、(2)マネーサプライとインフレ率に影響を与える、(3)長期実質金利に影響を与える。

- Fedは、準備預金市場とフェデラル・ファンド・レートに影響を及ぼすことができる様々な政策手段を持っている。たとえば、準備預金の供給量をコントロールする(公開市場操作)、法定準備率を変更する、準備預金に対して支払う金利を変更する、などである。

キーワード

貨幣	交換手段
価値貯蔵手段	計算単位
不換紙幣	マネーサプライ
貨幣数量説	デフレーション
通貨発行益	実質賃金
中央銀行	金融政策
連邦準備銀行またはFed	流動性
フェデラル・ファンド市場	フェデラル・ファンド・レート
フェデラル・ファンド市場均衡	公開市場操作
長期実質金利	実現した実質金利
期待実質金利	インフレ期待

復習問題

1. 近代経済における貨幣の3つの機能を挙げて、それぞれについて説明しなさい。
2. 不換紙幣は、貨幣として使用されていた金や銀のような商品とどのように違うのだろうか？
3. マネーサプライのM2とは、どのように定義されているのだろうか？
4. 本章の「貨幣数量説」についての議論に基づいて、以下の質問に答えなさい。
    a. 貨幣数量説について説明しなさい。
    b. 過去のデータから貨幣数量説の予測がどのように生まれたのかについて説明しなさい。
5. インフレーション、デフレーション、ハイパーインフレーションの違いとは何だろうか？
6. ハイパーインフレーションに共通して見られる原因は何だろうか？
7. インフレに伴うコストとは何だろうか？
8. インフレに便益はあるのだろうか？　説明しなさい。
9. フェデラル・ファンド・レートとは何だろうか？　準備預金の需要曲線をシフトさせる要因は何だろうか？
10. 公開市場操作とは何だろうか？　Fedが公開市場操作を行うのはなぜだろうか？
11. Fedが「最後の貸し手」と呼ばれる理由は何だろうか？
12. Fedは長期実質金利にどのように影響を及ぼすのだろうか？
13. インフレ期待を表すのに使用される2つのモデルとは何だろうか？

演習問題

1. 物々交換とは、貨幣やその他の交換手段がない場合に、財やサービスを他の財やサービスと直接取引する方法である。
    a. 家の外壁の塗装を頼みたいとしよう。インターネットの物々交換サイトに登録して、家の塗装をしてくれたら、その代わりに洗車すると申し出た。このとき、あなたが直面すると思われる問題は何だろうか？
    b. ある物々交換サイトでは「物々交換ドル」の使用が認められている。物々交換サイトに支払う登録料が物々交換ドルに変換されて、それと引換えに、他者から物々交換サイトで財やサービスを購入することができる。物々交換ドルを使用すれば、設問a.であなたが考えた問題は解決するだろうか？　説明しなさい。
2. 貨幣は様々な経済取引を可能にする。以下の3つの状況で、貨幣が取引に使われているかどうかを書きなさい。

a. 第2次世界大戦時の捕虜収容所や今日の刑務所では、捕虜や囚人の間ではタバコが流通貨幣になっていた。たとえば、iPod 1台はタバコ2カートンと交換できるし、雑誌1冊はタバコ2本と交換できる、という具合だ。この場合には、タバコは貨幣の3つの機能をすべて満たしていると言えるのだろうか？
b. 過去50年間を通して、クレジットカードは、人々が財やサービスを購入する方法として急速に普及した。クレジットカードは貨幣だと言えるのだろうか？理由とともに説明しなさい。
c. 毎日のように人々は財やサービスを購入するために小切手にサインをする。これらの小切手は、貨幣の性質を持っていると言えるだろうか？　理由とともに説明しなさい。

3.... ヤップ島は、太平洋にある総面積39平方マイルの小さい島である。1900年代にはこの離島で取引される商品は3つしかなかった。魚、ココナッツ、ナマコである。ヤップ島の金融システムは極めて洗練されたものであった。ヤップ島で使用される貨幣は「フェイ」と呼ばれる。フェイとは、真ん中に穴が開いている大きな車輪の形をした石だった。この石の車輪は、ヤップ島で採石ができないので別の島から運ばれてきた。車輪の貨幣価値は大きさで決まり、直径約30cmから4m弱まであった。取引はすべてフェイで行われたため、たとえ石の車輪が物理的には売り手の家まで移動しなくても、石の所有権は売り手に移された。フェイが、貨幣の3つの機能を満たしているか否かについて説明しなさい。

4.... ビットコインは「P2P（ピアツーピア）に基づく分散管理された電子通貨」である。ビットコインの供給は、政府やその他行政機関の管理下にはない。またビットコインの価値は、需要と供給に基づいて決まり、ドル表示で示される。新規のビットコインは「マイニング」と呼ばれる独自の計算プロセスによって生成される。ビットコインの総量は上限が2,100万枚に規定されており、それ以上は新規のビットコインはマイニングされない。将来的には、ビットコインが世界中の主要な通貨に置き換わる可能性があると予想している批評家もいる。あなたは、ビットコインについてどのように考えるだろうか？　理由についても説明しなさい。

5.... Fed議長が、明日からアメリカのすべての流通貨幣の額面を10倍にすると発表したとしよう。たとえば、10ドル紙幣は100ドル、100ドル紙幣は1,000ドルの価値になる。さらに、すべての当座預金と普通預金の口座残高も10倍になる。したがって、口座残高が500ドルであったとすれば、翌日からは5,000ドルとなる。この政策が実施されたときには、あなたの実際の生活水準は10倍に向上するだろうか？　その理由とともに説明しなさい。

6.... 次の表は、額面ごとのドル紙幣の製造コストである。表からわかるように、100ドル紙幣を製造するには12.7セントしかかからない。このとき政府は、現行の

支出と歳出赤字の資金調達のために、新紙幣を印刷することを決めたとしよう。このような政策の効果について説明しなさい。

紙　　幣	製造コスト（1紙幣当たり）
1ドル、2ドル	5.4セント
5ドル	9.8セント
10ドル	9.0セント
20ドル、50ドル	9.8セント
100ドル	12.7セント

7. 準備の需要が増加した（準備需要曲線が右にシフトした）と想定する。ただし、Fedは準備預金の供給量を変更していないとする。

　a. 準備の需要と供給のグラフを使って、この増加が、均衡におけるフェデラル・ファンド・レートと準備の均衡量に及ぼす影響を示しなさい。

　b. 設問a.の解答を踏まえて答えなさい。Fedがフェデラル・ファンド・レートを需要増加以前の水準に戻そうと考えたときには、どのような公開市場操作が実行されるだろうか。設問a.で使用したグラフを利用して、結果を示しなさい。

8. 2001〜06年にかけて日本の中央銀行である日本銀行は、量的緩和と呼ばれる金融政策を実施した。日本銀行は、民間銀行から資産を購入して、銀行が日本銀行で保有している超過準備の金額を増加させた。この政策は、どのようにコール・レートに影響を及ぼすかをグラフで示しなさい（日本のオーバーナイト・レートは、アメリカのフェデラル・ファンド・レートに類似したものである）。

9. アメリカ経済が2007〜09年の景気後退から回復した時期には、Fedはフェデラル・ファンド・レートを引き上げるだろうと予測されていた。

現在のフェデラル・ファンド・レートは1%であり、このレートはあと1年は継続されると予想されている、としよう。Fedは、その後4年かけて毎年1%ずつフェデラル・ファンド・レートを引き上げ、5年目に5%に到達した後の5年間はそのレートを維持することが予想されている。

こうした予想の結果、10年間の名目金利はどうなるだろうか？　その理由とともに説明しなさい。

10. 本章では、人々がインフレ期待を形成する2つのモデルを紹介した。以下の2人の投資家の例で考えてみよう。彼らは翌年のインフレ率を予測している。ショーンは、「昨年のインフレ率は2.5%だった。だから今年も2.5%になる可能性が高い」と言う。一方、カルロスは、「経済は、インフレ圧力が高まるぐらい十分に回復した。さらに、ドル安で輸入品が高価になっている。Fedが景気回復の遅れとインフレ抑制につながる金利と失業率を上昇させるリスクを冒すとは考えられない。現状から判断すると、来年のインフレ率は5%に上がるだろう」と言う。

本章で使われている用語を使用して、2人の投資家がインフレ期待をどのように形成しているのかについて説明しなさい。あなたのインフレ期待に合致するのはどちらの予測だろうか？

第 V 部

景気変動とマクロ経済政策

PART V
Short-Run Fluctuations and Macroeconomic Policy

景気変動

Short-Run Fluctuations

2007〜09年の景気後退はなぜ起きたのか？

どの国にも景気変動がある。言い換えると、経済の成長率は年によって変化する。たとえば1982〜2007年の間を見ると、アメリカでは、緩やかな2回の景気後退はあったものの、経済は急速に成長した。この期間を平均すると、国内総生産（GDP）の成長率は実質で3.4%だった。ところが、2007年の終わりから深刻な景気収縮がはじまり、この経済活動の縮小が世界中の多くの家計に深刻な影響を及ぼすことになった。失業者はアメリカだけでも740万人増加し、アメリカの住宅の価格は3分の2、株価は半値になった。このため老後の蓄えのほとんどを失ってしまった家計も多い。2007年12月からはじまった景気後退は2009年まで続き、この年の6月から再び景気は回復に向かった。

2007〜09年の景気後退の原因は何だったのだろうか？ 本章では、経済と金融に危機を引き起こした要因を検証する。最初に、景気変動の一

本章の構成

12.1	12.2	12.3	EBE
景気変動と景気循環	マクロ経済均衡と景気変動	経済モデルの拡張	2007〜09年の景気後退はなぜ起きたのか？

KEY IDEAS キーアイデア

- 景気後退は、実質GDPが（最低2四半期連続して）減少した状態を表す。
- 景気変動には、共変動、予測の難しさ、経済成長の持続性、という3つの重要な特徴がある。
- 景気変動は、技術変化、景況感の変化、および貨幣的要因と金融的要因、が原因となって発生する。
- 経済ショックは、賃金の下方硬直性と乗数効果によって増幅される。
- 景気拡大は、雇用の拡大と失業の減少を伴って、GDPが増加した期間である。
- 2007～09年の景気後退には3つの要因があった——住宅バブルの崩壊、資産の減少、金融危機、である。

般的な特徴と考えられる原因を考察し、次に、経済活動の短期的原因と影響を理解するのに役立つモデルを紹介する。

12.1 景気変動と景気循環

　現代の市場経済は、長期的成長を生み出す驚くべき能力を示してきた。7章で見たように、アメリカ経済は過去100年間に著しい成長を遂げてきた。しかし、先進国であっても、成長率が一定であることはほとんどない。良い時期もあれば悪い時期もあり、成長率がプラスのときもマイナスのときもある。このような変動は予測が難しい。実質GDP成長率の短期的な変化を、**景気変動**または**景気循環**と言う。

　図表12.1は、2009年を基準年とした1929～2013年のアメリカの実質GDPのグラフである。実質値では全般的な物価

> 先進国であっても、成長率が一定であることはほとんどない。

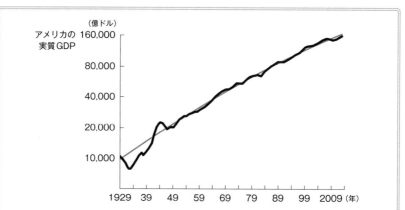

図表12.1 アメリカの実質GDPとトレンド線：1929〜2013年（2009年価格）
グラフには、実質GDPとトレンド線が描かれている。トレンド線は、毎年の変動を一定にできれば実現できたはずの実質GDP水準を示したものである。縦軸は対数目盛で示されている。
出所：米商務省経済分析局（BEA）「国民所得生産勘定」（GDP）。トレンド線は、著者の計算による。

水準は固定されているので、実質値の変化にはインフレーションの影響は含まれない（グラフは、実質GDPに関する信頼できるデータが使用できる1929年からはじまっている）。

このグラフには、トレンド線も描かれている。トレンド線とは、魔法の杖を用いて一定の成長率を維持することができる（経済の変動を回避できる）とするならば、実現できたはずの実質GDPの水準を示したものである。図表12.1のトレンド線は、この期間に変動することなく成長した場合の経済の経路を描いている。しかし、変動しない経済は現実には存在しない。景気が変動することは避けられない。政府の政策ができることは、変動そのものをなくすことではなく、変動の幅を小さくすることである。

図表12.1を見ると、トレンド線からの際立った乖離が2回見られる。大恐慌期（1930年代）とアメリカが第2次世界大戦に参戦していた時期（1941〜45年）だ。大恐慌期には、アメリカ経済はGDPのトレンド線を大きく下回った。対照的に第2次世界大戦期には、アメリカの経済はGDPのトレンド線を上回った。

図表12.2は、同じデータを別の視点から見たものであり、実質GDPがトレンド線から乖離している比率を示している。すなわち図表12.1の2本の線の差を比率で示したものである。図表12.2からも、大恐慌期と第2次世界大戦期の

● 実質GDP成長率の短期的な変化を、**景気変動**（economic fluctuation）または**景気循環**（business cycle）と言う。

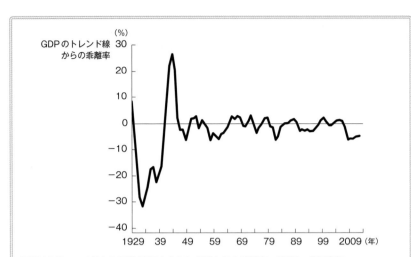

図表12.2 アメリカの実質GDPとトレンド線からの乖離率：1929～2013年

アメリカの実質GDPが、GDPのトレンド線（トレンドGDP）から乖離している比率を示したグラフである（トレンド線は図表12.1）。乖離率の計算式は、以下のとおり。

$$100 \times \frac{\text{実質GDP} - \text{トレンドGDP}}{\text{トレンドGDP}}$$

出所：米商務省経済分析局（BEA）「国民所得生産勘定」（GDP）。トレンド線は、著者の計算による。

2つの時期が際立って違うことがわかる。直近の景気後退期（2007～09年）もグラフから確認できる。景気後退が終わり4年を経た2013年でさえ、実質GDPはまだトレンド線の水準を下回っている。

図表12.1に示したように、経済学では経済活動とトレンドを比較する。それに加えて、経済学では、GDPの成長率の毎年の変動に注目する。GDP成長率がプラスの期間を、景気拡大（景気拡張）または好景気と呼ぶ。一方、GDP成長率がマイナスの期間を、不景気、景気収縮、または景気後退と呼ぶ。

5章で学んだとおり、景気後退とは、実質GDPが（最低2四半期連続して）減少した状態を表す。もちろん、経済が成長する期間も重要だ。景気拡大は、景気後退が終わったときをはじまりとし、次の景気後退がはじまったときを終わりとする。過去100年を通してアメリカ経済では、平均的な景気拡大期は、平均的な景気後退期の4倍の長さだった。

図表12.3は、1929年以降に14回発生したアメリカの景気後退とその期間、およびそれぞれの景気の山から谷までの実質GDPの減少率をまとめたもので

●**景気拡大**（economic expansion）は、景気後退と景気後退の間の時期を言う。景気拡大は、景気後退が終わったときをはじまりとし、次の景気後退がはじまったときを終わりとする。

開始年月	最終年月	期間	景気の山から谷までの実質GDPの減少率
1929年 8 月	1933年 3 月	43カ月	26.3%
1937年 5 月	1938年 6 月	13カ月	3.3%
1945年 2 月	1945年10月	8 カ月	12.7% [1]
1948年11月	1949年10月	11カ月	1.5%
1953年 7 月	1954年 5 月	10カ月	1.9%
1957年 8 月	1958年 4 月	8 カ月	3.0%
1960年 4 月	1961年 2 月	10カ月	0.3%
1969年12月	1970年11月	11カ月	0.2%
1973年11月	1975年 3 月	16カ月	3.1%
1980年 1 月	1980年 7 月	6 カ月	2.2%
1981年 7 月	1982年11月	16カ月	2.5%
1990年 7 月	1991年 3 月	8 カ月	1.3%
2001年 3 月	2001年11月	8 カ月	0.3%
2007年12月	2009年 6 月	18カ月	4.3%

図表12.3 アメリカの1929〜2013年の景気後退

1929年以降、アメリカ経済では景気後退は約6年ごとに起こり、その期間は平均して約1年であった。景気の谷は、景気後退期において実質GDPが底を打ったときであり、このときを、景気後退の終わりとする。ほとんどの景気後退では、景気の山から谷までの実質GDPの減少率は、3%以下だった。しかし、1929〜33年の大恐慌期には、アメリカ経済の実質GDPは、景気の山から谷までの間に26.3%減少した。

注 (1)：1947年以前のアメリカのGDPは年間GDPのみ。1945年の景気後退の期間は1年に満たない期間であったため、年間データから推計したものである。1944〜46年には実質GDPは12.7%減少した。
出所：景気後退の時期については全米経済研究所 (NBER)、その他は米商務省経済分析局 (BEA)「国民所得生産勘定」(実質GDP)。

ある。景気の山は、実質GDPがピークのときであり、山で景気後退がはじまる。景気の谷は、景気後退期において実質GDPが底を打ったときで、谷で景気後退は終わる。1929年以降、景気後退は約6年ごとに起こり、その期間は平均で約1年である。

景気変動のパターン

景気変動には、3つの中心的な特徴がある。

1. 様々な集計的マクロ経済変数の共変動
2. 景気変動を予測することの難しさ
3. 経済成長の持続性

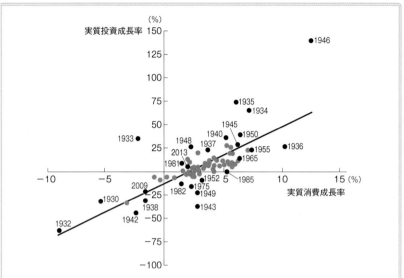

図表12.4 実質消費成長率と実質投資成長率：1929〜2013年

横軸は1年間の実質消費の成長率、縦軸は同一年の実質投資の成長率を示している。1つの点が、ある年のデータに相当する。各点の横軸（実質消費）と縦軸（実質投資）の数値を見ることで、実質消費と実質投資の成長率がわかる。たとえば、グラフの右上（第1象限）の1950と示された点は、1950年の実質消費の成長率（横軸）は約6％、実質投資の成長率（縦軸）は約39％であったことを示している。消費の成長率が比較的高いときには、投資の成長率も比較的高い傾向がある。グラフの左下（第3象限）の2009と示された点は、2009年の実質消費の成長率（横軸）は約−2％で、実質投資の成長率（縦軸）は約−22％であったことを示している。消費の成長率が比較的低いときには、投資の成長率も比較的低い傾向がある。これを経済学では、消費と投資が共に動くという意味で、共変動を示すと言う。

出所：米商務省経済分析局（BEA）「国民所得生産勘定」。

それぞれの特徴について説明しよう。

共変動 様々な集計的マクロ経済変数は、好景気や景気後退の期間には、同じ方向に拡大したり収縮したりする。経済学では、こうしたパターンを共変動と呼ぶ。図表12.4には、消費と投資という2つの重要な変数の共変動が示されている。2つの変数は、どちらもインフレ調整済みの数値である（すなわち、実質消費と実質投資である）。横軸は1年間の実質消費の成長率、縦軸は同一年の実質投資の成長率を示している。1つの点が、ある年のデータに相当する。各点の横軸（実質消費）と縦軸（実質投資）の数値を見ることで、表示された年の実質消費と実質投資の成長率を読み取ることができる。

グラフからわかるように、各点は右上がりの線に沿って集まっている。これは、消費と投資が共変動していることを意味する。消費の成長率が高いときに

は、投資の成長率も同じように高い。その逆に、消費の成長率が低い（またはマイナスの）ときには、投資の成長率も低い（またはマイナス）、という傾向がある。言い換えるならば、消費と投資は一緒に成長するか、または一緒に収縮する、という傾向がある。

グラフからもわかるように、投資は消費よりも変動しやすい。縦軸は−100％から＋150％の範囲で変動しているが、横軸は−10％から＋15％の範囲でしか変動していない。企業は、景気が停滞すると投資を急減させるが、好景気の時期には投資を即座に増やすため、投資の成長率の変動は大きなものになる。一方、家計にとっては、消費の変動は小さいほうが望ましいと考えている。たとえば、スマホの画面が割れてしまったときには、そのときお金がない場合は別として、景気が良くなるまで買い替えを待とうと思う人はいないだろう。

雇用とGDPも消費と投資と同じ方向に動き、失業はGDPとは反対方向に動く。たとえば景気収縮期には、実質消費、実質投資、雇用そして実質GDPはすべて減少するが、失業は増加する。

予測の難しさ　景気変動の第2の中心的な特徴は、予測することの難しさである。1929年以降のアメリカ経済の景気後退を示した図表12.3からわかるとおり、景気後退の期間は最短が6カ月であったのに対して、最長では43カ月に及んだ場合がある。2007〜09年の景気後退は、18カ月続いた。景気拡大の期間も様々である。1929年以降の景気拡大の期間は、最短が1年であったのに対して、最長は10年であった。

景気後退と景気拡大の期間は様々であり、繰り返しで、予想可能な周期ではない。実際、現代経済学の知識をもってしても、景気後退と景気拡大が終わる時期についてかなり前に予測することは不可能である。これを厳密には、「予測ができない」と言う代わりに、「予測が難しい」と表現する。なぜならば、高度な統計テクニックを使用することで、少しは予測することができるからである。現在の経済学では、1カ月後あるいは2カ月後に景気後退が終わることを予測することはできる。しかし、景気後退がはじまったときに、景気後退が終わる時期を予測することは、実際にはできない。同様に、景気拡大が終わる時期も予測することはできない。予測することの難しさを知っておくことは重要である。というのも、景気循環をめぐる初期の理論では、その多くが、景気変動とは経済成長において規則正しく揺れる振り子のような構造を持っている

と想定していたからだ。したがって予測は可能であると考えられていたわけだが、それは現実の景気変動の姿からはかけ離れたものである。

経済成長の持続性　景気変動の第3の中心的な特徴は、その持続性である。たとえ景気後退のはじまりと終わりの時期を予測することが不可能であるとしても、経済成長はランダムなものではない。経済が成長しているときには、おそらくはその次の四半期の経済も引き続き成長する。同じように、経済が収縮しているとき——言い換えれば、成長率がマイナスのとき——には、次の四半期の経済もおそらく収縮するだろう。もし今期の経済が停滞していれば、次の四半期の経済もまだ景気停滞が続くと予測できる。このように、経済成長にはある程度の持続性がある。

大恐慌

景気変動の歴史の中で、ほかとは突出して違う出来事が**大恐慌**である。これは、GDPの測定方法が100年前に開発されて以来、アメリカ経済を襲った最悪の経済収縮であった。**恐慌**とは、合意がなされた定義ではないものの、一般的には20%以上の失業率を伴って長期化した景気後退を指す。アメリカ経済はいくつもの景気後退を経験してきたが、1929年の経済収縮のみが恐慌の定義に当てはまる。たとえば、2007～09年の景気後退期の失業率は最悪時には10%に達したが、これは大恐慌の最悪時と比較すると半分以下の水準である。

大恐慌は、アメリカの株式市場の崩壊とともに1929年にはじまった。1929～33年にかけて、世界中の株価が暴落したことで、危機はさらに深刻なものになった。アメリカの株式市場は、1933年に底を打ったものの、その水準は4年以前のピーク時から約80%暴落していた。アメリカでは、多数の農家や住宅所有者が破産した。実質GDPは1929年の水準から26.3%下落し、失業率は、1929年の約3%から1933年には約25%まで上昇した。銀行の数は、1929～33年にかけて、2万3,679行から1万4,207行に減少した（銀行数の減少は、倒産だけでなく、買収されたケースも含んでいる）。世界中のほぼすべての先進国が同じ状況に陥ったが、アメリカの景気収縮は最も深刻なものだった。

- **大恐慌**(Great Depression)とは、1929年にはじまった深刻な経済収縮のことであり、実質GDPが底を打った（景気の谷）のは1933年だった。また、実質GDPがトレンド線を下回った期間は、1930年代後半の第2次世界大戦前夜まで続いた。
- **恐慌**(depression)とは、合意がなされた定義ではないものの、一般的には20%以上の失業率を伴って長期化した景気後退を指す。

12.1

> 大恐慌は、ほとんどの経済学者、政策立案者、そして経営者にとってまったく予想外の出来事だった。

大恐慌からは、前述した景気変動の3つの中心的な特徴のすべてを確認できる。第1に、経済全体で強い共変動がある。図表12.5(a)には、1929～39年の実質GDP、実質消費、および実質投資の間の共変動が示されている。この3つの経済変数は1929年に下落をはじめて、1932～33年には底を打った。これらとは反対方向に動いた失業率は、1929年の約3％からはじまり、1933年には最大の約25％に至ったことが図表12.5(b)に示されている。最後に、金融市場もこの動きを反映し、実質GDPと共変動を示している。重要な株式指標であるダウ工業平均株価（DJIA）も、経済活動の水準に合わせて変動している（図表12.5(c)を参照）。

大恐慌には予測することの難しさもあった——この場合にはむしろ、予測はまったく不可能であったが。実際、大恐慌は、ほとんどの経済学者、政策立案者、そして経営者にとってまったく予想外の出来事だった[1]。イェール大学教授で新聞コラムニストでもあったアーヴィング・フィッシャーは、1920年代後半に優れた景気予測で名を馳せていたが、景気の力強さと不況に陥る可能性の低さを繰り返し主張した。フィッシャーが「株価は現在の高値水準のまま推移するだろう」と寄稿したのは、株式市場が大暴落する数日前の1929年10月24日のことだった。1929年10月に起きた最初の株価暴落の後でさえ、そして広範囲にわたって経済が収縮しはじめた後でさえ、フィッシャーは楽観的な観測を変えなかった。1930年5月19日でさえ、フィッシャーは次のように書いている。「1920～21年の深刻な不況は竜巻に喩えられるものであるが、今日の景気後退はそれに比べればはるかに穏やかなものであり、喩えるならば雷雨程度のものだ」。しかし、フィッシャーの景気予測が間違ったものであったことは歴史のうえでも明白である。むしろ彼の主張とは逆に、1920～21年の景気後退は小規模なものであったのに対して、1929年からはじまったのはまさしく深刻な恐慌であった。

フィッシャーは間違っていたのだが、楽観的な予測は当時の多数派でもあった。優れた経済学者や経済予測をする者の中で、大恐慌を予測した者は1人もいなかった。このことをよく考えてみよう。1930年1月18日には、ハーバード大学の優れた経済予測グループが「景気後退の最も深刻な局面は過ぎ去った

---

[1] Kathryn M. Dominguez, Ray C. Fair, and Matthew D. Shapiro, "Forecasting the Depression: Harvard versus Yale," *American Economic Review*, Vol. 78, No. 4, 1988, pp. 595-612.

(a) 大恐慌は1929年にはじまり、実質GDPは1933年に底を打った——景気の谷である。グラフからわかるように、景気収縮期と長い回復期間を通して、実質GDP、実質消費、実質投資は共変動を示している。

出所：米商務省経済分析局（BEA）「国民所得生産勘定」。

(b) 失業率は、GDPの変化とは反対方向に動く。GDPが下落したときには、失業率は上昇する傾向がある。大恐慌を通して、失業率は1929年の約3％から、1933年には約25％まで上昇した。

出所：米商務省国勢調査局「植民地時代から1970年までのアメリカの歴史統計」No. 93 (1975)。

(c) 株価は、金融市場の動きを反映して変動する、もう1つの経済活動指標である。ダウ工業平均株価（DJIA）は、アメリカの主要企業30社の株価の平均を算出した指標である。

出所：Global Financial Data.

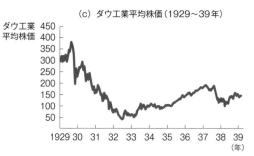

図表12.5 大恐慌時の経済変数の動き

兆候がある」と書いていた。実際には、大恐慌はまだはじまったばかりだったのである。

また大恐慌は、極めて長い持続性、という景気変動の第3の特徴も併せ持っていた。実質GDPがマイナス成長に陥っていた期間は、1929〜33年まで4年間も続いた。

12.2 マクロ経済均衡と景気変動

　景気変動は、なぜ起きるのだろうか？　景気変動の重要性とこの分野に関する研究の膨大な蓄積を考え合わせれば、誰もが合意できる、納得がいく答えがあると思われるだろう。しかし実際には、経済学者の間でこれほど論争を引き起こしているテーマはほかにはない。新聞の経済コラムや経済ブログでも意見の相違が目立つ。そのために経済学者の間でこれまで積み上げられ、共有されてきた、景気変動に関する膨大な知識が存在することが隠されてしまっている。この共有の知識とは、これから私たちが説明する景気変動のモデルの基礎を形成しているものだ。

労働需要と変動

　まず、労働市場の議論に戻って分析をはじめよう。9章では、労働需要曲線と労働供給曲線の交点が労働市場均衡を決めることを学んだ。本節ではまず、賃金が伸縮的な労働市場から議論をはじめて、次に賃金に下方硬直性があるときにはどのように労働需要曲線のシフトの影響が増幅されるのか——つまり、どのように景気変動の程度が増幅されるのか——を示すことにしよう。

　図表12.6(a)には、賃金が伸縮的な場合における、労働需要曲線と労働供給曲線、およびその交点が示されている。労働需要は企業による利潤最大化に基づいており、労働供給は家計による労働と余暇の最適なトレードオフに基づいている。

　労働市場均衡は、すなわち賃金と雇用水準は、労働供給曲線と労働需要曲線の交点で決まる。これは経済変動モデルを構築するための重要な基礎となる。雇用の変動はこの労働市場均衡の変化に対応するものであり、実質GDPと雇用変動は連動している。図表12.6(a)はこの関係を示したものであるが、労働需要曲線が左にシフトすることで、均衡における雇用は減少する。景気後退前の当初の均衡点が「1：景気後退前」である。経済ショックにより労働需要曲線が左にシフトすると、賃金は下落し労働需要量は減少して、新しい均衡点「2：景気後退期」に移動する。

　図表12.6(b)は、6章で学んだ集計的生産関数を表している。物的資本と技術を一定としたこの曲線では、雇用とGDPの関係が示されている（労働者1人当たりの人的資本は一定とされているので、労働の効率性と雇用は比例す

> **労働需要曲線のシフトについてのまとめ**
>
> 9章では、労働需要曲線のシフトを起こす重要な要因について学んだ。
>
> 1. **生産物価格の変化** 生産物の価格が下落するときには、労働の価値限界生産力も下落する。このとき、所与の（ある与えられた）賃金の下では、企業が雇用をする労働者数が減少し、労働需要曲線は左にシフトする（その逆に、企業が生産する製品の価格が上昇するときには、労働の価値限界生産力も上昇するため、労働需要曲線は右にシフトする）。
> 2. **生産物やサービスの需要の変化** 企業が生産する製品の需要が減少すると、その製品の価格が下がり、このために労働の価値限界生産力は下落するので、労働需要曲線は左にシフトする（その逆に、企業が生産する製品の需要が増加すると、労働の価値限界生産力は上昇するので、労働需要曲線は右にシフトする）。9章で強調したこれらの要因に加えて、10章で見たように、信用が拡大する（すなわち、金利が低下する）ときにも、生産物の需要は増加する。
> 3. **技術と生産性の変化** 労働の限界生産力が下落するときには、労働需要曲線は左にシフトする（その逆に、労働の限界生産力が上昇するときには、労働需要曲線は右にシフトする）。
> 4. **投入価格の変化** 企業は、財とサービスを生産するためには、労働だけではなく、物的資本とエネルギーなどのその他の生産要素も使用する。これらのその他の生産要素のコストが上昇するときには、企業はその購入を減少させる。このときには労働の限界生産力が低下するので、労働需要曲線は左にシフトする（他の生産要素の価格が下がると、企業はその購入を増加させるので、労働需要曲線は右にシフトする）。クレジット市場均衡の変化も、物的資本を取得するための企業のコストに影響を与えるために、労働需要に影響を及ぼす。

る）。(b)からわかるように、雇用が減少する（労働需要曲線が左へシフトする）と、実質GDPも減少する（財とサービスを生産する労働者数が減少するためである）。したがって、雇用と実質GDPは連動して上昇したり下落したりする。これは、経済全体における共変動のもう1つの例である。

　雇用の減少が波及して経済はさらに調整されるため、(b)に示されているより、実際には実質GDPの減少幅はより大きくなることがある。労働者が解雇されると、それまで稼働していた工場や設備などの物的資本の生産性が下がるので、企業は工場を閉鎖し操業を停止することにもなる。物的資本の操業率は設備稼

労働需要曲線の左へのシフトは、均衡雇用量の低下と賃金の下落を引き起こす（点2：景気後退期）。この例では、賃金は伸縮的であり、労働需要曲線が左へシフトした結果として、賃金は下落する。

(b)には、雇用と実質GDPの関係を示す集計的生産関数が描かれている。雇用が景気後退前の均衡点（点1）から、景気後退期の均衡点（点2）まで減少したときには、経済は集計的生産関数に沿って動き、実質GDPは減少する。賃金が伸縮的である場合の雇用の減少（(a)の点2）は、賃金に下方硬直性がある場合の雇用の減少（(c)の点3）より小さい。その結果として、賃金に下方硬直性がある場合に比べて賃金が伸縮的であるほうが実質GDPの減少は小さくなる。

賃金に下方硬直性がある場合に、労働需要曲線が左へシフトすると、均衡労働量は大きく下落する。新しい均衡点（点3：より深刻な景気後退期）では、市場賃金で働く意思があるにもかかわらず仕事を見つけることができない労働者が多数発生する（点1と点3の示す労働量の差が失業者数である）。市場賃金で働く意思があるにもかかわらず仕事が見つけられない労働者は、公式統計でも失業者である。

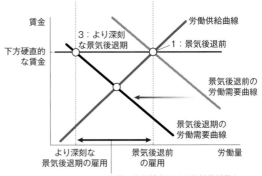

図表12.6 労働需要曲線の左へのシフトの影響

働率と呼ばれるものであるが、景気後退期には通常、設備稼働率は低下する。たとえば、2007～09年の景気後退期におけるアメリカの設備稼働率は、通常の80％から67％にまで低下し、実質GDPを押し下げる要因となった。

> 賃金に下方硬直性があるときには、労働需要曲線のシフトの影響は増幅される。

9章で議論したように、賃金に下方硬直性があるときには、労働需要曲線のシフトの影響は増幅されることが、図表12.6(c)に示されている。賃金が下方硬直的な場合には、企業は賃金を引き下げることはできないか、あるいはそれを望まない。それは契約の問題であったり、賃金の引下げが労働者の士気にかかわる問題だったりする。結果として企業は、伸縮的賃金の場合に比べて、より多くの労働者を解雇することになる。賃金が下方硬直的である場合には、労働需要曲線の左へのシフトは、賃金が下方にも伸縮的であった場合に比べると、雇用をより多く減少させる。したがって(b)に示されるように賃金の下方硬直性によって、景気後退はより深刻なものになり、賃金が伸縮的であった場合に比べて、集計的生産関数に沿った移動もより大きなものになる。

賃金の下方硬直性は、失業が発生する要因の1つである。賃金に下方硬直性がある場合には、市場賃金の下では、仕事をしたい労働者数は、企業が雇いたい労働者数を上回る。より深刻な景気後退期には、失業者（市場賃金で働く意思があるにもかかわらず、仕事を見つけることができない労働者）の数は、(c)の下方の矢印、すなわち点1と点3の労働量の差で表される。

労働供給曲線のシフトが雇用と失業の変動を引き起こすこともあるが、変動の最も重要な要因は労働需要曲線のシフトである。短期的マクロ経済均衡の特徴を理解するためには、労働需要が変動する理由を学ばなくてはならない。

変動の要因

経済学では、労働の需要曲線に影響を与える要因の特定に努めてきた。これらの要因は景気後退やその他のマクロ経済変動を引き起こす。

9章では、労働需要曲線をシフトさせる要因を以下のように分類した。(1)生産物価格の変化、(2)生産物やサービスの需要の変化、(3)技術と生産性の変化、そして(4)投入価格の変化、である。

本章では、9章とは別の分類をして経済学の異なる3種類の学説を説明しよう。3つの学派は、マクロ経済変動の原因について違った考え方を持っている。

LETTING THE DATA SPEAK　データは語る

失業率と実質GDPの成長率：オークンの法則

図表12.6は集計的生産関数に従って、雇用と実質GDPは密接に関連していることを示している。これは**オークンの法則**と呼ばれる式とも関連している。

オークンの法則は、1960年代初頭に失業率の低下と実質GDPの成長率には密接な関係があることに最初に気づいた、経済学者アーサー・オークンの名をとって名づけられた[2]。実質GDPの成長率が高いときには、雇用は増加し、失業率は減少する傾向にある。

ここで、実質GDPの年間成長率（％）をgとするとき、オークンの法則は以下の式で表される*。

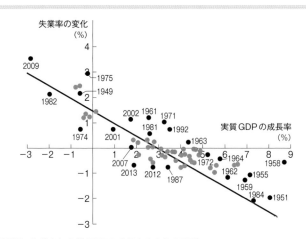

図表12.7　失業率と実質GDPの成長率の変化の関係

グラフには、失業率と実質GDPの成長率の変化(g)を示すオークンの法則が描かれている。オークンの法則（右下がりの黒線）によれば、

$$失業率の前年差 = -\frac{1}{2} \times (g - 3\%)$$

この式からは、以下のことがわかる。すなわち、実質GDPの成長率(g)が3％のときには、失業率は変化しない。実質GDPの成長率(g)が3％を上回ったときには失業率は低下する。実質GDPの成長率(g)が3％を下回ったときには失業率は上昇する。図は1948〜2013年のデータである。

出所：米労働省労働統計局（BLS）（失業率）、米商務省経済分析局（BEA）「国民所得生産勘定」（実質GDP）。

- **オークンの法則**（Okun's law）によれば、
$$失業率の前年差 = -\frac{1}{2} \times (g - 3\%)$$
ここでgは、実質GDPの年間成長率（％）である。

[2] Arthur M. Okun, "Potential GNP: Its Measurement and Significance," 1963. 後にCowles Foundation Paper 190として再版された。

* 前年差とは、前年との差である。

$$（失業率の前年差）= -\frac{1}{2} \times (g - 3\%)$$

この式からは、以下のことがわかる。実質GDPの成長率（g）が3％のときには、失業率は変化しない。gが3％を上回ったときには失業率は低下する。gが3％を下回ったときには失業率は上昇する。すなわち、実質経済成長率が高いときには失業率は低下し、実質経済成長率が低いときには失業率は上昇する。オークンの法則は、図表12.7の右下がりの黒線で示されている。完全に一致しているわけではないが、オークンの法則はデータとほぼ合っている。

失業率と実質GDPの成長率の全般的な関係は、データからも明らかではあるが、2つの変数がつねに同じ動きを示すわけではない。失業率はしばしば、実質GDP成長率が景気後退の終わりを示したときから1年かそれ以上遅れて、後から下落する。この遅れにはいくつかの理由が挙げられるが、最も重要な理由は労働保蔵である。労働者を求人し、訓練するには費用がかかる。そこで企業は、景気後退が短期間にとどまるのならば訓練された労働者を解雇しようとはしない。景気後退期にも労働者を解雇することなく、労働者の労働時間を削減することにより対応する、あるいは仕事がない労働者に給与を支払うという対応をする企業もある。経済が回復して、このような企業が生産を増加させるとき、企業は、不況の間に確保（保蔵）していた労働者を十分に活用して生産の増加を開始できるので、最初から新しい労働者を雇う必要がなくなる。

1. **実物的景気循環理論（リアル・ビジネス・サイクル理論）**：生産性と技術の変化を強調する
2. **ケインズ理論**：将来への期待の変化を強調する
3. **貨幣理論および金融理論**：価格と金利の変化を強調する

これらの3つの学説は、9章で学んだ労働需要曲線をシフトさせる4つの要因のうちの1つあるいは複数の要因から導き出されたものである。景気循環を研究する多くの経済学者は、どの学説をとっても重要な洞察が含まれていると考えてはいるが、1つの学説ですべてが説明できるとは考えていない。景気変動を説明するために本書で使用するモデルは、単一の一般的な枠組みの中にこの異なるすべての学説の考え方を取り入れたものだ。

1. **技術変化：実物的景気循環理論の説明**　6章と7章では、企業間や労働者間の技術の違いによって、各国ごとの所得や成長率の違いを説明できることを学んだ。そうであるならば、技術的要因によって一国内の景気変動について

説明することができるかもしれない。たとえば研究開発（R&D）によって、企業はより価値の高い製品を開発することができる（従来型の携帯電話はスマートフォンに置き換わった）。これが、労働の価値限界生産力を引き上げ、企業に事業拡大をもたらし、労働需要の増加につながる可能性は高い。企業は生産能力を引き上げようとするので、経済の投資水準は引き上げられる。このような変化は、以下の3つの理由から家計所得を上昇させる。すなわち、(1)雇用が増加する、(2)賃金が上昇する、(3)企業利益の増加は企業の株主を豊かにする。この結果、家計は消費を増加させる。したがって、ある種の技術改善は労働需要を増加させ、投資や消費などのマクロ経済活動を活発にする。

　こうした考え方は古典派経済学者の研究でも見られるが、その中でも特にアーサー・セシル・ピグーによる研究が有名である[3]。この研究は、1980年代に復活するとともに発展し、**実物的景気循環理論（リアル・ビジネス・サイクル理論）**として知られることになった。実物的景気循環理論では、景気変動を引き起こす要因として、技術の変化の役割が強調されている[4]。

　6章と7章で学んだように、技術進歩の速さが長期的な経済成長の根底にはあり、技術的なブレイクスルーが特定の産業の産出量を急激に増加させることがある。しかし、技術面に焦点を当てる理論だけからでは、実質GDPが減少する景気後退の原因を説明することは難しい。技術的能力が衰えるという「技術後退」が景気後退を引き起こす、という説明はできそうにはない。たとえば、大恐慌の原因は技術水準の急激な衰えにある、という説明がされる可能性は低いであろう。

　とはいえ、技術進歩の速度は、長期的経済成長において重要な役割を持つと考えられている。7章で学んだように、新しい技術を持続的に開発し続ける国、あるいは別の国々から最新の技術をつねに取り入れている国々は、速いペースで経済が成長するだろう。したがって、たとえ技術進歩が景気後退の主要な原因ではないとしても、数十年にわたる長期的な経済成長においては、非常に重要な決定要因となっている。

　実物的景気循環理論の支持者は、投入価格——特に原油価格——の変化が重要であると強調することも多い。石油価格の上昇は、石油を使用する企業の

● **実物的景気循環理論**(real business cycle theory)は、**リアル・ビジネス・サイクル理論**とも言われる。景気変動を引き起こす要因として、技術の変化の役割を強調する学説である。

3) Arthur C. Pigou, *Industrial Fluctuations*, New York: Macmillan, 1929.
4) Finn E. Kydland and Edward C. Prescott, "Time to Build and Aggregate Fluctuations," *Econometrica*, Vol. 50, No. 6, 1982, pp. 1345-1370.

生産性が低下したのと同様に考えることができる。ほぼすべての企業が何らかのかたちで石油を使用している——すなわち石油製品は主要なエネルギー源泉である——ので、石油価格の変化は技術が変化したかのように機能する。価格の高騰など、石油価格の変化は突然起きるので、この要因は景気後退を説明するのに役立つ。

2. 景況感と乗数：ケインズおよびケインズ理論の説明　景気変動に関する現代の多くの分析は、イギリスの経済学者ジョン・メイナード・ケインズ（1883-1946）の洞察が基礎になっている。ケインズは学者であり、株式トレーダーであり、イギリス政府の顧問であった。

大恐慌がはじまったとき、46歳だったケインズは、恐慌の最中にその原因を説明するための新しい理論の研究をはじめた。この成果は、彼の画期的著書である『雇用・利子および貨幣の一般理論』[5]に結実した。この中には、政府の政策の役割に対する新しい含意も含まれていた。ケインズの理論は、当時熱い論争を巻き起こしたのだが、その論争は現在もなお続いている。しかし、現代マクロ経済学に対するケインズの偉大な貢献について否定する者はいない。

ケインズは、心理的要因が消費者や企業の気分を変え、それが結果的に、消費や投資そしてGDPに影響を与えることになると考えた。そして、こうした心理的要因が引き起こす現象を**アニマル・スピリット**と名づけた。ケインズは、たとえ経済の基盤であるファンダメンタルズ（技術、物的資本、人的資本など）がほとんど変化しなくても、アニマル・スピリットが激しく変動することがある、と考えた。たとえば、経済のファンダメンタルズがまったく変化していなかったとしても、非常に楽観的観測から、ひどく悲観的観測に変わることがある。

アニマル・スピリットの考え方に基づくならば、もっと広範囲に及ぶ現象を説明することができる。期待の変化や、企業や家計が直面している（現実の、または感覚的な）不確実性の変化、などといった**景況感**が変化するときには、家計の消費と企業の投資は変化する。

- 心理的要因は、消費者や企業の気分を変え、それが結果的に、消費や投資そしてGDPに影響を与えることになる。こうした心理的要因が引き起こす現象を**アニマル・スピリット**(animal spirits)である。
- **景況感**(sentiment)には、将来の経済活動に対する期待の変化、企業や家計が直面している不確実性の変化、そしてアニマル・スピリットの変化が含まれる。景況感が変化するときには、家計の消費と企業の投資は変化する。

5) John M. Keynes, *The General Theory of Employment, Interest and Money*, Palgrave Macmillan, 1936. 翻訳は、塩野谷祐一訳『普及版　雇用・利子および貨幣の一般理論』東洋経済新報社、1995年。

たとえば、企業が自社製品の需要が減少すると予測するときには、何が起こるのかを考えてみよう。このような悲観的観測は、労働需要に直接的に影響を及ぼす。たとえば、ユナイテッド航空が、航空旅客の将来的需要は悲観的であると予測したときには、客室乗務員やパイロットの雇用は削減される。航空機の新規発注も減らされるだろう。これが、ボーイング社などのメーカーの航空機の需要を減少させる。結果として、ユナイテッド航空とボーイング社の両社の労働需要曲線は左にシフトする。

この悲観的観測がGDPに及ぼす影響について考えてみよう。最初に、ユナイテッド航空が航空機の新規発注を減らすと、投資が減少する点について考えよう。ここでは、5章で学んだ国民所得勘定式を使う。

$$Y = C + I + G + X - M$$

ユナイテッド航空の行動が変化したときには、投資（I）は減少し、したがって、GDP（Y）も減少する。ただし、この減少は、消費支出（C）や政府支出（G）、または純輸出（$X-M$）が増加すれば、少なくとも部分的には相殺されるかもしれない。C、Gまたは$X-M$の変化により完全に相殺することができたならば、投資が著しく減少しても、GDPすなわちYを維持することは可能だ。仮に、Iが50億ドル減少しても、Cが50億ドル増加すれば、Iの減少は相殺される。

ところが企業が悲観的になって、雇用と投資を減らすときには、家計が消費を増やすことは望めないだろう。現実に、投資が減少するときには、家計は仕事を失うリスクが高まる。したがって、ほとんどの場合に、消費は投資と同じ方向に動く（共変動の議論を参照していただきたい）。

雇用に対する影響は図表12.6に示されている。特に、賃金に下方硬直性があるときには、労働需要の変化は雇用に大きな影響を及ぼす。投資の減少は、企業の労働需要曲線を左にシフトさせるので、雇用を減少させ、最終的にはGDPを減少させる。

家計がより悲観的になった場合の影響も同様である。家計は、悲観的になると、「不測の事態」に備える貯蓄を増やして、いつか経済的に困ったときの準備のために、今の消費を減らす。このため、多くの企業の製品の今期の需要が減少するので、企業の労働需要曲線は左にシフトする。

ケインズの理論には、もう1つ重要な示唆がある。穏やかな経済ショックが経済を直撃した場合でも、それが反応の連鎖を生み、最終的にははるかに大きな経済収縮をもたらす、という可能性だ。航空会社の重役が悲観的観測を強めると、直接的な影響が生まれる。航空会社の経営者が悲観的観測を強めたときに

は、その影響は即座に現れる（ユナイテッド航空の雇用が減少する）とともに、さざ波のごとく影響は連鎖して伝播していく（ボーイング社などの航空機メーカーの雇用が減少する）。影響力のさざ波は関連する企業へとさらに広がり、それらの企業は雇用を減らしはじめるので、労働需要曲線は左にシフトする。この悲観的観測は、家計にも伝播する。労働市場での雇用機会が少ないことを感じとって、家計は財やサービスへの需要を減少させる。このように、最初の経済ショックは、その後に続く一連の反応により増幅されていく。こうした経済メカニズムを、**乗数**と呼ぶ。

乗数の潜在的な影響力を想像するには、株価の下落が消費者を弱気にさせ、家計の消費意欲を減退させることを想像してみるといい。1つの出来事が、別のドミノの駒を数多く倒す原因となる。企業は生産を削減し、従業員を解雇するだろう。失業すると財とサービスを購入できなくなるので、企業はかつては消費者でもあった失業者たちにそれまで売っていた製品の生産量をさらに減少させることになる。ケインズによれば、このようなサイクルは破滅的な結果をもたらす。労働者の解雇は経済にさらにダメージを与えるので、それがさらなる解雇を生み出してしまう。このように影響が連鎖することによって増幅される。最初の経済ショックは、たとえそれがプラスの出来事であれ、マイナスの出来事であれ、その結果は増幅される。すなわち、ショックの影響が掛け算される*。経済にプラスの情報であれば、消費者は財とサービスの需要を増やし、それに反応して企業は労働需要曲線を右にシフトさせる。こうして、最初の出来事の影響に乗数が働く。ケインズが提唱した乗数理論は、現代経済学の多くのモデルで重要な役割を担っている。

乗数の仕組みには、**自己実現的予言**の要素がある。将来には労働需要曲線は左へシフトするといった出来事が予測されると、企業は現在の雇用を削減する。この企業の行動が、予測した出来事を実現へと導くのである。これは景況感が経済の変化に対する強力な触媒になるからだ。たとえば、経済主体の多くが、将来の経済状況を悲観的に予測しているときには、その結果とられる行動は実際にも経済の水準を低下させてしまうものとなる。自分たちの悲観的観測の一部あるいは全部を実現してしまう。消費者は、財とサービスの購入を止めてしまうかもしれない。企業は、工場や設備への投資を中止するかもしれない。こ

- **乗数**（multiplier）とは、最初の経済ショックの影響が増幅されていく経済メカニズムである。
- **自己実現的予言**（self-fulfilling prophecy）とは、出来事を予測する（将来には労働需要曲線は左へシフトする）ことが、その出来事を実現する行動を誘発する状況を指す。

* 掛け算（乗算）で掛ける数を、乗数と言うことに由来している。

のとき労働需要曲線は左へシフトするので、雇用は減少し失業率は上昇する。自己実現的予言という概念は、アニマル・スピリットによって引き起こされる期待の変化が、結果的に「合理的」になる、という点も強調している。すなわち、家計や企業が経済に対して悲観的になっているときには、人々が悲観的行動をとる結果、経済は収縮する。つまり、悲観的観測はそれ自体を実現してしまうのだ！

3. 貨幣的・金融的要因：ミルトン・フリードマンの説明 景気循環を動かすもう1つの要因は、貨幣的要因である。11章で説明したように、マネーサプライは名目GDPに影響を与える。一般的には、マネーサプライの急激な減少による名目GDPの下落は、一般物価水準だけではなく、実質GDPにも影響を及ぼす。この場合には、マネーサプライの変化は景気循環を作り出す。この考え方の主な提唱者が、天性の才能と影響力という点でケインズと肩を並べる数少ないマクロ経済学者の1人である、ミルトン・フリードマンだ[6]。

貨幣的要因が実質GDPの変動をどのように誘発するのかを理解するために、金融引締め政策がマネーサプライ（M2）を急速に減少させるというシナリオに基づいて考えてみよう。

貨幣数量説で予測されるように、マネーサプライの減少は物価水準を下落させる（11章を参照）。賃金には下方硬直性があるために、物価水準の下落は雇用を減少させる。その理由を理解するには、以下の流れを思い出そう。一般物価水準が下落するということは、企業が生産物価格を引き下げ、その結果として労働の価値限界生産力が低下することを意味している。結果として、所与の賃金では各企業の労働需要量は減少する。したがって、生産物価格の下落は、労働需要曲線を左にシフトさせることになる。もし賃金が生産物価格と同じ割合で下落するならば、企業の雇用は、生産物価格が下落する以前の雇用と同じ水準になるだろう。しかし、（9章で学んだように）賃金には下方硬直性があるために、賃金は引き下げられることはないので、最適化を図る企業は、その代わりに雇用している労働者数を削減する。

さらに、金融引締め政策は実質金利を上昇させる（11章を参照）。実質金利とは、企業が投入物（すなわち物的資本）に対して支払う価格である（10章を参照）。したがって、実質金利の上昇は、生産費用を上昇させる。物的資本

[6)] Milton Friedman and Anna J. Schwartz, *A Monetary History of the United States*, 1867–1960, Princeton University Press, 1963.

は労働とともに使用されるため、物的資本の費用が上昇すれば、企業が雇用する労働者数は減少するので、労働需要曲線は左にシフトする。

クレジット市場における機能の崩壊も景気変動を誘発する。信用の供給と需要は、均衡金利と経済の信用量を決定する（10章を参照）。クレジット市場が崩壊する――たとえば、銀行破綻や別のタイプの金融危機が考えられる――時には、投資と消費は減少するので、実質GDPと雇用は減少する。すなわち、信用供給曲線が左へシフトするときには、企業の労働需要曲線も左にシフトする。

乗数と景気変動

ここまで、乗数を景況感の変化という要因に即して議論してきた。しかし、乗数は、いかなる経済ショックであっても、その影響力を増幅させる。技術、景況感、金融市場の変化など、経済ショックの原因が何であるかは問わない。図表12.8は、乗数効果を伴う景気収縮で発生する簡単なフィードバックのループを表したものだ。消費が減少すると、企業が労働需要を減少させるので、労働需要曲線は左にシフトする。労働需要曲線の左へのシフトは解雇につながり、家計の所得を減少させるので、家計の消費はさらに減少する。このサイクルがさらに続くときには、ひと回りするごとに景気収縮の深刻さは増していく。

図表12.9には、賃金が伸縮的な場合の労働供給曲線と労働需要曲線を描いて、賃金と雇用がどのように乗数効果の影響を受けるかを示している。経済は、当初は均衡点「1：景気後退前」にある。経済にショックが起こり、労働需要曲線が左にシフトすると、経済は新しい短期的均衡点「2：ショックの直後」に移動する。短期的均衡点としているのは、この均衡点「2」ではまだ、乗数効果が働いていないためである。この後に、最初の解雇によって、失業者は財とサービスの需要を削減するのだが、それが財とサービスを提供している企業の労働需要をさらに削減することになるので、労働需要曲線はさらに左にシフトする。これによって、経済は景気後退の影響をさらに受けて、均衡点「3：景気の谷」に移動する。景気の谷とは、景気後退期において実質GDPが底を打ったときである。図表12.9では、これらの動きを労働需要曲線の2回のシフトによって示している。

> 乗数は、いかなる経済ショックであっても、その影響力を増幅させる。技術、景況感、金融市場の変化など、経済ショックの原因が何であるかは問わない。

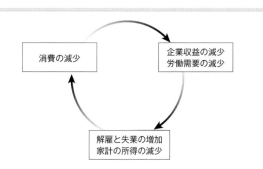

図表12.8　経済を収縮させる乗数効果

このフィードバックのループは、どこから見はじめてもかまわない。たとえば、消費を減少させるような経済ショックが起こると、消費財を生産する企業は労働需要を減少させるので、労働需要曲線は左にシフトする。労働需要曲線の左へのシフトは解雇につながり、家計の所得を減少させるので、家計の消費はさらに減少する。このサイクルがさらに続くときには、ひと回りするごとに景気収縮の深刻さが増していく。このようにして、最初のショックの影響が増幅されるのである。

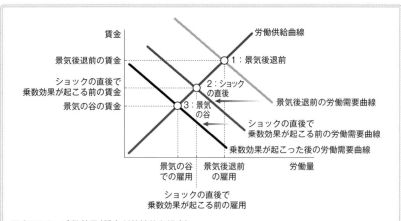

図表12.9　乗数効果（賃金が伸縮的な場合）

経済は当初は均衡点「1：景気後退前」にある。経済にショックが起こると労働需要曲線を左にシフトさせるので、経済は新しい短期的均衡点「2：ショックの直後」に移動するが、この均衡点「2」ではまだ乗数効果は働いていない。最初の解雇によって労働需要はさらに減少するので——労働需要曲線はさらに左にシフトする。経済は景気後退の影響をさらに受けて均衡点「3：景気の谷」に移動する。景気の谷とは、景気後退期において実質GDPが底を打ったときである。

a. 労働需要への最初の経済ショック（1回目の左へのシフト）
b. 最初の経済ショックの結果による解雇を原因として引き起こされる、2回目の労働需要曲線の左へのシフト。この2回目の左へのシフトが乗数効果である。

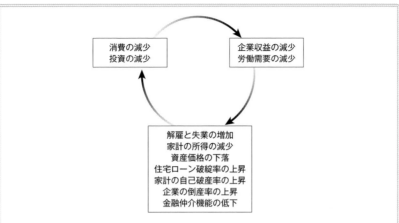

図表12.10　乗数効果(より詳細な説明)

このフィードバックのループも、どこから見はじめてもかまわない。たとえば、消費を減少させるような経済ショックが起こると、消費財を生産する企業は労働需要を減少させるので、労働需要曲線が左にシフトする。経済が悪化すると、解雇、資産価格の下落、住宅ローンの破綻、家計の自己破産、企業の倒産、金融仲介機能の低下(生き残ろうと努力する銀行がある一方で、一部の銀行は倒産する)などが引き起こされる。このことが結果として、消費と投資を再び減少させる。このサイクルが繰り返し続くことによって、ひと回りするごとに景気収縮の深刻さは増していく。

　理論的には、労働需要曲線はさらに左へシフトを続けるのだが、それぞれのシフトは、その周期の1つ前の解雇が生み出す。しかし現実では、経済は最後には安定し、負の連鎖は止まる。たとえば、新しい企業が倒産した古い企業と入れ替わることだろう。企業が収益を維持するだけの十分な需要を得られなければ、その企業に雇われていた物的資本と人的資本は、別の企業、特に新しいビジネス分野に再配分されるだろう。新規企業の参入は、労働需要曲線の左へのシフトを止めて、やがては右へとシフトを逆転させることになる。

　図表12.8に示された乗数効果のループには、現代経済で起きる重要なメカニズムが抜け落ちている。図表12.10ではこれらのメカニズムを追加して、最初の負の経済ショックの影響を増幅させる要因をより詳しく全体像として表した。これらのメカニズムには、以下の要因が含まれている。株や国債および住宅の価値などの資産価格が下落する。銀行のバランスシートを弱体化させる住宅ローン破綻率の上昇、クレジットカードローンを含む数多くの種類の消費者信用の債務不履行を生み出す家計の自己破産率の上昇、貸し手に膨大な損失をもたらす企業の倒産率の上昇、銀行が新しい融資に消極的になる、または既存の顧客にでさえ新しくローンを延長できなくなることによって金融仲介機能が低下す

る、などがある。こうしたメカニズムのすべてがさらに乗数効果となって、消費と投資を引き下げ、労働需要はさらに押し下げられる。労働需要の減少は、雇用とGDPをさらに下押しし、経済はさらに弱体化し、さらなる乗数効果を生み出す。

賃金が下方硬直的で乗数効果が働くときの短期均衡

景気後退ショックのより詳しい経済の全体像は、賃金の下方硬直性と乗数効果を組み合わせることによって得ることができる。この2つの要因は、労働需要曲線のシフトが雇用に及ぼす影響を増幅させる。ショックの影響は以下の順序で発生する。

a. 最初の経済ショックが労働需要曲線を左にシフトさせる。
b. 賃金に下方硬直性がある場合には、企業は、最初の経済ショックに対して、雇用時間と賃金を多少減らすのではなく、雇用を大幅に削減することによって調整する。
c. 乗数効果によって、労働需要曲線はさらに左にシフトする。

この3つの影響を示したのが、図表12.11である。経済にショックが起こる以前は、経済の均衡点は「1：景気後退前」である。最初の経済ショックによって経済は新たな短期的均衡点「2：ショックの直後」に移動する。ここでは賃金には下方硬直性があるため、雇用だけが調整される。乗数効果が働くことによって、労働需要曲線はさらに左にシフトし、経済は最終的には次の均衡点「3：景気の谷」まで移動する。賃金の下方硬直性と乗数効果が最初の景気後退ショックによる収縮の影響を増幅させた結果である。賃金の下方硬直性と乗数効果がなければ、労働需要曲線の最初の左へのシフトは、経済を均衡点「A」に移動させるだけであっただろう。しかし賃金の下方硬直性と乗数効果があるため、経済は「3：景気の谷」まで移動し、点Aよりも雇用ははるかに減少することになったのである。

中期的な均衡：部分的な回復と完全な回復

景気後退の悪影響を2〜3年のうちに覆すような様々な力が働く。それらは市場主導の場合もあれば、政策主導の場合もある。この2〜3年の期間を中期と呼び、数四半期の期間に相当する短期とは区別する。また、長期とは、10

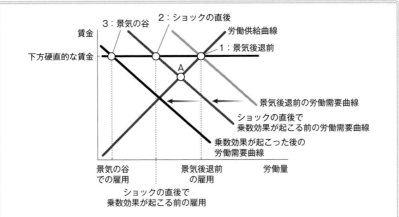

図表12.11　乗数効果（賃金が硬直的な場合）

労働需要曲線の左へのシフトによって、経済は「1：景気後退前」から「2：ショックの直後」に移動する。乗数効果が働くことによって、労働需要曲線はさらに左にシフトし、経済は硬直的賃金の下での均衡点「3：景気の谷」に移動する。賃金の下方硬直性と乗数効果がなければ、労働需要曲線の最初の左へのシフトは、経済を均衡点「A」に移動させるだけであっただろう。賃金の下方硬直性と乗数効果があるため、経済は「3：景気の谷」まで移動し、点Aよりも雇用ははるかに減少する。

年あるいはそれ以上の期間を言う。回復のメカニズムは、2種類に分けられる。

ⅰ．市場の力によって、労働需要曲線が反転して右にシフトする
ⅱ．政府の拡張的政策によって、労働需要曲線が反転して右にシフトする

それぞれについて詳しく検証していこう。

ⅰ．**市場の力によって、労働需要曲線が反転して右にシフトする**。この反転には多くの要因があるが、最も重要なものを以下で説明しよう。

・過剰になっていた在庫がさばけると、労働需要は部分的に回復する（反転して右にシフトする）。たとえば、住宅建設ブームの後は、新規住宅建設の着工はほとんどなく、建設労働者の労働需要曲線は左にシフトする。しかし、未売却住宅の在庫が最終的にさばけると、新築住宅の建設が再びはじまり、労働需要曲線は反転して右にシフトする。こうした効果は、車であろうが、コンピューター製造であろうが、在庫を抱えたすべての企業に当てはまる。在庫は永久に残るわけではない。在庫が少なくなると、企業は生産を増加させる。このときの労働需要

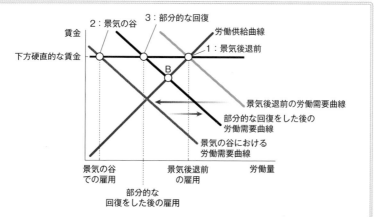

図表12.12 労働需要曲線が部分的に右にシフトすることによる部分的な回復

賃金に下方硬直性がある場合には、「景気の谷における労働需要曲線」まで労働需要曲線は左にシフトし、経済は「1:景気後退前」から「2:景気の谷」まで移動する。労働需要曲線の部分的な回復によって、経済は「2:景気の谷」から「3:部分的な回復」まで移動する。しかし、賃金には下方硬直性があるために、経済は競争均衡点(点B)には到達しない。

曲線の右へのシフトは、図表12.12に示したとおりである。

- 技術進歩により企業活動が活発になると、労働需要は部分的に回復する（反転して右にシフトする）。たとえば、2007〜09年の景気後退の後、新しい掘削技術によって、シェールオイルの地質堆積物から天然ガスとオイル抽出が可能になり、エネルギー会社が利益を得ることが可能になった。これによって、アメリカにおいては掘削作業やパイプラインの建設などのエネルギー関連産業が急速に拡大した。そして、潤沢なエネルギー資源がある地域に立地していたことによって比較優位を有することになった産業を成長させることとなった。
- 銀行システムとその他の金融仲介システムが回復し、企業が活動資金である融資を利用できるようになると、労働需要は部分的に回復する（反転して右にシフトする）。2007〜09年の金融危機の間、多くの中小企業は銀行から融資を受けることが難しかった。危機を切り抜けて経営が健全化した銀行は、企業への融資に意欲的になった。この結果、融資を受けた企業は事業を拡大し、より多くの労働者を雇用した。融資の拡大が、借り手である企業の労働需要曲線を右にシフトさせたのである。

ii．政府の拡張的政策によって、労働需要曲線が反転して右にシフトする。

この点については13章で詳しく扱うが、ここでは重要な政策手段についてまとめよう。

・中央銀行は、金融政策を活用することによって、労働需要曲線を右にシフトさせることができる。金利の引下げは、企業の投資と家計の消費の両方を刺激する。

・全般的なインフレーションが企業の生産物価格を押し上げているときには、労働需要曲線も右にシフトする。生産物価格が上昇することにより、所与の賃金における生産の収益率が上昇するので、雇用を増加させる。このことが、労働需要曲線を右にシフトさせる。図表12.13(a)には、インフレにより労働需要曲線が右へシフトすることの帰結が示されている。賃金は下方硬直性によって固定されているために、労働需要曲線の右へのシフトは、点Aを点Bまで移動させるが、雇用は完全には回復しない。

この時点では、労働供給曲線はどうなるのか、とみなさんは思っているのではないだろうか。インフレが労働供給に影響を及ぼすことはないのだろうか？ インフレによって生産物価格は上昇しているため、所与の賃金の下では、消費できる量は少なくなる。たとえば、すべての価格が2倍になった場合には、同じ賃金で同じ時間働いたとしても、労働者は以前の半分しか消費することはできない。インフレの結果、この労働者は（同じ理由で、すべての労働者も）所与の賃金の下では市場に供給する労働時間を減らす。図表12.13(a)には、結果として起きる労働供給曲線の左へのシフトも示されている。しかし、ここで重要な点は、賃金に下方硬直性がある限り、この労働供給曲線のシフトはまったく影響を及ぼしていないことである。雇用は、労働需要曲線と下方硬直的な賃金水準を表した水平線の交点で決まっている。このことからわかる重要なポイントは、下方硬直性があるために賃金が固定されているときには、インフレによって引き起こされる労働需要曲線のシフトが雇用を増加させる、という点である。

この分析は、労働供給曲線のシフトが実際に影響を及ぼしはじめるのはいつかも教えてくれる。インフレ水準が極めて高く、シフトが十分に大きい場合には、賃金はもはや賃金の下方硬直性で固定されない。市場均衡賃金は、下方硬直的な賃金を上回る水準になる。このときには図表12.13(b)に示されているように、均衡賃金が、下方硬直的な賃

(a) からわかるように、賃金に下方硬直性がある場合(賃金は「下方硬直的な賃金」として示された水平線の水準より下がることはない)には、労働市場における均衡は妨げられる。「当初の労働需要曲線」と「当初の労働供給曲線」は、点Cで交わるが、この市場均衡賃金は、下方硬直的な賃金を下回っている。したがって、当初の労働市場での雇用は、下方硬直的な賃金と当初の労働需要曲線との交点Aとなる。インフレが起こると、労働需要曲線は右にシフトする(企業は生産物をより高い価格で販売することができるようになる)が、労働供給曲線は左にシフトする(所与の賃金では、購買力が下落する)。このシフトの結果、市場均衡賃金(点D)はまだ下方硬直賃金よりも下回っている。したがって、インフレ後の労働市場での均衡は、下方硬直的な賃金とインフレ後の労働需要曲線との交点Bとなる。

(b)では、当初の労働市場での均衡は点Aであり、下方硬直的な賃金は、当初の市場均衡賃金(点C)を上回っている。インフレにより、労働需要曲線は右にシフトし、労働供給曲線は左にシフトする。このとき、インフレによるシフトが十分に大きい場合には、市場均衡賃金が下方硬直的な賃金を上回ることになる。最終的な労働市場での雇用は点Eとなり、賃金は下方硬直的賃金を上回って上昇している。

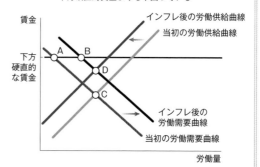

(a) インフレーションが起きたが、市場均衡賃金は下方硬直的賃金よりも下回っている

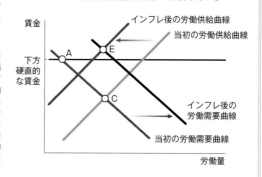

(b) インフレ率が十分に高く、市場均衡賃金は下方硬直的賃金を上回って上昇している

図表12.13 インフレーションが労働市場均衡に及ぼす影響

金より高くなる。このような均衡賃金に到達し、さらにインフレが加速したとしても、労働需要曲線と労働供給曲線が同じだけシフトするならば、賃金は上昇するが雇用量は変化することはない。

- 政府は、労働需要曲線を右にシフトさせるために(政府支出や税などの)財政政策も活用する。政府支出の増加は、企業が生産する製品の需要を増加させるので、労働需要曲線を右にシフトさせる。減税は、企業と消費者の可処分所得を増加させるので、購買力を押し上げることを通して、企業が生産する製品の需要を増加させ、労働需要曲線を右にシフトさせる。

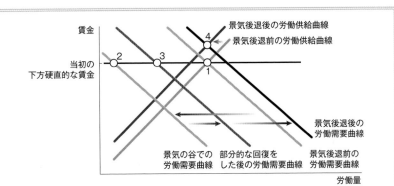

図表 12.14　景気の完全な回復

労働需要曲線は「景気後退前の労働需要曲線」から左へシフトして、「景気の谷での労働需要曲線」へ移動する。下方硬直性があるために賃金は下落しないので、経済は点「1」から点「2」へ移動する。次に、労働需要曲線が反転して右にシフトする（「部分的な回復をした後の労働需要曲線」）ために、雇用水準は部分的に回復して点「3」になる。この点ではまだ下方硬直的賃金があることで、労働市場は均衡点で雇用が決まらない。最終的には、労働需要曲線が右へシフトし、（インフレに誘導された）労働供給曲線が左へシフトすることによって経済は点「4」に移動する。この点では、市場均衡賃金が当初の下方硬直的賃金よりも上回っているので、賃金の下方硬直性はもはや制約にはならない。

　図表12.14は、市場の影響と政策の効果を結合して、経済が収縮から回復に至る過程を描いたグラフである。経済は当初は点「1」にある。下方硬直的な賃金と乗数効果によって、労働需要が急速に収縮するので、経済は点「2」に移動する。この点で雇用が最も低くなる。労働需要曲線はその後、市場メカニズムと政府の介入による効果によって、景気後退前の水準まで回復する。インフレーションにより、労働需要曲線の右へのシフトと労働供給曲線の左へのシフトという2つのシフトが引き起こされる。回復の初期には、硬直的賃金の水準の下で雇用が決まり、経済は点「2」から点「3」に移動する。

　最終的に、労働需要曲線の右へのシフトと労働供給曲線の左へのシフトが、経済を点「4」に移動させる。このとき、市場均衡賃金は当初の下方硬直的な賃金を上回っているため、賃金の下方硬直性はもはや制約にはならない。

　この例では、経済は当初の雇用水準まで戻っている。ただし、当初の雇用水準が、持続不可能な好況によってもたらされていた場合には、この例は当てはまらない。

　図表12.14に示されているとおり、景気後退後の賃金は景気後退前の賃金を上回っている。これは景気後退の最中とそれ以降にも継続していたインフレーションの結果である。インフレが生産物価格と賃金の両方を押し上げたのである。

名目賃金と実質賃金

本章では（9章と同様に）、労働者に支払われた実際の賃金を使用して分析している。実際の賃金とは**名目賃金**とも呼ばれるものであるが、これは、インフレーションを調整した**実質賃金**とは区別して使用される。名目賃金と実質賃金の違いは、名目GDPと実質GDPとの違いと似通っている。実質賃金は、名目賃金を消費者物価指数（CPI）などの一般物価の指数で割ることによって算出される。実質賃金は、名目賃金の（物価水準で調整した）購買力であると解釈することもできる。

労働需要と労働供給に関するすべての分析は、実質賃金を用いてもほぼ同様に行うことができる。取り扱う変数を変えることによって結論が変わることはないが、違った側面にも焦点が当てられることになる。実質賃金に重点を置いて分析する場合には、労働者にいくら支払うか（名目賃金）と、顧客にいくら請求するか（生産物価格）の比率を見て、企業は雇用を判断する、と想定する。さらに、すでに指摘したことであるが、労働供給の決定では、労働者は自分たちの賃金の購買力（自分たちの賃金で買うことができる実質消費量）に基づいて判断する、と想定している。

名目賃金の下方硬直性は、負のマクロ経済ショックを増幅させる要因の1つである。これは、実質賃金で労働市場を見た場合であっても、同様に作用する。特に、名目賃金に下方硬直性があるということは、名目賃金が下落しないので、実質賃金も即座には調整されないということを意味している。したがって、労働市場は市場が均衡する実質賃金には到達しない。

しかしインフレ期には、たとえ名目賃金が下がらなくても、実質賃金は下落する。実質賃金とは、名目賃金を消費者物価指数で割ったものであり、インフレは物価指数を上昇させる。したがって、(1)物価指数が上昇し、(2)名目賃金が固定されているときには、実質賃金は下落する。これは、図表12.13(a)で焦点を当てたシナリオとまったく同じである。このように、実質賃金を分析することによって、名目賃金に下方硬直性がある経済においても、景気後退から回復するには、適度なインフレが役立つことを別の側面から説明できる。

12.3 経済モデルの拡張

ここまで議論をしてきた景気後退の枠組みは、景気拡大の分析にも適用することができる。同じ例で、ユナイテッド航空が自社製品（航空旅客）の需要に

● 実際の賃金とは**名目賃金**(nominal wage)とも呼ばれるものであるが、これは、インフレーションを調整した**実質賃金**(real wage)とは区別して使用される。実質賃金は、名目賃金を消費者物価指数(CPI)などの一般物価の指数で割ることによって算出される。

楽観的観測を持つときには、労働需要曲線を右にシフトさせる。さらに多くの企業が将来の需要に楽観的になったときには、図表12.15のように集計的労働需要曲線が右にシフトする。

労働需要曲線が左にシフトした場合と異なっているのは、右シフトの場合には硬直的賃金は問題にならないことである。9章でも強調したように、労働者は賃金が削減されることは嫌がるが、賃金上昇には同じ反応はしない。つまり、賃金は下方向には硬直的であるが、上方向には硬直的ではない。このため図表12.15では、労働需要曲線が右へシフトするにしたがって、雇用は労働供給曲線に沿って変化する（図表12.11に示されたような、水平線に沿った移動ではない）。

労働需要曲線の右へのシフトの影響は、賃金硬直性があることによって増幅されることはないが、乗数効果は存在しているので、最初のシフトの影響は増幅される。たとえばユナイテッド航空が航空機や他の投入物の購入を増やすと、ユナイテッド航空に供給している企業は、その労働需要曲線を右にシフトさせる。労働需要の増加は、家計所得の上昇につながり、家計は消費を増やすので、次の乗数効果の引き金となる。こうして乗数効果が積み重ねられた結果、図表12.15で示したように、労働需要曲線はさらに右にシフトする。

景気拡大には負の側面もある。好景気がはじまる以前の経済が完全雇用に近

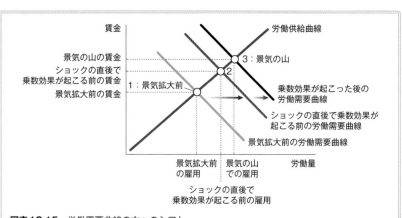

図表12.15　労働需要曲線の右へのシフト

正常に機能している経済において、正の経済ショックが起こると好景気をもたらす。まず、正の経済ショックの直接的影響により労働需要曲線は右にシフトする。この影響は、乗数効果によって増幅される。賃金は上方には伸縮的であるために、労働需要曲線のシフトに対する調整はすべてが、労働供給曲線に沿って発生するものである。

く、最大生産能力に近い状態（失業率は低く、企業は生産能力をほぼ最大水準で稼働させている状態）であったとすると、経済には成長する余地はほとんど残されていない。この場合には、楽観的観測、または好景気を最初に引き起こした別の要因が、どこかの時点で逆方向に作用する可能性もある。このような反転には、まさしく本章で分析してきた労働需要曲線の左へのシフトのようなものが含まれる。このような労働需要曲線の左へのシフトが、負の乗数効果を生み出し、経済を好景気前の水準に緩やかに戻すのではなく、逆に景気後退にまで押しやるかもしれない。

こうした好景気における負の側面は、政府にとっては最も難しい課題の1つである。堅実な政策であれば、好景気が最終的に反転したときの潜在的な負の影響を抑えるために好景気を抑制するように努める。しかし、好景気に伴う雇用の増加と失業の低下は政権の人気を高めるので、政策で好景気を続けようとして、（特に選挙期間には）さらに過熱させてしまう。

EBE Evidence-Based Economics
根拠に基づく経済学

問い：2007～09年の景気後退はなぜ起きたのか？

2007～09年の景気後退の数々の原因は、ドミノ倒しのように連なっていた。1つの負の経済ショックが次のショックを引き起こすという出来事が連なり、アメリカと世界経済全体を覆った。その中でも、3つの要因が危機に大きな影響を及ぼした。すなわち、(1)住宅価格の下落が新築着工戸数を激減させた、(2)消費が急激に下落した、(3)住宅ローン破綻が連鎖的に増大し、それが多くの銀行の破綻を招き、金融システムを機能不全に陥らせた。

全体を俯瞰して見てみよう。

1. 景気後退前の2000～06年には、住宅価格の上昇が住宅建設ブームを引き起こし、新築住宅の在庫が増えた。2006～09年にかけて住宅価格が急落したときには、住宅建築業者は新築住宅の在庫を大量に抱えており、また価格下落によって新築住宅建設の採算はとれなくなっていたので、新築住宅着工戸数は激減した。その結果、労働需要曲線は大きく左にシ

フトした。

　2. 住宅価格の下落は、多くの消費者の資産を減少させ、持ち家を担保にした借入れの限度額を引き下げることとなった——それが、さらに消費を減退させていった。消費者向けの財とサービスを生産している企業は、生産物の需要の相当な減少に突然見舞われたために、生産を減らし、労働需要曲線は左にシフトすることになった。

　3. 住宅価格の下落が、非常に多くの住宅ローン破綻につながった（理由については後述する）。これらの住宅ローンは、多くの大手銀行の貸借対照表（バランスシート）上で長期資産として保有されていたものであるが、それが毀損したことによって、銀行経営を危機の瀬戸際に追いやり、場合によっては債務超過に陥らせた。銀行は破綻するか、そこまでには至らないまでも銀行準備を増やしてバランスシートを改善するために貸出しを削減した。このため、民間部門への融資は減少し、借り手であった企業は生産を削減することになり、労働需要曲線は左にシフトした。また家計への融資の削減は消費を減らし、需要曲線の左へのシフトという次の連鎖の引き金となった。

　ここまでが全体像である。ここからは、経済の個々の出来事に焦点を当てて、データを使って検証していこう。

住宅と建設：バブルの崩壊

　多くの経済学者は、1990年代終わりから2006年にかけての住宅価格の急騰をバブルであったと考えている。すなわち、資産価格（この場合には住宅価格）の著しい上昇は、資産の本当の長期的価値を反映していなかったということである。図表12.16では、1987〜2013年の期間の、アメリカの主要10都市におけるインフレ調整済みの毎月の住宅価格指数を示している。指数は、2000年1月の100が基準であるが、2006年5月には190まで急上昇し、その後に暴落がはじまった——2009年4月には120まで下落し、さらに下がり続けた。住宅価格バブルが弾けたのである。

　住宅価格の下落は、住宅建設業界に壊滅的な影響を与えた。図表12.17は、住宅建設投資の実質値を示したグラフである。新築住宅着工戸数は

2005年第3四半期をピークに、その後は下落を続けた。グラフが示すように、騒ぎが収まった2009年には、住宅建設は約60%下落したことがわかる。

そして懸念されたとおり、住宅建設業界が縮小したときには、住宅業界の雇用も激減した。2006年4月のピーク時には住宅建設業界では350万人が雇用されていたが、2010年までにはその数は200万人へと、43%減少した。オフィスビルやショッピングモールなどの商業用不動産を含めて、すべての不動産価格が下落したために、関連産業は打撃を受けた。たとえば、住宅以外の建設産業の雇用は、景気が後退をはじめた2008年初頭の440万人から、2010年には340万人にまで減少した。

これらを合わせてみると、不動産価格の急落は、建設関連産業の労働需要曲線を大きく左にシフトさせ、雇用を大きく減少させた。この重要な部分である、労働需要曲線の左へのシフトは、図表12.6に示されたものと同じである。(a)は賃金が伸縮的な場合である。(c)は賃金に下方硬直性がある場合であるが、雇用の減少はさらに大きなものになる。

建設業界の経済活動の停滞は、乗数効果ももたらすことになった。多くの建設業関係の労働者が稼ぎを得られなくなったことで、このような労働者を顧客としていたホームセンターなどの多くの企業の製品の需要

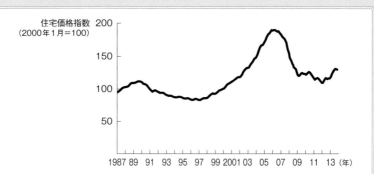

図表12.16 アメリカの主要10都市における実質住宅価格指数：1987年1月～2013年12月

アメリカの実質住宅価格は1990年代後半から急上昇しはじめ、1996～2006年の10年間に実質価格は2倍以上になった。その後は、2006～09年にかけて急落した。

出所：S&P/Case-Shiller home price index and Bureau of Labor Statistics（Consumer Price Index）（S&P/ケース・シラー全米住宅価格指数）、米労働省労働統計局（BLS）「消費者物価指数」。

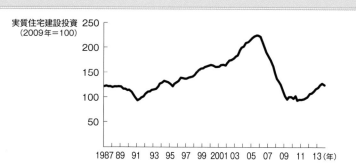

図表12.17 アメリカの実質住宅建設投資：1987年第1四半期～2013年第4四半期

アメリカの実質住宅建設投資は1995～2005年の間に約2倍になったが、そのピークは、住宅価格がピークに達する直前の時期だった。その後、住宅建設は急減し、1995年の水準を下回った。新築住宅の過剰在庫がさばけたことで、2011年以降、住宅建設は再び緩やかに回復した。

出所：米商務省経済分析局（BEA）「国民所得生産勘定」。

も急落した。住宅建設と住宅販売の減少は、洗濯機や冷蔵庫などの家電製品の需要も減少させた。このような乗数効果によって、住宅価格下落の影響は増幅され、総労働需要曲線をさらに左にシフトさせたので、総雇用の減少はいっそう深刻なものになった。

消費の減少

住宅価格の下落はまた、全般的な家計消費の大幅な減少を伴うものであった。これが2007～09年の景気後退の第2の重要な要因だ。

2000年代初頭には、多くの家計が銀行から借り入れた資金を使って消費を拡大させていた。多くの場合に、資金は住宅ローンのかたちをとって借り入れられていた——たとえば、最初の第1の住宅ローンに追加して第2の住宅ローンが組成された。すなわち借換えによる「キャッシュアウト」が広く行われていた——キャッシュアウトとは、金利低下時には、住宅保有者が、住宅ローンの残債を低金利の住宅ローンに借り換えることによって、（ローン返済額は一定に維持したままで）住宅ローンの規模を大きくして、その差額を現金で受け取るというものである。住宅バブルのピーク時には、消費者は第2の住宅ローンと「キャッシュアウト」を使って、自宅の価値から1年当たり4,000億ドルを現金化していた。住宅ローンを増額しなかった消費者も、2000～06年にかけての住宅価格高騰

時には、実質消費を増やす傾向があった。住宅価格上昇が富を増やし、消費者が消費できると思う金額を高めたのである。

しかし、この豊かになったという感覚は、2007年には消えはじめた。2009年3月までには、住宅市場と株式市場の両方が暴落したことにより、アメリカの家計はおよそ15兆ドルの資産を失った。ほとんどの家計が消費を減らし、景気後退のはじまった2007年第4四半期からそれが終わった2009年第2四半期までの期間で、総実質消費は2.7%も下落した。これは企業の製品に対する需要の著しい下落であり、労働需要曲線をさらに左にシフトさせるという乗数効果を呼び起こすこととなった。

住宅ローン破綻と銀行破綻の連鎖

住宅価格の暴落によって、住宅ローン返済の滞納が急増した。多くの借り手が住宅ローンの返済を止めてしまった。たとえば、2006年に頭金なしで30万ドルの家を購入した家族がいるとしよう。主要10都市住宅価格指数に基づくならば、その家の価値は2009年には20万ドルまで下落する。しかし、住宅ローン債務は住宅価値の下落に影響されないので、借り手には約30万ドルの債務が残っている(最初の3年間では、住宅ローンの元金はほとんど返済されていない)。結果として、20万ドルの価値しかない家に約30万ドルの債務が残される。家の価値以上の借金を抱えることは、「アップサイドダウン」または「アンダーウォーター」と言われる。アンダーウォーターの家計が家を売却しても、住宅ローンを返済できる十分な金額は得られない。アメリカのあちこちでこうした状況に陥った家計には、住宅ローンを破綻させるインセンティブが生まれる——住宅ローンの返済を止めて、家を手放すのである。家計が経済的に苦しくなると(たとえば失業や、その他の労働所得を低下させるショックによる)、このインセンティブはさらに強くなる。

そして現実に、多くの家計がその選択肢を選ぶこととなった。失業して住宅ローンを返済する余裕がなくなったことが理由であったかもしれない。あるいは、家の価値をはるかに上回った住宅ローンに課される利子を支払い続けることはしたくないと考えたからかもしれない。住宅価格が上昇し続けていた時期には、差し押さえ率は年に約1.7%であった。

言い換えると、住宅ローンを抱えたアメリカの家計の1.7%は毎年差し押さえられていた。図表12.18には、この差し押さえ率が、金融危機の期間に5.4%にまで上昇したことが示されている。これが意味することを、数字に置き換えて考えてみよう。アメリカの持ち家約7,500万戸のうち、3分の2にあたる5,000万戸には住宅ローンが付けられている。つまり差し押さえ率5.4%とは、金融危機のピーク時には年間で約300万戸もの住宅が差し押さえられたことになる。2007～12年にかけては、約1,000万戸が差し押さえられることになった。

　住宅の差し押さえは、住宅所有者だけではなく銀行にとってもありがたくない話だ。銀行は20万ドルの価値しかない住宅を差し押さえても、その住宅ローンが30万ドルであった場合には、その金額を取り戻す手段はない。うまくいったとして、30万ドルのローンに対して10万ドルの損失を覚悟のうえで、その家を20万ドルで売却できるだけである。現実には、差し押さえ物件を売却するときの価格は20万ドルをはるかに下回る。同時期に売却物件が多いであろうし、窓辺の植木鉢で花を育てたり、芝を刈ったり、防犯をきちんとして自宅を管理する家主がいない家の価値は20万ドルをはるかに下回ってしまうことだろう。

　結果的に、銀行は保有資産のうちの住宅ローンの部分で莫大な損失を被った。住宅価格が急騰していた2005年には、銀行の不動産関連の損失は不動産ローンの価値の0.2%のみだった。ところが2009年には不動産関連の損失は、不動産ローンの総額の8%に増大した。2005年の40倍の値だ。

　住宅ローン破綻による打撃を耐え抜くことができなかった銀行は多い。銀行規制当局である連邦預金保険公社（FDIC）の監督下にあった銀行約5,000行のうち、2007～11年にかけて約400行が破綻した。

　しかし、2007～09年の景気後退期で最も大規模であったのは、FDICの監督下にはなかったリーマン・ブラザーズ証券の経営破綻だった。リーマンは自社では、住宅ローンを行ってはいなかった。自社では、（企業向け）商業ローンを組成し、また他の銀行が組成したローン債権を購入していた。これらのローンが2008年に価値を失ったことにより、リーマンの損失は巨額な水準に膨らみ、さらに重要なことには取引相手の信用さえも失った。

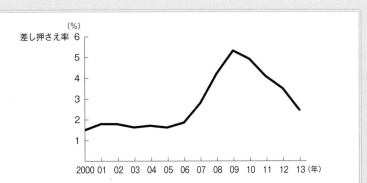

図表12.18 差し押さえ手続きをはじめたアメリカの住宅ローンの割合：2000〜13年
グラフは、アメリカにおける、住宅ローンの差し押さえ申請の割合の推移である。差し押さえ率2%とは、住宅ローンを抱えた家計の2%で、差し押さえ手続きが開始されたことを意味している。
出所：モーゲージ・バンカーズ協会「差し押さえ率」。

　2008年9月の2週間の間に、リーマンの最大の取引相手と貸し手の多くが、リーマンとの取引を中止した。新しい問題が明るみに出るたびに不確実性が増大して、リーマンの将来に対する信用が失われていった。リーマンは組織的な銀行取付けを経験したのだ。これは10章で学んだ特殊な種類の銀行取付けである。出口に向かって走る銀行の顧客は、他の巨大銀行やヘッジファンドのような大手金融機関であり、リーマンに融資する金融機関はなくなり、その時点でリーマンは、流動性不足と債務超過に陥った。

　リーマン・ブラザーズの経営破綻により、世界経済の繁栄を脅かす金融パニックが突如はじまった。巨大銀行の危機は、アイスランド、イギリス、ギリシャ、アイルランド、ポルトガル、スイス、フランス、ドイツ、オランダ、スペイン、イタリア、キプロスへと伝播した。多くの国々が突然、恐慌の瀬戸際に立たされることになったのだ。

　金融市場の崩壊により、破綻した銀行はローンを組成できなくなり、銀行部門による企業への融資が激減した。生き残った銀行でさえ、家計や企業への新しい融資がすぐに焦げ付くのではないかと不安になり、融資には消極的になった。金融部門の縮小は、さらに乗数効果を引き起こし、消費と投資を減少させて、労働需要曲線をさらに左にシフトさせること

になった。

Q 問い 2007～09年の景気後退はなぜ起きたのか？

A 答え 実質住宅価格は、2000～06年にかけて90%上昇した後に反転して、2000年水準まで急落した。住宅価格の下落が住宅建設産業を崩壊させ、実質消費の急減、そして住宅ローン破綻の急増につながった。2007～12年にかけては、約1,000万戸の住宅が差し押さえられた。住宅ローンの不履行により、約400行の銀行が破綻した。この中には、投資銀行であるリーマン・ブラザーズの劇的な経営破綻も含まれている*。

データ 住宅価格の時系列データは、ケース・シラー全米住宅価格指数、住宅投資はBEA、差し押さえ率はモーゲージ・バンカーズ協会、銀行の貸借対照表（バランスシート）はFDICとリーマン・ブラザーズによる。

注意 金融危機の原因はほかにもたくさんある。どれが最も重要な要因であったのかについては、まだ定説はない。

まとめ

- どの国にも景気変動がある。すなわち、経済成長率は毎年変化している。景気後退の期間には、実質GDPは収縮し失業は増加する。景気後退が、1929年にはじまった大恐慌のような大不況になることがある。1929～33年の大恐慌期には実質GDPは26%下落し、失業率は約3%から約25%にまで上昇した。

- 景気変動には3つの重要な特徴がある。
  1. 共変動：消費、投資、GDP、そして雇用は、通常は同一方向に変動する。失業は、これらとは反対方向に変動する。

---

* 日本でもリーマン・ブラザーズの破綻後にGDPが急落したが、それ以前には住宅バブルは発生しておらず、大規模な住宅ローン破綻と金融危機は起こらなかった。日本のGDPが急落したのは、欧米諸国の金融危機によって世界経済の需要が減少して、日本の輸出が大きく減少したためである。当時の経済の収縮は、金融危機を原因とした国（先進国に多い）と、それらの国の景気後退の影響を受けて輸出が減少したことを原因とした国（新興国に多い）に大きく分かれるが、アメリカは前者であり、日本は後者である。

なお、日本も金融危機による景気後退を経験している。1991年にバブルが崩壊して、住宅や事業資産を担保にした融資が回収できなくなることで金融機関の経営が悪化し、これが1997年に大きな金融機関の破綻が相次ぐ金融システム不安につながり、その後に「失われた20年」と呼ばれる大幅で長期にわたる景気後退を招いた。

2. 予測の難しさ：景気変動は、振り子のように規則正しい周期で上がったり下がったりしない。経済がいつ景気後退期に入り、その景気後退がいつ終わるのかを事前に予測することは難しい。
3. 経済成長の持続性：経済が成長しているときには、おそらくはその次の四半期の経済も引き続き成長する。同じように、経済が収縮しているとき——成長率がマイナスのとき——には、次の四半期の経済も引き続き収縮する可能性が高い。

◉経済活動の変動をもたらす要因は数多くある。以下はその代表例である。
1. 技術変化（実物的景気循環理論）に基づく要因：企業の生産性の変化は、労働需要曲線のシフトを引き起こし、雇用と実質GDPを変動させる原因となる。労働需要曲線が左にシフトするときには、雇用と実質GDPは減少する。労働需要曲線が右にシフトするときには、雇用と実質GDPは上昇する。
2. ケインズ理論に基づく要因
   ・期待、不確実性、アニマル・スピリットの変化を含めた、景況感が変化するときには企業と家計の行動に影響が及ぶ。企業が悲観的観測をしたときには、労働需要曲線は左にシフトする。企業の顧客が悲観的観測をしたときには、購入が減少する。これが企業の製品の需要を減少させるので、企業の労働需要曲線は左にシフトする。
   ・最初の労働需要曲線のシフトが連鎖を引き起こし、最初の経済ショックの影響が増幅される。たとえば、企業がショックに反応して従業員を解雇すると、解雇された労働者は消費を減らすので、別の企業の製品の需要を減らし、その企業の労働需要曲線を左にシフトさせる。金融的要因もさらに別の乗数効果を作り出す。債務不履行、倒産、資産価格の下落によって、銀行は企業や家計への融資を削減し、労働需要曲線をさらに左にシフトさせる。
3. 貨幣的・金融的要因：賃金に下方硬直性があるときには、企業は賃金を引き下げることができない。あるいは賃金を引き下げようとはしないので、物価水準の下落は経済を収縮させる。雇用は、伸縮的賃金の場合よりもさらに減少する。そして、金融引締め政策は実質金利を上昇させるので、投資は減少する。最後に、金融危機は、企業と家計が得ることができる信用を減少させる。これ

らの経路のすべてが、労働需要曲線を左へシフトさせ、雇用と実質GDPを減少させる。

●乗数効果は、2007〜09年の深刻な景気後退を理解するのに役立つ。1990年代終わりから2006年にかけて、アメリカの住宅市場はバブルを経験した。2006年にこのバブルが弾けると、実質住宅価格はおよそ40％下落した。そのときまでは好景気に沸いていた建設業界は急激に縮小した。住宅価格の下落、すなわち資産価値が下落したことにより、家計は消費を減少させた。自社製品の需要が減少した企業は労働需要を減らし、これによって解雇と家計消費の減少の負の連鎖がはじまった。住宅価格の崩壊は、住宅ローン破綻と差し押さえも増加させた。住宅ローン破綻と差し押さえは多くの銀行に損失をもたらし、銀行は倒産に至るか、あるいは融資を大幅に削減したために、景気後退はさらに深刻化した。

●好景気では労働需要曲線が右にシフトして、雇用は増加し、失業は減少する。この影響は、乗数効果によって増幅されるために、雇用はさらに増加する。しかし、好景気は、逆転したときには景気後退に陥る可能性があるため、危険な側面もある。このため、政府が好景気による過熱を抑制するように調整を試みる。ただし、別の理由から政策担当者や政治家は、堅実な行動をとるよりも、好景気を煽る選択をする可能性もある。

キーワード

景気変動または**景気循環**　　**景気拡大**
大恐慌　　**恐慌**
オークンの法則
実物的景気循環理論（リアル・ビジネス・サイクル理論）
アニマル・スピリット　　**景況感**
乗数　　**自己実現的予言**
名目賃金　　**実質賃金**

復習問題

1. 景気変動とは何だろうか？　景気拡大と景気後退の違いは何だろうか？
2. 景気変動がたくさんの集計的マクロ経済変数の共変動に関係しているというのは、どういう意味だろうか？　景気拡大期に共変動を示す4つの変数について説明しなさい。
3. 景気変動の期間を完璧に予測することはできない。これは正しいだろうか、それとも間違っているだろうか？　説明しなさい。
4. 大恐慌は、経済変動の3つの性質に基づいて説明することができるだろうか？　また、その理由についても説明しなさい。
5. 労働需要曲線が左にシフトするとき、賃金の伸縮性と下方硬直性はその経済の失業の程度にどのような影響を及ぼすのだろうか？
6. 実物的景気循環理論では、景気変動をどのように説明しているだろうか？
7. ジョン・メイナード・ケインズは、景気変動を説明するにあたって、アニマル・スピリットと景況感の概念を用いた。2つの概念は、どのように用いられたのだろうか？
8. 乗数の概念は、景気変動に関するケインズ理論の重要な要素の1つである。乗数とは何だろうか？　例を使って説明しなさい。
9. 金融引締め政策は、経済全体の景気後退をどのように引き起こすのだろうか？
10. 現代経済において、景気後退の影響を覆す2つの重要なメカニズムは何だろうか？
11. 2007~09年の景気後退は、どのように説明することができるだろうか？
12. 2000~06年にかけて、アメリカの住宅価格は90%上昇した。本章で詳しく説明したように、この上昇は突然反転した。
    a. 経済学者たちは、1990年代後半から2006年にかけての住宅価格の上昇はバブルだったと言う。その理由は何だろうか？
    b. 住宅価格の下落は、どのような経路をたどってアメリカの金融システムを機能不全に陥らせる原因となったのだろうか？

演習問題

1. 図表12.3のデータを用いて、以下の設問に答えなさい。
    a. 1929年以降の景気後退の表を作りなさい（最も長期間の景気後退を最初に、最も短期間の景気後退が最後になるように、その期間の長い順に並べなさい）。
    b. 次に、1929年以降の景気後退の表を、景気の山から谷にかけての実質GDPの減少幅の規模の順に並べ替えなさい（減少幅が最大である景気後退を最初に、最小である景気後退が最後になるように、その減少幅の規模の大きな順に並

べなさい)。

設問a.の表で、1番目と2番目にくる景気後退はどれだろうか？ 設問b.の表の1番目と3番目はどれだろうか？ 第2次世界大戦の終わりに起きた景気後退（1945年の景気後退。設問b.の表の2番目にあたる景気後退になる）は、その期間は非常に短かったにもかかわらず、実質GDPの減少は非常に大規模であった理由は何だろうか？

2. 全米産業審議会では、景気総合指数（BCI）に関するデータを発表している。景気先行指数の総合指数（CI）は、BCIの3つの指数の1つである。景気先行指数の変化は、通常はGDPの変化に先行する。この指数には、以下の変数が含まれている。

  i. 製造業労働者の1週間当たりの平均労働時間
  ii. 新規失業保険申請の平均件数
  iii. 非国防関連の資本財の新規発注量
  iv. 新規住宅建設許可数
  v. スタンダード・アンド・プアーズ（S&P）500種株価指数
  vi. 消費者の景況感

各変数について考えて、実質GDPと正の相関があるのか、それとも負の相関があるのかについて、それぞれ説明しなさい。

3. 仮想国モリカナでは、賃金は下方硬直的であるとしよう。モリカナ国は現在、景気後退下にあり、経済の設備稼働率は過去最低であり、調査によれば、企業は経済状況が翌年に改善するとは期待していない。

  a. モリカナ国では、企業は設備投資を削減している。これは労働需要曲線にどのような影響を及ぼすだろうか？ グラフを使って描きなさい（乗数効果は、ここでは考えない）。

  b. 経済は集計的生産関数に沿ってどのように移動するだろうか？

4. 伸縮的賃金を想定した場合、景気後退で雇用総数の変動が大きくなるのは、以下のどのケースだろうか。

  シナリオ1：労働者は、賃金の上昇に対応して労働供給をあまり増やさない。
  シナリオ2：労働者は、賃金の上昇に対応して労働供給を大幅に増やす。
    グラフを使って詳しく説明しなさい。

5. 労働供給と労働需要が以下の式で表されると仮定する。

  労働供給：$L^S = 5 \times w$
  労働需要：$L^D = 110 - 0.5 \times w$

  ここで、wは1時間当たりの賃金（ドル）、L^SとL^Dは労働者数（単位：100万人）である。

  a. 均衡賃金と均衡雇用量を求めなさい。

b. 経済ショックが起こり、労働需要曲線が以下の式に変化したとしよう。
$$L^D = 55 - 0.5 \times w$$
賃金が伸縮的であるときの、新しい均衡賃金と均衡雇用量を求めなさい。また、計算の経過も示しなさい。

c. 次に、賃金が設問a.の解答の水準で硬直的であったと仮定する。この賃金では、雇用はどうなるだろうか？　また、何人の労働者が失業するだろうか？

6. 1973年、世界の主要な石油産出国が、原油禁輸措置を発表したことを受けて、エネルギーの主要な源泉である石油価格が上昇した。その結果、多くの国で実質GDPと雇用が下落した。本章で説明した3つの景気循環理論——実物的景気循環理論、ケインズ理論、金融理論——のうち、この1973年の景気後退の説明として最も当てはまる理論はどれだろうか。

7. 1990年代のインターネット・ブームは、我々の生活を一変させ、仕事のやり方を変革した。1990年代後半の経済は、高い雇用（低い失業）の「理想郷」であると表現された。実物的景気循環理論を用いてこの状況を説明しなさい。

8. 「一事成れば万事成る」という諺がある。この諺は、経済変動に関するケインズのアニマル・スピリットの概念をどう説明できるのだろうか。

9. 経済における労働需要曲線への負のショックの影響について、グラフを用いて詳しく説明しなさい。ただし、賃金は硬直的で、短期的には下がらないと仮定すること。そのグラフにおける雇用の谷の点と、仮に賃金が伸縮的である場合における雇用の谷について比較しなさい。

10. 1980年代初頭、深刻な景気後退下にあったアメリカ経済の失業率は10%を上回っていた。経済を刺激するために、財政政策と金融政策の両方が実行された。政府は歳出を18.9%増やし、同時にFedは11%ポイント近く金利を引き下げた。これらの政策は、労働需要曲線にどのような影響を及ぼしたのだろうか？　賃金は硬直的であると仮定して、グラフを使って説明しなさい。グラフでは、景気後退前の均衡、景気後退の谷における状態、政府の政策の影響についても示すこと。

11. 本章のコラム「根拠に基づく経済学」（EBE）では、2007～09年の景気後退の3つの要因について説明した。

a. ケインズが主張するアニマル・スピリットの概念を用いて、住宅バブルの発生について説明しなさい。

b. 国民所得勘定式で何を示すことができるのだろうか？　2007～09年の景気後退が、国民所得勘定式における消費と投資にどのような影響を及ぼしたのかについて説明しなさい。

12. 2007～09年の景気後退を引き起こしたのは、それ以前に行われた金融政策の影響であると主張する経済学者がいる。2001～03年にかけてFedはフェデラル・

ファンド・レートを6.5％から1％に引き下げ、これを2004年の終わりまで維持した。この結果、経済全般の実質金利は大幅に下落し、その1つである住宅ローン金利も低下した。

本章で説明した貨幣的要因と金融的要因の概念に基づいて、景気後退前の2000～06年の経済「バブル」に対して、Fedの政策がどのように影響を及ぼしたのかについて説明しなさい。

13 反循環的マクロ経済政策

Countercyclical Macroeconomic Policy

政府が支出を増加させると、GDPはどのぐらい上昇するのか？

　経済諮問委員会（CEA）委員長になったつもりで考えてみよう。CEAは、アメリカの経済政策に関する大統領の顧問であり、3名の経済学者によって構成されている。CEAは、大統領に助言したり、経済政策の策定を手助けしたりする。毎年2月ごろに発表される大統領経済報告を作成するのもCEAの役割だ。

　運悪く任期中に深刻な景気後退に陥り、大統領が聞いてきた。「政府支出を増やしてはどうだろうか」。たとえば、道路工事をしたり、公立学校の教師の数を増やしたり、学校を建設したりして、政府支出を増加させると、景気回復には役立つだろうか。

　本章では、GDPの変動を小さくするために政府が行う様々な方法について学ぶ。これらの政策によって、景気収縮期には経済は刺激され、過度の景気拡大期には成長は抑制されることになる。

本章の構成

13.1	13.2	13.3	13.4
景気変動における反循環的政策の役割	反循環的金融政策	反循環的財政政策	財政政策と金融政策の境界が曖昧な政策

EBE
政府が支出を増加させると、GDPはどのぐらい上昇するのか？

KEY IDEAS
キーアイデア

- 反循環的政策とは、景気変動を小さくすることを目的に実行され、雇用やGDPや物価の成長を円滑にするための政策である。

- 反循環的金融政策とは、準備預金の量と金利を操作することによって、景気変動を小さくすることを目的に実行される政策である。

- 金融緩和政策では、準備預金の量を増加させるとともに、金利を引き下げる。金融引締め政策では、準備預金の成長を抑制して、金利を引き上げる。

- 反循環的財政政策とは、政府支出の量と税率を操作することによって、景気変動を小さくすることを目的に実行される政策である。

- 拡張的財政政策では、政府支出を増加させるか、減税を実施する。緊縮的財政政策では、政府支出を減少させるか、増税を実施する。

13.1 景気変動における反循環的政策の役割

　12章では経済成長が変動する理由について学んだが、本章では、その変動を小さくするために政府やFedが実行している**反循環的政策**と呼ばれる政策に焦点を当てる。**反循環的政策**とは、景気変動を小さくすることを目的に実行される、雇用やGDPや物価の成長を円滑にするための政策である（本章でGDPと言うときには、すべて実質GDPを意味している）。

　景気後退期には拡張政策がとられる。これは、労働需要曲線を右にシフトさせ、経済活動（GDP）を「拡張する」ことによって、景気後退が深刻にならないようにするための政策だ。同じように、緊縮政策は、経済の成長が速すぎる、あるいは「過熱」しているときに経済を減速させるために実行される。

　反循環的政策には、大きく分けて次の2つの種類がある。

1. 反循環的金融政策　準備預金の量と金利を操作することによって、景気

● **反循環的政策**(countercyclical policy)とは、景気変動を小さくすることを目的に実行される、雇用やGDPや物価の成長を円滑にするための政策である。

変動を小さくすることを目的に実行される政策である。アメリカでは中央銀行（Fed）が実行する。

2. **反循環的財政政策** 政府支出の量と税率を操作することによって、景気変動を小さくすることを目的に実行される政策である。アメリカでは立法府（連邦議会）が可決し、大統領が署名して成立する。

反循環的な金融政策と財政政策は異なる方法で行われ、異なる分野に影響を与えるものであるが、共通した特徴もある。反循環的な金融政策と財政政策は、ともに労働需要曲線をシフトさせる。景気後退期には、金融政策と財政政策を通して、労働需要曲線を右にシフトさせることによって経済は刺激される。景気の過熱期には、金融政策と財政政策を通して、労働需要曲線を左にシフトさせることによって経済は抑制される。

図表13.1(a)には、景気後退期における労働市場が描かれているが、ここでは賃金は伸縮的である。景気後退前の均衡点「1：景気後退前」からはじまった経済は、経済ショックが労働需要曲線を左にシフトさせ、雇用とGDPを減少させたことにより、雇用と賃金が下落して「2：景気の谷」に移動する。拡張政策が成功すれば、労働需要曲線を右にシフトさせるので、経済は「3：部分的な回復」へと反転して、経済は景気後退の影響を最大限には受けずにすむ。

12章で学んだように、賃金に下方硬直性がある場合には、景気後退が雇用に与える影響はより深刻なものになる。図表13.1(b)で見ると、景気の谷の労働需要曲線は(a)とまったく同じ位置にある。しかし「1：景気後退前」から「2：景気の谷」に経済が移動したことによる雇用の減少は、(b)のほうが大きくなっている。これは、労働需要曲線の左へのシフト（による需要の減少）が、賃金が低下することによって相殺されなかったためである。

> 反循環的な金融政策と財政政策は、ともに労働需要曲線をシフトさせる。

賃金に下方硬直性がある場合には、反循環的政策の効果はより大きなものになる。図表13.1(b)に示されているように、労働需要曲線が同じように反転して

- **反循環的金融政策**（countercyclical monetary policy）とは、準備預金の量と金利を操作することによって、景気変動を小さくすることを目的に実行される政策である。アメリカでは中央銀行(Fed)が実行する。
- **反循環的財政政策**（countercyclical fiscal policy）とは、政府支出の量と税率を操作することによって、景気変動を小さくすることを目的に実行される政策である。アメリカでは立法府(連邦議会)が可決し、大統領が署名して成立する。

SECTION 13.1 景気変動における反循環的政策の役割

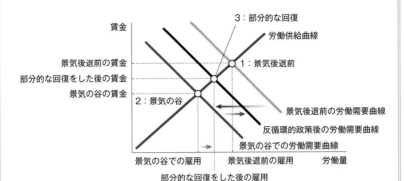

景気後退期には、労働需要曲線は左にシフトし、均衡点は「2:景気の谷」となる。反循環的政策により、労働需要曲線は反転して右にシフトするので、景気を部分的に回復させる。賃金が伸縮的な場合には、均衡点は「2:景気の谷」から「3:部分的な回復」に移動する。労働需要曲線が右にシフトすることによって、賃金の上昇と雇用の増加がもたらされる（グレーの矢印）。

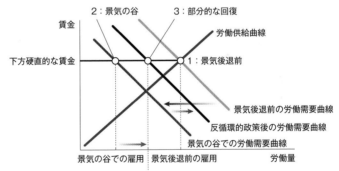

景気後退期には、労働需要曲線は左にシフトし、均衡点は「2:景気の谷」となる。反循環的政策により、労働需要曲線を右にシフトさせる拡張政策を実施することによって、低下した雇用の一部が回復する。賃金が硬直的な場合には、均衡点は「2:景気の谷」から「3:部分的な回復」に移動する。(a)「賃金が伸縮的な場合」と(b)「賃金が硬直的な場合」におけるそれぞれの雇用の増加（ともにグレーの矢印）を比較してみよう。(b)に示された賃金が下方硬直的である場合のほうが、雇用の増加は大きくなっている。賃金に下方硬直性があることによって、労働需要曲線の右へのシフトの効果が100％雇用増加につながるためである。

図表13.1 反循環的政策が労働市場に及ぼす影響

右にシフトしたことによる雇用の増加は、(b)のほうが大きくなっている。この場合には、賃金への影響がないため、景気刺激策の効果がそのまま雇用に反映される。両者の差は、横軸の下方のグレーの矢印の長さを比べるとわかる。

この長さの差は、伸縮的賃金と硬直的賃金のそれぞれの場合において、反循環的政策が雇用に及ぼす影響の違いを表している。

拡張政策を用いて景気後退の影響を小さくすることができるのと同じように、景気拡大期には、政府は経済成長を抑制するために緊縮政策を行うこともある。GDPの成長を抑制したり、雇用を減少させるような政策を政府はなぜわざわざ採用するのだろうか？ GDPや雇用に悪影響が及ぶことは、別の政策目標の副産物であることが多い。たとえば、インフレ率がFedの目標を上回り続けている場合には、Fedは金利を引き上げることによって、借入れを抑制してマネーサプライを減らし、インフレ率を引き下げる。金利の上昇は労働需要曲線を左にシフトさせるので、インフレ率の引下げを目標としたFedの政策の副産物として、雇用が減少したのである。

別のケースでは、反循環的政策が直接、景気拡大を目標とすることもある。12章で学んだように、経済についての過剰に楽観的な景況感などの要因が不安定な景気拡大を招くことがある。それだけではなく、楽観的な景況感が突然に、そして（乗数効果によって）激しく崩壊して、このような景気拡大が一変して深刻な景気後退を招くことになるかもしれない。緊縮政策は、景気が過熱する以前に経済を減速させることによって、極端な収縮リスクを減らすために行う政策だ。このような鎮静化政策により、労働需要曲線を徐々に左に押しやる。緊縮政策がしばしば「リーニング・アゲインスト・ザ・ウインド（流れに立ち向かう）」政策と言われるゆえんである。

13.2 反循環的金融政策

次に、反循環的政策について詳しく説明しよう。はじめに、反循環的金融政策に焦点を当てる。これは、11章でも説明したように、Fedが行う政策である。

Fedは、経済収縮期には、準備預金の量を増加させるとともに、金利を引き下げる**金融緩和政策**を実行する。まず、金融政策の影響の全体像について考えてみよう。

Fedは、短期金利、特にフェデラル・ファンド・レートに影響を与える。すでに学んだように、フェデラル・ファンド・レートとは銀行同士で貸し借りをする際の金利であり、その貸借に際しては、Fedに預けられた準備預金が用い

●**金融緩和政策**（expansionary monetary policy）とは、準備預金の量を増加させるとともに、金利を引き下げる政策である。

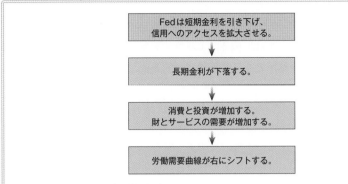

図表13.2 金融緩和政策の波及経路

金融緩和政策は、図に示されるような波及経路を持つ。本章前半で紹介するのは、図の一番上の項目をFedが実行するうえでの様々な政策である。

られる。

　Fedが経済を刺激しようと考えたときには、短期金利を引き下げる。すると結果的に、これが長期金利を下落させる。11章で学んだように、長期金利は短期金利を長期間にわたって積み重ねてきた平均だからだ。

　長期金利が下がれば、家計は車などの耐久消費財の購入を増やそうとする。金利が低くなれば、自動車ローンなどの費用が安くなるからだ。家計の耐久消費財の需要の増加に対応して、企業は雇用を増加させるので、労働需要曲線は右にシフトする。同様に、長期金利が下がれば、企業は新しく工場を建設するなどの設備投資を増加させようとする。低金利になれば、建設資金を借り入れる費用も低下するからだ。新工場を建設したり運営したりするために企業は人が必要になるので、労働需要曲線は右にシフトする。以上のように様々な側面から、金融緩和政策は企業の労働需要曲線を右にシフトさせ、雇用を増加させる（図表13.1を参照）。図表13.2にはこの過程がまとめられている。

　金融政策への理解を深めるには、Fedがどのようにして短期金利を引き下げ、信用へのアクセスを拡大させているのかについて、つまり、図表13.2の一番上の項目の詳細について学ぶ。この過程でFedが用いる最も強力なツールが、準備預金とフェデラル・ファンド・レートの操作である。この説明からはじめよう。

13.2 フェデラル・ファンド・レートの操作

金融政策の中心的ツールは、Fedによるフェデラル・ファンド・レートの操作である。民間銀行が利用できる準備預金の量を変えることによって（公開市場操作と言われる）、Fedはフェデラル・ファンド・レートに影響を与える。11章で学んだように、公開市場操作においては、Fedは民間銀行と取引して、Fedに預けられた準備預金を増やしたり減らしたりする。こうした取引が、フェデラル・ファンド・レートに影響を与える。

たとえば、民間銀行が利用できる準備預金の量を増加させることによって、Fedはフェデラル・ファンド・レートを引き下げる（図表13.3に示されている）。グラフからわかるように、Fedにある準備預金の供給を右にシフトさせることによって、フェデラル・ファンド・レートを引き下げることができる（フェデラル・ファンド・レートとは、銀行が準備預金を1ドル借りるために支払う金額である）。

具体的な例を使って、公開市場操作がどのように行われるかを説明しよう。たとえば、Fedが準備預金を10億ドル増やしたいとする。このとき、Fedに準備預金を10億ドル預ける代わりに10億ドル分の国債を売る意思がある銀行をFedは探す（ここではその銀行をシティバンクとする）。Fedはこの取引にあたって紙幣を使うわけではなく、コンピューターを操作して10億ドルの準備預金を

> 金融政策の中心的ツールは、Fedによるフェデラル・ファンド・レートの操作である。

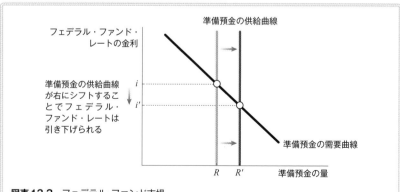

図表13.3 フェデラル・ファンド市場

準備預金の供給曲線が右へシフトすると、フェデラル・ファンド・レートは引き下げられる。

	(a) 10億ドルの国債を売却する前のシティバンクの貸借対照表		
	資産	負債と自己資本	
準備預金	1,000億ドル	預金とその他負債	8,000億ドル
債券・他の投資	9,000億ドル	自己資本	2,000億ドル
総資産	1兆ドル	負債+自己資本	1兆ドル

	(b) 10億ドルの国債を売却した後のシティバンクの貸借対照表		
	資産	負債と自己資本	
準備預金	**1,010億ドル**	預金とその他負債	8,000億ドル
債券・他の投資	**8,990億ドル**	自己資本	2,000億ドル
総資産	1兆ドル	負債+自己資本	1兆ドル

図表13.4　10億ドルの国債をFedに売却したシティバンクの貸借対照表の変化

Fedとシティバンクは公開市場操作を通して取引する。Fedは、シティバンクの準備預金を10億ドル分増加させることと引換えに、10億ドルの国債を購入する。(a)と(b)に示されているとおり、この取引によっては、シティバンクの貸借対照表の「負債と自己資本」の欄はまったく変化しない。資産の欄の総資産は変わらないが、資産の構成は変化する。取引が実行されると、(b)に示されるとおり、シティバンクがFedに預けている準備預金は10億ドル分増加し、保有する国債（「債券・他の投資」に含まれる）は10億ドル分減少する。貸借対照表において変化した数字は太字で示されている。

作り出すことによって、一瞬にして民間銀行宛ての借用証書を発行する。この借用証書は、民間銀行がFedに預けた10億ドルの準備預金というかたちをとっている。

　こうした公開市場操作が行われた結果、シティバンクにとってはFedにある準備預金が10億ドル分増加し、手元にあった国債が10億ドル分減少する（シティバンクがこの取引によってFedに売却した国債である）。シティバンクの貸借対照表（バランスシート）の資産の欄には、10億ドルの国債と引換えに受け取った10億ドルの準備預金が追加される。その10億ドルの国債は、所有者となったFedの貸借対照表の資産の欄に現れる。シティバンクの総資産は変わらないが、資産の構成では、国債が減って、準備預金が増えている。図表13.4には、シティバンクの貸借対照表に起こった変化が示されている。資産の欄の準備預金が、1,000億ドルから1,010億ドルに増加している。

　Fedの貸借対照表も変化する。Fedの資産においては、国債が10億ドル分増加する（Fedがシティバンクから購入した国債である）。Fedの負債の欄にもこの増加が示され、準備預金が10億ドル分追加される（Fedが電子的に記録することで作成し、シティバンクとの取引に用いた準備預金である）。図表13.5は、Fedの貸借対照表がどう変わるかを示したものである。Fedにある準

(a) 10億ドルの国債を購入する前のFedの貸借対照表

資産		負債と自己資本	
国債	1兆ドル	準備預金	1兆ドル
その他の債券	1兆ドル	紙幣	1兆ドル
総資産	2兆ドル	総負債	2兆ドル

(b) 10億ドルの国債を購入した後のFedの貸借対照表

資産		負債と自己資本	
国債	1兆10億ドル	準備預金	1兆10億ドル
その他の債券	1兆ドル	紙幣	1兆ドル
総資産	2兆10億ドル	総負債	2兆10億ドル

図表13.5 シティバンクから10億ドルの国債を購入したFedの貸借対照表の変化

表には、シティバンクと公開市場操作を通して取引を行った後のFedの貸借対照表の変化が示されている。Fedは、シティバンクから10億ドルの国債を購入する代わりに、Fedで管理している準備預金を10億ドル増加させる。Fedの貸借対照表の「負債と自己資本」の欄には、準備預金のかたちで10億ドル分の借用が加わり、この10億ドルの所有者はシティバンクである。資産の欄には、Fedがシティバンクから受け取った10億ドル分の国債が追加されている。貸借対照表において変化した数字は太字で示されている。

備預金とは、シティバンクにとっては資産（シティバンクが引き出すことができる資産）であるが、Fedにとっては負債（要求されたときには準備預金から支払わなければならない）となる。

　銀行の手元現金とFedにある準備預金を合わせた準備預金の総額は、おおよそ400億ドルから800億ドルの間で変動していた。しかしながら、2007～09年の景気後退期以降には、銀行がFedに預けている準備預金が急激に増加した。

　図表13.6のグラフは、この急膨張を表している。2008年8月の準備預金は総額でも約400億ドルだった。この年までは、準備預金は横軸に張りついたような水準にとどまっていた。銀行の法定準備率を満たす最低限の水準としてはこの金額で十分だった。言い換えると、準備預金額は、銀行に要求されている準備預金額——大手銀行に対しては顧客の要求払い預金総額の10%——とほぼ一致していた。

　次の5年間には、準備預金の量は爆発的に増加し、2兆5,000億ドルを超えた。準備預金の急膨張は、法定準備額が増えたからではなく、法定率をはるかに上回って準備預金が増加した結果だった。こうした規定の最低額を上回る準備預金は、超過準備と言われる。Fedは準備預金を増額して、フェデラル・ファンド・レートをゼロ水準に押し下げ、実質長期金利も押し下げた（図表13.3に示

SECTION 13.2 | 反循環的金融政策

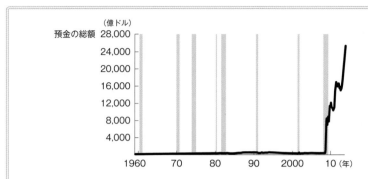

図表13.6 Fedに預けられている準備預金の総額：1959年1月〜2013年12月の月次データ

グラフには、民間銀行がFedに預け入れている準備預金の総額が示されている。2008年以前には準備預金は400億ドルから800億ドルの間で変動していた。これは、大手銀行の要求払い預金総額の10%という、規定を満たす最低限の水準であった。2008年には金融危機への対策として、Fedは準備預金の量を劇的に増加させた。この結果、2013年12月には準備預金の総額が2兆5,000億ドルまで急増した。この急膨張は、金利の引下げとGDPの上昇を意図したものだった。

出所：連邦準備制度理事会。

されたように、準備預金の供給曲線の右へのシフトはフェデラル・ファンド・レートを引き下げる）。この金利の下落が、まさにFedが目指したことだった。2007〜09年に景気後退に陥る以前の2007年初頭には、フェデラル・ファンド・レートは5.25％だったが、2009年初頭にはわずか0.1％まで下落した。2009年から現在（原書刊行時の2014年9月時点）に至るまでフェデラル・ファンド・レートはほぼゼロ水準である。ほとんどの予測では、Fedは政策を転換して、2015年初頭からは、フェデラル・ファンド・レートを徐々に上げはじめるだろうと言われている。

Fedが用いるその他の手段

Fedは、様々な手段を用いて、金利を操作し、財、サービス、労働の需要に影響を与える。ここまで議論してきた、伝統的な公開市場操作と同様にその他の手段のほとんども、Fedによる準備預金の供給へ影響を与える。以下に列挙した手段の多くはすでに11章で説明している。

1. **法定準備率を変える** 大手民間銀行の場合には、現在の法定準備率は顧客の要求払い預金の10％である。Fedが法定準備率を引き下げると、民間銀行の準備預金の需要曲線が左にシフトするので、フェデラル・ファ

ンド・レートが押し下げられる（同じように、Fedが法定準備率を引き上げた場合には、準備預金の需要曲線が右にシフトするので、フェデラル・ファンド・レートは押し上げられる）。

2. **民間銀行がFedに預けている準備預金に対する支払い金利を変える**　現在は、Fedに預けられた準備預金に対しては、金利が支払われている（2014年9月時点では、金利は0.25％である）。Fedはこの金利を変更することができる。金利を引き下げると、準備預金の需要曲線は左にシフトするので、フェデラル・ファンド・レートは押し下げられる（準備預金に支払う金利を引き上げると、準備預金の需要曲線は右にシフトするので、フェデラル・ファンド・レートは押し上げられる）。

3. **連銀貸出し**　Fedは連銀貸出しという制度を通じて、準備預金を貸し出すことができる。民間銀行にとって連銀貸出しとは、準備預金の源泉であるフェデラル・ファンド市場を代替するものになる。連銀貸出しは、金融危機の際には最もさかんに行われる。危機の期間は、フェデラル・ファンド市場での貸出しが返済されるかどうか不安があるため、銀行は貸出しを躊躇するからである。

4. **量的緩和**　Fedは公開市場操作を実行するときの方法を変えることもできる。Fedが公開市場操作によって準備預金を増やすときには、通常は短期国債を購入するのだが、その代わりに長期国債を購入することもできる。公開市場操作において長期国債が購入されると、長期国債の価格は上昇するので、長期金利は低下する。国債が支払う（固定された）利子を国債の価格で割った額が金利となるため、国債の価格が上昇すると、金利は下落することになる。量的緩和とは、中央銀行が長期国債を購入することによって、準備預金を大きく増加させることであり、それによって長期国債の金利は引き下げられる。量的緩和は2008～14年にかけて準備預金を大きく増やした。

　金融危機の期間には、中央銀行は特別な融資チャネルを作り出して、信用供給を増加させるための多くの手段を用いる。これによってクレジット市場での融資は増加し、財、サービス、労働の需要は間接的に刺激されることになる。

　たとえば、2008年9月に投資銀行リーマン・ブラザーズ証券が経営破綻した直後には、さらに巨大規模の金融企業であるアメリカン・インターナショナル・グループ（AIG）も大規模な流動性危機に陥った。AIGが、アメリカ、ヨーロッ

パ、アジアの他の大手銀行を含めた何百もの金融機関にすぐに支払いをするために、数十億ドルもの現金が必要だった。投資家たちはAIGの倒産を恐れ、AIGは資金調達が困難になった。AIGの倒産は、ドミノ倒しの引き金を引くように、世界中の金融システムをマヒさせてしまうかもしれなかった。AIGが倒産したら、AIGが融資を受けていた金融機関は、返してもらうはずのお金を受け取れなくなるし、そうなれば、自分たちも他の金融機関への返済ができなくなるかもしれない。関連する多数の金融機関の倒産へと波及する可能性があったのである。

Fedは米財務省と協力して、AIGに対してローン、与信枠、その他の保証を提供するという、総額で約2,000億ドルに及ぶ公的支援を行った。AIGは最終的には危機を脱し、Fedと財務省に対して、資金を返済することができた。AIGの株式は無価値になったが、他の金融機関への負債は返済され、世界的な金融システムの崩壊という最悪の事態は回避された。

これまで説明してきたのは、反循環的金融政策においてFedが使用する主要な手段である。しかし、全体像はまだ完成していない。Fedがこれらの手段を使用する方法に影響を与える重要な要因がいくつかある。次の3つの項では、この点について説明しよう。

期待、インフレーション、金融政策

金融政策の効果は、金利とインフレーションに対する期待に依存している。Fedが直接操作できるフェデラル・ファンド・レートは、銀行間のオーバーナイト・ローンの金利を年率で示したものだ。一方で、消費者や企業の投資判断に関係している金利——住宅ローンの実質金利など——は、期待実質長期金利である。

期待実質長期金利＝名目長期金利－期待長期インフレ率

Fedは、実質長期金利を下落させようとするときには、名目長期金利を引き下げるか、または期待長期インフレ率を引き上げる（あるいはそれらの両方を行う）必要がある。このためにFedは、金融緩和政策を維持し続けることを公表し、フェデラル・ファンド・レートを押し下げ、インフレ率を上昇させようとする。

家計と企業が、フェデラル・ファンド・レートは数年間は低い水準で維持されると信じたならば、名目長期金利も下落す

> 金融政策の効果は、金利とインフレーションに対する期待に依存している。

> **LETTING THE DATA SPEAK**
> **データは語る**
>
> **期待をコントロールする**
>
> 　Fedが、長期の期待にどのように影響を与えたいと考えているかは、毎月公開される連邦公開市場委員会（FOMC、Fedの公開市場操作を行う委員会）の声明文を見れば明らかになる。2010年秋は、2007〜09年の景気後退から経済は徐々に回復しつつあった時期であり、Fedは期待実質長期金利を低い水準のまま維持しようと考えていた。2010年9月の声明文では、FOMCは、フェデラル・ファンド・レートは0〜0.25%の範囲で「当面の間は」維持される、と発表した。
>
> 　2012年12月の声明文でFedは、フェデラル・ファンド・レートの変更を、失業率とインフレ率の将来の変化と関連づけた、より明確な政策ルールを発表した。
>
> 　「委員会は、フェデラル・ファンド・レートの誘導目標水準を0〜0.25%とし、少なくとも以下の状況が続く限り、非常に低いフェデラル・ファンド・レートが適切である、と判断した」
>
> ・失業率が6.5%を上回る水準にとどまる。
> ・向こう1〜2年のインフレ率の見通しが、委員会（FOMC）の長期目標である2%を0.5%ポイント以内で上回っている。
> ・より長い期間のインフレ期待が引き続き安定している。
> （連邦公開市場委員会、2012年12月）
>
> 　声明文の中で、Fedが特定の政策ルールを発表したことにより、将来の金利が予測しやすくなった。要するにFedは、失業率が6.5%以上であり、インフレ率がFedの目標である2%に近い限りは、0%に近いフェデラル・ファンド・レートを維持する計画である、と公表したのである。この声明が発表された時期の失業率は7.7%であり、Fedが設定した6.5%まで下落するには何年もかかるだろうと予想されていた。

るだろう。直観的には、10年間の名目金利とは、10年間のオーバーナイト・ローンの平均金利を市場が予想したものであると考えることができる。もしも、Fedがフェデラル・ファンド・レートを10年間は低い水準で維持すると約束したとするならば、10年間の（長期）名目金利も下落するだろう。

　同様の分析は、長期インフレ期待にも当てはまる。多くの人々にとっても、インフレーションは望ましいものではない。しかし、11章ですでに学んだように、インフレ期待が期待実質長期金利にも影響を与えるならば、Fedは、で

きれば、インフレ期待も生み出したいと思うだろう。具体的には、数年間は金融緩和政策を維持し続けることを約束する、ということが考えられる。市場がこの約束を信じたならば、インフレ期待は上昇し、もし名目金利がインフレ率と同じだけ上がらなければ、期待実質長期金利は下落することになるだろう。

金融引締め政策：インフレーションのコントロール

11章で説明したように、インフレーションを低く、予測可能な水準で安定させることはFedの二重の使命（デュアル・マンデート）の1つだ。Fedは、インフレ率を年率2%から大きく上下させることなく推移させたい。

　金融緩和政策によって、このインフレ目標の達成が危うくなることがある。通常の状態では、銀行準備が増加すると、銀行は融資を増やす。こうした融資は経済の中を循環して、預金として銀行システムに戻ってくる。マネーサプライには顧客の銀行預金が含まれるため、銀行準備の増加は経済の貨幣量を上昇させる。11章で学んだ貨幣数量説に基づくならば、長期的には、インフレ率は、M2の成長率から実質GDPの成長率を差し引いたものと等しい。したがって、M2が急速に上昇しすぎるときには、高インフレが引き起こされるリスクがある。図表13.7にはこの関係性がまとめられている。反循環的政策は、インフレのコントロールに役立つ。特にインフレ率が急速に上昇するおそれがある場合や、Fedが目標とする2%を恒常的に上回っている場合には、Fedは金融引締め政策を実行する。**金融引締め政策**では、準備預金の成長を抑制して、金利を引き上げ、融資を減少させることを通して、マネーサプライの成長を抑制して、インフレ率を引き下げる。

　金融引締め政策とは、Fedが金融緩和政策で行ったすべてが逆になったものだ。Fedは、フェデラル・ファンド・レートを引き上げるために、準備預金を縮小させるか、あるいは準備預金が増加する速度を緩やかなものにする。また、将来の金融政策についての期待を変えようとするかもしれず、すると、家計と企業は、将来はもっと引締め政策になると予想する。

　要するに、Fedは金融政策のエンジンを前向きにも後ろ向きにも動かすことができる。景気後退期には、景気縮小をある程度相殺するために、Fedは金融緩和政策を採用する。好景気の時期には、特にインフレ状態のときには、上昇するインフレ率を押し下げるために、Fedは引締め政策を採用する。どちらの

● **金融引締め政策**（contractionary monetary policy）では、準備預金の成長を抑制して、金利を引き上げ、融資を減少させることを通して、マネーサプライの成長を抑制して、インフレ率を引き下げる。

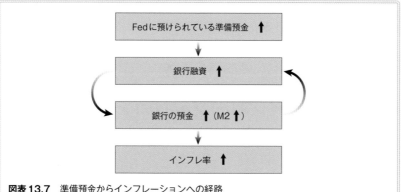

図表 13.7　準備預金からインフレーションへの経路

Fedに預けられている準備預金が増加すると、通常は、銀行は融資を増加させる。こうした融資は経済の中を循環して、預金として銀行システムに戻ってくる。銀行預金が増えたことで、銀行はさらに融資を増加させることができる。結果として、銀行預金の増加は、マネーサプライ（たとえばM2）を増加させる。マネーサプライの成長率が実質GDPの成長率を大きく上回ると、一般物価水準が上昇し、インフレが起こる。Fedが問題にするのは、インフレ率が目標水準である2％を恒常的に上回るときである。

場合にも、Fedは反循環的役割を担い、経済の風向きに逆らう政策を実行しているのだ。

　金融政策のエンジンを後ろ向きに動かすというと簡単なことのように聞こえるかもしれないが、インフレーションのコントロールは必ずしも容易であるとは限らない。たとえば年率5％を超えて、物価が急速に上昇しはじめると、人々は将来もっとインフレになると予想しはじめ、中央銀行がインフレの番人としての評判を取り戻すことは困難になるだろう。1970年代、Fedにそうしたことが起こった。金融緩和政策が実行されたことによって、インフレ率が上昇してそれが10年間続いたのだ。1970年代終わりには、金融システムの管理者としてのFedの評判はガタ落ちだった。1979年には、アメリカ国民はしばらくの間はインフレが高水準で続くだろうと予想していた。このとき、新しく連邦準備制度理事会議長に就任したポール・ボルカーは、厳しい金融引締め政策を実行した。インフレ率を引き下げるために、マネーサプライの成長率を劇的に低下させ、フェデラル・ファンド・レートは20％に達した。これをきっかけに1981年から景気後退に陥ったが、これは第2次世界大戦以降ではアメリカで最悪の不況の1つであった。ボルカーの政策による景気後退では、失業率は最悪時には10.8％になった。これは2007～09年の景気後退期の10％よりも高い

> Fedは反循環的役割を担い、経済の風向きに逆らう政策を実行している。

水準だ。しかし、ボルカーは、インフレ率の低下から得られる便益は、深刻な景気後退で被る費用を上回る、という信念を持っていた。Fedはインフレーションと戦うという信頼をボルカーが取り戻し、このとき以来、Fedはインフレの水準をコントロールするという評価を維持し続けている。

このような過去の出来事を肝に銘じて、中央銀行では評判を保つために、インフレ率を年率約2%という低水準で維持するための懸命な努力を重ねている。インフレの抑制が利かなくなりそうなわずかな兆候が見えただけでも、中央銀行は金融緩和政策を終わらせるかもしれない。

ゼロ金利制約

日本は1990年代初頭から4回の景気後退を経験したが、この間の実質GDP成長率は非常に低い水準であった。1990年代から2000年代にかけては、日本経済の「失われた20年」と呼ばれることも多い。このような経済状況への対処として、日本銀行は準備預金の供給を増やし、フェデラル・ファンド・レートの日本版とも言える、コール・レート（インターバンク市場［銀行間取引市場］の金利）を、ほぼゼロに近い水準まで引き下げた。図表13.8には日本のコール・レートの推移が示されている。

金利がゼロになることを、経済学では「ゼロ金利制約に達した」と言う。これは、0%が、名目金利が越えられない壁、あるいは境界線であることを意味している。

ゼロ金利制約について理解するためには、マイナス名目金利（仮に存在するならば）がいかに奇妙な状況をもたらすのかを考えればわかりやすい。マイナス金利の下では、借り手が返済する金額は借り入れた金額よりも少なくなる。あなたが銀行からマイナス1%の金利で1億ドルを1年間借りたとしよう。あなたがこのお金を、タンスの中でも金庫の中でも、とにかく安全に保管することさえできれば、−1%の金利による借入れは大きな利益をもたらす。1億ドルを借り入れて、1年保管して、9,900万ドル返済すればいいということは、100万ドルが手元に残る。

もちろん、マイナス金利でお金を貸しても、銀行にとっては利益は得られない。銀行は、貸し出すよりも、金庫で保管することを選ぶだろう。1年後に9,900万ドルを返済してもらうよりも、1億ドルはそのまま持っておいたほうがいい。

このように考えれば、銀行が通常はゼロより低い金利ではお金を貸すことがない理由はわかるだろう。銀行にとっては、マイナス金利で融資をするぐらい

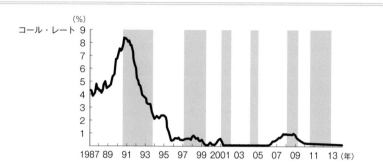

図表13.8 日本のコール・レートの推移：1987〜2013年

日本銀行は、コール・レート（インターバンク市場の金利）を1995年以降ほぼゼロで維持してきた。コール・レートは、アメリカのフェデラル・ファンド・レートに相当する（網掛けされた期間が日本の景気後退期である）。

出所：連邦準備制度理事会。

ならば、そのお金は手元に持っていたほうがいい。したがって、中央銀行は名目金利をマイナスにすることはできない。これがすなわち、ゼロ金利制約である*。

インフレ率が低いかまたはマイナスであるときには、ゼロ金利制約が金融政策にとって問題になる。これが1990年代初頭以降の日本の課題であった。家計と企業は、期待実質金利に基づいて投資を判断する。名目金利がゼロまたはほぼゼロで、インフレ率がマイナス（つまりデフレーション）であるときには、実質金利はプラスになる。たとえば、名目金利が0％で、期待インフレ率が－1％、であるときには、期待実質金利を計算すると以下になる。

　　　名目金利－期待インフレ率＝0％－（－1％）＝1％

もしもインフレ率が（0％より下に）下がり続けるならば、実質金利はさらに上昇することになるので、投資は抑制され、労働需要曲線を左にシフトさせる。

景気後退期や経済がゆっくりとしか成長していない時期には、通常であれば、中央銀行は経済成長を刺激するために実質金利を引き下げようと考える。しか

---

* 日本銀行は2016年1月、準備預金の一部に－0.1％と負の金利を付ける「マイナス金利政策」の採用を発表した。日本以外にもマイナス金利政策を採用した国はある。本文で書かれているように、準備預金の金利が負になれば、銀行は中央銀行に準備預金として預けるのではなく、自分の金庫に現金を保管するだろうから、準備預金の金利は負にはなりにくい。しかし、極めて巨額の現金を自分の金庫で保管するためには費用がかかる。わずかな負の金利を支払う費用がこの保管費用よりも小さければ、銀行は準備預金として預けることを選ぶだろう。このため、準備預金に少しだけの負の金利を付けることは可能である。「ゼロ金利制約」をより正確に表現するならば、ゼロに近いマイナスの金利以下には下がらない、ということになる。

CHOICE & CONSEQUENCE
選択の結果

政策の失敗

　政府は、経済で起きている出来事を把握し損なうこともある。時には、経済の変動を小さくするのではなく、逆に大きくしてしまうような政策が誤って採用されてしまう。

　2007～09年の金融危機と景気後退が深刻なものになったのは、2002～05年の過度の金融緩和政策が一因だと考える経済学者もいる。この時期、経済は拡大を続け、住宅市場は今から思えば持続不可能な投機的バブルの状態にあったにもかかわらず、アラン・グリーンスパン議長の下でFedはフェデラル・ファンド・レートを1%に引き下げた。グリーンスパンがフェデラル・ファンド・レートの引上げに消極的だった理由の一部は、持続不可能な投機的バブルは極めてまれにしか起こらないという当時の彼の考えに基づくものであった。住宅バブル崩壊の後、グリーンスパンは、資産バブルが発生する頻度に対する考え方を改めたことを公にした。

　2006年にピークを迎えた住宅バブルのような資産バブルは、しばしば発生し、多くの場合にその後には景気後退に陥ることになる。言い換えると、資産バブルは、景気変動を新たに作り出す、あるいは景気変動を増幅させるのである。Fedによる2002～05年の金融緩和政策は、住宅バブルをいっそう助長したとともに、その後に続く景気後退の一因でもあったのである。中央銀行も、間違った金融政策を処方してしまうことがある。

　各国の中央銀行はこうした政策の失敗に学び、資産バブルが形成される段階でそれを見極めるための努力を重ねている。イングランド銀行をはじめとする一部の中央銀行では、資産バブルが破壊的な水準まで大きくなる前に抑制するように設計された政策を実施している[1]。

し、ゼロ金利制約の下で、これ以上は名目金利を低くできないときには何ができるのだろう。すでに議論したように、中央銀行は、将来の名目金利や将来のインフレ期待に影響を与えようとする。何年間も名目金利を低い水準のまま維持することを約束し、長期的には2%のインフレ率を維持することを約束することによって、中央銀行は、現在のフェデラル・ファンド・レートが0%でこれ以上は低くできないとしても、期待実質長期金利に影響を与えようと試みている。

---

[1] Bank of England, Financial Stability Report, June 2014, Issue No. 35. http://www.bankofengland.co.uk/publications/Documents/fsr/2014/fsrfull1406.pdf

政策のトレードオフ

ここまで説明してきたように、中央銀行の仕事は簡単なものではない。金融政策の立案にあたっては、数多くの相反する考慮すべきことがらに直面することになる。たとえばFedは、景気後退期には経済を刺激したいが、同時に急激なインフレが起こるリスクは避けたい、と考える。Fedはこうしたトレードオフにどのように対処すべきだろうか？

多くの中央銀行によるフェデラル・ファンド・レートの設定は、以下の式によっておおよそ説明することができる。これは、提案者である経済学者ジョン・テイラーにちなんで、**テイラー・ルール**と呼ばれる[2]。

フェデラル・ファンド・レート
= 長期フェデラル・ファンド・レートの目標
+ 1.5 ×（インフレ率 − インフレ目標）+ 0.5 ×（GDPギャップ）

テイラー・ルールでは、フェデラル・ファンド・レートは、長期的目標（約3.5%）、インフレ率、インフレ目標（2%）、そしてGDPギャップ（%で示す）、と関連づけて示される。12章、特に図表12.1と図表12.2で学んだように、**GDPギャップ**とは、GDPとトレンドGDPの差をトレンドGDPで割ったものである。

$$GDPギャップ = \frac{GDP - トレンドGDP}{トレンドGDP}$$

−0.05のGDPギャップは−5%であり、その経済がトレンドより5%下方にあることを示す。12章で学んだように、トレンドGDPは、実際のGDPをなめらかな推移として描いたものである。GDPギャップを計算する際に、トレンドGDPの代わりに、**潜在GDP**を使用しているのを見かけることが多いだろう。潜在GDPとは、もし労働力と資本ストックが生産において十分に稼働している場合に達成されるGDP水準を表したものである。

テイラー・ルールは、2つの部分に分けて考えるとわかりやすい。

1. テイラー・ルールによれば、インフレ率が上昇すると、Fedはフェデラル・ファンド・レートを引き上げる。その結果、景気刺激の効果は弱められる。テイラー・ルールに基づくならば、（所与のインフレ目標に対して）イン

---

[2] John B. Taylor, "Discretion Versus Policy Rules in Practice," in *Carnegie-Rochester Conference Series on Public Policy* 39, 1993, pp. 195–214.

フレ率が1%ポイント上昇すると、フェデラル・ファンド・レートは1.5%ポイント引き上げられる。
2. テイラー・ルールによれば、GDPギャップが大きくなると、Fedはフェデラル・ファンド・レートを引き上げる。その結果、景気刺激効果は弱められる。テイラー・ルールに基づくならば、GDPギャップが1%ポイント上昇すると、フェデラル・ファンド・レートは0.5%ポイント引き上げられる。

2014年初頭を実例にして、テイラー・ルールがどのように実践されるのかを見てみよう。当時インフレ率は約1.5%で、経済はトレンドGDPから5%下方にあった。これらの数値をテイラー・ルールに代入すると（長期フェデラル・ファンド・レートの目標は3.5%、インフレ目標は2%である）、推奨されるフェデラル・ファンド・レートは以下のとおりである。

$$\text{フェデラル・ファンド・レート} = 3.5\% + 1.5 \times (1.5\% - 2\%) + 0.5 \times (-5\%) = 0.25\%$$

テイラー・ルールによる予測では、フェデラル・ファンド・レートはわずか0.25%となり、長期的目標である3.5%よりはるかに低い水準である。実際、2014年初頭のフェデラル・ファンド・レートは0.1%であり、テイラー・ルールにより予想された水準からさほど離れていなかった。

テイラー「ルール」は、実際は単なる目安だ。金融政策は、科学でもありアートでもある——つまり、政策担当者は、単なる公式だけではなく、直観と知恵を用いる必要がある。しかし、テイラー・ルールは、政策を検討する際の良い出発点であり、各国の中央銀行が過去に直面したトレードオフを簡単なかたちにまとめたものである。

13.3 反循環的財政政策

ここまでは、反循環的金融政策に重点を置いて議論をしてきた。反循環的金融政策とは、金利を操作して景気変動を小さくすることを目的として中央銀行が実行する政策だ。反循環的政策のもう1つの重要な手段が、反循環的財政政策である。反循環的財政政策は、政府支出の量と税率を操作することによって、景気変動を小さくすることを目的に実行される政策である。アメリカでは立法府（連邦議会）が可決し、大統領が署名して成立する。

拡張的財政政策は、政府支出を増加させるか、減税を実施することによって、実質GDPの成長率を引き上げることを目的とする。金融緩和政策と同様に、拡張的財政政策は労働需要曲線を右にシフトさせる（図表13.1を参照）。対照的に**緊縮的財政政策**は、政府支出を減少させるか、増税を実施することによって、実質GDPの成長率を引き下げることを目的とする。金融引締め政策と同様に、緊縮的財政政策は労働需要曲線を左にシフトさせる。

次に、マクロ経済学者が、財政政策はマクロ経済の変動を相殺する有効な手段である、と考えている理由を説明しよう。

景気循環と財政政策：自動的な部分と裁量的な部分

財政政策は、次のように自動的な部分と裁量的な部分に分けられる。

1. **自動的な反循環的部分**とは、財政政策には経済変動の一部を自動的に相殺する機能があることを指す。自動的な反循環的政策については、政府は行動を起こす必要はない。たとえば景気後退期には、失業者は所得税を支払わないので、税収は自動的に下落する。さらに、景気後退期には政府支出は自動的に増加する。これは、失業保険やフード・スタンプ＊（SNAP［補助的栄養支援プログラム］とも言われる）などの政府の移転支出が増えるためである。家計の所得が減少すると、家計が受け取る政府支出は増加するのである。

   このような自動的な反循環的財政メカニズムは、経済の収縮期には経済を刺激するものであるので、しばしば**自動安定化装置**と呼ばれる。政府の移転支出は、家計が経済的苦境を乗り越えるのを助け、景気後退期には多数の家計の消費を増加させることを通してGDPを刺激する、と一般的にも考えられている。

2. **裁量的な反循環的部分**とは、景気変動に対応して、政策当局が意識的に実行する財政政策である。多くの場合に、経済的苦況を和らげ経済活動

- **拡張的財政政策**（expansionary fiscal policy）は、政府支出を増加させるか、減税を実施することによって、実質GDPの成長率を引き上げることを目的とする。
- **緊縮的財政政策**（contractionary fiscal policy）は、政府支出を減少させるか、増税を実施することによって、実質GDPの成長率を引き下げることを目的とする。
- **自動安定化装置**（automatic stabilizer）は、政府予算の中で、景気変動の影響を小さくするように自動的に調整される項目である。

＊ 日本では低所得者の生活保障は1つの制度（生活保護）にまとめられているが、アメリカでは様々な施策が並立しており、その1つとして、低所得者に食料品の購入に使用できる金券または磁気カード（フード・スタンプ）が支給されている。

を刺激するために、特定の政府支出を増加させたり、一時的な減税を行うといった、新しい経済対策が導入される。たとえば2007～09年の景気後退期には、連邦議会は、2008年緊急経済対策法を可決させ、同年2月にジョージ・ブッシュ大統領の署名により成立した。また2009年米再生・再投資法は、2009年2月にバラク・オバマ大統領の署名により成立した。2008年緊急経済対策法で決定された1,520億ドルの減税は、同年春に家計が受け取ることとなった。2009年米再生・再投資法は7,870億ドル規模であり、その3分の1は新規減税、3分の2は新規の政府支出であった。この新規支出はその後の数年間にわたって実施された。

図表13.9は、2007～09年の景気後退期における財政政策（自動的な部分と裁量的な部分を合算したもの）を示したものである。財政赤字（政府の収入から支出を差し引いたもの）が増加している部分が財政政策の指標になる。財政赤字は、政府支出の増加と税収の減少を反映したものになる。景気後退がはじまった2007年第4四半期の財政赤字は4,160億ドルだった（以下、2009年価格）。景気後退が終わった2009年第2四半期には、財政赤字は1兆6,030億ドルまで拡大した。労働市場の停滞が続いたことと、2009年米再生・再投資法に基づく政府支出が遅れ景気後退後にも支出が継続されたこともあって、財政赤字の規模は高止まりをしたままであった。

このような財政赤字が続くと、その影響が出る。政府が支払いのために資金を借り入れると、将来の納税者たちが政府の借金を返済する責任を負うことになる。最終的には、政府は借金を返済しなければならないからである。概算ではあるが、2007～09年の景気後退によって自動的な財政政策を原因とする収支改善必要部分に2兆ドル、裁量的な財政政策を原因とする収支改善必要部分で1兆ドル、つまり、将来の納税者にこの3兆ドルの新しい政府の借金がのしかかる。しかし、この負債はすべて、反循環的財政政策を行うことを理由として生み出されたものだ。政府支出の増加と減税は、家計、企業、政府の支出を増加させることを通して、景気後退に効果的な対応ができる、というのが財政政策に関する基本的な考え方である。政府支出の増加は、企業の製品の需要に転換され、それが労働需要を増加させるので、

> 政府支出の増加と減税は、家計、企業、政府の支出を増加させることを通して、景気後退に効果的な対応ができる、というのが財政政策に関する基本的な考え方である。

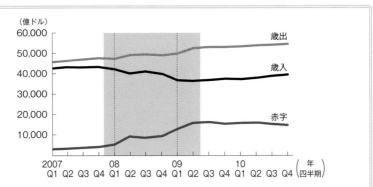

図表13.9 アメリカの政府財政（連邦政府、州政府、地方政府の合計）：2007～10年（2009年価格）

2007～09年の景気後退期（2007年12月～09年6月、グラフの網掛け部分に相当する）の財政政策は、2つの主要な法律によって施行された。第1の法律は2008年2月に成立し、主に減税に重点を置いた財政政策であり、2008年春（2008年第2四半期）に実施された。第2の法律は2009年2月に成立したものであるが、それは、減税と歳出増加の2つを伴った財政政策だった。グラフの縦の点線は、これらの2法案が成立した時期を示している。

出所：米商務省経済分析局（BEA）「国民所得生産勘定」、全米経済研究所（NBER）。

労働需要曲線を右にシフトさせる。資金の一部は州政府や地方政府にも届くので、州と地方の公務員の解雇を回避することも可能になる。

ここからは、政府支出の増加と減税がGDPを上昇させる理由について説明しよう。最初に、支出を増やす財政政策について説明し、次に、減税による財政政策について説明する。

支出を増やす財政政策の分析

国民所得勘定式から議論をはじめよう。

$$Y = C + I + G + X - M$$

ここで、YはGDP、Cは消費、Iは投資、Gは政府支出であり、またXは輸出、Mは輸入なので、$X - M$は純輸出を示す。財政政策の分析をはじめるにあたり、（ひとまず）政府支出が変化しても、式の右辺のその他の要因はどれも変化しないと想定する。したがって、政府支出（G）が1ドル増加すると、GDP（Y）も1ドル増加する。

$$[Y + 1] = C + I + [G + 1] + X - M$$

GDP（Y）の変化を政府支出（G）の変化で割ることによって、**政府支出乗数**（**財政乗数**とも呼ばれる）を計算できる。政府支出が1ドル増加したことに

よって、GDPがmドル上昇した場合には、政府支出乗数は、mドル/1ドル=m、である。たとえば、$m=1$、である場合には、政府支出が1ドル増加すると、GDPは1ドル上昇する（上式のケースである）。図表13.1の分析に基づくならば、$m=1$であれば、政府支出が1ドル増加することによって、企業の財とサービスの需要が増えるので、労働需要曲線は右にシフトし、GDPを1ドル分上昇させることになる。

では次に、右辺のほかの要因は変化しないという想定を変えてみよう。追加された政府支出は、家計の消費を増加させるかもしれない。たとえば、政府支出の増加が、企業活動を促進して雇用や手取り所得を増やすと、それが家計の消費を増加させるだろう。この場合には、増加した政府支出は、12章で説明したものと同様に、乗数効果を作り出す。乗数効果が働くことによって、企業の労働需要曲線はさらに右にシフトするので、政府支出が雇用とGDPに与える影響はさらに大きなものになる。

この乗数効果は、国民所得勘定式を使って説明できる。（最初の政府支出の1ドルの増加に加えて）乗数効果によって家計の消費が1ドル増加すると想定しよう。すると、以下の式になる。

$$[Y+2] = [C+1] + I + [G+1] + X - M$$

この場合には、Yは2ドル増加する――左辺と右辺は等しくなければならない。そして政府支出乗数は、2ドル/1ドル=2、となる。政府支出が1ドル増加すると、GDPが2ドル上昇することになる。

支出を増やす財政政策の賛同者は、政府支出乗数は1から2の間であると考えているようである。

クラウディングアウト　政府支出は、反循環的財政政策の1つとして景気後退に対処する有効な手段である一方で、マイナスの側面も持っている。政府支出の増加は政府の借金を増やし、このような借金によって、家計や企業が別のことに使用できたかもしれない資源を吸い上げてしまうことにもなる。政府支出の増加は、消費や投資などの民間の経済活動を「クラウドアウトさせる（押し出す）」、と考える経済学者もいる。**クラウディングアウト**とは、政府支出の増加が、家計や企業の支出の一部（あるいは全部）と置き換わることを言う。

- 政府支出が1ドル増加したことによって、GDPがmドル上昇した場合には、**政府支出乗数**（government expenditure multiplier）はmである。これは**財政乗数**とも呼ばれる。
- **クラウディングアウト**（crowding out）とは、政府支出の増加が、家計や企業の支出の一部あるいは全部と置き換わることを言う。

クラウディングアウトがあると、反循環的政策の効果は小さくなる——言い換えると、クラウディングアウトによって、図表13.1に示されたような労働需要曲線の右へのシフトは、本来のものよりも変化が小さなものになる。

たとえば、政府支出を1ドル増やすにあたって、その支払いのために政府が1ドル借金をすると、民間貯蓄の1ドルが、民間投資への支出から政府債務の購入に転換されることになる。こうした転換が起こるのは、民間企業が通常は金利の変化に敏感なのに対して、政府は資金を借り入れられるならば金利はいくらでも支払おうとするためである。政府が支払いのために借金をすると、クレジット市場の金利は上昇し、家計や企業などの民間の借り手から政府へと貯蓄の再分配が起こる。民間投資は消費者や企業にとっては割高になるので、政府が支出を1ドル増加させるときには、民間投資は1ドル減少するかもしれない。実質的には、政府の借金によって、民間投資が「クラウドアウトされる（押し出される）」のである。この場合には、政府支出増加による拡張的効果が、民間投資の減少による縮小効果によって相殺されるために、反循環的な政府支出は企業の労働需要曲線を右にシフトさせることはない。結果的に、政府支出が1ドル分増加しても、民間投資を1ドル分クラウドアウトさせるため、GDPは上昇しない。

$$Y = C + [I - 1] + [G + 1] + X - M$$

この場合には、政府支出乗数は、[−1ドル+1ドル]/1ドル＝0、である。財政政策に批判的な経済学者は、こうしたクラウディングアウトの重要性を強調して、政府支出乗数は1以下でありゼロに近い場合さえあると考えている。

「正しい」のはどちらであるのかは、残念ながら、答えは確定していない。この疑問に関する経済学者の意見は様々であるが、誰もが自分の意見をある程度は裏づけられる何らかのデータを持っている。乗数効果とクラウディングアウトの両方を考慮に入れて考えるならば、政府支出乗数はおそらくは、その国の経済状況いかんではあるものの、0から1.5の間であるだろう。

経済がすでにフル稼働の状況にあった場合には、政府による追加支出は、政府以外の経済活動をクラウドアウトすることになるだろう。たとえば、すべての工場がすでにフル稼働の状況にあった場合には、短期においてはGDPを上昇させようとしても、政府にできることはほとんどない。好況時には政府支出乗数はほとんどゼロである、と経済学者の多くは考えている。そもそも経済がすでに急成長をしているときに拡張的財政政策を勧める経済学者はいないだろう。この設定自体が、財政政策の議論としてはあまり妥当ではない。

むしろ、経済が収縮しているときに政府支出乗数をどう想定するかが重要だ。たとえば、経済が極端に収縮している状況で、さらに、金利がすでに0％まで下がっていてこれ以上は下げることができないため、金融政策の効果がない状態——金融政策がゼロ金利制約に達した状態——を想定しよう。

これが2007～09年の景気後退直後のアメリカ経済の状態であった。この時期には工場の操業は生産能力を下回り、大量の失業者が出現するなど、生産資源が著しく余っていた。したがって、追加的政府支出が民間消費や民間投資をクラウドアウトする可能性は非常に低い。追加的政府支出によって、使用されていない工場や失業者の一部が稼働をはじめるかもしれない。たとえばオバマ政権は、2009年米再生・再投資法を策定する際に、政府支出乗数を1.57と想定した[3]。これは、当時の各機関による予測に近いか、わずかに上回った数字である。

ほとんどの経済学者は、深刻な景気後退期における追加的政府支出には賛成するのだが、この問題に関する論争もさかんに行われている。拡張的政府支出に対する批判者は、クラウディングアウトは景気後退期であっても強い、と考えている。反循環的政府支出の適切な規模は、今でも論争が続いている政策課題である。

次に、支出を増やす反循環的政策の影響を予測するために、政府支出乗数を活用する方法について説明しよう。ここでは、経済が深刻な景気後退に陥り、政府支出乗数は上述の想定値の中では最大の数字である1.5とする。2009年米再生・再投資法には5,000億ドルの追加支出が含まれていた。ただしこの新規の政府支出は数年間にわたって実施されたが、2009年の支出は1,200億ドルであった。この影響は、以下のとおりとなる。

$$1.5 \times 1{,}200\text{億ドル} = 1{,}800\text{億ドル}$$

2009年のアメリカのGDPはおよそ14兆ドルだったので、1,800億ドルがGDPに及ぼした変化率は以下になる。

$$\frac{1{,}800\text{億ドル}}{14\text{兆ドル}} = 1.3\%$$

さほど大きな数字には思えないかもしれないが、アメリカ経済全体の成長率との関係からすれば、1.3％の追加的成長の違いは大きなものである。2009年の実質GDPは2.8％減少した。政府支出乗数を1.5とすると、2009年米再生・

---

[3] Christina Romer and Jared Bernstein, "The Job Impact of the American Recovery and Reinvestment Act," January 9, 2009.

再投資法により新規の政府支出が追加されたことによる影響がなければ、実質GDPは4.1％下がっていたかもしれない。

減税による財政政策の分析

ここまでは、景気収縮を部分的に相殺するための政府支出を用いた財政政策について議論してきた。拡張的財政政策は、減税という手段によって実施することもできる。政府が家計に1ドルの減税をすると想定しよう。ここでは、減税分を消費者はすべて使い、消費（C）は1ドル増加するが、国民所得勘定式の右辺のほかの項目はどれも変化しないと想定する。したがってGDPは1ドル上昇するので、**政府の租税乗数**（減税政策の乗数は「減税乗数」とも呼ばれる）は、1ドル／1ドル＝1、である。

$$[Y+1] = [C+1] + I + G + X - M$$

しかし、1ドルの減税がGDPを1ドルだけしか上昇させないとは限らない。仮にmドル上昇した場合には、政府の租税乗数は、mドル／1ドル＝m、となる。

1ドルの減税が1ドル以上の効果を生み出す理由はたくさんある。消費の増加により乗数効果が働くと、企業収益は増加し、企業の雇用は増加し、家計の所得を増加させ、さらに消費を増やす。加えて、所得税の減税により、税引き後の賃金は増加するため、労働者はより多くの労働を供給するようになる（ただしこの影響の程度は小さいと予測されている）。図表13.1で表すならば、労働供給曲線は右にシフトする。このようなメカニズムを念頭に置いて、仮に1ドルの減税が、2ドルの家計所得の増加と、2ドルの消費の増加をもたらすと想定してみよう。国民所得勘定式の右辺のほかの要因には何らの変化もないとする。この場合にはGDP（Y）は、2ドル上昇するので、政府の租税乗数は、2ドル／1ドル＝2、となる。

$$[Y+2] = [C+2] + I + G + X - M$$

一方で、減税は、上述したようなクラウディングアウトを招くかもしれない。消費者がもっと消費しようとすると、以前は投資に向けられていた資源が消費に振り向けられるだろう。たとえば、自動車会社はレンタカーの製造（レンタカー会社にとっては投資である）から、家計が買う自動車の製造に生産をシフトするかもしれない。

$$[Y+1] = [C+2] + [I-1] + G + X - M$$

● 1ドルの減税が実施されたことにより、GDPがmドル上昇した場合には、**政府の租税乗数**（government taxation multiplier）はmである。

同じように、消費者がもっと消費すれば、増えた財の一部は輸入が増えることによって提供され、純輸出を下落させるかもしれない。輸入が1ドル増加すれば、純輸出は1ドル下落するので、国民所得勘定式は以下のようになる。

$$[Y+1] = [C+2] + I + G + X - [M+1]$$

ここでクラウディングアウト効果が大きい場合には、政府の租税乗数は著しく下落する。上記の2つの例に基づくならば、政府の租税乗数は、[2ドル−1ドル]/1ドル＝1、になる。

短期的景気収縮を和らげるために減税を活用する政策に対して批判的な経済学者たちは以下のように主張している。最適化行動をとる消費者は、実際には、減税分のすべてを消費するわけではない。言い換えると、減税に懐疑的な人々が懸念しているのは、消費は減税の結果としてはあまり増加しないのかもしれない、という点だ。減税分を使わないでとっておく家計の心理とは何か？　これには少なくとも2つの理由が考えられる。

1. 消費にも収穫逓減の法則がある——たとえば、5枚目のピザは4枚目のピザほどにはおいしく感じられない——ならば、消費者は、減税で得られた利益を一度にすべて消費するのではなく、長期にわたって少しずつ消費することによって、消費を平準化させようとする。
2. 消費者は、現在の減税を埋め合わせるために、将来に政府が増税しなければならなくなることを理解しているのかもしれない。将来の増税を予想すると、将来の高い税の支払いに備えて、今の減税分を貯蓄に回すべきだ、と考えるだろう。

減税分を貯蓄しておく傾向が特に目立つのは富裕層だ。富裕層には、減税分をすぐに消費に回す差し迫った理由はない。要するに、減税分の一部またはすべてを貯蓄に回す消費者がいるときには、減税が消費に及ぼす影響は小さくなるので、政府の租税乗数も小さくなる。

経済学者は、政府の租税乗数は0から2の間であると考えている。オバマ政権が2009年米再生・再投資法を成立させたときには、政府の租税乗数は0.99と想定されていた[4]。同法には約3,000億ドルの減税策が盛り込まれていたが、そのうち2009年に実施された減税額は650億ドルだった。政府の租税乗数を1として計算すると、この減税により、2009年のGDPは650億ドル上昇したこ

---

4) Romer and Bernstein, "Job Impact."

とになり、これは2009年のGDPの0.5%にあたる。

もし租税乗数に関する政府の推定値が正しいとするならば、2009年米再生・再投資法の全体的効果を計算することができる。政府支出はGDPを1.3%増やし（前述の計算による）、減税によってGDPを0.5%増やしたことになる。したがって、同法によるGDPの上昇は以下の式となる。

$$1.3\% + 0.5\% = 1.8\%$$

実質GDPの実際の成長率は、2008〜09年には−2.8%だった。2009年米再生・再投資法がGDPを1.8%上昇させていたとすれば、同法が実施されていなかったならば、実質GDPの成長率は以下の式となったはずだ。

$$-2.8\% - 1.8\% = -4.6\%$$

米再生・再投資法は、GDP成長率に相当に大きな影響を及ぼしたと言えるであろう。

労働市場を直接の対象とした財政政策

労働市場を直接の対象とした特定の財政政策もある。たとえば、景気後退期に、多くの労働者が職を失って失業状態でいたときには、政府は、仕事がないことに由来する問題を軽減するための政策を実施した。失業保険の給付期間が26週から52週に延長されたが、さらに景気後退が深刻であった時期には99週まで延長された。

受給基準が緩和されると、労働市場に複雑な影響が表れる。給付期間を長くすると、失業者が被る苦難は和らげられ、自分のスキルに適合した仕事を見つける余裕が与えられる。しかしその一方で給付期間が延長されたことで、失業者が新しい仕事を見つけようとするインセンティブをそいでしまうこともある。これが労働供給曲線を左へシフトさせ、その他すべてを一定とするならば、雇用を減少させてしまうことになる。

とはいっても、給付期間の延長が失業者の所得を増やし、家計の消費を下支えし、雇用喪失による負の乗数効果を小さなものにする。給付期間の延長で家計の消費は増加するので、この効果により労働需要曲線は右へシフトする。

これらの様々な効果をすべて合わせると、失業保険の給付期間の延長はおそらくは良い政策ではあるが、それは失業の負担を軽減するからであり、GDPに影響を与えるからではない。雇用へは双方向の効果が入り混じるため、給付期間の延長が総雇用やGDPに及ぼす影響は限定的なものになる。

景気後退期には、賃金を助成し、雇用創出を奨励することによって失業を減

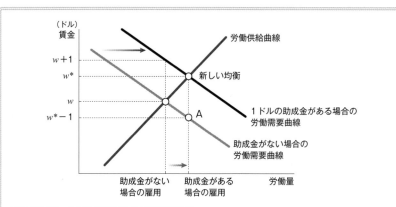

図表13.10　1ドルの賃金助成が及ぼす影響

政府により、企業が支払っている1時間当たりの賃金に対して、1ドルの助成金を導入した場合には、当初の労働需要曲線と新しい労働需要曲線と縦方向の差がちょうど1ドル分になるまで、労働需要曲線は右にシフトする。助成金がない場合には、1時間当たりwドルで労働者を雇用する意思があった企業は、助成金が得られたことによって、1時間当たり$(w+1)$ドルの給与で労働者を雇用しようとするだろう。新しい均衡では、雇用が増加し、賃金はw^*に上昇する。ただし、当初の均衡点wから、新しい均衡点w^*への増加は、1ドルよりも少ないことに注意が必要だ。これは、雇用の増加によって、(助成を除いた)労働の価値限界生産力が下落する(点A)ためである。

少させるという財政政策もある。失業率が長期にわたって高止まりしている時期——たとえば大恐慌期——には、こうした助成は正当化されるかもしれない。賃金への助成は、失業に対して伝統的金融政策や財政政策が限定的効果しかない場合にも、正当化されるだろう。アメリカにおける直近3回の景気後退の後は「雇用なき景気回復」であった。つまり、3回の景気後退後の雇用成長率はプラスではあったものの、それ以前の景気後退期に経験した雇用成長率よりも低い水準だったのである。

賃金助成金が労働需要と雇用創出に与える影響は、図表13.10に示されている。事業主が1ドルの助成金を受け取ると、1時間当たり10ドルであった賃金の負担は9ドルに減少する。したがってこの助成は、労働需要曲線を、当初の労働需要曲線と新しい労働需要曲線の縦方向の差がちょうど1ドル分になるまで、右にシフトさせる（1ドル分の差を見るためには、両曲線の間に垂直線を引いてみるとよい）。助成金がない場合には、労働者に時給9ドルを支払っていた事業主は、政府による1ドルの助成金が実行されれば、労働者に10ドルを支払うことになる。これは、ヨーロッパ経済が雇用なき景気回復に悩まされていた1990年代以降に、各国政府が広く利用している政策だ。

政策の無駄と政策のラグ

政府は、通常は反循環的財政政策の一環として社会的に価値がある事業に資金を提供するのだが、政府による無駄遣いが問題になることもある。政府は利益誘導型事業（ポーク・バレル支出）にたびたび資金を提供する。ポーク・バレルとは、政治家が、有権者の人気を獲得することを目的に行う非効率な公的支出に対して付けられた表現（蔑称）だ。たとえば、上院議員は、たとえ地元州のインフラ事業が「行き先のない橋」*のように、費用がかさみ不必要なものであったとしても、国の資金を獲得したいインセンティブがある。地元州の住民にとっては、（自分たちの税金からは）その事業の費用の50分の1しか支払われない一方で、便益のほとんどを得ることができるので、公共事業は歓迎されるし、上院議員の地元での人気を高めることになる。この意味では、総社会費用が総社会便益を上回っているとしても、その事業に連邦政府の資金を獲得するということは、その上院議員にとっては最適化を行っているのである。

何千億ドルもの新しい政府支出をただちに使う必要があるときには、政府支出の効率性はさらに悪化する。支出が急がれることから、社会的に有益な事業を見つけ出して実行することは困難になる。加えて、社会的な便益が十分に高い事業の多くにはすでに資金が配分されているであろうから、新規事業は社会的には望ましくないものである確率が高まってしまう。最終的には政治家と利益団体が癒着して、社会的には負の便益をもたらす無駄な事業に資金が提供されてしまう可能性が高くなる。

支出を増やす政策がもたらす効果に関連する、もう1つの重要な決定要因は、政策が実行されるまでのタイムラグである。支出を伴う事業のほとんどが、開始されるまでには時間がかかる。橋梁、高速道路、学校を建設するには長い時間がかかる。まず、計画を立案し、地域住民に説明しなければならない。事業に関係する建築規制の委員会が提案を検討したうえで、変更を要求し、そして修正案を評価する。環境への影響に関する調査（環境アセスメント）も行わなくてはならない。最後に業者と契約し、ようやく建築がはじまる。

> 政府は、通常は反循環的財政政策の一環として社会的に価値がある事業に資金を提供するのだが、政府による無駄遣いが問題になることもある。

---

* 橋の両岸が道路に接続されていない、交通の役に立たない橋を指す。道路建設が途中で中止されたアラスカ州グラビナ島の橋が有名である。

たとえば、直近の景気後退が2009年6月に公式に終わったときには、2009年（2月）の米再生・再投資法で法制化された2,300億ドルのインフラへの投資は、現実にはまだまったく執行されていなかった。景気後退が終わってから丸1年が経過した2010年6月時点でも、執行されていたのはインフラ予算の4分の1にすぎなかった。最も大規模なインフラ事業の多くは、景気後退が終わってから1年が経っても1ドルさえも使われていなかった。こうしたタイムラグが発生することによって、プロジェクトが実施される頃には、そのプロジェクトが役に立つはずだった時期をすでに過ぎていることが懸念される。

一方、減税する財政政策は、財務省が家計に送金するという手続きを必要とするわけではないので、もっと迅速に進めることができるかもしれない。減税政策では、追加的消費を行うのは家計であり、家計が価値を見出す財やサービスにお金が使われるという利点もある（政府支出も最終的には家計にお金が届くのだが、その過程では、負の社会的価値をもたらす事業の実施につながる可能性がある）。

このような懸念される問題があるにしても、支出を増やす財政政策は反循環的戦略としてやはり非常に有益な政策である。無駄とタイムラグを伴わない支出増加政策もある。たとえば、多くの経済学者が賛同しているのは、連邦政府から州政府や地域政府に資金の移転をすることによって、景気後退期に教師、消防士、警察官の解雇を減らすという政策である。このような連邦政府から州政府への反循環的財政移転はとりわけ有益である。というのも、多くの州は、均衡予算ルールを持つので、景気後退期にお金を借りることができないからである。連邦政府からの財政移転がない場合には、州政府は多くの公務員を解雇せざるをえなくなり、公共サービスを減らさざるをえず、景気後退をさらに深刻なものにしてしまう。

同様に、ほとんどの経済学者は、厳密な費用便益分析により効果が確認できる橋梁や高速道路の改修などのインフラ事業には賛意を示している。このような事業はすぐに着手できるという意味で「ショベル・レディ（shovel-ready）」と呼ばれる。

13.4 財政政策と金融政策の境界が曖昧な政策

反循環的政策には、財政政策の効果と金融政策の効果が混在しているものもある。たとえば、信用の供給に影響を与えることを意図した政府支出がある。

13.4 EBE Evidence-Based Economics 根拠に基づく経済学

問い：政府が支出を増加させると、GDPはどのぐらい上昇するのか？

　1941年12月7日（日本時間8日）、日本の6隻の航空母艦から発進した爆撃機が、アメリカ太平洋艦隊を攻撃した。爆撃により、8隻の戦艦、数多くのその他の船舶、188機の航空機が破壊された。この真珠湾攻撃が、アメリカの第2次世界大戦への参戦を決定づけた。

　この攻撃により、太平洋艦隊の再構築と拡大を含めて、戦争関連の巨額支出も生み出した。奇襲攻撃の数カ月前には、アメリカはまだ交戦国ではなかった。軍事分析官は、来るべき戦争へ備えるためには、1,000億ドルの費用がかかるだろうと予測していた（1941年価格）。真珠湾攻撃の直後には、戦費の推計は2,000億ドルまで膨らんだ。1941年のアメリカのGDPが1,294億ドルであったことと比べると、戦費の規模は非常に大きなものであった。

　戦争は悲惨なものであるが、戦争と戦争に伴う支出は、政府支出の経済的影響を分析することに活用できる。経済学者ヴァレリー・ラミーはそうした分析を行った[5]。彼女は63年分のニュースを分析して、アメリカの政府支出を変化させた海外の出来事を特定した。ラミーのデータには、真珠湾攻撃などの多くの戦争関連の出来事とともに、地球周回軌道に達した世界初のソビエト連邦の人工衛星スプートニクの1957年の打上げ成功などが含まれている。このスプートニク・ショックは、米ソ間の宇宙開発競争に拍車をかけ、アメリカ政府の宇宙開発事業費を103億ドルに拡大させることになったと推計している（1957年価格）。

　政府支出を変化させる予期せぬ出来事が海外で起きた場合には、それは自然実験としての分析対象になる（2章で、自然実験の説明をした）。ラミーの研究によれば、海外からもたらされたショックは、経済状況とは関係ない理由で政府支出を増やす原因になる。こうしたショックによって政府支出が増加した時期のGDPの成長について、ショックを経験して

---

[5] Valerie A. Ramey, "Identifying Government Spending Shocks: It's All in the Timing," *Quarterly Journal of Economics*, Vol. 126, No. 1, 2011, pp. 1–50.

いない時期のGDP成長率と比較した。

　このような比較によってラミーは、政府支出乗数は0.6から1.2の間であると推計した。言い換えると、(海外の予期せぬ出来事に反応して) 政府が支出を1ドル増加させると、GDPは0.6ドルから1.2ドルの範囲内で上昇する。より正確な答えを得るためには、十分な歴史上のデータがないために、推定値の範囲はやや広いものになっている。

Q 問い　政府が支出を増加させると、GDPはどのぐらい上昇するのか？

A 答え　ラミーの研究によれば、政府支出乗数は0.6から1.2の間であると推計される。

データ　アメリカの国民所得生産勘定(1939〜2008年)と、『ビジネスウィーク』『ニューヨーク・タイムズ』『ワシントン・ポスト』の過去の報道記事による。

注意　ラミーの分析は、主に戦争に関連した政府支出による政府支出乗数を推定している。この分析では、景気後退のような経済の停滞期には、政府支出乗数を過小評価しているかもしれない。

　2008年の不良資産救済プログラム（TARP）は、財政政策と金融政策の両者が混在した政策の一例である。2007〜09年の金融危機のピーク時に、連邦議会は金融制度を安定化させることを目的に、財務省が7,000億ドルを支出することを認める緊急法案を可決した。米財務省は行政府の一部であり、Fedに属していない。それにもかかわらず、TARP法案は、Fedと財務省が共同で立案し、TARPの施行期間中は連邦準備制度理事会議長と協議することが定められていた。

　TARP資金の7,000億ドルのうち、1,150億ドルは、大手銀行8行の資本増強をするために使用された。これら8行の参加は強制であって、それと交換に政府が購入することになる新株の発行が要求された。この資本参加により、政府が銀行を部分的に所有することになる計画について、それを好ましく思わない銀行もあった。また8行のすべての役員報酬には上限の設定が義務づけられた。さらに1,350億ドルが、TARPに支援申請をした小規模銀行の自己資本を増強するためにも使用された。

　このように銀行への資本注入（総額2,500億ドル）によって、TARPの支援

を受けた銀行は息を吹き返し、金融システム全体が安定した。銀行間の借入れを返済できなくなった銀行の破綻が別の銀行破綻を引き起こすという、ドミノ倒しのように銀行破綻が連鎖するという金融危機の瀬戸際から、金融システムは回復することができた。TARPが経済を救うきっかけになったのか、あるいは偶然のタイミングで成功したように見えるだけなのかについては議論の余地があるが、TARPによる資本注入は今では成功した政策と考えられている。

銀行への資本注入は、最終的には政府の費用はほとんどかからなかった。これらの資金は、危機が去った後に返済されたからである。実際、政府はTARPによる銀行への投資からわずかながら利益も得た。しかし、TARP以外の政府のプログラムは、銀行に利益を与え、したがって、銀行は政府支援の受益者になっていた。

TARP資金のうち、銀行株の購入には使われなかった残り4,500億ドルの行方が気になる読者もいるだろう。TARPが資金提供した事業はほかにもたくさんあった。破産した自動車会社であるゼネラル・モーターズ社やクライスラー社であり、また倒産の危機に瀕していたAIGなどだ。危機が過ぎた後に、政府は投資のほとんどを回収できた。そして、政府の支援によって、これらの重要な企業が危機の最中での倒産を免れた。これらの企業が倒産していたならば、危機はさらに悪化し、景気後退がさらに深刻なものになっていたことだろう。

金融危機の期間に採用されたTARPやその他の反循環的な財政政策や金融政策を実行しなかったならば、何が起こっていたのかはわからない。マクロ経済の政策的介入を研究するためには、科学者が実験室で行うように、たくさんの似たような国を設定できるならば好都合である。ある国ではTARPを実行する一方で、別の似たような国ではTARPを実行しない。そうして、どちらの経済の状態が良好かを観察する。そのような実験ができないので、完璧なものと言えないデータと経済行動のモデルをもとに判断せざるをえない。ほとんどの経済学者はTARPは成功であったと考えているが、確証を得るには至っていない。

まとめ

●反循環的政策とは、景気変動を小さくすることを目的に実行され、雇用やGDPや物価の成長を円滑にするための政策である。

- 反循環的金融政策とは、準備預金の量と金利を操作することによって、景気変動を小さくすることを目的に実行される政策である。アメリカでは中央銀行（Fed）が実行する。

- 公開市場操作は、Fedが民間銀行と行う取引で、Fedに預けられた準備預金を増やしたり減らしたりする。公開市場操作はフェデラル・ファンド・レートに影響を与える――準備預金の量が増加すると、その他すべてを一定として、フェデラル・ファンド・レートは下落する。

- 金融緩和政策では、準備預金の量を増加させるとともに、金利を引き下げることによって、労働需要曲線を右にシフトさせて、GDPの成長率を上昇させる。

- 金融引締め政策では、準備預金の成長を抑制して、金利を引き上げることによって、労働需要曲線を左にシフトさせて、GDPの成長率を低下させる。金融引締め政策は、インフレがFedの長期的な目標である2%を超えているとき、あるいは経済が著しく急成長しているときに実施される。

- 反循環的財政政策とは、政府支出の量と税率を操作することによって、景気変動を小さくすることを目的に実行される政策である。アメリカでは立法府（連邦議会）が可決し、大統領が署名して成立する。

- 反循環的財政政策には、自動的な政策と、裁量的な政策がある。自動安定化装置は、政府予算の中で、税のように、景気変動の影響を小さくするように自動的に調整される項目である。

- 拡張的財政政策では、政府支出を増加させるか、減税を実施することによって、労働需要曲線を右にシフトさせ、GDPを上昇させる。政府支出の増加が、家計や企業の支出の一部（あるいは全部）と置き換わるとき、クラウディングアウトが発生していると言う。

- 緊縮的財政政策では、政府支出を減少させるか、増税を実施することによって、労働需要曲線を左にシフトさせ、GDPを下落させる。

- 2008年に制定された不良資産救済プログラム（TARP）のように、財政政策と金融政策の境界が曖昧な政策もある。

キーワード

- 反循環的政策
- 反循環的財政政策
- 金融引締め政策
- 緊縮的財政政策
- 政府支出乗数（財政乗数）
- 政府の租税乗数
- 反循環的金融政策
- 金融緩和政策
- 拡張的財政政策
- 自動安定化装置
- クラウディングアウト

復習問題

1. 金融政策と財政政策の類似点と相違点について論じなさい。
2. 拡張政策と緊縮政策は、どのように異なっているのだろうか？
3. 金融緩和政策は、どのようにして労働需要曲線を右にシフトさせるのだろうか？簡単に説明しなさい。
4. 量的緩和政策とは何だろうか？ 中央銀行が量的緩和政策を実行する理由についても論じなさい。
5. 公開市場操作と量的緩和政策のほかに、Fedが金利を操作する手段にはどのようなものがあるのだろうか？
6. 金融政策の効果はインフレ期待に左右されると言えるだろうか？ 理由についても説明しなさい。
7. 商業銀行がFedに保有している準備の量が増加するときには、どのようにしてインフレーションが起こるのだろうか？ 簡単に説明しなさい。
8. ゼロ金利制約は、金融政策の効果にどのように影響を与えるのだろうか？
9. 名目金利がゼロ金利制約に達したとき、中央銀行は経済を刺激するにあたって金利を活用することはできるだろうか？ 理由についても説明しなさい。
10. テイラー・ルールとは、どのようなものなのだろうか？ その意味しているところを論じなさい。
11. テイラー・ルールに基づくならば、Fedがフェデラル・ファンド・レートを引き下げたり引き上げたりしなければならないのは、どのような場合だろうか？
12. 財政政策の自動的な部分と裁量的な部分とはどのようなものか？
13. 拡張的財政政策は、どのようにしてクラウディングアウトを引き起こすのだろうか？
14. 減税は、その減税額より小さい金額だけしか産出量を増加させることができない。

その理由について説明しなさい。

15. 不良資産救済プログラム（TARP）は、財政政策の効果と金融政策の効果の両方を併せ持つ反循環的政策の例として考えられている。その理由について説明しなさい。

演習問題

1. 1996年、当時の連邦準備制度理事会議長アラン・グリーンスパンは、株式市場に蔓延する楽観主義を「根拠なき熱狂」という言葉で表現した。S&P総合指数のような株価指数は、史上最高値を記録していた。景気拡大を抑制するためには、Fedが介入するべきだと考える評論家もいた。経済が拡大しているときに中央銀行が引締めをしたいと考える理由について説明しなさい。景気拡大を抑制することを目的にして、政府や中央銀行が採用する政策にはどのようなものがあるだろうか？

2. 以下の表は、連邦準備銀行（Fed）と民間銀行であるBHZ銀行の貸借対照表（バランスシート）である。ここでFedが、準備預金を10億ドル分減少させたいと考えたとしよう。BHZ銀行は進んでFedと取引を行うと仮定して、BHZ銀行とFedの貸借対照表がどのように変化するのかを示しなさい。

Fedの貸借対照表

資　産		負債と自己資本	
国　債	1兆5,000億ドル	準備預金	1兆5,000億ドル
その他の債券	5,000億ドル	紙　幣	5,000億ドル
総資産	**2兆ドル**	**総負債**	**2兆ドル**

BHZ銀行の貸借対照表

資　産		負債と自己資本	
準備預金	2,000億ドル	預金とその他負債	7,000億ドル
債券・他の投資	8,000億ドル	自己資本	3,000億ドル
総資産	**1兆ドル**	**負債＋自己資本**	**1兆ドル**

3. Fedが、フェデラル・ファンド・レートを引き上げたいと考えているとしよう。そのためにFedが活用できるメカニズムには、どのようなものがあるだろうか？説明しなさい。Fedの行動がどのようにして金利の上昇につながるのかについて、貨幣市場のグラフを描いて説明しなさい。

4. あなたと友人が、深刻な景気後退に際して金融政策を実行する利点について議論しているとしよう。友人は、中央銀行はどのような手段を用いても金利をゼロまで引き下げる必要がある、と言う。名目金利がゼロになれば、融資や投資は増加するし、消費者や企業はお金を借り入れてそれを使おうとするだろう、と友人は主張する。あなたは友人の意見に同意できるだろうか？　インフレ率

の水準が、あなたの答えに影響を及ぼすことはあるだろうか？ あなたの結論について説明しなさい。

5. … グラフは、現実のフェデラル・ファンド・レートと、テイラー・ルールに基づいた場合のフェデラル・ファンド・レートを示している。2007年に世界の中央銀行家が集まって開催されたシンポジウムにて、ジョン・テイラーは、Fedがテイラー・ルールにしたがっていたならば、2002年にはフェデラル・ファンド・レートは下落するのではなく、上昇していたはずだ、と語った（テイラー・ルールは彼の名前に由来する）。

フェデラル・ファンド・レートを上げるべきときに下がった場合には、何が起こるだろうか？

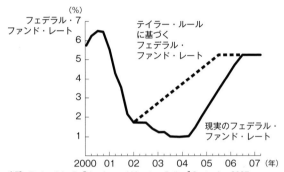

出所：Taylor, John B., "Housing and Monetary Policy," September 2007, http://web.stanford.edu/~johntayl/HousingandMonetaryPolicy--Taylor--JacksonHole2007.pdf

6. … グラフには、潜在GDPの予測値と実際のGDPが示されている。潜在GDPは、トレンドGDPの一種である。GDPギャップ（GDPと潜在GDPの差をパーセントで示したもの）がマイナスになるのはどのような場合だろうか？ テイラー・ルールの下では、マイナスのGDPギャップはフェデラル・ファンド・レートにどのような影響を及ぼすのだろうか？

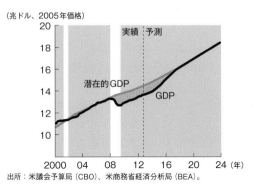

出所：米議会予算局（CBO）、米商務省経済分析局（BEA）。

7. 2人の経済学者が推定した政府支出乗数は、0.75と1.25で異なった結果となった。
   a. 2つの異なる推定値は、政府支出の影響についてどのように推測していることになるだろうか。
   b. 現在のGDPが13兆2,800億ドルで、政府は支出を8,000億ドル増やそうと計画していると仮定した場合、2つの推定値を用いたそれぞれのGDPの増加率はどれぐらいだろうか？ 支出の増加は1年間で行われると仮定する。

8. 2005年には、連邦政府予算のうちの3,200億ドルはアラスカ州で2つの小さい町をつなぐ「行き先のない橋」の建設に使われた。2006年には、ノース・カロライナ州のティーポット美術館に50万ドル、ミシガン州の無水トイレ事業に100万ドル、メイン州の鉱山跡地を美術館と公園にする事業に450万ドルが使われた。こういったプロジェクトは、選挙区で人気を得るために特定の議員が要求したものであった。
   a. このような種類の支出は何と呼ばれているだろうか？
   b. 政府支出が労働需要曲線を右にシフトさせて雇用を増加させるときには、政府支出の増加はつねに良い政策と言えるだろうか？ あなたの答えを説明しなさい。

9. 著名な金融経済学者であるミルトン・フリードマンは、Fedを以下のように喩えている。「あなたの家をヒーターで暖めているとしよう。ヒーターには温度自動調節機能（サーモスタット）がある。家の中が暖まりすぎたら、サーモスタットが働いて自動的にヒーターのスイッチをオフにする、という仕組みだ。部屋が冷えすぎたら、再びヒーターのスイッチがオンになる。正しく作動していれば、家の室温はだいたい設定温度に保たれるはずだ。」
さて、サーモスタットはヒーターと同じ部屋には設置されていないとしよう。実際、サーモスタットはヒーターから一番影響を受けにくい屋根裏に設置されている。そして、ヒーターを作動させるラジエーターは非常に古いことが多く、反応するのに最短でも20分はかかる。したがって、室温を一定に保つ代わりに、サーモスタットは室温を大きく上下させてしまう。たとえば、家の中が寒いときには、サーモスタットはヒーターのスイッチをオンにする。ところが、屋根裏が暖かくなって初めてヒーターをオフにするので、そのときには、家全体がむしろ暑くなりすぎていることも多い。いったんヒーターがオフになると、屋根裏が寒くなるまでスイッチは入らない。その頃には、家は凍えるほど寒い。
（フリードマンは、サーモスタットをFedに、家を経済全体に喩えている。）
   a. ミルトン・フリードマンは、金融政策について何を言いたかったのだろうか？（この質問に解答するのにグラフを描く必要はない。）
   b. サーモスタットの喩えにあるように、金融政策の意図しない影響としてはどのようなものが考えられるだろうか？ 財政政策の影響にも同様のことがあ

るのだろうか？ もしあるならば、財政政策では何か違いがあるだろうか？

10. 本章に基づいて、2008年の不良資産救済プログラム（TARP）が持っていた、金融政策としての側面と財政政策としての側面の特徴について説明しなさい。

11. 【チャレンジ問題】本章では、Fedは、公開市場操作を通して、準備預金の量を増やしたり減らしたりすることにより、マネーサプライを調整できることを説明した（図表13.7を参照）。

Fedの公開市場操作によるマネーサプライの増加は、以下の式で表される。（単純化した仮定の下では、家計は現金を保持せず、マネーサプライは、要求払い預金と同一金額になる。）

$$\text{マネーサプライの変化} = \text{準備預金の変化} \times \frac{1}{RR + ER}$$

ここで、RRは銀行が保有することが求められている準備預金の銀行預金に対する比率（小数で表示）、ERは銀行が自主的に超過準備として保有する準備預金の銀行預金に対する比率（小数で表示）である。

$\frac{1}{RR + ER}$ は「貨幣乗数」と呼ばれる。

Fedが140億ドルの国債を売却することにしたとしよう。法定準備率は8％、銀行は4％の超過準備を保有しているとする。小数で表示するので、RRは0.08、ERは0.04だ。

このFedの行動の結果、マネーサプライの増加または減少はどのくらいになるだろうか？ 計算式を示して答えなさい。新しい預金（この例ではマネーサプライの変化）に対して、適切な準備預金が確保されていることを証明しなさい。

$(RR + ER) \times (\text{新しい預金の変化}) = (\text{準備預金の変化})$

12. 【チャレンジ問題】架空の小国シルバニアでは国民は現金を持たない。一方、商業銀行は、金利に関係なく超過準備として当座預金の5％を所有する。設問11の「貨幣乗数」の式を用いて以下に答えなさい。

a. 同質の銀行が数行あり、そのうちの1行の貸借対照表（バランスシート）を考える。

資産		負債および自己資本	
準備預金	400ドル	当座預金	2,000ドル
融資	1,600ドル	自己資本	0

シルバニア国の法定準備率を計算しなさい。

b. マネーサプライの総額が10万ドルであるとき、銀行システムにおける準備預金の総額を計算しなさい。途中の計算も示すこと。

c. シルバニア国の中央銀行は、マネーサプライを半減させることを目指すことにしたと言う。公開市場操作でその目的を実現するためには、中央銀行は、

国債をどのぐらい購入、あるいは売却するべきだろうか？　ここでは超過準備は5%、法定準備率は設問a.で計算された率であるとする。途中の計算も示しなさい。

グローバル経済のマクロ経済学　第Ⅵ部

PART Ⅵ
Macroeconomics in a Global Economy

14 マクロ経済と国際貿易

Macroeconomics and International Trade

ナイキのような企業は
ベトナムの労働者の敵なのか？

　スニーカーの愛好者は多い。ナイキ1社だけでも毎年の売上高は約150億ドルに達している。ナイキ社ではその生産の多くを下請け業者を通してベトナムなどで行う。現地企業は、教育をほとんど受けていない労働者を1日4～5ドルで雇っている。子どもを雇っている業者さえある。むろんこれは違法であり、ナイキ社では公式には児童労働を禁止している。工場労働者は週60時間働くが、その労働環境は欧米の安全基準をまったく満たしてはいない。学生たちの間では、この搾取的労働を批判してナイキ製品のボイコットを呼びかける運動も起こっている。批判を受けたナイキ社は、違法労働をなくす努力を重ねてきた。ナイキ社の下請け業者が支払っている賃金は今でもなお低いものの、この20年間で工場の労働環境はかなり改善されてきた。

　これは、グローバル経済のあちこちに見られる低賃金と劣悪な労働環境

本章の構成

14.1	14.2	14.3	EBE
貿易はなぜ行われるのか？　またどのように行われるのか？	経常収支と金融収支	国際貿易、技術移転、経済成長	ナイキのような企業はベトナムの労働者の敵なのか？

KEY IDEAS
キーアイデア

- 国際貿易は、一国が比較優位を持つ活動に集中することを可能にする。
- 経常収支は、輸出、輸入、要素支払、移転からなる国際的な資金の流れである。
- 一国が経常赤字である場合には、貿易相手国に対して借金をしていることになる。反対に、一国が経常黒字である場合には、貿易相手国から借用証書を受け取ることになる。
- 過去数十年を通して、世界においてはグローバル化がより進展した。

という問題の氷山の一角にすぎない。アメリカの消費者は、こうした貿易から恩恵を受けているのである。では、このような環境の下で生産されたスニーカーを買うアメリカの消費者は、非難されるべきなのだろうか?

14.1 貿易はなぜ行われるのか? またどのように行われるのか?

　取引は、一国内で行われるものも国際間で行われるものも、そのどちらも、生産の効率性を高めて私たちの生活の質を向上させる*。現代経済では、財とサービスはそれらの生産に特化した個人によって生産される。たとえば、経済学の教授は、何年間も経済学の習得に時間を費やしている。同様に、アップル社で働くエンジニアは、その専門的業務を遂行するための高度な訓練を受けている。

　アップル社のエンジニアは、洞察に富んだ経済学の研究や経済学の講義はできないだろう。同様に、経済学の教授は、電子回路基板やそれを製造する生産性の高い工場を設計することはできない。市場では、人々は自分たちの能力や興味に合った仕事を選ぶ。そして選択した分野でスキルを磨き、他者と取引す

---

* 英語の "trade" は、取引とも貿易とも訳される。国際間で行われる取引が貿易と訳される。

14.1 取引の機会がない生活はわびしい

る。取引は**特化による利益**をもたらす。これは、従業員を特定の生産活動に特化させることによって社会が得ることができる経済利益である。

取引がなければ、特化しても意味がない。経済学の教授は、経済思想を食べることはできないし、その中で暮らすこともできない。経済学者は教えることでお金をもらい、衣食住を賄う。アップル社のエンジニアはiPhoneに愛情を注いではいても、iPhoneの上で寝ることはできないし、iPhoneを運転して職場に行くこともできない。エンジニアも稼ぎを得て、欲しいものを買うことができる。

取引の機会がない生活はわびしい。もし、経済学の教授が孤島に取り残されたとしたら、学生に教えることはできないし、政策のアドバイスをすることもできないので、その知識は活かしようがない。どんなに知識があっても、日常生活は旧石器時代の狩猟採集民とあまり変わらなくなるだろう。

絶対優位と比較優位

取引がどのように作用しているのかをさらに深く理解するためには、アップル社のCEO（最高経営責任者）だった故スティーブ・ジョブズを例にして考えてみよう。ジョブズは、その優れたマーケティング能力とデザイン力で有名だった。

ジョブズは、アップル社製品に関する豊富な知識と愛情のゆえに、誰よりも有能な販売員であった。議論のポイントを整理しやすくするために、ジョブズは、アップル社の平均的な販売員と比較して、時間当たりで2倍を売り上げることができると想定しよう。この場合には、ジョブズにはコンピューター販売に関して**絶対優位**がある。言い換えると、ある生産者が、他の生産者と比較して時間当たりの生産量が大きければ、その生産者は、その財（またはサービス）の生産に**絶対優位**を持つ。

もちろん、コンピューター販売がジョブズの持っている唯一のスキルというわけではない。彼は、CEOとして革命的な新製品を考案した。ジョブズは、平均的な販売員ではなく、デザイナーとしてスーパースター級だったのである。

- **特化による利益**(gains from specialization)は、個人や地域や国が、特定の財やサービスの生産活動に特化することによって社会が得ることができる経済利益である。
- ある生産者が、他の生産者と比較して時間当たりの生産量が大きければ、その生産者は、その財（またはサービス）の生産に**絶対優位**(absolute advantage)を持つ。

SECTION 14.1 | 貿易はなぜ行われるのか？　またどのように行われるのか？

ジョブズが自分の時間をデザインに配分したならば、年間で1,000プランのアイデアを創出できるだろう。平均的な販売員はデザインに取り組んでも、出てくるアイデアは年間でせいぜい1つにとどまるかもしれない。

　平均的な販売員を仮にチャック・チョアーズと呼ぼう。図表14.1には、ジョブズの生産性とチャックの生産性が示されている。

　図表14.1の横の列を比べると、ジョブズは、チャックと比較して年間の売上げ台数が2倍で、デザイン案の創出数は（チャックと比較して）年間1,000倍なので、ジョブズには両方の業務に絶対優位がある。では、アップル社はジョブズにどちらの仕事をさせるべきだろうか？

　この質問に答えるために、生産1単位当たりの機会費用を計算してみよう。より正確に言うと、あきらめたコンピューターの売上高を単位にして計算したデザイン案の機会費用だ。すなわち、1つのデザイン案を得るためには、どれだけのコンピューターの売上額をあきらめなくてはならないのか、を計算する。ある労働者のデザイン案の機会費用が、他の労働者のデザイン案の機会費用よりも低いときには、その労働者は、デザイン案に比較優位を持つ。さらに一般化して言うならば、ある労働者が、他の労働者と比較して生産1単位当たりの機会費用が低いときには、その労働者は、その財（またはサービス）の生産に**比較優位**を持つ。

　図表14.1でこれを確認してみよう。ジョブズは、1,000プランのデザイン案を創出するためには、2,000セットのコンピューターの売上げ台数をあきらめることになる。言い換えると、2,000/1,000 = 2、であるから、デザイン案1プランに対して、コンピューターの売上げ台数2セットをあきらめることになる。一方のチャックは、デザイン案1プランに対してコンピューターの売上げ台数1,000セットをあきらめることになる。

　この計算をもとにすれば、生産の最適な配分を求めることができる。アップル社がジョブズにデザインを任せるときには、デザイン案1プラン当たりコンピューターの売上げ台数2セットが機会費用になる。あるいはチャックにデザイン案の創出を任せることもできるが、この場合には、デザイン案1プラン当たりコンピューターの売上げ台数1,000セットが機会費用になる。すなわち、ジョブズのほうが、デザイン案1プラン当たりの機会費用が低いので（デザイン案1プランの創出に対してあきらめるコンピューターの売上げ台数が、ジョブズ

● ある労働者が、他の労働者と比較して生産1単位当たりの機会費用が低いときには、その労働者は、その財（またはサービス）の生産に**比較優位**(comparative advantage)を持つ。

	スティーブ・ジョブズ	チャック・チョアーズ
コンピューターの売上げ台数	2,000セット/年	1,000セット/年
デザイン案の創出数	1,000プラン/年	1プラン/年

図表14.1 売上げとデザインの生産性

は2セット、チャックは1,000セットである)、ジョブズにはデザイン案の創出に比較優位がある。したがって、(この2種類の業務の両方が必要な場合には)アップル社は、ジョブズにはデザイン案の創出を任せ、チャックには販売を任せるべきである。

　あきらめるデザイン案の創出数でコンピューター販売の機会費用を計算しても結論は同じである。図表14.1から、ジョブズは2,000セットのコンピューターを販売するためには、1,000プランのデザイン案の創出をあきらめることになる。1,000/2,000 = 1/2、であり、ジョブズがコンピューター販売の仕事をする機会費用は1/2デザイン案となる。一方のチャックは、1,000セットのコンピューター売上げ台数に対してデザイン案1プランなので、彼の売上げ台数1セット当たりの機会費用は1/1,000プランだ。コンピューターの売上げ台数1セット当たりの機会費用はチャックのほうが低いので、チャックがコンピューターの販売、ジョブズはデザイン案創出の仕事をしたほうがいい、と判断されることになる。

　比較優位とは、どの仕事を誰に割り振るかを決めるときに、絶対優位ではなく機会費用を使用すべきである、とする考え方である。たとえば、ジョブズをデザイナーにするか、あるいは販売員にするかをアップル社が判断するにあたっては、絶対優位を考えるだけでは十分な情報は得られない。ジョブズは販売員として働いたとしても、そしてデザイナーとして働いたとしても、ともに絶対優位を持っているからだ。

　ここまでは、仕事の配分はアップル社が行うと想定してきた。企業がこういった判断を行うことがある一方で、実際には個人が自分で選択する場合も多い。ジョブズは、自らの判断でアップル社を創業して、デザイナーとして働いた。その一方で、チャックのようにデザイナーではなく販売員の仕事に応募して販売員になる人も多い。これはなぜだろうか？

　個人の職業の選択は、比較優位の概念を使っても導くことができる。しかし、この場合には、重要な決定要因は、市場価格である。比較優位が持つ重要な意

味の1つは、市場価格は個人に比較優位がある仕事や活動を選択させることである。

これを確認するために、次のように考えてみよう。ジョブズとチャックは、競争的労働市場で自分たちのスキルを売っている。その市場において賃金とは、付加価値への（個人の）貢献に等しい（付加価値とは、企業の売上げの総額から、別の企業から購入した中間財の金額を差し引いたものである。5章を参照）。簡単化のため、経済にはジョブズやチャックと同質の労働者だけがいて、経済はデザインと販売の両方の機能を必要としていると想定しよう。均衡価格においては、ジョブズと生産性が同質の労働者はデザインに従事し、チャックと生産性が同質の労働者は販売に従事するはずだ。

この経済における価格は、パソコン1セットの販売による付加価値は50ドル、デザイン立案による付加価値も1プラン当たり50ドルであったとする。図表14.1に示されている生産量にそれぞれの付加価値を掛けると、図表14.2(a)になる。これらの数字が示すとおり、ジョブズにとってもチャックにとっても、販売に従事すれば賃金を最大化できる。ジョブズの場合には、販売に就けば10万ドル、デザインに従事すれば5万ドルが得られる。一方のチャックは、販売に就けば5万ドル、デザインに従事すれば50ドルが得られる。この場合には、ジョブズと同質の労働者もチャックと同質の労働者も、両タイプとも販売の仕事に就く。しかし、経済においては、デザインと販売という両方の機能が必要とされているので、これでは市場均衡にはならない。全員が販売の仕事に就いたならば、デザインに携わる人がいなくなるので、デザインの付加価値は50ドルよりもはるかに上昇する（デザインの不足が起こるので、デザイナーの相対的な賃金が押し上げられる）。

では、デザインの付加価値が10万ドルまで上がり、デザインの市場価値が上昇したときには、何が起こるのだろうか（販売の付加価値は50ドルのままである）？ このときの賃金の変化は、図表14.2(b)に示されている。ジョブズにとってもチャックにとっても、デザインの賃金のほうが高くなったので、すべての労働者がデザイナーに就くことを選択するだろう。しかし、これも市場均衡にはなりえない。販売に携わる人がいなくなり、デザイン案だけがたくさんできあがるからだ。ここでも、経済は両方の機能を必要としているので、今度は販売員の相対的な賃金が押し上げられる。

すでにおわかりのこととは思うが、均衡価格はこの2つの極端な例の間のどこかに落ち着く。均衡価格においては、何人かがデザイン、何人かが販売に従

図表 14.2 販売業務とデザイン業務における賃金の比較

(a) 販売台数1セットの付加価値が50ドル、デザイン案1プランの付加価値が50ドルの場合

	スティーブ・ジョブズ	チャック・チョアーズ
販売業務	10万ドル/年	5万ドル/年
デザイン業務	5万ドル/年	50ドル/年

(b) 販売台数1セットの付加価値が50ドル、デザイン案1プランの付加価値が10万ドルの場合

	スティーブ・ジョブズ	チャック・チョアーズ
販売業務	10万ドル/年	5万ドル/年
デザイン業務	1億ドル/年	10万ドル/年

(c) 販売台数1セットの付加価値が50ドル、デザイン案1プランの付加価値が5,000ドルの場合

	スティーブ・ジョブズ	チャック・チョアーズ
販売業務	10万ドル/年	5万ドル/年
デザイン業務	500万ドル/年	5,000ドル/年

事するように誘導される。別の組み合わせで考えてみよう。販売台数1セット当たりの付加価値が50ドル、デザイン案1プラン当たりの付加価値が5,000ドルになったときの結果を図表14.2(c)にまとめてみた。この賃金水準では、チャックは販売の仕事を選び、ジョブズはデザインの仕事に従事することを選択するのは明らかだろう。実際、この賃金でジョブズが販売員として働くとすれば、ジョブズの時間配分がおかしいのは明らかだ。

重要なことは、個人が比較優位に合った仕事を選択するように市場価格が調整される、という点だ。すなわち、市場における取引が比較優位を維持し、さらに強めるという考え方だ。実際、このような取引がなければ、比較優位から得られる利益を実現することはできない。たとえば、スティーブ・ジョブズが、雇った人をアップルストアで販売員として働かせ、自分は誰もが持ちたくなるような美しい新型モデルをデザインするという自分自身の比較優位に集中できるのも、取引があるからである。

ここで、ジョブズが販売業務を選択し、チャックがデザイン業務を選択するといった、2人にとっての別の販売とデザインの付加価値の組み合わせは考えられないのだろうか、という点に興味を持たれる読者もいるかもしれない。しかし、比較優位の考え方に基づくならば、そうした組み合わせはありえない。機会費用が違っても、ジョブズとチャックは違った仕事を選択するのであれば、

比較優位のかたちから、販売よりデザインでより多く稼ぐのはジョブズであり、デザインより販売でより多く稼ぐのはチャックである。

比較優位と国際貿易

国際貿易において、どのように比較優位が活用されているかを説明するために、スティーブ・ジョブズとチャック・チョアーズの分業について考えたのと同じように、アップル社製品であるiPodを例にして考えてみよう。アメリカに本社がある企業の製品であり、アメリカ在住のエンジニアがデザイン（設計）したという意味では、iPodはアメリカ製品である*。しかし実際には、アメリカ国内で製造されているわけではない。iPodは何百もの部品から構成されているが、そのほとんどはアメリカ国外で製造され、組み立てられている。

主要な構成部品を見てみよう。iPodにはハードディスクドライブがあり、そこには音楽や動画や写真が保存される。この部分は日本で生産される。メモリーカードもあり、これは韓国で生産される。一方、CPU（中央処理装置）はアメリカで生産されている。このような場所の広がりは特化によるものだ。たとえば、東芝はハードディスクドライブの製造に特化していて、極めて故障率が低く、小型ハードディスクドライブの製造において世界のリーダーになった。アメリカ以外の海外の生産者に上記の3つの主要部分のうちの2つの生産を委託したことによって、特化による利益が実現した。最後に、部品のすべては中国の組立てラインで組み立てられ、最終製品が完成する[1]。

国際貿易においても比較優位に基づいて考えることにより、アメリカの労働者がiPodの組立てについて絶対優位を持っていたとしても、中国の労働者がiPodを組み立てることになる理由を説明することができる。まず、それぞれの業務に携わるアメリカと中国の労働者の1時間当たりの生産性について考えてみよう。ここでは簡単化のために、アメリカの労働者は全員が同質的であり、中国の労働者も全員が同質的であると仮定する——この簡単化した仮定は、本章後半でも用いられる。

図表14.3を見ると、アメリカの労働者は1年間に2万台のiPodを組み立てることができるが、この数字は中国の労働者より1万5,000台多い。このアメリ

---

[1] Greg Linden, Kenneth Kraemer, and Jason Dedrick, "Who Captures Value in a Global Innovation Network? The Case of Apple's iPod," *Communications of the ACM*, Vol. 52, No. 3, 2009, pp. 140-144.

* デジタルオーディオプレーヤーの市場を作ったiPodは、2001年11月に発売された。その後も容量やデザインの異なる様々なタイプが発売され続けたが、現在iPhoneとiPadに統合されるかたちとなっており、2018年現在はiPod touchタイプのみが販売されている。

	アメリカの労働者	中国の労働者
組立て業務	2万台のiPod/年	5,000台のiPod/年
研究開発（R&D）業務	10件のイノベーション/年	1件のイノベーション/年

図表14.3 組立て業務と研究開発（R&D）業務の生産性の比較

カと中国の労働者の生産性の違いには、様々な理由が考えられる。現状では、アメリカの労働者のほうが中国の労働者よりも教育水準が高いので、人的資本が大きくなっている（6章で学んだとおり、人的資本とは、生産物あるいは経済的価値を生み出す労働者の技能の蓄積である）。人的資本が大きいアメリカの労働者は、様々な業務において生産性が高い。さらに、アメリカの労働者は中国の労働者と比較して、現状では労働者1人当たりの物的資本が大きく、より発展した技術を使うことができる――たとえばロボットによる組立てラインなど。

次に、研究開発（R&D）業務で考えてみよう。アメリカの労働者は1年間に10件のR&Dのイノベーションを生み出すと想定しよう。一方で、中国の労働者は現状ではアメリカの労働者ほど教育水準が高くはないので、R&D業務における効率性はアメリカより低いために、その生産性は1年間で1件のR&Dのイノベーションを生み出すにとどまると想定する。

図表14.3を見ると、アメリカの労働者は組立てとR&Dの両方の業務についてともに絶対優位を有している。絶対優位だけで見ると、組立て業務とR&D業務の両方ともアメリカで行うべきだと思いたくなる。しかし、それは間違った結論であり、その理由はスティーブ・ジョブズが販売員として働くべきではないのと同じだ。

様々な業種の間で最適な配分を決定するためには、ここでもやはり機会費用と比較優位の概念を用いることが必要である。表の想定からは、アメリカの労働者はR&D業務に比較優位があることが確認できる。アメリカの労働者のR&D業務と比較した組立て業務の生産性は、20,000/10 = 2,000/1、である。すなわちアメリカの労働者は、1件のR&Dのイノベーションを生み出すためには、2,000台のiPodの組立てをあきらめる。中国の労働者の場合には、R&D業務と比較した組立て業務の生産性は、5,000/1、である。すなわち中国の労働者は、1件のR&Dのイノベーションを生み出すためには、5,000台のiPodの組立てをあきらめる。つまり、R&D1単位当たりの機会費用をiPodの組立て

SECTION 14.1 | 貿易はなぜ行われるのか？ またどのように行われるのか？

	アメリカの労働者	中国の労働者
組立て業務	3万ドル／年	7,500ドル／年
研究開発（R&D）業務	5万ドル／年	5,000ドル／年

図表14.4 組立て業務と研究開発（R&D）業務における賃金の比較

台数で測ると、アメリカの労働者は2,000台に対して中国の労働者は5,000台であり、アメリカの労働者のほうが低い。したがって、アメリカの労働者はR&D業務に比較優位があるので、R&D業務に集中すべきであり、中国の労働者は（現在のところは）組立て業務に特化すべきなのである。

アメリカの労働者と中国の労働者の間の業務配分をさらに説明するために、両国の労働者には、彼らが生み出した付加価値が賃金として支払われると想定しよう。iPodの組立て1台当たりの付加価値を1.5ドル、R&Dのイノベーション1件当たりの付加価値を5,000ドルとする。図表14.3の数値にこの付加価値額を掛けると、組立て業務とR&D業務におけるアメリカと中国の労働者の1人当たりの年間賃金になる（図表14.4）。

図表14.4からは、アメリカの労働者はR&D業務に特化し、中国の労働者は組立て業務に特化するだろう、ということがわかる。スティーブ・ジョブズとチャック・チョアーズの分業問題を説明したときに着目したのと同じ理由で、付加価値と市場価格が調整されるので、アメリカと中国の労働者が全員組立てを選んだり、全員R&Dを選んだりするようなことにはならない。そうでなければ世界経済がiPodの組立てやR&Dのイノベーションの両方とも生み出すことはなかっただろう。現在の比較優位のパターン（アメリカの労働者はR&D業務に従事し、中国の労働者はiPodの組立ての業務に従事すること）で考えるならば、仮に両国の労働者がそれぞれに考えて業務を選んだとしても、アメリカの労働者はR&D業務に特化し、中国の労働者は組立て業務に特化することになるだろう。

ここまで学んできたように、資源を効率的に配分するためには、貿易の存在は不可欠である。国際貿易がなかったならば、アメリカの労働者がR&Dに注ぐ時間は少なくなり、組立てにもっと多くの時間が費やされることになるために、全体の生産量は下がるだろう。

14.1 効率性と貿易の勝者と敗者

　比較優位を活用することによって、国際貿易は全体として経済効率を高める。たとえば、アップル社が、外国ではなくアメリカ国内でiPodを組み立てた場合には、その製造費用は現在より10％から20％高くなるだろう。消費者は国際貿易と、それに伴う労働の国際分業から恩恵を受けているのである。

　では、外国でiPodを生産すると、イノベーションからの利益をアメリカが得られるのだろうか？　iPod生産からの付加価値のうちで、アメリカのiPodの発明者ではなくて外国の生産者に与えられる利益の割合はどのぐらいだろうか？　もちろん、付加価値のすべてが外国の労働者のものになったとしても、iPodが低コストであることからアメリカの消費者は便益を得る。しかし、安い小売価格で得をするのは、それを購入するアメリカ市民だけなのだろうか？

　経済学者グレッグ・リンデン、ケネス・クレマー、ジェイソン・デドリックによる研究によれば、iPodの売上げのほとんどは、最終的にはアメリカの居住者の手に渡る[2]。アップル社の直販ではない小売業者を通してアメリカ国内で販売されたiPodの付加価値の41％は、アップル社以外のアメリカの企業が生み出したものだ。その中には、卸売業者、小売業者、アメリカ国内で製造する部品メーカーなどが含まれている。一方で付加価値の45％は、iPodをデザインし、知的財産権を所有しているアップル社が得る。そのすべてが企業収益というわけではなく、アップル社の収入の中から、社内のエンジニア、デザイナー、管理職の給与が支払われている。

　iPodの例からもわかるように、国際貿易は、アメリカの消費者に低価格で製品を提供するとともに、付加価値の創造にも寄与している。

　iPodの例がめずらしいというわけではない。別の製品でも貿易による恩恵が幅広く共有されることは確認されている。たとえば、ヒューレット・パッカード社のノートパソコンは中国やブラジルなどの低賃金国で組み立てられている。しかし、このノートパソコンの付加価値の半分以上はアメリカの居住者が得ているのである。

　だからといって、誰もが貿易から利益を得られるわけではない。国際貿易を行うことによって、より効率的な資源配

> 国際貿易を行うことによって、より効率的な資源配分が実現される、…、その一方で、貿易は勝者と敗者を作ることになる。

[2] Linden, Kraemer, and Dedrick, "Who Captures Value."

分が実現され、社会全体にとっての潜在的利益を増加させることができるとしても、その一方で、貿易は勝者と敗者を作ることになる。アメリカと中国の貿易の例に戻って考えてみよう。比較優位を活用することから得られる利益について考えたときには、典型的なアメリカの労働者のことを話していた。もちろん、現実には、「典型的な」アメリカの労働者だけがいるわけではなく、熟練労働者もいれば、非熟練労働者で組立てに比較優位がある労働者もいる。国際貿易をきっかけに、単純な組立て作業が中国のような発展途上国に移った結果、30年前に比べてアメリカでの組立て作業は激減した。中国のような国に仕事がアウトソースされたことで、組立ての仕事が見つからなければ、組立てに比較優位を持っていたアメリカの労働者の生活水準は悪くなる。9章のコラム「根拠に基づく経済学」(EBE) でも説明したように、実際に、中国からの輸入品と競合する製品に特化していた地域の労働者は職を失っている。

　自由な貿易のために国を開放することの影響を考える際には、国内には勝者と敗者が生み出されることを認識することが大切だ。比較優位と特化から得られる効率性は大きいので、敗者よりも勝者の数のほうが多いだろう。勝者が敗者の損失を補償すれば、自由貿易によってすべての人々が得をする、というのが基本的な考え方だ。しかしながら現実には、いつも補償ができるわけではない。国際貿易の影響により、誰がどのぐらい得をして誰がどのぐらい損をしたのかを、政府が把握することは難しい。したがって政府は、個人を特定して助成するというかたちで敗者に補償することはできない。しかし政府による再分配が中途半端に行われたり、あるいは再分配自体がまったく行われなければ、多くの人々が損失を被ったままになる。それでも、国際貿易で多くの人が便益を得るため、経済学者は自由貿易を推奨している。

貿易はどのように行われているのか？

　比較優位と特化からの利益を得るためには、アメリカと中国は財とサービスを取引する必要がある。取引は、**輸入**と**輸出**というかたちをとる。5章で学んだように、輸入とは、外国で生産され、国内で販売される財とサービスのことである。また輸出とは、国内で生産され、外国で販売される財とサービスのことである。したがって、アメリカから中国への輸出は、中国にとってはアメリカからの輸入となる。

　一国がまったく輸入や輸出を行わないという想定は、理論的には可能だ。貿易を行わない国——すなわち輸出も輸入も行わない国——は**閉鎖経済**と呼ば

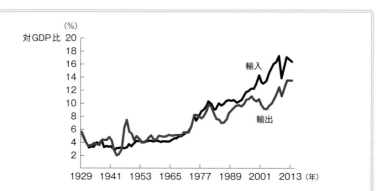

図表14.5 アメリカのGDPに占める輸入と輸出の割合：1929〜2013年

アメリカ経済は、過去80年間を通して大きく開放された。GDPに占める輸入割合は4％から16％に上昇した。

出所：米商務省経済分析局（BEA）「国民所得生産勘定」。

れる。今日、完全な閉鎖経済は存在しないが、独裁制をとっている全体主義国家である北朝鮮はこれに最も近い。

開放経済では国際貿易が行われるが、ほとんどの国では、貿易がGDPの中で大きな割合を占めている。たとえば、2012年にはイギリスの輸入割合はGDPの34％を占めたが、それはアメリカの2倍であった。しかし、同年の香港とシンガポールの輸入割合はGDP比で200％にも達している。香港とシンガポールの場合には、輸入された製品の多くが再び輸出されるために、自国内の付加価値の創造にはあまり貢献しない。たとえば、電子部品を200ドル分輸入して、250ドルのスマートフォンとして組み立てた場合には、付加価値は50ドルのみである。このような場合には、輸入額（200ドル）はGDPの4倍だ（GDPには付加価値である50ドルのみが計上される）。電子部品がスマートフォンとして組み立てられた後に輸出されるならば、輸出額（250ドル）は付加価値の5倍になる。

図表14.5は、1929年以降のアメリカ経済におけるGDPに占める輸入と輸出の割合の推移をグラフに描いている。1950年には輸入割合はGDPの4％だったが、2013年には16％に上昇した。経済の視点から見る限り、アメリカ史において、現在が最も他国と関係が深い時代である。

- **閉鎖経済**（closed economy）とは、外国との貿易を行わない国である。
- **開放経済**（open economy）とは、外国と自由に貿易を行う国である。

SECTION 14.1 | 貿易はなぜ行われるのか？ またどのように行われるのか？

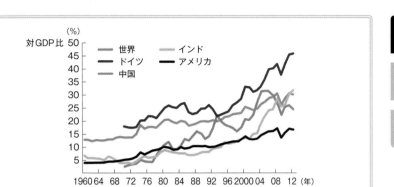

図表14.6 GDPに占める輸入割合のドイツ、中国、インド、アメリカの4国と世界平均の推移：1960～2012年

アメリカを含めてほとんどの主要な国々では、過去50年間を通して貿易は増加を続けてきた。これは経済のグローバル化現象を反映した動きであり、国際貿易の対GDP比は着実な上昇を続けている。

出所：米商務省経済分析局（BEA）「国民所得生産勘定」、世界銀行「世界開発指標」。

　輸入と輸出がGDPに占める割合の上昇は、アメリカだけで起こったわけではない。世界中のほとんどの主要な国々が、過去50年間にわたって貿易を増加させている。図表14.6には、GDPに占める輸入割合について、ドイツ、中国、インド、アメリカの各国と世界平均の推移が描かれている。

貿易障壁：関税

　国際貿易は勝者と敗者を作り出すことから、貿易に反対する人もいる。結果として、アメリカを含めたほとんどの国々では、輸入を減少させるための**貿易障壁**を設けている。その中でも最も一般的な規則が**関税**であり、これは輸入品にのみ課される特別な税金である。

　輸入品に対してアメリカが課す関税率の平均は2011年には2.8％で、これは1990年の5％から下がっている。平均関税率2.8％とは言っても、産業分野ごとに大きな税率の差がある。たとえば最近の農産物に対するアメリカの平均関税率は62％だ。タバコへの関税は約90％で、砂糖への関税はさらに高く100％を超えることもある。こうした関税は当然ではあるが、国際貿易を阻害する。関税や貿易障壁によって、アメリカの砂糖輸入は過去30年間で80％以上減少した。

　一部の**発展途上国**では、収入を得るために関税をかけている。発展途上国では徴税制度が十分には機能していないために、地理的に広く拡散している国内の経済活動全体に課税をするよりも、数少ない港を通じて入ってくる輸入品に

LETTING THE DATA SPEAK
データは語る

相互につながった世界で暮らす

　特化と比較優位は、輸入と輸出を通して世界が相互に密接につながることに重要な役割を果たしている。そうしたつながりが最初に、そして最も顕著なかたちで示されるのが、私たちが消費する財とサービスの陳列棚だ。ウォルマートの店舗の商品棚を見てみるといい。多くの商品が中国産、メキシコ産、ブラジル産だ。ウォルマートで販売されている製品の実に3分の2が輸入品であり、たとえば中国からは年間300億ドル以上の製品を輸入している。

　買い物の際に産地を確認してみるといい。その生産国の多様さに驚かされることだろう。パキスタンと言えば、アフガニスタンと国境を接した国であり、政治的・宗教的に混乱を極めているという印象しかないかもしれないが、実は手縫いのサッカーボールの半分はパキスタン製だ。またパキスタンは、織物や衣料品の世界的な輸出国でもある。バナナ・リパブリックなどの最新衣料品のほとんどは、インド、インドネシア、トルコ、ベトナムでの縫製だ。

　国際貿易されているのは財だけだと誤解している人も多いが、サービスも貿易されている。2013年にアメリカは、4,530億ドルのサービスを輸入し、6,820億ドルのサービスを輸出した。コンピューターの会社にウイルスの除去やソフトウエアのアップグレードについて電話で質問する機会があったならば、対応した技術者にどこにいるかを尋ねてみるといい。インドのカスタマーサービスに電話がつながっている可能性も高い。彼らは、なまりのない英語を話し、アメリカ的な名前を名乗って仕事をしているが、応対したキャロル・ミラーの本名はブミカ・チャトルベディであるかもしれない。

　国境を越えるサービスには、非常に高度なものも多い。アメリカは、音楽や映画などのエンターテインメント系サービスから、ブラジルの石油探査企業に対してニューヨークの投資銀行が行う金融アドバイスに至るまで多様なサービスを輸出している。

　医療サービスが国際的に取引されることもある。インドの放射線診断専門医（X線画像を読み取る専門医師）の給与は、アメリカの放射線診断専門医の8分の1相当であり、機会費用も低い。したがって、アメリカ、イギリス、シンガポールの病院のX線画像をインドに在住しながら遠隔診断（オンライン診療）する放射線医もいる。仕組みはこうだ。イギリス在住の患者をイギリスの病院で撮影したX線画像データが、インド・バンガロールの遠隔診断に携わる放射線医に送られる。画像を受信したインド在住の放射線医は腫瘍などの異常がないかどうかを診断して所見を書き、イギリスにいる患者の主治医に返信する。

課税をするほうが簡単だからである。その一方で先進国では、国内の生産者を保護するために関税が多用される。実際には、輸入を完全に阻止するほど高い水準の関税もあり、結果的に税金と称してはいるが、輸入品がないためにそこからは

> 一部の発展途上国では、収入を得るために関税をかけている。…先進国では、国内の生産者を保護するために関税が多用される。

税収は得られないという場合もある。国内生産者が外国製の競合品を締め出すように関税を課すことを政府へ強く働きかけて、国内産業の利益を求めることもある。こうした国内産業に与えられた便益を負担しているのは国内の消費者であり、結果として消費者は、より高い価格を支払わされることになる。

　貿易戦争が滑稽なほどの非効率を生む場合もある。1960年代、ドイツとフランスはアメリカ産鶏肉の輸入を規制した。対してアメリカは、ヨーロッパ製軽トラックの輸入に報復関税を課した。現在、メルセデス・ベンツ社はドイツのデュッセルドルフの工場で軽トラックを組み立て、その動作検証テストを行う。その後に軽トラックからは、エンジン、バンパー、ドライブシャフト、燃料タンク、排気システムが取り外されて、中身は空になる。軽トラックはアメリカに輸出されるが、メルセデス・ベンツ社は関税を支払う必要はない。なぜならば、軽トラックは完全には組み立てられていないからだ。サウスカロライナ州の倉庫に到着したら、分解されたトラックを元通りに組み立て直すのだ[3]。

14.2　経常収支と金融収支

　2013年のアメリカの輸入2兆7,460億ドルのうち、4,560億ドルは中国からの輸入だった。近年では、アメリカの輸入のおよそ7分の1を中国からの輸入が占めている。

　2013年のアメリカの財とサービスの輸出は、2兆2,710億ドルだった。同年、中国への輸出は1,570億ドルであり、アメリカの輸出のおよそ20分の1が中国向けだった。

　アメリカにとって、中国への輸出よりも、中国からの輸入のほうが上回っていることは深刻な問題だ、と論じる評論家も一部にはいる。しかし、アメリカから中国への輸出が、中国からアメリカへの輸入と同額であるべき理由はまったくない。食料品店での買い物額と同じ金額の何かを店のオーナーがあなたか

| 3) Jack Ewing, "The Disassembly Line," *New York Times*, July 15, 2014, B1.

> **CHOICE&CONSEQUENCE**
> ## 選択の結果
>
> **関税と投票**
>
> 　2002年3月、ジョージ・ブッシュ大統領は、輸入鉄鋼製品に8〜30%の関税を課した。この動きは、11月の中間選挙で支持政党を変えてしまうかもしれない業界から支持を得るための政治的判断だというのが大方の意見だった。もしあなたが選挙に立候補するとしたならば、貿易からは恩恵が得られることをわかっていたとしても、同じ選択をしただろうか？
>
> 　ロバート・ゼーリック米通商代表は、ブラジルにおいて、政治的判断が新しい関税の動機になっていたことを認め、以下のように発言した。「アメリカは自由貿易を奨励している。しかしブラジルと同様に、アメリカ国内においても自由貿易への政治的支援を得る必要がある。支持層をまとめなければならない」。世界中からの批判や、報復関税を示唆する多くの国々からの反発にもかかわらず、ブッシュ政権は関税を維持し続けた。だが、選挙から1カ月を経た後に、政府は関税を廃止したのだった[4]。

ら買うべき理由がないのと同じ理屈だ。もしあなたがフォード車の販売店を経営し、よく訪れる食料品店の店主の好みがキャデラック（GM車）であったならば、あなたはそのオーナーからは何も得ることはできないだろう。しかし、フォード車に興味を持つ別の顧客がいる限りは、問題はないのである。

　これが市場や取引が動く一般的な仕組みである。財やサービスを買っても、同じ人に財やサービスを売る必要はない。この考え方は国家間にも当てはまる。アメリカが全体として中国に売るものが少なく、中国から多くを買っているとしても、必ずしも悪いことではない。ブラジルのように、アメリカが売るものが多く買うものが少ないという国もある。このような事実からも、特定の2国間による貿易（2国間貿易）のバランスがとれることは少ないだろうということがわかる。アメリカと中国の貿易関係にまったく問題がないというわけではないにしても、2国間の貿易不均衡は必ずしも悪いことではない。

貿易黒字と貿易赤字

　貿易が不均衡になる理由には、そのほかにも重要なものがある。一国全体と

---

[4] Jennifer L. Rich, "U.S. Admits That Politics Was Behind Steel Tariffs," *New York Times*, March 14, 2002. http://www.nytimes.com/2002/03/14/business/us-admits-that-politics-was-behind-steel-tariffs.html

して、輸入が輸出よりも多かったり少なかったりする場合だ。貿易不均衡の理由にもよるが、このような不均衡でさえも、社会的には望ましい場合がある。以下で説明しよう。

　ある国が全体として外国への輸出よりも外国からの輸入のほうが大きいときには、その国は貿易赤字である。つまり、輸出から得られる収入よりも輸入に対する支出のほうが大きい場合だ。輸出額から輸入額を差し引いたものが、**純輸出**、または**貿易収支**である。貿易収支がプラスのときは**貿易黒字**、貿易収支がマイナスのときは**貿易赤字**と言う。2013年の純輸出がマイナスであったアメリカは貿易赤字だった。

　　　純輸出 = 輸出 − 輸入
　　　　　　 = 2兆2,710億ドル − 2兆7,460億ドル = −4,750億ドル

国際的な資金の流れ

　支払いがどのようにして1つの国から別の国へと流れているのかを理解するためには、貿易収支額を知れば十分に思えるかもしれない。しかし、国際的な資金の流れを完全に理解するためには、詳細についても知る必要がある。外国の居住者から国内の居住者へ、そして国内の居住者から外国の居住者へという資金の支払いの源泉についてすべてを分析する必要がある。貿易の流れは、このような金融の支払いの中の1つの源泉を示しているにすぎない。

　国際収支統計においては、市民権（国籍）ではなく、居住の概念が基礎になる。統計における国内の居住者とはアメリカに住んでいることが要件であり、市民権の有無とは関係ない。たとえば、アメリカに居住する日本国民は、正式な国際収支統計ではアメリカ国内の居住者として定義される。外国の居住者とは、アメリカ国外に居住する人である（その中の一部には外国に居住するアメリカ国民も含まれる）——以下では、この定義に当てはまる場合を便宜上、「外国」と呼ぶ。

　外国からの経常受取　最初に、外国からの経常受取について説明しよう。国内の居住者が受け取る外国の経常支払には、次の3つのケースがある。

- **純輸出**（net export）とは、一国の輸出額から輸入額を差し引いたものである。純輸出は、**貿易収支**（trade balance）とも言われる。
- 貿易収支がプラスのときは**貿易黒字**（trade surplus）と言い、輸入額を上回った分の輸出額である。
- 貿易収支がマイナスのときは**貿易赤字**（trade deficit）と言い、輸出額を上回った分の輸入額である。

1. 外国への財とサービスの販売に対する支払いを受け取る——輸出
2. 国内の居住者が外国に所有する資産から所得を得る——外国からの要素受取
3. 外国に居住する個人、または外国政府からの移転を受け取る——外国からの移転

　輸出とは、国内の居住者が生産し、外国で販売される財とサービスのことである。外国の居住者が財とサービスを受け取るときには、直接的または間接的にそれを生産した国内の居住者に支払いをする。

　外国からの要素受取とは、国内の居住者が外国に所有している資産から受け取る支払いである。たとえば、アメリカの居住者が、インド最大手企業のタタ・スチール社の株式を保有し、同社が配当金を支払う場合には、その配当金の支払いは外国からの要素受取に計上される。同様に、アメリカ企業が中国に工場を持ち、その工場が利益を出している場合には、その利益は外国からの要素受取として計上される。あるいは、アメリカに居住するアメリカ人エンジニアが、フィアット社のコンサルタントとしてイタリアのトリノで1日仕事をした場合にフィアット社から受け取る支払いは、外国からの要素受取である。このようなコンサルタントの事例で関係する生産要素は、人的資本である。

　外国からの移転は、外国の居住者、あるいは外国政府からの「贈与」である。たとえば、2005年のハリケーン・カトリーナの被害を被ったニューオリンズ市に、中国は104トンのテントや発電装置も含めた500万ドル相当の支援物資を送った。合計すれば何億ドルにも達した義援金が、外国政府と市民から被災者に送られてきた。こうした寄付金は、外国からの移転である。

外国への経常支払　金融取引の同様の流れは、逆方向にも発生する。外国への経常支払の源泉は以下の3つのケースがある。

1. 外国からの財とサービスの購入と引換えに支払いを行う——輸入
2. 外国の居住者が国内に所有する資産からの所得の支払い——外国への要素支払
3. 外国に居住する個人、または外国政府への移転——外国への移転

　輸入とは、外国で生産した財とサービスを、国内の居住者に販売することで

ある。外国への要素支払とは、外国の居住者が国内に所有する資産に対する支払いである。外国への移転は「贈与」であり、アメリカ政府による対外援助や、アメリカ市民による外国の慈善団体への寄付、合法・非合法の居住者（移民）による海外への送金が含まれる。たとえば、アメリカに永住し、メキシコにいる家族に定期的に送金しているメキシコ人は、外国への移転を行っていることになる。この場合に移転支払に含まれるのは、メキシコに住む家族への送金分であって、アメリカで働いた仕事から受け取った給与の総額ではない。

経常収支と金融収支の仕組み

経常収支とは、国内外への様々な支払いの源泉を合計したものである。経常収支には、純輸出、外国からの純要素受取、そして外国からの純移転が含まれる*。

純輸出
　＝［輸出に対する外国からの受取］－［輸入に対する外国への支払］
外国からの純要素受取＝［外国からの要素受取］－［外国への要素支払］
外国からの純移転＝［外国からの移転］－［外国への移転］

経常収支は、外国の居住者から国内の居住者に対する支払いのネットの金額である。

経常収支＝［純輸出］＋［外国からの純要素受取］＋［外国からの純移転］

これらの資金の純フローは、外国の居住者への純支払額に対応して、マイナスになることもある点には留意することが重要である。実際、2013年にはアメリカは、3,790億ドルの経常赤字を計上した。言い換えると、アメリカの居住者は外国に対して、外国がアメリカの居住者に支払った金額よりも、3,790億ドル多く支払ったことになる。

図表14.7は、2013年のアメリカの経常赤字を3つの要素に分類したものである。経常収支は、上表である。下表の金融収支については、後ほど説明する。経常収支の表を見ると、財とサービスの貿易（純輸出）によって、外国への4,750億ドルの純支払いがあった。純要素受取は、外国からアメリカの居住者への2,290億ドルの支払いであった。最後は純移転で、外国へ1,330億ドルが支払われた。外国への純支払いがあるときには、マイナス符号（－）で表される。す

| ●**経常収支**（current account）は、純輸出、外国からの純要素受取、外国からの純移転の合計である。
* 現在の国際収支統計（「IMF 国際収支マニュアル」第6版）では、この3項目は、貿易・サービス収支、第1次所得収支、第2次所得収支、とそれぞれ呼ばれる。

	外国からの受取	外国への支払い	純受取
純輸出 （財とサービスの貿易）	2兆2,710億ドル	2兆7,460億ドル	−4,750億ドル
純要素受取	7,890億ドル	5,600億ドル	2,290億ドル
純移転			−1,330億ドル
経常収支			−3,790億ドル
金融収支			3,790億ドル

図表14.7 アメリカの経常収支と金融収支：2013年（2013年価格）

経常収支（上表）は純輸出、外国からの純要素受取、外国からの純移転の合計である（アメリカ政府では、移転については内容を分割していないため、表には純移転として記載されている）。金融収支は経常収支と表裏の関係にあり、経常収支の取引の結果として生じた貸借関係の変化を示したものである。

出所：米商務省経済分析局（BEA）「国民所得生産勘定」。

べてを集計した経常収支は、3,790億ドルの赤字となる。

経常赤字は、どのような影響を及ぼすのだろうか？ アメリカの居住者から外国への純支払いである3,790億ドルはドル建てで行われる。そのドルで、外国の居住者は（現在の）アメリカの資産を購入することができるし、将来のいつかの時点でアメリカの財やサービスと交換することができる。

実際に、これが何を意味しているのかを理解するために、図表14.8で描いた簡単な経常収支に関する取引を例にして考えてみよう。アメリカの消費者が中国製ノートパソコンを1,000ドルで購入するケースである。このときアメリカの消費者は、中国のノートパソコン製造業者に1,000ドルを支払う。これはアメリカの経常収支においては、外国への1,000ドルの支払いとして計上される。図表14.8には、1,000ドルのノートパソコンを購入した場合の経常収支に関する取引が描かれている。

次に、中国がアメリカから財とサービスを購入して相殺される取引がないとすると、この1,000ドルの支払いは経常赤字になると考えることができる。アメリカから1,000ドルの財とサービスを輸入する代わりに、中国は1,000ドルを貯蓄することで、将来の財とサービスを購入するための購買力を保持する。たとえば、中国の企業は1,000ドルを使って、アメリカの居住者から、アメリカ国債などの、何らかのアメリカの資産を購入することができる。これを示したものが、図表14.8の循環図である。

図表14.8の流れを要約してみよう。国際取引の結果、アメリカはノートパソコンを1台新たに所有する一方で、保有していた国債が相当金額分だけ減った

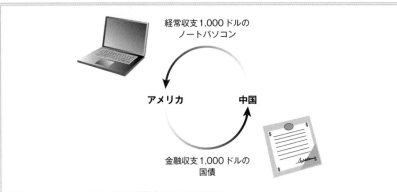

図表14.8 アメリカの国際取引勘定における循環図

アメリカの消費者が1,000ドルのノートパソコンを中国の製造業者から購入する。そして、中国の製造業者はその1,000ドルを使ってアメリカ国債を購入する。この取引によってアメリカの消費者は新しいノートパソコン、中国はアメリカ国債を手に入れる。

ことになる。このとき、経常収支においては、アメリカは1,000ドルの価値がある財を輸入したことになる。**金融収支**においては、アメリカが1,000ドルの国債を中国に移転したことになる。金融収支は、外国の居住者が所有する国内資産の増加から、国内の居住者が所有する外国資産の増加を差し引いたものとして定義される。金融収支とはすなわち、国内の居住者と外国の居住者が行う資産の購入を記録する会計制度である。金融収支は、金融収支における純フローと、経常収支における純フローが相殺されるように定義されている（ここでは、分析の簡単化のために、会計ルールの詳細の一部を捨象している）。

以下の2つの式では、金融収支と経常収支の関係が定義されている。

　　金融収支
　　　＝［外国の居住者が所有する国内資産の増加］
　　　　－［国内の居住者が所有する外国資産の増加］
　　［経常収支］＋［金融収支］＝0

外国で経常収支の純支払いを受け取るときには、金融収支ではあらゆる種類のアメリカの資産を購入することができる。ここでの例では、アメリカ国債が購入された。しかし、将来の使用に備えて（銀行口座に）ドルで保有しておくこともできる。どちらの場合であっても、経常収支の赤字は金融収支の黒字によってちょうど相殺されることになる。

- **金融収支**（financial account）は、外国の居住者が所有する国内資産の増加から、国内の居住者が所有する外国資産の増加を差し引いたものである。

もう一度、図表14.7の2013年のアメリカの経常収支の表を見てみよう。会計式で定義されるように、金融収支は経常収支を完全に相殺する。2013年には、外国が経常収支の純支払いにおいて3,790億ドルを受け取るが、これはアメリカの経常赤字に相当する。一方、金融収支においては、アメリカの居住者が外国に3,790億ドルの資産を提供したことになる（ドル建ての預金を含む）。

これはアメリカの居住者にとっては、必ずしも悪いことではない。これは取引なのである。アメリカの居住者は、ソニーのテレビ、ヴィトンのバッグ、BMWの車、そのほか何十万種類もの輸入品やサービスを購入する。その一方で外国の居住者は、アメリカの居住者から3,790億ドル相当の銀行預金やその他の資産を得る。

ある国が経常赤字であるということは、ある家計が所得以上に消費をしている状況と同じだ。所得を超えた消費をする資金を得るためには、家計は借金をするか、あるいはそれまでに貯蓄していた資産を使うかのどちらかを選ばないといけない。たとえば、あなたが労働所得、資産所得、移転などで得た所得よりも1,000ドル多く消費するとしよう。もしも、あなたが銀行にいくらかの資産を持っている——たとえば当座預金に3,000ドルの残高がある——ならば、この資産を使えば所得を上回る1,000ドルの消費を賄うことはできるが、当座預金の残高は2,000ドルに減少する。そのような資産がない場合には、お金を借りることもできる。資産も借金もない状態から、1,000ドルを借り入れた場合には、純資産はマイナス1,000ドルになる。ここで重要なことは、最初の資産状況にかかわらず、あなたの資産から1,000ドルを減らすことで、1,000ドルの不足分を補うことができるという点だ——3,000ドルから2,000ドルへの減少、または、0からマイナス1,000ドルへの減少である。

この状況は、国で見ても同じである。マイナスの純輸出のための資金を得るためには資産を使うか、借金をする。これは国際収支統計の重要な概念である。つまり、個々の家計と同様に、所得を超えた支出をする資金を得る方法が見つかるなら、国全体で見て、得る所得より多く消費することは可能だ。そのとき、国は外国に資産を売るか、あるいは外国から借金をしなければならない。したがって、経常赤字は、金融収支の純支払いと一致しなければならない。言い換えると、一国において財とサービスの外国からの購入が外国への販売を上回るとき

> 個々の家計と同様に、所得を超えた支出をする資金を得る方法が見つかるなら、国全体で見て、得る所得より多く消費することは可能だ。

には、その国は外国に資産を売らなければならない。

14.3 国際貿易、技術移転、経済成長

　国際貿易が各国に利益をもたらすのは、特化や比較優位を通してだけではない。国際貿易は、先進国から発展途上国への技術移転のルートでもあり、受入れ国の生産能力の向上に貢献する（6章で学んだとおり、技術は生産性と生活水準に関して重要な意味を持っている）。

　国際貿易と技術移転の相互作用の一例が、中国の経済発展である。中国共産党中央委員会主席毛沢東（マオ・ツォートン）が逝去した1976年には、中国の1人当たりGDPは882ドルだった（購買力平価換算、2005年価格）。毛沢東の指導下の中国は計画経済であり、高官たちがほとんどすべての経済資源の配分を決定していた。自由市場はなく、海外旅行は禁止されていた。貿易はほとんどの国々と比較して極めて小規模なものだった。国民は土地や会社を所有することができなかった。国がほとんどすべての重要な物的資本を管理した。経済面では人的資本も政府の管理下にあった。人々は働く場所を選択することができず、付加価値に見合う賃金を受け取ることはできなかった。このような政策の経済的影響は悲惨だった。毛沢東の指導の下、広範囲に飢餓が発生し、1958～61年の大飢饉の間には、栄養失調で3,000万人が命を落とした。

　毛沢東の死去から2年後の1978年、鄧小平（ドン・シャオピン）が次期最高指導者となった。鄧小平の指導下に、中国は、国際貿易を推進するなどの経済の自由化に取り組んだ。図表14.9には、1970年以降の中国のGDPに占める輸入と輸出の割合が描かれている。毛沢東の指導下にあった1970年代初頭には、輸出はGDPの5%にも満たなかった。しかし直近10年を見ると、輸出割合は平均して30%を超えている。過去20年の中国の経済成長が「輸出主導型成長」としばしば表現されるゆえんである。

　1979～2012年にかけて、中国の1人当たり実質GDPの平均年間成長率は6.6%に達した。このペースで成長が続くと、中国の1人当たり実質GDPは約11年ごとに2倍になる計算であり、1979年以降では、2倍への成長が3回繰り返されて、$2 \times 2 \times 2 = 8$倍、になったことになる。これに対して、アメリカの実質GDPが2倍になるまでには、約40年を必要とした。

　中国の躍進は主に、中央集権――つまり国家による経済の管理――から市場経済への移行が実現したことによる成果だった。財とサービスの貿易を開放

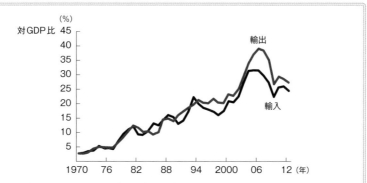

図表14.9 中国のGDPに占める輸入と輸出の割合：1970～2012年
中国は、1970年代の閉鎖経済から、今日では開放経済へと転換した。
出所：世界銀行「世界開発指標」。

したことは、それらの移行の一部にすぎない。中国は、農家や家族経営企業に決定権や財産権を持たせ、経済活動から得た利益を保持できるようにした。また、国営企業は民営化され、それまで外国資本の流入をすべて禁止していた中国が、外国からの主要な投資先となった。その過程で中国の技術は発展し、国民は近代的工場で働くようになり、今では世界中の市場に輸出している。

　対外直接投資*とは、国外に住む個人および企業による、国内の企業や事業への投資である。対外直接投資に分類されるのは、外国からの投資が投資先国企業の資本の中で大きな割合を占めた場合である。たとえば、外国企業が中国に工場を設立することは、対外直接投資に相当する。外国企業と中国に居住する中国人投資家または中国企業との合弁事業で工場が設立される場合にも、対外直接投資とみなされる。今の中国は、どの国よりも対外直接投資を受け入れている。

　ほとんどの場合に、外国企業の直接的な目的ではないのだが、対外直接投資は技術移転の主要なルートとなっている。イギリス企業が中国で合弁事業を起こしたり工場を建設するとき、イギリス企業のノウハウや技術が中国に持ち込

● **対外直接投資**（foreign direct investment）とは、国外に住む個人および企業による、国内の企業や事業への投資である。対外直接投資に分類されるのは、外国からの投資が投資先国企業の資本の中で大きな割合を占めた場合である。

* 「対外直接投資」は、法律・統計で用いられている用語である。日本では一般に「海外直接投資」と呼ばれることが多い。島国である日本では、国外と海外は同義であるが、アメリカから陸続きのカナダとメキシコを考えればわかるとおり、アメリカにとっての国外は海外とは限らないので、「アメリカの海外直接投資」という呼び方は厳密にはおかしな表現である。

まれる。この種の技術移転によって、受入れ国の生産性が向上することになる。

技術移転は、各国間のもう1つの相互依存関係を作り出している。各国間では、財やサービスが取引されたり、企業や銀行がお互いに資金の貸し借りをしたりするだけでなく、技術的にも相互依存関係がある。1つの国で起こったイノベーションと技術進歩は、最終的にはすべての国々の生産性を向上させる。さらに、対外直接投資を通した各国間の相互依存関係が深まるほど、イノベーションと技術進歩が各国間に伝搬する速度は速くなる。こうした技術移転からは、特に1970年代後半の中国のように技術が遅れている国ほど得られる利益は大きなものになる。

> 技術移転は、各国間のもう1つの相互依存関係を作り出している。

LETTING THE DATA SPEAK
データは語る

IBMからレノボへ

1980年には、ほとんどの家庭にはコンピューターはなかった。パソコンは存在してはいたものの、非常に高価な製品であり、しかも使い方が難しく、技術や科学のマニアが使用するぐらいだった。インターネットはまだ普及していなかった。パソコンを使用した娯楽と言えばビデオゲームぐらいで、テトリスが市場に出たのは1984年だった。

1980～90年にかけて、技術進歩とマーケティングの成果によって、パソコンは広く普及した。爆発的な普及は、1981年のIBM-PC（5150モデル）の登場による。この成功によって、IBM-PCは業界標準となった。1990年代半ばには、先進国の意識の高い学生で、手書きやタイプライターで学期末のレポートを書く学生はいなくなった。

IBM社の第1世代パソコンは、その部品のほとんどがアメリカ製であり、アメリカの工場で組み立てられた。それでも、CRTモニターは日本製であった。時代とともに、パソコンでは外国製部品の比重が大きくなっていった。ハードディスクドライブの大量生産は、1980年代に日本と韓国ではじまった。次第にパソコンの主要部品のほとんどが、アメリカ以外の国で製造されるようになった。そして最終的な組立て工程も、外国の工場に移された。

今日では、IBM社はパソコンの製造と販売からは完全に撤退している。2005年に中国の製造パートナーだったレノボ社に、成功していたパソコン部門を売却し、IBM社のパソコン事業は終了した。その後、IBM社は何をしたのだろうか？ IBM社は、アメリカの高度に熟練した労働力には高い付加価値――すなわち比較優位――があることを認識し、それを活

用した。低賃金労働者が組み立てる機械の製造ではなく、コンサルティング・サービスを提供することに付加価値を見出したのである。今日も、IBM社は高収益企業である。世界中の企業にコンサルティングと技術的サービスを提供することによって、毎年の売上げは1,000億ドルに達している。40万人以上の従業員を抱えるとともに、時価総額は2,000億ドル以上と評価されている。

EBE Evidence-Based Economics
根拠に基づく経済学

問い：ナイキのような企業はベトナムの労働者の敵なのか？

　ベトナムの農場での仕事は厳しい。賃金は非常に低く（非熟練労働者の場合には日給にして約1〜3ドル[5]）、労働環境も過酷だ。農場での肉体労働は過酷で、けがは日常茶飯事だ。健康保険や年金などの給付も、農業部門にはない。仕事上のけがであっても、翌日働けなければ、賃金は支払われない。子どもが農場で働くこともある。家族には学校に通わせる経済的余裕がなく、子どもが稼ぐわずかな賃金でさえ貴重な収入だからだ。

　ナイキ製品を製造する工場の非熟練労働者の賃金は、工場の立地にもよるが、日給4〜5ドルであり、その水準はほぼベトナムの最低賃金に張り付いている[6]。しかし、ほとんど規制がない農業部門の賃金よりは高い水準だ。粗末な診療所ではあるが、労働者は無料で診察を受けられる。しかし、労働条件は劣悪だ――狭く、うるさく、暑い工場には、危険な薬品があふれている。農業部門と同様に、工場労働者にも仕事の保障はない。病気やけがをした従業員は仕事を失うが、失業給付はない。ナイキ社のような工場での仕事は、先進国の労働者の基準からすれば悪夢そのものだ。

　自由市場の推奨者は、国際貿易から得られる利益を強調する。現時点では、人的資本が低く、最新技術の利用についても制約が多いベトナム

---

[5] Dalila Cervantes-Godoy and Joe Dewbre, "Economic Importance of Agriculture for Sustainable Development and Poverty Reduction: The Case Study of Vietnam," OECD, 2010.

[6] Ben Bland, "Vietnam's Factories Grapple with Growing Unrest," *Financial Times*, January 19, 2012. 2014年の最低賃金のデータは以下による。http://www.amchamvietnam.com/30442612/vietnams-2014-minimum-wage-adjustment-shows-moderation-15-increase-vs-17-5-increase-in-2012/

の労働者たちは、（スニーカー製造や衣類の縫製のような）軽工業部門に比較優位がある。このような職で働くことを妨げることは、彼らの収入を減らすことになる。自由貿易の擁護者は、農業部門を例に挙げて、ナイキ社は農業労働者に対して、より高い給与が得られる別の仕事の選択肢を与えることで、良いことをしているのだと主張する。工場での労働は安定した収入を保障するものであり、雨期に影響されず、収穫量にも影響されない。農業の収穫が悪ければ飢餓が発生するが、多くの場合にそれは長期に及んだ悪天候の結果である。しかし、工業地域では飢餓は起こらない。最後に、ナイキ社の下請け業者が対外直接投資を活用してベトナムにスニーカーの新工場を建設することによって、ベトナムに新しい技術が移転される。

　一方で、こうした労働搾取工場に対する批判はある。ベトナムの工場は先進国の最悪の労働基準にさえ達していない、と指摘されている。アメリカの低賃金労働者の日給は50ドルを超えているが、ベトナムの非熟練労働者の賃金はその10分の1以下だ。ベトナム工場は、アメリカの安全基準をまったく満たしていない。さらに、工場労働者の多くは、農業部門の労働者と同じように、未成年だ。

　こうした事実は広く知られたところである。しかし、問題をどのように解決すべきかという点に関しては、意見の一致は見られてはいない。ナイキ社が、ベトナムのサプライヤーから靴を引き続き購入して、そのサプライヤーにもっと高い賃金を支払うように要求することは可能だろうか？

　アメリカの消費者が、ナイキ社にスニーカーを供給している工場の労働条件を理由に、ナイキ製品をこれからもボイコットすることを想像してみよう。抗議する人たちは、ナイキ社の下請け業者が工場労働者にもっと高い賃金を支払い、また工場の労働条件を改善してほしいと思っている。理論的には、こうした改善は、ナイキ製スニーカーの価格を極端に上げることなく実現できるだろう。

　ナイキ社が下請け業者により多くを支払い、その分で労働者の賃金を引き上げることを強制したら、意図しないマイナスの影響が出るだろうか？スニーカーの価格を（多少なりとも）引き上げることで、ナイキ社は顧

客の一部を失うかもしれない。その結果、ナイキ社はベトナムの下請け業者から購入するスニーカーの量を減らすことになり、サプライヤーの一部は閉鎖に追い込まれるかもしれない。この場合には、現実にはアメリカの抗議運動が助けようとしていたベトナムの労働者が損害を被る。ナイキ社はベトナムの既存工場の労働条件を改善するだろうが、下請け業者はベトナムでの新しい工場の建設を止めるだろう。すると、他の農業労働者たちは、より賃金が高い製造業部門には移動できなくなる。アメリカの消費者は、ベトナムの人々の生活が向上することを望んでいる。しかし、ナイキ社とその下請け業者が、スニーカー工場で働く労働者の賃金上昇を強制されたとしたら、何が起こるのかまでを、はっきりとは見通すことはできない。

ナイキ社の事例の帰結は明確なものではないが、一般的にはグローバル化がベトナムを良い方向へと導いていることは確実だ。中国では、鄧小平が何十年にもわたった厳格な計画経済から脱して、市場と貿易の改革を開始した。鄧小平にならい、1986年にベトナム共産党書記長に就いたグエン・ヴァン・リンは、その2年後の1988年から中国で実行されたものと同様の政策(ドイモイ)を開始した。改革の結果、貿易は急速に拡大し、今日ではGDPに占める輸出の割合は10%から75%にまで上昇した。改革以降、ベトナムの1人当たり実質GDPは5.5%のペースで成長したが(1988〜2013年)、これは改革前の2倍以上の水準である[7]。1日当たり1(アメリカ)ドルという貧困線で測ると、貧困も急速に減少している。1993年にはベトナム人口の60%近くがこの水準以下だったが、2006年(利用可能な最新データ)には、1日1ドル以下で生活する人々は人口の16%「しか」いない[8]。

持続的な成長は、児童労働を減らすうえで重要な要因の1つである、と経済学者は考えている。図表14.10には、1人当たりGDPと児童労働には強い負の関係があることが示されている。つまり、1人当たりGDPが高い国ほど、労働を強制されるまたは労働を選択する子どもの数は少なく

---

[7] Penn World Tables; Alan Heston, Robert Summers, and Bettina Aten, Penn World Table Version 7.1, Center for International Comparisons of Production, Income and Prices at the University of Pennsylvania, Nov 2012.

[8] Cervantes-Godoy and Dewbre, "Economic Importance."

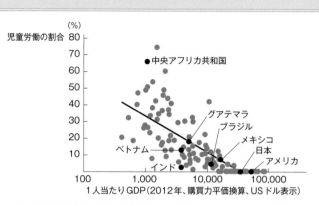

図表14.10 1人当たりGDPと児童労働(7〜14歳の子どもが働いている割合)の関係

1人当たりGDPと児童労働の間には強い負の関係がある。児童労働は、7〜14歳の年齢層の中で働いている子どもの割合である。

出所：Jean Fares and Dhushyanth Raju（2007）. "Child Labor Across the Developing World: Patterns and Correlations," World Development Report, The World Bank（世界銀行「世界開発報告」）.

なる。図表14.10が示唆するとおり、ベトナムの所得水準が上がると、児童労働は急激に減った。この児童労働の減少のほとんどは、ベトナムが貿易を開放したことによるものと考えられる[9]。

Q 問い ナイキのような企業はベトナムの労働者の敵なのか？

A 答え ナイキ製スニーカーを作るベトナムの労働者は、賃金は極端に低く、先進国の基準では安全とは言えない労働条件で働いている。しかし、ナイキ製スニーカーを作る労働者の多くにとっては、それ以外で最善の職業選択は農業部門で働くことであり、農業部門の状況はさらに悪い。

データ ベトナムの農業部門と工業部門における賃金。さらに、貿易、経済成長、貧困、児童労働参加に関するデータ。

注意 ナイキ社が、下請け業者に労働者の賃金を引き上げるように強制すれば、ナイキ製品を製造している労働者の生活の質を向上させることはできる。

---

[9] Eric V. Edmonds and Nina Pavcnik, "International Trade and Child Labor: Cross-Country Evidence," *Journal of International Economics* 68, No. 1, 2006, pp. 115–140.

まとめ

- グローバル化の進展は、相互に密接に関係する世界を作り出した。

- 国際貿易が行われることによって、特化と比較優位が活用される。人や国が、別の人や国よりも低い機会費用で生産できるときに、比較優位が生じる。

- 国際貿易の結果、生活が悪くなる人々もいる。特に、外国で生産が行われることによって仕事を失う先進国の非熟練労働者たちだ。しかしながら、グローバル化と国際貿易はほとんどの人々の幸福度を向上させる。

- 純輸出と、外国からの純要素支払、および外国からの純移転の合計がマイナスであるときには、その国は経常赤字である。経常赤字に対する支払いをするために資産が流入することになるので、同額分だけ金融収支は黒字になる。すなわち、外国の居住者が所有する国内資産の純増か、国内の居住者が所有する外国資産の純減が起こっている。

- 急速なグローバル化が過去数十年の間に進行し、国際貿易の規模は総量を増加させた。その結果、世界中の消費者と労働者は国際貿易からの利益をより多く享受できる。

- グローバル化によって国家間の格差が明確になった。先進国の消費者は、先進国の労働者よりもはるかに安い賃金水準で働く労働者（時には子ども）が生産・組立てをした財とサービスを購入している。発展途上国の工場の労働条件は、先進国の労働環境よりはるかに劣っている。それでもなお通常は、グローバル化によって、外国の工場で働く低賃金労働者の幸福度は向上している。貿易部門の工場労働は、それ以外に選択できる他の労働条件をはるかに上回っているからである。

キーワード

特化による利益　　　　　　　　絶対優位
比較優位　　　　　　　　　　　閉鎖経済

開放経済	純輸出または貿易収支
貿易黒字	貿易赤字
経常収支	金融収支
対外直接投資	

復習問題

1.... 比較優位と絶対優位は、どのように異なっているのだろうか？
2.... 買い手と売り手は貿易によって、どのように特化から利益を得ることができるのだろうか？
3.... 貿易を行うことによって、経済の全般的な効率性は上昇する。これは、すべての人々が貿易から平等に利益を得ていることを意味しているのだろうか？
4.... 以下の用語について説明しなさい。
   a. 開放経済
   b. 閉鎖経済
   c. 輸入
   d. 輸出
   e. 関税
5.... 過去数十年の間に貿易は拡大しているだろうか、それとも縮小しているだろうか？ 1929年以降アメリカの輸入の対GDP比が急激に減少し、その後すぐにまた増加した。その理由について説明しなさい。
6.... 貿易収支の定義について説明しなさい。一国が貿易赤字である、あるいは貿易黒字であると言われるのは、どのような状況であるのだろうか？ 説明しなさい。
7.... 国際収支統計では居住と市民権を明確に区別している。
   a. 国際収支統計において、アメリカの国内居住者とみなされる条件は何だろうか？
   b. ナイジェリアに住んで、働いているアメリカ市民がいるとしよう。この場合には、アメリカの国際収支統計では彼は「外国の居住者」だろうか、それとも国内居住者だろうか？
8.... 国内居住者が外国に支払う経常支払と、国内居住者が外国から受け取る経常支払には、どのようなものがあるだろうか？
9.... 経常収支の構成要素について、それぞれ説明しなさい。
10.. 金融収支には何が含まれるのだろうか？ 金融収支と経常収支は、どのように関連しているのだろうか？
11.. 対外直接投資とはどのようなものだろうか？ 例を挙げて説明しなさい。対外直接投資は、その受入れ国にはどのような恩恵をもたらしているのだろうか？

12. 多国籍企業は、発展途上国の工場労働者を低賃金で雇うことによって、彼らに害を及ぼしているだろうか？

演習問題

1. 経済学者のアラン・ブラインダーは、「自宅の芝刈りを自分でする経済学者は、比較優位の概念を理解していない」、と発言した。あなたは賛成できるだろうか？

2. あなたは友人と同じ授業「ポストモダン脱構造主義をポストモダン脱構造する」に登録している。授業ではレポートの提出が求められており、指導教授はレポートの共同作業を認めている。そこであなたは、友人と作業を「取引」することにした。

あなたは8時間で18ページ分のタイピングができるが、友人は10ページ分だけだ。要旨をまとめる作業ならば、あなたは8時間で授業の課題図書の概要を6本は書けるが、友人が書けるのは2本だけだ。

　a. タイピングに比較優位があるのは、あなたと友人のどちらだろうか？　要旨をまとめることに比較優位があるのは、どちらだろうか？　理由とともに説明しなさい。

　b. タイピングはあなたと友人のどちらがするべきであり、また要旨をまとめるのはどちらがするべきだろうか？　理由とともに説明しなさい。

3. アメリカとチリの2国だけで貿易が行われている世界を想定してみよう。生産に投入されるのは労働だけである。アメリカの労働者は、1日当たり15ブッシェル（約380キロ）のトウモロコシ、または10バレル（約1,600リットル）の石油を生産する。チリの労働者は、1日当たり5ブッシェルのトウモロコシ、または5バレルの石油を生産する。

　a. 石油生産に絶対優位があるのは、アメリカとチリのどちらの国だろうか？　トウモロコシ生産に絶対優位があるのは、どちらの国だろうか？　理由とともに説明しなさい。

　b. 比較優位について説明しなさい。石油生産に比較優位があるのは、どちらの国だろうか？　トウモロコシ生産に比較優位があるのは、どちらの国だろうか？

　c. 自由貿易が行われたならば、アメリカはトウモロコシか石油のどちらを輸入するだろうか？　チリはどちらを輸入するだろうか？　理由とともに説明しなさい。

4. アメリカの労働者は1年間に車5台、または穀物10トンを生産できる。それに対して、日本の労働者は1年間に車15台と穀物5トンを生産できるとする。ここで、車と穀物の生産に投入されるのは労働のみである。

　a. 車の生産に絶対優位があるのは、日米のどちらの国だろうか？　穀物生産に

絶対優位があるのは、どちらの国だろうか？

b. アメリカで車1台を生産することの機会費用は何だろうか？ 穀物1トンを生産することの機会費用は何だろうか？ また、解答をどのようにして導いたのかを説明しなさい。

c. 日本で車1台を生産することの機会費用は何だろうか？ 穀物1トンを生産することの機会費用は何だろうか？ また、解答をどのようにして導いたのかを説明しなさい。

d. 自由貿易が行われたときには、日米どちらの国が車を輸入するだろうか？ また、どちらの国が穀物を輸入するだろうか？ 理由とともに説明しなさい。

5. イギリスの政治経済学者デビッド・リカードは、イギリスとポルトガルで生産されるワインと布地の2つの製品を使って貿易を説明した。表は、イギリスとポルトガルがそれぞれワインと布地を1単位生産するのに費やす労働時間数を示したものだ。

	ポルトガル	イギリス
ワ イ ン	80時間	120時間
布 地	90時間	100時間

ポルトガルは、ワインも布地もイギリスよりも少ない労働時間で生産できる。重商主義の考え方によれば、国家は輸入を上回る輸出をすることによって、富を蓄えることができる。そうであるならば、ポルトガルはイギリスとの貿易から利益を得ることはできない。あなたはこの意見に同意するだろうか？ 理由とともに説明しなさい。

6. アメリカにおけるタイヤ生産は、絶対量でも相対的地位でも低下している。タイヤ市場の国内生産のほとんどは輸入タイヤに取って代わられた。アメリカの労働組合は、中国製タイヤの輸入によって7,000人以上の雇用が失われたと主張している。「だから自由貿易はやめるべきだ、安い輸入品が国内市場に押し寄せて、失業率が上がってしまう」、と主張するブログをあなたが読んだとしよう。この主張は正しいのだろうか？ 理由とともに説明しなさい。

7. 評論家であり政治家でもあるパット・ブキャナンは、自著 *Where the Right Went Wrong* で次のように書いている——アメリカの中国に対する貿易赤字は解消されるべきだ。「もしも中国の輸出の30％をアメリカが購入しているならば、中国はアメリカ製品の購入を優先すべきだ」。彼の主張では、中国からアメリカへの輸入が、アメリカから中国への輸出と等しくならなければ、アメリカは「貿易戦争」で負けていることになる。2国間における貿易赤字について、あなたの理解しているところに基づいて、ブキャナンの論拠の欠陥を指摘しなさい。

8. 以下は2013年5月のアメリカの貿易に関するデータである。リストにはすべての輸出入が記載されていると想定して、2013年5月の経常収支と金融収支を示

す表を完成させなさい。

アメリカの貿易（2013年5月）

地震の被害にあったハイチへの援助	800万ドル
インドのソフトウエア企業への支払い（インド居住の労働者がアメリカの顧客に提供したサービスに対する支払い）	85万ドル
アメリカの生産者への支払い（エタノールの輸出に対する支払い）	300万ドル
株の配当（中国のウォルマートからアメリカの居住者に対する支払い）	1万500ドル
イギリスのITコンサルタントチームに対する給与支払い（アメリカで数日間働いた分に対する支払い）	12万ドル
アメリカ国債の売却（アメリカ財務省から外国政府に対する売却）	1,500万ドル
アメリカの居住者からメキシコにいる家族への送金	3万ドル
中国の生産者への支払い（鉄鋼輸入に対する支払い）	800万ドル
アメリカ政府による外国資産の購入	104万500ドル
ドバイ居住のアメリカ市民によるアメリカの慈善事業に対する寄付	3万ドル

経常収支（2013年5月）

	外国からの受取	外国への支払い	純受取
財とサービスの貿易			
純要素受取			
純移転			
経常収支			

金融収支（2013年5月）

	外国で所有する国内資産の増加	国内で所有する外国資産の増加	
外国への純売却			
金融収支			

9. 5章で学んだとおり国民所得勘定式とは、$Y = C + I + G + X - M$、であり、$X - M$は輸出から輸入を差し引いた純輸出を表す。本章で学んだように、純輸出は貿易収支と等しいが、経常収支とは等しくない。したがって、経常収支は総支出の構成要素ではない。経常収支全体が、GDPの計算に含まれない理由について説明しなさい。

10. 1950年代から1960年代にかけて、多くの貧困国では、「輸入代替工業化」（略称はISI）と呼ばれる政策がとられていた。インド、およびアフリカやラテンアメリカの多くの国々では、国内産業の発展を促進するために貿易が制限されていた。英『エコノミスト』誌（2001年9月27日版）はこう評した。「全体で見ると、ISIは失敗だった。ほとんどの国では、貿易は経済成長に役立っている」。ISIを推進した国では成長が停滞した一方で、貿易を開放していた国々（主にアジア諸国）は急成長を実現した、と論評している。

本章で議論した内容に基づいて、ISIが失敗した理由と、グローバル経済との統

合が経済成長と経済発展を促進する理由について考えなさい。

11. インドにおいては、対外直接投資は、今でも一部の産業分野では厳しく規制されている。多くの議論を経て、インド政府は最近、小売り部門の対外直接投資規制を緩和した。国家の安全保障や雇用喪失の可能性などを理由にして、国防、原子力、原油精製などの多くの産業分野は今なお対外直接投資に十分には開放されていない。あなたが、政府の対外直接投資を検討する作業部会の委員となったならば、政府に対して何を提案するだろうか？ 提案の根拠とともに説明しなさい。

15 開放経済のマクロ経済学

Open Economy Macroeconomics

ジョージ・ソロスはどうやって10億ドルを稼いだのか?

1992年夏、世界的に著名な投資家ジョージ・ソロスが、イギリスの中央銀行であるイングランド銀行に戦いを挑んだ。簡単に説明すると、ソロスはイギリス・ポンドの価値が暴落することに賭けたのである。彼の予測どおり9月からポンドが急落し、ソロスと彼のファンドの顧客(出資者)は総計でおよそ10億ドルの利益を稼ぎ出した。ソロスは、どうしてポンドが暴落することがわかったのだろうか?

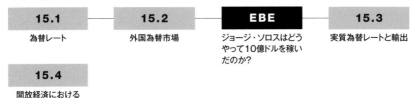

本章の構成

- **15.1** 為替レート
- **15.2** 外国為替市場
- **EBE** ジョージ・ソロスはどうやって10億ドルを稼いだのか?
- **15.3** 実質為替レートと輸出
- **15.4** 開放経済におけるGDP

 KEY IDEAS キーアイデア

- 名目為替レートとは、ある国の通貨を別の国の通貨と交換する際の比率である。
- 変動為替相場制では、名目為替レートは外国為替市場の需要と供給によって決まる。
- 固定為替相場制または管理為替相場制は、政府がコントロールする。
- 実質為替レートは、2つの国の財とサービスのバスケットの価格（ドルなどの単位に換算した価格）の比率であり、2国間の純輸出に影響を与える。
- 純輸出の減少は、労働需要とGDPを減少させるので、失業の原因となる。

15.1 為替レート

　14章では、世界中の国々が貿易と投資を通して結びついていることを学んだ。たとえば2013年には、アメリカは中国から約4,560億ドルの財とサービスを輸入した。この貿易はどのように行われたのだろうか。アメリカにおいてはほとんどすべての取引は米ドルで行われ、中国における取引の大半は、中国の通貨である元（人民元）で行われる。

　多くの国々が自国通貨を用いて経済取引を行っている。たとえば、イギリスはポンド、日本は円、メキシコはペソ、インドはルピー、などである。唯一の例外であるユーロは2017年1月現在、通貨統合を行ったヨーロッパ19カ国で使用されている通貨である。1999年に導入されたユーロは、米ドルに次いで最も多く取引に用いられている。

名目為替レート

　ウォルマート社は、中国から輸入されたおもちゃを販売している。ウォルマート社は、アメリカ製の同等のおもちゃではなくて、中国製おもちゃを仕入れるという決定を、なぜ下したのだろうか。

この質問に答えるためには、**名目為替レート**の概念を理解する必要がある。**名目為替レート**とは、ある国の通貨の価値を別の国の通貨の単位で示したものである。つまり、名目為替レートとは、自国通貨1単位で購入できる外国通貨の単位数を示す。名目為替レートは、（6章のように）単に「為替レート」と呼ばれることもある。しかし本章では、後に議論する別の為替レートと区別するために、省略せずに名目為替レートと呼ぶことにする。

$$e = \frac{\text{外国通貨の単位数}}{\text{自国通貨の1単位}}$$

たとえば、仮に元／ドルの為替レートが1ドル6.05元であるとすると、1ドルを所有している人は、その1ドルを6.05元と交換することができる。

$$e = 1\text{ドル}6.05\text{元} = \frac{6.05\text{元}}{1\text{ドル}}$$

e の値が高いほど、1ドルで購入できる外貨の量は多くなる。名目為替レートが上昇したときには、自国通貨が外貨に対して**増価**したと言う。名目為替レートが下落したときには、自国通貨が外貨に対して**減価**したと言う。

元／ドルの為替レートは、1元の価値をドルで計算することにも利用できる。元／ドルの為替レートを e としたときには、1元で購入できるドルは $1/e$ 単位である。言い換えれば、1元は、$1/e = 1/6.05 = 0.17$ ドル、の価値がある。

通貨が増価——e が上昇——するときには、つねにその逆のことも起こっている。ドルが元に対して増価しているとき、つまり e が上昇するときには、$1/e$ は下落し、元はドルに対して減価している。

図表15.1には、2014年1月2日時点での主要通貨の e と $1/e$ が示されている。前述の説明と図表からわかるように、e（ドルに対する元）と $1/e$（元に対す

	イギリス・ポンド対ドル	ユーロ対ドル	メキシコ新ペソ対ドル	スイス・フラン対ドル	元対ドル
e	0.61	0.73	13.12	0.90	6.05
$1/e$	1.64	1.37	0.08	1.11	0.17

図表15.1　名目為替レート（e）、および $1/e$
2014年1月2日時点での主要通貨の名目為替レート（e）、および $1/e$。
出所：連邦準備制度理事会。

- **名目為替レート**（nominal exchange rate）とは、ある国の通貨を別の国の通貨と交換する際の比率である。

るドル）が、伝えている情報は同じである。新聞でよく見るのは、1ドル当たりの元や、1ドル当たりのユーロで表される為替レートであるが、時には1元当たりのドルや、1ユーロ当たりのドルを使うこともある。本章では混乱を避けるために、1ドル当たりの元（単位数）、1ドル当たりのユーロ（単位数）、などのように、自国通貨（ドル）1単位で購入できる外貨の単位数をeとして名目為替レートを扱う。

ウォルマート社の仕入れ先の決定に話を戻そう——ウォルマート社は、おもちゃの仕入れ先を中国の製造業者にすべきだろうか？　それともアメリカの製造業者にすべきだろうか？　ウォルマート社が判断するべきなのは、中国の製造業者が20元で販売しているおもちゃが、競争相手であるアメリカの製造業者が5ドルで販売している同等のおもちゃより安いかどうかという点だ（簡単化のために、ここでは輸送費は考えない）。この比較を行うためには、ウォルマート社は名目為替レートを用いて、元とドルの価値を比較できるものに換算する。たとえば、2014年1月2日時点の元/ドルの為替レートが6.05だったときには、中国製おもちゃのドル価格は以下のように計算できる。

$$\text{ドル価格} = \text{元価格} \times \frac{\text{ドル}}{\text{元}}$$

$$= \text{元価格} \times \frac{1}{e}$$

$$= 20\,(\text{元}) \times \frac{1}{6.05}$$

$$= 3.31\,(\text{ドル})$$

上式から、中国製おもちゃのドル換算価格は3ドルちょっとであることがわかるが、これはアメリカ製おもちゃの5ドルよりも安い。このためウォルマート社では、中国の製造業者からおもちゃを仕入れるほうが費用が安くなる。

変動為替相場制、管理為替相場制、固定為替相場制

図表15.2に描かれているのは、元/ドルとユーロ/ドルの名目為替レートの推移であるが、どちらの名目為替レートも毎月、変動している。しかし、元/ドルは、変動がない期間が長く続いた後に、短期間で大きく下落した*。たとえば、元/ドルの為替レートは、1998年後半から2005年までは1ドル8.28元で一定だった。同様に、2008年半ばから2010年の半ばまでは1ドル6.82元でほぼ一定だった。

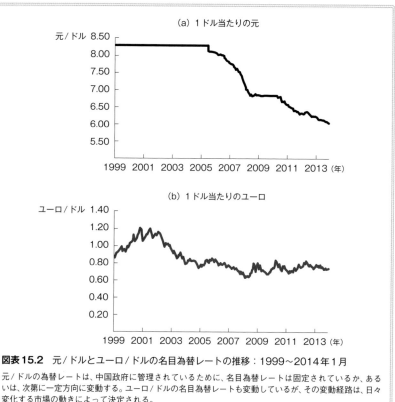

図表15.2 元/ドルとユーロ/ドルの名目為替レートの推移：1999〜2014年1月

元/ドルの為替レートは、中国政府に管理されているために、名目為替レートは固定されているか、あるいは、次第に一定方向に変動する。ユーロ/ドルの名目為替レートも変動しているが、その変動経路は、日々変化する市場の動きによって決定される。

出所：セントルイス連銀。

　元/ドルの為替レートと比較すると、ユーロ/ドルの為替レートは、政府の介入がほとんどないか、あるいはまったくないために、はるかに激しく変動する。市場の動きに合わせて毎日上下する為替レートを**変動為替相場制**と言う。
　一方で、政府は為替レートを固定し、その値を維持するために介入することができる。この場合には、その制度は**固定為替相場制**である。
　この中間の制度もある。元/ドルの為替レートは変動為替相場制でも固定為

- 政府が外国為替市場に介入しない場合には、その国は**変動為替相場制**(flexible exchange rate, floating exchange rate)である。

* 日本で使われている名目為替レートは世界の慣行とは逆に、1ドル○円というように、外国通貨1単位で購入できる自国通貨の単位数が示される。本文図表では縦軸の示すとおり、上向きの動きがドル高、下向きの動きがドル安と示される。日本では為替レートの図表は、ドル/円ではなく、円/ドルにて表示されているために、円から見ると、縦軸では、上向きの動きが円安、下向きの動きが円高になる。

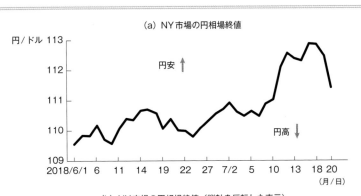

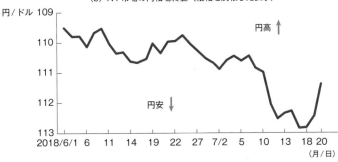

図表15.2J　円/ドル為替レートの別表記例

為替レートを自国通貨1単位で購入できる外国通貨の単位数で表示すると、図表15.2のように、上向きの動きが自国通貨高、下向きの動きが自国通貨安となる。一方、日本での慣例はこれとは逆に、外国通貨1単位当たりの円の単位数で示す。1円〇ドルではなく、対ドルの為替レートは1ドル〇円のように示す。すると図表15.2J(a)のように、上向きの動きが円安、下向きの動きが円高となる。上に行くほど安いことには違和感があるため、図表15.2J(b)のように縦軸を反転させて、上向きの動きが円高、下向きの動きが円安となるように工夫することもある。

出所：『日本経済新聞』。

替相場制でもなく、**管理為替相場制**である。中国政府が変動に影響を与えているためである。管理為替相場制も変動するが、その変動は比較的緩やかなものである。たとえば、中国政府は、2005年以降は、ドルに対して元が徐々に増価することを容認してきた。

　ある国が管理為替相場制や固定為替相場制を採用する理由については、本章後半で説明する。そこには多くの理由があるが、その1つが、管理為替相場制

- 政府が為替レートを固定し、その値を維持するために介入する場合には、その国は**固定為替相場制**(fixed exchange rate)である。
- 政府が外国為替市場に影響を及ぼすために積極的に介入する場合には、その国は**管理為替相場制**(managed exchange rate)である。

や固定為替相場制は経済をより安定させ、国際貿易を促進する、という考え方である。

15.2 外国為替市場

外国為替市場は、通貨が取引され、名目為替レートが決定されるグローバルな金融市場である。外国為替市場の役割を説明するために、次の例で考えてみよう。中国国際航空が1機当たり2億ドルのボーイング787ドリームライナーを5機追加購入した、と想定する。ボーイング社にはドルで支払う必要があるので、中国国際航空は、外国為替市場で、10億ドル（＝2億ドル×5機）を購入（需要）し、その交換に元を売却（供給）する。元／ドルの為替レートはe＝6.05であるので、中国国際航空はドルと交換に60.5億元を支払うことになる。

その他の市場と同様に、外国為替市場における供給曲線と需要曲線が均衡価格、すなわち均衡為替レートを決定する。図表15.3には、外国為替市場における需要曲線と供給曲線が描かれている。横軸は、外国為替市場における、取引で利用できるドルの量を示す。縦軸には、元／ドルの為替レートが示されている。すでに学んだとおり、名目為替レートは、1ドルで購入できる外貨を単位として表したものである。

図表15.3(a)に描かれているドルの需要曲線は、ドルの需要量と為替レートの関係を表している。需要曲線は、外国為替市場において、元を売ってドルを購入しようとしているトレーダーのようなものだ。中国国際航空のドルの需要は、この需要曲線に反映される。もちろん、その他の数多くの経済主体も同様に、元を売ってドルを獲得しようとしているだろう。これらの経済主体のすべてによって、ドルの需要曲線は構成されている。

元と交換するドルの需要曲線が右下がりである理由を理解するためには、ドルの増価、つまり元が減価する例を考えてみよう。ドルが増価すると、為替レートは(a)のAからBに移動する。ドルの増価により、ドルで買える元の量が増え、元で買えるドルの量が減るので、ボーイング社の航空機1機当たりの元表示価格は上昇する。中国国際航空に対する支払いは（主に）元で行われているため、中国国際航空に関係がある価格はボーイング・ドリームライナーの元建て価格だ。元建てのドリームライナーの価格が高くなると、中国国際航空によるドリー

● **外国為替市場**(foreign exchange market)は、通貨が取引され、名目為替レートが決定されるグローバルな金融市場である。

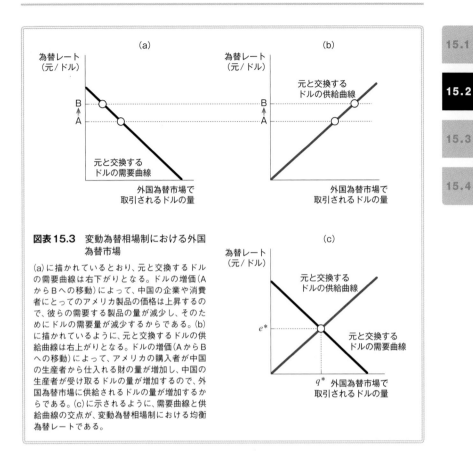

図表15.3 変動為替相場制における外国為替市場

(a)に描かれているとおり、元と交換するドルの需要曲線は右下がりとなる。ドルの増価(AからBへの移動)によって、中国の企業や消費者にとってのアメリカ製品の価格は上昇するので、彼らの需要する製品の量が減少し、そのためにドルの需要量が減少するからである。(b)に描かれているように、元と交換するドルの供給曲線は右上がりとなる。ドルの増価(AからBへの移動)によって、アメリカの購入者が中国の生産者から仕入れる財の量が増加し、中国の生産者が受け取るドルの量が増加するので、外国為替市場に供給されるドルの量が増加するからである。(c)に示されるように、需要曲線と供給曲線の交点が、変動為替相場制における均衡為替レートである。

ムライナーの需要は減少する。このようにドルの増価は、ドルの需要量の減少につながる。この例からも、需要曲線が図表で示されるように右下がりになることがわかる。

図表15.3(b)に描かれているドルの供給曲線は、供給されるドルの量と為替レートの関係を表している。ドルの供給曲線は、ドルを売って元を獲得しようとするトレーダーのようなものである。たとえば、アメリカに製品を輸出した中国の製造業者は通常は支払いをドルで受け取るので、従業員や取引先への支払いをするためには、そのドルを元に交換することが必要になる。元と交換してドルを供給するその他の数多くの家計や企業によって、ドルの供給曲線は構成されている。

(元と交換するドルの)供給曲線が右上がりである理由は、(元と交換するドルの)需要曲線が右下がりである理由と密接な関係にある。ドルの増価(元の

減価）によって、為替レートがAからBに変化すると、1ドルで買える元の量は増加する。これは、中国製おもちゃなどの中国製品の価格が米ドルに換算すると安くなったことを意味する——供給曲線や需要曲線を描くときには、その他のすべての価格は一定であると仮定したことを思い出そう。これには、中国で生産されるおもちゃの元建て価格なども含まれる。ドルが増価したことにより、アメリカの消費者が購入する中国からの輸入品の価格が下落するので、アメリカの消費者と企業は中国製品の購入を増加させる。すると、中国企業のドルの受取りが増えるので、中国企業による外国為替市場へのドルの供給量が増加する。こうして、元/ドルの為替レートが上昇すると、ドルの供給量が増加するために、供給曲線は右上がりになる。

変動為替相場制の下での均衡為替レートは、外国為替市場の均衡で決まる。すなわち、供給量と需要量が等しくなる為替レートである。これは、供給曲線と需要曲線の交点であり、図表15.3(c)で示されているドルの供給量q^*、価格e^*（元/ドルの為替レート）である。前述のように、元/ドルの為替レートは伸縮的ではなく、管理されているのだが、(c)では、中国政府がまったく介入しなかった場合の元/ドルの為替レートが示されている。現実にも、中国政府は、外国為替市場への介入を徐々に減らしており、元/ドル市場は、(c)で描かれているような変動為替相場制に近い状態に近づいている。

中国国際航空の中国行き航空券の需要が想定以上に増加した場合、均衡為替レートはどのような影響を受けるだろうか？　中国国際航空は、より多くの航空機を必要とするだろう。航空機の需要曲線がシフトして、同じ価格ならば5機ではなく10機のドリームライナーを需要するかもしれない。この場合には、為替レートを含めた価格が同じならば、中国国際航空のドル需要は10億ドル（＝2億ドル×5機）分増加する。図表15.3に描かれているドルの需要曲線が右へ10億ドル分シフトすることになるが、この動きは図表15.4に描かれている。

変動為替相場制の下では、ドルの需要曲線の右へのシフトは、元/ドルの均衡為替レートを増価させるので、1ドルでより多くの元が購入できることになる。前述の用語を使用するならば、変動為替相場制の下では、ボーイング社製航空機に対する需要の増加に対応して、ドルは元に対して増価する、または同じ意味であるが、元はドルに対して減価する。

政府は外国為替市場にどのように介入するのか？

為替レートが伸縮的でない場合には、均衡はどのように決まるのだろうか？

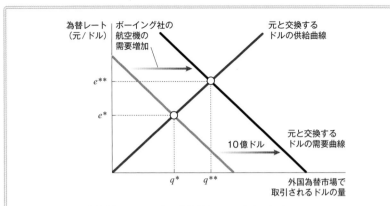

図表15.4　外国為替市場：ドルの需要曲線が右へシフトする場合
中国国際航空によるボーイング社製航空機の需要が増加することによって、元と交換するドルの需要曲線は右にシフトする。これによって、名目均衡為替レートは、e^*からe^{**}へ移動する。

　政府が、管理為替相場制や固定為替相場制を通して為替レートを管理しようとするときには、その為替レートは政府によって「ペッグ（固定）」されていると言われる。

　現在は違うのだが、中国政府は過去の一時期には、ドルに対する元の価値をかなり過小評価された為替レートにしていた。つまり、元に対するドルの価値は過大評価されていた。図表15.5には、元／ドルの外国為替市場が描かれているが、為替レートは水平線で示された水準にペッグ（固定）されている。ここでは、元が過小評価、ドルが過大評価されている。ドルは、変動為替相場制の場合よりも、元に対する価値がより高い、過大評価された水準にある。変動為替相場制の下での均衡はe^*点である。しかしペッグ（固定）された為替レートは、供給曲線と需要曲線の交点である市場均衡レートより上にある。

　このペッグ（固定）された為替レートの下では、ドルの供給量が需要量を上回る。仮に中国政府が単に固定価格を公表するだけで何もしないならば、需要と供給の力が働いて元／ドルの為替レートをペッグ（固定）された水準以下に引き下げるだろう。元／ドルの外国為替市場において、供給曲線は、元／ドルの為替レートとドルの供給量の関係を表していることを思い出そう。仮に、ある水準の元／ドルの為替レートにおいて、ドルの供給量が需要量を上回っているならば、ドルは超過供給となり、ドル価格は押し下げられる。言い換えると、ドルの価値（すなわち為替レート）は下落し、ドルは元に対して減価する。こ

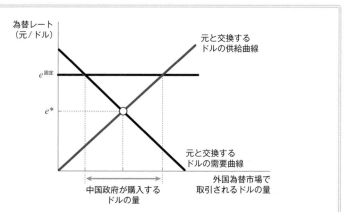

図表 15.5 外国為替市場：ドルが元に対して過大評価になっている水準で為替レートがペッグ（固定）されている場合

中国政府は、ドルの過大評価を維持するため（元の過小評価を維持するため）、元と交換されたドルを購入することでドルの超過供給分を吸収する必要がある。ペッグ（固定）された為替レートにおいて、供給されるドルの量と需要されるドルの量の差が、中国政府が購入しなければならないドルの量となる。

のプロセスにより、元/ドルの為替レートは、ペッグ（固定）された水準から、供給曲線と需要曲線の交点である市場均衡価格へと引き下げられる。

この分析から、単に目標とする為替レートの水準を公表するだけでは、外国為替市場における為替レートにはほとんど、あるいは、まったく影響を与えることはできないことがわかる。ペッグ（固定）された元/ドルの為替レートの水準においては、ドルの供給量がドルの需要量を上回るために、中国政府は、元を売ってドルを買うことによってドルの超過供給を吸収する必要がある。市場均衡水準より高い為替レートにペッグ（固定）し続けるためには（言い換えるならドルが過大評価された状態を維持し続けるためには）、中国政府は継続的にドルを買って元を売らなければならない（図表15.5を参照）。

これがまさしく、中国が実際に行ってきたことだ。1990〜2013年にかけて中国の中央銀行は、外貨準備の保有高を約300億ドルから、3兆8,000億ドル以上まで増加させた。そのほとんどはドルであったが、それ以外の通貨も同様に購入していた。ドルを過大評価し、元を過小評価する水準に為替レートがペッグ（固定）されてきた事実を踏まえると、ドル

> 単に目標とする為替レートの水準を公表するだけでは、外国為替市場における為替レートにはほとんど、あるいは、まったく影響を与えることはできない。

の購入が必要であった理由は図表15.5の分析からも説明できる。

本章の後半では、中国政府がこのような手段を選んだ理由について説明する。すなわち、過大評価されたドル（過小評価された元）によって、中国の純輸出を増やしたのだ。

過大評価された為替レートを維持する

図表15.5を見る限り、固定為替相場制を維持することは簡単そうだ。中国政府はドルを買い、ドルの外貨準備を増やした。その代わりに、中国政府は元を供給したことになる。中国における元のように、自国通貨を持っている国は、好きなだけその通貨の紙幣を発行したり、電子的に作り出したりする権利を持っている。したがって、少なくとも短期的には、元を過小評価された水準で維持することは可能である。しかし、通貨が過大評価されているときには、その為替レートを維持することは容易ではない。

多くの場合に各国は、自国通貨が過大評価された水準で為替レートをペッグ（固定）しようとする。その理由を、メキシコを例にして考えてみよう。1ドル当たりのペソの価値であるペソ/ドルの為替レートを使って分析する。メキシコ政府は、なぜ、ペソの過大評価、ドルの過小評価という状況を望んでいたのだろうか？

ほとんどの国が、日常的に外国の貸し手からお金を借り入れている。メキシコのような発展途上国では、このような融資は通常はドル建てで行われる。したがって、メキシコの借り手が融資を受けるときにはドルを受け取り、返済期限がきたときには、ペソではなくドルで返済する。具体的な数値例で考えてみよう。メキシコの借り手（たとえば、メキシコ政府やメキシコ企業）が、アメリカの銀行から10億ドルを借り入れているとしよう。ペソ/ドルの為替レートが10、つまり、10ペソで1ドルを買えるとすると、メキシコの借り手はドル建て債務を返済するためには100億ペソが必要だ。

次に、1ドル10ペソの為替レートではドルが過小評価であり、変動為替相場制であったならば市場均衡価格は1ドル20ペソになると想定しよう。メキシコ政府が、過小評価されたドルの増価（過大評価されたペソの減価）を認めると、何が起こるだろうか？　この状況下で考えられる影響の1つが、メキシコの借り手は10億ドルの借金を返済するためには、100億ペソではなく、200億ペソを支払う必要があるということだ。ドルの増価、すなわちペソの減価を認めると、メキシコが借り入れたドル建ての借金を返済するためには、突然、2

倍の量のドルが必要になる。

　ペソの過大評価は、メキシコにとっては別の利益ももたらす。ドルが過小評価され、ペソが過大評価されているときには、メキシコの消費者がアメリカからの輸入品に支払うペソ表示価格は下落する。メキシコ政府にとっては、ドルを過小評価させ、ペソを過大評価させることによって、価格とインフレーションを抑制することができる。たとえば、メキシコが輸入しているiPhoneの価格が400ドルであったとしよう。メキシコの為替レートが1ドル10ペソであれば、iPhoneの価格は4,000ペソになる。1ドル20ペソになると、その2倍の8,000ペソになる。すなわち、ペソ/ドルの為替レートが1ドル10ペソの場合のほうが、iPhoneの（ペソ表示の）価格は安い。こうした価格の上昇は、メキシコの全般的なインフレ率を上昇させてしまう。

　一国が為替レートを高く維持したいと考える理由はほかにもある。通貨価値の下落は、しばしば政府の政策の失敗として受け止められるからである。減価している通貨（「弱い通貨」と紛らわしい表現をされることもある）とは、しばしば、弱い政府あるいは弱い国の兆候であると受け止められる。こうした見方は、民主主義国家の与党政治家にとっては問題である。こうした理由から、米財務省当局は「強いドル政策」を支持すると呪文のごとく繰り返すのである。アメリカ国民は、政治家がアメリカと「弱い」ものを結びつけることを好まないのだが、その中には通貨も含まれている。しかし、すでに学んだとおり、非民主主義的な中国政府では、この「弱い」通貨政策が、何十年にもわたって追求されていたのである。

　動機が何であれ、多くの政府が、自国通貨を過大評価された水準で維持することを目標に外国為替市場に介入してきた。しかし、以下で説明するが、過大評価には費用が伴う。さらに、通貨の過大評価を維持することは過小評価を維持するよりもはるかに難しい。図表15.6にはペソが過大評価、つまりドルが過小評価されている状態が描かれている。図表15.6と図表15.5は非常に似ているが、為替レートをペッグ（固定）した水準を示す水平線が、このグラフでは、供給曲線と需要曲線の交点で決定される市場均衡価格e^*より下に位置している。したがって、ペソ/ドルの為替レートは変動為替相場制であったならば実現していたはずの市場均衡価格よりも低い。すなわち、ドルは過小評価され、ペソは過大評価されている。

　図表15.6には、メキシコ政府が原理的には、どのようにすればペソの過大評価を維持できるのか（そしてドルの過小評価を維持できるのか）が描かれてい

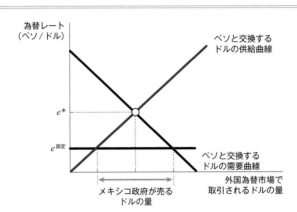

図表15.6 外国為替市場：ドルがペソに対して過小評価になっている水準で為替レートがペッグ（固定）されている場合

ドルの過小評価、すなわちペソの過大評価を維持するためには、メキシコ政府はペソを購入するためのドルを供給する必要がある。ペッグ（固定）された為替レートにおいて、需要されるドルの量と供給されるドルの量の差が、メキシコ政府が供給しなければならないドルの量となる。

る。図表15.5では、ドルの供給量がドルの需要量を上回っていた。しかし図表15.6では、ドルの供給量はドルの需要量を下回っている。ペソ／ドルの為替レートをペッグ（固定）された水準で維持するためには、メキシコ政府はドルを売り、ペソを購入し続けなければならない。メキシコ政府に潤沢なドルの準備があれば、たしかに可能だ。しかし、この政策をどのぐらい長い期間続けられるだろうか。

図表15.5に描かれた状況では、中国政府は好きなだけ元を発行する（紙幣を追加発行する）か、電子的に作り出すことができるので、中国政府が望むのであれば、ドルを買うために元を永久に供給し続けることができる。同様に、メキシコ政府もペソであれば望む限り発行することはできるが、ドルに対するペソの過大評価を維持するために必要なのはペソの供給ではない。メキシコ政府がペソの過大評価を維持するためには、ドルを売り続ける必要がある。メキシコ政府が新しくドルを発行することはできないため、保有しているドルの外貨準備を使わなければならないが、これには限りがある。仮に供給する必要があるドルの量が外貨準備の額以上であれば、ペソの過大評価を維持できなくなるだろう。ドルの外貨準備が底をつくことが明らかになった時点で、ペソの過大評価を維持することは不可能になる。公式の発表がどのようなものであれ、メキシコ政府は固定為替相場制をあきらめ、ペソの減価とドルの増価を受け入れ

> 政府が何をしても、市場の圧力によって、為替レートを含めた金融市場の価格は、市場均衡の水準に押し戻される。

ざるをえなくなる。このとき、1ドル当たりのペソの価格、すなわちペソ／ドルの為替レートは上昇する。

この議論で重要なことは、過大評価された為替レートは、ある程度の期間——つまり為替レートを維持したい国のドルの外貨準備の残高がある限り——は、持続させることは可能である、ということだ。しかし、この状況を永続的に持続させることはできない。ペソ／ドルの為替レートが供給と需要で決まる水準よりも低すぎる——ドルが過小評価され、ペソが過大評価されている——場合には、ドルの超過需要は続き、この超過需要が、過大評価されたペソを維持したいメキシコ政府のドルの外貨準備を流出させ続けることになるだろう。

政府が何をしても、市場の圧力によって、為替レートを含めた金融市場の価格は、市場均衡の水準に押し戻される。市場の圧力は徐々に働くこともあれば、コラム「根拠に基づく経済学」（EBE）に示す例のように、爆発的な崩壊をもたらすこともある。

CHOICE & CONSEQUENCE
選択の結果

固定為替相場制と政治腐敗

固定為替相場制を採用している発展途上国の中には、公式の為替レートでは自国通貨を過大評価し、その過大評価された為替レートでドル（外貨）と自国通貨を交換する特権を一部の人に割り当てている国もある。このとき、図表15.6と同様に、ドルが過小評価され、対応する自国通貨が過大評価されている。図表15.6に示されているとおりペッグ（固定）された為替レートの下では、ドルの供給はドルの需要よりも少なくなるが、割当てがあることにより、ドルの需要の一部は政府が介入することによって満たされることはない。ドルが過小評価、自国通貨が過大評価された為替レートで自国通貨を売却することができるのは、政府が選んだ人に限られる。このような状況の下ではドルの闇市場（アングラ・マーケット）が生まれる。闇市場は、政府から隠れて行われるすべての取引を含んだ、広義の地下経済（アングラ・エコノミー）の一部をなしている。需要と供給が決定する闇市場における為替レートは、自国通貨を売る人にとってはペッグ（固定）された公式の為替レートの場合ほどには条件は良くない。

たとえば2009年のベネズエラでは、公式為替レートは1ドル2.15ボリバル・フエルテだったが、闇市場の為替レート

は1ドル5ボリバル・フェルテだった。したがって、ドルと交換に1,000ボリバル・フェルテを売却したいベネズエラ人は、公式為替レートならば、1,000/2.15＝465ドルを受け取ることができるが、闇市場では、1,000/5＝200ドルしか受け取ることができない。ボリバル・フェルテを持っている誰もが、有利な公式レートでドルを購入したいと考えるだろう。しかし、ベネズエラ政府はそれを許さず、ボリバル・フェルテを売ってドルを買いたいと申し出たベネズエラ人の全員に、公式為替レートでドルを売却することはない。ドルの購入を断られた人々は、ドルの購入をあきらめるか、あるいは、闇市場のはるかに高い為替レートでドルを購入することになる——闇市場の為替レートは、公式為替レートの2倍以上であった。

さらに複雑なことには、公式為替レートでドルを買った多くの人々が、今度は闇市場のレートでドルを売る側に回る可能性がある。闇市場での売買は違法ではあるが、ほとんどの場合に、闇市場の取引が摘発されるのは、政府の政敵が行った取引だけだ。この制度で利益を得るのは誰だろうか？

多くの政府が、友人や仲間、そして自分自身が利益を獲得する手段として、過大評価された為替レートを維持していることは、驚くにはあたらない。人為的に安くされた公式のレートでドルを直接入手することで利益を得ることができるが、こうした制度は非効率的であるため、最終的には崩壊する。しかし制度が存続している間は、政治家とその仲間たちは莫大な利益を得られるのである。

EBE Evidence-Based Economics
根拠に基づく経済学

問い：ジョージ・ソロスはどうやって10億ドルを稼いだのか？

　1990〜92年にかけてイギリス・ポンドの為替レートは、ドイツ・マルクに対してペッグ（固定）されていた（ドイツ・マルクは、現在の通貨であるユーロが導入される以前にドイツで使用されていた通貨である）。マルク/ポンドの為替レートは、当初は政府による介入がほとんど必要ない水準にペッグ（固定）されていた。しかし1992年に至ると、経済状況の変化によりイギリス・ポンドに対して減価を促す圧力がかかった。1992年夏、イギリス政府はポンドのペッグ（固定）された為替レートの水準を維持するために、外貨準備240億ドルを費やした。しかし1992年9

月16日にポンド売りの新しい波が市場を襲ったときには、イギリス政府の外貨準備はついに底をついた。その日の終わりには、イギリス政府はポンドを買い支えることをあきらめて急激な減価を受け入れた（図表15.7）。この日は、ブラック・ウェンズデー（暗黒の水曜日）として知られることとなった。

ブラック・ウェンズデーに至る一連の出来事は、勝者と敗者を作り出した。勝者となったのは為替トレーダーたち、なかでもジョージ・ソロスだ。彼はイギリス・ポンドの暴落に賭けて、約100億ドル分のポンドを借り入れて、それを使ってドイツ・マルクを購入した。ブラック・ウェンズデーの後、ドイツ・マルクはポンドに対して増価した。その結果、ソロスによる100億ドル相当のポンド建ての借入れは、マルクの増価のおかげで返済しても膨大な利益が残った。ソロスはこの取引によって、10億ドル以上の利益を得たと言われている。この取引による利益は、ソロスと彼のヘッジ・ファンドの顧客のものとなった。

このような投資を行うにあたって、ソロスは経済学の基本に基づいて考えた。1992年夏には、ドイツ・マルクを含めたイギリス政府の外貨準備が底をつくことを予測していたのだ。ソロスは、イギリス政府がさら

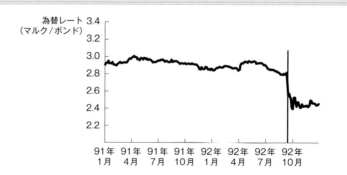

図表15.7 マルク/ポンドの為替レート（1ポンド当たりのマルクの価値）の推移：1991年1月～92年12月

1992年に経済状況が変化したことによって、イギリス・ポンドが過大評価されていたことが明らかになった。イギリス政府は外貨準備を費やしてポンドを買い支えた。その結果、1992年8月と特に9月初旬に外貨準備が急減した。9月16日には、ポンドを過大評価された水準に維持することをあきらめ、ポンドは急激に減価した。

出所：連邦準備制度理事会。

に何十億ドルもの外貨準備を使用せざるを得ない状況を作り出した——ソロスは外国為替市場でポンドを売って100億ドル分相当のマルクを購入した——ことにより、イギリス政府を追い込んだ。ソロスによるポンド売りとマルク買いによって外貨準備の減少が加速され、イギリス政府はこれ以上はポンド売りの波に逆らえないと判断した。

ブラック・ウェンズデーの敗者は、ポンドの通貨価値を維持するために何十億ドルもの外貨準備を費やした結果、莫大な損失を被ったイギリス政府だ。ポンドに対してその後増価した外貨準備を売ったことで、この取引によるイギリス政府の損失は約60億ドルにも達した。

Q 問い ジョージ・ソロスはどうやって10億ドルを稼いだのか？

A 答え ジョージ・ソロスは、イギリス・ポンドが減価する直前に、ポンドの過大評価が終わることに賭けた。ソロスはポンドを借り入れて、それを使ってドイツ・マルクを購入したのである。1992年9月16日、イギリス政府は市場の圧力に敗れてポンドを切り下げた。この日はブラック・ウェンズデーとして知られることになる。この時に、ソロスの購入したドイツ・マルクの価値は増価によって、ポンド建ての債務の価値を上回った。1992年夏を通して、イギリスの外貨準備が急激に下がっていたので、ソロスはポンドの暴落を予測できたのだった。

データ 為替レートと準備預金のデータ。

注意 ジョージ・ソロスをはじめとする投機家たちは、過大評価された通貨の暴落を予測することが多い。しかし、必ずしもすべての賭けが成功するわけではない。政府当局が、過大評価された為替レートを維持できることもあるからだ。

15.3 実質為替レートと輸出

ここまでの分析では、名目為替レートに重点を置いてきた。名目為替レートとは、毎日、新聞紙上でみなさんが目にしている、外国為替市場において通貨の供給量と需要量を等しくする為替レートである。しかし、マクロ経済と貿易において実際に重要なのは、いわゆる実質為替レートと呼ばれるものであり、名目為替レートとは異なっている。ここで実質為替レートの概念を定義して、これが貿易の流れに影響を与える重要な役割を担っている理由について説明し

よう。

名目為替レートから実質為替レートへ

これまで学んできたとおり、ウォルマート社では仕入れ先を選択するときには、国内の生産者と外国の生産者の費用を、為替レートを用いて比較する。たとえば、品質が同じである場合には、ウォルマート社は、中国製おもちゃのドル価格と、アメリカ製の同等のおもちゃのドル価格を比較する。つまりウォルマート社は、以下の比率に注目する。

$$\frac{アメリカ製おもちゃのドル価格}{中国製おもちゃのドル価格}$$

この比率が1より大きければ、アメリカ製おもちゃは中国製おもちゃよりも高いということであり、ウォルマート社は中国の生産者からおもちゃを仕入れる。逆にこの比率が1より小さければ、アメリカ製おもちゃのほうが中国製おもちゃよりも安いということであり、ウォルマート社はアメリカの生産者からおもちゃを仕入れる。

この比率には、2種類の情報が含まれている——アメリカと中国のそれぞれの通貨でのおもちゃの価格であり、ウォルマート社が元価格をドル価格に換算するときの元／ドルの為替レートである。分子は、アメリカの生産者がウォルマート社に請求する価格である。アメリカの生産者がウォルマート社におもちゃを1個5ドルで供給する場合には、分子は5ドルである。

中国製おもちゃのドル価格を計算するためには、中国製品の（元表示の）価格に、1元当たりのドル価格を掛ければよい。元／ドルの名目為替レート e が1ドル当たりの元価格であるならば、1元当たりのドル価格は $1/e$ となる。したがって、中国製おもちゃのドル価格は以下の式で計算される。

$$中国製おもちゃのドル価格 = 中国製おもちゃの元価格 \times \frac{ドル}{元}$$

$$= 中国製おもちゃの元価格 \times \frac{1}{e}$$

たとえば、中国製おもちゃの価格が20元、名目為替レートが1ドル6.05元であるときには、中国製おもちゃのドル価格は1個当たり、20/6.05 = 3.31ドル、となる。

以上をまとめてみよう。最初の比率は、以下のように書き直すことができる。

$$\frac{\text{アメリカ製おもちゃのドル価格}}{\text{中国製おもちゃのドル価格}}$$

$$= \frac{\text{アメリカ製おもちゃのドル価格}}{\text{中国製おもちゃの元価格} \times (1/e)}$$

$$= \frac{\text{アメリカ製おもちゃのドル価格} \times e}{\text{中国製おもちゃの元価格}}$$

この比率は、為替レートを使って換算したアメリカ製おもちゃと中国製おもちゃの相対価格を示している。製品を仕入れるときには、すべての企業がこうした計算を行って価格を比較している。

この比率は、すべての企業にとって仕入れを判断する際の核心であるので、経済学では特別な名前が付けられている。すなわち、一般的な財とサービスをバスケットにして比率として計算した、実質為替レートである。アメリカにとっての**実質為替レート**とは、アメリカにおける財とサービスのバスケットのドル価格を、たとえば中国などの外国の財とサービスの同じバスケットのドル価格で割って計算した比率と定義される。おもちゃの例から導出された式を用いると、アメリカと中国の全般的な実質為替レートは、以下の式で表すことができる。

$$\frac{\text{アメリカのバスケットのドル価格}}{\text{中国のバスケットのドル価格}}$$

$$= \frac{\text{アメリカのバスケットのドル価格} \times e}{\text{中国のバスケットの元価格}}$$

アメリカのバスケットのドル価格とは、アメリカにおける財とサービスのバスケットのドル価格である。中国のバスケットの元価格とは、中国における同じ財とサービスのバスケットの元価格である。名目為替レートを用いれば、アメリカのバスケットのドル価格と、中国のバスケットの元価格を比較できる。

名目為替レートと実質為替レートの共変動

上式からわかるように、実質為替レートは、名目為替レートに依存するとともに、アメリカの物価と中国の物価の比率にも依存している。アメリカと中国における物価が名目為替レートに合わせて変化しない場合には、実質為替レートは名目為替レートに比例して動く。ただし、短期的には比例して変動するが、

●**実質為替レート**(real exchange rate)とは、自国の財とサービスのバスケットのドル価格を、外国の財とサービスの同じバスケットのドル価格で割った比率である。

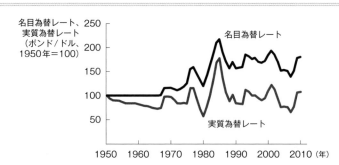

図表15.8 ポンド/ドルの名目為替レートと実質為替レートの推移：1950〜2010年

グラフは、イギリス・ポンドと米ドルの名目為替レート（1ドル当たりのポンドの単位数）と、この2通貨間の実質為替レート（アメリカでのバスケットのドル価格を、イギリスでの同じバスケットのドル価格で割って計算した比率）を描いている。ポンドとドルの名目為替レートは1966年まではペッグ（固定）されていたので、1950〜66年の名目為替レートは一定である。しかし、同時期の実質為替レートが下落しているのは、イギリスのほうがアメリカより物価が上昇しているためである。1967年以降の名目為替レートと実質為替レートは、足並みをそろえて上下に変動している。ポンド/ドルの名目為替レートが上昇して、ドルが増価するときには、ポンド/ドルの実質為替レートも上昇する。また、グラフに示されている全期間にわたって、実質為替レートのほうが名目為替レートよりもつねに低い。これはイギリスのインフレ率がアメリカのインフレ率よりも平均して少し高かったためである。どちらの為替レートも、1950年を100として基準化されている（各年の値を1950年の値で割って、100を掛けた数値がグラフに示されている）。

出所：Alan Heston, Robert Summers, and Bettina Aten, Penn World Table Version 7.1, Center for International Comparisons of Production, Income and Prices at the University of Pennsylvania, July 2012.

長期的には必ずしもそうはならない。

　最初に名目為替レートの変化の短期的影響について考えてみよう。図表15.8には、イギリス・ポンドと米ドルの名目為替レート（1ドル当たりのポンドの単位数、1950年を100として基準化）と、この2通貨間の実質為替レートの推移が示されている（アメリカでのバスケットのドル価格を、イギリスでの同じバスケットのドル価格で割って計算した比率、1950年を100として基準化）。グラフが示すように、短期的にはポンド/ドルの名目為替レートは、実質為替レートと足並みをそろえて動いている。言い換えるならば、ほとんどの場合において、名目為替レートと実質為替レートは連動して増価したり減価したりしている。

> ほとんどの場合において、名目為替レートと実質為替レートは連動して増価したり減価したりしている。

しかしグラフには、名目為替レートの変化と関連していない実質為替レートの動きがあることも示されている。これは、2国間の名目為替レートがペッグ（固定）されていた1950〜66年の動きを見

るとわかりやすい。この期間の名目為替レートが固定されていたのに対して、実質為替レートはアメリカとイギリスのインフレーションの動きの差の分だけ変動していた。この期間は、イギリスのインフレ率はアメリカのインフレ率よりも高く、それゆえに、イギリスの物価に対するアメリカの物価の比率は下落した。1950〜66年にかけては、名目為替レートが固定されていたとともに、イギリスのインフレ率のほうが高かったので、実質為替レートは下落したのである。

　アメリカとイギリスのインフレ率の差から生じる実質為替レートの変動は、(変動為替相場制に移行した) 1966年以降にも発生している。しかし、このインフレの影響は、グラフからはわかりにくい。緩やかなインフレを伴う変動為替相場制においては、実質為替レートの毎年の変動のほとんどが、2国間のインフレ率の差ではなく、名目為替レートの変動から発生しているからである。

実質為替レートと純輸出

　ウォルマート社が、店舗で販売する商品をアメリカ製にするのか中国製にするのか、そして、中国の小売店チェーンの百聯集団(上海)が店舗で販売する商品をアメリカ製にするのか中国製にするのかを判断する重要な要素が実質為替レートだ。元/ドルの実質為替レートが増価するときには、アメリカ製品は中国製品に比べて高価になるので、より多くのアメリカの小売店が中国から輸入しようとし、中国の小売店はアメリカから輸入するよりは中国製を仕入れようとする。図表15.9には、こうした企業の最適化行動がまとめられている。

　また、純輸出の定義は、輸出から輸入を差し引いたものであった。

　　　　純輸出＝輸出－輸入

　図表15.10には、純輸出曲線 $NX(E)$ によって、純輸出と実質為替レート (E) の関係が示されている。元/ドルの実質為替レートが増価する (E が上昇する) ときには、アメリカから中国への輸出が減少し、中国からアメリカへの輸入が

元/ドルの実質為替レート	中国	アメリカ
上昇する (ドルの増価と元の減価)	アメリカからの輸入減少 アメリカへの輸出増加	中国への輸出減少 中国からの輸入増加
下落する (ドルの減価と元の増価)	アメリカからの輸入増加 アメリカへの輸出減少	中国への輸出増加 中国からの輸入減少

図表15.9　実質為替レートと貿易に伴う資金の流れの関係

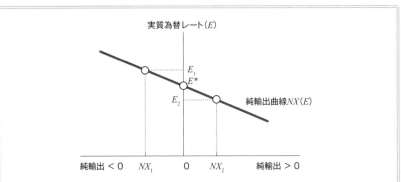

図表15.10　実質為替レート(E)と純輸出

実質為替レートが増価するときには、その国の輸入は増加し、輸出は減少するために、純輸出は減少する。この関係は右下がりの純輸出曲線、$NX(E)$、で示される。たとえば、実質為替レートがE^*からE_1に上昇すると、純輸出は0から$NX_1<0$に下落する。逆に、実質為替レートがE^*からE_2に下落すると、純輸出は0から$NX_2>0$に上昇する。

増加する傾向があるため、この関係を示す曲線は右下がりとなる。

　図表15.10においてE^*で示される実質為替レートでは、純輸出はゼロである。実質為替レートがE^*を上回るときには、純輸出はマイナス（貿易赤字）になり、実質為替レートがE^*を下回るときには、純輸出はプラス（貿易黒字）になる。実質為替レートは、通常はE^*を上回る水準であり続けることはできない。膨大な貿易赤字をいつまでも続けることはできないからである。膨大な貿易赤字が継続すると、対外債務は増大し続ける。ある時点で他の国々はその債務が返済されないことを心配するようになる。そうなると、同国の資産の売却をはじめることになるので、名目為替レートは減価し、E_1からE^*の水準まで下落する。

15.4　開放経済におけるGDP

　次に、実質為替レートの変化がマクロ経済に与える影響を分析しよう。まず、実質為替レートが増価するケースに焦点を当てる。この変化の影響を理解するに当たり、5章で学んだ国民所得勘定式を思い出そう。

$$Y = C + I + G + X - M$$

YはGDP、Cは消費、Iは投資（工場、設備および住宅建設が含まれる）、Gは政府支出、$X-M$は純輸出を示している（すべてアメリカ経済を指すものとする）。

　実質為替レートの増価は、純輸出を減らし、GDPを減少させる――つまり、

LETTING THE DATA SPEAK

データは語る

中国政府が元の過小評価を維持させた理由

図表15.5に示した元／ドルの名目為替レートに関する解説からもわかるように、元は歴史的には過小評価され続けてきた（そしてドルは過大評価され続けてきた）。元の価値を引き下げる（そしてドルの価値を引き上げる）ために、中国政府は元を売り、約2兆ドルものドルを購入した。

なぜ、中国政府はドルの過大評価を維持しようとするのだろうか？　図表15.10に、その答えがある。ドルが過大評価された実質為替レートの下では、中国からアメリカへの純輸出が多くなる。中国政府は、輸出を増加させるために、ドルの過大評価を維持してきたのである。元／ドルの実質為替レートが過大評価された——図表15.10ではE^*を上回る為替レート——結果、アメリカは中国に対して膨大な貿易赤字を抱えることになった。図表15.11に示されているように、アメリカの対中貿易赤字は2013年にはおよそ3,000億ドルだった。輸出拡大は、1980年代以降の中国の経済成長戦略の主要な柱だった。

この戦略は、中国の経済成長のペースを速めたかもしれないが、世界のその他の国にとっては弊害を伴うものであり、中国にとっても弊害が伴うものだった。中国元が過小評価された結果、外国からの輸入品は割高になり、中国の労働者の購買力を引き下げた。さらに、元の過小評価は、中国の貿易相手国との間に外交問題を引き起こした。中国からアメリカへの輸出増加は、中国の生産者と競争する産業を市場から追いやった。その結果、アメリカの経済活動を歪めることになった。こうした状況は、アメリカと中国の間に大きな摩擦を作り出した。

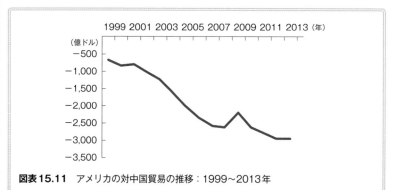

図表15.11　アメリカの対中国貿易の推移：1999〜2013年
出所：米商務省国勢調査局。

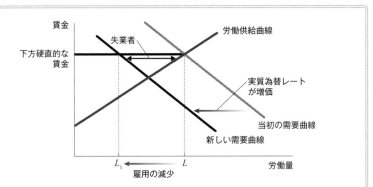

図表15.12　実質為替レートが増価すると、雇用は減少する

純輸出の減少（図表15.10に示されるように、貿易収支が均衡水準からNX_1に移動する）は、国内生産者が供給する財とサービスの需要を減らすため、労働需要を減少させる。下方硬直的な賃金の下では、労働需要の減少により、新たな失業者が生み出される。

その他すべてを一定として、国民所得勘定式の右辺の$X-M$が減少すれば、Y（GDP）は下落する。このマクロ経済における含意は、9章で紹介し、12章と13章でマクロ経済変動の分析に用いた労働需要と労働供給のグラフによって説明することができる。図表15.12には、賃金が下方硬直的な場合が描かれている。

　GDPが純輸出の変化にどのように反応するのかを見るために、ドルが増価して純輸出が減少する状況を想定してみよう。ドルが増価すると、アメリカ製品は外国にとって高価になるので、アメリカ製品に対する外国からの需要が減る。工作機械を例にとると、工作機械の需要が減少することの影響で、工作機械メーカーはその労働需要を左にシフトさせる。図表15.12に示されるように、ドルの増価により誘発された労働需要曲線の左へのシフトは、雇用の減少をもたらし、新たな失業者を生み出す。

　さらに、12章で学んだ乗数効果についても考慮に入れる必要がある。たとえば、輸出産業の雇用喪失が失業を生み出し、新たな失業により消費が削減されるので、別の産業にも影響が及ぶ。このように、純輸出の減少は、その直接的影響よりも、さらに大きな経済全体の収縮を引き起こすスピルオーバー効果をも持つことになる。

金利、為替レート、純輸出

　ここまでは、実質為替レートの増価がGDPを減少させることについて説明

してきた。次に、金融緩和政策が、実質為替レートの減価と純輸出の増加を通して、どのように経済の収縮を逆転できるのかについて説明しよう。

> Fedは、国内の金利を引き下げることによって、純輸出を増加させることができる。その逆に、国内金利を引き上げることによって、純輸出を減少させることもできる。

図表15.10で描いた実質為替レートE_1を出発点としよう。金融緩和政策によって国内（アメリカ）の金利が下がるとする。この金利低下によって、外国人、たとえばヨーロッパの人々は、アメリカに保有している資産を減らす（金利が低下すると、自国資産に比べてアメリカ資産から得られる収益率が低下し、投資対象としての魅力が薄れるためだ）。しかしそのためには、ユーロとドルを交換する必要がある。したがってヨーロッパの人々によるドルの供給が増加する。米ドルの供給が増加すると、外国為替市場においてドルの供給曲線は右にシフトする。変動為替相場制下のドル/ユーロの為替レートは、ドルの供給増加により、ユーロに対するドルの減価を引き起こす。

図表15.10では、ドルの減価は実質為替レートが低下する動きとなった。たとえば、E_1からE^*へであり、これが純輸出を$NX_1 < 0$の状態から$NX = 0$の状態まで増加させる。要するに、アメリカの金利低下は、米ドルの減価、すなわちドルの実質為替レートの減価の要因となって、アメリカの純輸出を増やす。

対照的に、金融引締め政策は逆の効果を持つ。Fedが国内の金利を引き上げると、アメリカの資産がより魅力を増すので、外国人投資家はアメリカ資産の保有を増やす。アメリカ資産の購入の増加は、ドルの需要曲線を右にシフトさせ、名目均衡為替レートを上昇させる。これが実質為替レートの増価につながり、純輸出を減少させる。

要するにFedは、国内の金利を引き下げることによって、純輸出を増加させることができる。その逆に、国内金利を引き上げることによって、純輸出を減少させることもできる。

ブラック・ウェンズデーの再考

ここでもう一度、イギリスにおいて1990年代初めに起きた出来事について振り返ってみよう。コラム「根拠に基づく経済学」（EBE）で書いたように、イギリス・ポンドはドイツ・マルクに対して過大評価になっていたのだが、このポンドの過大評価が最終的にはブラック・ウェンズデーにおけるポンド暴落

につながった。

　図表15.10と図表15.12で描かれたシナリオは、1991〜92年にかけてのイギリス経済の状態を表している。ポンドの過大評価により、イギリスのGDPは減少した。イギリスの実質為替レートは図表15.10のE_1、対応する雇用状況は図表15.12のL_1にあった。

　なぜ、イギリス政府は、ポンドの過大評価を維持できると考えたのだろうか？不思議に思われるだろう。その答えは、イギリス政府が、このポンドの過大評価は短期間で終息すると考えていたからである。

　イギリス政府の楽観的な見方は、まったく根拠がなかったというわけではない。本章では、名目為替レートの減価が、どのように通貨の過大評価を解消していくかについて説明してきた。しかし、一国が変動為替相場制をとっているか否かとは関係なく、別のかたちで過大評価が解消されることもある（図表15.10）。純輸出の減少に対応して、国内企業が競争力を維持するために価格を下げれば、外国製品に対する自国製品の価格の比率を小さくすることができる。前述のとおり、実質為替レートの式は以下となる。

$$E = \frac{\text{自国製品の価格} \times e}{\text{外国製品の価格}}$$

（eが固定されている場合には）外国製品の価格に対する自国製品の価格の比率が低下すると、実質為替レートが減価し、純輸出が増えて、労働需要も増え、GDPは上昇する。

　1992年当時のイギリス政府は、以下のように予測した。イギリスの物価は、貿易相手国の物価に比べて下がるだろう。その結果、より多くの国々がイギリスから財を輸入するようになれば（ポンドの需要曲線は右にシフトするので）、ポンドの過大評価は解消されるだろう、というものであった。しかしながら、このような国内の価格調整には実現するまでに時間がかかることを、イギリス政府は当初は認識していなかった。それに気づいたときには、すでにポンドの過大評価によってイギリスの純輸出は減少し、深刻な景気後退に陥っていた。実質為替レートが上昇する気配はなく、イギリスの外貨準備は減少し続けたために、ポンドの名目為替レートが暴落するという、ブラック・ウェンズデーの下地が整ってしまっていた。

　本章のモデルが想定するとおり、ブラック・ウェンズデーにおけるポンドの減価は、ポンドの実質為替レートの下落につながり、イギリスの純輸出を拡大させ、経済活動全体の水準も上昇させた。実際、イギリス経済はブラック・ウェ

ンズデーの後には好景気に転じ、続く3年間の年間成長率は平均3.6%を記録した。ソロスがポンドを暴落させた日に対して「ホワイト・ウェンズデー」とその呼び名を変える評論家もいたぐらいである。もっとも、ポンドの価値をマルクに対してペッグ（固定）させたことは、イギリス経済にとっては打撃であった。ポンドの価値の決定を市場に委ねることが、結局は最善の政策なのである。

LETTING THE DATA SPEAK　データは語る

固定為替相場制の費用

2007〜09年の金融危機の間、ヨーロッパとアメリカはともに景気後退に陥った。ただし、景気収縮とその影響は、ヨーロッパのほうが深刻であった（図表15.13）。2013年のアメリカの実質GDPは、2007年の金融危機以前の水準を7.6%上回った。2013年のユーロ圏の実質GDPは、2007年の金融危機以前の水準を依然として0.3%下回っていた。

金融危機の間の景気後退がヨーロッパのほうが深刻であった原因の一部は、ヨーロッパ諸国は為替レートを調整できないことにある、と考えている経済学者は多い。1999年1月1日、ヨーロッパの主要国（イギリスを除く）は、通貨をユーロに統一する通貨統合を行い、ユーロ圏を形成した。通貨統合によって、同一通貨が使用されているために、ユーロ

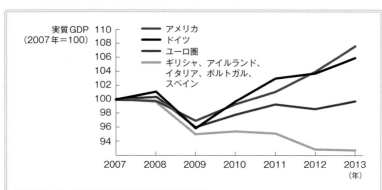

図表15.13 実質GDPの推移（2007年基準）

グラフには、4つの経済圏における実質GDPの推移が描かれている――アメリカ、ドイツ、ユーロ圏全体、ユーロ圏の中でも金融危機により受けた打撃が大きかった5カ国（ギリシャ、アイルランド、イタリア、ポルトガル、スペイン）、の4経済圏である。データは比較のために、2007年を100として基準化されている。国ごとの実質GDPを2007年の同じ国の実質GDPで割って、100を掛けた数値がグラフに示されている。

出所：World Bank Databank and International Monetary Fund World Economic Outlook Database（世界銀行・国際通貨基金 (IMF)「世界経済見通し」）。

圏諸国の為替レートはすべてお互いにペッグ（固定）されているという意味では、一種の固定為替相場制である。

これまで学んできたとおり、為替レートを変化させることができるならば、国は通貨を切り下げることによって、純輸出を増やして経済を刺激することができる。しかし、自国が統一通貨圏に加入している場合には、（共通通貨が切り下げられない限りは）それはできない。

こうした問題を複雑化させた要因としては、ヨーロッパの各国でニーズが異なっていたというミスマッチの問題がある。ドイツはヨーロッパの他の国々と比較して経済は好調であった。2013年のドイツの実質GDPは、2007年の金融危機以前の水準を5.9%上回っていた。その一方で、他のユーロ圏諸国の回復ははるかに遅れていた。ギリシャ、アイルランド、イタリア、ポルトガル、スペインの5カ国の2013年の実質GDPの合計は、2007年の水準よりも7.2%も下回っていた。

これらの各国が独自の金融政策を行うことができたならば、大胆な金融緩和政策を採用して、経済を刺激し、実質為替レートを引き下げていたことだろう。そうすることで、純輸出を増やし、労働需要は押し上げられていただろう。しかし、通貨が統合されたユーロ圏では、画一的な金融政策を選択するしかなく、それは結局、ギリシャ、アイルランド、イタリア、ポルトガル、スペインにとっては、不十分な金融緩和政策になっていた。

まとめ

- 名目為替レートは、自国通貨1単位で購入できる外国通貨の単位数を示す。一方、実質為替レートは、2つの国の財とサービスのバスケットの価格（ドルなどの単位に換算した価格）の比率である。

- 名目為替レートは、外国為替市場におけるその通貨の需要と供給によって決まる。中国の生産者がアメリカに財を売りドルを受け取ると、中国企業はそのドルを中国の通貨である元と交換する。これは、外国為替市場で元を需要して、ドルを供給するということである。一方、アメリカから輸入する中国企業は外国為替市場で反対の行動をとる。すなわち元を供給してドルを需要し、そのドルを取引相手のアメリカ企業に支払う。

- 一国が変動為替相場制を採用しているときには、その通貨の需要と供給の変化が名目為替レートの変動につながる。しかし、管理為替相場制または固定為替相場制を採用している国も多い。自国通貨と、

ドルなどの他国の通貨との間の為替レートをペッグ(固定)させている国も多い。管理為替相場制や固定為替相場制の下では、通貨の需要と供給の変動は、為替レートの変動とは必ずしも結びついていない。

- 管理為替相場制または固定為替相場制は、当初は安定しているように見えるが、ペッグ(固定)された為替レートの水準が、市場均衡の水準とかけ離れている場合には、この制度が、為替レートの急激な変化につながる場合がある。イギリス・ポンドの減価を予測した投資家ジョージ・ソロスが利益を獲得したように、その過程では膨大な利益が生まれる機会がある。

- 実質為替レートは、純輸出の額を左右するため、経済における重要な価格となっている。実質為替レートが1より大きいときには、アメリカ(自国)の財とサービスが外国の財とサービスよりも高いことを意味している。したがって、1を超える実質為替レートは、輸出を減らし、輸入を増やし、純輸出を減少させる。

- 純輸出の減少はGDPを減少させ、労働需要曲線を左にシフトさせる。

- 国内の金利は、実質為替レートに影響を与える。自国金利の低下は、外国人投資家にとって自国の資産の魅力を下げるため、名目為替レートと実質為替レートの両方を減価させる。その結果、純輸出が上昇し、労働需要曲線を右にシフトさせ、GDPを上昇させる。

キーワード

名目為替レート　　　　　　変動為替相場制
固定為替相場制　　　　　　管理為替相場制
外国為替市場　　　　　　　実質為替レート

復習問題

1.... 2通貨間の名目為替レートの定義を説明しなさい。

2. 通貨が増価する、または減価するとは、どういう意味か？
3. 変動為替相場制、固定為替相場制、管理為替相場制について、それぞれ説明しなさい。
4. ドルの需要曲線は、何を示しているのだろうか？　また、ドルの需要曲線が右下がりである理由を説明しなさい。
5. ドルの供給曲線は、何を示しているのだろうか？　また、ドルの供給曲線が右上がりである理由を説明しなさい。
6. 為替レートが、1ドル＝60インド・ルピーのときには、ドルが過大評価、インド・ルピーが過小評価であると言われる。それはどういう意味か？　説明しなさい。
7. ある国が、自国通貨が過大評価された水準で為替レートをペッグ（固定）するのは、どのような理由によるか？　説明しなさい。
8. ジョージ・ソロスは、過大評価されていたイギリス・ポンドから、どのようにして利益を得たのか？　説明しなさい。
9. アメリカの実質為替レートは、どのように計算されるのだろうか？
10. 一国の実質為替レートの変化は、その国の純輸出にどのような影響を及ぼすのだろうか？　説明しなさい。
11. その他すべてを一定とすると、実質金利の上昇によって、一国の純輸出、労働需要、雇用水準はどのような影響を受けるだろうか？　説明しなさい。
12. フリードニア国の経済は現在、貿易赤字と高い失業率に悩まされている。同国の純輸出を増やし、失業率を下げるために、中央銀行が行うことができる2つの政策について説明しなさい。

演習問題

1. アルゴニア国は、変動為替相場制を採用している。アルゴニア・ドル（AGD）と米ドル（USD）の為替レートは、現在1AGD＝3USDである。
   a. 縦軸に米ドル／アルゴニア・ドルの為替レートをとり、横軸にアルゴニア・ドルの量をとったグラフを描いて、外国為替市場での均衡を示しなさい。
   b. アルゴニア国で栽培されていた、アプリコットの世界需要が急増したとしよう。その他すべてを一定とすると、アルゴニア・ドルの価値には、どのような影響が及ぶだろうか？　グラフを使って説明しなさい。
2. 6章で学んだように、各国ごとの購買力平価を測定する簡単な指標にビッグマック指数がある。最近、英『エコノミスト』誌が、このビッグマック指数のリストにベトナムの通貨であるドン（VND）を付け加えた。ビッグマックの価格は、アメリカでは4.62ドルだが、ベトナムでは6万ドンであり、ドルに換算すると2.84ドルだ（現在の為替レートにより換算）。ここから、米ドルとベトナム・ドンの

実質為替レートについて何が言えるだろうか？　この実質為替レートは、1より大きいだろうか、あるいは1より小さいだろうか？

3. 本章でも述べたように、ベネズエラには公式な為替レートとは別に闇市場の為替レートがある。グラフは、ベネズエラのボリバル・フエルテ（VEF）と米ドル（USD）の公式の名目為替レートを示している。

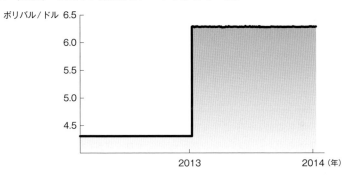

2013年2月にベネズエラ当局は、VEF/USDの名目為替レートを、1ドル4.3VEFから、1ドル6.3VEFに引き上げた。しかし、2014年1月に闇市場では、1ドル79VEFでドルとボリバル・フエルテが取引され、VEFの公式為替レートは過大評価であるという意見がある。以下の質問に答えなさい。

a. 闇市場の為替レートは均衡為替レートを反映していると考えて、過大評価されている公式為替レートと、VEFの市場の均衡為替レートについてグラフを使って示しなさい。縦軸は1ドル当たりVEFを表すものとする。

b. ベネズエラ政府は、なぜ公式為替レートの過大評価を維持しようとするのだろうか？　その理由について説明しなさい。

4. 本章のコラム「根拠に基づく経済学」（EBE）では、ジョージ・ソロスが率いるヘッジ・ファンドがイギリス・ポンドの減価に賭けて利益を獲得した経緯が描かれている。興味深いことに、ソロスはタイの通貨であるバーツにも賭けを挑んだ。

1997年、バーツはドルに対して下落し続けていた。タイ銀行はバーツの防衛（下落を食い止めること）を試みた――タイ・バーツ（THB）はドルに対して、1ドル25THBでペッグ（固定）された。以下の要因がどのようにして、タイ当局が過大評価された為替レートを維持し続けることを困難にし、暴落につながることになったのかについて説明しなさい。

a. タイ政府の米ドルの外貨準備は、1997年には過去2年間で最低の水準に落ち込んでいた。

b. タイの企業債務の大部分は、ドル建てであった。

5. 純輸出曲線、および労働需要曲線と労働供給曲線を使って、実質為替レートの

減価が雇用の増加につながる理由について説明しなさい。

6. エコニア国は、隣国のガバメンシア国やソシオロジア国と貿易をしている（いずれも架空の国である）。エコニア国の通貨はエコン、ガバメンシア国の通貨はガブ、ソシオロジア国の通貨はソクである。
名目為替レートは以下のとおりだ。
200エコン＝1ガブ
1ソク＝¼ガブ
100エコン＝1ソク
この3国で生産・消費されている財は、マックバーガーである。3カ国のマックバーガー1個当たり価格は、ガバメンシア国では2ガブ、ソシオロジア国では16ソク、エコニア国では600エコンである。

a. 上記の名目為替レートとマックバーガーの価格を使用して、ガバメンシア国の通貨から見た、ガバメンシア国とソシオロジア国のマックバーガーの実質為替レートを計算しなさい。その計算した値が何を意味するのかについて説明しなさい。

b. この3国が自由に貿易できて、かつ変動為替相場制である場合には、この名目為替レートは持続できるだろうか？　その理由について説明しなさい。（ヒント：為替トレーダーが、この為替レートで取引できるならば、無制限に利益を得られることを示しなさい。）

c. エコニア国の経済がデフレに陥った。この結果、エコニア国の主な貿易相手国であるガバメンシア国の経常収支には、短期的にどのような影響が及ぶだろうか？　名目為替レートは短期的には一定であると想定する。考えられる影響について、すべて説明しなさい。

7. 【チャレンジ問題】美しい伝説の国、コロラディアルでは通貨としてテオが使用されている。活気に満ちた脱工業化の国、オヘオでは通貨としてエレンを使用する。ちょうど1年前、外国為替市場では、100テオは5エレンで交換されていた。その後、コロラディアル国の実質金利は上昇していたが、オヘオ国の金利はそのままである。

a. その他すべてを一定とすると、エレンはテオに対して増価するだろうか、それとも減価するだろうか？　その理由についても説明しなさい。

b. テオに対するエレンの価値の変化は、50％だったと仮定する（増価であるか減価であるかは、設問a.の解答に基づく）。現在の名目為替レートを、テオ/エレンの比率で示しなさい。

c. 1年前、あなたはコロラディアル銀行で、年率3％の金利で10万テオを借り入れたとしよう。そして、その10万テオを当時の名目為替レート（100テオ＝5エレン）でエレンと交換して、そのエレンを使ってオヘオ国に5％の金利で

投資した。

1年後には、そのエレンをテオと交換して、コロラディアル銀行にローンを返済し、通貨間の金利差収入で利益を得る予定でいた（こうした取引は「キャリートレード」と呼ばれるもので、外国為替トレーダーの間で人気があった方法である）。

i. 仮に金利に変化がなく、さらに為替レートも100テオ＝5エレンから変化がなかったとすれば、この方法であなたはいくらの利益を得られただろうか？

ii. 設問a.と設問b.で示された為替レートに変化が起こると、この取引でのあなたの利益（または損失）は変化するだろうか？（コロラディアル銀行にあなたが支払う金利は、ローン契約の時点で固定され、変化しないと想定する）

8. グラフは、2008～14年の円／ドルの為替レートである。下表は同時期のアメリカと日本の2国の実質金利を示している。

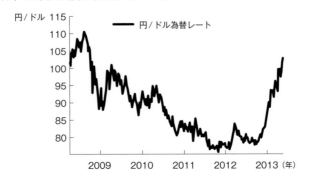

アメリカと日本の実質金利

	2009年	2010年	2011年	2012年	2013年
アメリカ	2.5%	2.0%	1.3%	1.5%	1.7%
日本	2.2%	3.8%	3.4%	2.3%	1.9%

2008～13年にかけて、米ドルは日本円に対して減価した。その理由には、何が考えられるだろうか？ 上表に示された情報を活用して説明しなさい。

9. 過去10年を通して、ドルはユーロに対して減価した。

a. 短期的には、Fedは、強いドルの実現（ドルの減価を止めて、増価を目指す）と同時に、投資を刺激したい、と考えている。本章と13章に基づいて考えるならば、果たしてFedは、金融政策によって、この2つの目標を同時に達成できるだろうか？ 説明しなさい。

b. 欧州中央銀行（ECB）は、金融緩和政策をとると仮定する。この政策によって、ユーロ／ドルの名目為替レートへの短期的影響、およびアメリカと欧州通貨

同盟（EMU）の間の実質為替レートに短期的影響があるとすれば、それはどのようなものだろうか。実質為替レートへの影響についての解答において、どのような仮定を置いているのかも説明しなさい。

10. 外国と積極的に貿易する東南アジア諸国の中でも、タイと台湾は急速に成長している国である。

  a. タイと台湾では、米酒のみを生産していると仮定する。1本の米酒は、タイでは100バーツ、台湾では200NT（ニュー台湾ドル）である。名目為替レートは、1NT当たり0.5バーツである。台湾側の実質為替レートを計算せよ（台湾経済を「国内」経済であると想定する）。途中の式も示すこと。直観的には、その数値は何を表しているかについて説明しなさい。

  b. 台湾にとっての他国との貿易収支（経常収支）は、当初は赤字でも黒字でもなく、台湾だけが好景気であり、同時に実質金利が上昇しているとする。台湾の経常収支が、好景気と実質金利の上昇によって影響を受けるメカニズムについて詳しく説明しなさい。

  c. バーツ/NTの為替レートが50％変化したとしよう。これが増価であるか、あるいは減価であるかは設問b.の解答次第である。現在の名目為替レートを、バーツ/NTで示しなさい。途中の計算式も書きなさい。

11. ボストニア国とニューヨークランド国の2国しかない世界を想定してみよう。ボストニア国の通貨はソック、ニューヨークランド国の通貨はヤンクだ。両国の国民は長年ライバル関係にあるが、ボストニア国とニューヨークランド国の間では貿易が行われている。

ニューヨークランド国の中央銀行が、金融引締め政策を行うと決断した。以下の変数に短期的影響があるとすれば、どのようなものになるかについて説明しなさい。

  a. ヤンク/ソックの名目為替レート

  b. ニューヨークランド国の純輸出

  c. ボストニア国の純輸出

  d. ニューヨークランド国のGDPが急減した。最初はボストニア国の国民は、ライバルが失速するのを見て喜んでいた。しかしその喜びもつかの間、経済学者がニューヨークランド国のGDP下落は、短期的にはボストニア国のGDPにも悪影響を及ぼす可能性があると指摘した。経済学者の指摘は正しいだろうか？　その理由も説明しなさい。

12. 2007〜09年の景気後退の後、ユーロ圏諸国の景気回復にはばらつきがあることは、コラム「データは語る」で説明した。ユーロのような単一通貨が採用されている場合には、1つの国が単独で自国の景気停滞に対処する能力が損なわれることがある。14章と本章を参考にして、その理由を説明しなさい。

用語解説

ア行

アニマル・スピリット（animal spirits）　心理的要因は、消費者や企業の気分を変え、それが結果的に、消費や投資そしてGDPに影響を与えることになる。こうした心理的要因が引き起こす現象がアニマル・スピリットである。

因果関係（causation）は、ある出来事が別の出来事に直接影響を及ぼす（原因と結果の関係がある）ときに生じる。

インフレ期待（inflation expectation）とは、経済主体による将来のインフレ率の予想である。

インフレ率（inflation rate）　物価の上昇率がインフレ率である。これは、1年間の物価指数の上昇率を計算したものである。

受入意思額（willingness to accept）とは、財を追加的に1単位売るために売り手が受け入れる最小の金額である。最適化行動をとる企業にとって、受入意思額は、生産の限界費用と同じである。

円グラフ（pie chart）とは、円を分割したもので、それぞれの面積が全体に対する割合を示す。

オークンの法則（Okun's law）によれば、

$$失業率の前年差 = -\frac{1}{2} \times (g - 3\%)$$

ここでgは、実質GDPの年間成長率（％）である。

カ行

外国為替市場（foreign exchange market）は、通貨が取引され、名目為替レートが決定されるグローバルな金融市場である。

開放経済（open economy）とは、外国と自由に貿易を行う国である。

価格受容者（price-taker）とは、市場価格を受け入れる売り手や買い手のことである。買い手はより安い価格を交渉することはできず、売り手はより高い価格を交渉することはできない。

科学的方法（scientific method）とは、経済学者、社会科学者、自然科学者が以下のことを行うために使う一連のプロセスである。(1)世の中の出来事を表すモデルを考え出す。(2)データを用いてそのモデルを検証する。

拡張的財政政策（expansionary fiscal policy）は、政府支出を増加させるか、減税を実施することによって、実質GDPの成長率を引き上げることを目的とする。

仮説（hypotheses）とは、データを使って検証しうる予測である。仮説は通常、モデルから導き出される。

傾き（slope）とは、y軸の変数の値の変化をx軸の変数の値の変化で割ったものである。

価値貯蔵手段（store of value）とは、購買力を将来に持ち越すことを可能にする資産である。

貨幣（money）とは、人々が財やサービスを売買するに際して、支払いをしたり、受け取ったりするときに使用される資産である。

貨幣数量説（quantity theory of money）では、名目GDPに対するマネーサプライの比率は完全に一定であると想定する。

借り手 → **債務者**、を参照

完全競争市場（perfectly competitive market）では、(1)売り手はみな同じ財やサービスを売り、そして、(2)個人の買い手も個別の売り手も、自分だけでは財やサービスの市場価格に影響を及ぼすほどの力はない。

管理為替相場制（managed exchange rate）　政府が外国為替市場に影響を及ぼすために積極的に介入する場合には、その国は管理為替相場制である。

機会費用（opportunity cost）とは、代替的な選択肢の中で最善のものを指す。

技術（technology）　良い技術を持っている経済は、労働と資本を効率よく使用し、高い生産性を実現する。

技術進歩（technological change）とは、新しい技術、新しい財およびサービスが経済で発明・導入され使用されるようになる過程のことである。それによって経済は、物的資本ストックと労働の総効率単位などの生産要素が同じでも、より高い水準のGDPを達成できる。

希少資源（scarce resource）とは、人々が欲しがっている量が、人々が利用できる量を超えているものである。

希少性（scarcity）とは、限られている資源に対して限りない欲求がある状態である。

期待実質金利（expected real interest rate）とは、名目金利から、期待インフレ率を差し引いたものである。

規範的経済学（normative economics）とは、個人または社会がするべきことを提言する経済分析である。

逆の因果関係（reverse causality）は、原因と結果の方向を取り違えたときに生じる。

キャッチアップ成長（catch-up growth）とは、比較的貧しい国が、より発展した国で発明された知識や技術を活用することによって、自国の1人当たりGDPを増加させていく成長プロセスである。

供給曲線（supply curve）とは、様々な価格における供給量をグラフにしたものである。すなわち、供給表をグラフで表したものである。

供給曲線に沿った移動（movement along the supply curve）　財の価格だけが変化する場合には供給曲線はシフトせず、その価格の変化は供給曲線に沿った移動を引き起こす。

供給曲線のシフト（supply curve shifts）は、同じ価格の下で供給量が変化するときにのみ起こる。

供給の法則（law of supply）とは、（その他すべてを一定として）価格が上昇するときには供給量は増加する、という関係であり、ほとんどすべての場合において当てはまる。

供給表（supply schedule）とは、その他すべてを一定として、様々な価格における供給量を示したものである。

供給量（quantity supplied）とは、所与の価格において、売り手が供給したいと思う財やサービスの量である。

恐慌（depression）とは、合意がなされた定義ではないものの、一般的には20％以上の失業率を伴って長期化した景気後退を指す。

競争均衡（competitive equilibrium）は、供給曲線と需要曲線の交点である。

競争均衡価格（competitive equilibrium price）では、供給量と需要量は一致する。

競争均衡量（competitive equilibrium quantity）とは、競争均衡価格に対応する量である。

均衡（equilibrium）とは、誰もが同時に最適化をしていて、そこから行動を変えることで便益を得る人は誰もいない、という特別な状態である。

銀行準備（bank reserve）とは、銀行が保有する現金とその銀行が連邦準備銀行（Fed）に保有している預金口座残高の合計である。

銀行取付け（bank run）は、その銀行が預金引出しに対応できる流動資産が不足するだろうという懸念に駆られて、極めて大量に現金が引き出されるときに発生する。

緊縮的財政政策（contractionary fiscal policy）は、政府支出を減少させるか、増税を実施することによって、実質GDPの成長率を引き下げることを目的とする。

金融緩和政策（expansionary monetary policy）とは、準備預金の量を増加させるとともに、金利を引き下げる政策である。

金融収支（financial account）は、外国の居住者が所有する国内資産の増加から、国内の居住者が所有する外国資産の増加を差し引いたものである。

金融政策（monetary policy）　→　**中央銀行**、を参照

金融仲介機関（financial intermediary）は、金融資本の供給者（貯蓄主体など）から金融資本の使用者（借り手など）へと、資金が流れるようにする役割を果たす。

金融引締め政策（contractionary monetary policy）では、準備預金の成長を抑制して、金利を引き上げ、融資を減少させることを通して、マネーサプライの成長を抑制して、インフレ率を引き下げる。

金利または**利子率**（interest rate）と**名目金利**または**名目利子率**（nominal interest rate）　金利iは、1ドルのローンの1年間の費用であり、Lドルのローンの年間費用は、$i \times L$、で表される。

クラウディングアウト（crowding out）とは、政府支出の増加が、家計や企業の支出の一部あるいは全部と置き換わることを言う。

クレジット　→　**信用**、を参照

クレジット市場（credit market）は、借り手が預金者から資金を調達する場所である。

景気拡大（economic expansion）は、景気後退と景気後退の間の時期を言う。景気拡大は、景気後退が終わったときをはじまりとし、次の景気後退がはじまったときを終わりとする。

景気後退（recession）とは、（最低2四半期を連続して）経済全体の産出量が減少している期間である。

景気変動（economic fluctuation）　実質GDP成長率の短期的な変化を、景気変動または**景気循環**（business cycle）と言う。

景況感（sentiment）には、将来の経済活動に対する期待の変化、企業や家計が直面している不確実性の変化、そしてアニマル・スピリットの変化が含まれる。景況感が変化するときには、家計の消費と企業の投資は変化する。

経験主義（empiricism）とは、データを使用する分析である。経済学者は、理論を検証したり、世の中で起きたことの要因を分析するためにデータを活用する。

経済学（economics）とは、経済主体が希少資源の配分をどう選択するか、またその選択が社会にどう影響を及ぼすのかを研究する学問である。

経済主体（economic agent）とは、選択を行う個人や集団である。

経済成長（economic growth）、または**成長**（growth）は、一国の1人当たりGDPの増加で表す。

経済制度（economic institutions）とは、経済取引に関する社会のルールの特徴である。

計算単位（unit of account）とは、様々な財やサービスの価値（価格）を示すうえで、広く一般に使用される尺度である。

経常収支（current account）は、純輸出、外国からの純要素受取、外国からの純移転の合計である。

限界生産力逓減の法則（law of diminishing marginal product）とは、他の生産要素投入を一定として、ある生産要素の投入を増やすと、その生産要素のGDPへの限界的な寄与は小さくなることである。

限界での最適化原理（principle of optimization at the margin）とは、実現可能な最善の選択肢をとるとあなたの状況がより良くなり、別の選択肢に変えると状況がより悪くなるということである。

限界費用（marginal cost）とは、ともに実現可能なある選択肢から別の選択肢に変えた場合に発生する追加費用である。

限界分析（marginal analysis）とは、ともに実現可能なある選択肢と別の選択肢の違いに焦点を当てて費用と便益を計算することである。

限界便益逓減（diminishing marginal benefit）とは、財の消費が多くなるにつれて、追加の1単位に対する支払意思額は減少することである。

研究開発（R&D, research and development）とは、企業または経済において技術進歩を目的とする、科学的知識の向上、新しいイノベーションの創出、または生産過程における既存の知識の改善、などを目指す活動である。

公開市場操作（open market operation）　連邦準備銀行（Fed）が民間銀行が保有する準備預金の量を増やそうと考えた場合には、民間銀行から国債を購入し、その代わりに民間銀行が保有している電子的に記録された準備預金を増加させる。その逆に、Fedが民間銀行が保有する準備預金の量を減らしたいと考えた場合には、民間銀行に国債を売却し、その代わりに民間銀行が保有している準備預金を減少させる。国債を売買することによって、Fedはフェデラル・ファンド市場の垂直な供給曲線を左右にシフトさせ、民間銀行が（Fedに）保有している準備預金の量をコントロールする。このような取引が公開市場操作である。

交換手段（medium of exchange）とは、財やサービスと交換することができる資産である。

構造的失業（structural unemployment）は、労働供給量が労働需要量を継続的に上回っているときに起きる。

行動経済学（behavioral economics）では、心理学理論と経済学理論を組み合わせて人の行動を説明する。

恒等式（identity）　2つの変数が数学的に同値になるように定義されているとき、この2つの変数を結びつける式を恒等式と言う。

購買力平価（PPP, Purchasing Power Parity）は、それぞれの国の代表的な製品を組み合わせたもの（バスケット）の価格を集計したものである。その相対的な価格は、国ごとの所得を比較するために使用される。

効率賃金（efficiency wage）とは、労働者が受け入れる賃金の水準を上回る賃金であり、その高い部分が労働者の生産性を向上させ、その企業の利潤率を改善させる。

国内総生産（GDP, Gross Domestic Product）とは、特定の期間内に、一国内で生産された最終財とサービスの市場価値である。

国民経済計算（national income accounts）とは、一国の経済全体の活動を測定するものである。

国民所得勘定式（national income accounting identity）、$Y = C + I + G + X - M$、は、GDPを「消費＋投資＋政府支出＋輸出－輸入」に分解したものである。

国民所得生産勘定（NIPA, National Income and Product Accounts）とは、国民経済計算のアメリカにおける公式名称である。

国民総生産（GNP, Gross National Product）とは、その国の居住者によって所有されている生産要素（資本および労働）によって作り出される生産の市場価値である。

固定為替相場制（fixed exchange rate） 政府が為替レートを固定し、その値を維持するために介入する場合には、その国は固定為替相場制である。

サ行

財政乗数 → 政府支出乗数、を参照
最適（optimum）とは、実現可能な最善の選択肢である。言い換えれば、最適とは最適な選択のことである。
最適化（optimization）とは、利用しうる情報をもとにして、実現可能な最善の選択肢を選ぼうとすることである。
債務者（debtor）または借り手とは、資金を借りる経済主体のことである。
債務超過（insolvent） 銀行の資産価値が負債価値を下回っているときには、その銀行は債務超過である。
差分による最適化（optimization in differences）は、ある選択肢から別の選択肢に変えた場合の純便益の違いを計算し、その変化の違いを比較して、最善の選択肢を選ぶ方法である。
産業革命（industrial revolution）とは、18世紀終わりにイギリスからはじまった、生産過程における一連のイノベーションと改善を総称する言葉である。
散布図（scatter plot）は、データの点の位置によって2つの変数の関係を示す。
時系列グラフ（time series graph）は、異なる時点のデータを示す。
自己実現的予言（self-fulfilling prophecy）とは、出来事を予測することが、その出来事を実現する行動を誘発する状況を指す。
自己資本（stockholders' equity）とは、銀行の総資産と総負債の差額と定義される。
資産超過（solvent） 銀行の資産価値が負債価値を上回っているときには、その銀行は資産超過である。
事実解明的経済学（positive economics）とは、データで証明できるかたちで世の中を客観的に記述したり、予測したりする経済分析である。
市場（market）とは、財やサービスを取引する経済主体の集合であり、取引のためのルールと取決めが定められている。
市場価格（market price） すべての売り手と買い手が同じ価格に直面しているとき、その価格は市場価格と呼ばれる。
市場供給曲線（market supply curve）とは、すべての潜在的な売り手の個別の供給曲線の合計である。その他すべてを一定として、総供給量と市場価格の関係をグラフにしたものである。
市場均衡賃金（market-clearing wage） 競争均衡での賃金を、市場均衡賃金と言う。この賃金水準で、労働需要量と労働供給量が一致し、仕事が欲しいすべての労働者が仕事に就くことができる。
市場需要曲線（market demand curve）とは、すべての潜在的な買い手である個人の需要曲線の合計である。その他すべてを一定として、総需要量と市場価格の関係をグラフにしたものである。
指数的成長（exponential growth）とは、数量（たとえばGDP、または1人当たりGDP）がほぼ一定の成長率で増加するプロセスである。
自然失業率（natural rate of unemployment）とは、その周囲を現実の失業率が変動する率である。
自然実験（natural experiment）とは、実験者がコントロールしないかたちで、無作為ま

たはほぼ無作為に、対象者が対照群と処置群に振り分けられた実証分析である。

持続的成長（sustained growth）とは、長期にわたって1人当たりGDPが正で比較的安定して成長するプロセスである。

失業者（unemployed）とは、賃金が支払われる仕事がなく、直近の4週間に積極的に職探しを行い、現在働ける状態にある労働者を指す。

失業率（unemployment rate）とは、労働力人口の中の失業者の割合である。

実験（experiment）とは、変数の因果関係を検証するために変数の条件を調整する方法である。

実現した実質金利（realized real interest rate）とは、名目金利から実現したインフレ率を差し引いたものである。

実質為替レート（real exchange rate）とは、自国の財とサービスのバスケットのドル価格を、外国の財とサービスの同じバスケットのドル価格で割った比率である。

実質金利または**実質利子率**（real interest rate）とは、名目金利からインフレ率を差し引いたものである。

実質GDP（real GDP）は、（最終財とサービスの）総生産価値である。ただし、生産された各単位を測定するための価値としては、特定の基準年の市場価格を使用する。

実質GDP成長（real GDP growth）とは、実質GDPの成長率のことである。

実質賃金（real wage）とは、名目賃金を消費者物価指数（CPI）などの、物価指数で割ったものである。**名目賃金**、も参照。

実証的エビデンス（empirical evidence）とは、観察や計測によって得られる一連の事実である。

実物的景気循環理論（real business cycle theory）は、**リアル・ビジネス・サイクル理論**とも言われる。景気変動を引き起こす要因として、技術の変化の役割を強調する学説である。

GDPデフレーター（GDP deflator）とは、名目GDPを同じ年の実質GDPで割った数字に100を掛けたものである。一国の財とサービスの価格が基準年から見てどのくらい上昇したのかを示す指標である。

自動安定化装置（automatic stabilizer）は、政府予算の中で、景気変動の影響を小さくするように自動的に調整される項目である。

支払意思額（willingness to pay）とは、財の追加の1単位に対して買い手が支払う意思のある最大の金額である。

資本所得（capital income）とは、物的資本または金融資本を所有することから獲得する所得である。

就業者（employed）　フルタイムでもパートタイムでも、賃金が支払われている労働者は就業者である。

集計（aggregation）　個人の行動を加算していくプロセスを集計と言う。

集計的生産関数（aggregate production function）とは、一国のGDPと生産要素との関係を示すものである。

私有財産権（private property rights）とは、個人が事業を行うことができ、資産を所有することが保障されることを意味している。

従属変数（dependent variable）とは、別の変数の変化から影響を受ける変数である。

収奪的経済制度（extractive economic institutions）とは、私有財産権を保障せず、契約を認めず、市場の活動を阻害している社会である。このような社会では、事業や仕事に対して高い参入障壁が築かれている。

16歳以上人口（potential workers）は、総人口から、16歳未満の子ども、軍役中の者、

福祉施設や刑務所などに収容されている者、を除いたすべての一般市民を言う。

出生率（fertility）とは、大人1人当たりの子どもの数、または出産適齢期の女性1人当たりの子どもの数である。

需要曲線（demand curve）とは、様々な価格における需要量をグラフにしたものである。すなわち、需要表をグラフで表したものである。

需要曲線に沿った移動（movement along the demand curve）　財の価格だけが変化する場合には需要曲線はシフトせず、その価格の変化は需要曲線に沿った移動を引き起こす。

需要曲線のシフト（demand curve shifts）は、同じ価格の下で需要量が変化するときにのみ起こる。

需要の法則（law of demand）とは、（その他すべてを一定として）価格が下落するときには需要量は増加する、という関係であり、ほとんどすべての場合において当てはまる。

需要表（demand schedule）とは、その他すべてを一定として、様々な価格における需要量を示したものである。

需要量（quantity demanded）とは、所与の価格において、買い手が購入したいと思う財やサービスの量である。

循環的失業（cyclical unemployment）とは、現実の失業率と自然失業率との差である。

準備預金（bank reserves）　→　**銀行準備**、を参照

純輸出（net export）とは、一国の輸出額から輸入額を差し引いたものである。純輸出は、**貿易収支**（trade balance）とも言われる。

証券（security）とは、金融上の契約である。証券には株式と債券がある。株式は会社の所有権を配分する契約である。また債券は、貸し手への返済を約束する契約である。

乗数（multiplier）とは、最初の経済ショックの影響が増幅されていく経済メカニズムである。

消費（consumption）とは、国内の家計によって購入された、消費財と消費サービスの市場価値である。

消費者物価指数（**CPI**, Consumer Price Index）とは、比較する年の価格で特定の消費財バスケットを購入するためにかかる費用を、基準年の価格で同じ消費財バスケットを購入できる費用で割って、100を掛けたものである。

省略された変数（omitted variable）とは、分析の対象からは外れているが、分析に入れれば2つの変数が相関している理由を説明しうる変数である。

ジョブ・サーチ（**職探し**、job search）とは、労働者が自分に適した仕事を見つけるために行う活動である。

人口転換（demographic transition）とは、農業から工業に転換するときに多くの社会が経験する、出生率の低下と1家族当たりの子どもの数の減少である。

人的資本（human capital）とは、生産物あるいは経済的価値を生み出す労働者の技能の蓄積である。

信用（credit）または**クレジット**とは、債務者が受け取るローンを指す。

信用供給曲線（credit supply curve）は、信用供給量と実質金利の関係を表している。

信用需要曲線（credit demand curve）は、信用需要量と実質金利の関係を表している。

水準による最適化（optimization in levels）は、各選択肢ごとに純便益の合計を計算し、最善の選択肢を選ぶ方法である。

生産性（productivity）とは、労働者が（1時間）働くことにより生み出される財とサービスの価値である。

生産の効率性（efficiency of production）とは、所与の生産要素と知識から、最大の産出量を生み出す社会（経済）の能力である。

生産要素（factors of production）とは、生産過程での投入物である。

政治制度（political institutions）とは、政治権力の分配と、政治権力を行使するうえでの制約に関する社会のルールの特徴である。

政治的な創造的破壊（political creative destruction）とは、経済成長が既存の権力構造を揺るがし、支配者の政治力を弱めるプロセスである。

正常財（normal good）では、所得の増加は財の需要曲線を右にシフトさせる（財の価格は一定とする）。

生存水準（subsistence level）とは、生命を維持するために必要な栄養量（カロリーベース）の摂取、住居、衣類を得るために一般的に必要とされる1人当たりの最低所得水準である。

成長 → 経済成長、を参照

成長率（growth rate）とは、2つの時点間で基準となる（2期間の当初の時点の）数量と比較した、2時点間の数量（たとえば、1人当たりGDP）の変化である。

制度（institutions）とは、法律や規則など、社会の組織を統治する公式および非公式なルールである。

制度仮説（institutions hypothesis）とは、人間が社会を組織するために選択した方法上の違い——つまり、個人や企業が社会で直面するインセンティブを形成するときの違い——が、各国の繁栄の程度の差異をもたらす根本的原因になっている、という考え方である。

正の関係（positively related）　2つの変数が同じ方向に動くとき、その2つの変数には正の関係があると言う。

正の相関（positive correlation）とは、2つの変数が同じ方向に変化することである。

政府支出（government expenditure）とは、政府によって購入された、財とサービスの市場価値である。

政府支出乗数（government expenditure multiplier）　政府支出が1ドル増加したことによって、GDPがmドル上昇した場合には、政府支出乗数はmである。これは**財政乗数**とも呼ばれる。

政府の租税乗数（government taxation multiplier）　1ドルの減税が実施されたことにより、GDPがmドル上昇した場合には、政府の租税乗数はmである。

絶対優位（absolute advantage）　ある生産者が、他の生産者と比較して時間当たりの生産量が大きければ、その生産者は、その財（またはサービス）の生産に絶対優位を持つ。

ゼロ相関（zero correlation）　変数の動きに関連がない場合には、ゼロ相関と言う。**負の相関**、も参照。

相関関係（correlation）とは、2つの出来事が相互に関連していることを言う。

創造的破壊（creative destruction）とは、新しい技術が古い技術に取って代わるプロセスであり、新しい企業は古い企業と入れ替わり、新しいスキルによって古いスキルは不要なものになる。

その他すべてを一定とする（holding all else equal）とは、経済においてその他の要素が変化しないことを意味する。経済学ではしばしば、ラテン語で同じことを意味する*ceteris paribus*が使われる。

タ行

対外直接投資（foreign direct investment）とは、国外に住む個人および企業による、国内の企業や事業への投資である。対外直接投資に分類されるのは、外国からの投資が

投資先国企業の資本の中で大きな割合を占めた場合である。

大恐慌（Great Depression）とは、1929年にはじまった深刻な経済収縮のことであり、実質GDPが底を打った（景気の谷）のは1933年だった。また、実質GDPがトレンド線を下回った期間は、1930年代後半の第2次世界大戦前夜まで続いた。

代替財（substitutes）　一方の財の価格の低下が、関連するもう一方の財の需要曲線を左にシフトさせるとき、2つの財は代替財である。

団体交渉（collective bargaining）とは、企業と労働組合の間で行われる契約の交渉である。

中央銀行（central bank）とは、金融機関を監督し、重要な金利を管理し、マネーサプライを間接的にコントロールしている、政府機関である。こうした活動をまとめて**金融政策**（monetary policy）と呼ぶ。

超過供給（excess supply）　市場価格が競争均衡価格よりも高いときには、供給量が需要量を上回る超過供給になる。

超過需要（excess demand）　市場価格が競争均衡価格よりも低いときには、需要量が供給量を上回る超過需要になる。

長期実質金利（long-term real interest rate）とは、長期名目金利から長期インフレ率を差し引いたものである。

貯蓄率（saving rate）とは、所得の中から貯蓄に回される割合である。

地理仮説（geography hypothesis）とは、地理的な違い、気候の違い、生態系の違いが、究極的には各国の繁栄の程度を大きく左右する根本的原因であるとする考え方である。

賃金の下方硬直性（downward wage rigidity）とは、労働者が賃金カットを受け入れないことから生まれる。

賃金の硬直性（wage rigidity）とは、市場賃金が、労働市場が均衡する競争均衡を上回る水準で固定されている状態を指す。

通貨発行益（seignorage）　政府が紙幣を発行することから得られる便益が通貨発行益である。

データ（data）とは、世の中を描写する事実、測定結果、または統計のことである。

デフレーション（deflation）率（またはデフレ率）とは、物価水準の下落率のことである。

投資（investment）とは、国内の家計と国内の企業によって購入された、新しい物的資本の市場価値である。

投入物（input）とは、ほかの財やサービスを生産するために使用する財やサービスである。

独立変数（independent variable）とは、別の変数の影響を受けない変数であり、実験では、実験者が操作する。

特化による利益（gains from specialization）は、個人や地域や国が、特定の財やサービスの生産活動に特化することによって社会が得ることができる経済利益である。

トレードオフ（trade-off）とは、何かを得るために、何か別のものをあきらめる必要がある状態である。

ハ行

繁栄の根本的原因（fundamental causes of prosperity）とは、繁栄の直接的原因の違いを生み出した要因である。

繁栄の直接的原因（proximate causes of prosperity）とは、高水準の1人当たりGDPは、物的資本、人的資本、技術などの要因が高水準であることによりもたらされることを説明する。

反循環的金融政策（countercyclical monetary policy）とは、準備預金の量と金利を操作

することによって、景気変動を小さくすることを目的に実行される政策である。アメリカでは中央銀行（Fed）が実行する。

反循環的財政政策（countercyclical fiscal policy）とは、政府支出の量と税率を操作することによって、景気変動を小さくすることを目的に実行される政策である。アメリカでは立法府（連邦議会）が可決し、大統領が署名して成立する。

反循環的政策（countercyclical policy）とは、景気変動を小さくすることを目的に実行される、雇用やGDPや物価の成長を円滑にするための政策である。

比較静学（comparative statics）では、経済変数が変わる前の状態と後の状態を比較する。

比較優位（comparative advantage）　ある労働者が、他の労働者と比較して生産1単位当たりの機会費用が低いときには、その労働者は、その財（またはサービス）の生産に比較優位を持つ。

1人当たり所得（income per capita）または**1人当たりGDP**（GDP per capita）は、GDPをその国の総人口で割ることによって算出される。

1人1日1ドルの貧困線（one dollar a day per person poverty line）は、経済学者や社会学者が国際的な貧困の程度を比較するために使用する絶対的貧困の尺度である。

費用便益分析（cost-benefit analysis）とは、ドルや円などの共通の測定単位を使用して費用と便益を積算していくことである。

Fed → 連邦準備銀行、を参照

フェデラル・ファンド市場（federal funds market）とは、銀行が準備預金の貸し借りをオーバーナイト・ローンによって組成する市場である。

フェデラル・ファンド市場均衡（federal funds market equilibrium）　フェデラル・ファンド市場における供給曲線と需要曲線の交点が、フェデラル・ファンド市場均衡である。

フェデラル・ファンド・レート（federal funds rate）とは、銀行がフェデラル・ファンド市場のオーバーナイト・ローンに対して要求する金利である。貸出しに利用される資金は、連邦準備銀行（Fed）にある準備預金である。

付加価値（value added）　生産アプローチでは、それぞれの企業の付加価値が測定される。付加価値とは、企業の売上げの総額から、他の企業から購入した中間財の金額を差し引いたものである。

不換紙幣（fiat money）とは、政府が法令により定めたものであり、法定通貨として使用されている紙幣ではあるが、金（きん）や銀のような物的商品としての価値はないもの（資産）である。

物的資本（physical capital）とは、機械（設備）や建物（構築物）のように、生産に使用されるあらゆる財である。

物的資本ストック（physical capital stock）とは、生産に使用される機械（設備）や建物（構築物）、その他の労働以外の投入物の価値の合計である。

負の関係（negatively related）　2つの変数が反対方向に動くとき、その2つの変数には負の関係があると言う。

負の相関（negative correlation）とは、2つの変数が反対の方向に変化することである。変数の動きに関連がない場合には、**ゼロ相関**（zero correlation）と言う。

文化仮説（culture hypothesis）とは、異なる価値観や文化的信条が、各国の繁栄の程度を大きく左右する根本的原因であるとする考え方である。

平均（mean, average）とは、様々な値をすべて足し合わせて、それを値の数で割ったものである。

閉鎖経済（closed economy）とは、外国との貿易を行わない国である。

変数（variable）とは、変化する要素のことである。

変動為替相場制（flexible exchange rate, floating exchange rate）　政府が外国為替市場に介入しない場合には、その国は変動為替相場制である。

貿易赤字（trade deficit）　貿易収支がマイナスのときは貿易赤字と言い、輸出額を上回った分の輸入額である。

貿易黒字（trade surplus）　貿易収支がプラスのときは貿易黒字と言い、輸入額を上回った分の輸出額である。

貿易収支　→　純輸出、を参照

棒グラフ（bar chart）は、棒の高さ（長さ）を変えることで、各グループの性質を示す。

包摂的経済制度（inclusive economic institutions）とは、私有財産権を保障し、法と秩序を維持し、民間部門の契約が確実に履行されることを支持し、新しい分野と職業への自由な参入が許されている社会である。

補完財（complements）　一方の財の価格の低下が、関連するもう一方の財の需要曲線を右にシフトさせるとき、2つの財は補完財である。

マ行

マクロ経済学（macroeconomics）とは、経済全体を研究する学問である。マクロ経済学は、一国の総産出量、インフレ率、失業率など、経済全体の現象を分析する。

摩擦的失業（frictional unemployment）とは、労働者が求人に関する完全な情報を得ることができないために、ジョブ・サーチに時間がかかることに起因する失業のことである。

マネーサプライ（money supply）には、流通している貨幣、当座預金、貯蓄預金、その他のほとんどの種類の銀行預金（トラベラーズチェック、マネー・マーケット・アカウント（MMA）など）が含まれている。これは、M2と呼ばれる。

マルサス・サイクル（Malthusian cycle）では、総所得の増加が人口の増加を引き起こし、それが1人当たりの所得を減らしてしまうので、結果として人口を減少させてしまう。これは、産業革命以前の世界の姿を描写したパターンであった。

満期（maturity）とは、負債を返済すべき期日である。

満期変換（maturity transformation）とは、銀行が短期負債を長期資産である投資（長期投資）に変換するプロセスである。

ミクロ経済学（microeconomics）とは、個人、家計、企業、そして政府がどのように選択を行うか、その選択が価格、資源配分、そして別の主体の幸福にどう影響を及ぼすのかを研究する学問である。

無作為抽出（randomization）とは、意図的ではなく無作為（ランダム）に、対象者を処置群と対照群に振り分けることである。

名目為替レート（nominal exchange rate）とは、ある国の通貨を別の国の通貨と交換する際の比率である。

名目金利、名目利子率（nominal interest rate）　→　金利、を参照

名目GDP（nominal GDP）は、（最終財とサービスの）総生産価値である。ただし、生産された各単位を測定するための価値としては、現在（生産された年）の市場価格を使用する。

名目賃金（nominal wage）　実際の賃金とは名目賃金とも呼ばれるものであるが、これは、インフレーションを調整した**実質賃金**（real wage）とは区別して使用される。

モデル（model）とは、世の中の出来事を簡単化して描写したり、説明したりしたものだ。経済学ではモデルを理論と言うこともある。モデルと理論は同義で使用される。

ヤ行

輸出（export）とは、国内で生産され、外国の家計や企業や政府に販売された、すべての財とサービスの市場価値である。

輸入（import）とは、外国で生産され、国内の家計や企業やその国の政府に販売された、すべての財とサービスの市場価値である。

要求払い預金（demand deposit）とは、銀行からお金を引き出したり、小切手を振り出したり、お店での買い物にデビットカードを使用することで、預金者が必要なときにいつでも引き出すことができる資金である。

予算制約（budget constraint）とは、限られた予算の範囲内で消費者が選択できる財やサービスの組み合わせである。

ラ行

リアル・ビジネス・サイクル理論（real business cycle theory） → **実物的景気循環理論**、を参照

利子率（interest rate） → **金利**、を参照

流動性（liquidity）とは、即座に支払いに使うことができる資金のことである。見方を変えれば、即座に（要求に応じて）支払いに使える資金は流動性を持っていることになる。

劣等財（inferior good）では、所得の増加は財の需要曲線を左にシフトさせる（財の価格は一定とする）。

連邦準備銀行（Federal Reserve Bank）　アメリカの中央銀行は連邦準備銀行であり、Fedと略して呼ばれることも多い。

労働供給曲線（labor supply curve）は、労働供給量と賃金の関係を表す。

労働者1人当たり所得（GDP）（income per worker、GDP per worker）は、GDPを労働者（就業者）数で割ることによって算出される。

労働需要曲線（labor demand curve）は、需要される労働量と賃金の関係を表している。労働の価値限界生産力は、様々な賃金水準で需要される労働量がどのように変化するかを示す労働需要曲線にもなっている。

労働所得（labor income）とは、労働に対して人々に支払われる様々な形態の所得である。

労働の総効率単位（total efficiency units of labor）とは、経済における労働者の総数と、労働者（雇用されている個人）の平均人的資本（効率性）を掛け合わせた指標である。労働の効率単位とも言う。

労働力人口（labor force）とは、就業者と失業者の合計である。

労働力率（labor force participation rate）とは、16歳以上人口の中の労働力人口の割合である。

索 引

本書において示される「用語解説」の該当ページは太字で示されている。

【A to Z】

AIG（アメリカン・インターナショナル・グループ）社　476-477
BCI（景気総合指数）　462
BEA（商務省経済分析局）　145, 147-149, 165, 168, 238-239, 422-425, 429, 434
BLS（労働省労働統計局）　166, 238-239, 300-301, 303-304, 330, 434
BOJ（日本銀行）　392, 417, 481-483
CEA（経済諮問委員会）　466
CPI（消費者物価指数）　165-**166**, 167-169, 172, 389
CPS（人口動態調査）　35-37, 57
DDT（ジクロロジフェニルトリクロロエタン）　249
DJIA（ダウ工業平均株価）　372, 428-429
ECB（欧州中央銀行）　393
FDA（食品医薬品局）　43
FDIC（連邦預金保険公社）　357-358, 360-361, 363, 434
Fed（連邦準備銀行）　**392-393**
　　——の貸借対照表（バランスシート）　473-474
　　——の役割　393-395
　　インフレ率と——　405-407
　　期待のコントロールと——　478
　　銀行準備と——　352, 371
　　金融政策と——　389, 392-393
　　金利と——　411-413
　　準備預金と——　394-400
　　政策の失敗と——　483
　　反循環的金融政策と——　470-485
　　反循環的政策と——　467-470
　　フェデラル・ファンド市場と——　397-405
　　フェデラル・ファンド・レートと——　407-413, 472-475
　　法定準備率と——　475-476

マネーサプライと——　405-407
FOMC（連邦公開市場委員会）　392, 478
FRB　→　Fed、を参照
GDP（国内総生産）　131, **135**, 149, 155, 381-382
　　——では測定されないもの　150-159
　　——における技術の役割　196-205
　　——の測定　**140**, 142-144, 157
　　——のトレンド線　422-423
　　アメリカの——　144-148
　　オークンの法則と——　434-435
　　開放経済における——　568-573
　　韓国の——　264-267
　　北朝鮮の——　264-267
　　共変動と——　425-426
　　金融危機における——　574
　　景気変動と——　420-424, 430-441
　　経済循環と——　138
　　経済成長と——　230-240
　　国際貿易と——　521-523
　　国民経済計算と——　151
　　国民所得と——　149
　　実質——　159-170, 382-384
　　GDPデフレーターと——　162-169
　　児童労働と——　538-539
　　集計的生産関数と——　193-196
　　乗数と——　441
　　政府支出と——　498-499
　　潜在——　484
　　独占と——　201-202
　　トレンド——　484
　　反循環的な政策と——　467-470
　　1人当たり——　180
　　マネーサプライと——　381-384
　　名目——　159-162, 381-383
　　輸出と——　145, 568-570
　　労働者1人当たり——　213
　　労働需要と——　430-434
GDPギャップ　484-485
GDPデフレーター　162-165
　　消費者物価指数（CPI）と——　165-

169, 172
GDP（国内総生産）の換算
　購買力平価（PPP）に基づく――
　181-182
GDP（国内総生産）の測定　157
　支出アプローチによる――　142-144
　生産アプローチによる――　140
GDPバスケット　166-167
GE（ゼネラル・エレクトリック）社
　349, 396
GNI（国民総所得）　155
GNP（国民総生産）　155, 156, 157
IBM社　535-536
JPモルガン銀行　360
JPモルガン・チェース銀行　394
NAFTA（北米自由貿易協定）　201
NBER（全米経済研究所）　331, 424
NIPA（国民所得生産勘定）　134, 165, 168, 424-425, 429, 522-523
PPP（購買力平価）　181-182
　――換算　224-228
R&D（研究開発）　199, 244, 435, 518-519
S&L（預金貸付組合）危機　362, 365
SIFI（システム上重要な金融機関）
　364-365
SNA（国民経済計算）［日本］　134, 147
TARP（不良資産救済プログラム）
　499-500
UAE（アラブ首長国連邦）
　GDPと人生の満足度　158
　1人当たり所得（GDP）　183
WHO（世界保健機関）　249, 260

【ア行】

アイスランド共和国
　――における銀行危機　458
　インフレーション　385
IBM社　535-536
アイルランド　573-574
　――における銀行危機　458
　――における地下経済活動　154
　経済成長　227
　1人当たり所得（GDP）　183
　労働者1人当たり所得（GDP）　185
赤色の広告キャンペーン　39-40
アステカ帝国、アステカ文明　280, 286
アゼルバイジャン

　――における収奪的経済制度　269
アップサイドダウン（アンダーウォーター）
　456
アップル社　376, 511-520
アテン、ベティナ（Aten, Bettina）　219, 247
アニマル・スピリット　437
アパート探し
　差分による最適化と――　75-80
　水準による最適化と――　68-75
　立地と家賃に基づく――　80-84
アフガニスタン・イスラム共和国　524
　生活水準　188-189
　人間開発指数　189
　1人当たり所得（GDP）　183
　平均寿命　188
　労働者1人当たり所得（GDP）　185, 204
アメリカ合衆国　579
　――における技術進歩　250
　――における金融仲介機関　350-351
　――における景気後退　424
　――における児童労働　539
　――における所得格差　245
　――における対中国貿易　569
　――における地下経済活動　154
　――における鉄道建設　277-278
　――における貿易　522-523
　――における貿易障壁　523, 525
　――における法定準備率　395, 399, 405
　――における労働供給曲線　311
　――における労働組合　320
　R&D（研究開発）支出　199
　インフレーション　168, 369, 385
　外国為替市場と――　552-560
　経済成長　217-230, 237-240, 253
　経済発展　281-283
　最低賃金　316-317, 319
　GNP（国民総生産）　155-157
　失業率　302-305, 323-324, 464
　実質為替レート　563-568
　実質GDP成長　162
　GDP（国内総生産）　144-148, 158
　GDPと人生の満足度　158
　16歳以上人口　300-301
　出生時平均余命（平均寿命）
　　188-189, 249

人口密度　283
生活水準　188-189
生産性　202
絶対的貧困率　188
貯蓄率　232
都市化率　281-282
人間開発指数　189
1人当たりGDP（所得）　181, 183, 202, 217-220, 281-283
　Fed（連邦準備銀行）と──　392-393
労働者1人当たり所得（GDP）　185, 204
アメリカのGDPの測定
根拠に基づく経済学（EBE）　144-148
アメリカン・インターナショナル・グループ（AIG）社　476-477
アラブ首長国連邦（UAE）
　GDPと人生の満足度　158
　1人当たり所得（GDP）　183
R&D（研究開発）　199, 244, 435, 518-519
アールスメール花市場　92
アルゼンチン共和国
　──における収奪的経済制度　269
　インフレーション　384-385
　GDPと人生の満足度　158
　人口密度　283
　都市化率　281-282
　ハイパーインフレーション　375
　1人当たり所得（GDP）　183, 202, 281-283
　労働者1人当たり所得（GDP）　185
アルファベット社　→　グーグル社、を参照
アングラ・エコノミー（地下経済）　154, 388, 560
アングラ・マーケット（闇市場）　560-561, 577
暗号通貨（仮想通貨、暗号資産）　381
暗黒の水曜日（ブラック・ウェンズデー）　562, 571-573
アンダーウォーター（アップサイドダウン）　456
イエメン共和国
　インフレーション　385
　貧困率　247-248
イギリス（英、グレートブリテン及び北アイルランド連合王国）　154

　──における家計調査　45
　──における為替レートの変化　566-567
　──における技術進歩　250
　──における銀行危機　458
　──における銀行取付け　360
　──における産業革命　276-279
　──における植民地　279-286
　──における地下経済活動　154
　──における中央銀行　546
　──における鉄道建設　277
　──における貿易　522
　──におけるブラック・ウェンズデー　562, 571-573
　インフレーション　385
　経済成長　223-225, 227-229
　GDPと人生の満足度　158
　出生時平均余命（平均寿命）　188, 249
　生活水準　188-189
　絶対的貧困率　188
　人間開発指数　189
　1人当たり所得（GDP）　208
　労働者1人当たり所得（GDP）　204
ECB（欧州中央銀行）　393
イースタリー、ウィリアム（Easterly, William）　295
イスラエル国
　インフレーション　385
イタリア共和国　573-574
　──における銀行危機　458
　──における地下経済活動　154
　──における労働組合　320
　GDPと人生の満足度　158
　1人当たり所得（GDP）　183
市場（いちば）　92
移転
　外国からの──　528
　外国への──　528
　純──　529-530
移転支払い　143
イノベーション　518-519
　→　研究開発（R&D）、技術、も参照
　医薬品の──　249
　出生時平均余命（平均寿命）と──　249
移民（合法・非合法の居住者）　529
イラン・イスラム共和国　277
　経済成長　227

ハイパーインフレーション　375
因果関係　23, 40-41, 58, 62
　　逆の──　42
　　相関関係と──　39-45, 58
インカ帝国、インカ文明　280, 286
イングランド銀行　483, 546
インセンティブ　52-58, 82-83
　　──に基づく資源配分　82-83
　　制度と──　263-264
　　包摂的経済制度と──　285
インターバンク市場（銀行間取引市場）　481-483
インド
　　──における慣行（ライセンス・ラジ）　294
　　──における貿易　523
　　経済成長　223-225, 227-229
　　GDPと人生の満足度　158
　　出生時平均余命（平均寿命）　188, 249
　　人口密度　283
　　生活水準　188-189
　　生産性　202
　　絶対的貧困率　188
　　都市化率　281-282
　　人間開発指数　189
　　1人当たり所得（GDP）　183, 206, 281-283
　　貧困率　247-248
　　労働者1人当たり所得（GDP）　185, 202, 204
インドネシア共和国
　　出生時平均余命（平均寿命）　249
インフラストラクチャー　497
インプリケーション（含意）　34, 46
インフレ期待　409-412
　　──のモデル　410
インフレーション　168-169, 447-448
　　──における反循環的政策　467-470
　　──の原因と影響　384-386
　　──のコントロール　479-481
　　──の社会的費用　386-388
　　──の社会的便益　388-389
　　為替レートの共変動と──　565-567
　　実質賃金と──　450
　　GDPデフレーターと──　164-165
　　中央銀行と──　394-395
　　ハイパー──　374-375, 380, 384, 388, 391-393

　　反循環的金融政策と──　477-481
インフレ調整後の賃金
　　消費者物価指数（CPI）と──　389
インフレ率　168-169, 339, 389, 470
　　貨幣数量説と──　383-384
　　金利と──　337-339, 387-389
　　Fed（連邦準備銀行）と──　405-407
　　マネーサプライと──　394-395
ヴァン・ザンデン（van Zanden, J. L.）　218, 228, 271
ウィルソン、ベス（Beth, Wilson）　80
ウェーバー、マックス（Weber, Max）　261, 291
ウォルマート社　39, 41-42, 60, 140-142, 144, 524, 547, 549, 564
ウガンダ共和国　288
　　1人当たり所得（GDP）　183
受入意思額　108
「失われた20年」
　　日本経済の──　481
ウズベキスタン共和国　277
　　──における収奪的経済制度　269
売上税　6
売り手
　　──の行動　106-113
　　競争市場における──　93
　　市場均衡と──　113-118
AIG（アメリカン・インターナショナル・グループ）社　476-477
疫病　261, 285
エクソンモービル社　106-110
『エコノミスト』誌［イギリス］　182
エジプト・アラブ共和国
　　──における収奪的経済制度　269
SIFI（システム上重要な金融機関）　364-365
S&L（預金貸付組合）危機　362, 365
SNA（国民経済計算）［日本］　134, 147
エチオピア連邦民主共和国　181
　　生活水準　188-189
　　絶対的貧困率　188
　　人間開発指数　189
　　1人当たり所得（GDP）　183
　　平均寿命　188
NIPA（国民所得生産勘定）　134, 165, 168, 424-425, 429, 522-523
NBER（全米経済研究所）　331, 424
エネルギー市場　→　ガソリン市場、を参

索引　597

照
エビデンスベースト・メディスン（根拠に
　　基づく医療）　62
FRB　→　Fed、を参照
FOMC（連邦公開市場委員会）　392, 478
FDIC（連邦預金保険公社）　357-358,
　　360-361, 363, 457
FDA（食品医薬品局）　43
エーリック、ポール（Ehrlich, Paul）
　　254
エリトリア国
　　労働者1人当たり所得（GDP）　185
エルサルバドル共和国
　　人口密度　283
　　都市化率　281-282
　　1人当たり所得（GDP）　281-283
円［日本］　547
遠隔診断（オンライン診療）　524
円グラフ　54-55
円高　551
円安　551
オウエン、ロバート（Owen, Robert）
　　277
欧州中央銀行（ECB）　393
黄熱病　249
オークン、アーサー（Okun, Arthur）
　　434
オークンの法則　434-435
　　失業率と――　434-435
オーストラリア連邦
　　人口密度　283
　　都市化率　281-282
　　1人当たり所得（GDP）　183, 281-283
　　労働者1人当たり所得（GDP）　185
オーストリア共和国　269-271
　　ハイパーインフレーション　375
オーストリア・ハンガリー帝国
　　――における鉄道建設　277-278
オーター、デイビッド（Autor, David H.）
　　325
オーバーナイト市場　397
オーバーナイト・ローン　397, 478
オバマ大統領（Obama, Barack）　487,
　　493
オランダ王国　92
　　――における銀行危機　458
オレオポウロス、フィリップ（Oreopoulos,
　　Philip）　45

オンライン診療（遠隔診療）　524

【カ行】

海外直接投資　534
　　→　対外直接投資、も参照
外国からの移転　528
外国からの経常受取　527
外国からの要素受取　528-529
外国為替市場　552-560
　　――に対する政府の介入　554-557
外国への移転　528
外国への経常支払　528
外国への要素支払　528-529
買い手
　　――の行動　94-105, 113
　　――の需要曲線　100-104
　　競争市場における――　93
　　市場均衡と――　113-118
外部性　155
開放経済　522
　　――におけるGDP　568-573
　　閉鎖経済と――　521-522
価格　82-83
　　→　物価、も参照
　　買い手の行動と――　94-105
　　ガソリン――　104-105
　　供給と――　106-107
　　国によって異なる――　181-182
　　景気変動と――　435, 441-444
　　市場　83, 93
　　市場供給曲線と――　108-110
　　市場均衡と――　113-118
　　市場需要曲線と――　99-100
　　支払意思額と――　96-97
　　需要曲線と――　95, 100-104
　　総需要曲線と――　97-99
　　貯蓄と消費の決定における――　232
　　労働需要曲線と――　308-310
価格規制　387-388
価格受容者（プライステイカー）　93
価格水準（物価）
　　GDPデフレーターと――　164-165
科学的方法　31-39
　　因果関係と相関関係における――
　　39-45
格差
　　→　不平等、も参照
　　1人当たり所得の――　183-184

索　引

貧困と—— 246
拡張的財政政策　486-497
家計　149-150
　　——の消費　142
　　——の貯蓄　342, 348
　　——の貯蓄動機　346
　　企業と——　150
　　経済循環と——　138
　　CPI（消費者物価指数）と——　167
　　信用需要と——　339-341
家計調査［イギリス］　45
影の銀行システム　351
貸金業法　369
貸付資金市場　346
仮説　34
仮想通貨（暗号通貨、暗号資産）　381
ガソリン価格
　　根拠に基づく経済学（EBE）　104-105
ガソリン市場　91-94
　　——における売り手の行動　106-113
　　——における市場均衡　113-118
　　——における市場需要曲線　99-100
　　——における需要曲線のシフト　100-101
　　——における需要量　99-103
　　——に対する政府の介入　119-120
　　根拠に基づく経済学（EBE）　104-105
過大評価された為替レート　557-560
カダフィ、ムアンマル（Gaddafi, Muammar）　112
傾き　59-60
カタール国
　　インフレーション　385
　　1人当たり所得（GDP）　183
　　労働者1人当たり所得（GDP）　185
価値貯蔵手段　376, 377, 378
家庭
　　→　家計、も参照
　　——における生産　152-154
ガーナ共和国
　　インフレーション　385
　　経済成長　223-225, 227-229
　　生活水準　188-189
　　絶対的貧困率　188
　　人間開発指数　189
　　平均寿命　188
　　労働者1人当たり所得（GDP）　204
カナダ

　　——における技術進歩　250
　　人口密度　283
　　都市化率　281-282
　　1人当たり所得（GDP）　281-283
株式　350
貨幣　376-378
　　→　通貨、為替レート、も参照
　　——の機能　376-377
　　——の種類　377-378
　　GDP（国内総生産）と——　381-384
　　流通——　378-379
貨幣数量説　383-385, 390, 406, 415, 479
貨幣理論
　　景気変動と——　435, 440-441
下方硬直性
　　賃金の——　321-323, 433, 440, 444, 447, 570
借り手（債務者）　336
カリブ海諸島　280
為替相場制
　　管理——　549-552
　　固定——　549-552
　　変動——　549-552
為替レート　181, 547-552
　　——に対する政府の介入　554-557
　　外国為替市場と——　552-560
　　開放経済におけるGDPと——　568-573
　　過大評価された——　557-560
　　均衡——　553
　　金利と——　570-571
　　根拠に基づく経済学（EBE）　561-563
　　実質——　565-568, 570
　　政治腐敗と——　560-561
　　1人当たり所得と——　180-182
　　ペッグ（固定）された——　555-557, 562
　　名目——　547-549, 565-567
含意（インプリケーション）　34, 46
韓国（大韓民国）
　　——の経済制度　268-269
　　——の繁栄　264-266
　　R&D（研究開発）　211
　　インフレーション　385
　　経済成長　223-225, 227-229
　　GDP（国内総生産）　264-267
　　GDPと人生の満足度　158

索引 599

　　生活水準　　188-189
　　絶対的貧困率　　188
　　人間開発指数　　189
　　1人当たり所得（GDP）　　183, 202
　　平均寿命　　188
　　労働者1人当たり所得（GDP）　　185, 204
関税　　248, 523, 525
　　→　税、貿易、も参照
　　投票と──　　526
　　貿易障壁と──　　523-525
　　報復──　　526
間接費用　　69
完全競争市場　　93
感染症　　260
管理為替相場制　　549-550, 551-552
機会費用　　13, 14, 15, 291
　　──の金銭による評価　　14-15
　　経済制度と──　　272-274
　　時間の──　　17-20, 70-71, 73-75, 83, 304, 311
　　住宅の──　　83
　　消費の──　　344
　　水準による最適化と──　　68-75
　　絶対優位と──　　513-516
　　比較優位と──　　513-516
幾何平均　　230
期間変換（満期変換）　　355
危機（恐慌）　　9
企業
　　──による生産　　139-142
　　──の収益　　366
　　──の貯蓄動機　　346
　　──の内部留保　　148, 346
　　──の利潤　　320
　　家計と──　　150
　　銀行取付けと──　　358-359
　　経済循環と──　　138
　　信用需要と──　　340
　　労働市場の均衡と──　　305-313
企業家精神　　201, 275, 293
企業年金
　　インフレーションと──　　386
企業の収益
　　効率的市場理論と──　　366
技術　　191, 196-204, 237-240
　　──の変化　　308-309, 436
　　──の歴史　　240-244

　　──の役割　　196-205
　　産業革命と──　　243-244
　　集計的生産関数と──　　212-214
　　対外援助と──　　287
　　繁栄の原因としての──　　257-267
　　労働需要曲線と──　　308-309, 431
技術移転
　　経済成長と──　　533-535
　　国際貿易と──　　533-535
技術後退　　436
技術進歩　　197-198, 234, 235, 236
　　景気変動と──　　446
　　経済成長と──　　237-240
　　産業革命と──　　276-279
　　創造的破壊と──　　275-276
　　対外援助と──　　287-289
　　貧困の減少と──　　250
　　ムーアの法則と──　　197-198
　　ラッダイト運動と──　　318-319
技術の変化
　　実物的景気循環理論（リアル・ビジネス・サイクル理論）と──　　436
　　労働需要曲線と──　　308-309
技術の役割
　　GDP（国内総生産）を決定する──　　196-205
基準年　　161, 167
希少資源　　4-5, 46
希少性　　5, 82-83
期待実質金利　　409
期待長期実質金利
　　公開市場操作と──　　412
北朝鮮（朝鮮民主主義人民共和国）　　264-267, 276, 522
　　──の経済制度　　268-269
　　GDP（国内総生産）　　264-267
規範的経済学　　6-8
規範的分析　　8
キプロス共和国
　　──における銀行危機　　458
規模に関して収穫一定　　212-214
義務教育　　45
義務教育法［イギリス］　　45-46
逆の因果関係　　42
キャッシュアウト　　455
キャッチアップ成長　　228-229
求職意欲喪失者　　302
キューバ共和国　　277

教育、教育水準
　──と所得の関係　34-36, 57
　──における生産の効率性　200-201
　──の便益　30, 34, 45-46
　経済成長と──　233-234
　失業率と──　304
　集計的生産関数と──　213, 233
　所得と──　34
教育への投資
　将来賃金と──　34
供給　107
　均衡における──　113-118
　固定価格と──　119-122
　政府の介入と──　119-120
　超過──　114-115
　労働──　310-313
供給曲線　106, 107, 108
　外国為替市場における──　552-560
　均衡と──　113-118
　市場──　108-110
　準備預金の──　475
　信用──　343-346
供給曲線に沿った移動　111
供給曲線のシフト　110, 111, 112-113, 117-118
供給の法則　107
供給表　107
供給量　106, 109, 119
　固定価格と──　119-122
　市場供給曲線と──　110
　市場均衡と──　113-118
　政府の介入と──　119-120
恐慌（危機）　9, 427-430
競争
　市場均衡と──　113-118
競争均衡　113-118
　──における曲線のシフト　116-118
競争均衡価格　113-114
競争均衡量　113-114
競争市場　92-94
　完全──　93
共変動　425-426
　名目為替レートと実質為替レートの──　565-567
居住者
　外国の──　527
　合法・非合法の──　529
　国内の──　527

ギリシャ［古代］　240
ギリシャ共和国　573-574
　──における銀行危機　458
　GDPと人生の満足度　158
　ハイパーインフレーション　375
　労働者1人当たり所得（GDP）　185
キルギス共和国
　貧困率　247
金　380-381
銀　380
近因　258
均衡　10, 20-23
　──における供給と需要　113-118
　外国為替市場における──　554-563
　競争──　113-118
　クレジット市場における──　346-348, 431
　固定価格と──　119-122
　市場──　113-118
　政府の介入と──　119-120
　フェデラル・ファンド市場──　400-405
　労働市場における──　305-313
銀行
　→　中央銀行、も参照
　──の支払い能力　359-361
　──の貸借対照表（バランスシート）　351-355, 453
　──の破綻　365-366, 456-459
　──の役割　354-361
　──への資本注入　500
　大きすぎて潰せない──　364-365
　クレジット市場における──　349
　政府の──　352
　TARP（不良資産救済プログラム）と──　499-500
均衡価格
　競争──　113
　景気後退ショックと──　444-449
均衡為替レート　553
銀行間取引市場（インターバンク市場）　481-483
銀行口座　396
　→　銀行準備、準備預金、も参照
銀行準備　352
　→　準備預金、も参照
銀行取付け　358, 359-361, 365, 399
銀行の破綻　456-459

資産価格の変動と―― 365-366
銀行預金 378-379
緊縮的財政政策 486-487
金融緩和政策 470-471, 477, 479, 481, 483, 486, 574
金融危機(2007〜09年) 133, 356, 360, 365, 394, 483, 573-574
　→ 景気後退、も参照
　固定為替相場の費用と―― 573-574
　中央銀行の政策の失敗がもたらした―― 483
金融資本 148
　→ クレジット市場、も参照
　金融仲介機関と―― 349-351
金融収支 531
　アメリカの―― 529-533
金融政策 389, 392-393, 447
　中央銀行と―― 389, 392-393
金融政策決定会合 392
金融制度
　→ 中央銀行、も参照
　金融政策と―― 389, 392-393
　準備預金と―― 395-397
　フェデラル・ファンド市場と―― 397-398
金融仲介機関 349-351
　アメリカにおける―― 350-351
金融引締め政策 479-481
金利(利子率) 336, 398
　→ 名目金利、名目利子率、も参照
　インフレ率と―― 337-339, 387-389
　為替レートと―― 570-571
　景気変動と―― 435, 440
　経済成長と―― 232
　効率的市場理論と―― 366
　実質―― 337-339, 389
　信用供給曲線の―― 343-346
　信用需要曲線と―― 339-342
　ゼロ金利制約と―― 481-483
　短期―― 394
　中央銀行と―― 393-395
　反循環的金融政策と―― 470-485
　フェデラル・ファンド市場と―― 397-405
　フェデラル・ファンド・レートと―― 407-413, 472
　名目―― 336-339, 389

グアテマラ共和国 280
　――における児童労働 539
　――における収奪的経済制度 269
　経済成長 223-225, 227-229
　貧困率 247
クウェート国 157
　GDPと人生の満足度 158
　1人当たり所得(GDP) 183
グエン・ヴァン・リン(Nguyen Van Linh) 538
グーグル社(アルファベット社) 333, 350
クライスラー社 500
クライナー・パーキンス社 350
クラウディングアウト 489-492
グラフ
　円グラフ 54-55
　原因と結果を表す―― 58-62
　散布図 57-58
　時系列グラフ 56-57
　実験のデザインと―― 53-54
　棒グラフ 55-56
グリーンスパン、アラン(Greenspan, Alan) 483, 503
クレジット(信用) 336
クレジット市場 335-336, 346
　――における均衡 346-348, 431
　――における銀行 349
　大きすぎて潰せない銀行と―― 364-365
　銀行取付けと―― 358-359
　銀行の規制と―― 359-361
　銀行の支払い能力と―― 359-361
　銀行の貸借対照表(バランスシート)と―― 351-355
　銀行の破綻と―― 365-366
　金融仲介機関と―― 349-351
　資源の効率的配分と―― 348
　資産価格の変動と―― 365-366
　実質金利と―― 337-339
　信用供給曲線と―― 343-346
　信用需要曲線と―― 339-342
　名目金利と―― 336-339
クレマー、ケネス(Kraemer, Kenneth) 517, 520
計画経済 270
　北朝鮮における―― 265-267
　経済制度における―― 267-279

景気拡大　399, 423, 470
　　——の予測　426
　　反循環的財政政策と——　485-497
　　反循環的政策と——　470
景気後退　9, 133, 423, 480, 573
　　→　金融危機（2007〜09年）、も参照
　　——の原因　420-422, 444, 452-459
　　アメリカの——　424
　　均衡と——　444-449
　　景気変動と——　423-424
　　失業と——　303-305, 321-324
　　乗数と——　441-444
　　政府支出と——　491-492
　　設備稼働率と——　431
　　中央銀行の政策の失敗がもたらし
　　　た——　483
　　日本経済の——　481-483
　　反循環的財政政策と——　485-497
　　反循環的政策と——　467-470
　　労働需要曲線と——　430-433
景気収縮　399, 420, 426-427, 441, 573
景気循環　421-422
　　景気変動と——　421-429
　　財政政策と——　486-488
景気総合指数（BCI）　462
景気変動　421-422, 423-449
　　——と政府の役割　441-444
　　——に関する学説　433-441
　　——のパターン　424-427
　　——の要因　433, 435-441
　　——の予測　426
　　景気後退と——　423-424
　　景気循環と——　421-429
　　乗数と——　441-444
　　大恐慌と——　427-429
　　反循環的政策と——　467-470
　　労働需要曲線と——　430-433
景況感　437-440
経験主義　10, 23
　　科学的方法と——　31-39
経済学　6
　　——における問いと答え　44-47
　　——の価値　24-25
　　——の対象　3-9
　　——の3つの原理　9-10
　　規範的——　6-8
　　事実解明的——　6-8
　　マクロ——　8-9

ミクロ——　8-9
経済活動
　　外部性をもたらす——　155
経済活動への刺激
　　インフレーションによる——　389
　　中央銀行による——　393-395
　　フェデラル・ファンド市場均衡と——
　　　400-405
経済諮問委員会（CEA）　466
経済主体　4-6, 20-23
経済循環　137-139
経済政策　466
経済成長　217-218, 230, 434-435
　　→　経済発展、成長、も参照
　　——の持続性　424, 427
　　——のパターン　223-229
　　——のメカニズム　230-240
　　——の歴史　240-244
　　アメリカの——　217-230, 237-240,
　　　253
　　キャッチアップ——　228-229
　　共変動と——　425-426
　　技術移転と——　533-535
　　国際貿易と——　533-535
　　根拠に基づく経済学（EBE）　237-240
　　指数的——　220-223, 229
　　持続的——　229
　　創造的破壊と——　275-276
　　不平等・貧困と——　244-250
経済制度　268
　　根拠に基づく経済学（EBE）　279-286
　　収奪的——　268-279
　　貧困と——　268-269
　　包摂的——　268-279
経済発展　257-267
　　→　経済成長、成長、も参照
　　——の地理的要因　259-261
　　経済制度と——　267-279
　　根拠に基づく経済学（EBE）　279-286
　　対外援助と——　287-289
経済モデル　34-35
　　——の拡張　450-452
計算単位　377
経常受取
　　外国からの——　527
経常支払
　　外国への——　528
経常収支　529-533

アメリカの―― 529-533
ケインズ、ジョン・メイナード（Keynes, John Maynard） 437-440
ケインズ理論 435, 437-440
結果と原因 23, 40, 58
ケニア共和国
　　――における収奪的経済制度 269
　　経済成長 223-225, 227-229
　　人口密度 283
　　都市化率 281
　　1人当たり所得（GDP） 183, 281, 283
　　貧困率 247
　　労働者1人当たり所得（GDP） 185
元［中国］ 548-550
原因と結果 23, 40, 58
減価
　　通貨の―― 548, 552, 558
限界生産力逓減
　　物的資本の―― 233, 236
　　労働の―― 233, 306
　　労働の総効率単位の―― 233
限界生産力逓減の法則 194-196, 233, 236
限界税率 89
限界通勤費用 76
限界での最適化原理 79-80
限界費用 76-80
限界分析 75-80
限界便益逓減 96
研究開発（R&D） 199, 244, 435, 518-519
現金同等物 352-353
現在価値
　　ドルの―― 170
減税 486, 488, 492
　　貯蓄と―― 493-494
　　投資―― 347
減税乗数 492
ゲンツ、フレデリック（Gentz, Frederick） 277
減耗（資本減耗） 151-152
公開市場操作 400-402, 404, 407, 411
　　期待長期実質金利と―― 412
交換手段 376, 378
公共政策 8
抗生物質 249
構造的失業 316-324
公的年金 173

行動経済学 68
恒等式 136
購買力 169-170
購買力平価（PPP） 181-182, 224-228
公表データ 35
幸福の測定 157-159
合法・非合法の居住者（移民） 529
効率性
　　生産の―― 200-201
　　貿易における―― 520-521
効率賃金 320-321
　　失業と―― 320-321
　　生産性と―― 320-321
　　利潤と―― 320-321
効率的市場理論 366
合理的期待 410
国営企業の民営化 534
国債 400, 473-474
　　→ 債券、も参照
　　アメリカの―― 531
　　長期―― 476
　　連邦政府が発行する―― 400
国際収支統計 527, 532
国際取引勘定 531
国際分業
　　国際貿易と―― 520
国際貿易 248
　　→ 貿易、取引、も参照
　　技術移転と―― 533-535
　　経済成長と―― 533-535
　　ナイキ社とベトナムの労働者と―― 536-539
　　貧困の減少と―― 248
国際連合（国連） 189-190, 260, 287
国籍（市民権） 527
国内総生産（GDP） 131, 135, 149, 155, 381-382
　　→ 国民経済計算、も参照
　　――では測定されないもの 150-159
　　――における技術の役割 191-205
　　――の測定 140, 142-144, 157
　　――のトレンド線 422-423
　　アメリカの―― 144-148
　　オークンの法則と―― 434-435
　　開放経済における―― 568-573
　　韓国の―― 264-267
　　北朝鮮の―― 264-267
　　共変動と―― 425-426

金融危機における―― 574
景気変動と―― 420-424, 430-441
経済循環と―― 138
経済成長と―― 230-240
国際貿易と―― 521-523
国民経済計算と―― 151
国民所得と―― 149
実質―― 159-170, 382-384
GDPデフレーターと―― 162-169
児童労働と―― 538-539
集計的生産関数と―― 193-196
乗数と―― 441
政府支出と―― 498-499
潜在―― 484
独占と―― 201-202
トレンド―― 484
反循環的政策と―― 467-470
1人当たり―― 180
マネーサプライと―― 381-384
名目―― 159-170
輸出と―― 145, 568-573
労働者1人当たり―― 213
労働需要と―― 430-434
国内総生産(GDP)の換算
　購買力平価(PPP)に基づく――
　　181-182
国内総生産(GDP)の測定　157
　支出アプローチによる―― 142-144
　生産アプローチによる―― 140
国民経済計算　133-134, 162, 213
　→ 国内総生産(GDP)、も参照
　――では測定されないもの　150-159
　――における経済循環　137-139
　――における支出アプローチ　135-136, 142-144
　――における所得アプローチ　136-137, 148, 150
　――における生産アプローチ　134-135, 139-142
　――の測定　139-144, 148, 150
　経済循環と――　138
　GDPと――　151
国民経済計算(SNA)[日本]　134, 147, 169
国民所得勘定式　134, 144-145, 149, 488-489, 492, 568
国民所得生産勘定(NIPA)　134, 165, 168, 424-425, 429, 522-523

国民総所得(GNI)　155
国民総生産(GNP)　155, 156, 157
国連(国際連合)　189-190, 260, 287
コスタリカ共和国
　GDPと人生の満足度　158
　1人当たり所得(GDP)　202
国境なき記者団　277
固定価格　119-122
固定為替相場制　549, 550-551, 552
　――の費用　573-574
　政治腐敗と――　560-561
固定金利　386
固定(ペッグ)された為替レート　555-557, 562
コブ・ダグラス関数　212
雇用
　オークンの法則と――　434-435
　共変動と――　425-426
　景気変動と――　430-433
　経済モデルの拡張と――　450-452
　根拠に基づく経済学(EBE)　324-327
　失業と――　313-314
　循環的失業と――　323-324
　大恐慌と――　422-429
　反循環的金融政策と――　471
　反循環的財政政策と――　494-497
　労働市場の均衡と――　305-313
　労働需要と――　430-433
雇用なき景気回復　495
『雇用・利子および貨幣の一般理論』(ケインズ)　437
ゴールドスタンダード　62
ゴールドマン・サックス証券　360
コール・レート　481-483
コレラ　249
コロンビア共和国
　1人当たり所得(GDP)　202
根拠に基づく医療(エビデンスベースト・メディスン)　62
コンゴ民主共和国(ザイール共和国)
　――における収奪的経済制度　269
　インフレーション　385
　経済成長　223-225, 227-229
　人口密度　283
　生活水準　188-189
　絶対的貧困率　187
　都市化率　281
　人間開発指数　189

1人当たり所得(GDP)　183, 256-257, 281, 283
　平均寿命　188
　労働者1人当たり所得(GDP)　185, 204
コンチネンタル・イリノイ銀行　362
コントロールグループ(対照群)　43-45, 53, 56-58

【サ行】

財
　技術進歩と——　235
　実質GDPと——　159-170
　政府により購入された——　142-143
　名目GDPと——　159-170
債券　350
　→　国債、も参照
財産権
　私有——　267-288
財政赤字　487-488
財政乗数(政府支出乗数)　488-489, 490-492, 499
財政政策　494-495
　拡張的——　486-487
　緊縮的——　486-487
　景気循環と——　486-488
　裁量的な——　487
　自動的な——　487
最低賃金(法)　316-317, 319
最適　72
最適化　10-16, 65, 68, 75
　——におけるリスク　11-16
　受入意思額と——　108
　差分による——　66-67, 75-80
　水準による——　66, 68-75
　立地と家賃に基づく——　80-84
最適化原理
　限界での——　79-80
債務者(借り手)　336
財務省[アメリカ]　477, 499
債務超過　358
ザイール共和国
　→　コンゴ民主共和国、を参照
サウジアラビア王国　277
　GDPと人生の満足度　158
サエズ、エマニュエル(Saez, Emmanuel)　245
差し押さえ率
　住宅の——　456-459
サックス、ジェフリー(Sachs, Jeffrey)　260
サドフ、サリー(Sadoff, Sally)　52
サービス
　——の需要　308-309, 431
　——の貿易　524
　技術進歩と——　235
　実質GDPと——　159-170
　政府により購入された——　143, 231
　名目GDPと——　159-170
差分による最適化　66-67, 75-80
サマーズ、ロバート(Summers, Robert)　219, 247
サラリー・ドットコム　332
産業革命　243, 254, 276, 278-279
算術平均　229-230
ザンビア共和国
　1人当たり所得(GDP)　183
散布図　57-58
三面等価　155
CEA(経済諮問委員会)　466
GE(ゼネラル・エレクトリック)社　349, 396
GNI(国民総所得)　155
GNP(国民総生産)　155, 156, 157
JPモルガン銀行　360
JPモルガン・チェース銀行　394
シェブロン社　108-110
シエラレオネ共和国　253
シェールオイル　446
時間
　——の金銭による評価　14
　資源としての——　2, 5
時間の機会費用　17-20, 70-71, 73-75, 83, 304, 311
　失業率と——　304
　労働供給曲線と——　311
時系列グラフ　56-57
資源　46
資源の効率的配分　348
　クレジット市場における——　348
資源配分　4-5
　インセンティブに基づく——　82-83
　価格に基づく——　82-83
　希少性に基づく——　82-83
嗜好　100-101
自己実現的予言　439

自己資本　352, 353, 354
資産
　銀行の貸借対照表（バランスシート）上の――　351-355
資産価格の変動
　銀行の破綻と――　365-366
資産超過　358
資産バブル　366, 483
事実解明的経済学　6-7
支出
　経済循環と――　137-139
　実質GDPと――　159-170
　消費者物価指数（CPI）と――　165-168
　名目GDPと――　159-170
支出アプローチ　135-136
　――に基づく国民経済計算　142-144
市場　91-94
　――均衡　113-118, 312-313
　――需要曲線　99-100
　――における売り手の行動　106-113
　――における買い手の行動　94-105
　完全競争――　93
　支払意思額と――　96-97
市場価格　83, 93
　――の固定　120-122
　実質GDPと――　161
　名目GDPと――　161
市場供給曲線　108-110
市場均衡賃金　312, 321-323
市場経済　267-279
　――への移行　533
　韓国における――　265-267
市場需要曲線　99-100
市場賃金　306-307
指数的成長　220-223, 229
システム上重要な金融機関（SIFI）　364-365
自然失業率　323-324
　循環的失業と――　323-324
自然実験　43-45
　実験経済学と――　43-44
持続的成長　229
失業　303-305, 321-324, 570
　――の原因　313-314
　構造的――　316-324
　効率賃金と――　320-321
　根拠に基づく経済学（EBE）　324-327

循環的――　323-324
大恐慌と――　427-429
賃金の下方硬直性と――　321-323, 433
反循環的財政政策と――　497
摩擦的――　314-316, 324
労働市場の均衡と――　305-313
失業者　133, 300
　――の測定　300-302
失業保険　494
失業率　133, 301-304
　アメリカの――　302-305, 323-324, 464
　オークンの法則と――　434-435
　自然――　323-324
　スペインの――　323
実験　43-44
　――のデザイン　53-54
実験経済学　43-44
　自然実験と――　43-44
実現した実質金利　408
実質為替レート　565-571
　――の増価　570
　純輸出と――　567-568
　貿易と――　567-568
　輸出と――　563-568
実質金利（実質利子率）　337, 338, 339, 389
　期待――　409
　実現した――　408
　信用供給曲線と――　343-346
　信用需要曲線と――　339-342
　長期――　408
実質GDP　159-160, 161-162, 381-383, 430-435
　→　国内総生産（GDP）、も参照
　金融危機と――　574
実質GDP成長　162
実質賃金　389, 450
実証的エビデンス　32-34
実物の景気循環理論（リアル・ビジネス・サイクル理論）　433, 436
疾病
　人的資本と――　260-261, 285
シティバンク　352-354, 394, 406
　――の貸借対照表（バランスシート）　473-474
GDP（国内総生産）　131, 135, 149, 155,

381-382
　　──では測定されないもの　150-159
　　──における技術の役割　196-205
　　──の測定　140, 142-144, 157
　　──のトレンド線　422-423
　　アメリカの──　144-148
　　オークンの法則と──　434-435
　　開放経済における──　568-573
　　韓国の──　264-267
　　北朝鮮の──　264-267
　　共変動と──　425-426
　　金融危機における──　574
　　景気変動と──　420-424, 430-441
　　経済循環と──　138
　　経済成長と──　230-240
　　国際貿易と──　521-523
　　国民経済計算と──　151
　　国民所得と──　149
　　実質──　159-170, 382-384
　　GDPデフレーターと──　538-539
　　児童労働と──　538-539
　　集計的生産関数と──　193-196
　　乗数と──　441
　　政府支出と──　498-499
　　潜在──　484
　　独占と──　201-202
　　トレンド──　484
　　反循環的政策と──　467-470
　　1人当たり──　180
　　マネーサプライと──　381-384
　　名目──　159-170
　　労働者1人当たり──　213
　　労働需要と──　430-434
GDPギャップ
　　テイラー・ルールと──　484-485
GDPデフレーター　162-169, 172, 538-539
　　消費者物価指数(CPI)と──　165-169, 172
GDP(国内総生産)の換算
　　購買力平価(PPP)に基づく──　181-182
GDP(国内総生産)の測定　157
　　支出アプローチによる──　142-144
　　所得アプローチによる──　148, 150
　　生産アプローチによる──　140
GDPバスケット　166-167
自動安定化装置　486

児童労働
　　国内総生産(GDP)と──　538-539
支払意思額　96-97
CPI(消費者物価指数)　165-166, 167-169, 172, 389
CPS(人口動態調査)　35-37, 57
紙幣
　　不換──　377, 380
資本
　　金融──　148, 349-351
　　GNP(国民総生産)と──　156
　　自己──　352-354
　　人的──　190, 237-240, 518, 528, 533
資本減耗(減耗)　151-152
資本所得　148
資本注入
　　銀行への──　500
　　TARP(不良資産救済プログラム)と──　500
市民権(国籍)　527
社会的費用
　　インフレーションの──　386-388
社会的便益
　　インフレーションの──　388-389
ジャマイカ　280
収穫逓減の法則
　　消費における──　493
就業者　300-302
集計　97
集計的生産関数　191-192, 193-196, 198
　　──における技術の役割　196-205
　　──の数学的説明　212-214
　　経済成長と──　230
　　生産性と──　190-196, 198, 212-214
私有財産権　267-286
従属変数　55
住宅　148
　　──の差し押さえ率　456-459
住宅価格
　　景気後退と──　452-459
住宅の決定
　　差分による最適化と──　75-80
　　水準による最適化と──　68-75
　　立地と家賃に基づく──　80-84
住宅バブル　452-459, 483
住宅ローン　356, 359
　　──債務　456

――破綻　456
　　インフレーションと――　386
収奪的経済制度　268-279
収入
　労働需要と――　305-313
16歳以上人口　300-301
出生時平均余命(平均寿命)　188-189, 249
出生率　242
シュミッツ、ジェームズ(Schmitz, James A.)　200
需要
　均衡における――　113-118
　固定価格と――　119-122
　市場供給曲線と――　108-110
　政府の介入と――　119-120
　超過――　114-115
需要曲線　95-96
　外国為替市場における――　552-560
　均衡と――　113-118
　需要量と――　95
　準備預金の――　400-402, 472
　信用――　339-342, 346-348
　総――　97-99
　直線の――　98
　フェデラル・ファンド市場の需要サイドにおける――　397-399
需要曲線に沿った移動　102-103
需要曲線のシフト　100-101, 104, 116-118
需要の法則　96-97, 104-105
需要表　94-95
需要量　94-96, 98, 119
　競争均衡と――　113-118
　固定価格と――　119-122
　市場需要曲線と――　99-100
　需要曲線と――　95-96
　政府の介入と――　119-120
　総需要曲線と――　97-99
純移転　529-530
循環図
　国際取引勘定における――　530-531
循環的失業　323-324
　自然失業率と――　323-324
準備預金　371, 375, 394-408, 471-476, 482
　→　銀行口座、銀行準備、も参照
　供給曲線と――　472, 475
　需要曲線と――　472
　反循環的金融政策と――　471
　フェデラル・ファンド市場均衡と――　400-405
　シュンペーター、ジョセフ(Schumpeter, Joseph A.)　275
純輸出　527-528
　→　貿易収支、も参照
　実質為替レートと――　567-568
純輸出曲線　567-568
純要素受取　529-530
商業銀行　360
証券　350
上限価格規制　119
乗数、乗数効果　437-438, 439-445, 489-490, 492, 570
　景気変動と――　441-444
消費　142
　家計の――　142
　共変動と――　425-426
　景気後退と――　455
　収穫逓減の法則と――　493
消費財バスケット　166-167
消費支出　142-143, 145
　アメリカのGDPに占める――　145-147
消費者物価指数(CPI)　165-166, 167-169, 172, 389
　GDPデフレーターと――　165-169, 172
消費税　6
消費成長率
　投資成長率と――　425-426
商務省　147, 149, 422-425, 429, 434
商務省経済分析局(BEA)　145, 147-149, 165, 168, 238-239, 422-425, 429, 434
商務省国勢調査局　148, 239, 429, 569
将来賃金
　教育への投資と――　34
将来に対する予想　104, 112
省略された変数　41
職探し(ジョブ・サーチ)　315
食品医薬品局(FDA)　43
植民地　280
ジョージア
　GDPと人生の満足度　158
　貧困率　247-248

処置群(トリートメントグループ)　43-44, 53, 57-58
所得
　教育水準と——　34-36, 57
　経済循環と——　137-139
　国民経済計算における——　148
　需要曲線と——　102
　生活水準と——　186-190, 242
所得アプローチ　136, 148, 150
　——に基づく国民経済計算　136-137, 148, 150
所得格差
　アメリカにおける——　245
ジョブ・サーチ(職探し)　315
　摩擦的失業と——　314-316
ジョブズ、スティーブ(Jobs, Steve)　512-519
ショベル・レディ　497
シラー、ロバート(Shiller, Robert J.)　366
シリア・アラブ共和国　277
シンガポール共和国　522
　経済成長　223-225, 227-229
　GDPと人生の満足度　158
　1人当たり所得(GDP)　202
人口
　——の増加　242, 254
　——の変化　311
人口過剰　254
人口転換　242
人口動態調査(CPS)　35-37, 57
真珠湾攻撃　498
人生の満足度　158
人的資本　190, 237-240, 518, 528, 533
　——における技術の役割　196-205
　——の減耗　152
　集計的生産関数と——　190-196, 198, 212-214
　対外援助と——　287-289
　繁栄の原因としての——　257-267
　労働者1人当たりの——　213
ジンバブエ共和国　132, 293
　ハイパーインフレーション　375
　労働者1人当たり所得(GDP)　185
信用(クレジット)　336
　貯蓄と——　342
信用供給曲線　343-344, 345-346
　クレジット市場における——　343-346
信用需要曲線　339-342, 346-348
　クレジット市場における——　339-342
心理的要因
　景気変動と——　437
水準による最適化　66, 68-75
スイス連邦
　——における銀行危機　458
　——における地下経済活動　154
　1人当たり所得(GDP)　181
スウェーデン王国
1人当たり所得(GDP)　181
スヴェンソン、ヤコブ(Svensson, Jakob)　288
スターバックス社　208, 333
ステープル社　140
スプートニク・ショック　498
スプロール現象　86
スペイン王国　573-574
　——における銀行危機　458
　経済成長　223-225, 227-229
　失業率　323
　GDPと人生の満足度　158
　生活水準　188-189
　絶対的貧困率　188
　人間開発指数　189
　1人当たり所得(GDP)　183
　平均寿命　188
　労働者1人当たり所得(GDP)　185, 204
スミス、アダム(Smith, Adam)　264
スリム、カルロス(Slim, Carlos)　201
スロバキア共和国　271
スロベニア共和国
　労働者1人当たり所得(GDP)　185
税、税金
　公共政策と——　8
　貯蓄と消費の決定における——　232
生活水準　178, 188-189
　→　経済成長、貧困、も参照
　所得と——　186-190, 242
　ベトナムの——　538
生計費　131, 182
　生活水準と——　536-539
　PPP(購買力平価)と——　182
政策、政府
　規範的分析と——　8

公共政策と―― 8
政策委員会 392
政策のラグ 496-497
生産
　経済循環と―― 137-139
生産アプローチ 134-135, 139
　――に基づく国民経済計算 134-135, 139, 142
生産性 186, 213
　――における技術の役割 196-205
　一国の―― 213
　効率賃金と―― 320-321
　集計的生産関数と―― 190-196, 198, 212-214
　1人当たり所得(GDP)と―― 186
　労働者の―― 320
　労働需要曲線と―― 431
生産の効率性 200-201
生産物価格
　労働需要曲線と―― 308, 431
生産物の需要
　労働需要曲線と―― 308, 431
生産要素 137, 156
　経済循環と―― 137-139
政治制度 269
政治的な創造的破壊 275-276
政治腐敗 560-561
正常財 102
生存水準 241
成長 218
　→ 経済成長、経済発展、も参照
　オークンの法則と―― 434-435
　キャッチアップ―― 228-229
　指数的―― 220-223, 229
　持続的―― 229
成長率 219, 227
　――の累積効果 230
制度 262-264
　インセンティブと―― 263-264
　根拠に基づく経済学(EBE) 279-286
制度仮説 262, 263, 264
正の外部性 155
正の関係 107
正の相関 41
政府
　――による外国為替市場への介入 554-557
　――によるガソリン市場への介入 119-120
　――による財とサービスの購入 143, 231
　――による投資減税 347
　――による反循環的政策 467-470
　――によるリスクの管理 356-358
　――の債務 143
　――の通貨発行益 388
　――の役割 446-452
　FDIC(連邦預金保険公社)と―― 357-358, 360-361, 363, 457
　最低賃金法と―― 316-317, 319
　信用需要と―― 341
　TARP(不良資産救済プログラム)と―― 499-500
　反循環的金融政策と―― 467-468, 470-485
　反循環的財政政策と―― 468, 485-497
政府債務 143
政府支出 142-143, 145-147
　アメリカのGDPに占める―― 143-144
　国内総生産(GDP)と―― 498-499
政府支出乗数(財政乗数) 488-489, 490-492, 499
政府の租税乗数 492-494
政府の役割 446-452
　景気変動と―― 441-444
税率
　限界―― 89
　反循環的財政政策と―― 485-497
　平均―― 89
世界開発指標 523
世界銀行(世銀) 187, 202, 218-219, 241, 247, 287, 523
　対外援助と―― 287
世界保健機関(WHO) 249, 260
セコイア・キャピタル社 350
絶対的貧困 241
絶対優位 512-519
設備稼働率 431
セネガル共和国
　1人当たり所得(GDP) 181
ゼネラル・エレクトリック(GE)社 349, 396
ゼネラル・モーターズ社 500
ゼーリック、ロバート(Zoellick, Robert B.)

526
ゼロ金利制約　481-483
ゼロ相関　41
線形モデル　99
選好
　　――の変化　100-101
　　買い手の――　100-102
潜在GDP　484
全米経済研究所(NBER)　331, 424
全米産業審議会　462
増価
　　実質為替レートの――　570
　　通貨の――　548, 552
相関関係　40
　　因果関係と――　39-45, 58
総需要曲線　97-99
総所得　179-181
　　国際的な資金の流れと――　527-529
　　実質GDPと――　159-170
　　生活水準と――　186-190
　　生産性と――　186, 213
　　1人当たり所得(GDP)と――　184-186
　　名目GDPと――　159-170
　　労働者1人当たり所得(GDP)と――　184-185
増税　232, 486
創造的破壊　275-276
総務省統計局[日本]　169
贈与
　　外国政府からの――　528
租税乗数
　　政府の――　492-494
その他すべてを一定とする　58, 94
ソビエト連邦
　　――における収奪的経済制度　269
ソロス、ジョージ(Soros, George)　546, 561-563, 576

【夕行】

タイ王国　577
　　経済成長　227
対外援助　287-289, 529
対外直接投資　534-535, 545
大韓民国
　　→　韓国、を参照
大飢饉
　　中国における――　533

耐久消費財　343
大恐慌(1929～39年)　133, 240, 362, 365, 384, 422-426, 427-429
　　→　景気後退・金融危機(2007～09年)、も参照
　　銀行取付けと――　360-361, 365
　　景気変動と――　422-424, 427-429
　　経済成長と――　218
　　ケインズと――　435, 437-440
　　GDPデフレーターと――　165
　　ドイツにおける――　391
貸借対照表(バランスシート)
　　銀行の――　351-355, 453
　　シティバンクの――　473-474
　　Fed(連邦準備銀行)の――　473-474
対照群(コントロールグループ)　43-45, 53, 56-58
退職後に備えるための貯蓄　343
代替財　103
大統領経済報告　466
タイ・バーツ　577
タイムラグ(ラグ)　496
台湾　580
　　GDPと人生の満足度　158
ダウ工業平均株価(DJIA)　372, 428-429
タジキスタン共和国
　　1人当たり所得(GDP)　183
タタ・スチール社　528
TARP(不良資産救済プログラム)　499-500
タフト大統領(Taft, William Howard)　169-170
タフト・ハートリー法(1947年)　29
WHO(世界保健機関)　249, 260
短期借入金　353
短期均衡
　　労働供給曲線・労働需要曲線と――　444-445
短期金利　394
炭素税　9
団体交渉　319
　　労働組合と――　319
チェコ共和国　271
　　GDPと人生の満足度　158
　　労働者1人当たり所得(GDP)　185
チェコスロバキア　269-271
地下経済(アングラ・エコノミー)　154,

388, 560
蓄積の効果　220-223
地区連銀　392
治験　43-44
　→　実験、も参照
地図　32-33
地代　150
チャド共和国
　GDPと人生の満足度　158
チャベス、ウゴ(Chavez, Hugo)　294
中央アフリカ共和国
　経済成長　227
中央銀行　389, 392, 393-395, 483
　→　Fed、も参照
　──による期待のコントロール　478
　──による反循環的政策　467-470
　──の金融政策　389, 392-395
　──の政策の失敗　483
　イギリスの──　546
　インフレーションと──　405-407
　金融政策と──　389, 392-393
　金利と──　411-413
　景気変動と──　447
　準備預金と──　394-400
　TARP(不良資産救済プログラム)
　　と──　499-500
　反循環的金融政策と──　470-485
　フェデラル・ファンド市場と──
　　397-405
　フェデラル・ファンド・レートと──
　　407-413, 472-475
　マネーサプライと──　405-407
中央集権　533
中期的な均衡
　労働供給曲線・労働需要曲線と──
　　444-449
中国(中華人民共和国)
　──の実質為替レート　565-566
　──の貿易　520-521, 523, 533-535
　R&D(研究開発)　211
　外国為替市場と──　552-560
　技術移転　533, 535
　経済成長　223-229, 533-535
　GDPと人生の満足度　158
　生活水準　188-189
　絶対的貧困率　188
　人間開発指数　189
　ハイパーインフレーション　375

1人当たり所得(GDP)　132, 183, 202
　貧困線　209
　貧困率　247-248
　平均寿命　188
　労働者1人当たり所得(GDP)　185,
　　204
中国国際航空　552-554
中退　53
超過供給　114-115
超過需要　114-115
超過準備　371, 396
長期国債　476
長期資産
　──の価格　365-366
　銀行の破綻と──　365-366
　資産価格の変動と──　365-366
長期実質金利　408
　フェデラル・ファンド・レートと──
　　411-413
長期投資　352-353
長期負債　353
朝鮮民主主義人民共和国
　→　北朝鮮、を参照
直接費用　69
貯蓄
　金融仲介機関と──　529-533
　景気変動と──　438
　減税と──　493-494
　信用と──　342
　投資と──　149-150
貯蓄主体　349
貯蓄預金　378-379
貯蓄率　232, 234
地理仮説　259-261, 279-286
チリ共和国
　インフレーション　385
　ハイパーインフレーション　375
　1人当たり所得(GDP)　202
賃金　46
　インフレーションと──　385-386
　インフレ調整後の──　389
　景気変動と──　430-433, 441-444
　効率──　320
　国際貿易と──　537
　最低賃金法と──　316-317, 319
　市場──　306-307
　市場均衡──　312, 321-323
　実質　389, 450

反循環的政策と―― 468-470
　　名目―― 450
　　労働需要曲線と―― 430-433
賃金契約
　　インフレーションと―― 386
賃金の下方硬直性　321-323, 433, 440, 444, 447, 570
　　失業と―― 433
賃金の硬直性　316-324
通貨
　　――の減価　558
　　外国為替市場と―― 552-560
　　為替レートと―― 180
　　固定為替相場制と―― 549-552
　　固定為替相場制の費用と―― 573-574
　　根拠に基づく経済学(EBE)　561-563
　　政治腐敗と―― 560-561
　　中国政府による元の規制と―― 569-570
　　弱い―― 558
通貨統合　547, 573
通貨発行益　388
通勤費用　76
強いドル政策　558
DJIA(ダウ工業平均株価)　372, 428-429
低所得者向け医療扶助(メディケイド)　51
DDT(ジクロロジフェニルトリクロロエタン)　249
ディートン、アンガス(Deaton, Angus)　158
テイラー、ジョン(Taylor, John B.)　484, 504
テイラー・ルール　484-485, 504
適応的期待　410
データ　32-34
　　グラフの―― 52-62
　　伝聞に基づく議論と―― 38
　　平均と―― 37
鉄道建設　277-278
デドリック、ジェイソン(Dedrick, Jason)　517, 520
デフレーション　384, 482
手元現金　378-379, 394-396, 399
デュアル・マンデート(二重の使命)　392

デル社　139-142
電子マネー　381
天然資源
　　土地と―― 193
天然痘　249
伝聞に基づく議論　38-39
デンマーク王国
　　GDPと人生の満足度　158
ドイツ
　　――における鉄道建設　277
　　東西―― 291
　　ハイパーインフレーション　374-375, 384, 390-391
ドイツ連邦共和国
　　――における技術進歩　250
　　――における銀行危機　458
　　――における貿易　523
　　金融危機と―― 574
　　GDP(国内総生産)　574
　　1人当たり所得(GDP)　183
　　ブラック・ウェンズデーと―― 562, 571-573
　　貿易障壁と―― 525
　　労働者1人当たり所得(GDP)　185
ドイモイ[ベトナム]　538
統一通貨圏　574
等価　155
当座預金　378-379
投資　142
　　インフラストラクチャーへの―― 497
　　教育への―― 34
　　共変動と―― 425-427
　　住宅バブルと―― 452-459
　　対外援助と―― 287-289
　　貯蓄と―― 149-150
投資銀行　360
投資減税　347
投資信託運用会社　350
投資成長率
　　消費成長率と―― 426-427
投入物　110
投入物価格、投入価格
　　労働需要曲線と―― 309, 431
投票
　　関税と―― 526
独占
　　GDP(国内総生産)と―― 201-202

独立戦争(1775～83年) 381
独立変数 55
トーゴ共和国
 GDPと人生の満足度 158
 1人当たり所得(GDP) 183
都市化、都市化率
 繁栄と―― 281-283
 1人当たり所得(GDP)と―― 281-283
土地 193
 天然資源と―― 193
特化による利益 512, 517
 貿易と―― 511
特許制度 278
富
 需要曲線と―― 102
トリートメントグループ(処置群) 43-44, 53, 57-58
取引
 絶対優位と比較優位における―― 512-517
ドル
 → 為替レート、も参照
 ――の実質為替レート 564-565
 ――の名目為替レート 547-549
 外国為替市場と―― 552-560
ドル価値 170
トルクメニスタン 253, 277
 ――における収奪的経済制度 269
トルコ共和国
 1人当たり所得(GDP) 208
ドル政策
 強い―― 558
トレードオフ 12-13
トレンドGDP 484-485
 テイラー・ルールと―― 484
トレンド線
 GDPの―― 422-423
ドーン、デイビッド(Dorn, David) 325
鄧小平(ドン・シャオピン) 533, 538

【ナ行】

内閣府[日本] 147, 169
ナイキ社 349, 510
ナイジェリア連邦共和国
 人口密度 283
 都市化率 281
 1人当たり所得(GDP) 281, 283

貧困率 247-248
内部留保 148, 346
NAFTA(北米自由貿易協定) 201
南北戦争(1861～65年) 380
ニカラグア共和国
 インフレーション 385
 経済成長 227
 労働者1人当たり所得(GDP) 185
ニコライ1世(Nikolai I) 277
ニジェール共和国
 労働者1人当たり所得(GDP) 185
西ドイツ(ドイツ連邦共和国)
 東ドイツと―― 291
二重の使命(デュアル・マンデート) 392
日本
 ――における児童労働 539
 ――における地下経済活動 154
 ――の「失われた20年」 481
 ――の中央銀行 417
 R&D(研究開発) 211
 インフレ率 168
 経済成長 227
 GDPデフレーターとCPI 167
 GDPと人生の満足度 158
 1人当たり所得(GDP) 202
日本銀行(BOJ) 392, 417, 481-483
人間開発指標[国連] 189-190
農業、農作物
 繁栄と―― 284
ノガレス市[アメリカ／メキシコ] 293
ノーザン・ロック社 334, 360, 371
ノース、ダグラス(North, Douglass) 262-263
ノードハウス、ウィリアム(Nordhaus, William D.) 236
ノルウェー王国
 GDPと人生の満足度 158
 1人当たり所得(GDP) 208

【ハ行】

ハイチ共和国
 経済成長 223-225, 227-229
 1人当たり所得(GDP) 183
 労働者1人当たり所得(GDP) 185
配当 346, 349
 利益と―― 349
ハイパーインフレーション 374-375,

索引 615

380, 384, 388, 391-393
パキスタン・イスラム共和国　524
　——における収奪の経済制度　269
　GDPと人生の満足度　158
　労働者1人当たり所得(GDP)　185
バスケットの価格　565
バチカン市国　378
バーツ[タイ]　577
バナナ・リパブリック社　524
バブル　460, 462, 464
　資産——　368, 484-485
　住宅——　455, 483
バランスシート(貸借対照表)
　銀行の——　351-355, 453
　シティバンクの——　473-474
　Fed(連邦準備銀行)の——　473-474
ハリケーン・カトリーナ　528
バルバドス　280
　労働者1人当たり所得(GDP)　185
バーレーン王国　277
繁栄
　→　経済成長、も参照
　——の原因　257-267
　根拠に基づく経済学(EBE)　279-286
　生活水準と——　188
　対外援助と——　287-289
　都市化と——　281-283
繁栄の逆転　282-286
繁栄の根本的原因　257-258, 259-267
繁栄の直接的原因　257-258, 259-267
ハンガリー
　ハイパーインフレーション　375
　労働者1人当たり所得(GDP)　185
バンク・オブ・アメリカ　360
反循環的金融政策　467-468, 470-485
反循環的財政政策　468, 486-487, 494-497
反循環的政策　467-470
　裁量的な——　486-487
　自動的な——　486-487
ハンソン、ゴードン(Hanson, Gordon)　325
ハンチントン、サミュエル(Huntington, Samuel)　262
BEA(商務省経済分析局)　145, 147-149, 165, 168, 238-239, 422-425, 429, 434
BLS(労働省労働統計局)　166, 238-

239, 300-301, 303-304, 330, 434
BOJ　→　日本銀行、を参照
比較静学　72-75
比較年　167
比較優位　512, 513-519
　ベトナムの——　537
東ドイツ(ドイツ民主共和国)
　西ドイツと——　291
ピグー、アーサー・セシル(Pigou, Arthur Cecil)　436
ピケティ、トマ(Piketty, Thomas)　245
BCI(景気総合指数)　462
ビッグマック指数　182, 576
ビットコイン　381
ヒトラー、アドルフ(Hitler, Adolf)　391
1人当たりGDP(所得)　132, 180-190, 213
　アメリカの——　217-220
　経済成長と——　217-230
　都市化率と——　281-282
1人1日1ドルの貧困線　187
PPP(購買力平価)　181-182
　——換算　224-228
ヒューレット・パッカード社　520
費用　13-16
　間接——　69
　機会——　13-15
　限界——　77-80
　直接——　69
　フェイスブックの——　17-20
費用便益分析　15-16, 64, 66, 69
　限界分析と——　75-80
　差分による最適化と——　66-67, 75-80
　水準による最適化と——　68-75
貧困
　——の地理的要因　256-257, 259-261
　格差と——　246
　経済成長と——　244-250
　経済制度と——　268-269
　根拠に基づく経済学(EBE)　279-286
　生活水準と——　178, 186-190
　絶対的——　241
　対外援助と——　287-289
　中国における——　209
　繁栄の原因としての——　257-267
　不平等と——　244-250

貧困線
　生活水準と―― 538
　1人1日1ドルの―― 187
ファインスタイン、チャールズ（Feinstein, Charles） 190
ファニーメイ（連邦住宅抵当公庫） 400
ファーマ、ユージン（Fama, Eugene） 366
ファンダメンタルズ 365, 437
フィアット社 528
フィッシャー、アーヴィング（Fisher, Irving） 338, 428
フィッシャー方程式 338, 348
フィンランド共和国 256
　GDPと人生の満足度 158
フェイスブック 2-3, 17-20
　時間の機会費用と―― 17-20
Fed（連邦準備銀行） 392-395
　――の貸借対照表（バランスシート） 473-474
　インフレ率と―― 405-407
　期待のコントロールと―― 478
　銀行準備と―― 352, 371
　金融政策と―― 389, 392-393
　金利と―― 411-413
　準備預金と―― 394-400
　政策の失敗と―― 483
　反循環的金融政策と―― 470-485
　反循環的政策と―― 467-470
　フェデラル・ファンド市場と―― 397-405
　フェデラル・ファンド・レートと―― 411-413, 472-475
　法定準備率と―― 475-476
　マネーサプライと―― 405-407
フェデラル・ファンド市場 396-397, 398-405
フェデラル・ファンド市場均衡 400-405
フェデラル・ファンド・レート 397, 407-413, 472
　金利と―― 411-413, 472
　政策の失敗と―― 483
　テイラー・ルールと―― 484-485
　反循環的金融政策と―― 472-475
プエルトリコ自治連邦区
　GDPと人生の満足度 158
フォード、ヘンリー（Ford, Henry） 320-321
フォード・モーター社 134-139, 160-165, 320-321, 349
フォン・メッテルニヒ、クレメンス（von Metternich, Klemens） 277
付加価値 139, 141
不換紙幣 377-380
不完全就業者 302
ブキャナン、パット（Buchanan, Pat） 543
不況 9
負債
　→ クレジット市場、も参照
　銀行の貸借対照表（バランスシート）上の―― 351-355
　長期―― 353
物価
　→ 価格、価格水準、も参照
　GDPデフレーターと―― 162-165
　GDPと―― 381-384
　消費者物価指数（CPI）と―― 389
　マネーサプライと―― 381-384
物価指数、物価水準
　インフレ率と―― 168, 384-389
ブッシュ大統領［子］（Bush, George Walker） 526
物的資本 137-139, 142, 148, 150, 191, 212, 230-232, 237-240, 533
　――における技術の役割 196-205
　――の限界生産力逓減 233, 236
　――の減耗 151-152
　景気変動と―― 440
　持続的成長と―― 233-234
　集計的生産関数と―― 191-196, 198, 212-214
　対外援助と―― 287
　繁栄の原因としての―― 257-267
　労働者1人当たりの―― 213
物的資本ストック 191, 230-231
物的資本の限界生産力逓減 233, 236
物々交換 415
負の外部性 155
負の関係 95
負の相関 41
腐敗 288
不平等
　→ 格差、も参照
　経済成長・貧困と―― 244-250

索引

プライステイカー(価格受容者)　93
プライベート・エクイティ・ファンド　350
ブラインダー、アラン(Blinder, Alan)　542
ブラジル連邦共和国
　　——におけるガソリン価格　104-105
　　——における児童労働　539
　　経済成長　223-225, 227-229
　　GDPと人生の満足度　158
　　出生時平均余命(平均寿命)　188-189, 249
　　生活水準　188-189
　　絶対的貧困率　188
　　人間開発指数　189
　　ハイパーインフレーション　375
　　1人当たり所得(GDP)　183, 202
　　労働者1人当たり所得(GDP)　185, 204
ブラック・ウェンズデー(暗黒の水曜日)　562, 571-573
ブラックストーン社　334
ブラックロック社　334
フランス共和国
　　——における技術進歩　250
　　——における銀行危機　458
　　インフレーション　385
　　経済成長　223-225, 227-229
　　1人当たり所得(GDP)　183
　　貿易障壁と——　525
　　労働者1人当たり所得(GDP)　185
フランツ1世(Francis I)　277
プランテーション経済　280
フリードマン、ミルトン(Friedman, Milton)　440, 505
フリュー、ジェームス(Frew, James)　80
不良資産救済プログラム(TARP)　499-500
フリーライダー問題　22-23
ブルガリア共和国
　　GDPと人生の満足度　158
プルデンシャル社　334
ブルンジ共和国
　　労働者1人当たり所得(GDP)　185
文化仮説　261-262
分散したポートフォリオ　356
米英戦争(1812〜14年)　381

平均　37
平均寿命(出生時平均余命)　188-190, 249
　　イノベーションと——　249
平均成長率　229-230
平均税率　89
平均値　37-38
米再生・再投資法(2009年)　487, 491-492, 493, 497
閉鎖経済　521-522
　　開放経済と——　521-522
ベスト・バイ社　140
ヘストン、アラン(Heston, Alan)　219, 247
ペソ[メキシコ]　547-548, 557-560
ペッグ(固定)された為替レート　555-557, 562
ヘッジファンド　350
ベトナム社会主義共和国　524, 536-539
　　ドイモイ　538
　　1人当たり所得(GDP)　183
　　貧困率　247-248
ベナン共和国
　　GDPと人生の満足度　158
ペニシリン　249
ベネズエラ・ボリバル共和国
　　——におけるアングラ・マーケット(闇市場)　560-561, 577
　　——におけるガソリン価格　104-105
　　GDPと人生の満足度　158
　　出生時平均余命(平均寿命)　249
　　ハイパーインフレーション　375
　　貧困率　247-248
ベネチア　240
ベラルーシ共和国　277
ペルー共和国
　　——における収奪的経済制度　269
　　人口密度　283
　　都市化率　281
　　1人当たり所得(GDP)　202, 281-283
便益
　　教育の——　30, 34, 45-46
変数　41, 54-58, 61, 107
　　——をグラフで示す　54-58
　　因果関係と相関関係における——　41
　　円グラフの——　54-55
　　供給曲線のシフトと——　110-113

散布図の——　57-58
時系列グラフの——　56-57
従属——　55
省略された——　41
独立——　55
比較静学と——　72-75
棒グラフの——　55-56
ベンチャーキャピタル・ファンド　350-351
変動為替相場制　549, 550-552
ペン・ワールド・テーブル　219, 247
ボーイング社　137, 438, 552-554
貿易
　→　国際貿易、も参照
——の勝者と敗者　520-521
——のもたらす効率性　520-521
開放経済と——　522-523
金融収支と——　529-533
経常収支と——　529-533
サービスの——　524
実質為替レートと——　567-568
特化による利益と——　511
閉鎖経済と——　521-522
貿易赤字　526-527, 568
貿易黒字　526-527, 568
貿易収支　527
　→　純輸出、も参照
貿易障壁　523, 525
棒グラフ　55-56
包摂的経済制度　268-279
インセンティブと——　285
法定準備率　395, 399, 405
Fed（連邦準備銀行）と——　475-476
報復関税　526
補完財　103
ポーク・バレル支出　496
北米自由貿易協定（NAFTA）　201
ボツワナ共和国
経済成長　223-225, 227-229
ポートフォリオ
分散した——　356
ポーランド共和国
インフレーション　385
ハイパーインフレーション　375
1人当たり所得（GDP）　208
労働者1人当たり所得（GDP）　185
ボリビア多民族国
インフレーション　385

人口密度　283
都市化率　281
1人当たり所得（GDP）　281, 283
ボルカー、ポール（Volcker, Paul）　480-481
ボルト（Bolt, J.）　218, 228, 271
ポルトガル共和国　132, 573-574
——における銀行危機　458
労働者1人当たり所得（GDP）　185
香港　154, 158, 522
——における地下経済活動　154
GDPと人生の満足度　158
ポンド［イギリス］　547, 561-563, 566, 572-573

【マ行】

マイクロソフト社　360
マイナス金利政策　482
マイモニデス（Maimonides）　51
マウントゴックス社　381
毛沢東（マオ・ツォートン）　225, 533
マクドナルド社　182
マクロ経済学　8-9, 131-134
摩擦的失業　315-316, 324
ジョブサーチと——　314-315
マーシャル、アルフレッド（Marshall, Alfred）　260
マダガスカル共和国
1人当たり所得（GDP）　183
マディソン・プロジェクト　218, 221, 228, 266, 271
マネーサプライ　378-379, 381, 440
インフレ率と——　394-395
Fed（連邦準備銀行）と——　405-407
マヤ文明　280
マラウイ共和国
労働者1人当たり所得（GDP）　185
マラリア　249, 285
マルク［ドイツ］　561-563, 571
マルサス、トーマス（Malthus, Thomas R.）　242
マルサス・サイクル　242
マレーシア
経済成長　227
満期　355
満期変換（期間変換）　355
ミクロ経済学　8-9
南アフリカ共和国　190

1人当たり所得（GDP）　　183
南スーダン共和国　　253
ミャンマー連邦共和国　　277
　　──における収奪的経済制度　　269
民営化
　　国営企業の──　　534
民間投資　　142, 173
ムーア、ゴードン（Moore, Gordon E.）　　197-198
ムーアの法則　　197-198, 234
ムガベ、ロバート（Mugabe, Robert）　　293
無作為（ランダム）　　43, 60
無作為抽出　　43, 59
名目為替レート　　547-548, 549, 563-565
名目金利、名目利子率　　336-339, 389
　　→　金利、利子率、も参照
名目GDP　　159-160, 161-162, 381-383
名目賃金　　450
名目変数　　169
名誉革命　　279
メキシコ合衆国　　280-286
　　──における児童労働　　539
　　──における地下経済活動　　154
　　──における独占　　201
　　インフレーション　　385
　　外国為替市場と──　　557-560
　　経済成長　　223-225, 227-229
　　GDPと人生の満足度　　158
　　人口密度　　283
　　生活水準　　188-189
　　絶対的貧困率　　188
　　都市化率　　281-282
　　人間開発指数　　189
　　1人当たり所得（GDP）　　180-183, 202, 281-283
　　平均寿命　　188
　　労働者1人当たり所得（GDP）　　185, 204
メディケイド（低所得者向け医療扶助）　　51
メリルリンチ証券　　360
メルセデス・ベンツ社　　525
モデル　　32-34
モラルハザード　　371
モロッコ王国
　　経済成長　　228

　　人口密度　　283
　　都市化率　　281-282
　　1人当たり所得（GDP）　　183, 281-283
　　労働者1人当たり所得（GDP）　　185
モンテスキュー（Montesquieu）　　259

【ヤ行】

家賃
　　立地と──　　80-84
闇市場（アングラ・マーケット）　　560-561, 577
UAE（アラブ首長国連邦）
　　GDPと人生の満足度　　158
　　1人当たり所得（GDP）　　183
輸出　　143, 528
　　→　取引、も参照
　　アメリカのGDPに占める──　　144-148
　　外国からの経常受取と──　　527
　　開放経済と──　　521-523, 568-570
　　経済成長と──　　231
　　実質為替レートと──　　563-568
　　GDP（国内総生産）と──　　145, 568-573
　　閉鎖経済と──　　521-523
　　貿易黒字・貿易赤字と──　　526-527
輸出主導型成長　　533
ユナイテッド航空　　340, 438
輸入　　143, 528
　　→　取引、も参照
　　──代替工業化　　544
　　──割当て　　248
　　アメリカのGDPに占める──　　144-148
　　外国への経常支払と──　　528
　　開放経済と──　　521-523
　　経済成長と──　　231
　　GDP（国内総生産）と──　　143-148
　　閉鎖経済と──　　521-523
　　貿易黒字・貿易赤字と──　　526-527
輸入代替工業化　　544
輸入割当て　　248
ユーロ、ユーロ圏　　547-550, 571
　　──の実質GDP　　573
要求払い手形　　380
要求払い預金　　352-353
要素受取
　　外国からの──　　528-529

純―― 529-530
要素支払
　外国への―― 528-529
余暇　157
預金貸付組合(S&L)危機　362, 365
予算制約　12-13
予測の困難さ
　景気変動と――　426
弱い通貨　558

【ラ行】

ライセンス・ラジ[インド]　294
ライニッカ、リトバ(Reinikka, Ritva)　288
ラグ(タイムラグ)
　政策の――　496-497
ラッダイト　318-319
ラッド、ネッド(Ludd, Ned)　318
ラミー、ヴァレリー(Ramey, Valerie)　498
ランダム(無作為)　43, 60
リアル・ビジネス・サイクル理論(実物的景気循環理論)　433, 436
利益
　→ 利潤、も参照
　特化による――　512, 517
　配当と――　349
リカード、デビッド(Ricardo, David)　543
利潤
　→ 利益、も参照
　企業の――　320
　効率賃金と――　320-321
　労働需要と――　305-313
利子率(金利)　336, 398
　→ 名目金利、名目利子率、も参照
リスク
　最適化における――　11-16
リスクの管理
　銀行の――　356-358
リスト、ジョン(List, John)　52
立地
　家賃と――　80-84
リーニング・アゲインスト・ザ・ウインド(流れに立ち向かう)政策　470
リビア　112, 116
リベリア共和国
　1人当たり所得(GDP)　183

リーマン・ブラザーズ証券　351, 360-361, 371, 457, 476
流通貨幣　378-379
　ワイマール共和国の――　390
流動性　395-399
量的緩和　476
理論
　因果関係と相関関係における――　39-45
　経験主義の――　23
リンデン、グレッグ(Linden, Greg)　517, 520
倫理的判断　8
累積効果
　成長率の――　230
ルクセンブルク大公国
　1人当たり所得(GDP)　183
ルピー[インド]　547
ルワンダ共和国
　経済成長　223-225, 227-229
　人口密度　283
　都市化率　281
　1人当たり所得(GDP)　281, 283
レヴィット、スティーヴン(Levitt, Steven)　52
劣等財　102
レノボ社　535
連銀貸出し(割引窓口)　407, 476
連邦公開市場委員会(FOMC)　392, 478
連邦住宅抵当公庫(ファニーメイ)　400
連邦準備銀行(Fed)　392-395
　――の貸借対照表(バランスシート)　473-474
　インフレ率と――　405-407
　期待のコントロールと――　478
　銀行準備と――　352, 371
　金融政策と――　389, 392-393
　金利と――　411-413
　準備預金と――　394-400
　政策の失敗と――　483
　反循環的金融政策と――　470-485
　反循環的政策と――　467-470
　フェデラル・ファンド市場と――　397-405
　フェデラル・ファンド・レートと――　411-413, 472-475
　法定準備率と――　475-476
　マネーサプライと――　405-407

索　引　621

連邦準備制度　352
連邦預金保険公社（FDIC）　357-358,
　　360-361, 363, 457
労働　192-193
労働供給　310
労働供給曲線　310-313, 430-433, 441-
　　451, 469
　　――のシフト　310-311
　　アメリカの――　311
　　短期均衡と――　444-445
　　中期的な均衡と――　444-449
　　反循環的財政政策と――　494-495
　　反循環的政策と――　469
労働組合　320
　　アメリカの――　320
　　イタリアの――　320
　　団体交渉と――　319
労働搾取工場　537
労働市場
　　――における賃金の硬直性　316-324
労働市場均衡　312
労働者
　　国際貿易と――　536-539
労働者1人当たり所得（GDP）　184-185,
　　212-214
　　――に関するアメリカとインドの格差
　　　202-205
　　アメリカの――　185, 204
労働者1人当たり人的資本　213
労働者1人当たり物的資本　213
労働需要　574
　　――のシフト　322
　　GDP（国内総生産）と――　430-434
労働需要曲線　307-309, 430-433, 437,
　　441-451, 469-470
　　――のシフト　308-310
　　技術と――　308-309, 431
　　景気変動と――　430-433
　　経済モデルの拡張と――　450-452

　　乗数と――　441-444
　　短期均衡と――　444-445
　　中期的な均衡と――　444-449
　　反循環的金融政策と――　468, 471
　　反循環的財政政策と――　468, 486-
　　　487, 494-497
　　反循環的政策と――　467-470, 495
労働省［アメリカ］　166, 238-239, 434
労働省労働統計局（BLS）　166, 238-
　　239, 300-301, 303-304, 330, 434
労働所得　148
労働の価値限界生産力　306-307, 431,
　　495
労働の限界生産力　306-307
労働の限界生産力逓減　233, 306-307
労働の総効率単位　192-193, 212-214,
　　230, 233-234
労働保蔵　435
労働力　301
労働力人口　300
　　根拠に基づく経済学（EBE）　325
　　失業者と――　300-305
　　労働市場の均衡と――　305-313
労働力率　301-302
ロシア帝国
　　――における鉄道建設　277-278
ロシア連邦
　　GDPと人生の満足度　158
　　1人当たり所得（GDP）　183
　　貧困率　247
　　労働者1人当たり所得（GDP）　185
ローマ［古代］　240

【ワ行】

ワイマール共和国　390
ワシントン・ミューチュアル銀行
　　362-363
割引窓口　→　連銀貸出し

著者紹介

ダロン・アセモグル
Daron Acemoglu

マサチューセッツ工科大学（MIT）経済学部エリザベス＆ジェイムズ・キリアン記念教授。イギリス・ヨーク大学経済学士（1989年）、ロンドン・スクール・オブ・エコノミクス（LSE）数理経済学・計量経済学修士（1990年）、同経済学博士（1992年）。

アメリカ科学アカデミー（NAS）、アメリカ芸術科学アカデミー（AAAS）、計量経済学会（エコノメトリック・ソサエティ）、ヨーロッパ経済学会（EEA）、国際労働経済学会（アメリカ）などのフェロー。シカゴ大学T・W・シュルツ賞（第1回、2004年）、労働経済学への目覚ましい貢献に対してシャーウィン・ローゼン賞（第1回、2004年）、トルコ科学アカデミー科学賞（2006年）、ブダペストのライク・ラズロ・カレッジが授与するジョン・フォン・ノイマン賞（2007年）など、数々の賞を受賞している。

また2005年には、40歳以下の優秀な若手経済学者を対象にアメリカ経済学会（AEA）から2年に一度贈られるジョン・ベイツ・クラーク賞、2012年には経済学への影響力があった研究に対して2年に一度贈られるアーウィン・プレイン・ネンマーズ経済学賞を授与されている。オランダ・ユトレヒト大学、トルコ・ボアジチ大学（ボスポラス大学）から名誉博士号を授与される。

専門は政治経済学、経済発展と成長、人的資本理論、成長理論、イノベーション、サーチ理論、ネットワーク経済学、ラーニングなど多岐にわたる。主要著書に、*Economic Origins of Dictatorship and Democracy*（ジェイムズ・ロビンソンと共著。同書はウッドロー・ウィルソン＆ウィリアム・ライカー賞を受賞）、*Introduction to Modern Economic Growth*（単著）、*Why Nations Fail: The Origins of Power, Prosperity, and Poverty*（ジェイムズ・ロビンソンと共著、鬼澤忍訳『国家はなぜ衰退するのか――権力・繁栄・貧困の起源』早川書房、2013年。同書は『ニューヨーク・タイムズ』紙ベストセラーに選出された）、*The Narrow Corridor: States, Societies, and the Fate of Liberty*（ジェイムズ・ロビンソンと共著、櫻井祐子訳『自由の命運――国家、社会、そして狭い回廊』早川書房、2020年）、がある。

デヴィッド・レイブソン
David Laibson

ハーバード大学経済学部ロバート・I・ゴールドマン記念教授。全米経済研究所（NBER）にて、資産価格、景気変動、エイジング研究部会の研究員も務める。

専門は行動経済学、異時点間選択、マクロ経済学、家計経済学。ハーバード大学人間行動イニシャチブ基金のリーダーを務める。退職年金研究所（ペンシルベニア大学ウォートン校）、ハーバード大学年金投資委員会、ラッセル・セージ財団のボードメンバーを務める。国立衛生研究所（NIH）の健康と退職に関する調査委員、および消費者金融保護局（CFPB）学術研究審議会委員でもある。マーシャル奨学金受賞者、計量経済学会（エコノメトリック・ソサエティ）およびアメリカ芸術科学アカデミー（AAAS）フェロー。シカゴ大学T・W・シュルツ賞、生涯の経済的安定の研究に対する貢献に贈られるTIAA-CREF（アメリカ大学教職員退職年金／保険基金）ポール・A・サミュエルソン賞などを受賞。ハーバード大学経済学士（summa）、ロンドン・スクール・オブ・エコノミクス（LSE）計量経済学・数理経済学修士、マサチューセッツ工科大学（MIT）経済学博士（1994年）。博士号の取得以来、ハーバード大学で教鞭をとっている。教育への貢献に対して、ハーバード大学のファイ・ベータ・カッパ賞、およびハーバード・カレッジ賞を受賞している。

ジョン・リスト
John A. List

シカゴ大学経済学部ケネス・C・グリフィン記念教授、経済学部長。ウィスコンシン大学スティーブンス・ポイント校（UWSP）卒業、ワイオミング大学経済学博士。セントラル・フロリダ大学、アリゾナ大学、メリーランド大学を経て、2005年よりシカゴ大学で教鞭をとる。2002〜03年には大統領経済諮問委員会（CEA）シニア・エコノミスト、また長年にわたって全米経済研究所（NBER）研究員を務める。
アメリカ芸術科学アカデミー（AAAS）会員（2011年）、計量経済学会（エコノメトリック・ソサエティ）フェロー（2015年）。ケネス・J・アロー賞・シニア部門を受賞（2008年）、農業・応用経済学会のケネス・ガルブレイス賞受賞（2010年）。ユルヨ・ヨハンソン講演（2012年）、クライン講演（2016

年)。オランダ・ティルブルグ大学より2014年、カナダ・オタワ大学より2017年に名誉博士号を授与される。また慈善寄付の研究に関して2015年と2016年に『ノン・プロフィット・タイムズ』紙のトップ50イノベーターに選出された。

専門はミクロ経済学、特に事実解明的経済学と規範的経済学の両方の課題にフィールド実験の手法を用いることに取り組んでいる。フィールド実験による研究では、市場内部の動き、インセンティブの与え方が市場の均衡と配分に与える影響、行動経済学がどのように標準的経済学のモデルを拡張するのか、といった課題に焦点を当てている。研究テーマは、なぜ都市中心部の学校は荒廃するのか、なぜ差別が生じるのか、なぜ人々は慈善寄付をするのか、なぜ企業の経営失敗が起こるのか、なぜ女性の賃金が男性のそれよりも低いのか、そもそも人々の行動原理は何か、などの多岐にわたる。

200本以上の研究論文を査読雑誌に発表し、著書も多い。その1つに、世界的なベストセラーとなった *The Why Axis: Hidden Motives and the Undiscovered Economics of Everyday Life*（ウリ・ニーズィーと共著、望月衛訳『その問題、経済学で解決できます。』東洋経済新報社、2014年)、がある。

【監訳者紹介】
岩本康志（いわもと　やすし）
1961年生まれ。東京大学大学院経済学研究科教授。京都大学経済学部卒業、大阪大学経済学博士。一橋大学大学院経済学研究科教授、国立国会図書館専門調査員等を歴任。2008年に日本経済学会・石川賞受賞。著書に、『財政論』（共著、培風館）、『健康政策の経済分析——レセプトデータによる評価と提言』（共著、東京大学出版会、2017年度日経・経済図書文化賞受賞）、『新版 マクロ経済学』（共著、有斐閣）、『社会福祉と家族の経済学』（編著、東洋経済新報社、2002年NIRA大来政策研究賞受賞）。他に論文多数。

【訳者紹介】
岩本千晴（いわもと　ちはる）
関東学園大学経済学部経済学科准教授。ボストン大学経済学修士、中央大学大学院総合政策研究科博士後期課程修了、博士（総合政策）。訳書に、スティグリッツ／グリーンウォルド『スティグリッツのラーニング・ソサイエティ——生産性を上昇させる社会』（東洋経済新報社）、ミアン／サフィ『ハウス・オブ・デット』（東洋経済新報社）、コングルトン『議会の進化——立憲的民主統治の完成へ』（共訳、勁草書房）。

アセモグル／レイブソン／リスト　マクロ経済学

2019年2月14日　第1刷発行
2023年6月26日　第2刷発行

著　者——ダロン・アセモグル／デヴィッド・レイブソン／ジョン・リスト
監訳者——岩本康志
訳　者——岩本千晴
発行者——田北浩章
発行所——東洋経済新報社
　　　　〒103-8345　東京都中央区日本橋本石町1-2-1
　　　　電話＝東洋経済コールセンター　03(6386)1040
　　　　https://www.toyokeizai.net/

装　丁………橋爪朋世
ＤＴＰ………アイランドコレクション
本文基本設計……末吉亮（図工ファイブ）
印　刷………港北メディアサービス
製　本………大口製本印刷
編集担当………佐藤朋保
編集協力………堀雅子／村瀬裕己

Printed in Japan　　ISBN 978-4-492-31512-5

本書のコピー、スキャン、デジタル化等の無断複製は、著作権法上での例外である私的利用を除き禁じられています。本書を代行業者等の第三者に依頼してコピー、スキャンやデジタル化することは、たとえ個人や家庭内での利用であっても一切認められておりません。

落丁・乱丁本はお取替えいたします。